Richard Lungstras

Das Berufungsverfahren vor dem Court of Arbitration for Sport (CAS) im Lichte der Verfahrensgarantien gemäß Art. 6 EMRK

Württembergischer
Fußballverband e.V.

Nomos

Die Deutsche Nationalbibliothek verzeichnet diese Publikation in
der Deutschen Nationalbibliografie; detaillierte bibliografische
Daten sind im Internet über http://dnb.d-nb.de abrufbar.

Zugl.: Köln, Univ., Diss., 2018

ISBN 978-3-8487-5851-7 (Print)
ISBN 978-3-8452-9984-6 (ePDF)

1. Auflage 2019
© Nomos Verlagsgesellschaft, Baden-Baden 2019. Gedruckt in Deutschland. Alle Rechte,
auch die des Nachdrucks von Auszügen, der fotomechanischen Wiedergabe und der
Übersetzung, vorbehalten. Gedruckt auf alterungsbeständigem Papier.

Meiner Mutter

Vorwort

Die vorliegende Arbeit wurde im Herbst 2018 von der rechtswissenschaftlichen Fakultät der Universität zu Köln als Dissertation angenommen. Die nur wenige Tage nach Einreichung der Dissertation veröffentlichte und mit Spannung erwartete Entscheidung des Europäischen Gerichtshofs für Menschenrechte (EGMR) zu den Beschwerden der Athleten *Mutu* und *Pechstein* konnte in der Untersuchung ebenso noch berücksichtigt werden wie die zum 1. Januar 2019 in Kraft getretenen Neuerungen der Verfahrensordnung des Court of Arbitration for Sport (CAS), dem sog. CAS-Code.

Besonderer Dank gilt meinem Doktorvater, *Prof. Dr. Bernhard Kempen* für die Betreuung meiner Dissertation und die Aufnahme als Wissenschaftliche Hilfskraft in das wunderbare Team des Instituts für Völkerrecht und ausländisches öffentliches Recht an der Universität zu Köln. Ohne seine Unterstützung wäre mir die intensive Befassung mit der Thematik meiner Dissertation nicht möglich gewesen. Außerdem möchte ich mich ganz herzlich bei meinem Zweitgutachter, *Prof. Dr. Jan F. Orth* für dessen Unterstützung sowie für die außerordentlich zügige Erstellung des Zweitgutachtens bedanken. Großer Dank gilt auch meinem Institutskollegen *Dr. Björn Schiffbauer* und meiner Schwester *Dr. Anne Barbara Lungstras* für die schnelle, kritische und kompetente Durchsicht meines Manuskripts und die zahlreichen wertvollen Ratschläge auf dem Weg dorthin.

Bedanken möchte ich mich auch bei der FAZIT-STIFTUNG für die finanzielle Unterstützung durch das Promotionsstipendium und den Druckkostenzuschuss. Aufgrund des Stipendiums der FAZIT-STIFTUNG wurde es mir erst ermöglicht, mich gänzlich meiner Dissertation widmen zu dürfen.

Außerdem möchte ich mich herzlich bei meinen Kollegen am Institut für die tolle Zeit bedanken. Besonderer Dank gilt dabei *Dr. Julien* – besser bekannt als „*Jürgen*" – *Steinbach*, den ich während unserer Zeit am Institut als guten Freund kennen lernen durfte.

Ganz besonders möchte ich mich bei meinem großen Freundes- und Familienkreis bedanken, ohne den diese Dissertation in dem Zeitrahmen sicher nicht zu schaffen gewesen wäre. Besonderer Dank für alles gilt dabei insbesondere meinem Bruder, *Theo Lungstras*. Nicht zuletzt möchte ich mich ganz herzlich bei meinen Eltern, *Dr. Christa Lungstras* und *Walter*

Lungstras für die rücksichts- und liebevolle Unterstützung bedanken. Vor allem meine Mutter hat sich stets die Zeit genommen, meine anfänglichen und fortgeschrittenen Gedanken und Entwürfe kritisch und verständnisvoll zu begleiten. Ihre Fähigkeiten, die richtigen Fragen zu stellen, den Blick für das Ganze zu wahren und zugleich nie die Leichtigkeit zu verlieren dienen mir als Vorbild weit über das Promovieren hinaus. Ihr ist die Arbeit gewidmet.

Kapstadt, im März 2019   *Richard Lungstras*

Inhaltsverzeichnis

Abkürzungsverzeichnis

a. A.	andere Ansicht
a. a. O.	am angegebenen Ort
a. E.	am Ende
a. F.	alte Fassung
AAA	American Arbitration Association
Abs.	Absatz, Absätze
ADR	Alternative Dispute Resolution
AEUV	Vertrag über die Arbeitsweise der Europäischen Union
AG	Amtsgericht; Aktiengesellschaft
AJP	Aktuelle Juristische Praxis
AIOWF	Association of International Olympic Winter Sports Federations
Alt.	Alternative
AMRK	Amerikanische Menschenrechtskonvention
Anh.	Anhang
Anm.	Anmerkung
ANOC	Association of National Olympic Committees; deutsch: Vereinigung der Nationalen Olympischen Komitees
AntiDopG	Anti-Doping-Gesetz
AnwBl.	Anwaltsblatt
ArbGG	Arbeitsgerichtsgesetz
Arb. Int.	Arbitration International
ArbR	Arbeitsrecht
Art.	Artikel
art.	article
Artt.	Artikel (Plural)
ASA	Swiss Arbitration Association
ASGG	österreichisches Arbeits- und Sozialgerichtsgesetz
ASOIF	Association of Summer Olympic International Federations
Aufl.	Auflage
AuR	Arbeit und Recht (Zeitschrift)
Az.	Aktenzeichen
BAT	Basketball Arbitral Tribunal
BB	BetriebsBerater
Bd.	Band
BeckRS	Beck online Rechtsprechung
BGB	Bürgerliches Gesetzbuch
BGBl.	Bundesgesetzblatt

BGE	Entscheidungen des Schweizerischen Bundesgerichts, amtliche Sammlung
BGG	Schweizerisches Bundesgerichtsgesetz (englisch: SCA (siehe dort))
BGH	Bundesgerichtshof
BGHZ	Entscheidungen des Bundesgerichtshofes in Zivilsachen, amtliche Sammlung
BKartA	Bundeskartellamt
BR	Bundesrat
BT	Bundestag
BtMG	Gesetz über den Verkehr mit Betäubungsmitteln
BV	schweizerische Bundesverfassung
BVerfG	Bundesverfassungsgericht
BVerfGE	Entscheidungen des Bundesverfassungsgerichts, amtliche Sammlung
bzw.	beziehungsweise
CAS	Court of Arbitration for Sport
CaS	Causa Sport
CAS-ADD	CAS Anti-Doping Division
CAS-Code	Code of Sports-related Arbitration
CHF	Schweizer Franken
CONI	Comitato Olimpico Nazionale Italiano
d. h.	das heißt
ders.	derselbe
DESG	Deutsche Eisschnelllauf-Gemeinschaft
DFB	Deutscher Fußball Bund
dies.	dieselbe(n)
DIS	Deutsche Institution für Schiedsgerichtsbarkeit e. V.
DIS-SchO	DIS Schiedsgerichtsordnung 2018
DIS-SportSchO	Sportschiedsgerichtsordnung der Deutschen Institution für Schiedsgerichtsbarkeit e. V.
DLV	Deutscher Leichtathletik-Verband
DOSB	Deutscher Olympischer Sportbund
Drs.	Drucksache
DSB	Deutscher Sportbund
DSH	Deutsche Sporthilfe
dt.	deutsch
DtZ	Deutsch-deutsche Rechts-Zeitschrift
DZWir	Deutsche Zeitschrift für Wirtschaftsrecht
ECHR	European Convention on Human Rights
EGMR	Europäischer Gerichtshof für Menschenrechte
Einf.	Einführung

Einl.	Einleitung
EKMR	Europäische Kommission für Menschenrechte
EMRK	Europäische Menschenrechtskonvention
engl.	englisch
etc.	et cetera
EU	Europäische Union
EuGH	Europäischer Gerichtshof
EuGRZ	Europäische Grundrechte-Zeitschrift
EuGVVO	Verordnung über die gerichtliche Zuständigkeit und die Anerkennung und Vollstreckung von Entscheidungen in Zivil- und Handelssachen
EuIPR	Europäisches Kollissionsrecht
EUR	Euro
Eur. Int. Arb. Rev.	European International Arbitration Review (Zeitschrift)
EuZPR	Europäisches Zivilprozessrecht
EuZVR	Europäisches Zivilverfahrensrecht
EuZW	Europäische Zeitschrift für Wirtschaftsrecht
EWiR	Entscheidungen zum Wirtschaftsrecht
f.	folgende(r)
ff.	fortfolgende
FA	englische Football Association
FAA	Federal Arbitration Act
FAT	FIBA Arbitral Tribunal
FAZ	Frankfurter Allgemeine Zeitung
FEI	Fédération Équestre Internationale
FG	Festgabe
FIA	Federation Internationale de l'Automobile
FIBA	Fédération Internationale de Basketball
FIFA	Fédération Internationale de Football Association
FIG	Fédération Internationale de Gymnastique
FIGC	Federazione Italiana Giuoco Calcio, deutsch: italienischer Fußballdachverband
FIH	Fédération Internationale de Hockey
FINA	Fédération Internationale de Natation
FIS	Fédération Internationale de Ski
Fn.	Fußnote
frz.	französisch
FS	Festschrift
GAISF	General Association of International Sports Federations
GG	Grundgesetz für die Bundesrepublik Deutschland
ggf.	gegebenenfalls
GLJ	German Law Journal
GR	General Rules

GS	Gedächtnisschrift
GVG	Gerichtsverfassungsgesetz
GWB	Gesetz gegen Wettbewerbsbeschränkungen
h. M.	herrschende Meinung
HR & ILD	Human Rights and International Legal Discourse
Hrsg.	Herausgeber
HK	Handkommentar
HS.	Halbsatz
i. d. F.	in der Fassung
i. d. R.	in der Regel
i. H. v.	in Höhe von
i. S. v.	im Sinne von
i. Übr.	im Übrigen
i. V. m.	in Verbindung mit
IAAF	International Association of Athletics Federations
IBA	International Bar Association
IBF	International Boxing Federation
IBSF	International Bobsleigh & Skeleton Federation
ICAS	International Council of Arbitration for Sport; deutsch: Internationaler Rat für Sportschiedsgerichtsbarkeit
ICC	International Chamber of Commerce
ICLQ	International and Comparative Law Quarterly
IFs	International Federations
IIHF	International Ice Hockey Federation
Incoterms	International Commercial Terms
insb.	insbesondere
Int. A. L. R.	International Arbitration Law Review (Zeitschrift)
IntKom	Internationaler Kommentar
Int. Sports Law J.	International Sports Law Journal (Zeitschrift)
IOC	International Olympic Committee
IPbpR	Internationaler Pakt über bürgerliche und politische Rechte
IPC	International Paralympic Committee, deutsch: Internationales Paralympisches Komitee
IPrax	Praxis des Internationalen Privat- und Verfahrensrechts
IPRG	Bundesgesetz über das Internationale Privatrecht
ISLJ	International Sports Law Journal (Zeitschrift)
ISLR	International Sports Law Review (Zeitschrift)
ISSF	International Shooting Sport Federation
ISU	International Skating Union
IZPR	Internationales Zivilprozessrecht
J. Int. Arb.	Journal of International Arbitration

JIDS	Journal of International Dispute Settlement
jM	juris – Die Monatszeitschrift
JuS	Juristische Schulung
JZ	JuristenZeitung
Kap.	Kapitel
Law & Soc'y Rev.	Law & Society Review (Zeitschrift)
LCIA	London Court of International Arbitration
LG	Landgericht
lit.	litera
LMK	Kommentierte BGH-Rechtsprechung Lindenmaier-Möhring
Loy. U. Chi. L. J.	Loyola University Chicago Law Journal
LSK	Leitsatzkartei
LugÜ	Luganer Übereinkommens über die gerichtliche Zuständigkeit und die Vollstreckung gerichtlicher Entscheidungen in Zivil- und Handelssachen
Melb. J. Int. L.	Melbourne Journal of International Law (Zeitschrift)
m. w. N.	mit weiteren Nachweisen
max.	maximal
MüKo/ZPO	Münchener Kommentar zur Zivilprozessordnung mit Gerichtsverfassungsgesetz
n. F.	neue Fassung
NADA	Nationale Anti-Doping Agentur
NADC	Nationaler Anti-Doping Code
NATO	North Atlantic Treaty Organization
NBA	National Basketball Association
NGO	Non-governmental Organization
NJW	Neue Juristische Wochenschrift
NJW-RR	NJW-Rechtsprechungs-Report Zivilrecht
NJWE-VHR	Neue Juristische Wochenschrift, Entscheidungsdienst Versicherungs- und Haftungsrecht
NLMR	Newsletter Menschenrechte
No.	Number
no.	number
NOC	National Olympic Comittee
NOK	Nationales Olympisches Komitee
npoR	Zeitschrift für das Recht der Nonprofit Organisationen
Nr.	Nummer
NZKart	Neue Zeitschrift für Kartellrecht
OC	Olympic Charter

OGH	Oberster Gerichtshof (Österreich)
OLG	Oberlandesgericht
p.	page
para.	paragraph
Pepp. Disp. Resol. L. J.	Pepperdine Dispute Resolution Law Journal
PHB	Praxishandbuch
PILA	Private International Law Act; deutsch: IPRG (siehe dort)
PILS	Federal Statute on Private International Law; deutsch: IPRG (siehe dort)
pp.	pages
Red.	Redaktion
RegE	Regierungsentwurf
RFEC	Royal Spanish Cycling Federation
Rn.	Randnummer(n)
Rs.	Rechtssache
RVG	Rechtsanwaltsvergütungsgesetz
S.	Seite; Satz; siehe
SCA	swiss Supreme Court Act
SCC	Arbitration Institute of the Stockholm Chamber of Commerce
SchiedsVfG	Schiedsverfahrensgesetz
SchiedsVZ	Zeitschrift für Schiedsverfahren
SchO	Schiedsordnung
SJZ	Schweizerische Juristen-Zeitung
Slg.	Entscheidungen des Europäischen Gerichtes und des Europäischen Gerichtshofes, amtliche Sammlung
sog.	sogenannt
SportR	Sportrecht
SpuRt	Sport und Recht (Zeitschrift)
StPO	Strafprozessordnung
Swiss Rev. Int'l & Eur. L.	Swiss Review of International and European Law (Zeitschrift)
TAS	Tribunal Arbitral du Sport
u.	und
u. a.	und andere
U. Notre Dame Austl. L. Rev.	University of Notre Dame Australia Law Review (Zeitschrift)
UCI	Union Cycliste Internationale

UEFA	Union of European Football Associations; französisch: Union des Associations Européennes de Football; deutsch: Union Europäischer Fußballverbände
UNCITRAL	United Nations Commission on International Trade Law
UNESCO	United Nations Educational, Scientific and Cultural Organization, deutsch: Organisation der Vereinten Nationen für Erziehung, Wissenschaft und Kultur
UN-Übereinkommen	New Yorker Übereinkommen über die Anerkennung und Vollstreckung ausländischer Schiedssprüche
v.	von/vom
vs.	versus
VereinsR	Handbuch Vereins- und Verbandsrecht
Verf.	Verfasser
vgl.	vergleiche
Vol.	Volume
WADA	World Anti-Doping Agency; deutsch: Welt-Anti-Doping-Agentur
WADC	World Anti-Doping Codes; deutsch: Welt Anti-Doping Code
WBA	World Boxing Association
WBC	World Boxing Council
WBO	World Boxing Organization
WFV	Württembergischer Fußballverband
WVK	Wiener Übereinkommen über das Recht der Verträge
Yearb. Int. Arb.	Yearbook on International Arbitration and ADR
Yearb. Int. Sports Arb.	Yearbook of International Sports Arbitration
YN-Convention	Convention on the Recognition and Enforcement of Foreign Arbitral Awards
z. B.	zum Beispiel
ZaöRV	Zeitschrift für ausländisches öffentliches Recht und Völkerrecht
ZEuP	Zeitschrift für Europäisches Privatrecht
ZEuS	Zeitschrift für Europarechtliche Studien
ZfRV	Zeitschrift für Europarecht, Internationales Privatrecht und Rechtsvergleichung
ZGB	Schweizerisches Zivilgesetzbuch
ZGR	Zeitschrift für Unternehmens- und Gesellschaftsrecht
ZHR	Zeitschrift für das gesamte Handelsrecht und Wirtschaftsrecht
Ziff.	Ziffer
ZIP	Zeitschrift für Wirtschaftsrecht

zit.	zitiert
ZJS	Zeitschrift für das Juristische Studium
ZK-IPRG	Zürcher Kommentar zum IPRG
ZöR	Österreichische Zeitschrift für öffentliches Recht und Völkerrecht
	(heute: Zeitschrift für öffentliches Recht)
ZP	Zusatzprotokoll
ZPO	Zivilprozessordnung
ZVglRWiss	Zeitschrift für vergleichende Rechtswissenschaft: Archiv für internationales Wirtschaftsrecht
ZZPInt	Zeitschrift für Zivilprozeß International

A. Einführung in die Thematik

„Der sportliche Wettkampf ist ein Streben nach einer gerechten Entscheidung."[1]
Dies wirft die Frage nach den angemessenen juristischen Rahmenbedingungen auf dem Weg zu einer gerechten Entscheidung auf.

Sportlicher Wettkampf und juristische Überprüfung weisen vielfältige Schnittmengen auf. Die Historie lehrt uns, dass der sportliche Wettkampf nicht mit Überqueren der Ziellinie oder Schlusspfiff des Spiels entschieden sein muss. Vielmehr kann die Entscheidung auch erst am „grünen Tisch" erfolgen – um den Preis des emotionalen Triumphs, jedoch im Sinne eines gerechten Resultats. Nun ist es müßig der Frage nachzugehen, wie viel Gerechtigkeit einer Entscheidung innewohnt – sei es im sportlichen, sei es im juristischen Wettstreit. Die Antwort wird stets subjektiv ausfallen. Begreift man den Rechtsstreit selbst als Wettstreit[2] und als Diener eines gerechten Ergebnisses, so ist es wenig überraschend, die Gründe für eine Niederlage vor dem *Court of Arbitration for Sport* (im Folgenden: CAS)[3] – im Moment einer sportlichen Niederlage vergleichbar – vornehmlich bei dem Schiedsgericht selbst zu suchen. Seit seiner Gründung sehen sich somit der CAS und seine Schiedsrichter heftiger Kritik ausgesetzt und werden wahlweise als *„kangoroo court"*[4] oder *„Müll-Richter"*[5] bezeichnet.

Angesichts der Vehemenz dieser Kritik drängt sich für den CAS zwar nicht unweigerlich die Sinnfrage, gleichwohl aber die Frage nach dessen Standortbestimmung auf. Hierfür bedarf es seiner Kontextualisierung in die Welt des internationalen Sports. Beheimatet in der Lausanner Residenz, dem *Château de Béthusy* gelangen unter seinem Dach die verschiedensten Rechtsgebiete zum Austausch, von Sport- und Schiedsrecht, über Zivil- und Strafrecht bis hin zum Verfassungs- und Menschenrecht. Erwei-

---

1 *Gebauer*, Sport an der Seite von Kunst und Wissenschaft, FAZ-Beitrag v. 29.11.2017, abrufbar unter: http://www.faz.net/aktuell/sport/gunter-gebauer-ueber-den-sport-an-der-seite-von-kunst-und-wissenschaft-15311580-p4.html (Stand: März 2019).
2 So *Huizinga*, Homo Ludens, S. 89 ff.
3 Dt.: Internationaler Sportgerichtshof; frz.: Tribunal Arbitral du Sport (TAS).
4 So wurde der CAS von der ehemaligen, des Dopings überführten US-Sprinterin *Marion Jones* bezeichnet, *Straubel*, Loy. U. Chi. L. J. 2004, S. 1203.
5 Sport1-Artikel v. 29.03.2018, Platini wütend: "Müll-Richter!", abrufbar unter: https://www.sport1.de/internationaler-fussball/2018/03/michel-platini-wettert-gegen-sperre-bei-cas-und-fifa-sitzen-muell-richter (Stand: März 2019).

tert werden diese stets um die internationale Dimension als eines der Wesensmerkmale des CAS. Sobald der sportliche Wettbewerb nationale Grenzen überschreitet, kann dessen rechtliche Bewertung nicht innerhalb dieser nationalen Grenzen verharren. Dieser Logik folgend wurde in der vorliegenden Untersuchung einer der Schwerpunkte auf das Postulat des internationalen Entscheidungseinklangs gelegt und die *Konvention zum Schutz der Menschenrechte und Grundfreiheiten* (im Folgenden: „EMRK") als Bewertungsmaßstab für das CAS-Berufungsverfahren herangezogen.

Zudem wird das Schutzbedürfnis des Athleten[6] vor dem CAS in den Fokus gerückt. Sportlicher Wettkampf ohne Athletenbeteiligung ist unvorstellbar. Der Athlet steht im Zentrum des Wettkampfgeschehens. Gleiches hat für den rechtlichen Wettstreit vor dem CAS zu gelten. Angesichts dessen sollte ein Berufungsverfahren vor dem CAS ohne die Berücksichtigung fundamentaler Athleteninteressen undurchführbar erscheinen. Eingedenk des strukturellen Ungleichgewichts im internationalen Sportrecht zwischen Sportverbänden und Athleten gerät damit die Gewährleistung gleicher Verfahrensgarantien aller Schiedsparteien zur besonderen Herausforderung. Dabei hat der CAS als „größter grüner Tisch" der internationalen Sportwelt gewaltige Reformanstrengungen vorzunehmen. Auf welchen Wegen er diesem anspruchsvollen Ziel im wahrsten Sinne des Wortes *gerecht* werden kann, ist Kernfrage dieser Untersuchung.

Besondere Aktualität erlangt die Untersuchung durch das jüngst ergangene und mit Spannung erwartete Urteil der 3. Sektion des Europäischen Gerichtshofs für Menschenrechte zu den gemeinsamen entschiedenen Beschwerden der Athleten *Mutu* und *Pechstein*.[7] Das Urteil ist inzwischen gemäß Artt. 43, 44 Abs. 2 lit. c) EMRK endgültig, nachdem der Ausschuss der Großen Kammer am 5. Februar 2019 den Antrag der Beschwerdeführerin *Pechstein* auf Verweisung an die Große Kammer abgelehnt hat.[8] Diese

---

6 Sofern in dieser Untersuchung von Athleten oder Sportlern die Rede ist, sind damit stets Athletinnen und Sportlerinnen gleichermaßen gemeint mit Ausnahme klarer abweichender Bezeichnungen. Im Sinne der Verständlichkeit wird auf die zusätzliche weibliche Form verzichtet. Dies gilt für sämtliche Sammelbezeichnungen, bei denen nur die männliche Form gewählt wurde.

7 EGMR, Urteil v. 02.10.2018, Nr. 40575/10, 67474/10, Mutu und Pechstein v. Suisse; deutsche Übersetzungen in BeckRS 2018, S. 23523; auszugsweise in SpuRt 2018, S. 253 ff. (m. Anm. *Hülskötter*) und NLMR 2018, S. 418 ff. (m. Anm. *Kieber*); die Leitsätze der Entscheidung sind zudem abgedruckt in LSK 2018, S. 28168 und AuR 2018, S. 536.

8 Referrals to Grand Chamber, Press Release issued by the Registrar of the Court, ECHR 053 (2019) v. 05.02.2019; s. hierzu unter Kap. 3 B.

Entscheidung sowie die hierauf erfolgten Reaktionen des CAS und der Literatur konnten in der Untersuchung noch entsprechend berücksichtigt werden.

B. Gegenstand, Methodik und Ziel der Untersuchung

Gegenstand der vorliegenden Untersuchung sind die Verfahrensgarantien zum Schutze der Schiedsparteien in dem Berufungsverfahren („Appeal Arbitration Procedure") vor dem CAS. Dieses kommt für Athleten und Vereine aufgrund des faktischen Schiedszwangs im internationalen Sportrecht zur Anwendung, sofern sie sich gegen verbandsseitig auferlegte Disziplinarmaßnahmen zur Wehr setzen wollen.

Vor diesem Hintergrund gilt es zunächst das Spielfeld darzustellen, auf dem die verschiedenen Akteure des internationalen Sportrechts agieren (s. Kapitel 1). Hierfür sollen zwei Aspekte in den Blickpunkt gerückt werden: das systemrelevante Bedürfnis nach einem funktionsfähigen CAS im Sinne eines internationalen Entscheidungseinklangs sowie die Schutzbedürftigkeit der Athleten[9] aufgrund ihrer strukturellen Unterlegenheit im Verhältnis zu den internationalen Sportverbänden. Hinsichtlich des ersten Aspekts wird den Fragen nach der Funktionsfähigkeit des CAS sowie nach Alternativen und Kritikpunkten zum CAS als exklusiver Zuständigkeitsinstanz und damit als Gegenpol zu dem Dilemma der Rechtszersplitterung nachgegangen. Der zweite Aspekt nimmt die Schutzbedürftigkeit der Athleten anhand aktueller Rechtsprechung an den Schnittstellen der Schieds- und staatlichen Gerichtsbarkeit in den Blick.

Die besondere Schutzbedürftigkeit der Athleten in dem Verfahren vor dem CAS ist auch ausschlaggebend für den Maßstab, an dem die Verfahrensgarantien vor dem CAS gemessen werden. Für manchen Leser womöglich überraschend, wird als Maßstab nicht das schweizerische Recht, sondern die *Konvention zum Schutze der Menschenrechte und Grundfreiheiten (EMRK)*, konkret Art. 6 EMRK gewählt. Dieses Vorgehen findet seinen Grund in dem höheren Schutzniveau der EMRK gegenüber dem schweizerischen Recht und der Rechtsprechung des Schweizerischen Bundesgerichts, der im Hinblick auf die Sportschiedsgerichtsbarkeit eine „wohlwol-

---

9 Da die Schutzbedürftigkeit der Athleten im Vergleich zu der der Vereine noch offenkundiger ist und die CAS-Berufungsverfahren häufiger Angelegenheiten von Athleten zum Gegenstand haben, wird die Schutzbedürftigkeit am Beispiel der Athleten in dieser Untersuchung illustriert. Die gleiche Schutzbedürftigkeit trifft aber in der Regel auch auf Vereine im CAS-Berufungsverfahren zu, die sich in vergleichbarer struktureller Unterlegenheit zu den Verbänden befinden.

lende Haltung" zu attestieren ist, die dem erhöhten Schutzbedürfnis der Athleten nicht zuträglich ist. Eine vollumfängliche Gewährleistung der Verfahrensgarantien von Art. 6 EMRK im CAS-Berufungsverfahren, die über die Einhaltung lediglich prozessualer Mindeststandards im Rahmen einer *Ordre public*-Prüfung hinausgeht, wird unter dogmatischen und praktischen Gesichtspunkten unter Einbeziehung der einschlägigen Rechtsprechung und Literatur hergeleitet (s. Kapitel 2).

Ziel der Untersuchung ist es, den *status quo* des CAS sowie dessen Reformbedürftigkeit anhand der Verfahrensgarantien von Art. 6 EMRK zu messen (s. Kapitel 3). Hierfür werden verschiedene Reformvorschläge im Hinblick auf die einzelnen Anforderungen von Art. 6 EMRK beleuchtet. Im Sinne einer klaren Ergebnisfindung wird im Anhang[10] der Untersuchung der aktuellen Verfahrensordnung vor dem CAS, dem *Code of Sports-related Arbitration* (im Folgenden „CAS-Code")[11] eine eigene Version gegenübergestellt, die in Konformität mit Art. 6 EMRK Reformvorschläge beinhaltet.

---

10 Anhang: Reformierter CAS-Code basierend auf den Ergebnissen der Untersuchung, S. 407.
11 Frz.: „Code de l'arbitrage en matière de sport". Sofern nicht anders angegeben, entsprechen die zitierten Regelungen dem aktuellen CAS-Code 2019, der zum 01.01.2019 in Kraft trat; abrufbar unter: http://www.tas-cas.org/en/arbitration/cod e-procedural-rules.html (Stand: März 2019).

KAPITEL 1: Die internationale Sportschiedsgerichtsbarkeit – Die Postulate des internationalen Entscheidungseinklangs und des besonderen Schutzes der Athleten

A. Die internationale Dimension des Sports: Das Dilemma der Rechtszersplitterung

Spitzensport wird nicht nur national, sondern global betrieben.[12] Dies folgt bereits aus der Logik des sportlichen Wettkampfs: Der permanente Leistungsvergleich impliziert, die Vergleichskontexte in räumlicher Hinsicht von regionaler auf nationale, von nationaler auf internationale Ebene auszudehnen, um einheitlich die weltbesten Leistungen bestimmen und vergleichen zu können.[13] Die Athleten stehen somit nicht nur in rechtlich relevanten Beziehungen zu ihren nationalen Vereinen und Verbänden, sondern auch zu ihren internationalen Verbänden oder im Rahmen einer Olympiateilnahme zum IOC.[14] Ferner wird die globale Ausdehnung des Spitzensports durch die Regeln 25, 26.1.2 Olympic Charter[15] forciert, indem das IOC die internationalen Verbände nur anerkennt, wenn diese versichern, ihren Sport als Fachverband weltweit zu organisieren und zu fördern.[16] Auch der Umstand, dass die internationalen Sportverbände ihre Hauptsitze auf der ganzen Welt verteilt haben trägt dazu bei.[17]

---

12 *Adolphsen*, in: Witt (Hrsg.)Jahrbuch Junger Zivilrechtswissenschaftler, S. 281, 282; *ders.*, SchiedsVZ 2004, S. 169, 170.
13 *Kaiser*, in: Kleiner/Baddeley, Sportrecht, S. 37, 39.
14 *Holla*, Der Einsatz von Schiedsgerichten im organisierten Sport, S. 30.
15 Olympic Charter („OC"), in Kraft getreten am 15.09.2017, abrufbar unter: https://stillmed.olympic.org/media/Document%20Library/OlympicOrg/General/EN-Olympic-Charter.pdf#_ga=2.110558913.511410162.1537297765-535821610.1484062389 (Stand: März 2019); Rule 25 Abs. 1 OC: „In order to develop and promote the Olympic Movement, the IOC may recognise as IFS international non-governmental organisations administering one or several sports at world level and encompassing organisations administering such sports at national level."; Rule 26.1.2 OC: „The mission and role of the IFS within the Olympic Movement are: to ensure the development of their sports throughout the world."
16 *Adolphsen*, SchiedsVZ 2004, S. 169, 170.
17 *Adolphsen*, SchiedsVZ 2004, S. 169, 170.

Der weltweite Leistungsvergleich darf aber freilich nicht dazu führen, die wesentlichen Grundwerte des Sports auszuhöhlen. Diese sind in dem Konkurrenz-, dem Leistungs- und dem Gleichheitsprinzip zu sehen.[18] Letzterem sind das Fairnessprinzip und die Chancengleichheit inhärent.[19] Unabhängig davon, auf welcher Ebene der Sport betrieben wird, müssen diese Grundwerte immer Geltung beanspruchen. Auf Ebene des internationalen Sports kommen dem Grundsatz der Einheitlichkeit der Sportausübung als Ausdruck des Gleichheitsprinzips[20] sowie der Gewährleistung der Vergleichbarkeit der Leistungen besondere Bedeutung zu.[21] Im Sinne einer formellen Gleichheit unter den Wettkämpfern muss Grundlage für deren Bewertung allein die Leistung sein, unabhängig von allen anderen Parametern, wie z. B. Rasse, Religion oder Nationalität.[22] Demnach ist ein internationaler Regelungs- und Entscheidungseinklang erforderlich, um sportliche Leistungen international miteinander vergleichen zu können.[23] Dies setzt die Geltung und Durchsetzung einheitlicher, für alle gleichermaßen geltender Wettkampfregeln voraus. Hiervon erfasst sein müssen sowohl die weltweiten Spielregeln i. e. S. als auch die weltweiten Rechtsregeln, die auf Sportsachverhalte Anwendung finden.[24] Für einen geregelten Sport- und Wettkampfablauf sind sowohl die Herstellung gleicher Start- und Wettkampfbedingungen als auch Bestimmungen über deren Durchsetzung unabdingbar.[25] Dies gewährleisten die internationalen Verbände, indem sie die Regelungshoheit für alle Fragen beanspruchen, die dem Schutz und

---

18 *Adolphsen*, Internationale Dopingstrafen, S. 1; *ders.*, SchiedsVZ 2004, S. 169, 170; *Wax*, Internationales Sportrecht, S. 61, der die drei Prinzipien als die *„sportive Drei-Elemente-Lehre"* bezeichnet. *Orth*, Blogeintrag „Zwischenruf: Videobeweis ist falscher Grundwerteeingriff", abrufbar unter: https://www.janforth.de/zwische nruf-videobeweis-ist-falscher-grundwerteeingriff/ (Stand: März 2019), der in „natürliche[r] Leistung, Chancengleichheit, Fairness und [...] Zufall" die Grundwerte des Sports sieht.
19 *Pfister*, in: Fritzweiler/Pfister/Summerer, PHB Sportrecht, Einf., S. 5.
20 *Haas*, in: Gilles/Pfeiffer (Hrsg.), Neue Tendenzen im Prozessrecht, S. 9, 13; *Rigozzi*, L'arbitrage international en matière de sport, S. 29, Rn. 43.
21 *Petri*, Die Dopingsanktion, S. 313; *Wax*, Internationales Sportrecht, S. 136.
22 *Adolphsen*, SchiedsVZ 2004, S. 169, 170.
23 *Haas*, SchiedsVZ 2009, S. 73, 80; *ders.*, in: Gilles/Pfeiffer (Hrsg.), Neue Tendenzen im Prozessrecht, S. 9, 13.
24 *Wax*, Internationales Sportrecht, S. 136.
25 So bereits der BGH in seinem grundlegenden „Reiter-Urteil", BGH, Urteil v. 28.11.1994, Az.: II ZR 11/94 (Frankfurt a.M.), NJW 1995, S. 583, 584; *Weller*, JuS 2006, S. 497, 498 f.

der Integrität des sportlichen Wettkampfes dienen.[26] Um den Grundsatz der Einheitlichkeit auch weltweit durchsetzen zu können, nehmen deshalb die internationalen Verbände für sich eine „Sanktionshoheit gegenüber den Regelungsadressaten in Anspruch"[27]. Es besteht somit eine „funktionsnotwendige Welteinheitlichkeit"[28].

Dieses Postulat der Herstellung internationaler Chancengleichheit bereitete den Boden für die Gründung des CAS[29] und stellt mithin die "Daseinsberechtigung" des CAS als weltweit einheitliche Zuständigkeitsinstanz dar. Denn vor Gründung des CAS standen, allgemein gesprochen, der "funktionsnotwendigen Welteinheitlichkeit" im Wesentlichen zweierlei Gefahren gegenüber: Zum einen fehlt es an einem einheitlichen Weltrecht, das die Belange der Sportler, der nationalen Sportverbände und der Sportvereine gegenüber den internationalen Sportverbänden, gegen die von ihnen festgelegten Regeln und Einzelentscheidungen schützen könnte.[30] Zum anderen mangelte es an einer einheitlich zuständigen Gerichtsbarkeit, die über die Streitigkeiten mit sportrechtlichem Bezug entscheidet.[31]

Mithin steht der globalen Bedeutung des Sports das Fehlen eines „Weltstaates" im Sport gegenüber. Statt eines solchen „Weltstaates" besteht bekanntlich eine Vielzahl an souveränen Staaten mit jeweils territorial beschränkter Hoheitsgewalt, denen gegenüber die internationalen Sportverbände rechtsunterworfen sind.[32] Die Wahrscheinlichkeit widersprüchlicher und gegenläufiger Entscheidungen bestünde aufgrund eines Regelungsdualismus in doppelter Hinsicht: zwischen Entscheidungen staatlicher Gerichte und von Verbandsgerichten sowie Entscheidungen unterschiedlicher staatlicher Gerichte.[33]

Durch die Anwendung rein nationaler Maßstäbe von staatlichen Gerichten in internationalen Sportrechtsstreitigkeiten droht eine „unübersehbare

---

26 *Haas*, SchiedsVZ 2009, S. 73, 80; *ders.*, in: Gilles/Pfeiffer (Hrsg.), Neue Tendenzen im Prozessrecht, S. 9, 14 f.; *Rigozzi*, L'arbitrage international en matière de sport, S. 31, Rn. 50.

27 *Haas*, SchiedsVZ 2009, S. 73, 80.

28 *Vieweg*, Normsetzung und -anwendung deutscher und internationaler Verbände, S. 138; *Reuter*, DZWir 1996, S. 1, 2.

29 S. hierzu Kap. 1 C. I.

30 *Pfister*, in: Fritzweiler/Pfister/Summerer, PHB Sportrecht, Einf., Rn. 8.

31 *Pfister*, in: Fritzweiler/Pfister/Summerer, PHB Sportrecht, Einf., Rn. 8.

32 *Balthasar/Krisper*, in: Balthasar/Cornu (Hrsg.), Internationaler Sport, S. 1, 2 f.

33 *Heermann*, in: GS Unberath, S. 159, 168.

Zersplitterung"[34], die in hohem Maße die internationale Gleichheit, Einheitlichkeit und Vergleichbarkeit des Sports gefährdet.[35] Mithin besteht ein „Dilemma"[36] der Rechtszersplitterung.

Diese „Rechtszersplitterung" hat viele Gesichter. Sie folgt vordergründig aus dem Dilemma der Zuständigkeit staatlicher Gerichte.[37] In welcher Form es zu der Zuständigkeit staatlicher Gerichte kommen kann für den Fall, dass keine CAS-Schiedsvereinbarung vorliegt, soll im Überblick dargestellt werden.

I. Die vielfältigen Zuständigkeitsanknüpfungspunkte und deren extensive Bejahung durch staatliche Gerichte

Zu obsiegen ist primäres Ziel einer jeden Partei. Eine der wichtigsten Aufgaben des Anwalts ist es demnach, den Gerichtsort ausfindig zu machen, welcher seinem Mandanten die besten Möglichkeiten eröffnet, den Rechtsstreit zu gewinnen.[38] Dies impliziert die Wahl desjenigen Gerichtsorts, dessen internationales Privatrecht eine Rechtsordnung zur Anwendung beruft, welche die aussichtsreichste Rechtsverteidigung für den Mandanten bietet.[39] Dieses nachvollziehbare Streben ist mit dem negativen Terminus „forum shopping" belegt.[40] Dabei ist es nicht den Anwälten vorzuwerfen, für ihre Mandanten das aussichtsreichste Forum auszumachen. Schließlich wird zumindest innerhalb der Europäischen Union auch unabhängig von dem sportspezifischen Kontext durch die Offenheit der Niederlassungsfreiheit gemäß Artt. 49, 54 AEUV ein „forum shopping" der anwendbaren Rechtsregime geradezu ermutigt.[41] Mithin ist die Staatengemeinschaft ge-

---

34 *Adolphsen*, SchiedsVZ 2004, S. 169, 170.

35 *Adolphsen*, SchiedsVZ 2004, S. 169, 170.

36 Begrifflichkeit nach *Adolphsen*, SchiedsVZ 2004, S. 169, 170; hierauf ebenfalls bezugnehmend *Wax*, Internationales Sportrecht, S. 132.

37 *Adolphsen*, SchiedsVZ 2004, S. 169, 170.

38 *Schwartze*, in: FS v. Hoffmann, S. 415, 415.

39 *Geimer*, IZPR, S. 445, Rn. 1096.

40 *Schwartze*, in: FS v. Hoffmann, S. 415, 415; *Geimer*, IZPR, S. 444, Rn. 1095.

41 So entschied jüngst der EuGH in der Rs. *Polbud*, dass es keinen Missbrauch der Niederlassungsfreiheit darstellt, wenn eine Gesellschaft „forum shopping" betreibt, indem sie ihren Sitz ohne Verlegung ihrer tatsächlichen Geschäftstätigkeit allein deshalb nach dem Recht eines anderen Mitgliedstaats begründe, „um in den Genuss günstigerer Rechtsvorschriften zu kommen", EuGH, Urteil v. 25.10.2017, Az.: C-106/16, Polbud Wykonawstwo sp. zo. o., Rn. 40, NJW 2017, S. 3639, 3641.

fragt, ihr Kollisionsrecht zu vereinheitlichen.[42] Denn Hintergrund des „forum shopping" ist der fehlende internationale Entscheidungseinklang. Dieser führt zu unterschiedlichen Beurteilungen eines Klagebegehrens aufgrund unterschiedlicher Kollisionsregeln.[43] Bereits eingeschränkt ist das Problem des „forum shopping" im Anwendungsbereich der Verordnung über die gerichtliche Zuständigkeit und die Anerkennung und Vollstreckung von Entscheidungen in Zivil- und Handelssachen (EuGVVO)[44] sowie des Luganer Übereinkommens über die gerichtliche Zuständigkeit und die Vollstreckung gerichtlicher Entscheidungen in Zivil- und Handelssachen (LugÜ)[45]. Sofern hier ein besonderer Gerichtsstand greift, muss der Kläger den Beklagten nicht an dessen Wohnsitz verklagen, sondern es kann auch ein anderer Vertrags- bzw. Mitgliedsstaat zuständig sein.[46] Dessen Gerichte sind dann zur Justizgewährung verpflichtet.[47]

Eine extensive Bejahung der staatlichen Gerichte hinsichtlich ihrer Zuständigkeiten lässt sich anhand von Schadensersatzklagen von Athleten gegen Sportverbände vor staatlichen Gerichten illustrieren. So neigen staatliche Gerichte dazu, ihre Zuständigkeit aufgrund von internationalen Abkommen, wie der EuGVVO, dem LugÜ oder nach den nationalen Zivilprozessordnungen häufig zu bejahen. Die beiden Abkommen finden gemäß Art. 1 Abs. 2 lit. d) EuGVVO und gemäß Art. 1 Abs. 2 lit. d) LugÜ auf die Schiedsgerichtsbarkeit ausdrücklich keine Anwendung.[48]

Grundsätzlich führt die internationale Zuständigkeit zur Anwendung der *lex fori* mit der Folge, dass das anwendbare Recht unterschiedlich ermittelt und beurteilt werden kann.[49] Wurden zwei Athleten wegen des

---

42 *Geimer*, IZPR, S. 445, Rn. 1099.

43 *Geimer*, IZPR, S. 445, Rn. 1099; *Schleiter*, Globalisierung im Sport, S. 20 ff., der die Problematik anhand von Beispielsfällen erläutert; *Kotzenberg*, Die Bindung des Sportlers an private Dopingregeln und private Schiedsgerichte, S. 156 f.

44 Die EuGVVO löste das Europäische Gerichtsstands- und Vollstreckungsübereinkommen (EuGVÜ) ab, *Adolphsen*, in: Adolphsen/Nolte/Lehner/Gerlinger, Sportrecht in der Praxis, S. 292, Rn. 1214. Zum 10.01.2015 trat die neue Fassung der EuGVVO in Kraft.

45 Das LugÜ wurde am 30.10.2007 abgeschlossen. Vertragsstaaten sind die EU-Mitgliedstaaten, die Schweiz, Island, Norwegen und Dänemark. Für die EU-Mitgliedstaaten, Norwegen und Dänemark trat das Abkommen zum 01.01.2010, zwischen der EU und der Schweiz bzw. Island zum 01.01.2011 bzw. 01.05.2011 in Kraft.

46 *Geimer*, IZPR, S. 446, Rn. 1100.

47 *Geimer*, IZPR, S. 446, Rn. 1100.

48 S. vertiefend zu dem Verhältnis zwischen der Schiedsgerichtsbarkeit und dem europäischen Zivilprozessrecht *Hess*, JZ 2014, S. 538 ff.

49 *Adolphsen*, IPrax 2000, S. 81, 86; *ders.*, Internationale Dopingstrafen, S. 256.

gleichen Delikts gesperrt, kann dies dazu führen, dass der eine Athlet früher wieder an Wettkämpfen teilnehmen darf als der andere, der nicht „*den ,Segen' der Heimatrechtsprechung hatte*"[50].

II. Beispiele für die Zuständigkeitsvielfalt

Die zahlreichen Zuständigkeitsanknüpfungspunkte sollen beispielhaft anhand von drei Fällen bezogen auf die bejahten Zuständigkeiten nach der EuGVVO, dem LugÜ und der ZPO dargestellt werden.

Im Anwendungsbereich der EuGVVO bzw. des LugÜ kann die internationale Zuständigkeit nationaler Gerichte aufgrund allgemeiner, besonderer oder ausschließlicher Zuständigkeitsvorschriften eröffnet sein. Gemäß Art. 24 Nr. 2 EuGVVO/Art. 22 Nr. 2 LugÜ greift der ausschließliche Gerichtsstand „*für Verfahren/Klagen, welche die Gültigkeit, die Nichtigkeit oder die Auflösung einer Gesellschaft oder juristischen Person oder die Gültigkeit der Beschlüsse ihrer Organe zum Gegenstand haben.*" In Betracht kommt eine solche ausschließliche Zuständigkeit z. B. bei Schadensersatz- und Unterlassungsansprüchen im Zusammenhang mit Dopingsperren. So nahm beispielsweise der österreichische Oberste Gerichtshof[51] die ausschließliche Zuständigkeit von schweizerischen Gerichten für die Aufhebung einer Dopingsperre aufgrund dieser Vorschriften an. Dem Fall lag die Klage des österreichischen Langlauf-Nationaltrainers *Mayer* zugrunde, der vom internationalen Skiverband FIS gesperrt und dem daraufhin von dem nationalen österreichischen Skiverband gekündigt worden war wegen Dopingvorwürfen gegen von ihm betreute Athleten. Daraufhin klagte *Mayer* vor den österreichischen staatlichen Gerichten u. a. auf Feststellung der Unwirksamkeit seiner Sperre. Da internationale Sportverbände als rechtsfähige Vereine ihrem Wesen von dem Gesellschaftsbegriff der Vorschriften erfasst werden[52], war insbesondere die Reichweite des Begriffes „Organbeschluss" problematisch. Der österreichische OGH bejaht dies in dem Beispielsfall mit dem Argument, das Feststellungsbegehren ziele darauf ab, den nationalen Skiverband als Mitglied des internationalen Verbandes FIS dazu zu bewegen, dessen Beschluss umzusetzen. Somit binde der Beschluss der FIS

---

50 *Adolphsen*, IPrax 2000, S. 81, 86.
51 OGH Wien, Beschluss vom 21.05.2007, Az.: 8 ObA 68/06 t, SpuRt 2007, S. 237 ff.
52 *Grothe*, in: FS v. Hoffmann, S. 601, 604; *Mankowski*, in: Rauscher, EuZPR-EulPR, Art. 24, S. 651, Rn. 60; *Geimer*, in: Geimer/Schütze, EuZVR, A.1 Art. 22, Rn. 145 ff.

die nationalen Verbände in ihren Rechten und Pflichten und werde auch durch den Sportler angegriffen.[53] Allerdings ist der ausschließliche Gerichtsstand vor dem Hintergrund, dass dieser eine Abweichung von dem Grundsatz *actor sequitur forum rei* darstellt, nach der Rechtsprechung des EuGH restriktiv anzuwenden, um widersprechende Entscheidungen über das Bestehen von Gesellschaften und die Gültigkeit von Organentscheidungen zu vermeiden.[54] Bloße Vorfragen sind somit unerheblich und fallen nicht unter den ausschließlichen Gerichtsstand.[55] So wäre in dem Beispielsfall die Frage, ob die FIS nach ihren Statuten zur Verurteilung von Trainern befugt war, als Befugnisfrage des Organs einschlägig i. S. v. Art. 24 Nr. 2 EuGVVO, nicht jedoch die Frage, ob überhaupt – wie vom Kläger bestritten – Doping vorlag; Letztere ist von dem allgemeinen Zuständigkeitsregime erfasst.[56] Ohne auf die zahlreichen möglichen Konstellationen hinsichtlich des ausschließlichen Gerichtsstands hier im Einzelnen einzugehen, verdeutlicht dieser kleine Beispielsfall bereits, dass schon der ausschließliche Gerichtsstand Anknüpfungspunkte bietet, je nach Gerichtsauffassung zu unterschiedlichen Zuständigkeitenfestlegungen zu kommen.

Sofern die ausschließliche Zuständigkeit nationaler Gerichte nicht greift, kommen allgemeine und besondere Gerichtsstände in Betracht. Als allgemeiner Gerichtsstand gilt gemäß Art. 4 Abs. 1 EuGVVO[57] und Art. 2 Abs. 1 LugÜ nach dem Grundsatz des *actor sequitur forum rei* der Wohnsitz des Beklagten.[58] Eine besondere Zuständigkeit kann sich insbesondere aus dem Gerichtsstand des Erfüllungsortes gemäß Art. 7 Nr. 1 lit. a) EuGVVO bzw. Art. 5 Nr. 1 lit. a) LugÜ[59], einer Streitgenossenschaft zwischen internationalem und nationalem Verband gemäß Art. 8 Nr. 1 EuGVVO[60] oder aus dem Grund ergeben, dass der nationale Verband als „Niederlassung" i. S. v.

---

53 *Grothe*, in: FS v. Hoffmann, S. 601, 605; OGH Wien, Beschluss vom 21.05.2007, Az.: 8 ObA 68/06 t, SpuRt 2007, S. 237, 240.
54 EuGH, Urteil v. 02.10.2008, Az.: C-372/07, Slg. I 2008, 7405 („Hassett").
55 *Mankowski*, in: Rauscher, EuZPR-EuIPR, Art. 24, S. 660, Rn. 75.
56 S. vertiefend hierzu *Grothe*, in: FS v. Hoffmann, S. 601, 606.
57 Art. 4 Abs. 1 EuGVVO: „Vorbehaltlich der Vorschriften dieser Verordnung sind Personen, die ihren Wohnsitz im Hoheitsgebiet eines Mitgliedstaats haben, ohne Rücksicht auf ihre Staatsangehörigkeit vor den Gerichten dieses Mitgliedstaats zu verklagen."; dies entspricht dem nahezu wortgleichen Art. 2 Abs. 1 LugÜ.
58 *Geimer*, in: Zöller, ZPO, Anh. I, EuGVVO, Art. 4, Rn. 1.
59 S. hierzu *Grothe*, in: FS v. Hoffmann, S. 601, 608 ff.
60 Art. 8 Nr. 1 EuGVVO: „Eine Person, die ihren Wohnsitz im Hoheitsgebiet eines Mitgliedstaats hat, kann auch verklagt werden, wenn mehrere Personen zusammen verklagt werden, vor dem Gericht des Ortes, an dem einer der Beklagten seinen Wohnsitz hat, sofern zwischen den Klagen eine so enge Beziehung gegeben

Art. 7 Nr. 5 EuGVVO[61] des internationalen Verbandes gesehen wird bzw. gemäß Art. 7 Nr. 2 EuGVVO[62] bei Schadensersatzklagen wegen einer unerlaubten Handlung. Die verschiedenen besonderen Gerichtsstände für die internationale Zuständigkeit führen dazu, dass nationale Gerichte ihre Zuständigkeit vermehrt auch gegenüber Parteien bejahen, gegen die nach dem allgemeinen Gerichtsstand die internationale Zuständigkeit bei einem anderen mitgliedsstaatlichen Gericht läge. So bejahte beispielsweise im *Pechstein*-Verfahren das LG München I seine internationale Zuständigkeit gegen den internationalen Eisschnelllaufverband ISU mit Sitz in der Schweiz aufgrund von Art. 6 Nr. 1 LugÜ, indem es die erforderliche Konnexität für die Streitgenossenschaft zwischen dem internationalen Verband und dem deutschen nationalen Verband bejahte.[63] Zwar ist dieser Weg, über den Streitgenossenschaftsgerichtsstand den internationalen Verband am Sitz des nationalen Verbandes zu verklagen aus Rechtsschutzgesichtspunkten zugunsten des Athleten begrüßenswert.[64] Demgegenüber sind die

---

ist, dass eine gemeinsame Verhandlung und Entscheidung geboten erscheint, um zu vermeiden, dass in getrennten Verfahren widersprechende Entscheidungen ergehen könnten."; dies entspricht dem nahezu wortgleichen Art. 6 Nr. 1 LugÜ.

61 Art. 7 Nr. 5 EuGVVO: „Eine Person, die ihren Wohnsitz im Hoheitsgebiet eines Mitgliedstaats hat, kann in einem anderen Mitgliedstaat verklagt werden, wenn es sich um Streitigkeiten aus dem Betrieb einer Zweigniederlassung, einer Agentur oder einer sonstigen Niederlassung handelt, vor dem Gericht des Ortes, an dem sich diese befindet."; dies entspricht dem nahezu wortgleichen Art. 5 Nr. 5 LugÜ.

62 Art. 7 Nr. 2 EuGVVO: „Eine Person, die ihren Wohnsitz im Hoheitsgebiet eines Mitgliedstaats hat, kann in einem anderen Mitgliedstaat verklagt werden, wenn eine unerlaubte Handlung oder eine Handlung, die einer unerlaubten Handlung gleichgestellt ist, oder wenn Ansprüche aus einer solchen Handlung den Gegenstand des Verfahrens bilden, vor dem Gericht des Ortes, an dem das schädigende Ereignis eingetreten ist oder einzutreten droht."; dies entspricht dem nahezu wortgleichen Art. 5 Nr. 3 LugÜ.

63 LG München I, Urteil v. 26.02.2014, Az.: 37 O 28331/12, Rn. A. I. 2a), SchiedsVZ 2014, S. 100, 104. Gleichzeitig wies das Gericht das Argument des internationalen Verbandes, die Klage gegen den nationalen Verband führe zu einer missbräuchlichen Zuständigkeitserschleichung gegen ihn mit der Begründung zurück, eine Parteinahme des nationalen Verbandes für die Athletin als Klägerin führe nicht zur Annahme einer Zuständigkeitserschleichung, LG München I, Urteil v. 26.02.2014, Az.: 37 O 28331/12, Rn. A. I. 2b), SchiedsVZ 2014, S. 100, 104. Hintergrund war, dass der nationale Verband im Schiedsverfahren die Abweisung der Klage des internationalen Verbandes beantragt hatte und auch im Verfahren vor dem LG München I der Ansicht war, der Schiedsspruch sei falsch, LG München I, Urteil v. 26.02.2014, Az.: 37 O 28331/12, Rn. A. I. 2b), SchiedsVZ 2014, S. 100, 104.

64 *Adolphsen*, IPrax 2000, S. 81, 86.

Folgen für die einheitliche Geltung des Rechts kaum absehbar, kann dies doch unter Anwendung des Kollisionsrechts der *lex fori* zu unterschiedlichen Handhabungen des anwendbaren Rechts von gleichgelagerten Fällen führen.[65]

Sofern der Anwendungsbereich eines Abkommens wie z. B. der EuGVVO oder des LugÜ nicht eröffnet ist, da der Beklagte seinen Wohnsitz nicht in einem Mitglieds- bzw. Vertragsstaat hat oder der Streitgegenstand keinen Auslandsbezug aufweist, sind hinsichtlich der Zuständigkeit – bezogen auf die hier beispielhaft dargestellte deutsche Gerichtsbarkeit – die §§ 12 ff. ZPO anzuwenden.[66] Für den unproblematischen Fall, dass der internationale Sportverband seinen Sitz im Gerichtsbezirk eines deutschen Gerichts hat, ergibt sich die Zuständigkeit dieses Gerichts i. d. R. aus § 17 ZPO[67]. Dies ist jedoch in der Praxis kaum relevant, da nur wenige Verbände[68] ihren Sitz in Deutschland haben, während die überwiegende Mehrzahl der internationalen Verbände ihren Sitz im Ausland hat.[69]

In diesem Themenkomplex stellt sich insbesondere die Frage, ob ein internationaler Sportverband mit Sitz in einem Drittstaat am Sitz seines deutschen Mitgliedverbandes verklagt werden kann.[70]

Um ihre Zuständigkeit auch für Klagen gegen internationale Verbände zu begründen, bejahen deutsche Gerichte ihre Zuständigkeit bei Schadensersatzklagen von Sportlern gegen den internationalen Sportverband extensiv und stützen sich dabei häufig auf verschiedene die Zuständigkeit begründende Gerichtsstände. Beispielhaft ist hierfür der Fall der Sprinterin *Krabbe* zu nennen, in dem das LG München I[71] seine Zuständigkeit gemäß § 21 Abs. 1 ZPO annahm. Eine Ansicht, welche die nächste Instanz, das OLG München, wiederum revidierte.[72] In dem zugrundeliegenden Sachverhalt verklagte die Sprinterin *Kathrin Krabbe* die IAAF mit Sitz in Mona-

---

65 *Adolphsen*, IPrax 2000, S. 81, 86.

66 *Pfister*, in: Fritzweiler/Pfister/Summerer, PHB Sportrecht, 6. Teil, 3. Kap., Rn. 108.

67 § 17 Abs. 1 S. 1 ZPO: „Der allgemeine Gerichtsstand der Gemeinden, der Korporationen sowie derjenigen Gesellschaften, Genossenschaften oder anderen Vereine und derjenigen Stiftungen, Anstalten und Vermögensmassen, die als solche verklagt werden können, wird durch ihren Sitz bestimmt."

68 Z. B. hat die International Shooting Sport Federation (ISSF) ihren Hauptsitz in München.

69 Insofern veraltet *Reuter*, DZWir 1996, S. 1, 4, da die FIBA 2002 ihren Sitz von München in die Schweiz verlegt hat; *Engelbrecht*, AnwBl. 2001, S. 637, 640.

70 *Pfister*, in: Fritzweiler/Pfister/Summerer, PHB Sportrecht, 6. Teil, 3. Kap., Rn. 112.

71 LG München I, Urteil v. 17.05.1995, Az.: 7 HKO 16591/94.

72 OLG München, Urteil v. 28.03.1996, Az.: U (K) 3424/95, NJWE-VHR 1996, S. 96 ff; das Gericht sah zwischen der weltweiten unternehmerischen Tätigkeit des

co[73] auf Schadensersatz vor dem LG München I als für den DLV mit damaligem Sitz in München zuständiges Gericht.[74] Das LG München I bejahte seine Zuständigkeit, indem es den DLV als deutsche „Niederlassung" der IAAF i. S. v. § 21 Abs. 1 ZPO ansah. Dabei setzt der Begriff der Niederlassung gemäß § 21 Abs. 1 ZPO eine

> „von dem Inhaber an einem anderen Ort als dem seines (Wohn-)Sitzes für eine gewisse Dauer eingerichtete, auf seinen Namen und für seine Rechnung betriebene und (idR) selbständig, dh. aus eigener Entscheidung zum Geschäftsabschluss und Handeln berechtigte Geschäftsstelle (BGH NJW-RR 2007, S. 1570 ff.; [...])"[75]

voraus. Im Verhältnis zwischen nationalem und internationalem Sportverband liegen die Voraussetzungen in mehrfacher Hinsicht nicht vor. Es fehlt bereits an der ersten Voraussetzung, der Gründung des Nationalverbands durch den internationalen Verband. Vielmehr verhält es sich genau umgekehrt: Der Nationalverband ist Gründungsmitglied des internationalen Verbandes.[76] Außerdem verfolgt die Umsetzung des Regelwerks des internationalen Verbandes durch den nationalen Verband rein ideelle Zwecke (reibungsloses Funktionieren der Sportausübung) und gerade nicht, wie von § 21 Abs. 1 ZPO gefordert, wirtschaftliche Zwecke.[77] Insofern ist die Zuständigkeit aus § 21 ZPO abzulehnen.[78] Doch auch die Annahme des besonderen Gerichtsstands wegen unerlaubter Handlung gemäß § 32 ZPO

---

internationalen Verbandes und der Umsetzung der Sperre durch den nationalen Verband keinen Zusammenhang, OLG München, Urteil v. 28.03.1996, Az.: U (K) 3424/95, NJWE-VHR 1996, S. 96, 101.

73 Im Jahr 1993 und damit während des *Krabbe*-Verfahrens verlegte die IAAF ihren Hauptsitz von London nach Monaco. Da Monaco weder Vertragsstaat des LugÜ noch Mitgliedstaat der EuGVVO war, fanden diese Abkommen keine Anwendung, *Adolphsen*, IPrax 2000, S. 81, 86.

74 *Pfister*, SpuRt 1995, S. 201, 202.

75 *Vollkommer*, in: Zöller, ZPO, § 21, Rn. 6.

76 OLG München, Urteil v. 28.03.1996, Az.: U (K) 3424/95, NJWE-VHR 1996, S. 96, 101; *Haas/Adolphsen*, NJW 1996, S. 2351, 2353; *Pfister*, in: Fritzweiler/Pfister/Summerer, PHB Sportrecht, 6. Teil, 3. Kap., Rn. 112.

77 OLG München, Urteil v. 28.03.1996, Az.: U (K) 3424/95, NJWE-VHR 1996, S. 96, 101; *Haas/Adolphsen*, NJW 1996, S. 2351, 2353; darüber hinaus ist fraglich, ob der internationale Verband eine unternehmerische bzw. wirtschaftliche Tätigkeit verfolgt; dies bejahend OLG München, Urteil v. 28.03.1996, Az.: U (K) 3424/95, NJWE-VHR 1996, S. 96, 101; verneinend *Haas/Adolphsen*, NJW 1996, S. 2351, 2353.

78 So auch *Haas/Adolphsen*, NJW 1996, S. 2351, 2353; *Reuter*, DZWir 1996, S. 1, 4, der zusätzlich eine in Betracht kommende Zuständigkeit gemäß § 23 ZPO disku-

durch das OLG München ist insofern zu weitgehend, als das Gericht diesen auch für vertragliche Ansprüche bejahte.[79]

Das hierdurch verdeutlichte Problem der extensiven Annahme ihrer Zuständigkeit durch nationale Gerichte, ist jedoch keine genuin „deutsche" Problematik. Vielmehr entspricht es einer international zu beobachtenden Tendenz nationaler Rechtsordnungen, bei Klagen von Athleten gegen internationale Sportverbände die internationale Zuständigkeit der staatlichen Gerichte im „Wohnsitzstaat" der Athleten zu bejahen.[80]

Darüber hinaus können die gerade mit *civil law* und dem *common law* bestehenden unterschiedlichen Rechtstraditionen zu einem divergierenden Rechtsklima beitragen, welches der sportrechtlich international erforderlichen Chancengleichheit zuwiderläuft.

B. Das besondere Schutzbedürfnis der Athleten

I. Die Spezifika des internationalen Sportrechts

Trotz seiner weltweit vielfältigen Kulturen, sozialen Strukturen und unterschiedlichen Sprachen ist es dem Sport auch aufgrund seiner transsozialen, -nationalen und -kulturellen Kräfte gelungen, einheitliche und stringente Organisationsformen einzuführen.[81] Grund hierfür ist das Postulat für die Einheitlichkeit der Sportausübung.[82] Es ist insbesondere die Aufgabe der internationalen Sportverbände, diese weltweite Einheitlichkeit zu erreichen, indem sie zum einen durch monopolistische Organisation des Sports

---

tiert; die Voraussetzungen von § 21 ZPO bejahend *Pfister*, SpuRt 1995, S. 201, 202.

79 So das OLG München in seiner Begründetheitsprüfung entgegen der herrschenden Meinung, s. allein *Vollkommer*, in: Zöller, ZPO, § 32, Rn. 15; den Ansatz des OLG München kritisierend *Haas/Adolphsen*, NJW 1996, S. 2351, 2353. Allerdings wird der Gerichtsstand nach § 32 ZPO dann relevant, wenn es sich bei der von dem internationalen Verband gegen einen deutschen Sportler ausgesprochenen Sperre um eine unerlaubte Handlung i. S. v. § 826 ZPO handelt, *Reuter*, DZWir 1996, S. 1, 4.

80 *Haas*, SJZ 2010, S. 585, 589.

81 *Rössner/Adolphsen*, in: Adolphsen/Nolte/Lehner/Gerlinger, Sportrecht in der Praxis, S. 4, Rn. 9; grundlegend *Bausinger*, Sportkultur, S. 207 ff. unter der Fragestellung „Sport – ein universales Kulturmonster?".

82 *Haas*, in: Gilles/Pfeiffer (Hrsg.), Neue Tendenzen im Prozessrecht, S. 9, 13.

für die jeweilige Fachsportart eine zuständige Instanz schaffen und diese Instanz zum anderen weltweit einheitliche Regelwerke durchsetzt.[83]

Diese Aufgabe bewältigen die internationalen Sportverbände mittels ihrer Regelwerke und Statuten. Dabei bewegen die internationalen Sportverbände sich nicht im „rechtsfreien Raum", sondern leiten ihre Legitimation aus der Autonomie des Sports ab, welche die jeweilige staatliche Rechtsordnung ihnen – mit unterschiedlichen Schranken – gewährleistet.[84] Demnach können die Sportverbände Regelungen für ihren Bereich treffen, die für ihre Verbandsmitglieder und für Dritte kraft einzelvertraglicher Anerkennung verbindlich sind.[85] Für Deutschland folgt die Gewährleistung der Autonomie des Sports bzw. der Verbandsautonomie durch Art. 9 Abs. 1 GG i. V. m. Art. 19 Abs. 3 GG und einfachgesetzlich aus §§ 21 ff. BGB.[86] Auch beispielsweise in der Schweiz und in den USA ist die Verbandsautonomie anerkannt.[87] Damit steht es den Sportverbänden zu, ihre eigenen Regelungen und Statuten zu erlassen und Verstöße hiergegen durch interne Streitschlichtung zu sanktionieren.[88]

Die Spezifika des internationalen Sportrechts haben ihre Ursache in der monopolartigen Verbandsstruktur und dem Ein-Platz-Prinzip, die zu einer näher zu erläuternden Sozialmacht der internationalen Sportverbände führen.

1. Monopolartige Verbandsstruktur

Der internationale Sport ist autonom und staatsfern organisiert.[89] Sowohl national als auch international sind für die Sportorganisation die pyrami-

---

83 *Pfister*, in: Fritzweiler/Pfister/Summerer, PHB Sportrecht, Einf., Rn. 14.
84 *Pfister*, in: Fritzweiler/Pfister/Summerer, PHB Sportrecht, 6. Teil, 1. Kap., Rn. 8; *Krogmann*, in: Vieweg (Hrsg.), Spektrum des Sportrechts, S. 35, 44, der den europäischen Konsens darstellt, dass „[...] Personenvereinigungen die Freiheit zukommen soll, ihre eigenen Angelegenheiten grundsätzlich selbständig zu regeln."; *Vieweg/Siekmann*, Legal Comparison and the Harmonisation of Doping Rules, S. 67: „All of the European countries [...] acknowledge Freedom of Association within their legal systems."
85 *Pfister*, in: Fritzweiler/Pfister/Summerer, PHB Sportrecht, 6. Teil, 1. Kap., Rn. 8.
86 *Wax*, Internationales Sportrecht, S. 97.
87 *Summerer*, in: FS Hanisch, S. 267, 269; *ders.*, Internationales Sportrecht, S. 103.
88 *Wax*, Internationales Sportrecht, S. 97; *Nolte*, Staatliche Verantwortung im Bereich Sport, S. 240; eingehend hierzu *Monheim*, Sportlerrechte und Sportgerichte, S. 11 ff.
89 *Hess*, ZZPint 1996, S. 371, 373.

denförmige Hierarchiebildung und das sog. Ein-Platz-Prinzip (dazu sogleich) strukturtypisch. Für jede Fachsportart, wie z. B. Fußball, Tennis,
Basketball, Leichtathletik etc. existiert ein vertikaler, pyramidenförmiger
Aufbau.[90] Diese Pyramide ist wie folgt geschichtet: Auf der untersten Ebene steht der Sportler, der Mitglied in einem (örtlichen) Sportverein ist.
Dieser wiederum ist korporatives Mitglied in einem übergeordneten regionalen Sportverband, i. d. R. dem Landesverband. Letzterer ist korporatives
Mitglied in einem Bundesverband, der die organisierte Sportausübung der
jeweiligen Fachsportart national repräsentiert und fördert.[91] Diese Pyramide wird auf internationaler Ebene insofern weitergebaut, als der jeweilige
nationale Spitzenverband seinerseits Mitgliedsorganisation in dem für die
Fachsportart zuständigen internationalen Dachsportverband ist.[92]

Neben dieser streng vertikalen Hierarchie innerhalb des jeweiligen Fachverbandes gibt es Querverbindungen, die horizontal der Absicherung generell gültiger Normen und Verfolgung überfachlicher Aufgaben und Interessen, wie z. B. Förderung des Sports und Vertretung des organisierten
Sports gegenüber dem Staat und der Öffentlichkeit dienen.[93] Diese Aufgaben nimmt auf Bundesebene der Deutsche Olympische Sportbund
(DOSB) wahr.[94] International sind hier insbesondere das IOC als Veranstalter und Bewahrer der Olympischen Idee, die WADA zur Koordinierung
des internationalen Kampfes gegen Doping, die Zusammenschlüsse der
Olympischen Sommer- und Wintersportverbände ASOIF und AIOWF sowie der Zusammenschluss der NOKs, die ANOC zu nennen.[95] Außerdem
gibt es einen Zusammenschluss der internationalen Sportverbände, die
sog. General Association of International Sports Federations (GAISF)[96], die

---

90 *Haas/Martens*, Sportrecht, S. 38.
91 *Haas*, in: Haas/Haug/Reschke, SportR, Bd. I, B 1. Kap., Rn. 49; *Haas/Martens*,
    Sportrecht, S. 38.; *Hess*, ZZPint 1996, S. 371, 373.
92 *Haas*, in: Haas/Haug/Reschke, SportR, Bd. I, B 1. Kap., Rn. 55.
93 *Rössner/Adolphsen*, in: Adolphsen/Nolte/Lehner/Gerlinger, Sportrecht in der Praxis, S. 4, Rn. 9; *Haas*, in: Haas/Haug/Reschke, SportR, Bd. I, B 1. Kap., Rn. 49.
94 Der DOSB ging aufgrund eines Beschlusses vom 20.05.2006 aus der Verschmelzung des Deutschen Sportbundes (DSB) und des Nationalen Olympischen Komitees für Deutschland (NOK) hervor. Als weitere Institution der Selbstverwaltung
    im Sport ist auf nationaler Ebene noch die Stiftung Deutsche Sporthilfe (DSH)
    zu nennen, die den deutschen Spitzensport fördert; s. vertiefend zu DOSB und
    DSH *Haas*, in: Haas/Haug/Reschke, SportR, Bd. I, B 1. Kap., Rn. 50 ff.
95 *Haas*, in: Haas/Haug/Reschke, SportR, Bd. I, B 1. Kap., Rn. 56.
96 Offizielle Bezeichnung laut GAISF-Statuten vom 07.04.2017; ebenfalls bekannt
    unter der Bezeichnung SportAccord, offizielle Homepage: http://www.sportaccor
    d.com (Stand: März 2019).

u. a. den Informationsaustausch und eine verbesserte Zusammenarbeit der internationalen Sportverbände bezweckt.[97]

Ergänzt wird die Organisationsstruktur der internationalen Sportverbände durch die Kontinentalverbände. Deren Aufgabe besteht in der Regelung der jeweiligen Sportart auf kontinentalem Niveau. Sie selbst sind keine Mitglieder der internationalen Sportverbände[98], sondern prinzipiell anerkannte Konföderation der internationalen Sportverbände[99]. Ihre Regelwerke haben denen des übergeordneten internationalen Verbandes zu entsprechen.[100] Die nationalen Fachverbände sind jeweils auch Mitglieder der Kontinentalverbände. So ist z. B. der DFB Mitglied in der europäischen Konföderation, der UEFA. Die Konföderationen organisieren Interklub-Wettbewerbe, wie z. B. die UEFA Champions League und die UEFA Europa League, sowie territoriumsbezogene internationale Wettbewerbe, wie z. B. die Fußball-Europameisterschaft.[101]

2. Ein-Platz-Prinzip

Weiteres Strukturmerkmal für das Organisationsgefüge im nationalen und internationalen Sport ist das sog. Ein-Platz-Prinzip[102]. Dieses baut auf der pyramidenförmigen Hierarchie auf und besagt, dass es für jede Fachsportart – bis auf wenige Ausnahmen[103] – nur einen internationalen Sportver-

---

97 *Wax*, Internationales Sportrecht, S. 97.

98 *Wax*, Internationales Sportrecht, S. 98; a. A. *Pfister*, in: Fritzweiler/Pfister/Summerer, PHB Sportrecht, 6. Teil, 1. Kap., Rn. 4, indem er ausführt: „An der Spitze stehen die Weltsportfachverbände, deren ordentliche Mitglieder die regionalen (kontinentalen) und nationalen Fachverbände der betreffenden Sportart sind."

99 Z. B. Art. 3 UEFA-Statuten: „Die UEFA ist eine anerkannte Konföderation der FIFA. Die UEFA regelt ihre Beziehung zur FIFA durch Vertrag, soweit dies notwendig ist."

100 Z. B. Art. 22 Abs. 3 lit. a) FIFA-Statuten: „Jede Konföderation hat folgende Rechte und Pflichten: a) die Statuten, Reglemente [sic!] und Entscheide der FIFA zu befolgen und deren Befolgung durchzusetzen."

101 *Weller*, JuS 2006, S. 497, 498.

102 Wird auch als sog. *Ein-Verbands-Prinzip* bezeichnet; s. hierzu jüngst *Fischer*, Die Rolle des Ein-Platz-Prinzips in der Autonomie der Sportfachverbände, *passim*.

103 In manchen Individualsportarten, wie bei Boxweltmeisterschaften oder im Schachspiel gibt es auch mehrere Weltverbände. So gibt es im internationalen professionellen Boxsport mit der World Boxing Association (WBA), dem World Boxing Council (WBC), der International Boxing Federation (IBF) und der World Boxing Organisation (WBO) insgesamt 4 Weltverbände, die die Rege-

band gibt, der nur einen nationalen Verband aufnimmt und auch von seinen Mitgliedern die Durchsetzung des Ein-Platz-Prinzips fordert, d. h. dass der jeweilige nationale Dachverband pro Land und Region nur jeweils einen Landes- bzw. Regionalverband aufnimmt.[104] Damit sind die unteren Verbände Mitglieder der nationalen Spitzenverbände, demgegenüber in der Regel aber nicht – ebenso wenig wie die Athleten – unmittelbare Mitglieder der internationalen Sportverbände.[105]

Die größten Weltfachverbände sind die FIFA (Fédération Internationale de Football Association), die FIBA (Fédération Internationale de Basketball), und die IAAF (International Association of Athletics Federations) mit jeweils über 200 nationalen Mitgliedsverbänden und damit mehr Mitgliedern als die Vereinten Nationen.[106]

Dem Ein-Platz-Prinzip folgend erkennt das IOC als Bewahrer und Verwalter der Olympischen Bewegung[107] je olympischer Sportart nur einen internationalen Sportverband sowie für jeden Staat nur einen nationalen Fachverband und ein NOK an.[108] Für die Teilnahme an den Olympischen Spielen setzt das IOC in seiner Olympic Charter voraus, dass der internationale Fachverband diese verbindlich anerkennt und sich darüber hinaus verpflichtet, deren Anerkennung gegenüber seinen Mitgliedsverbänden

---

lungsgewalt gleichzeitig ausüben, *Wax*, Internationales Sportrecht, S. 96; der Ausnahmecharakter ist jedoch insofern eingeschränkt, als auch hier jeweils nur *ein* Verband eine einheitliche Organisation von der Weltspitze bis zum untersten Verein hinter sich hat, *Pfister*, in: Fritzweiler/Pfister/Summerer, PHB Sportrecht, Einf., Rn. 14; des Weiteren gibt es unterschiedliche Veranstalter im Bereich von Snowboardwettkämpfen und Marathonveranstaltungen, *Haus/Heitzer*, NZKart 2015, S. 179, 183.

104 *Pfister*, in: Fritzweiler/Pfister/Summerer, PHB Sportrecht, Einf., Rn. 14; *Rössner/Adolphsen*, in: Adolphsen/Nolte/Lehner/Gerlinger, Sportrecht in der Praxis, S. 5, Rn. 10; *Haas/Martens*, Sportrecht, S. 39.

105 *Pfister*, in: Fritzweiler/Pfister/Summerer, PHB Sportrecht, 6. Teil, 1. Kap., Rn. 4.

106 *Haas*, in: Haas/Haug/Reschke, SportR, Bd. I, B 1. Kap., Rn. 55; *Wax*, Internationales Sportrecht, S. 95.

107 S. zur Konkretisierung des Begriffes „Olympische Bewegung" Nr. 3 der Fundamental Principles, OC: „The Olympic Movement is the concerted, organised, universal and permanent action, carried out under the supreme authority of the IOC, of all individuals and entities who are inspired by the values of Olympism. It covers the five continents. It reaches its peak with the bringing together of the world's athletes at the great sports festival, the Olympic Games. Its symbol is five interlaced rings."

108 Artt. 25 und 27 OC; *Pfister*, in: Fritzweiler/Pfister/Summerer, PHB Sportrecht, 6. Teil, 1. Kap., Rn. 5.

durchzusetzen.[109] Als Besonderheit können im Gegensatz zu den internationalen Sportverbänden Mitglieder des IOC nur natürliche Personen sein.[110] Diese max. 115 Personen[111], von denen max. 15 aktive Athleten[112] sein dürfen, *„represent and promote the interests of the IOC and of the Olympic Movement in their countries and in the organisations of the Olympic Movement in which they serve."*[113]

Mangels völkerrechtlicher Anerkennung sind die internationalen Sportverbände i. d. R. Vereine nach dem Recht des jeweiligen Sitzstaates mit der Folge, dass sie das in ihren Regelungswerken gesetzte Recht nicht ohne Weiteres bei einer Organisation oder Einzelpersonen in einem anderen Rechtskreis zur Geltung bringen können.[114] Während die nationalen Sportverbände als Mitglieder der internationalen Sportverbände deren Regelungswerken kraft dieser Mitgliedschaft unterworfen sind, gilt dies bereits nicht mehr für nachgeordnete Organisationen und deren Einzelmitglieder, d. h. die Athleten, da diese nicht unmittelbare Mitglieder des internationalen Verbandes sind.[115] Um die Athleten dem Regelungsanspruch der Dachverbände zu unterwerfen, werden sog. Regelungsanerkennungsverträge – auch als Lizenz-, Start- oder Athletenvereinbarungen bezeichnet – geschlossen, durch welche die Athleten die Disziplinargewalt des Verbandes anerkennen und im Gegenzug die Berechtigung zur Teilnahme an den von den Verbänden organisierten Wettkämpfen erhalten.[116] In der Praxis wird versucht, die Athleten in die höheren Hierarchieebenen, z. B. durch Verweisungen auf die Regelungen des jeweils ranghöheren Verbands miteinzubeziehen, so dass eine „mittelbare" Bindung des Sportlers gegenüber dem Dachsportverband entsteht.[117] Ohne an dieser Stelle auf die Einzelhei-

---

109 Art. 26 Abs. 1 OC; *Pfister*, in: Fritzweiler/Pfister/Summerer, PHB Sportrecht, 6. Teil, 1. Kap., Rn. 5.
110 Art. 16 Abs. 1.1 S. 1 OC: „IOC members are natural persons."
111 Art. 16 Abs. 1.1.1 OC.
112 Art. 16 Abs. 1.1.2 OC.
113 Art. 16 Abs. 1.1.4 OC.
114 *Haas*, in: Haas/Haug/Reschke, SportR, Bd. I, B 2. Kap., Rn. 8.
115 *Behler*, in: Reichert, VereinsR, Kap. 4, Rn. 28; zur Bindung durch unmittelbare Verbandsmitgliedschaft *Haas*, in: Haas/Haug/Reschke, SportR, Bd. I, B 2. Kap., Rn. 9.
116 *Haas/Hauptmann*, SchiedsVZ 2004, S. 175, 177; *Reimann*, Lizenz- und Athletenvereinbarungen, S. 44 ff.; *Prokop*, Die Grenzen der Dopingverbote, S. 160 ff.
117 *Rössner/Adolphsen*, in: Adolphsen/Nolte/Lehner/Gerlinger, Sportrecht in der Praxis, S. 4, Rn. 9; *Haas*, in: Haas/Haug/Reschke, SportR, Bd. I, B 1. Kap., Rn. 54.

ten der verschiedenen vertraglichen Bindungsmöglichkeiten[118] einzugehen, ist grundsätzlich zwischen der Bindung der Verbände zu ihren unmittelbaren Mitgliedern und der zu ihren nur mittelbaren Mitgliedern zu unterscheiden. Eine unmittelbare Bindung wird in der Regel zwischen Sportler und Verein sowie zwischen Verein und Dachverband eingegangen.[119]
Die Mitgliedschaft wird entweder durch Vereins- oder Verbandsgründung
oder durch Beitritt begründet.[120] Die Bindung der nur mittelbaren Mitglieder an die übergeordneten Vereins- oder Verbandsregelungen erfolgt
entweder aufgrund einer sog. „statischen Verweisung", d. h. auf die Fassung
der Regelungen zum Zeitpunkt des Beitritts des Vereins oder aufgrund
einer „dynamischen Verweisung", d. h. auf die „jeweils gültige Fassung"[121]
oder aufgrund einer einzelvertraglichen Regelung, durch die der Sportler
das Regelwerk des Verbandes oder einzelne Teile davon anerkennt.[122]

Hinsichtlich der Willensbildung ist zwischen der Gründung der Organisation und der Festlegung ihrer Regelwerke zu differenzieren. Während die
großen internationalen Fachsportverbände historisch von nationalen
Sportverbänden und damit „von unten nach oben" gegründet wurden,
vollzog sich die Gründung beim IOC „von oben nach unten", da das IOC
für sich in Anspruch nimmt, weltweit die Interessen der Olympischen Bewegung zu vertreten und der föderale „Unterbau", bestehend aus den jeweiligen NOKs mit der Aufgabe betraut wurde, national die Interessen des

---

118 S. eingehend zu den einzelnen Bindungsmöglichkeiten *Reimann*, Lizenz- und
Athletenvereinbarungen, S. 37 ff; *Haas*, in: Haas/Haug/Reschke, SportR, Bd. I,
B 2. Kap., Rn. 8 ff.

119 *Summerer*, in: Fritzweiler/Pfister/Summerer, PHB Sportrecht, S. 202, Rn. 206.

120 *Summerer*, in: Fritzweiler/Pfister/Summerer, PHB Sportrecht, S. 202, Rn. 206.

121 Die Wirksamkeit „dynamischer Verweisungen" ist in der Literatur umstritten,
Heermann, ZHR 2010, S. 250, 254 ff. Hinsichtlich „dynamischer Verweisungen"
in Vereinssatzungen wird deren Wirksamkeit wegen Verstoßes gegen zwingen-
des Vereinsrecht wohl noch überwiegend abgelehnt, *Heermann*, ZHR 2010,
S. 250, 254; *Orth/Pommerening*, SpuRt 2010, S. 222, 223; *Wagner*, in: Reichert,
VereinsR, Kap. 2, Rn. 417; die Wirksamkeit „dynamischer Verweisungen" in sog.
Regelanerkennungsverträgen, also vertraglichen Vereinbarungen zwischen un-
tergeordneten Verbänden und übergeordneten (Dach-)Verbänden wird wohl
überwiegend bejaht, *Heermann*, ZHR 2010, S. 250, 281; *Orth/Pommerening*,
SpuRt 2011, S. 10, 10; *Reimann*, Lizenz- und Athletenvereinbarungen, S. 92 ff.;
Haas, in: Haas/Haug/Reschke, SportR, Bd. I, B 2. Kap., Rn. 17; jüngst mit Rege-
lungsvorschlag zu dynamischen Verweisungen in Vereinssatzungen *Müller-Eiselt*,
SpuRt 2017, S. 178 ff.

122 Zum Ganzen *Summerer*, in: Fritzweiler/Pfister/Summerer, PHB Sportrecht,
S. 204 ff., Rn. 211 ff.; *Heermann*, ZHR 2010, S. 250 ff.

IOC durchzusetzen.[123] Die einheitliche Setzung des Regelwerks erfolgt demgegenüber jedoch immer „von oben nach unten", da die Regelungen der zuständige Weltverband verbindlich festlegt und diese Regelungen regelmäßig so gegenüber den rangniedrigeren Verbänden durchgesetzt werden, dass der untere Verband den höheren Verband zur einseitigen, auch zukünftigen Regelfestsetzung und -änderung legitimiert.[124]

Dieses monopolistische System stellt sich am Beispiel des Fußballs wie folgt dar: Mitgliedsverbände des Weltfußballverbands FIFA, der als Idealverein gemäß Art. 60 ff. ZGB[125] mit Sitz in Zürich (Schweiz)[126] organisiert ist, können nur nationale Fußball-Spitzenverbände werden,[127] d. h. jeder Verband, der in seinem Land für die Organisation und Kontrolle des Fußballs in all seinen Formen verantwortlich ist.[128] Für Deutschland ist dies der Deutsche Fußball Bund (DFB) mit Sitz in Frankfurt a. M., organisiert als Idealverein gemäß § 21 BGB.[129] Aufnahmevoraussetzung der FIFA ist u. a., jederzeit die Statuten, Reglements und Entscheide der FIFA zu befolgen und die Zuständigkeit des CAS gemäß den FIFA-Statuten anzuerkennen.[130]

Auch im Hinblick auf die Kontinentalverbände wird dem Ein-Platz-Prinzip insofern Rechnung getragen, als die Konföderationen verpflichtet sind, Zusammenschlüsse zu unterbinden, die der FIFA Konkurrenz bei der Organisation von Weltmeisterschaften bereiten.[131]

Letztlich treten die Sportverbände aufgrund ihrer aus der Verbandsautonomie abgeleiteten Regelungsbefugis als *„quasi-monopolistische Ersatzgesetzgeber"*[132] auf. Somit bleibt im Ergebnis festzuhalten, dass die Struktur des internationalen Sportgefüges den Grundsätzen der Ökonomie eines freien Marktes widerspricht: Während Monopole im freien Markt unerwünscht und die Kartellgesetze darauf angelegt sind, diese zu verhindern, sind im internationalen Sportrecht Monopole der Sportverbände grundsätzlich wünschenswert.[133] Ohne derartige Monopole würde insofern Cha-

---

123 *Haas*, in: Gilles/Pfeiffer (Hrsg.), Neue Tendenzen im Prozessrecht, S. 9, 13 f.
124 *Pfister*, in: Fritzweiler/Pfister/Summerer, PHB Sportrecht, Einf., Rn. 14.
125 Art. 1 Abs. 1 FIFA-Statuten.
126 Art. 1 Abs. 2 FIFA-Statuten.
127 *Weller*, JuS 2006, S. 497, 498.
128 Art. 11 Abs. 1 S. 1 FIFA-Statuten.
129 *Weller*, JuS 2006, S. 497, 498.
130 Art. 11 Abs. 4 FIFA-Statuten.
131 *Weller*, JuS 2006, S. 497, 498.
132 *Haas*, SchiedsVZ 2009, S. 73, 80.
133 *Adolphsen*, SpuRt 2016, S. 46, 49; *Schlosser*, SchiedsVZ 2015, S. 257, 258.

os entstehen, als die verschiedensten Sportverbände miteinander in Konkurrenz stünden, für ihre Sportart nationale oder internationale Meisterschaften zu organisieren.[134] Für die Funktionsfähigkeit des internationalen Sportgefüges ist die Monopolstellung der Verbände daher nicht nur wünschenswert, sondern existenziell.

Demgegenüber lässt sich angesichts dieser Rahmenbedingungen aus Sicht der Athleten konstatieren, dass diese an die Regelwerke der internationalen Sportverbände gebunden sind, ohne auf deren inhaltliche Gestaltung mitgliedschaftlichen Einfluss ausüben zu können.[135]

3. Sozialmacht der internationalen Verbände: Ungleichgewichtslage zwischen Verband und Athlet

Die monopolartige Verbandsstruktur und das Ein-Platz-Prinzip haben erhebliche Auswirkungen auf die Rechtsbeziehungen sowohl im außerprozessualen Verhältnis als auch im konkreten Verfahren zwischen Verbänden und Athleten.

Die Sozialmacht der internationalen Sportverbände in Form des faktischen Zwangs äußert sich in doppelter Hinsicht. So darf der Athlet ausschließlich an den Wettkämpfen des internationalen Verbandes teilnehmen. Die Teilnahme an Konkurrenzveranstaltungen, die nicht von dem internationalen Verband selbst oder eines seiner Mitglieder organisiert werden, ist ihm ausdrücklich untersagt. Die Sanktionsregelungen der internationalen Sportverbände im Fall von Zuwiderhandlungen reichen dabei, wie die beispielhaft herangezogenen Regelungen internationaler Sportverbände zeigen, von Geldstrafen und Sperren von bis zu einem Monat[136]

---

134 *Schlosser*, SchiedsVZ 2015, S. 257, 258 nach dessen Ansicht der Versuch, im Box-Sport, durch konkurrierende Verbände verschiedene Weltmeisterschaften auszutragen, in einem „verheerenden Chaos" geendet sei. Aktuell bemüht sich der e-Sport in Deutschland Mitglied des DOSB zu werden, wofür er u. a. auch eines Dachverbandes bedarf, um die organisatorischen Voraussetzungen gem. § 4 DOSB zu erfüllen. Auf einen Dachverband muss sich die e-Sport-Szene noch verständigen, s. insgesamt zu den Herausforderungen im e-Sport *Lambertz*, CaS 2017, S. 119 ff.

135 *Haas/Hauptmann*, SchiedsVZ 2004, S. 175, 177.

136 § 3 UCI Cycling Regulations, Art. 1.2.019: „No licence holder may participate in an event that has not been included on a national, continental or world calendar or that has not been recognised by a national federation, a continental confederation or the UCI." Art. 1.2.021: „Breaches of articles 1.2.019 [...] shall render

oder mindestens einem Jahr[137] bis hin zum Olympiaausschluss[138].[139] Dass dieses vom IOC gebilligte und geförderte Verhalten der internationalen Sportverbände nicht nur größten kartellrechtlichen Bedenken hinsichtlich der Vereinbarkeit mit Artt. 101, 102 AEUV ausgesetzt ist, sondern sogar kartellrechtswidrig sein kann, stellte jüngst die EU-Kommission[140] bezüglich der ISU-Zulassungsbestimmungen fest.[141] Dabei stellte die EU-Kommission nicht die monopolartige Verbandsstruktur *per se* in Frage, sondern

---

the licence holder liable to one month's suspension and a fine of CHF 50 to 100."

137 FINA GR 4.1: „No affiliated Member shall have any kind of relationship with a non-affiliated or suspended body."; FINA GR 4.5: „Any individual or group violating this Rule shall be suspended by the affiliated Member for a minimum period of one year, up to a maximum period of two years."; Artt. 2.1 u. 2.2 FIH Regulations on Sanctioned and Unsanctioned Events: „It is prohibited for any National Association, and for any organisation or individual (including Athletes, technical officials, umpires, coaching or management staff) under the jurisdiction of a National Association, to participate in any manner in an Unsanctioned Event. Any Athlete or other individual who participates in any capacity in an Unsanctioned Event is automatically ineligible for twelve months thereafter to participate in any capacity in any International Event."

138 FIG Technical Regulations 2018, Appendix E, Nr. 5b): „A gymnast may not take part in any gymnastic competition or exhibition which is not sanctioned by the FIG or his/her National Federation."; Nr. 8: „Any gymnast infringing these rules, after their enforcement, may not claim to be eligible to participate in the Olympic Games and Youth Olympic Games or qualifying tournaments for the Games."

139 Blog-Beitrag von *Duval*, The ISU Commission's Decision and the Slippery Side of Eligibility Rules, Rn. 5, abrufbar unter: http://www.asser.nl/SportsLaw/Blog/post/the-isu-commission-s-decision-and-the-slippery-side-of-eligibility-rules-by-ste fano-bastianon-university-of-bergamo (Stand: März 2019); *Kornbeck*, SpuRt 2018, S. 22, 23.

140 Mit ihrer Entscheidung vom 08.12.2017 stellte die EU-Kommission die Kartellrechtswidrigkeit der ISU-Zulassungsbestimmungen fest und gab der ISU 90 Tage zur Änderung ihrer Zulassungsbestimmungen. Im Oktober 2015 hatte die EU-Kommission gegen die ISU ein Untersuchungsverfahren wegen kartellrechtlicher Bedenken gegen die ISU-Zulassungsbestimmungen eingeleitet, nachdem die niederländischen Eisschnellläufer *Mark Tuitert* und *Niels Kerstholt* Beschwerde gegen diese Zulassungsbestimmungen eingelegt hatten, http://europa.eu/rapi d/press-release_IP-17-5184_en.htm (Stand: März 2019).

141 S. hierzu vertiefend *Kornbeck*, SpuRt 2018, S. 22 ff.; kritisch in diesem Zusammenhang zur Wettbewerbsfreiheit bereits *Jakob*, SpuRt 2016, S. 240, 244 f.; zu den besonderen Anforderungen an ein Sportkartellrecht *Stopper*, SpuRt 2018, S. 190, 191 f.; auf den Aspekt der Kartellrechtswidrigkeit ging auch jüngst der EGMR ein, EGMR, Urteil v. 02.10.2018, Nr. 40575/10, 67474/10, Mutu und Pechstein v. Suisse, Rn. 47 u. 112 = BeckRS 2018, S. 23523.

bemängelte lediglich die Mittel zu deren Durchsetzung, die die wirtschaftlichen Interessen der ISU in den Vordergrund rückten.[142] So erkannte die EU-Kommission an, dass die internationalen Sportverbände aus Gründen der Gesundheit und Sicherheit der Athleten sowie der Fairness des Wettkampfes die Spielregeln festlegen und deren Einhaltung überprüfen.[143] Diese Ziele rechtfertigten nach Ansicht der EU-Kommission jedoch nicht den Ausschluss von Berufssportlern wegen deren Teilnahme an von konkurrierenden Sportverbänden ausgetragenen Wettkämpfen. Demnach bejahte die Kommission eine mit dem Binnenmarkt unvereinbare und gemäß Art. 101 AEUV verbotene Maßnahme, sah jedoch von der naheliegenden Feststellung eines Missbrauchs gemäß Art. 102 AEUV ab.[144] Damit ermutigte die EU-Kommissionen nationale Behörden und Gerichte, gegen dieses wettbewerbsschädigende Verhalten einzuschreiten.[145] So strengte beispielsweise das Bundeskartellamt gegen das IOC und den DOSB ein Kartellverwaltungsverfahren wegen Werbebeschränkungen zulasten von Athleten im Zusammenhang mit der Olympischen Charta[146] an.[147] Die Sportverbände sind gut beraten, Entscheidungen, wie die der Kommission als „Compliance"-Herausforderung zu begreifen und sich nicht auf dem *status quo* des Ein-Platz-Prinzips auszuruhen.[148]

---

142 S. Stellungnahme von EU-Kommissar *Vestager* (s. Link in Fn. 140); zu den Hintergründen Blog-Beitrag von *Duval*, The ISU Commission's Decision and the Slippery Side of Eligibility Rules, insb. Rn. 7 u. 8, abrufbar unter: http://www.as ser.nl/SportsLaw/Blog/post/the-isu-commission-s-decision-and-the-slippery-side-of-eligibility-rules-by-stefano-bastianon-university-of-bergamo (Stand: März 2019); *Kornbeck*, SpuRt 2018, S. 22, 23.

143 *Mühle/Weitbrecht*, EuZW 2018, S. 181, 183.

144 *Kornbeck*, SpuRt 2018, S. 22, 23; *Streinz*, SpuRt 2018, S. 45.

145 *Mühle/Weitbrecht*, EuZW 2018, S. 181, 183.

146 Art. 40 Abs. 3 OC: „Except as permitted by the IOC Executive Board, no competitor, team official or other team personnel who participates in the Olympic Games may allow his person, name, picture or sports performances to be used for advertising purposes during the Olympic Games."

147 Nachdem sich DOSB und IOC bereit erklärt haben, die bisherigen Beschränkungen für auf Deutschland ausgerichtete Werbemaßnahmen zu lockern, werden diese in einem noch ausstehenden Markttest vom BKartA überprüft, s. Pressemitteilung des BKartA vom 21.12.2017, abrufbar unter: http://www.bundeska rtellamt.de/SharedDocs/Meldung/DE/Pressemitteilungen/2017/21_12_2017_DO SB_IOC.html;jsessionid=82EAD0C4502B531256632E6D44EAFA67.2_cid362? nn=3591568 (Stand: März 2019).

148 *Kornbeck*, SpuRt 2018, S. 22, 24.

a) Problem des faktischen Schiedszwangs

Fester Bestandteil der Regelwerke grundsätzlich aller internationalen Sportverbände ist eine Schiedsklausel, die für sportbezogene Streitigkeiten in letzter Instanz die Zuständigkeit des CAS vorsieht.[149] Aufgrund der monopolistischen Organisationsstruktur und des Ein-Platz-Prinzips des organisierten Sports steht der Athlet vor der Teilnahme an einem Wettkampf vor folgender Wahl: Entweder er akzeptiert das entsprechende Regelwerk des internationalen Sportverbandes inklusive der dort enthaltenen Schiedsvereinbarung oder aber er verzichtet insgesamt auf die Sportausübung.[150] Es besteht somit faktisch ein Schiedszwang.

Der Streit um die Wirksamkeit dieses faktischen Schiedszwangs wird aus deutscher Perspektive im Zusammenhang mit § 1032 Abs. 1 ZPO geführt. Danach gilt grundsätzlich die Einrede der Schiedsvereinbarung, die der Beklagte vor Beginn der mündlichen Verhandlung zur Hauptsache rügen muss mit der Folge, dass das Gericht die Klage als unzulässig abzuweisen hat, es sei denn, das Gericht stellt fest, dass die Schiedsvereinbarung nichtig, unwirksam oder undurchführbar ist.

In Rechtsprechung und Literatur war höchst umstritten, welche Anforderungen an das Erfordernis der Freiwilligkeit bei der Unterzeichnung der Schiedsvereinbarung zu knüpfen sind. Der Streit lässt sich exemplarisch an dem *Pechstein*-Verfahren verdeutlichen. Während das LG München I die Unwirksamkeit der Schiedsvereinbarung mangels freier Willensbildung annahm[151], vertrat das OLG München die Gegenansicht, da entgegen der Vorinstanz

> „Schiedsvereinbarungen zwischen einem marktbeherrschenden Veranstalter internationaler Sportwettkämpfe und den daran teilnehmenden Athleten nicht schon deshalb generell unwirksam [sind], weil es an einer freien Willensbildung der Athleten bei der Unterzeichnung fehlte."[152]

---

149 *Haas*, ZVglRWiss 2015, S. 516, 522; s. Kap. 1 C. III.
150 *Haas*, ZVglRWiss 2015, S. 516, 522.
151 LG München I, Urteil v. 26.02.2014, Az.: 37 O 28331/12, Rn. III. 3c), SchiedsVZ 2004, S. 100, 104 ff.
152 OLG München, Urteil v. 15.01.2015, Az.: U 1110/14 Kart, Teil 2 A. II. 3 (2) bbb), SchiedsVZ 2015, S. 40, 44.

Der BGH stellte sich auf den Standpunkt, die Klägerin habe sich der Schiedsvereinbarung freiwillig und damit wirksam unterworfen, dabei sei sie allerdings fremdbestimmt gewesen.[153]

Zunächst ist es unbestritten, dass der Verzicht auf die Anrufung staatlicher Gerichte und stattdessen die Anrufung des CAS freiwillig erfolgen muss.[154] Umstritten ist jedoch der Grad der Freiwilligkeit. Ursprünglich sah § 1025 Abs. 2 ZPO a. F. die Unwirksamkeit der Schiedsvereinbarung für den Fall vor, dass eine Partei ihre wirtschaftliche oder soziale Überlegenheit dazu ausgenutzt hat, die andere Partei zu Bestimmungen zu nötigen, die der bestimmenden Partei ein Übergewicht insbesondere hinsichtlich der Ernennung oder Ablehnung der Schiedsrichter einräumte.[155] Die Streichung von § 1025 Abs. 2 ZPO a. F. hat insofern keine Auswirkungen auf die Bewertung der Freiwilligkeit, als dem Gesetzgeber es lediglich angemessener erschien, statt der Rechtsfolge der Unwirksamkeit der Schiedsvereinbarung, eine ausgewogene Zusammensetzung des Schiedsgerichts gemäß § 1034 Abs. 2 ZPO[156] vorzusehen.[157] Zutreffend ist insofern die Gesetzesbegründung, wonach Verträge, bei denen die eine Partei der anderen Partei wirtschaftlich überlegen ist, häufig vorkommen und nicht aus diesem Umstand allein auf die Nichtigkeit des Vertrages schließen lässt.[158]

Wie vom BGH zutreffend festgestellt ist eine unter Ausübung von *„physische[r] oder psychische[r] Gewalt, zum Beispiel durch Drohung mit einem empfindlichen Übel"*[159] bzw. *„unter Zwang, Täuschung oder auf Grund sonstiger sit-*

---

153 BGH, Urteil v. 07.06.2016, Az.: KZR 6/15, Rn. 53 ff., NJW 2016, S. 2266, 2271 f.

154 Allgemein hinsichtlich der Anrufung der Schiedsgerichtsbarkeit *Lachmann*, Schiedsgerichtspraxis, S. 68, Rn. 240; BGH, Urteil v. 03.04.2000, Az.: II ZR 373/98 (München), NJW 2000, S. 1713 f.; *Geimer*, in: Zöller, ZPO, vor § 1025 Rn. 4; *Schütze*, Schiedsgericht und Schiedsverfahren, Einl. Rn. 11; *Matscher*, in: FS Nagel, S. 227, 243, der eine strenge Überprüfung der Freiwilligkeit fordert.

155 *Niedermaier*, Strukturelle Ungleichgewichtslagen, S. 231.

156 § 1034 Abs. 2 ZPO: „Gibt die Schiedsvereinbarung einer Partei bei der Zusammensetzung des Schiedsgerichts ein Übergewicht, das die andere Partei benachteiligt, so kann diese Partei bei Gericht beantragen, den oder die Schiedsrichter abweichend von der erfolgten Ernennung oder der vereinbarten Ernennungsregelung zu bestellen. Der Antrag ist spätestens bis zum Ablauf von zwei Wochen, nachdem der Partei die Zusammensetzung des Schiedsgerichts bekannt geworden ist, zu stellen. § 1032 Abs. 3 gilt entsprechend."

157 BR-Drs. 211/96, S. 109 f.

158 BR-Drs. 211/96, S. 110; BT-Drs. 13/5274, S. 34. Hierauf auch hinweisend BGH, Urteil v. 07.06.2016, Az.: KZR 6/15, Rn. 63, NJW 2016, S. 2266, 2273.

159 BGH, Urteil v. 07.06.2016, Az.: KZR 6/15, Rn. 54, NJW 2016, S. 2266, 2271.

tenwidriger Maßnahmen zu Stande gekommen[e]"[160] Schiedsvereinbarung oder *„wenn es gar an der (bewussten) Abgabe einer entsprechenden Willenserklärung fehlt*"[161] unstreitig unfreiwillig. Dies ist bei der Unterzeichnung einer Schiedsvereinbarung eines Athleten zum CAS offenkundig nicht der Fall. Dass eine solche, wie im Fall *Pechsteins*, allerdings *„fremdbestimmt*"[162] erfolgt, hat der BGH nun ausdrücklich erstmals klargestellt, so dass der faktische Schiedszwang nicht mehr in Frage gestellt werden kann.[163]

Letztlich sieht der BGH den Eingriff in die Grundrechte der Klägerin als gerechtfertigt.[164] Der Streit um die Freiwilligkeit der Schiedsvereinbarung soll im Kontext von Art. 6 EMRK jedoch an anderer Stelle[165] vertieft dargestellt werden.

Es bleibt zunächst festzuhalten, dass mit der Entscheidung des BGH höchstrichterlich auch von deutschen Gerichten der Schiedszwang des Athleten bei der Unterzeichnung der Schiedsvereinbarung anerkannt wurde. Dies entspricht der international herrschenden Ansicht.[166]

Darüber hinaus hat der deutsche Gesetzgeber den Versuch unternommen, den faktischen Schiedszwang durch einfachgesetzliche Vorschrift zu legitimieren. Dabei ist er jedoch nicht *„offen und ehrlich*"[167] vorgegangen, sondern hat den in der Literatur[168] stark kritisierten § 11 AntiDopG *„durch die Hintertür*"[169] zum 18.12.2015[170] in Kraft gesetzt. Danach

---

160 *Lachmann*, Schiedsgerichtspraxis, S. 68, Rn. 241.
161 BGH, Urteil v. 07.06.2016, Az.: KZR 6/15, Rn. 54, NJW 2016, S. 2266, 2271 unter Verweis auf seine berühmte *Körbuch*-Entscheidung, BGH, Urteil v. 03.04.2000, Az.: II ZR 373/98 (München), NJW 2000, S. 1713 f.
162 BGH, Urteil v. 07.06.2016, Az.: KZR 6/15, Rn. 56, NJW 2016, S. 2266, 2271.
163 *Heermann*, NJW 2016, S. 2224, 2225.
164 BGH, Urteil v. 07.06.2016, Az.: KZR 6/15, Rn. 61 ff., NJW 2016, S. 2266, 2272 ff. und verneint damit einen Verstoß gegen § 19 GWB a. F.
165 S. Kap. 2 C. I.
166 S. allein *Rigozzi*, L'arbitrage international en matière de sport, S. 249 ff., Rn. 473 ff.
167 *Orth*, SpuRt 2015, S. 230, 231.
168 S. vertiefend und mit deutlicher Kritik an § 11 AntiDopG sowie dem vorhergehenden RegE *Heermann*, SpuRt 2015, S. 4 ff.; *ders.*, SchiedsVZ 2015, S. 78 ff.; *ders.*, CaS 2016, S. 108 ff.; mit Kritik zurückhaltend *Niedermaier*, SchiedsVZ 2014, S. 280, 282 f.; *Hess*, in: ders. (Hrsg.), Der europäische Gerichtsverbund, S. 125 ff; *Lehner*, CaS 2015, S. 130 ff.; *ders.*, in: Lehner/Nolte/Putzke, AntiDopG, § 11, Rn. 72 ff.; *Weber*, BtMG, AntiDopG, § 11, Rn. 28 ff.;.
169 So warf *Heermann* in einem Beitrag zu § 11 AntiDopG die Frage auf „Einführung einer gesetzlich vorgeschriebenen Sportschiedsgerichtsbarkeit durch die Hintertür?", *Heermann*, SpuRt 2015, S. 4 ff.
170 BGBl. I, S. 2210.

„können [Sportverbände und Sportlerinnen und Sportler] als Voraussetzung der Teilnahme von Sportlerinnen und Sportlern an der organisierten Sportausübung Schiedsvereinbarungen über die Beilegung von Rechtsstreitigkeiten mit Bezug auf diese Teilnahme schließen, wenn die Schiedsvereinbarungen die Sportverbände und Sportlerinnen und Sportler in die nationalen oder internationalen Sportorganisationen einbinden und die organisierte Sportausübung insgesamt ermöglichen, fördern oder sichern. Das ist insbesondere der Fall, wenn mit den Schiedsvereinbarungen die Vorgaben des Welt Anti-Doping Codes der Welt Anti-Doping Agentur umgesetzt werden sollen."

Allein der misslungene Wortlaut der Vorschrift und die systematisch deplatzierte Verortung im AntiDopG trotz des ausweichlich des Wortlauts ausdrücklich nicht auf Dopingstreitigkeiten beschränkten sachlichen Anwendungsbereichs, ferner die Interpretationsbedürftigkeit des Verbs „können" entgegen der vom Gesetzgeber beabsichtigten Klarstellung zu den Schiedsvereinbarungen[171] und schließlich die Sinnfrage der Vorschrift, ob es dieser gesetzgeberischen Klarstellung – noch dazu vor Abschluss des *Pechstein*-Verfahrens[172] – überhaupt bedürft hätte[173], verdeutlichen, dass der vom deutschen Gesetzgeber mit § 11 AntiDopG gewählte Weg nicht die Lösung zum Schutz der Verfahrensrechte vor dem CAS sein kann. Vielmehr wäre eine Klarstellung der Beachtung der Verfahrensrechte vor dem Schiedsgericht angezeigt und wünschenswert gewesen.[174]

b) Prozessuale Ungleichgewichtslagen

Strukturelle Ungleichgewichtslagen zwischen Parteien sind in zahlreichen verfahrensrechtlichen Konstellationen anzutreffen, wirken sich in Verfahren zwischen Verbänden und Athleten jedoch besonders aus. Um die strukturellen Ungleichgewichtslagen allgemein zu kategorisieren, prägte bereits

---

171 S. hierzu *Heermann*, CaS 2016, S. 108, 110 f.
172 Kritisch insofern *Lehner*, CaS 2015, S. 130, 133 f.; *Heermann*, CaS 2016, S. 108, 116 f.
173 *Lehner* betont, dass es einer gesetzgeberischen Klarstellung hinsichtlich der „grundsätzliche[n] Zulässigkeit des Abschlusses von Schiedsvereinbarungen auch im Sport" nicht bedürft hätte; außerdem kritisiert er zu Recht, dass nicht durch eine einfachgesetzliche Vorschrift der Anspruch auf den gesetzlichen Richter beseitigt werden könne, *Lehner*, CaS 2015, S. 130, 134.
174 So auch *Heermann*, SchiedsVZ 2015, S. 78, 88.

1974 *Marc Galanter*[175] die Kategorien der *Repeat players* und *one-shotters*[176] sowie der *haves* und *have-nots*[177]. *Repeat players* nehmen häufig an Prozessen teil und verfolgen langfristige Interessen, *one-shotters* hingegen prozessieren nur selten und sind erheblich am Ausgang des einzelnen Prozesses interessiert.[178] Dabei sind die *Repeat players* häufig auch *haves*, verfügen also über ausreichend finanzielle Ressourcen für den Prozess, demgegenüber erfüllen *one-shotters* oftmals die Kriterien der *have-nots*, verfügen damit über nicht ausreichende finanzielle Ressourcen, um die Verfahrenskosten zu bestreiten.[179]

Übertragen auf das Berufungsverfahren vor dem CAS beschreiben diese Kategorien äußerst exakt das strukturelle Ungleichgewicht zwischen Verbänden und Sportlern. Verbände stellen nahezu den Idealtypus des *Repeat players* dar: Sie treten häufig als Beklagte im Berufungsverfahren vor dem CAS auf, bringen somit erhebliche Prozesserfahrung mit und sind insbesondere an einer kongruenten Rechtsprechung interessiert.[180] Außerdem verfügen die Verbände über die notwendigen finanziellen Ressourcen, um die Prozesskosten zu bestreiten und sind somit typische *haves*. Demgegenüber sind die Athleten klassische *one-shotters* und zumeist *not-haves*. Sie sind mehrheitlich lediglich einmal in ihrer Laufbahn im Berufungsverfahren vor dem CAS vertreten. Meistens, insbesondere in Doping-Angelegenheiten hängt der Fortgang ihrer gesamten Karriere vom Ausgang des Prozesses ab, so dass sie ein erhebliches Interesse an einem Erfolg in diesem konkreten Prozess haben. Schließlich verfügen sie nicht über die finanziellen Ressourcen, die Prozess- und Verfahrenskosten zu bestreiten.[181] Auszunehmen sind hiervon freilich die Top-Stars bestimmter Sportbranchen, die aufgrund ihrer exorbitant hohen Einkünfte, als typische *haves* zu klassifizieren sind.

---

175 *Galanter*, Law & Soc'y Rev. 1974, S. 95 ff.
176 *Galanter*, Law & Soc'y Rev. 1974, S. 95, 97 ff.
177 *Galanter*, Law & Soc'y Rev. 1974, S. 95, 103 ff.
178 *Niedermaier*, Strukturelle Ungleichgewichtslagen, S. 72; s. zu den Kategorien ausführlich *Galanter*, Law & Soc'y Rev. 1974, S. 95, 98.
179 Wobei *Galanter*, Law & Soc'y Rev. 1974, S. 95, 103 ausdrücklich klarstellt, dass die *Repeat Players* nicht automatisch immer *haves* und die *one-shotters* nicht immer *have-nots* sind, sondern hiervon auch offensichtliche Ausnahmen bestehen.
180 *Niedermaier*, in: Geisinger/Trabaldo-de Mastral, Sports Arbitration: A Coach for other Players?, S. 145, 151.
181 *Niedermaier*, in: Geisinger/Trabaldo-de Mastral, Sports Arbitration: A Coach for other Players?, S. 145, 151 f.

Zur Illustration dieses Ungleichgewichts zwischen den in sich geschlossenen Sportverbänden, die über Generationen ihre Verbandsregeln entwickelt haben, auf der einen Seite und dem Athleten als klassischer *one-shotter* auf der anderen Seite stellt *Paulsson* Letzteren einem Touristen auf den *Fiji*-Inseln gleich, der erstmals einen Hurrikan erlebt, „a frightening and isolated event in his life, and for which he is utterly unprepared."[182] Angesichts dieser Diskrepanz zwischen den Parteien hinsichtlich Prozesserfahrung und Prozessmacht schlussfolgert er zutreffend: *„To speak of a consensual process here seems an abuse of language."*[183]

II. Überprüfung von CAS-Schiedssprüchen durch staatliche Gerichte: Besteht ein hinreichender Schutz der Athleten?

Die Sportschiedsgerichtsbarkeit ist aus deutscher Perspektive verfassungsrechtlich unbedenklich.[184] Sie ist Ausdruck der prozessualen Privatautonomie und wird nicht von Art. 92 GG erfasst.[185] Allerdings ist diese den Parteien zugebilligte Autonomie nicht grenzenlos, vielmehr sind staatliche Gerichte dazu berufen, die Einhaltung dieser Grenzen sicherzustellen.[186]

Jedoch würde eine zu weitreichende staatliche Intervention die Vorteile der Sportschiedsgerichtsbarkeit zunichtemachen und ein *„Einfallstor für nationale Wertungen, die die Verwirklichung des Grundsatzes der einheitlichen Sportausübung gefährden"*[187], darstellen. Damit die Sportschiedsgerichtsbarkeit eine wirkliche Alternative zu den staatlichen Gerichten darstellen kann, bedarf sie eines Freiraums, welcher der inhaltlichen Nachprüfung durch staatliche Gerichte entzogen ist.[188] Ist dies nicht gewährleistet und die staatliche gerichtliche Kontrolle zu weitreichend ausgestaltet, droht das

---

182 *Paulsson*, Arb. Int. 1993, S. 359, 361.
183 *Paulsson*, Arb. Int. 1993, S. 359, 361.
184 *Schlosser*, in: Stein/Jonas, ZPO, vor § 1025, Rn. 7; *Schwab/Walter*, Schiedsgerichtsbarkeit, Kap. 1, Rn. 1; *Sonnauer*, Die Kontrolle der Schiedsgerichte, S. 21; *Geimer*, in: Schlosser (Hrsg.), Integritätsprobleme im Umfeld der Justiz, S. 113, 148 ff.
185 *Prütting*, in: FS Schlosser, S. 705, 708.
186 *Haas*, in: Oberhammer (Hrsg.), Schiedsgerichtsbarkeit in Zentraleuropa, S. 19, 20; *Sonnauer*, Die Kontrolle der Schiedsgerichte, S. 6 f.
187 *Haas*, SJZ 2010, S. 585, 590.
188 Allgemein zur Schiedsgerichtsbarkeit *Sonnauer*, Die Kontrolle der Schiedsgerichte, S. 5.

Schiedsgerichtsverfahren zu einem Vorverfahren des staatlichen Instanzen- zuges zu verkümmern.[189]

Gleichzeitig besteht aber auch Konsens darüber, dass eine gewisse staatli- che Kontrolle des Schiedsgerichtsverfahrens unabdingbar ist.[190] Die staatli- che Kontrolle sichert nicht nur das grundsätzliche Vertrauen der Parteien in die Schiedsgerichtsbarkeit, sondern auch die rechtsstaatlichen Mindest- anforderungen der Schiedsgerichtsbarkeit.[191] Diese beiden Grundsätze der Autonomiegewährung für die Sportschiedsgerichtsbarkeit und deren staat- licher Kontrolle gilt es in einem angemessenen Ausgleich zu halten. Dieser konkretisiert sich an den Berührungspunkten zwischen Schiedsgerichtsbar- keit und staatlicher Überprüfung.

Ein staatliches Gericht kann in verschiedenen Verfahrenssituationen mit Fragen der internationalen Schiedsgerichtsbarkeit konfrontiert werden. Hauptsächlich wird hierbei differenziert zwischen der Einredesituation, d. h. dem Stadium vor Erlass des Schiedsspruches, und der Anerkennungs- situation, d. h. der Situation nach Erlass des Schiedsspruches.[192]

Dabei ist zu unterscheiden zwischen den Rechtsbehelfen im Inland und jenen vor ausländischen Gerichten, d. h. vor Gerichten, in denen das Schiedsgericht nicht seinen Sitz hat. Bezogen auf den CAS ist demgemäß zwischen jenen Rechtsbehelfen vor dem Schweizerischen Bundesgericht und solchen vor ausländischen Gerichten, beispielsweise vor deutschen staatlichen Gerichten zu differenzieren. Hinsichtlich Letzterer garantiert bei internationalen Schiedssprüchen das UN-Übereinkommen[193] zum einen in der Einredesituation die Respektierung einer Schiedsvereinba- rung gemäß Art. II Abs. 1 UN-Übereinkommen und ermöglicht zum ande- ren die Anerkennung von Schiedssprüchen, die nach Maßgabe des UN- Übereinkommens erlassen wurden, Art. III bis V UN-Übereinkommen.[194]

---

189 *Haas*, in: Oberhammer (Hrsg.), Schiedsgerichtsbarkeit in Zentraleuropa, S. 19, 21; *Harbst*, Die Rolle der staatlichen Gerichte im Schiedsverfahren, S. 21; zu der Gefahr einer zu weitgehenden allgemeinen Rechtskontrolle des Schiedsverfah- rens durch die Staaten *Gottwald*, in: FS Nagel, S. 54, 57.

190 *Sonnauer*, Die Kontrolle der Schiedsgerichte, S. 83.

191 *Sonnauer*, Die Kontrolle der Schiedsgerichte, S. 6 f; *Haas*, in: Oberhammer (Hrsg.), Schiedsgerichtsbarkeit in Zentraleuropa, S. 19, 21.

192 *Geimer*, IZPR, S. 1418, Rn. 3727 mit Verweis auf weitere Verfahrenslagen, in de- nen die Schiedsvereinbarung relevant wird; *Niedermaier*, Strukturelle Ungleich- gewichtslagen, S. 145; *Haas*, in: FS Rechberger, S. 187 ff. unterscheidet zwischen prä- und postarbitraler Phase.

193 New Yorker Übereinkommen vom 10. Juni 1958 über die Anerkennung und Vollstreckung ausländischer Schiedssprüche.

194 *Hess*, ZZPint 1998, S. 457, 457.

Wie genau sich die gegenläufigen Tendenzen der schiedsgerichtlichen Autonomie und der staatlichen Kontrolle an den Kontaktpunkten zwischen der Sportschiedsgerichtsbarkeit und staatlicher Gerichtsbarkeit auswirken, soll anhand der folgenden Schnittstellen erörtert werden. Die staatliche Kontrolle hat dabei freilich nicht nur kontrollierenden, sondern auch hilfestellenden Charakter.[195] Zur Verdeutlichung der hier relevanten Standpunkte wird sich jedoch auf die kontrollierende Kategorie beschränkt.

1. Schutz der Athleten bei Überprüfung der CAS-Schiedssprüche durch das Schweizerische Bundesgericht?

Die Schweiz ist das Machtzentrum des Sports. Hier werden die wesentlichen sportpolitischen und sportrechtlichen Entscheidungen von weltweiter Bedeutung getroffen. Dem liegen vielfältige Ursachen zugrunde: So haben nicht nur das IOC[196], sondern auch die überwiegende Mehrzahl der internationalen Sportverbände ihren Sitz in der Schweiz.[197] Dies gilt beispielsweise für die einflussreichen Verbände der FIFA, der UEFA, der FIBA, des internationalen Radsportverbands UCI oder des internationalen Eishockeyverband IIHF.[198] Hinzu kommt bekanntermaßen der Sitz des CAS in der Schweiz. Zudem stellt die Schweiz für die Tätigkeit der internationalen Sportverbände einen außerordentlich liberalen Ordnungsrahmen zur Verfügung.[199] Zutreffend wird die Schweiz daher auch als *„Sportrechts-Weltmacht"*[200] bzw. als *„Delaware des Sports"*[201] bezeichnet.

Im Kontext des liberalen schweizerischen Ordnungsrahmens ist die liberale Haltung des Schweizerischen Bundesgerichts gegenüber den Besonderheiten des Sportrechts bei Überprüfung von CAS-Schiedssprüchen im

---

195 *Haas*, in: Oberhammer (Hrsg.), Schiedsgerichtsbarkeit in Zentraleuropa, S. 19, 20; hierzu *Harbst*, Die Rolle der staatlichen Gerichte im Schiedsverfahren, S. 19; hinsichtlich der Hilfstätigkeiten der deutschen Gerichte für ausländische Schiedsverfahren *Geimer*, IZPR, S. 1422 ff., Rn. 3742 ff.

196 Art. 15.2 OC.

197 *Netzle*, in: Röhricht (Hrsg.), Sportschiedsgerichtsbarkeit, S. 9, 14; *Haas*, SJZ 2010, S. 585, 589; *Riemer*, CaS 2004, S. 106.

198 *Haas*, SJZ 2010, S. 585, 589.

199 S. hierzu vertiefend *Haas*, SJZ 2010, S. 585, 587 ff.

200 *Riemer*, CaS 2004, S. 106 ff.

201 *Haas*, SJZ 2010, S. 585, 588 unter Bezugnahme auf das besonders liberale Gesellschaftsrecht des US-Bundesstaats *Delaware*, welches eine Vielzahl von US-Unternehmen dazu veranlasste, ihren Sitz dorthin zu verlegen.

Wege der Anfechtungsklage gemäß Art. 190 des schweizerischen Bundesgesetzes über das Internationale Privatrecht (IPRG)[202] zu sehen. Es setzt hier keinen Kontrapunkt einer strengen Überprüfung der CAS-Schiedssprüche, sondern legt selbst einen liberalen Maßstab an. So betonte das Schweizerische Bundesgericht in seinem *Cañas*-Urteil[203] seine wohlwollende Haltung bezogen auf Schiedsklauseln in Athletenvereinbarungen, um eine *„rasche Streiterledigung durch spezialisierte Gerichte zu fördern, die wie das TAS hinreichende Gewähr für Unabhängigkeit und Unparteilichkeit bieten"*.[204][205]Entgegen der Begründung des Schweizerischen Bundesgerichts in demselben Urteil, dass es selbst im Gegenzug über die Aufhebungsanträge wache[206], fehlt es nämlich an einer strengen Gegenkontrolle, die dem liberalen Rahmen der „Sportrechts-Weltmacht" Schweiz klare Grenzen aufzeigt.[207] Dies gilt es insofern zu betonen, als dem Schweizerischen Bundesgericht auch ein anderer Weg der strengen Überprüfung vor dem Hintergrund offen gestanden hätte, den faktischen Schiedszwang zu adressieren.[208]

Für den Athleten perpetuiert die wohlwollende Haltung des Schweizerischen Bundesgerichts seine strukturelle Unterlegenheit gegenüber den Sportverbänden vor dem CAS. Er ist auf das Schweizerische Bundesgericht angewiesen, will er einen Aufhebungsantrag mit weltweiter Wirkung stellen, da ein solcher nur am Schiedsort gestellt werden kann, Art. V Abs. 1 lit. e) UN-Übereinkommen. Doch aufgrund des Vertrauensvorschusses, den das Schweizerische Bundesgericht dem CAS gibt, wird eine Anfech-

---

202 Das schweizerische Bundesgesetz über das Internationale Privatrecht (IPRG) trat am 18.12.1987 in Kraft. Aktueller Stand: 01.04.2017.

203 S. ausführliche Erörterung des *Cañas*-Urteils s. Kap. 1 C. V. 1. b).

204 Schweizerisches Bundesgericht, Rn. 3.2.3, BGE 133 III, S. 235: „Whilst taking into consideration that requirement in good part (judgment 4A_358/20098 of November 6, 2009 at 3.2), the Federal Tribunal reviews with "benevolence" the consensual nature of sport arbitration with a view to enhancing speedy disposition of disputes by specialized arbitral tribunals presenting sufficient guarantees of independence and impartiality, such as the CAS (ATF 133 III 235 at 4.3.2.3)"; *Eichel*, IPRax 2016, S. 305, 306 f.

205 S. hierzu ebenfalls LG München I, Urteil v. 26.02.2014, Az.: 37 O 28331/12, Rn. A. II. 3. c) bb) (2), SchiedsVZ 2014, S. 100, 107; *Hess*, JZ 2014, S. 538, 544; *Rigozzi/Robert-Tissot*, in: Geisinger/Trabaldo - de Mestral, Sports Arbitration: A Coach for Other Players?, S. 59, 71; *Zimmermann*, CaS 2014, S. 11, 14 m. w. N.; *Hess*, in: ders. (Hrsg.), Der europäische Gerichtsverbund, S. 125, 133; *Oschütz*, SpuRt 2007, S. 177, 181.

206 Schweizerisches Bundesgericht, Rn. 4.3, BGE 133 III, S. 235.

207 *Eichel*, IPRax 2016, S. 305, 307.

208 Schweizerisches Bundesgericht, Rn. 4.3, BGE 133 III, S. 235.

tungsklage gegen einen CAS-Schiedsspruch nur in den seltensten Fällen Erfolg haben.[209]

2. Schutz der Athleten bei Überprüfung von CAS-Schiedssprüchen durch deutsche Gerichte?

Über die Rolle des Schweizerischen Bundesgerichts hinaus, die bei der Überprüfung der CAS-Schiedssprüche getrost als „Hauptrolle" bezeichnet werden darf, stellt sich die Frage des Schutzes der Athleten vor ausländischen Gerichten, beispielsweise vor deutschen Gerichten. Dies setzt zunächst voraus, dass es überhaupt zu Kontaktpunkten mit der staatlichen Gerichtsbarkeit kommt.

a) Schnittstellen in der präarbitralen Phase

Kontaktpunkte zwischen einem CAS-Schiedsspruch und staatlichen Gerichten können sich insbesondere ergeben, wenn die schiedswillige Partei in der Hauptsache die Schiedseinrede erhebt bzw. die schiedsunwillige Partei einen Feststellungsantrag auf Unzuständigkeit des Schiedsgerichts stellt, § 1032 Abs. 1 bzw. Abs. 2 ZPO und § 1025 Abs. 2 i. V. m. Art. II Abs. 3 UN-Übereinkommen.[210] Gleiches kann für den Fall gelten, in dem z. B. ein Athlet Schadensersatzansprüche gegen den internationalen Sportverband vor staatlichen Gerichten geltend macht und diese von der Schiedsvereinbarung mitumfasst sind. So waren beispielsweise im *Pechstein*-Verfahren sämtliche Ansprüche und somit auch Schadensersatzansprüche der ausschließlichen Entscheidung durch den CAS zugewiesen.[211] Eine weitere Einbruchsstelle des nationalen Rechts kann der einstweilige Rechtsschutz darstellen, auf den an anderer Stelle eingegangen wird.[212]

Letztlich erheben die vor dem CAS unterlegenen Athleten insbesondere Schadensersatzklagen vor staatlichen Gerichten und rufen diese weniger in der Hauptsache zur Überprüfung der Schiedsvereinbarung an. Gemäß

---

209 Anm. der Redaktion der *Causa Sport* zu Schweizerisches Bundesgericht, Urteil v. 04.08.2006, Az.: 4P.105/2006): „Eher geht ein Kamel durch ein Nadelöhr, als dass ... das Bundesgericht eine staatsrechtliche Beschwerde nach [...] Art. 190 ff. IPRG gutheissen würde."; *Eichel*, IPRax 2016, S. 305, 307.
210 *Eichel*, IPRax 2016, S. 305, 306.
211 BGH, Urteil v. 07.06.2016, Az.: KZR 6/15, NJW 2016, S. 2266, 2270, Rn. 41.
212 S. Kap. 1 E. II. 1.

Art. II Abs. 3 UN-Übereinkommen[213] steht es den Parteien zwar grundsätzlich frei, ein staatliches Gericht zur Überprüfung der Schiedsvereinbarung anzurufen, allerdings ist ihnen in diesem Fall anzuraten, gleichzeitig bei dem CAS Berufung einzulegen, um – sollte das staatliche Gericht die Schiedseinrede, sofern diese von der gegnerischen Partei erhoben wird, bestätigen – die Frist des Art. R49 CAS-Code nicht zu versäumen.[214]

Das staatliche Gericht überprüft bei Erhebung der Schiedseinrede, ob die Schiedsvereinbarung nichtig, unwirksam oder undurchführbar ist, siehe für Deutschland § 1032 Abs. 1 ZPO.

Die größten potenziellen Einbruchstellen für nationale Wertungen stellen dabei die objektive Schiedsfähigkeit und der Grad der Freiwilligkeit dar.[215] Sowohl die objektive Schiedsfähigkeit[216] als auch die Freiwilligkeit der Schiedsvereinbarung werden von den nationalen Gerichten jeweils unterschiedlich beurteilt.

Dass diese Einbruchsstellen für den internationalen Entscheidungseinklang verheerend sein können, wenn aufgrund unterschiedlicher Rechtsmaßstäbe die Schiedsvereinbarung zum CAS in dem einen Land für wirksam und in dem anderen Land für unwirksam erachtet werden, liegt auf der Hand. Letztlich kann aber natürlich nicht dem Athleten vorgehalten werden, dass er sein Recht, vor staatliche Gerichte zu ziehen, verfolgt. Schließlich ist aber im Sinne des internationalen Entscheidungseinklangs eine restriktive Überprüfung der Schiedsvereinbarung – und unter diesem Aspekt auch die Entscheidung des BGH im *Pechstein*-Verfahren – begrüßenswert.

b) Schnittstellen in der postarbitralen Phase

Nach Abschluss des Schiedsverfahrens ist hinsichtlich der Rechtsbehelfe zur Anfechtung, Anerkennung und Vollstreckung des Schiedsspruches

---

213 Art. II Abs. 3 UN-Übereinkommen: „Wird ein Gericht eines Vertragsstaates wegen eines Streitgegenstandes angerufen, hinsichtlich dessen die Parteien eine Vereinbarung im Sinne dieses Artikels getroffen haben, so hat das Gericht auf Antrag einer der Parteien sie auf das schiedsrichterliche Verfahren zu verweisen, sofern es nicht feststellt, daß die Vereinbarung hinfällig, unwirksam oder nicht erfüllbar ist."

214 *Rigozzi/Hasler*, in: Arroyo, Arbitration in Switzerland, Art. R49, Rn. 23.

215 *Haas*, SJZ 2010, S. 585, 590.

216 *Otto/Elwan*, in: Kronke/Nacimiento/Otto/Port, Recognition and Enforcement of Foreign Arbitral Awards, Art. V 2 (b), S. 349 ff.

grundsätzlich zwischen der Situation im Verfahrensstaat, d. h. dem Staat, in dem der Schiedsspruch erlassen wurde, bei einem CAS-Schiedsspruch also der Schweiz und jener in demjenigen Staat, in dem der Schiedsspruch anerkannt und vollstreckt werden soll, zu unterscheiden. Hinsichtlich der Rechtsbehelfe in der Schweiz wird entsprechend verwiesen.[217] Hinsichtlich der möglichen Anerkennung und Vollstreckung eines CAS-Schiedsspruches steht im Folgenden die deutsche Prozessrechtsperspektive im Fokus.

Eine *ex post*-Kontrolle eines CAS-Schiedsspruches kann im Vollstreckbarerklärungsverfahren gemäß § 1061 ZPO i. V. m. Art. V UN-Übereinkommen sowie auf Betreiben der unterlegenen Schiedspartei per negativer Feststellungsklage der Anerkennungsunfähigkeit des Schiedsspruches gemäß § 256 ZPO ebenfalls am Maßstab von Art. V UN-Übereinkommen erfolgen.[218]

Da der CAS seinen Sitz in Lausanne – und damit in der Schweiz – hat, ist das UN-Übereinkommen für alle Staaten außerhalb der Schweiz anwendbar.[219] Aus deutscher Perspektive richtet sich die Anerkennung und Vollstreckung eines ausländischen Schiedsspruchs gemäß § 1061 Abs. 1 S. 1 ZPO nach dem UN-Übereinkommen. Die Vollstreckbarerklärung eines Schiedsspruches ist zu versagen, wenn einer der in Art. V UN-Übereinkommen genannten Versagungsgründe vorliegt.[220] Im Grundsatz gleichen die Versagungsgründe gemäß Art. V UN-Übereinkommen denen der Überprüfung im „Verfahrensstaat" Schweiz gemäß Art. 190 Abs. 2 IPRG.[221] Zu unterscheiden sind gemäß Art. V UN-Übereinkommen die auf Rüge hin und die von Amts wegen zu beachtenden Versagungsgründe.

Zu den auf Rüge hin zu beachtenden Versagungsgründen zählen das Fehlen der subjektiven Schiedsfähigkeit bzw. die Ungültigkeit der Schiedsvereinbarung (Art. V Abs. 1 lit. a)), die fehlende Information über die Bestellung des Schiedsrichters und/oder das Schiedsverfahren und die Behinderung der Rechtsverteidigung (Art. V Abs. 1 lit. b)), die fehlende Deckung des Schiedsspruchs durch die Schiedsvereinbarung (Art. V Abs. 1 lit. c)) und Verfahrensfehler (Art. V Abs. 1 lit. d)) sowie die Unverbindlichkeit, Aufhebung und einstweilige Wirkungshemmung des Schiedsspruchs (Art. V Abs. 1 lit. e)). Von Amts wegen zu beachtende Versagungsgründe

---

217 S. Kap. 1 C. V.
218 *Eichel*, IPRax 2016, S. 305, 307; *Adolphsen*, Internationale Dopingstrafen, S. 514 f.; *Tyrolt*, Sportschiedsgerichtsbarkeit und zwingendes staatliches Recht, S. 106.
219 *Hess*, ZZPint 1998, S. 457, 460.
220 *Lachmann*, Schiedsgerichtspraxis, S. 609, Rn. 2550.
221 *Berger/Kellerhals*, Schiedsgerichtsbarkeit in der Schweiz, Rn. 1543.

sind das Fehlen der objektiven Schiedsfähigkeit (Art. V Abs. 2 lit. a)) sowie der Verstoß gegen den *Ordre public* (Art. V Abs. 2 lit. b)).

Vorliegend sollen nicht die Versagungsgründe im Einzelnen[222] erörtert werden. Vielmehr ist im Sinne der oben besprochenen Zielvorgaben zu untersuchen, inwieweit diese bei der Überprüfung eines CAS-Schiedsspruches Berücksichtigung finden.

Hinsichtlich der Vollstreckbarerklärung von CAS-Schiedssprüchen nach Art. V UN-Übereinkommen lässt sich konstatieren, dass hier die staatliche Kontrolle aus mehreren Gründen schwach ausgeprägt ist.[223]

Unabhängig von Besonderheiten der Sportschiedsgerichtsbarkeit könnte dies bereits allgemein für die Schiedsgerichtsbarkeit der Fall sein, wenn ausländische im Vergleich zu inländischen Schiedssprüchen weniger intensiv der staatlichen Kontrolle unterliegen.

Dies ist dann der Fall, wenn für ausländische Schiedssprüche hinsichtlich des *Ordre public*-Vorbehalts gemäß Art. V Abs. 2 lit. b) UN-Übereinkommen nur eine eingeschränkte staatliche Kontrolle erfolgt und dies auf die Sportschiedsgerichtsbarkeit übertragbar ist. Ob der allgemeine Maßstab bei der Überprüfung ausländischer Schiedssprüche im Vergleich zu demjenigen bei der Überprüfung inländischer Schiedssprüche liberaler sein muss, ist umstritten. So unterscheidet die deutsche höchstrichterliche Rechtsprechung[224] zwischen einem liberaleren *Ordre public international* und einem strengeren *Ordre public intern*, da das öffentliche Interesse an der Korrektur eines ausländischen Schiedsspruches *a priori* geringer sei als jenes an der Korrektur eines inländischen Schiedsspruches.[225] Hiergegen wurde zu Recht eingewandt, eine solche Unterscheidung sei nicht mit dem Wortlaut von Art. V UN-Übereinkommen vereinbar und vielmehr sei ein

222 S. hierzu ausführlich *Lachmann*, Schiedsgerichtspraxis, S. 609 ff., Rn. 2550 ff.; *Borris/Hennecke u. a.*, in: Wolff, NY Convention – Commentary, Art. V, S. 267 ff., Rn. 85 ff.

223 *Haas*, SJZ 2010, S. 585, 591.

224 BGH, Beschluss vom 17.09.1968 - IV ZB 501/68, NJW 1969, S. 369 ff.; *Lachmann*, Schiedsgerichtspraxis, S. 628, Rn. 2652 f. Danach ist darauf abzustellen, „ob das Ergebnis der Anwendung des ausländischen Rechts zu den Grundgedanken der deutschen Regelung und der in ihnen liegenden Gerechtigkeitsvorstellungen in so starkem Widerspruch steht, dass es [aus deutscher Sicht] untragbar erscheint", BGH, Beschluss vom 17.09.1968, Az.: IV ZB 501/68, NJW 1969, S. 369, 370; das Schweizerische Bundesgericht stellt ebenfalls auf einen ab, *Berger/Kellerhals*, International and Domestic Arbitration in Switzerland, Rn. 1761 f.

225 *Lachmann*, Schiedsgerichtspraxis, S. 628, Rn. 2651 f.; *Hess*, ZZPint 1998, S. 457, 457; *Hanefeld*, in: Weigand (Hrsg.), Practitioner's Handbook, S. 539, Rn. 7.273.

nationaler einheitlicher Standard zugrunde zu legen.[226] Letztlich ist jedoch anzumerken, dass die Unterscheidung nur in Staaten von Bedeutung ist, in denen der *Ordre public*-Vorbehalt sehr weit gefasst wird, da sämtliche zwingende Vorschriften in den Geltungsbereich einbezogen werden.[227] Für Staaten, wie z. B. Deutschland, in denen der *Ordre public intern* bereits eng gefasst wird, hat dies ohnehin keine praktischen Auswirkungen.[228] Im Ergebnis führt dies jedoch dazu, dass staatliche Gerichte bei der *Ordre public*-Überprüfung ausländischer Schiedssprüche gemäß Art. V Abs. 2 lit. b) UN-Übereinkommen Zurückhaltung zeigen, sei es, weil sie ohnehin den *Ordre public* eng fassen oder hinsichtlich ausländischer Schiedssprüche einen liberaleren Maßstab zugrunde legen.[229] Dies gilt unabhängig davon, ob ein Schiedsspruch aus der Handels- oder Sportschiedsgerichtsbarkeit zur Überprüfung vorliegt.

Viel gravierender wirkt sich jedoch für die Überprüfung von CAS-Schiedssprüchen durch staatliche Gerichte aus, dass es zu einer solchen Kontrolle zumeist gar nicht kommt. Dies hängt mit der Rechtsnatur der CAS-Schiedssprüche und mit dem eigenen Vollstreckungssystem der Sportverbände zusammen. Oftmals steht bei Streitigkeiten zwischen Athleten und internationalen Sportverbänden vor dem CAS die Rechtmäßigkeit einer von dem internationalen Sportverband ausgesprochene Sanktion, wie z. B. eine Disqualifikation oder eine Sperre, im Streit.[230] D. h. es handelt sich i. d. R. um Feststellungs- und Gestaltungsurteile, die – mit Ausnahme des Kostenpunktes – grundsätzlich[231] nicht vollstreckbar sind.[232] Damit erübrigt sich in Fällen, in denen ein Sportverband einem Athleten gegenüber eine Sanktion ausspricht, ohnehin das Vollstreckungsverfahren.[233]

Hinzu kommt als besonderes Charakteristikum des internationalen Sportrechts der Verbandsselbstvollzug. Danach verfügen internationale

---

226 *Wolff*, in: ders., YN-Convention – Commentary, Art. V, S. 408 f., Rn. 496 f und S. 412 f., Rn. 511.

227 *Adolphsen*, in: MüKo/ZPO, Anh. zu § 1061, UN-Übereinkommen, Art. V, Rn. 69.

228 *Adolphsen*, in: MüKo/ZPO, Anh. zu § 1061, UN-Übereinkommen, Art. V, Rn. 69.

229 Hierauf angesichts der BGH-Rechtsprechung ausdrücklich für Deutschland abstellend *Hanefeld*, in: Weigand (Hrsg.), Practitioner's Handbook, S. 539, Rn. 7.273.

230 *Haas*, SJZ 2010, S. 585, 591.

231 S. zu den Ausnahmen hinsichtlich Gestaltungsurteilen nach der deutschen ZPO *Götz*, in: MüKo/ZPO, § 704, Rn. 7.

232 S. für die deutsche ZPO *Götz*, in: MüKo/ZPO, § 704, Rn. 7.

233 Schweizerisches Bundesgericht, Urteil v. 22.03.2007, Rn. 4.3.2.1, BGE 133 III, S. 235, 242; SchiedsVZ 2007, S. 330, 331.

Sportverbände über eigene verbandsrechtliche Disziplinargerichtsbarkeiten, die es ihnen ermöglichen, durch Geldstrafen, Punktabzüge, Disqualifikationen und Nichtzulassungen zum Wettkampf oder Sperren eigenständig durchsetzen. Somit sind sie nicht auf die Anrufung staatlicher Gerichte zur Durchsetzung ihrer Sanktionen angewiesen.[234] So verpflichten sich z. B. gemäß Art. 60 Abs. 1 FIFA-Statuten alle Konföderationen, Mitgliedsverbände und Ligen, *„Entscheide der zuständigen FIFA-Organe, gegen die gemäss den vorliegenden Statuten nicht Berufung eingelegt werden kann, als endgültig anzuerkennen"* und außerdem *„alle Vorkehrungen zu treffen, damit ihre Mitglieder sowie die ihnen angeschlossenen Spieler und Offiziellen diese Entscheide anerkennen."* Darüber hinaus setzen internationale Sportverbände ihr Sanktionssystem dazu ein, Schiedssprüche, die ausnahmsweise auf eine Geldzahlung und damit auf Leistung lauten, *„durch Androhung von Strafen quasi privat zu vollstrecken."*[235] Dies wird so beispielsweise in Art. 64 FIFA Disziplinarreglement[236] festgesetzt.[237]

---

234 Grundlegend zur Verbandsstrafgewalt im Bereich des Sports *Krieger*, Vereinsstrafen, S. 30 ff.; *Haas*, SJZ 2010, S. 585, 591.

235 *Haas*, SJZ 2010, S. 585, 591; zum FIFA-Vollstreckungssystem *Haas*, in: Höfling/Horst/Nolte, Fußball – Motor des Sportrechts, S. 65, 68 ff.

236 Das FIFA-Disziplinarreglement findet neben weiteren Anwendungsbereichen insbesondere für alle von der FIFA organisierten Spiele und Wettbewerbe Anwendung, Art. 2 S. 1 FIFA Disziplinarreglement.

237 Art. 64 Abs. 1 und 2 FIFA-Disziplinarreglement: „1. Wer einer anderen Partei (z. B. einem Spieler, einem Trainer oder einem Klub) oder der FIFA eine Geldsumme, zu deren Zahlung er von einem Organ, einer Kommission oder Instanz der FIFA oder in einem nachfolgenden Berufungsver- fahren des CAS verurteilt wurde (finanzielle Entscheidung), ganz oder teilweise vorenthält, oder wer eine andere (nicht finanzielle) Entscheidung eines Organs, einer Kommission oder Instanz der FIFA oder des CAS in einem nachfolgenden Berufungsverfahren nicht respektiert: a) wird wegen Missachtung einer Entscheidung mit einer Geldstrafe belegt; b) erhält von den Rechtsorganen der FIFA eine letzte Frist, um den geschuldeten Betrag zu bezahlen oder die (nicht finanzielle) Entscheidung zu respektieren; c) (nur für Klubs) wird ermahnt und darauf hingewiesen, dass bei Nichtbezahlung oder Nichtrespektierung der Entscheidung vor Ablauf dieser letzten Frist ein Punktabzug oder der Zwangsabstieg in eine tiefere Spielklasse erfolgt. Zudem kann eine Transfersperre ausgesprochen werden; d) (nur für Verbände) wird ermahnt und daraufhin gewiesen, dass bei Nichtbezahlung oder Nichtrespektierung der Entscheidung vor Ablauf dieser letzten Frist weitere Disziplinarmassnahmen verhängt werden. Zudem kann ein Ausschluss von einem FIFA-Wettbewerb verhängt werden. 2. Lässt der Klub diese letzte Frist ungenutzt verstreichen, wird der entsprechende Verband aufgefordert, die angedrohten Sanktionen in die Tat umzusetzen [...]."; instruktiv und kritisch zur Handhabung von Art. 64 FIFA-Disziplinarreglement *Orth*, SpuRt 2017, S. 9, 12.

Mit dem von der FIFA implementierten eigenen Sanktionswesens geht somit ein *de facto* Entzug der CAS-Schiedssprüche von den staatlichen Anerkennungsverfahren einher. Dieses von der FIFA praktizierte systemimmanente eigene Sanktionswesen lässt sich beispielhaft für sämtliche eigenen Vollstreckungssysteme der internationalen Verbände am jüngst vom BGH[238] entschiedenen Fall des *SV Wilhelmshaven* gegen den *Norddeutschen Fußballverband* illustrieren.[239] Der *SV Wilhelmshaven* hatte die Zahlung einer Ausbildungsentschädigung für die Ausbildung zweier zum *SV Wilhelmshaven* transferierten Spieler an zwei argentinische Fußballclubs verweigert. Nachdem der Verein den Entscheid der FIFA erfolglos vor dem CAS angefochten hatte und der Verein sich weiterhin der Zahlung verweigerte, ordnete die FIFA-Disziplinarkommission auf Antrag der beiden argentinischen Vereine Punktabzüge für zwei aufeinanderfolgende Saisons an und ersuchte den DFB diesbezüglich um Durchführung. Diesen führte der DFB hinsichtlich der einen Saison selbst aus, hinsichtlich der zweiten Saison ersuchte er den zuständigen *Norddeutschen Fußballverband*, so dass es letztlich zu einem Zwangsabstieg des *SV Wilhelmshaven* kam. Der *SV Wilhelmshaven* wehrte sich vor deutschen Gerichten letztlich erfolgreich gegen den Zwangsabstieg. Zwar war das von der FIFA implementierte Sanktionswesen in dem Verfahren vor dem BGH im Ergebnis nicht entscheidungserheblich[240], denn in dem Verfahren standen andere rechtliche Aspekte im Fokus[241]. Dennoch verdeutlicht der – in diesem Kontext nur grob dargestellte[242] – Fall auf für den betroffenen Verein dramatische Weise, dass die Umsetzung des CAS-Urteils und damit der Abstieg in die sportliche Bedeutungslosigkeit keiner Anrufung staatlicher Gerichte im Anerkennungs- bzw. Vollstreckungsverfahren gemäß § 1061 ZPO i. V. m. Art. V UN-Übereinkommen bedurfte.[243]

---

238 BGH, Urteil v. 20.9.2016, Az.: II ZR 25/15, NJW 2017, S. 402 ff.

239 S. hierzu *Hess*, in: ders. (Hrsg.), Der europäische Gerichtsverbund, S. 125, 130 f.

240 BGH, Urteil v. 20.9.2016, Az.: II ZR 25/15, Rn. 32, NJW 2017, S. 402, 405: „[...] Dass dem von der FIFA implementierten Sanktionswesen die Vorstellung zugrunde liegen dürfte, auf diese Weise seien eigene Zwangsvollstreckungsmaßnahmen der zur Entschädigung berechtigten Vereine mithilfe staatlicher Organe (faktisch) nicht mehr erforderlich [(...)], ist insoweit rechtlich ohne Belang."

241 S. hierzu die Entscheidungsbesprechungen von *Orth*, SpuRt 2017, S. 9 ff.; *ders.* mit Blog-Eintrag zu der Entscheidung, abrufbar unter: https://www.janfort h.de/sv-wilhelmshaven-die-vorlaeufigen-faq/ (Stand: März 2019); *Korff*, EWiR 2017, S. 39 f.; *Jungmann*, npoR 2017, S. 17, 20 ff.; *Wagner*, NJW 2017, S. 402, 407.

242 S. zur ausführlichen Sachverhaltsdarstellung: die in der vorherigen Fn. zitierte Literatur sowie BGH, Urteil v. 20.9.2016, Az.: II ZR 25/15, NJW 2017, S. 402 ff.

243 *Hess*, in: ders. (Hrsg.), Der europäische Gerichtsverbund, S. 125, 132.

Somit kommt es nur in seltenen Fällen zu einem Anerkennungs- Vollstreckbarerklärungsantrag vor staatlichen Gerichten, da die internationalen Sportverbände ihr eigenes Vollstreckungssystem durchgesetzt haben. Selbst wenn es tatsächlich einmal zu einer Überprüfung kommen sollte, herrscht hier eine große Zurückhaltung, da es sich um einen internationalen Schiedsspruch handelt. Auch wenn das Vollstreckungsmonopol auch in diesen Fällen beim Staat verbleibt, bleibt dem unterlegenen Athleten bzw. Verein gegenüber einem internationalen Sportverband wie der FIFA faktisch kein Wahlrecht, dessen Sanktionen zu erfüllen. So schrieb das Schweizerische Bundesgericht in einem Fall, in dem ein spanischer Fußballclub gegen das Sanktionssystem der FIFA Anfechtungsklage erhob, der Sanktionsmöglichkeit der FIFA eine „vollstreckungsähnliche Wirkung" zu und stellte zu Recht fest, aufgrund der dominanten Stellung der FIFA im Fußball komme *„die Möglichkeit des Austritts für einen Fußballclub, der an Meisterschaften mitspielen möchte, kaum in Frage".*[244] Dennoch verneinte es einen Verstoß gegen den *Ordre public* gemäß Art. 190 Abs. 2 lit. e) IPRG.[245]

In der Gesamtbetrachtung wird der CAS-Schiedsspruch weder im „Verfahrensstaat" Schweiz noch bei der Anerkennung im Ausland einer intensiven Überprüfung durch staatliche Gerichte unterzogen.[246]

Auch wenn dies aus dem Gesichtspunkt der Denationalisierung zu begrüßen ist, da so nationalstaatliche Wertungen möglichst wenig Beachtung finden, besteht aus Athletensicht doch eine „Staatsferne" mit der Folge, dass die staatlichen Gerichte ihrer oben dargestellten Schutzpflicht zugunsten der Athleten als strukturell unterlegenen Partei nicht nachkommen.

III. Zwischenfazit

Folge des dargestellten „strukturellen Ungleichgewichts" der Athleten gegenüber den sozialmächtigen internationalen Sportverbänden ist die besondere Schutzbedürftigkeit des Athleten und damit das Bestehen einer staatlichen Eingriffspflicht.[247]

---

244 Schweizerisches Bundesgericht, Urteil v. 05.01.2007, Az.: 4P.240/2006.
245 Schweizerisches Bundesgericht, Urteil v. 05.01.2007, Az.: 4P.240/2006.
246 So auch *Hess*, ZZPint 1998, S. 457, 472 f.
247 *Haas/Hauptmann*, SchiedsVZ 2004, S. 175, 176 mit Verweis auf BVerfG, Beschluss v. 19.10.1993 1 BvR 567/89 u. 1044/89, JZ 1994, S. 408, 409.

Insoweit ist die Privatautonomie der Parteien einzugrenzen und die staatliche Kontrollpflicht tritt in den Vordergrund. Aus deutscher verfassungsrechtlicher Perspektive kann in diesem Kontext Bezug auf die Ausführungen des BVerfG genommen werden, das hinsichtlich des Ungleichgewichts zwischen Parteien bei Abschluss eines Bürgschaftsvertrages ausführte:

„Hat einer der Vertragsteile ein so starkes Übergewicht, dass er vertragliche Regelungen faktisch einseitig setzen kann, bewirkt dies für den anderen Vertragsteil Fremdbestimmung. [...] Handelt es sich [...] um eine typisierbare Fallgestaltung, die eine strukturelle Unterlegenheit des einen Vertragsteils erkennen läßt [sic!], und sind die Folgen des Vertrages für den unterlegenen Vertragsteil ungewöhnlich belastend, so muß [sic!] die Zivilrechtsordnung darauf reagieren und Korrekturen ermöglichen. Das folgt aus der grundsätzlichen Gewährleistung der Privatautonomie (Art. 2 Abs. 1 GG) und dem Sozialstaatsprinzip (Art. 20 Abs. 1, Art. 28 Abs. 1 GG).“[248] Bezogen sich die Ausführung zwar auf das Ungleichgewicht zwischen Parteien hinsichtlich eines Bürgschaftsvertrages, so sind diese Anforderungen aus deutscher Perspektive angesichts des vergleichbaren Ungleichgewichts zwischen den Parteien auf die Sportschiedsgerichtsbarkeit übertragbar.

Somit besteht die Herausforderung, die Autonomie der Sportschiedsgerichtsbarkeit und ihre staatliche Kontrolle einer Synthese zuzuführen. Das von *Sonnauer* allgemein für die staatliche Kontrolle der Schiedsgerichtsbarkeit schlagwortartig zutreffend formulierte Ziel, *„[s]o viel schiedsgerichtliche Autonomie wie nur möglich und nur so viel staatliche Kontrolle wie unbedingt erforderlich“*[249], kann bezogen auf die staatliche Kontrolle von CAS-Schiedssprüchen wie folgt präzisiert werden: „So viel schiedsgerichtliche Autonomie wie für den internationalen Entscheidungseinklang möglich und nur so viel staatliche Kontrolle wie für den Athleten als strukturell unterlegene Partei unbedingt erforderlich.“

C. Das Berufungsverfahren vor dem CAS und Rechtsmittel gegen CAS-Schiedssprüche im Überblick

Der CAS genießt einen hohen Bekanntheitsgrad und stellt heute, gemessen an den jährlichen Verfahrenseingängen, die drittgrößte Schiedsinstitu-

---

248 BVerfG, Beschluss v. 19.10.1993 1 BvR 567/89 u. 1044/89, JZ 1994, S. 408, 409.
249 *Sonnauer*, Die Kontrolle der Schiedsgerichte, S. 7.

tion weltweit dar.[250] Dabei hat der CAS eine bewegte Geschichte seit seiner Gründung hinter sich, die geprägt ist von dem zunächst bestehenden Abhängigkeitsverhältnis zum IOC und der wachsenden Bedeutung als wichtigste Sportschiedsinstitution weltweit.

I. Die Entwicklung des CAS zur weltweiten Berufungsinstanz für Sportverbände

Die Gründung des CAS geht auf die Initiative des damaligen Präsidenten des IOC, *Juan Antonio Samaranch*, zurück.[251] Anfang der 1980er Jahre erkannte dieser den Bedarf für eine internationale Sportschiedsinstitution im Rahmen der zunehmenden Kommerzialisierung der Olympischen Bewegung und deren Abkehr vom Amateurgedanken.[252] *Samaranch* hatte die Vision eines Weltsportgerichtshofs, vor dem unabhängig von ihrem (Wohn-)Sitz für alle Athleten und Sportverbände dieselben Verfahrensregeln Anwendung finden sollten.[253] Gleichzeitig bestand das vordergründige Ziel darin, die staatliche Einflussnahme auf sportrechtliche Streitigkeiten zu vermeiden und Entscheidungen durch ein spezialisiertes Gericht *„within the family of sport"* zu treffen.[254]

Daraufhin wurde 1983 der CAS in New Delhi gegründet und die erste CAS-Schiedsordnung trat am 30.06.1984 in Kraft.[255] In den Anfangsjahren bestand eine erhebliche finanzielle und strukturelle Abhängigkeit des CAS vom IOC, welches die alleinige Kompetenz zur Änderung der Schiedsregeln hatte und die Finanzierung des CAS sicherstellte.[256] Die Allmacht des IOC spiegelte sich auch bei der Ernennung der CAS-Schiedsrichter wider: Der IOC-Präsident ernannte alle der anfangs insgesamt 40 bzw. ab 1986

---

250 *Haas*, SchiedsVZ 2009, S. 73, 74 mit Hinweis darauf, dass eine größere Anzahl an jährlichen Verfahrenseingängen lediglich der *International Chamber of Commerce* (ICC) sowie der internationale Arm der *American Arbitration Association* (AAA) aufweisen.

251 *Oschütz*, Sportschiedsgerichtsbarkeit, S. 37; *Reeb*, in: Blackshaw/Siekmann/Soek, The Court of Arbitration for Sport 1984-2004, S. 31, 32.

252 *Adolphsen*, in: Adolphsen/Nolte/Lehner/Gerlinger, Sportrecht in der Praxis, S. 262, Rn. 1061.

253 *Kaufmann-Kohler/Rigozzi*, International Arbitration: Law and Practice in Switzerland, S. 39, Kap. 1.122.

254 *Rigozzi/Hasler/Noth*, in: Arroyo, Arbitration in Switzerland, Introduction, Rn. 1.

255 *Simma*, in: FS Seidl-Hohenveldern, S. 573, 573.

256 *Oschütz*, Sportschiedsgerichtsbarkeit, S. 40.

insgesamt 60 Schiedsrichter persönlich auf Vorschlag der Olympischen Bewegung.[257]

Für die Entwicklung des CAS zu seiner heutigen Bedeutung als Weltsportgerichtshof waren im Wesentlichen die folgenden Aspekte entscheidend: die langsame organisatorische und finanzielle Emanzipation des CAS von seinem Gründer, Förderer und damaligen Träger, dem IOC. Dies war für die Anerkennung des CAS durch das Schweizerisches Bundesgericht als sog. „echtes Schiedsgericht" entscheidend. Eine wichtige Rolle spielte zudem die Einbindung des CAS in den weltweiten Anti-Dopingkampf sowie seine flächendeckende Anerkennung als Berufungsinstanz vonseiten der internationalen Sportverbände.

Die Anerkennung durch das Schweizerisches Bundesgericht begann im Rahmen eines *obiter dictum* in der Sache *Gundel ./. FEI*[258] von 1993. Nachdem der CAS dem Begehren des deutschen Springreiters *Gundel*, die ihm von dem internationalen Reitsportverband *FEI* auferlegte Dopingsperre aufzuheben, nur teilweise stattgegeben hatte, reichte *Gundel* Beschwerde gegen den CAS-Schiedsspruch vor dem Schweizerischen Bundesgericht ein.[259] Daraufhin untersuchte dieses die Frage, ob der CAS als Schiedsgericht gegenüber dem in dem konkreten Verfahren verklagten Verband hinreichend unabhängig war, d. h. als ein sog. „echtes" Schiedsgericht angesehen werden könne. Das Schweizerische Bundesgericht bejahte die Frage zumindest für die Fälle, in denen das IOC nicht selbst an dem Verfahren beteiligt ist.[260] Allerdings kritisierte das Gericht die engen „organisatorischen und wirtschaftlichen Bindungen" zwischen IOC und CAS.[261]

Diese Entscheidung wurde im Juni 1994 zum Anlass genommen, den CAS zu reformieren mit dem vonseiten des IOC, den Zusammenschlüssen der Olympischen Sommer- und Wintersportverbänden ASOIF und AIOWF und dem IOC unterzeichneten *Agreement related to the Constitution of*

---

257 *Simma*, in: FS Seidl-Hohenveldern, S. 573, 576; *Oschütz*, Sportschiedsgerichtsbarkeit, S. 39.

258 Schweizerisches Bundesgericht, Urteil v. 15.03.1993, BGE 119 II, S. 271 ff., Digest of CAS Awards (I) 1986-1998, S. 561 ff.

259 S. zu Sachverhalt und Problemstellung der Gundel-Entscheidung die ausführliche Urteilsbesprechung von *Haas*, ZEuP 1999, S. 355 ff.

260 Schweizerisches Bundesgericht, Urteil v. 15.03.1993, BGE 119 II, 271, 279, Digest of CAS Awards (I) 1986-1998, S. 561, 569.

261 Schweizerisches Bundesgericht, Urteil v. 15.03.1993, BGE 119 II, 271, 280, Digest of CAS Awards (I) 1986-1998, S. 561, 569; *Wittmann*, Schiedssprüche des CAS, S. 5.

the International Council of Arbitration for Sport („Paris Agreement"[262]), um eine weitgehenden Entkoppelung des CAS vom IOC und damit die letztlich heutige Struktur des CAS herbeizuführen.

Der reformierte CAS stand insbesondere 2003 mit der sog. *Lazutina/ Danilova*-Entscheidung[263] zur erneuten Überprüfung durch das Schweizerische Bundesgericht.[264] In diesem Fall klagten die beiden russischen Skilangläuferinnen *Lazutina* und *Danilova* gegen ihre Disqualifikation durch das IOC und die anschließenden Sperren durch den Weltskiverband FIS.[265] Nachdem das Schweizerische Bundesgericht drei Jahre zuvor die Frage, ob der CAS auch bei Beteiligung des IOC als beklagte Partei als ausreichend unabhängiges Schiedsgericht angesehen werden kann, ausdrücklich offen gelassen hatte[266], löste es mit diesem bahnbrechenden Urteil die Spannung und attestierte dem CAS seine Unabhängigkeit vom IOC und erkannte ihn als sog. „echtes" Schiedsgericht zumindest in der Schweiz an.[267] Dies bedeutet, dass – aus Sicht des Schweizerischen Bundesgerichts – *„[der CAS] genügend unabhängig [ist], damit seine Entscheide in Angelegenheiten, welche die Interessen des Internationalen Olympischen Komitees berühren, als Urteile betrachtet werden können, die mit solchen eines staatlichen Gerichts vergleichbar sind."*[268]

Der Aufstieg des CAS zu seiner heutigen Bedeutung als *„einzigartige"*[269] internationale Berufungsinstanz im Sport steht im unmittelbaren Zusammenhang mit dem weltweiten Kampf gegen Doping. So war die Verabschiedung des World Anti-Doping Codes (im Folgenden „WADC") von den Teilnehmern der 2. Weltkonferenz[270] gegen Doping im März 2003 ein

---

262 Abgredruckt abrufbar in: Digest of CAS Awards (II) 1998-2000, S. 883 ff.; das Abkommen wurde am 22.06.1994 von den Präsidenten des IOC, der ASOIF, der AIWF und der ANOC unterzeichnet.
263 Schweizerisches Bundesgericht, Urteil v. 23.05.2003, BGE 129 III, S. 445 ff.; besprochen von *Oschütz*, SchiedsVZ 2004, S. 208, 211 ff.; *Baddeley*, CaS 2004, S. 91 ff.; *Netzle*, SpuRt 2004, S. 38, 42 ff.
264 *Gorbylev*, Int. Sports Law J. 2013, S. 294 ff.
265 *Oschütz*, SpuRt 2007, S. 177, 180.
266 Schweizerisches Bundesgericht, Urteil v. 04.12.2000, Az. 5P.427/2000, („Raducan"). Dem Fall lag die Klage einer Turnerin zugrunde, die gegen ihre Disqualifikation von den Olympischen Spielen in Sydney durch das IOC vorging, *Oschütz*, SpuRt 2007, S. 177, 180.
267 *Oschütz*, Sportschiedsgerichtsbarkeit, S. 43.
268 Schweizerisches Bundesgericht, Urteil v. 23.05.2003, BGE 129 III, S. 445, 455.
269 So *Oschütz*, Sportschiedsgerichtsbarkeit, Vorwort.
270 Unterzeichner des WADA-Codes waren das IOC, das Internationale Paralympische Komitee (IPC), die internationalen Sportfachverbände, die NOKs und die nationalen Anti-Doping Organisationen.

wesentlicher Entwicklungsschritt für den CAS. Der WADC ist Ausdruck einer strikten Null-Toleranz-Politik gegen Doping[271] und statuierte eine ausschließliche Zuständigkeit des CAS für Berufungsverfahren. So bestimmt aktuell Art. 13.2.1 WADC 2015: „In Fällen, die im Zusammenhang mit der Teilnahme an einer internationalen Sportveranstaltung stehen, oder in Fällen von internationalen Spitzenathleten können Entscheidungen ausschließlich vor dem Internationalen Sportgerichtshof angefochten werden."[272] Internationale Spitzenathleten sind solche *„Athleten, die entsprechend der Definition*[273] *des jeweiligen internationalen Sportfachverbands*[274] *im Einklang mit dem internationalen Standard für Dopingkontrollen und Untersuchungen auf internationaler Ebene an Sportwettkämpfen teilnehmen."*[275] Im Umkehrschluss hierzu sind nationale Athleten solche Personen, die von den nationalen Anti-Doping-Organisationen festgelegt werden und auf nationaler Ebene an sportlichen Wettkämpfen teilnehmen.[276] Somit besteht für die internationalen Spitzenathleten ein Schiedszwang zum CAS in Doping-Angelegenheiten, für andere Athleten besteht dieser jedoch nur, wenn eine nationale Anti-Doping-Organisation dem Athleten das Recht

---

271 Vorwort des NADC 2015.

272 Der WADC 2015 trat am 01.01.2015 in Kraft und ist abrufbar unter: https://ww w.wada-ama.org/en/what-we-do/the-code (Stand: März 2019). Art. 13.2.1 WADC 2015 ist hinsichtlich Rechtsbehelfe gegen Entscheidungen, die Athleten eines internationalen Testpools oder Internationale Wettkampfveranstaltungen betreffen vergleichbar mit Art. 13.2.1 NADC 2015.

273 Als in der Praxis problematisch hat sich dabei erwiesen, dass die Sportverbände uneinheitliche Kriterien zugrunde legen. Teilweise wird an die Weltrangliste, teilweise allein an die Teilnahme an einem internationalen Wettkampf angeknüpft, *Weber*, SchiedsVZ 2004, S. 193, 194 f.

274 Die internationalen Sportverbände können die Kriterien für die Einstufung eines Athleten als internationalen Spitzenathleten selbst festlegen, müssen die Kriterien jedoch in für die Athleten klarer und übersichtlicher Form veröffentlichen, Kommentar zum Begriff „Internationaler Spitzenathlet", WADC 2015, S. 94. Die Kommentare sind fester Bestandteil des WADC und dienen den Erläuterungen der „Absichten und Regelungszwecken"; *Wilkmann*, Die Überführung des Sportlers im Dopingverfahren, S. 134.

275 WADC 2015, Anh. 1: Begriffsbestimmungen, „Internationaler Spitzenathlet", S. 94.

276 WADC 2015, Anh. 1: Begriffsbestimmungen, „Athlet", S. 91. Mit der Revision des WADC zum 15.11.2013 wurde die ursprüngliche Unterscheidung zwischen internationalen und nationalen Spitzenathleten aufgehoben. In der aktuellen Version des WADC 2015 wird in Art. 13.2 nunmehr zwischen internationalen Spitzenathleten und „anderen Athleten und anderen Personen" unterschieden, so dass nationale Spitzenathleten unter den Oberbegriff „andere Athleten" fallen.

einräumt, *„einen Rechtsbehelf unmittelbar vor dem Internationalen Sportgerichtshof einzulegen."*[277] In Deutschland sieht der Nationale Anti-Doping Code (im Folgenden „NADC")[278] in solchen Fällen zunächst das Deutsche Sportschiedsgericht und sofern dieses bereits als Disziplinarorgan zuständig war, den CAS als Rechtsbehelfsinstanz vor.[279]

Die nationalen Sportverbände wurden verpflichtet, den WADC anzuerkennen und zu befolgen und die Länder mussten die Vorgaben des WADC durch nationale Regelungen umsetzen, was in Deutschland durch den NADC im Oktober 2004 erfolgte.[280] Auf völkerrechtlicher Ebene wird die Null-Toleranz-Politik gegen Doping von dem internationalen UNESCO-Übereinkommen gegen Doping im Sport vom 19.10.2005[281] flankiert, nach dem die Vertragsstaaten verpflichtet sind, angemessene Maßnahmen gegen Doping im Sport zu treffen.[282]

Auch wenn sich die Olympischen Verbände bereits mit Unterzeichnung des Paris Agreements 1994 verpflichtet hatten, Schiedsklauseln zugunsten des CAS in ihre Statuten aufzunehmen, geschah dies zunächst bis zur Umsetzung des WADC nur zögerlich.[283]

Während anfangs, in den Jahren nach der Gründung des CAS vonseiten der Verbände noch ein gewisser Argwohn herrschte und die Idee eines echten internationalen Sportschiedsgerichts für viele Verbände noch ungewohnt war[284] und bis 1991 allein der Internationale Reiterverband *FEI* als internationaler Verband den CAS als letzte Instanz anerkannte[285], zeigt sich heute ein ganz anderes Bild. Denn in den Folgejahren entstand ein regelrechter „run" der Sportverbände auf den CAS als Berufungsinstanz.

---

277 Kommentar zu Art. 13.2.2 WADC 2015.
278 Der NADC wurde von der Nationalen Anti-Doping Agentur (im Folgenden „NADA") verabschiedet, die am 15.07.2002 mit Sitz in Bonn gegründet wurde. Der aktuelle NADC trat am 2015 in Kraft und ist abrufbar unter: http://www.na da.de/de/recht/anti-doping-regelwerke/der-nationale-anti-doping-code-nadc/ (Stand: März 2019).
279 Art. 13.2.2 NADC 2015.
280 *Bleistein/Degenhart*, NJW 2015, S. 1353, 1354.
281 Abrufbar unter: http://unesco.de/infothek/dokumente/uebereinkommen/konve ntion-gegen-doping-im-sport.html (Stand: März 2019).
282 *Bleistein/Degenhart*, NJW 2015, S. 1353, 1354.
283 *Adolphsen*, in: Adolphsen/Nolte/Lehner/Gerlinger, Sportrecht in der Praxis, S. 263, Rn. 1061, Fn. 58 mit Aufzählung der internationalen Verbände, die bis dahin bereits Schiedsklauseln zugunsten des CAS in ihre Statuten aufgenommen hatten.
284 *Martens*, SchiedsVZ 2004, S. 202, 204.
285 *Oschütz*, Sportschiedsgerichtsbarkeit, S. 41.

Eine Entwicklung, die sich auch in den Verfahrenseingängen vor dem CAS widerspiegelt. Gab es 1995 insgesamt lediglich 13 Verfahren und 1999 nur 33 Verfahren im Jahr vor dem CAS, so waren es 2003 schon 107 und damit zum damaligen Zeitpunkt insgesamt mehr als 600 Fälle seit der Gründung des CAS.[286] Sodann nahm die Entwicklung der eingehenden Fälle vor dem CAS erst richtig Fahrt auf: Im Jahr 2004 waren es 271 Verfahren, im Jahr 2013 bereits insgesamt 407[287] vor dem CAS eingegangene Verfahren und im Jahr 2016 sogar über 600 CAS-Verfahrenseingänge[288].

Dabei betrug in den zuletzt statistisch erfassten Jahren 2011-2013 der Anteil der Berufungsverfahren im Vergleich zu den sonstigen Verfahren (Ordentliche Verfahren und Ad hoc-Verfahren) jeweils über 80 Prozent mit steigender Tendenz.

Seitdem insbesondere die FIFA[289] nach Anlaufschwierigkeiten[290] und die UEFA[291] den CAS als Berufungsinstanz anerkannt haben, spielt die Mehrzahl der Verfahren neben den Dopingverfahren vor dem CAS inzwischen im Bereich des Profifußballs.

Zudem setzte der CAS erstmals 1996 zu den Olympischen Spielen in Atlanta sog. „ad hoc Divisions" ein, die mit Eröffnung des Olympischen Dorfes, d. h. zehn Tage vor der Eröffnungsfeier der Spiele betrieben werden können.[292] Sie sollen innerhalb von 24 Stunden jede Streitigkeit bei Olympischen Spielen *abschließend* beilegen, weshalb deren eingesetzte Schieds-

---

286 *Martens*, SchiedsVZ 2004, S. 202, 202.

287 S. die aktuell bis zum Jahr 2013 veröffentlichten Statistiken des CAS, abrufbar unter: http://www.tas-cas.org/fileadmin/user_upload/stat2013_.pdf (Stand: März 2019).

288 S. Message from the CAS Secretary General, CAS Bulletin 2016, , S. 4.

289 Art. 58 Abs. 1 der FIFA-Statuten.

290 Die FIFA hatte zunächst auf dem außerordentlichen FIFA-Kongress am 07.01.2001 beschlossen, ein eigenes Schiedsgericht im Fußball (TAF) zu installieren, S. hierzu FIFA Zirkular No. 827 v. 10.12.2002 (online abrufbar unter: http://de.fifa.com/mm/document/affederation/administration/ps%20827%20de_65.pdf, Stand: März 2019). Nachdem das Projekt gescheitert war, erkannte die FIFA den CAS als Berufungsinstanz für alle Entscheidungen an, die nach dem 11.11.2002 getroffen wurden, *Zimmermann*, Vertragsstabilität im internationalen Fußball, S. 133.

291 Art. 62 Abs. 1 UEFA-Statuten, Ausgabe März 2016, abrufbar unter: http://de.uefa.org/MultimediaFiles/Download/OfficialDocument/uefaorg/WhatUEFAis/02/33/81/42/2338142_DOWNLOAD.pdf (Stand: März 2019).

292 *Wax*, Internationales Sportrecht, S. 144; *McLaren*, SchiedsVZ 2004, S. 187, 188.

richter während der Spiele unmittelbar vor Ort sind.[293] Inzwischen werden nicht nur bei Olympischen Sommer- und Winterspielen, sondern seit 1998 auch bei den Commonwealth Games, seit 2000 bei den UEFA-Europameisterschaften und seit 2006 bei den FIFA-Weltmeisterschaften solche „ad hoc Divisions" mit Erfolg eingesetzt, bei denen innerhalb von 48 Stunden eine *endgültige* Entscheidung nach den einschlägigen Regelungen[294] ergehen soll.[295]

Die Expansion des CAS wird auch anhand der sog. CAS Anti-Doping Division (CAS ADD) deutlich, die erstmals zu den Olympischen Spielen 2016 in Rio de Janeiro eingesetzt wurde, um erstinstanzlich über Doping-Angelegenheiten während der Olympischen Spiele nach den IOC-Anti-Dopingregeln zu entscheiden.[296] Mit der Revision des CAS-Code 2019 wurde die Anti-doping Division als dauerhafte CAS-Kammer eingeführt.[297]

---

293 Art. 18 Arbitration Rules applicable to the CAS ad hoc division for the Olympic Games; *Adolphsen*, Internationale Dopingstrafen, S. 491; s. hinsichtlich der Arbeit der „ad hoc Division" bei den Olympischen Spielen in London *Schimke*, in: Trunk/Rieckhof (Hrsg.), Schneller, höher, weiter!, S. 495 ff.; hinsichtlich der Arbeit der „ad hoc Divison" bei den Olympischen Spielen in Beijing *Netzle*, SpuRt 2008, S. 231 ff.; hinsichtlich der Arbeit der „ad hoc Divisions" bei den Olympischen Spielen in Atlanta, Nagano und Sydney *Kaufmann-Kohler*, Arbitration at the Olympics, *passim*.

294 *Wax*, Internationales Sportrecht, S. 144, Fn. 89 mit Verweis auf Art. 19 CAS Arbitration Rules for the FIFA World Cup 2006 Final Round: „The Panel shall give a decision within 48 hours."

295 *Rigozzi/Hasler/Noth*, in: Arroyo, Arbitration in Switzerland, Introduction, Rn. 2; *Wax*, Internationales Sportrecht, S. 144.

296 Insgesamt wurden von der CAS ADD sieben Fälle während der Olympischen Spiele 2016 entschieden, CAS Media Release vom 21.08.2016, abrufbar unter: http://www.tas-cas.org/fileadmin/user_upload/Media_Release_CAS_ADD__Eng lish__21_August.pdf (Stand: März 2019). Die Verfahrensregeln der CAS ADD („Arbitration Rules applicable to the CAS Anti-doping Division") sind abrufbar unter: http://www.tas-cas.org/en/arbitration/anti-doping-division.html (Stand: März 2019); s. eingehend hierzu Blogbeitrag von *Mavromati*, The Rules governing the CAS Anti-Doping and Ad Hoc Divisions at the Olympic Games, abrufbar unter: https://papers.ssrn.com/sol3/papers.cfm?abstract_id=2816482 (Stand: März 2019).

297 Art. S20 Abs. 1 lit. b) CAS-Code: „The Anti-doping Division constitutes Panels, whose responsibility is to resolve disputes related to anti-doping matters as a first-instance authority or as a sole instance. It performs, through the intermediary of its President or her/his deputy, all other functions in relation to the quick and efficient running of the proceedings pursuant to the Procedural Rules (Articles A1 et seq.)."

Die führende Rolle des CAS in der internationalen Sportschiedsgerichtsbarkeit dürfte damit nicht nur *„gesichert"*[298], sondern – ungeachtet der berechtigten Kritik an ihm – unumstritten sein.

II. Organisation und Trägerschaft des CAS

Der CAS ist als ständiges Schiedsgericht mit Sitz in Lausanne (Schweiz)[299] organisiert und unterhält in *New York* und *Sydney* zwei weitere „dezentralisierte Büros".[300] Letztere sollen den Zugang zu CAS-Verfahren in Ozeanien bzw. Nordamerika erleichtern.[301] Der CAS gliedert sich in den sog. Internationaler Rat für Sportschiedsgerichtsbarkeit (engl. International Council of Arbitration for Sport, ICAS)[302] als Aufsichtsorgan für die beiden Kammern des CAS, die einzelnen Schiedsgerichte für das jeweilige Verfahren sowie das Sekretariat, das die Arbeit des ICAS und der Schiedsgerichte logistisch und organisatorisch durch verschiedenste Hilfestellungen unterstützt.[303]

Das Verfahren vor dem CAS wird durch den CAS-Code[304] geregelt. Dieser beinhaltet Vorschriften zu Gerichtsorganisation und Verfahren und ist unterteilt in die Statuten der Gremien ICAS und CAS (Artt. S1 bis S26 CAS-Code) und die Verfahrensordnung, die sog. „Procedural Rules" (Artt. R27 bis R70 CAS-Code).[305] Die Verfahrensordnung trifft neben allgemeinen Vorschriften (Artt. R27 bis R37 und Artt. R64 bis R70 CAS-Code) unterschiedliche, spezielle Regelungen für das Ordentliche Verfahren (Artt. R38 bis R46 CAS-Code) und das Berufungsverfahren (Artt. R47 bis R59 CAS-Code). Trotz zahlreicher Änderungen in den Jahren 2004,

---

298 *Adolphsen*, in: Adolphsen/Nolte/Lehner/Gerlinger, Sportrecht in der Praxis, Rn. 1061.

299 Art. R28 S. 1 CAS-Code.

300 *Netzle*, in: Röhricht (Hrsg.), Sportschiedsgerichtsbarkeit, S. 9; *Kane*, in: Blackshaw/Siekmann/Soek, The Court of Arbitration for Sport 1984-2004, S. 455, 462 f.; ungeachtet der Involvierung dieser Büros bleibt der Schiedsort für die Parteien Lausanne, Art. R28 S. 1 CAS-Code.

301 *Haas*, in: Gilles/Pfeiffer (Hrsg.), Neue Tendenzen im Prozessrecht, S. 9, 29.

302 frz.: Conseil International de l'Arbitrasge en matière de Sport (CIAS).

303 *Oschütz*, Sportschiedsgerichtsbarkeit, S. 43; *Haas*, in: Gilles/Pfeiffer (Hrsg.), Neue Tendenzen im Prozessrecht, S. 9, 27 f.

304 CAS Code 2019: Procedural Rules; abrufbar unter: http://www.tas-cas.org/en/ar bitration/code-procedural-rules.html (Stand: März 2019).

305 *Rigozzi/Hasler/Noth*, in: Arroyo, Arbitration in Switzerland, Introduction, Rn. 24.

2010, 2011, 2012, 2013, 2016, 2017 und 2019 blieb die Grundstruktur des CAS-Codes stets erhalten.[306]

1. International Council of Arbitration for Sport (ICAS)

1994 wurde der Internationale Rat für Sportschiedsgerichtsbarkeit (engl. International Council of Arbitration for Sport, ICAS) als Stiftung schweizerischen Rechts gemäß Art. 80 ff. ZGB[307] gegründet, der das IOC als Träger des CAS ablöste.

Der ICAS hat die Aufgabe der Schlichtung sportbezogener Streitigkeiten durch Schiedsverfahren oder Mediation und die Gewährleistung der Unabhängigkeit des CAS und der Rechte der Parteien, Art. S2 S. 1 CAS-Code. Zu diesem Zweck stellt er die Finanzierung und Verwaltung und damit die Unabhängigkeit des CAS sicher, Art. S2 S. 2 CAS-Code.[308] Außerdem ist er zuständig für die Ernennung der Mitglieder, die in die CAS-Schiedsrichterliste aufgenommen werden sollen.[309] Der ICAS führt seine Funktionen entweder selbst oder durch das sog. ICAS Board aus, dem der Präsident und die beiden Vize-Präsidenten des ICAS sowie die Präsidenten der beiden Kammern zum Ordentlichen Verfahren und Berufungsverfahren angehören.[310]

Die persönlichen Verflechtungen zwischen ICAS und CAS bestehen insbesondere in den Positionen des Präsidenten und des Generalsekretärs. Beide üben ihre Positionen zugleich für den ICAS und den CAS aus.[311] Der Generalsekretär des CAS, der ebenfalls vom ICAS ernannt wird[312],

---

306 Die Versionen des CAS-Codes von 2004 (in Kraft getreten zum 01.01.2004), 2012 (in Kraft getreten zum 01.01.2012), 2013 (in Kraft getreten zum 01.03.2013) und 2016 (in Kraft getreten zum 01.01.2016) sind abrufbar unter http://www.tas-cas.org/en/arbitration/code-procedural-rules.html (Stand: März 2019). Warum die weiteren Versionen von 2010 (in Kraft getreten zum 01.01.2010) und von 2011 (in Kraft getreten zum 01.07.2011) nicht auf der Homepage des CAS abrufbar sind, bleibt rätselhaft; *Kaufmann-Kohler/Rigozzi*, International Arbitration: Law and Practice in Switzerland, S. 40, Kap. 1.126.
307 Schweizerisches Zivilgesetzbuch vom 10.12.1907 mit Stand vom 01.01.2017.
308 *Reeb*, in: Blackshaw/Siekmann/Soek, The Court of Arbitration for Sport 1984-2004, S. 31, 35.
309 *Netzle*, in: Röhricht (Hrsg.), Sportschiedsgerichtsbarkeit, S. 9, 11.
310 Art. S7 Abs. 1 CAS-Code.
311 S. für den Präsidenten Art. S9 S. 1 CAS-Code, für den Generalsekretär Art. S8 Nr. 4 CAS-Code.
312 Art. S6 Nr. 7 CAS-Code.

nimmt mit beratender Stimme an Beschlussfassungen des ICAS teil und fungiert gleichzeitig als dessen Sekretär.[313] Die Aufgaben des CAS-Generalsekretärs sind vor allem Verwaltungsaufgaben mit Ausnahme seiner besonderen Kompetenz, nach Erlass eines Schiedsspruches dessen „bloße Form" korrigieren und die zuständige Kammer auf die Klärung grundsätzlicher Fragen aufmerksam machen zu dürfen.[314]

Die Gründung des ICAS war ein wesentlicher Reformschritt in der organisatorischen Lossagung des CAS von dem IOC. Dennoch besteht eine weiterhin problematische Abhängigkeit von der sog. „Olympischen Bewegung", insbesondere in finanzieller Hinsicht. Die sog. „drei Säulen" der Olympischen Bewegung stellen die Finanzierung des CAS und des ICAS sicher.[315] Die „drei Säulen" der Olympischen Bewegung bestehen gemäß Art. 1 Abs. 2 der Olympischen Charta aus dem IOC, den NOKs und den Internationalen Sportverbänden. Konkret wird der ICAS gemäß Art. 3 Abs. 2 des Gründungsvertrags, dem Paris Agreement über den Erlös aus der Verwertung der TV-Übertragungsrechte für die Olympischen Spiele finanziert.[316] Demnach wird der CAS zu 4/12 durch das IOC, zu 4/12 durch die Olympischen Sommer- und Winterspielverbände (wobei 3/12 auf die Sommerspielverbände und 1/12 auf die Winterspielverbände entfallen) und zu 4/12 durch ANOC finanziert.[317]

Gemäß Art. S4 CAS-Code sind die Mitglieder des ICAS zwanzig „erfahrene Juristen", die wie folgt ernannt werden: jeweils vier Mitglieder werden von den internationalen Sportverbänden, der Vereinigung der Nationalen Olympischen Komitees[318] und dem IOC ernannt. Diese zwölf Mitglieder ernennen vier Persönlichkeiten, die die Interessen der Athleten vertreten sollen.[319] Diese nunmehr 16 Mitglieder ernennen die restlichen vier Mitglieder, die Persönlichkeiten sein sollen, die von den Sportorganisationen unabhängig sind.[320]

---

313 Art. S8 Nr. 4 CAS-Code; *Brunk*, Der Sportler und die institutionelle Sportschiedsgerichtsbarkeit, S. 235.

314 *Brunk*, Der Sportler und die institutionelle Sportschiedsgerichtsbarkeit, S. 235 f.

315 *Brunk*, Der Sportler und die institutionelle Sportschiedsgerichtsbarkeit, S. 236.

316 Art. 3 Abs. 2 Paris Agreement, in: Digest of CAS Awards (II) 1994-2002, S. 883, 884; *Haas*, in: Gilles/Pfeiffer (Hrsg.), Neue Tendenzen im Prozessrecht, S. 9, 38.

317 Art. 3 Abs. 1 Paris Agreement, in: Digest of CAS Awards (II) 1994-2002, S. 883, 884.

318 Association of the National Olympic Committees (ANOC).

319 Art. S4 lit. d. CAS-Code: „[...] after appropriate consultation with a view to safeguarding the interests of the athletes".

320 Art. S4 lit. e. CAS-Code: „[...] personalities independent of the bodies designating the other members of the ICAS".

Die ICAS-Mitglieder werden für vier Jahre ernannt, können für eine oder mehrere Amtszeiten wiederernannt werden[321] und dürfen nicht als CAS-Schiedsrichter oder Anwälte vor dem CAS auftreten.[322]

2. Die Struktur des CAS

a) Die Konstituierung des CAS

Im Zuge der Reform von 1994 wurde der CAS in zwei Kammern[323] aufgeteilt. Die erste Schiedskammer ist für das sog. Ordentliche Verfahren (engl. „Ordinary Arbitration Procedure"), die zweite Schiedskammer für das Berufungsverfahren zuständig (engl. „Appeal Arbitration Procedure") zuständig, S3 Abs. 2 und S20 CAS-Code. Die Kammer für die Ordentlichen Verfahren entscheidet über wirtschaftliche Streitigkeiten mit Bezug zum Sport[324], z. B. zwischen Verbänden und Sponsoren oder Rechteverwertern.[325] Der sportrechtliche Bezug wird im Ordentlichen Verfahren positiv festgestellt und i. d. R. weit ausgelegt und somit oftmals schon bei minimalen sportrechtlichen Anknüpfungspunkten bejaht.[326] Im Berufungsverfahren wird dagegen über Berufungen gegen Verbandsentscheidungen geurteilt, wenn dies die Verbandsstatuten vorsehen oder auf sonstige Weise die Zuständigkeit des CAS zwischen den Parteien vereinbart wurde.[327] Beiden Kammern stehen jeweils ein Präsident sowie ein Stellvertreter vor, die Mitglied des ICAS sind und selbst nicht als Schiedsrichter benannt werden können.[328] Die jeweiligen Präsidenten administrieren das Schiedsverfahren von Einreichung der Schiedsklage bis zur Konstituierung des CAS-Schieds-

---

321 Art. S5 Abs. 1 CAS-Code. Gleiches gilt gem. Art. S13 Abs. 1 S. 1 CAS-Code für CAS-Schiedsrichter.

322 Art. S5 Abs. 3 CAS-Code.

323 Anm.: Mit der Revision des CAS-Code 2019 wurde zusätzlich die Anti-doping Division eingeführt.

324 Art. Art. R27 S. 1 CAS-Code, der von „sports-related disputes" spricht.

325 *Pfister*, in: Fritzweiler/Pfister/Summerer, PHB Sportrecht, 6. Teil, 4. Kap., Rn. 169.

326 *Haas*, in: Gilles/Pfeiffer (Hrsg.), Neue Tendenzen im Prozessrecht, S. 9, 31 m. w. N. und Verweis auf einen Fall, in dem der CAS den sportrechtlichen Bezug allein darin sah, dass die streitgegenständlichen Boote „Sportboote" waren.

327 *Pfister*, in: Fritzweiler/Pfister/Summerer, PHB Sportrecht, 6. Teil, 4. Kap., Rn. 169.

328 *Oschütz*, Sportschiedsgerichtsbarkeit, S. 47.

gerichts, so dass ihnen insbesondere bei der Benennung des Vorsitzenden des konkreten Schiedsgerichts eine herausragende Rolle zukommt.

b) Die geschlossene CAS-Schiedsrichterliste

Der CAS verfolgt das System einer geschlossenen Schiedsrichterliste[329]. Danach kann als Schiedsrichter zum CAS nur berufen werden, wer gemäß Artt. S18 Abs. 1, R33 Abs. 2 CAS-Code auf der Schiedsrichterliste des CAS steht. Die CAS-Schiedsrichterliste wird durch den ICAS erstellt[330] und muss mindestens 150 Schiedsrichter[331] enthalten, Art. S14 Abs. 2 CAS-Code. Diese Zahl wird mit aktuell knapp 400 Schiedsrichtern auf der Schiedsrichterliste weit übertroffen.[332] Außerdem wacht der ICAS darüber, dass die verschiedenen Kontinente und Rechtskulturen auf der Liste angemessen vertreten sind, Art. S16 CAS-Code.[333] Das konkrete Schiedsgericht setzt sich im Falle eines Schiedsgerichts bestehend aus drei Personen aus zwei parteiernannten Schiedsrichtern sowie einem von dem Präsidenten der Kammer ernannten Vorsitzenden Schiedsrichter zusammen.[334]

Bis zur Reform des CAS-Codes zum 01.01.2012 setzte sich die CAS-Schiedsrichterliste gemäß Art. S14 CAS-Code a. F. nach dem folgenden Kooptationsverfahren zusammen: jeweils 1/5 auf Vorschlag des IOC, der NOKs und der IFs sowie aus Personen, von denen erwartet wird, dass sie die Athleteninteressen vertreten, und das verbleibende Fünftel aus Perso-

---

329 Aktuell sind auf der Homepage des CAS zwei Schiedsrichterlisten einsehbar, zum einen die allgemeine CAS-Schiedsrichterliste („general list"), zum anderen die „football list", von der die Parteien Schiedsrichter in Verfahren mit FIFA-Beteiligung auswählen müssen.

330 Anm.: Mit der Revision des CAS-Code 2019 wurde eine sog. „CAS Membership Commission" eingeführt, s. Art S7 Abs. 1 Nr. 2 lit. a) CAS-Code. Diese besteht aus zwei ICAS Mitgliedern, die dem ICAS neue CAS-Schiedsrichter und CAS-Mediatoren vorschlagen. Sie können ebenso deren Entfernung von der CAS-Schiedsrichterliste vorschlagen. Aufgrund der Vorschläge dieser Kommission entscheidet sodann der ICAS, Art. S6 Nr. 4 CAS-Code.

331 Im Zuge der Reform 1994 wurde die Schiedsrichterliste von 60 auf 150 Schiedsrichter erweitert, *Netzle*, in: Röhricht (Hrsg.), Sportschiedsgerichtsbarkeit, S. 9, 11.

332 Die CAS-Schiedsrichterliste ist abrufbar unter: http://www.tas-cas.org/en/arbitration/list-of-arbitrators-general-list.html (Stand: März 2019).

333 *Brunk*, Der Sportler und die institutionelle Sportschiedsgerichtsbarkeit, S. 285.

334 S. Kap. 1 C. IV.

nen, die von den genannten Institutionen unabhängig sind.[335] Demnach sollte die Schiedsrichterliste lediglich zu 20 Prozent aus Schiedsrichtern bestehen, die zur Wahrung der Athleteninteressen ausgewählt wurden.[336] Die seit Aufstellen dieses Verfahrens im Raum stehende Frage, wessen Interessen eigentlich die anderen 4/5 der gewählten Schiedsrichter vertreten sollen[337] und welche Folgen dies für das Verhältnis zwischen Athleten und Sportverbänden hat, konnte nie überzeugend beantwortet werden. Im Übrigen darf die Formulierung von Art. S14 CAS-Code a. F. „*1/5th of the arbitrators chosen [...] with a view to safeguarding the interests of the athletes [...]*" und die damit zum Ausdruck gebrachte Orientierung an der Interessenvertretung bestimmter Gruppen, bestenfalls als missglückt bezeichnet werden, sollte die Zusammensetzung der Schiedsrichterliste doch das Ziel eines unabhängigen Gerichts und nicht einer bestimmten, gruppenorientierten Interessenvertretung vor Augen haben.[338]

Mit der Reform des CAS-Codes 2012 wurde das Kooptationsverfahren abgeschafft. Nunmehr haben gemäß Art. S14 Abs. 1 CAS-Code[339] das IOC, die IFs und die NOKs lediglich ein Vorschlagsrecht hinsichtlich der zu ernennenden Personen, d. h. der ICAS darf nur Personen ernennen, auf

---

335 Wortlaut von Art. S14 CAS-Code a. F.: „1/5th of the arbitrators selected from among the persons proposed by the IOC, chosen from within its membership or from outside; 1/5th of the arbitrators selected from among the persons proposed by the IFs, chosen from within their membership or outside; 1/5th of the arbitrators selected from among the persons proposed by the NOCs, chosen from within their membership or outside; 1/5th of the arbitrators chosen, after appropriate consultations, with a view to safeguarding the interests of the athletes; 1/5th of the arbitrators chosen from among persons independent of the bodies responsible for proposing arbitrators in conformity with the present article."

336 *Classen*, Rechtsschutz gegen Verbandsmaßnahmen im Profisport, S. 70.

337 *Netzle*, in: Röhricht (Hrsg.), Sportschiedsgerichtsbarkeit, S. 9, 11, Fn. 7 mit Verweis auf *Hoxha*, The Entertainment & Sports Lawyer, 1996, S. 7, 9.

338 *Monheim*, in: Vieweg (Hrsg.), Facetten des Sportrechts, S. 93, 110; *Thorn/Lasthaus*, IPRax 2016, S. 426, 430.

339 Art. S14 Abs. 1 CAS-Code: „The ICAS shall appoint personalities to the list of CAS arbitrators with appropriate legal training, recognized competence with regard to sports law and/or international arbitration, a good knowledge of sport in general and a good command of at least one CAS working language, whose names and qualifications are brought to the attention of ICAS, including by the IOC, the IFs, the NOCs and by the athletes' commissions of the IOC, IFS and NOCS. ICAS may identify the arbitrators having a specific expertise to deal with certain types of disputes."

die er vom IOC, den IFs und den NOKs „aufmerksam gemacht"[340] wurde.[341] Ob das reformierte Verfahren hinsichtlich der insbesondere zu wahrenden Athleteninteressen im Vergleich zu dem Kooptationsverfahren sachgerechter ist, ist umstritten.[342] Es ist jedoch bedenklich ist, dass gerade die Verbände auf die Schiedsrichter „aufmerksam machen" sollen, die in der Regel auch Parteien im Berufungsverfahren vor dem CAS sind.[343] Schon an dieser Stelle ist festzuhalten, dass auch dem neuen Verfahren jegliche Transparenz fehlt, für die Parteien einzusehen, von welcher Organisation „ihr" Schiedsrichter vorgeschlagen wurde.[344]

Gemäß Art. S18 CAS-Code können die Schiedsrichter sowohl im Ordentlichen Verfahren als auch im Berufungsverfahren auftreten, müssen eine Erklärung unterzeichnen, nach der sie sich zur Objektivität und dem CAS-Code bekennen und dürfen nicht als Anwälte für eine Partei vor dem CAS auftreten. Bei konkreten Anhaltspunkten kann ein Befangenheits- und Ablehnungsverfahren eingeleitet und durchgeführt werden, Artt. R34 und R35 CAS-Code.

---

340 Wortlaut des Art. S14 Abs. 1 S. 1 CAS-Code n. F.: „The ICAS shall appoint personalities to the list of CAS arbitrators [...], whose names and qualifications are brought to the attention of ICAS, including by the IOC, the IFs, the NOCs and by the athletes' commissions of the IOC, IFs and NOCs."

341 *Pfister*, in: Fritzweiler/Pfister/Summerer, PHB Sportrecht, 6. Teil, 4. Kap., Rn. 171.

342 S. hierzu *Brunk*, Der Sportler und die institutionelle Sportschiedsgerichtsbarkeit, S. 288; *Hofmann*, Zur Notwendigkeit eines institutionellen Sportschiedsgerichtes in Deutschland, S. 236; verneinend *Krähe*, SpuRt 2012, S. 17.

343 *Pfister*, in: Fritzweiler/Pfister/Summerer, PHB Sportrecht, 6. Teil, 4. Kap., Rn. 171.

344 Vgl. insofern bereits die Kritik des Schweizerischen Bundesgerichts noch zu dem Kooptationsverfahren in der Lazutina/Danilova Entscheidung, Urteil v. 23.05.2003, BGE 129 III, S. 445, 458; *Brunk*, Der Sportler und die institutionelle Sportschiedsgerichtsbarkeit, S. 289; s. hierzu Kap. 3 B. II. 1.

345 Vom CAS vorgeschlagene Schiedsklausel für die Durchführung der Berufungsverfahren („Arbitration clause to be inserted within the statutes of a sports federation, association or other sports body"), abrufbar unter: http://www.tas-cas.or g/en/arbitration/standard-clauses.html (Stand: März 2019).

III. Die Schiedsklausel als Ausgangspunkt für das CAS-Berufungsverfahren

"Any decision made by ... [insert the name of the disciplinary tribunal or similar court of the sports federation, association or sports body which constitutes the highest internal tribunal] may be submitted exclusively by way of appeal to the Court of Arbitration for Sport in Lausanne, Switzerland, which will resolve the dispute definitively in accordance with the Code of sports-related arbitration. The time limit for appeal is twenty-one days after the reception of the decision concerning the appeal."[345]

So lautet der Formulierungsvorschlag des CAS, welche die internationalen Sportverbände zur Zuständigkeit von Berufungen gegen Entscheidungen von Sportgerichten in ihren Statuten verankern sollen. Sofern die Athleten an Wettkämpfen, die von dem jeweiligen Sportverband oder dem IOC organisiert werden, teilnehmen wollen, haben sie eine solche bzw. vergleichbare Schiedsklausel zu unterzeichnen. So hatte beispielsweise im Fall *Pechstein* die Athletin vor ihrer Teilnahme an den Mehrkampf-Weltmeisterschaften folgende Schiedsvereinbarung des internationalen Eisschnelllaufverbandes, der ISU[346] zu unterzeichnen:

„Ich/Wir, der/die Unterzeichner(in) I) anerkenne die [Satzung der ISU], die die Zuständigkeit der [Disziplinarkommission der ISU] begründet (Artikel 24) und die den Court of Arbitration for Sports (CAS), in Lausanne, Schweiz als das Schiedsgericht für den Erlass von endgültigen und bindenden Schiedssprüchen betreffend die [ISU], ihre Mitglieder und alle Teilnehmer an Veranstaltungen [ISU] unter vollständigem Ausschluss der ordentlichen Gerichtsbarkeit anerkennt (Artikel 25 und 26)."[347]

Flankiert wurde die Schiedsvereinbarung durch Artt. 25, 26 der Statuten der ISU, nach der die Entscheidungen des CAS unter Ausschluss der ordentlichen Gerichtsbarkeit abschließend und bindend sind[348]. In der Regel erfolgt, wie in diesem Beispiel, ein vollständiger Ausschluss der ordentli-

---

346 In dem Prozess vor dem LG München I trat die ISU als Beklagte zu 2) auf, weshalb es im Urteil „Beklagte zu 2)" und nicht „ISU" heißt.
347 LG München I, Urteil v. 26.02.2014, Az.: 37 O 28331/12, SchiedsVZ 2014, S. 100, 100 f.
348 Art. 26 Abs. 6 ISU Constitution and General Regulations: „Decisions of the CAS shall be final and binding to the exclusion of jurisdiction of any civil court."

chen Gerichtsbarkeit, der sich auch auf Sekundäransprüche aus dem Rechtsverhältnis bezieht. Im Übrigen umfasst die Schiedsklausel auch Maßnahmen des einstweiligen Rechtsschutzes.[349]

Neben der statutarischen Schiedsklausel ist auch eine vertragliche Schiedsvereinbarung zum CAS möglich, allerdings stellt die statutarische Schiedsklausel den Regelfall dar.[350] In der Praxis legen die Verbände ihren Wettbewerbs- bzw. Lizenzvereinbarungen mit den Athleten in der Regel ihre Statuten, die eine Schiedsklausel zum CAS enthalten zugrunde, so dass der Athlet durch Unterzeichnung des Teilnahmeformulars und seine Wettkampfteilnahme die Schiedsklausel akzeptiert.[351]

Rufen die Parteien auf Grundlage einer solchen Schiedsvereinbarung den CAS an, so finden die speziellen Regelungen des CAS-Code über das der Untersuchung zugrundeliegende Berufungsverfahren gemäß Artt. R47 bis R59 CAS-Code („Special Provisions Applicable to the Appeal Arbitration Procedure") Anwendung. Dabei dürfte der Begriff „Berufungsverfahren" bzw. „Appeal Arbitration Procedure" insofern irreführend sein, als der CAS nicht als weitere Instanz im vereins- und verbandsinternen Entscheidungsprozess, sondern als erstinstanzliches, sog. „echtes Schiedsgericht" entscheidet und somit die Entscheidung durch eine unabhängige Instanz gewährleistet.[352] Es handelt sich somit nur um eine Art „Berufungsverfahren" und nicht um eine Berufung im Rechtssinne, da zwar ein mehrstufiges Streitbeilegungssystem mit mehreren Schiedsinstanzen vorliegt, es sich jedoch nur bei dem CAS, nicht bei den vorigen verbandsinternen Instanzen um ein sog. „echtes Schiedsgericht" im Rechtssinne handelt.[353]

---

349 S. Art. R37 Abs. 3 S. 2 CAS-Code: „In agreeing to submit any dispute subject to the ordinary arbitration procedure or to the appeal arbitration procedure to these Procedural Rules, the parties expressly waive their rights to request any such measures from state authorities or tribunals."

350 Zu den Bindungsmöglichkeiten *Hantke*, SpuRt 1998, S. 186, 188; *Görtz*, Anti-Doping-Maßnahmen im Hochleistungssport, S. 231 ff.; *Kotzenberg*, Die Bindung des Sportlers an private Dopingregeln und private Schiedsgerichte, S. 92 ff.

351 *Hantke*, SpuRt 1998, S. 186, 188; zu der Wirksamkeit der Verweisungsketten s. Kap. 1 B. II.

352 *Oschütz*, Sportschiedsgerichtsbarkeit, S. 51; *Haas*, in: Gilles/Pfeiffer (Hrsg.), Neue Tendenzen im Prozessrecht, S. 9, 30.

353 *Grothe*, in: FS v. Hoffmann, S. 601, 602; kritisch hinsichtlich dieser formaljuristischen Betrachtungsweise *Netzle*, SchiedsVZ 2009, S. 93, 97; *ders.*, in: FS Vedder, S. 908, 918 ff.

IV. Der Verfahrensablauf des Berufungsverfahrens im Überblick

Die folgende Darstellung beschränkt sich auf den Verfahrensablauf im Berufungsverfahren.[354]

Das Verfahren wird durch die Klageschrift („Request for Appeal") und Zahlung der Gerichtskosten i. H. v. CHF 1.000 eingeleitet.[355] Grundsätzlich muss die Klageschrift innerhalb von 21 Tagen nach Zugang der Entscheidung, gegen die vorgegangen werden soll, eingereicht werden, Art. R49 S. 1 CAS-Code, und wird dem Beklagten sodann zugestellt.[356] Gemäß Art. R49 S. 1 CAS-Code kann in den Verbandsstatuten auch eine längere oder kürzere Frist bestimmt werden, wovon die Verbände regelmäßig Gebrauch machen.[357] Bei Nichteinhaltung der Ausschlussfrist wird die Schiedsklage abgewiesen, Art. R49 S. 2 CAS-Code.

In der Regel wird im Berufungsverfahren ein Schiedsgericht aus drei Personen berufen, ausnahmsweise können aber die Parteien oder in bestimmten Fällen der Präsident der Berufungskammer einen Einzelschiedsrichter bestimmen, Art. R50 Abs. 1 CAS-Code. Diese Ausnahmeregelungen spielen in der Praxis allerdings keine Rolle, da praktisch immer ein aus drei Personen bestehendes Schiedsgericht konstituiert wird.[358] Bei der Ernennung des Schiedsgerichts sind den Freiheiten der Parteien enge Grenzen gesetzt.[359] Demgegenüber hat der Präsident der Berufungskammer großen Einfluss auf die Durchführung des Verfahrens.[360] Denn der konkrete Ablauf der Bildung des Schiedsgerichts sieht vor, dass der Kläger gemäß Art. R48 Abs. 1 CAS-Code bereits in der Klageschrift den von ihm aus der CAS-Schiedsrichterliste ausgewählten Schiedsrichter benennen muss. Der Beklagte muss innerhalb von 10 Tagen nach Klagezustellung den von ihm ausgewählten Schiedsrichter benennen, Art. R53 CAS-Code. Im weiteren Verfahren wird die besondere Rolle des Präsidenten der Berufungskammer deutlich. Die von den Parteien gewählten Schiedsrichter gelten nämlich erst dann als ernannt, wenn der Präsident der Berufungskammer sie bestätigt hat, Art. R54 Abs. 2 S. 2 CAS-Code. Hierbei wird hauptsächlich die

---

354 S. für das Ordentliche Verfahren die Vorschriften der Artt. R38 bis R46 CAS-Code und die Kurzdarstellung bei *Oschütz*, Sportschiedsgerichtsbarkeit, S. 50.
355 Art. R48 CAS-Code mit Verweis auf Art. R64.1 und R65.2 CAS-Code.
356 S. eingehend zum „time limit for appeal" gemäß Art. R49 CAS-Code *Haas*, SchiedsVZ 2011, S. 1 ff.
357 *Haas*, in: Gilles/Pfeiffer (Hrsg.), Neue Tendenzen im Prozessrecht, S. 9, 44.
358 *Rigozzi/Hasler*, in: Arroyo, Arbitration in Switzerland, Art. R50, Rn. 2.
359 *Oschütz*, Sportschiedsgerichtsbarkeit, S. 107.
360 *Oschütz*, Sportschiedsgerichtsbarkeit, S. 107.

Unabhängigkeit und Unparteilichkeit der Schiedsrichter gemäß Art. R33 CAS-Code überprüft. Außerdem ernennt der Präsident der Berufungskammer den Vorsitzenden des Schiedsgerichts, nachdem er die durch die Parteien benannten Schiedsrichter konsultiert hat, Art. R54 Abs. 2 S. 1 CAS-Code[361]. Demnach haben die Parteien keinen Einfluss auf die Benennung des Vorsitzenden des Schiedsgerichts.

Diese nach dem CAS-Code an sich klare Regelung sorgte in der Vergangenheit selbst bei manchem deutschen OLG- und BGH-Richter für Unklarheiten. So entschied der BGH in dem Urteil *Pechstein* v. ISU[362] auf falscher Tatsachengrundlage.[363] Der BGH führte in den Feststellungen zu seinem Urteil in Rn. 27 aus:

> „Bei Berufungsverfahren vor dem CAS **kann** der Präsident der Berufungsabteilung, der durch einfache Mehrheit im ICAS gewählt wird, den Vorsitzenden des für die konkrete Streitigkeit zuständigen Spruchkörpers bestimmen, **wenn sich die Streitparteien insoweit nicht einigen**."[364]

Den Fehler rügte die Klägerin mit einer Anhörungsrüge gemäß § 321a ZPO.[365] Die Anhörungsrüge hat der BGH jedoch mit dem zutreffenden Hinweis zurückgewiesen, gemäß § 559 ZPO sei er an die Feststellungen des Berufungsgerichts gebunden, sofern die Feststellungen nicht mit einem Tatbestandsberichtigungsantrag angegriffen worden seien.[366] Somit beruht die falsche Tatsachengrundlage auf den fehlerhaften Feststellungen des Be-

---

361 Art. R54 Abs. 2 S. 1: „If three arbitrators are to be appointed, the President of the Division shall appoint the President of the Panel following nomination of the arbitrator by the Respondent and after having consulted the arbitrators."

362 BGH, Urteil v. 07.06.2016, Az.: KZR 6/15, NJW 2016, S. 2266.

363 *Summerer*, SpuRt 2018, S. 197, 198; BGH, Beschluss v. 12.7.2016 – KZR 6/15 – Claudia Pechstein, Anhörungsrüge, NZKart 2016, S. 487, Rn. 6; Meldung von Legal Tribune Online (LTO) vom 30.06.2016: „BGH entschied auf falscher Tatsachengrundlage", http://www.lto.de/recht/hintergruende/h/bgh-urteil-pechstein-c as-falsche-tatsachengrundlage/ (Stand: März 2019).

364 BGH, Urteil v. 07.06.2016, Az.: KZR 6/15, Rn. 27, NJW 2016, S. 2266, 2268 (Hervorhebungen durch Verf.).

365 BGH, Beschluss v. 12.7.2016, Az.: KZR 6/15 – Claudia Pechstein, Anhörungsrüge, NZKart 2016, S. 487.

366 BGH, Beschluss v. 12.7.2016, Az.: KZR 6/15 – Claudia Pechstein, Anhörungsrüge, NZKart 2016, S. 487, Rn. 6; Auf Anfrage der SZ teilte demgegenüber Pechsteins Anwalt *Thomas Summerer* mit, der Hinweis auf den fehlerhaften Abschnitt sei Teil einer Gegenrüge gewesen, die in der mündlichen Verhandlung nochmals bekräftigt worden sei, Süddeutsche Zeitung vom 29.06.2016, „Ein falscher Satz in einem wichtigen Urteil", S. 30. Statthafter Rechtsbehelf wäre jedoch ein

rufungsgerichts OLG München, zu der es offensichtlich aufgrund einer unzutreffenden Anwendung des CAS-Codes kam.[367] Dem LG München I[368] war in der ersten Instanz insofern ein anderer Fehler unterlaufen, als es fälschlicherweise von der Zuständigkeit des CAS-Generalsekretärs und nicht des Präsidenten der Berufungskammer für die Benennung des Vorsitzenden des Schiedsgerichts ausging.[369] Die deutschen Gerichte im *Pechstein*-Verfahren stehen jedoch mit der fehlerhaften Wiedergabe des CAS-Code nicht allein da, sondern auch Teile der Literatur tun sich mit der korrekten Wiedergabe der einschlägigen CAS-Bestimmungen schwer.[370] Letztlich wirft es jedoch auf die deutsche Jurisprudenz kein gutes Licht, derartige Nachlässigkeiten ausgerechnet in einem Verfahren zu zeigen, in dem teilweise dem CAS-Schiedsspruch selbst fehlende Qualität nachgesagt wurde.

Nach der Regelung in Art. R54 CAS-Code bestimmt in jedem Fall der Präsident der Berufungskammer den Vorsitzenden des Schiedsgerichts. Diese Regelung des Art. R54 CAS-Code weicht von der Benennung des Vorsitzenden im Ordentlichen Verfahren ab, bei der die parteiernannten Schiedsrichter gemeinsam den Vorsitzenden des Schiedsgerichts benennen

---

Tatbestandsbererichtigungsantrag gemäß § 320 ZPO gewesen. Ein solcher Tatbestandsberichtigungsantrag wurde von der Klägerin jedoch nicht gestellt.

367 So las das OLG München die Regelung über die Wahlmöglichkeit der Parteien hinsichtlich der Anzahl der Schiedsrichter (Art. R50 CAS-Code) in das Verfahren zur Benennung des Vorsitzenden des Schiedsgerichts (Art. R54 CAS-Code) hinein: „Darüber hinaus wird ein strukturelles Ungleichgewicht zugunsten der Verbände dadurch begründet, dass in den Berufungsverfahren vor dem CAS der Vorsitzende des für die konkrete Streitigkeit zuständigen Kollegiums vom Präsidenten der Berufungsabteilung des CAS bestimmt wird, **wenn sich die Streitparteien insoweit nicht einigen können** (vgl. R50 Abs. 1 der Verfahrensordnung)", OLG München, Urteil v. 15.01.2015, Az.: U 1110/14 Kart, Rn. 105, juris (Hervorhebungen durch Verf.). Eine Sprecherin des OLG München wollte den Fehler laut SZ nicht kommentieren, Süddeutsche Zeitung vom 29.06.2016, „Ein falscher Satz in einem wichtigen Urteil", S. 30.

368 LG München I, Urteil v. 26.02.2014, Az.: 37 O 28331/12, Rn. 26, SchiedsVZ 2014, S. 100, 103.

369 *Haas*, in: WFV (Hrsg.), Justiz und Sportgerichtsbarkeit, S. 72, 91.

370 Insoweit unpräzise *Pfister*, in: Fritzweiler/Pfister/Summerer, PHB Sportrecht, 6. Teil, 4. Kap., Rn. 171, wenn er festhält: „[...] Aus dieser Liste wählt jede Partei einen Schiedsrichter, die sich auf einen dritten, den Vorsitzenden ebenfalls aus der Liste – einigen."; nicht zwischen den unterschiedlichen Regelungen für das Ordentliche Verfahren und das Berufungsverfahren differenzierend, sondern pauschal auf Art. R40.2 Abs. 3 CAS-Code abstellend *Thorn/Lasthaus*, IPRax 2016, S. 426, 429.

KAPITEL 1: Die internationale Sportsschiedsgerichtsbarkeit

können, Art. R40.2 Abs. 4 S. 4 u. 5 CAS-Code[371]. Angesichts der erheblichen Bedeutung der Frage, wer den Vorsitzenden benennt, geht die Einschätzung des BGH in seinem Beschluss zur Zurückweisung der Anhörungsrüge fehl, der Fehler stelle lediglich *„einen von mehreren Aspekten dar, der für das Ergebnis der Entscheidung nicht von ausschlaggebender Bedeutung [gewesen sei].*"[372] Vielmehr ist das Gegenteil der Fall und die Offensichtlichkeit des Fehlers in einem so wegweisenden Urteil wirft kein gutes Licht auf die Entscheidung des BGH.

Mit der Einleitung des Schiedsverfahrens wird auch die zugrunde zu legende Verfahrenssprache des Verfahrens festgelegt.[373] Grundsätzlich kommen dabei Englisch und Französisch in Betracht.[374] Für den Fall, dass die Parteien sich nicht gemeinsam auf eine Verfahrenssprache einigen können, legt der Vorsitzende des Schiedsgerichts oder, mangels noch nicht erfolgter Konstituierung des Schiedsgerichts, in der Praxis häufiger der Präsident der Berufungskammer mittels einer „order on language" die Verfahrenssprache fest.[375] Dabei können die Parteien auch abweichend von den beiden grundsätzlichen Verfahrenssprachen eine andere Verfahrenssprache wählen, sofern das Schiedsgericht sowie das CAS-Sekretariat der gewählten Sprache zustimmen.[376] Hierdurch können zeitliche Verzögerungen und von den Parteien zu tragende Übersetzungskosten anfallen, so dass dem an sich formalen Aspekt der Wahl der Verfahrenssprache eine übergeordnete Bedeutung zukommt.[377]

In Art. R33 CAS-Code ist die Unparteilichkeit und Unabhängigkeit der Schiedsrichter geregelt. Die Regelung soll Interessenkonflikten der Schiedsrichter vorbeugen. Sollte eine Partei Zweifel an der Unabhängigkeit oder Unparteilichkeit eines Schiedsrichters haben, hat sie die Möglichkeit, innerhalb von sieben Tagen nach Kenntnis der zugrunde liegenden Umstände ein Verfahren zur Schiedsrichterablehnung einzuleiten,

---

371 Art. R40.2 Abs. 4 S. 4 u. 5 CAS-Code: „The two arbitrators so appointed shall select the President of the Panel by mutual agreement within a time limit set by the CAS Court Office. Failing agreement within that time limit, the President of the Division shall appoint the President of the Panel.

372 BGH, Beschluss v. 12.7.2016, Az.: KZR 6/15 – Claudia Pechstein, Anhörungsrüge, NZKart 2016, S. 487, Rn. 6.

373 Art. R29 Abs. 1 S. 2 CAS-Code: „[...] at the outset of the procedure [...]".

374 Art. R29 Abs. 1 S. 1 CAS-Code.

375 Art. R29 Abs. 1 S. 2 CAS-Code; *Mavromati*, CAS Bulletin 2012, S. 39, 40.

376 Art. R29 Abs. 2 S. 1 CAS-Code.

377 S. eingehend hierzu *Mavromati*, CAS Bulletin 2012, S. 39 ff; *Mavromati/Reeb*, The Code of the CAS – Commentary, Art. R29, Rn. 4.

Art. R34 Abs. 1 S. 2 CAS-Code. Die Frist des Art. R34 CAS-Code ist deutlich kürzer bemessen als in anderen Schiedsverfahren und wurde eingeführt, um Verzögerungstaktiken der Parteien durch vorgeschobene Befangenheitsanträge zu verhindern.[378] Befangenheitsanträge können lediglich ein Aufhebungsverfahren gegen einen anderen Schiedsrichter gemäß Art. R35 CAS-Code[379] einleiten.[380] Über das Ablehnungsgesuch entscheidet seit Inkrafttreten des CAS-Code 2019 die sog. „Challenge Commission", Art. R34 Abs. 2 CAS-Code. Die „Challenge Commission" besteht aus einem ICAS-Mitglied[381] und den drei Präsidenten der Ordinary, Appeal and Anti-Doping Division, wobei derjenige Präsident ausgeschlossen ist, dessen Division das Befangenheitsverfahren betrifft.[382] Sofern die Parteien nicht rechtzeitig den Befangenheitsantrag stellen, sind sie in der Folge mit der Einwendung der Befangenheit präkludiert.[383] Daneben besteht die Möglichkeit der Amtsenthebung durch den ICAS, wenn der Schiedsrichter sich seiner Funktion verweigert, verhindert ist oder die ihm aufgrund des CAS-Codes obliegenden Pflichten nicht erfüllt, worüber ebenfalls der ICAS entscheidet, Art. R35 CAS-Code.[384] Dabei steht den Parteien kein Antragsrecht auf entsprechende Amtsenthebung eines Schiedsrichters zu.[385]

Nach Konstituierung des Schiedsgerichts muss innerhalb einer weiteren Frist von zehn Tagen die Klagebegründung („Appeal Brief") eingereicht werden, Art. R51 Abs. 1 CAS-Code, welche vom CAS an den Beklagten übermittelt wird. Sodann muss innerhalb von 20 Tagen nach Zugang der

---

378 *Mavromati/Reeb*, The Code of the CAS – Commentary, Art. R34, Rn. 66, die in Rn. 64 darauf hinweisen, dass die Frist erst 2004 in den CAS-Code eingeführt wurde und bis dahin der Antrag lediglich unmittelbar („as soon as") nach Kenntnis der zugrundeliegenden Umstände gestellt werden musste.

379 Art. R35 CAS-Code: „An arbitrator may be removed by the ICAS if she/he refuses to or is prevented from carrying out her/his duties or if she/he fails to fulfil her/his duties pursuant to this Code within a reasonable time. ICAS may exercise such power through its Board The Board shall invite the parties, the arbitrator in question and the other arbitrators, if any, to submit written comments and shall give brief reasons for its decision. Removal of an arbitrator cannot be requested by a party."

380 *Noth/Haas*, in: Arroyo, Arbitration in Switzerland, Art. R34, Rn. 6.

381 Anm.: Dieses ICAS-Mitglied darf weder von IOC, den internationalen Sportverbänden noch vom ANOC gewählt worden sein und fungiert als Kommissionsvorsitzender, Art. S7 Abs. 1 Nr. 2 lit. c) CAS-Code.

382 Art. S7 Abs. 1 Nr. 2 lit. c) CAS-Code.

383 *Oschütz*, Sportschiedsgerichtsbarkeit, S. 308.

384 *Oschütz*, Sportschiedsgerichtsbarkeit, S. 121.

385 Art. R35 S. 3 CAS-Code.

Klagebegründung die Klageerwiderung des Beklagten beim CAS zugegangen sein, Art. R55 CAS-Code. Sofern nicht von den Parteien anders vereinbart bzw. von dem Präsidenten entschieden, soll aufgrund der ausgetauschten Schriftsätze entschieden werden, Art. R56 Abs. 1 CAS-Code. Es liegt im Ermessen des Schiedsgerichts, ob es eine Anhörung für erforderlich hält oder eine Entscheidung allein aufgrund der ausgetauschten Schriftsätze treffen will, Art. R57 Abs. 2 S. 1 CAS-Code. In der Regel wird aber eine Anhörung anberaumt,[386] die – sofern die Parteien nichts Anderes vereinbaren – unter Ausschluss der Öffentlichkeit stattfindet, Art. R57 Abs. 2 S. 2 CAS-Code. Den Parteien steht nach dem CAS-Code kein ausdrückliches Recht auf Durchführung einer Anhörung zu. Auch wenn dies in der Praxis kaum vorkommen dürfte, kann das Schiedsgericht somit den Antrag einer Partei, eine Anhörung anzuberaumen mit der einfachen Begründung[387] ablehnen, es erachte sich für hinreichend informiert.[388]

Die Parteien können sich von Personen ihrer Wahl vertreten lassen, Art. R30 S. 1 CAS-Code. In der Praxis lassen sich die Parteien überwiegend von spezialisierten Anwälten vertreten. Demgegenüber stellen Verfahren, bei denen die Vertretung durch Nichtjuristen erfolgt bzw. gar keine Prozessbevollmächtigten bestellt werden, die Ausnahme dar.[389]

In der Praxis wird den Schiedsrichtern zur Unterstützung ihrer Arbeit ein sog. *Ad hoc clerk* für organisatorische und administrative Aufgaben zur Seite gestellt, der die Schiedsrichter insbesondere während der Anhörung und beim Entwurf des Schiedsspruches unterstützt, dabei aber natürlich keinesfalls die Rolle eines Schiedsrichters einnehmen darf.[390]

Gemäß Art. R57 Abs. 1 S. 1 CAS-Code (*„The Panel has full power to review the facts and the law"*) ist das Schiedsgericht nicht an die Feststellungen aus den Verbandsentscheidungen gebunden, sondern entscheidet auf einer *de novo*-Basis, d. h. die Verbandsentscheidung unterliegt in tatsächlicher

---

386 *Oschütz*, Sportschiedsgerichtsbarkeit, S. 304; *Mavromati/Reeb*, The Code of the CAS – Commentary, Art. R57, Rn. 61.

387 Ausreichend ist die Begründung des Art. R57 Abs. 2 CAS-Code: „[...] the Panel deems itself to be sufficiently well informed."

388 *Mavromati/Reeb*, The Code of the CAS – Commentary, Art. R57, Rn. 61, Fn. 110.

389 *Mavromati/Reeb*, The Code of the CAS – Commentary, Art. R30, Rn. 2 und S. 97, Rn. 22.

390 Art. R54 Abs. 4 CAS-Code: „An *ad hoc* clerk, independent of the parties, may be appointed to assist the Panel. Her/his fees shall be included in the arbitration costs."; *Rigozzi/Hasler*, in: Arroyo, Arbitration in Switzerland, Art. R54, Rn. 11; *Mavromati/Reeb*, The Code of the CAS – Commentary, Art. R54, Rn. 8; *Martens*, CAS Bulletin 2014, S. 31, 39.

und rechtlicher Hinsicht der uneingeschränkten Überprüfung durch das Schiedsgericht.[391] Dabei hat das Schiedsgericht zu jedem Zeitpunkt des Verfahrens auf eine gütliche Einigung hinzuwirken, Art. R56 Abs. 2 CAS-Code.

Die Frage, welches materielle Recht im Verfahren vor dem CAS Anwendung findet, ist für den Ausgang des Verfahrens naturgemäß von entscheidender Bedeutung. Gemäß Art. R58 CAS-Code bestimmt sich das anzuwendende Recht nach den Verbandsbestimmungen und subsidiär nach dem von den Parteien gewählten Recht. Bei fehlender Rechtswahl bestimmt sich das Recht nach dem Recht des Staates, in dem der Verband (die Vereinigung oder die sonstige Sportorganisation), der die angegriffene Entscheidung erlassen hat, seinen Sitz hat oder nach den Rechtsregeln, die das Gericht für angemessen hält.[392] Für den Fall, dass das Schiedsgericht nach Regeln, die es für angemessen hält *("according to the rules of law the Panel deems appropriate"*[393]), entscheiden will, unterliegt es einer Begründungspflicht.[394] Die Regelung unterlag in den letzten Jahren immer wieder Veränderungen. So wurde der Vorrang der Verbandsbestimmungen vor der Rechtswahl der Parteien mit der Revision des CAS-Codes 2013 eingeführt.[395] Auch die Entscheidung nach „angemessenen Rechtsregeln" wurde erst 2004 eingeführt und birgt die Gefahr divergierender Entscheidungen und fehlender Voraussehbarkeit des anwendbaren Rechts, ohne dass hierfür eine Notwendigkeit bestand.[396]

Die Vereinbarung anationalen Rechts soll dem globalen Geltungsanspruch des Sports und einer damit einhergehenden notwendigen Loslö-

---

391 Art. R57 Abs. 1 S. 1 CAS-Code; *Haas*, in: Gilles/Pfeiffer (Hrsg.), Neue Tendenzen im Prozessrecht, S. 9, 62.

392 Art. R58 CAS-Code: „The Panel shall decide the dispute according to the applicable regulations and, subsidiarily, to the rules of law chosen by the parties or, in the absence of such a choice, according to the law of the country in which the federation, association or sports-related body which has issued the challenged decision is domiciled or according to the rules of law the Panel deems appropriate. In the latter case, the Panel shall give reasons for its decision."

393 Art. R58 S. 1 a. E CAS-Code.

394 Art. R58 S. 2 CAS-Code.

395 S. bis dahin geltende Regelung im CAS-Code 2004: „The Panel shall decide the dispute according to the applicable regulations and the rules of law chosen by the parties"; *Del Fabro*, CaS 2016, S. 228, 230.

396 *Oschütz*, Sportschiedsgerichtsbarkeit, S. 121. Ein Anwendungsbereich hierfür soll bestehen, wenn die letztinstanzliche Verbandsentscheidung auf einem spezifisch nationalen Recht beruht und im Berufungsverfahren vor dem CAS aufgrund des Sitzes des internationalen Verbandes in der Schweiz schweizerisches Recht Anwendung finden würde, *Del Fabro*, CaS 2016, S. 228, 231.

sung von nationalen Rechtsordnungen Rechnung tragen.[397] Im Zusammenhang mit diesem Anspruch steht auch die umstrittene Frage nach der möglichen Anwendung einer der *lex mercatoria* vergleichbaren *lex sportiva*, d. h. der Anwendung der Gesamtheit von Grundsätzen, die aus dem Zusammenspiel von Verbandsregelungen und staatlichen Rechtsordnungen entstanden ist und von der sportschiedsgerichtlichen Rechtsprechung konkretisiert wurde[398], die an anderer Stelle[399] diskutiert wird.

Als nationales Recht kommt in der Praxis aufgrund von Art. R58 CAS-Code ganz überwiegend schweizerisches Recht zur Anwendung.[400] So sehen die Verbandsstatuten mehrheitlich die subsidiäre Anwendung schweizerischen Rechts vor.[401] Außerdem hat die Mehrzahl der internationalen Sportverbände ihren Sitz in der Schweiz, so dass auch aufgrund dessen schweizerisches Recht zur Anwendung kommt.[402]

Die Regelung des Art. R58 CAS-Code führt in bestimmten Konstellationen dazu, dass die Parteien letztlich keine eigene Rechtswahl treffen können, sondern ihnen das anzuwendende Recht aufoktroyiert wird.[403] Problematisch ist dies insbesondere bei arbeitsrechtlichen Streitigkeiten im Bereich des Fußballs, wenn die Parteien in dem Spielervertrag die Anwendung eines anderen ausländischen Rechts vereinbart haben. Indem die Parteien den CAS anrufen, erklären sie gemäß Art. R27 Abs. 1 S. 1 CAS-Code[404] den CAS-Code und damit Art. R58 CAS-Code für anwendbar.[405] Durch diese indirekte Rechtswahl werden früher getroffene Vereinbarungen über das anwendbare Recht, wie z. B. solche im Spielervertrag derogiert.[406] Dies kann zu der bedenklichen Praxis der CAS-Schiedsgerichte

---

397 *Adolphsen*, SchiedsVZ 2004, S. 169, 174; *Haas*, in: Gilles/Pfeiffer (Hrsg.), Neue Tendenzen im Prozessrecht, S. 9, 52.

398 Definition nach *Haas*, in: Gilles/Pfeiffer (Hrsg.), Neue Tendenzen im Prozessrecht, S. 9, 52; *ders.*, CaS 2007, S. 271, 272.

399 S. Kap. 1 E. III. 2.

400 *Del Fabro*, CaS 2016, S. 228, 231.

401 Vgl. z. B. Art. 57 Abs. 2 S. 2 der FIFA-Statuten: „Das [sic!] CAS wendet in erster Linie die verschiedenen Reglemente [sic!] der FIFA sowie ergänzend das Schweizer Recht an."

402 S. bereits *Netzle*, in: Röhricht (Hrsg.), Sportschiedsgerichtsbarkeit, S. 9, 14.

403 *Del Fabro*, CaS 2016, S. 228, 230.

404 Art. R27 Abs. 1 S. 1 CAS-Code: „These Procedural Rules apply whenever the parties have agreed to refer a sports-related dispute to CAS."

405 *Kleiner*, Der Spielervertrag im Berufsfußball, S. 284.

406 *Kleiner*, Der Spielervertrag im Berufsfußball, S. 286 mit Verweis auf die Unterzeichnung der CAS-Verfahrensregelungen („*order of procedure*"), da darin die anwendbare Bestimmung aus dem CAS-Code explizit erwähnt sei; *Zimmermann*, Vertragsstabilität im internationalen Fussball, S. 175 ff.

führen, oftmals schweizerisches Recht anzuwenden, obwohl die Parteien ausdrücklich in dem Spielervertrag die Anwendung eines anderen ausländischen Rechts vereinbart haben.[407]

Abgeschlossen wird das Verfahren durch einen endgültigen und verbindlichen Schiedsspruch.[408] Für einen Schiedsspruch ist grundsätzlich die absolute Mehrheit der Stimmen der Mitglieder des Schiedsgerichts erforderlich. Kommt diese Mehrheit nicht zustande, entscheidet der Vorsitzende des Schiedsgerichts allein, Art. R59 Abs. 1 CAS-Code. Diese Regelung, die dem Vorsitzenden des Schiedsgerichts die Kompetenz zum Stichentscheid verleiht, entspricht den gesetzlichen Anforderungen des IPRG[409] und ist auch in anderen Verfahrensordnungen von Schiedsinstitutionen[410] anzutreffen. Neben den weiteren förmlichen Voraussetzungen muss der Schiedsspruch zumindest kurz begründet werden, Art. R59 Abs. 1 S. 3 CAS-Code.

Gemäß Art. R59 Abs. 2 S. 1 CAS Code muss der Schiedsspruch vor der Unterzeichnung durch die Schiedsrichter dem CAS-Generalsekretär über-

---

407 *Kleiner*, Der Spielervertrag im Berufsfußball, S. 296, der der Ansicht ist, dass zumindest was das unmittelbar arbeitsvertragliche Rechtsproblem anbelangt, die im Spielervertrag zur Anwendung bestimmte staatliche Rechtsordnung als Entscheidungsgrundlage neben den Verbandsreglementen zur Anwendung gelangen müsse; mit Verweis auf CAS-Schiedsspruch v. 24.04.2007, Az.: CAS 2006/A/1180, Galatasaray SK v. Frank Ribéry & Olympique de Marseille; hier hatten die Parteien im Spielervertrag neben der Berücksichtigung der FIFA-Statuten ausdrücklich eine Rechtswahl zugunsten des türkischen Rechts getroffen. Das CAS-Schiedsgericht wendete jedoch subsidiär nicht türkisches, sondern schweizerisches Recht mit der Begründung an, mit der Anrufung des CAS hätten die Parteien eine Rechtswahl getroffen, welche die im Arbeitsvertrag getroffene Regelung derogiere; kritisch hierzu *Del Fabro*, CaS 2016, S. 228, 233.

408 Art. R59 Abs. 4 S. 1: „The award, notified by the CAS Court Office, shall be final and binding [...]".

409 Art. 189 Abs. 2 S. 1 IPRG: „Fehlt eine solche Vereinbarung, so wird er mit Stimmenmehrheit gefällt oder, falls sich keine Stimmenmehrheit ergibt, durch den Präsidenten des Schiedsgerichts." Diese Regelung weicht von der deutschen Vorschrift des § 1052 Abs. 1 ZPO ab, die dem Erfordernis der absoluten Mehrheit gemäß § 196 Abs. 1 GVG für das Verfahren vor den staatlichen Gerichten entspricht und bei der der Gesetzgeber bewusst darauf verzichtet hat, dem Vorsitzenden des Schiedsgerichts die Kompetenz zum Stichentscheid zuzubilligen, *Lachmann*, Schiedsgerichtspraxis, S. 417, Rn. 1687.

410 Art. 32 Abs. 1 S. 2 ICC-Schiedsgerichtsordnung. Demgegenüber ist die Regelung für ein sportschiedsgerichtliches Verfahren gemäß § 33.3 DIS-SportSchO abweichend: „Haben die Parteien nichts Anderes vereinbart, ist in einem Schiedsverfahren mit mehr als einem Schiedsrichter jede Entscheidung des Schiedsgerichts mit Stimmenmehrheit zu treffen."

mittelt werden. Der CAS-Generalsekretär darf formale Änderungen vornehmen und die Aufmerksamkeit des Schiedsgerichts auf wesentliche Rechtsfragen lenken, Art. R59 Abs. 2 S. 1 CAS-Code.[411]

Auch wenn das Verfahren grundsätzlich unter Ausschluss der Öffentlichkeit stattfindet, so ist es erfreulich, dass generell im Berufungsverfahren – im Gegensatz zum Ordentlichen Verfahren[412] – die Schiedssprüche bzw. eine Zusammenfassung hiervon, veröffentlicht werden, wenn die Parteien nicht Vertraulichkeit vereinbaren, Art. R59 Abs. 7 CAS-Code.

Die älteren Schiedssprüche wurden veröffentlicht im *Recueil TAS 1993* sowie den beiden Bänden *Recueil des sentence du TAS/Digest of CAS Awards 1986-1998* und *Band II 1998-2000*. Seit 2009 werden sowohl die aktuellen als auch die früheren Entscheidungen auf der Homepage des CAS[413] veröffentlicht.[414] Diese begrüßenswerten Veröffentlichungen tragen zu einer bis heute beachtlich großen Sammlung an Entscheidungen bei.[415] Speziell in Dopingangelegenheiten kommt dies dem allgemein großen Interesse entgegen, die Entscheidungen allen interessierten Kreisen zugänglich zu machen[416], was zu einer Herauskristallisierung einer CAS-Rechtsprechungslinie beiträgt. Dennoch ist kritisch anzumerken, dass nicht alle Schiedssprüche veröffentlicht werden und somit nur eine selektierte Auswahl an Veröffentlichungen auf der CAS-Homepage zur Verfügung steht.[417]

V. Rechtsmittel gegen CAS-Schiedssprüche

Die Schiedssprüche des CAS sind abschließend und bindend, Art. R59 Abs. 4 S. 1 CAS-Code. Eine Rechtsmittelinstanz durch ein Schiedsgericht

---

411 Art. R59 Abs. 2 S. 1 CAS-Code: „Before the award is signed, it shall be transmitted to the CAS Secretary General who may make rectifications of pure form and may also draw the attention of the Panel to fundamental issues of principle. Dissenting opinions are not recognized by CAS and are not notified."
412 Art. R43 S. 2 CAS-Code: „Awards shall not be made public unless all parties agree or the Division President so decides."
413 www.tas-cas.org (Stand: März 2019).
414 *Pfister*, in: Fritzweiler/Pfister/Summerer, PHB Sportrecht, 6. Teil, 4. Kap., Rn. 172.
415 Die Kritik von *Adolphsen*, Internationale Dopingstrafen, S. 495, die Zahl der veröffentlichten Schiedssprüche sei noch zu gering sei, ist damit obsolet.
416 *Oschütz*, Sportschiedsgerichtsbarkeit, S. 375.
417 S. hierzu *Rigozzi/Hasler*, in: Arroyo, Arbitration in Switzerland, Art. R59, Rn. 18.

ist nicht vorgesehen.[418] Somit sind die Schiedssprüche des CAS, wie alle anderen internationalen Schiedssprüche eines (Handels-)Schiedsgerichts mit Sitz in der Schweiz, endgültig im Sinne von Art. 190 Abs. 1 IPRG. Dies entspricht auch der Ursprungsidee des CAS, Streitigkeiten in der internationalen Sportwelt kompetent und schnell zu entscheiden, um der besonderen Schnelllebigkeit im Sport Rechnung zu tragen.[419]

Dennoch bedarf es einer Überprüfung des endgültigen Schiedsspruches durch die staatlichen ordentlichen Gerichte.[420] Hierfür hält die schweizerische Rechtsordnung verschiedene Rechtsmittel[421] bereit, um gegen einen Schiedsspruch vorgehen zu können.[422] Für die Statthaftigkeit des jeweiligen Rechtsmittels ist zwischen Binnenstreitigkeiten und internationalen Streitigkeiten zu unterscheiden. Die Überprüfung von Binnenstreitigkeiten, d. h. Streitigkeiten, in denen beide Parteien ihren (Wohn-)Sitz in der Schweiz haben, richtet sich nach den §§ 389 schweizerische Zivilprozessordnung (CH-ZPO). Die Überprüfung von internationalen Schiedsfällen richtet sich nach dem IPRG. Das Vorliegen eines internationalen Schiedsfalles setzt voraus, dass „[...] beim Abschluss der Schiedsvereinbarung wenigstens eine Partei ihren Wohnsitz oder ihren gewöhnlichen Aufenthalt nicht in der Schweiz hatte" (Art. 176 Abs. 1 IPRG).

Angesichts der Tatsache, dass es sich bei den überwiegenden Fällen der Berufungsverfahren vor dem CAS und möglicher Beschwerden hiergegen vor dem Schweizerischen Bundesgericht um internationale Schiedsfälle handelt, konzentriert sich die folgende Darstellung auf die internationalen Schiedsfälle.

---

418 *Pfister*, in: Fritzweiler/Pfister/Summerer, PHB Sportrecht, 6. Teil, 4. Kap., Rn. 172.

419 *Netzle*, SpuRt 2011, S. 2, 3.

420 *Sonnauer*, Die Kontrolle der Schiedsgerichte, S. 34.

421 Dem schweizerischen Recht ist die begriffliche Differenzierung zwischen Rechtsbehelf und -mittel unbekannt. Auch wenn nach deutscher Terminologie mangels Suspensiv- und Devolutiveffekt die Bezeichnung als „Rechtsbehelf" korrekt wäre, wird hier von „Rechtsmittel" gesprochen, da dies der internationalen Terminologie entspricht, *Wittmann*, Schiedssprüche des CAS, S. 9. Für die Bezeichnung als „Rechtsmittel" spricht auch die Überschrift zu Art. 192 IPRG: „Verzicht auf Rechtsmittel". Demgegenüber kann aufgrund der formellen Rechtskraft des Schiedsspruches nicht von ordentlichen Rechtsmitteln gesprochen werden, *Staehelin/Staehelin/Grolimund*, Zivilprozessrecht, § 25, Rn. 3 u. § 29, Rn. 48; *Heini*, in: ZK-IPRG, Art. 190, Rn. 2; *Druml*, Sportgerichtsbarkeit, S. 320, Fn. 238; a. A. *Wittmann*, Schiedssprüche des CAS, S. 9, der unzutreffend von Anfechtungsklage und Revision als „ordentliche" und „außerordentliche" Rechtsmittel spricht.

422 *Wittmann*, Schiedssprüche des CAS, S. 9.

Die Rechtsmittel vor dem Schweizerischen Bundesgericht sind zu unterscheiden von den jeweiligen Rechtsmitteln in dem konkreten Staat, in dem die Anerkennung und ggf. Vollstreckung oder Aufhebung des CAS-Schiedsspruchs als ausländischer Schiedsspruch begehrt werden kann. Geht es beispielsweise um die Anerkennung und ggf. Vollstreckung[423] eines CAS-Schiedsspruches in Deutschland, richtet diese sich nach § 1061 ZPO i. V. m Art. V UN-Übereinkommen. Hier wird geprüft, ob besondere Versagungsgründe vorliegen, die einer Anerkennung des Schiedsspruches entgegenstehen.[424] Dabei findet das Verbot der *révison au fond* Anwendung, wonach weder in dem Aufhebungs- noch in dem Vollstreckungsverfahren geprüft werden darf, ob das Schiedsgericht inhaltlich richtig entschieden hat.[425]

In dem schweizerischen Verfahrensrecht ist zu differenzieren zwischen der Anfechtungsklage und der Revision.

1. Die Anfechtung gemäß Art. 190 Abs. 2 IPRG

Wichtigstes Rechtsmittel ist die Anfechtungsklage[426] gemäß Art. 190 Abs. 2 IPRG. Im Vergleich zu der Handelsschiedsgerichtsbarkeit wurden CAS-Schiedssprüche vor dem Schweizerischen Bundesgericht besonders häufig angefochten. So betrafen in den Jahren 2006 bis 2015 von den insgesamt 281 Beschwerdeentscheidungen des Schweizerischen Bundesgerichts, 123 Entscheidungen, d. h. 44 Prozent die Sportschiedsgerichtsbarkeit.[427] Diese Entwicklung hielt in den letzten Jahren ungeachtet der minimalen Erfolgschancen an, die eine Beschwerde vor dem Schweizerischen Bundesgericht hat. Nur rund zehn Prozent der Beschwerden gegen CAS-Schiedssprüche hatten in den letzten Jahren vor dem Schweizerischen Bundesgericht Erfolg.[428]

---

423 Wobei auf die grundsätzlich fehlende Erforderlichkeit der Vollstreckung eines CAS-Schiedsspruches im internationalen Sportrecht hinzuweisen ist.
424 *Pfister*, in: Fritzweiler/Pfister/Summerer, PHB Sportrecht, 6. Teil, 4. Kap., Rn. 172.
425 *Lachmann*, Schiedsgerichtspraxis, S. 517, Rn. 2147.
426 Diese wird auch als Aufhebungsklage oder allgemein als Beschwerde bezeichnet, *Wittmann*, Schiedssprüche des CAS, S. 10.
427 *Dasser/Wójtowicz*, ASA Bulletin 2016, S. 280, 280.
428 Laut *Dasser/Wójtowicz*, ASA Bulletin 2016, S. 280, 282 waren 10 von 103 Beschwerden und damit 9,71 Prozent in den Jahren 2006-2015 erfolgreich; diesbezüglich zu undifferenziert *Netzle*, SpuRt 2011, S. 2, 3.

a) Voraussetzungen und Rechtsfolgen der Anfechtungsklage

Für eine zulässige Anfechtungsklage muss der Beschwerdeführer ein rechtlich geschütztes Interesse an der Anfechtung haben und die Anfechtung innerhalb von 30 Tagen nach Eröffnung der vollständigen Ausfertigung des Schiedsspruchs beim Schweizerischen Bundesgericht einreichen.[429]

Die Anfechtungsklage ist grundsätzlich kassatorisch, d. h. bei Erfolg der Anfechtungsklage wird der CAS-Schiedsspruch aufgehoben und zur erneuten Entscheidung an dasselbe CAS-Schiedsgericht zurückverwiesen; bei Misserfolg ist der Schiedsspruch in seinem Bestand endgültig, Art. 190 Abs. 1 IPRG.[430] Gegen die Entscheidung des Schweizerischen Bundesgerichts ist kein ordentliches Rechtsmittel statthaft, es verbleibt somit nur das außerordentliche Rechtsmittel der Revision.[431]

Gemäß Art. 190 Abs. 2 IPRG erfolgt nur eine sehr eingeschränkte Überprüfung durch das Schweizerische Bundesgericht, die sich auf die enumerativ aufgezählten Anfechtungsgründe des Art. 190 Abs. 2 IPRG beschränkt.[432] Art. 190 Abs. 2 IPRG lautet:

„Der Entscheid kann nur angefochten werden:
a) wenn der Einzelschiedsrichter vorschriftswidrig ernannt oder das Schiedsgericht vorschriftswidrig zusammengesetzt wurde;
b) wenn sich das Schiedsgericht zu Unrecht für zuständig oder unzuständig erklärt hat;
c) wenn das Schiedsgericht über Streitpunkte entschieden hat, die ihm nicht unterbreitet wurden oder wenn es Rechtsbegehren unbeurteilt gelassen hat;
d) wenn der Grundsatz der Gleichbehandlung der Parteien oder der Grundsatz des rechtlichen Gehörs verletzt wurde;
e) wenn der Entscheid mit dem Ordre public unvereinbar ist."

Die einzelnen Anfechtungsgründe werden nicht von Amts wegen geprüft, sondern müssen von der Partei vorgebracht werden.[433] Ohne an dieser Stel-

---

429 Art. 100 Abs. 1 BGG; *Rigozzi*, JIDS 2010, S. 217, 225.
430 *Berger/Kellerhals*, Schiedsgerichtsbarkeit in der Schweiz, Rn. 1652; *Wittmann*, Schiedssprüche des CAS, S. 19.
431 *Berger/Kellerhals*, Schiedsgerichtsbarkeit in der Schweiz, Rn. 1657 ff.; *Wittmann*, Schiedssprüche des CAS, S. 20 mit Verweis auf die ebenfalls statthaften Ergänzungs- und Berichtigungsanträge.
432 *Mavromati/Reeb*, The Code of the CAS – Commentary, Art. R59, Rn. 6.
433 *Wittmann*, Schiedssprüche des CAS, S. 19; Schweizerisches Bundesgericht, Urteil v. 05.11.1991, BGE 117 II S. 604, 606.

le im Detail auf die Anfechtungsgründe[434] einzugehen, soll ein kurzes Schlaglicht auf den neben Art. 190 Abs. 2 lit. d) IPRG am häufigsten vorgebrachten Anfechtungsgrund[435] des *Ordre public* gemäß Art. 190 Abs. 2 lit. e) IPRG geworfen werden. Dieser Anfechtungsgrund hat sowohl einen verfahrens- als auch einen materiell-rechtlichen Gehalt.[436] Ein Verstoß gegen den verfahrensrechtlichen *Ordre public* liegt nur dann vor, *„wenn derart wesentliche Verfahrensgrundsätze in Frage stehen, dass deren Missachtung zum schweizerischen Rechtsempfinden in einem unerträglichen Widerspruch steht."*[437] Ähnlich hoch anzusetzen sind die Voraussetzungen hinsichtlich des materiell-rechtlichen *Ordre public*. Gegen diesen liegt nur ein Verstoß vor, wenn das Schiedsgericht gegen fundamentale Rechtsgrundsätze verstoßen hat.[438] Ein Schiedsspruch wird somit nur aufgehoben, wenn er mit der schweizerischen Rechts- und Werteordnung *„schlechthin unvereinbar"*[439] ist. Die Überprüfung eines internationalen Schiedsfalls ist im Vergleich zu der Überprüfung eines Binnenschiedsstreits erheblich eingeschränkt.[440] Aufgrund dieser eingeschränkten Überprüfung hatten bislang auch nur äußerst wenige Anfechtungen gegen einen CAS-Schiedsspruch wegen Verstoßes gegen den materiell-rechtlichen *Ordre public* vor dem Schweizerischen Bundesgericht[441] Erfolg.

---

434 S. hierzu vertiefend *Wittmann*, Schiedssprüche des CAS, S. 20 ff.; *Schnyder/Dreifuss*, in: FS Geimer I, S. 965, 968 ff.; hinsichtlich der Rechtsprechung des Schweizerischen Bundesgerichts im Jahr 2010, *Beffa/Ducrey*, CaS 2011, S. 307 ff.

435 *Dasser*, ASA Bulletin 2007, S. 444, 454; *ders.*, ASA Bulletin 2010, S. 82, 87.

436 *Rigozzi/Kaufmann-Kohler*, International Arbitration: Law and Practice in Switzerland, S. 625 f., Rn. 1779 f.

437 Schweizerisches Bundesgericht, Urteil v. 26.10.1977, BGE 103 Ia, S. 531, 532.

438 *Wittmann*, Schiedssprüche des CAS, S. 97.

439 Schweizerisches Bundesgericht, Urteil v. 05.11.1991, BGE 117 II, S. 604, 606 unter 3.; kritisch zu dem Begriffspaar „schlechthin unvereinbar" *Schnyder/Dreifuss*, in: FS Geimer I, S. 965, 976.

440 Schweizerisches Bundesgericht, Urteil v. 05.11.1991, BGE 117 II, S. 604, 606; *Schnyder/Dreifuss*, in: FS Geimer I, S. 965, 977 jeweils mit Verweis auf den früher für Binnenstreitigkeiten geltenden Beschwerdegrund der Willkür gemäß Art. 36 lit. f) SchKonk, der dem heutigen Beschwerdegrund des Art. 393 lit. e) CH-ZPO entspricht.

441 Z. B. das Urteil des Schweizerischen Bundesgerichts vom 27.03.2012, Az.: 4A_558/2011, Francelino da Silva Matuzalem v. FIFA, BGE 138 III, S. 322; hierzu *Hofmann*, SpuRt 2012, S. 112, 112; *Beffa/Ducrey*, CaS 2014, S. 3, 3 f.; *Wittmann*, Schiedssprüche des CAS, S. 105 f. jeweils mit Sachverhaltsdarastellung und eigener rechtlicher Würdigung; Schweizerisches Bundesgericht, Urteil v. 22.03.2007, BGE 133 III, 235, 242, SchiedsVZ 2007, S. 330, 331 (m. Anm. *Haas/Reiche*).

Trotz dieser strengen Voraussetzungen wird die Anfechtungsklage wegen Art. 190 Abs. 2 lit. e) IPRG oftmals als „letzter Strohhalm" verstanden, um den Schiedsspruch mangels ordentlichen Rechtsmittels in materieller Hinsicht anzufechten.[442]

b) Die Vereinbarung eines Rechtsmittelverzichts

Grundsätzlich ist ein vollständiger bzw. partieller Rechtsmittelverzicht durch ausdrückliche Erklärung gemäß Art. 192 Abs. 1 IPRG[443] unter der Voraussetzung möglich, dass keine der Parteien ihren Wohnsitz, gewöhnlichen Aufenthalt oder Niederlassung in der Schweiz hat. Diese Voraussetzung dürfte in der Praxis hinsichtlich der Überprüfung von CAS-Entscheidungen im Berufungsverfahren selten vorliegen, da die überwältigende Mehrzahl der internationalen Verbände ihren Sitz in der Schweiz hat.[444]

---

442 *Netzle*, SpuRt 2011, S. 2, 3, der hierin eher einen Missbrauch der Ausnutzung der Rechtsmittel sieht; *Wittmann*, Schiedssprüche des CAS, S. 97.

443 Art. 192 Abs. 1 IPRG: „Hat keine der Parteien Wohnsitz, gewöhnlichen Aufenthalt oder eine Niederlassung in der Schweiz, so können sie durch eine ausdrückliche Erklärung in der Schiedsvereinbarung oder in einer späteren schriftlichen Übereinkunft die Anfechtung der Schiedsentscheide vollständig ausschliessen; sie können auch nur einzelne Anfechtungsgründe gemäss Artikel 190 Absatz 2 ausschliessen."; ebenso schwache staatliche Eingriffsbefugnisse sehen nur das belgische (Art. 1718 Code Judiciaire Belge) und das schwedische Recht (Sec. 51 S. 1 Swedish Arbitration Act) vor, *Briner/von Schlabrendorff*, in: FS Böckstiegel, S. 89, 100; das frz. Recht sieht grundsätzlich den Ausschluss der Anfechtbarkeit des Schiedsspruches vor, beschränkt diesen Ausschluss jedoch gleichzeitig dadurch, dass eine Partei sich im Vollstreckungsverfahren dennoch auf einen Aufhebungsgrund berufen darf (Art. 1522 Nouveau Code de Procédure Civile (engl. Übersetzung): „(1) By way of a specific agreement the parties may, at any time, expressly waive their right to bring an action to set aside. (2) Where such right has been waived, the parties nonetheless retain their right to appeal an enforcement order on one of the grounds set forth in Article 1520.) [...]."; ein Gegenbeispiel für eine intensive staatliche Eingriffsbefugnis gegenüber Schiedsgerichten stellt die engl. Vorschrift Sec. 69, par. 1 Arbitration Act 1996 dar: „Unless otherwise agreed by the parties, a party to arbitral proceedings may (upon notice to the other parties and to the tribunal) appeal to the court on a question of law arising out of an award made in the proceedings."; s. hierzu *Münch*, SchiedsVZ 2017, S. 114, 117; somit kommt Art. 192 IPRG insgesamt im internationalen Vergleich ein Ausnahmecharakter zu, so auch Schweizerisches Bundesgericht, Urteil v. 31.10.2005, Az.: 4P.198/2005/sza, Rn. 2.2; *Brunner*, AJP 2008, S. 738, 742.

444 *Netzle*, in: Röhricht (Hrsg.), Sportschiedsgerichtsbarkeit, S. 9, 14; *Haas*, SJZ 2010, S. 585, 589; *Riemer*, CaS 2004, S. 106.

Soll nach Rechtsmittelverzicht ein Schiedsspruch in der Schweiz voll-streckt werden, findet gemäß Art. 192 Abs. 2 IPRG das UN-Übereinkommen sinngemäß Anwendung.[445]

Mit seiner *Cañas*-Entscheidung[446] hat das Schweizerische Bundesgericht neue Anforderungen für einen Rechtsmittelverzicht in der Sportschiedsgerichtsbarkeit formuliert.[447] Mit diesem Urteil erklärte es einen zwischen Athleten und internationalem Verband vereinbarten Rechtsmittelverzicht für unwirksam. In dem zugrundeliegenden Sachverhalt hatte sich der argentinische Tennisspieler *Guillermo Cañas* für die Teilnahme an einem Turnier der Association of Tennis Professionals (ATP), die ihren Hauptsitz in London hat, im Februar 2005 deren Regeln unterworfen, die u. a. eine Schiedsklausel enthielten, in der ein Rechtsmittelverzicht vereinbart worden war.[448] Das Schweizerische Bundesgericht begründete die materielle Unwirksamkeit des Rechtsmittelverzichts damit, dass dem Athleten hierdurch unzulässigerweise eine Kontrollinstanz durch staatliche ordentliche Gerichte genommen werde.[449] Da es im internationalen Sportrecht keines gesonderten Vollstreckungsverfahrens bedürfe und somit keine Überprüfung des CAS-Schiedsspruches im Rahmen des Vollstreckungsverfahrens erfolge, sei Art. 192 Abs. 1 IPRG in Fällen, in denen es um Verbandsentscheidungen geht, teleologisch zu reduzieren.[450] Außerdem stützte das Schweizerische Bundesgericht die Unwirksamkeit des Rechtsmittelverzichts auf die fehlende Freiwilligkeit des Athleten bei der Unterzeichnung der Schiedsklausel aufgrund der „Monopolstellung" der ATP bei der Ausrichtung von Turnieren und der daraus resultierenden Ungleichgewichtslage zwischen Athlet und Verband.[451] Hieraus schlussfolgerte das Gericht aber ausdrücklich nur die Unwirksamkeit des Rechtsmittelverzichts, nicht

---

445 Art. 192 Abs. 2 IPRG: „Haben die Parteien eine Anfechtung der Entscheide voll-ständig ausgeschlossen und sollen die Entscheide in der Schweiz vollstreckt wer-den, so gilt das New Yorker Übereinkommen vom 10. Juni 1958 über die Aner-kennung und Vollstreckung ausländischer Schiedssprüche sinngemäss."

446 Schweizerisches Bundesgericht, Urteil v. 22.03.2007, BGE 133 III, S. 235, SchiedsVZ 2007, S. 330, 335 (m. Anm. *Haas/Reiche*).

447 *Wittmann*, Schiedssprüche des CAS, S. 119.

448 Wortlaut des Rechtsmittelverzichts: "The decision of CAS shall be final and binding on all parties and no right of appeal will lie from the CAS decision. The CAS decision shall have immediate effect and all parties shall take action to en-sure that it is effective.".

449 *Wittmann*, Schiedssprüche des CAS, S. 119.

450 *Wittmann*, Schiedssprüche des CAS, S. 119.

451 Schweizerisches Bundesgericht, Urteil v. 22.03.2007, BGE 133 III, S. 235, 242, SchiedsVZ 2007, S. 330, 333.

die Unwirksamkeit der Schiedsklausel insgesamt.[452] Von dem Schweizerischen Bundesgericht unbeachtet spricht ferner für die Unwirksamkeit eines solchen Rechtsmittelverzichts die nicht zu rechtfertigende Ungleichbehandlung zwischen schweizerischen Athleten, für die die Voraussetzungen des Art. 192 IPRG bereits nicht vorliegen und internationalen Athleten.[453] Nach der *Cañas*-Entscheidung sind vergleichbare Rechtsmittelverzichtsklauseln in Statuten von internationalen Sportverbänden nicht durchsetzbar.[454]

Vor diesem Hintergrund ist die Regelung in Art. R59 Abs. 4 S. 2 CAS-Code äußerst problematisch. Danach können die Parteien, sofern keine von ihnen ihren Wohnsitz, gewöhnlichen Aufenthalt oder ihre Niederlassung in der Schweiz hat, ausdrücklich in der Schiedsvereinbarung oder in einer späteren gesonderten Vereinbarung, insbesondere zu Beginn des Schiedsverfahrens auf jegliche Rechtsmittel verzichten.[455] Zutreffend wurde vom Schweizerischen Bundesgericht in der *Cañas*-Entscheidung zwar festgehalten, dass Art. R59 Abs. 4 S. 2 CAS-Code mangels erforderlicher getrennter schriftlicher Vereinbarung, die den Rechtsmittelverzicht ausdrücklich enthalte, nicht die an einen Rechtsmittelverzicht gestellten formellen Anforderungen erfülle, sondern lediglich die Voraussetzungen des Art. 192 IPRG zitiere und damit letztlich einem Rechtsmittelverzicht nicht entgegenstehe.[456] Auch wenn Art. R59 Abs. 4 S. 2 CAS-Code nicht die formellen Voraussetzungen eines Rechtsmittelverzichts erfüllt, stellt sich dennoch vor dem Hintergrund der *Cañas*-Rechtsprechung die Frage, warum diese Regelung weiterhin im CAS-Code enthalten ist. Vielmehr wäre es Aufgabe des CAS, im Sinne einer größtmöglichen Transparenz darauf hinzuwirken, bei den Schiedsparteien für Rechtssicherheit zu sorgen, dass ein solcher Rechtsmittelverzicht vor dem Schweizerischen Bundesgericht keinen Bestand hat.

---

452 Schweizerisches Bundesgericht, Urteil v. 22.03.2007, BGE 133 III, S. 235, 245; *Haas/Reiche*, SchiedsVZ 2007, S. 330, 335; kritisch hinsichtlich dieser Schlussfolgerung *Heermann*, in: GS Unberath, S. 159, 170 f; *Rigozzi*, JIDS 2010, S. 217, 228.

453 *Rigozzi*, JIDS 2010, S. 217, 226.

454 *Rigozzi/Hasler*, in: Arroyo, Arbitration in Switzerland, Art. R59, Rn. 19.

455 Art. R59 Abs. 4 S. 2 CAS-Code: „It may not be challenged by way of an action for setting aside to the extent that the parties have no domicile, habitual residence, or business establishment in Switzerland and that they have expressly excluded all setting aside proceedings in the arbitration agreement or in an agreement entered into subsequently, in particular at the outset of the arbitration."

456 Schweizerisches Bundesgericht, Urteil v. 22.03.2007, BGE 133 III, S. 235, 246, Rn. 4.4.1; SchiedsVZ 2007, S. 330, 333.

2. Die Revision

Als außerordentlichen Rechtsbehelf kennt das schweizerische Prozessrecht die Revision[457], die dem Wiederaufnahmeverfahren gegen staatliche Urteile in Deutschland entspricht.[458] Zwar enthält das IPRG nur Bestimmungen zur Anfechtungsklage und nicht zur Revision, allerdings handelt es sich hierbei nach der Rechtsprechung des Schweizerischen Bundesgerichts[459] um eine planwidrige Regelungslücke, so dass die Vorschriften über das Revisionsverfahren gemäß Art. 121 ff. Bundesgerichtsgesetz (BGG) für eine Revision gegen einen CAS-Schiedsspruch vor dem Schweizerischen Bundesgericht analog Anwendung finden.[460] Danach muss das Gesuch innerhalb von 90 Tagen nach „*Entdeckung*"[461] der neuen Tatsachen bzw. Beweismittel bei dem Schweizerischen Bundesgericht eingereicht werden.[462] Für internationale Schiedssprüche sind die Revisionsgründe auf Art. 123 Abs. 2 lit. a) BGG beschränkt.[463] Demgemäß kann eine Partei Revision ersuchen, wenn sie „*nachträglich erhebliche Tatsachen erfährt oder entscheidende Beweismittel auffindet, die sie im früheren Verfahren nicht beibringen konnte, unter Ausschluss der Tatsachen und Beweismittel, die erst nach dem Entscheid entstanden sind*". Außerdem darf die ersuchende Partei kein Verschulden hinsichtlich des verspäteten Entdeckens der neuen Tatsachen treffen und die neuen Tatsachen bzw. Beweismittel müssen entscheidungserheblich in dem Sinne sein, dass ihre Beachtung möglicherweise zu einem anderen Ergebnis geführt hätte.[464] Somit erlaubt die Revision die Korrektur eines rechtskräftigen Urteils, wenn sich im Nachhinein herausstellt, dass es

---

457 S. hierzu vertiefend *Rigozzi/Schöll*, Die Revision von Schiedssprüchen nach dem 12. Kapitel des IPRG, S. 1 ff.

458 *Adolphsen*, in: Adolphsen/Nolte/Lehner/Gerlinger, Sportrecht in der Praxis, S. 266, Rn. 1080a.

459 BGE 118 II, S. 199.

460 *Adolphsen*, in: Adolphsen/Nolte/Lehner/Gerlinger, Sportrecht in der Praxis, S. 266, Rn. 1080a; *Berger/Kellerhals*, Schiedsgerichtsbarkeit in der Schweiz, Rn. 1786; *Wittmann*, Schiedssprüche des CAS, S. 143 f. mit kurzer Darstellung des Meinungsstreits, ob es sich, wie von der herrschenden Literaturansicht und dem Schweizerischen Bundesgericht angenommen um eine planwidrige Regelungslücke oder nach anderer Ansicht um ein qualifiziertes Schweigen des Gesetzgebers im 12. Kapitel des IPRG handelt.

461 So der Gesetzeswortlaut von Art. 124 Abs. 1 lit. d) BGG.

462 Art. 124 Abs. 1 lit. d) BGG. Außerdem gilt eine absolute Ausschlussfrist von 10 Jahren, Art. 124 Abs. 2 BGG.

463 *Berger/Kellerhals*, Schiedsgerichtsbarkeit in der Schweiz, Rn. 1788.

464 *Stirnimann*, in: Arroyo, Arbitration in Switzerland, Kap. 13, Rn. 42 ff.

auf falsche Tatsachen gestützt worden ist.[465] Hiervon hat das Schweizerische Bundesgericht erstmals 2006 hinsichtlich eines Schiedsverfahrens Gebrauch gemacht und einen internationalen Schiedsspruch revidiert.[466] Bisher hatte jedoch keine der wenigen Revisionen gegen einen CAS-Schiedsspruch vor dem Schweizerischen Bundesgericht Erfolg.[467]

D. Die Anerkennung des CAS als „echtes Schiedsgericht" durch die Rechtsprechung

Für die Stellung des CAS als einzigartige Schiedsinstitution des internationalen Sportrechts ist es essentiell, von den staatlichen Gerichten als „echtes Schiedsgericht" im Sinne des jeweiligen Schiedsverfahrensrechts anerkannt zu werden. Ein sog. „echtes Schiedsgericht" ist von den Vereins- bzw. Verbandsgerichten abzugrenzen. Die Abgrenzung hat dabei – dies wird sowohl im Schrifttum als auch in der Rechtsprechung gerne übersehen – im internationalen Kontext zu erfolgen.[468] Da die Schiedsgerichtsbarkeit kein nationales Rechtsinstitut ist, sondern eine besonders starke internationale Ausprägung hat, sollte die Festlegung ihrer konstitutiven Merkmale im Lichte einer internationalen Diskussion vorgenommen werden.[469] Bezogen auf den CAS, bei dem die Internationalität eine überragende Rolle spielt, ist es für die internationale Chancengleichheit und Fairness unabdingbar, einen international einheitlichen Maßstab zugrunde zu legen.[470] Beispielsweise hätte die Qualifizierung des CAS durch den BGH im Fall *Pechstein* als lediglich Verbandsgericht und nicht als „echtes Schiedsgericht" dazu geführt, dass *Claudia Pechstein* der Weg zu den Gerichten nicht wegen der Schiedseinrede verwehrt gewesen wäre. Demgegenüber wäre ihrer Konkurrentin beispielsweise aus der Schweiz oder einem anderen Land, in dem der CAS als „echtes Schiedsgericht" i. S. d. nationalen Schiedsverfahrensrechts von den staatlichen Gerichten anerkannt ist, der Weg vor die nationalen Gerichte aufgrund der dort wirksamen Schiedsein-

---

465 *Müller*, SchiedsVZ 2007, S. 64, 66.

466 S. Besprechung von *Müller*, SchiedsVZ 2007, S. 64 ff.

467 *Dasser/Wójtowicz*, ASA Bulletin 2016, S. 280, 280 verweist auf 8 Revisionen bis 2015; *Mavromati/Reeb*, The Code of the CAS – Commentary, Art. R59, Rn. 72, Fn. 217 verweisen auf insgesamt 7 Revisionen bis zur Veröffentlichung ihres Kommentars.

468 So auch *Kröll*, npoR 2016, S. 268, 277.

469 *Kröll*, npoR 2016, S. 268, 277.

470 *Kröll*, npoR 2016, S. 268, 277.

rede verwehrt geblieben.[471] Diese Ungleichheit würde einen nicht zu rechtfertigenden Verstoß gegen die internationale Gleichberechtigung darstellen.

Letztlich ist es den staatlichen Gerichten jedoch gelungen, einen äußerst
weitgehenden internationalen Entscheidungseinklang hinsichtlich der Einstufung des CAS als „echtes Schiedsgericht" zu erreichen. Dies dürfte jedoch weniger das Ergebnis eines einheitlichen internationalen Maßstabes[472], als vielmehr die Folge eines ergebnisbezogenen Ansatzes sein, der
von größtmöglicher Rechtssicherheit und der Erkenntnis des CAS als not-
wendiges Instrument in der internationalen Sportgerichtsbarkeit geprägt
ist.

Die *Causa Pechstein* rückte neben der Frage der Freiwilligkeit der
Schiedsvereinbarung auch jene Frage nach der Qualifikation des CAS als
„echtes Schiedsgericht" i. S. v. §§ 1025 ff. ZPO mit all seinen dramatischen
Folgefragen ins Zentrum.

Zunächst ist jedoch auf allgemeine Aspekte einzugehen.

Gemäß § 1055 ZPO hat der Schiedsspruch dieselben Wirkungen wie ein
staatliches Gerichtsurteil. Als Ausfluss der Parteiautonomie tritt somit bei
der Schiedsgerichtsbarkeit ein „Dritter" an die Stelle des staatlichen Richters und verdrängt diesen.[473] Demgegenüber ist die im organisierten Sport
häufig anzutreffende Vereins- bzw. Verbandsschiedsgerichtsbarkeit, die
Ausdruck der internen Willensbildung des Vereins bzw. Verbands ist und
in rechtlicher und tatsächlicher Hinsicht der Kontrolle durch staatliche
Gerichte unterliegt, dem staatlichen Gerichtsverfahren damit nur vorgela-
gert.[474] Die Vereins- und Verbandsgerichtsbarkeit ist Ausfluss der in
Deutschland durch Art. 9 Abs. 1 GG garantierten Vereins- und Verbandsautonomie, die es den Vereinen und Verbänden ermöglicht, durch Satzungen
und Verfahrensverordnungen das Vereins- und Verbandsleben zu regle-

---

471 *Kröll*, npoR 2016, S. 268, 277.
472 *Kröll*, npoR 2016, S. 268, 277 verweist darauf, dass sich aus den internationalen
    Abkommen, wie z. B. dem UN-Übereinkommen keine für das deutsche Recht
    zwingende Definition eines „echten Schiedsgerichts" ergibt.
473 *Haas*, in: Haas/Haug/Reschke, SportR, Bd. I, B 2. Kap., Rn. 153; BGH, Beschluss
    v. 27.04.2004, Az.: III ZB 53/03 (OLG Köln), SchiedsVZ 2004, S. 205, 207; *Grun-
    sky*, in: FS Röhricht, S. 1137, 1138; *Kröll*, ZIP 2005, S. 13 ff.
474 *Haas*, in: Haas/Haug/Reschke, SportR, Bd. I, B 2. Kap., Rn. 153.

mentieren und diese Regelungen mithilfe der Vereinsstrafgewalt einseitig durchzusetzen.[475]

Dabei gestaltet sich die Abgrenzung zwischen Verbands- und „echtem Schiedsgericht" insofern schwierig, als gesetzliche Kriterien für die Qualifizierung eines Spruchkörpers als „echte Schiedsgericht" fehlen und auch der von den Parteien gewählten Bezeichnung für den Spruchkörper allenfalls Indizwirkung zukommt.[476] Die Bezeichnung zahlreicher Vereinsgerichte als „Schiedsgerichte" ist somit nicht ausschlaggebend.[477]

Mithin hat die Abgrenzung anhand der von der Rechtsprechung aufgestellten Grundsätze zu erfolgen. Der BGH hat mit der sog. „Landseer-Hunde"-Entscheidung[478] die Kriterien nochmals bekräftigt, die nach seiner Ansicht jedoch aufgrund einer Gesamtschau vorliegen müssen.[479]

Danach hat die Abgrenzung zwischen Verbands- und Schiedsgericht anhand des zugrundeliegenden Regelwerks zu erfolgen.[480] Aus der Schiedsklausel muss sich die Absicht ergeben, ein Schiedsgericht i. S. d. §§ 1025 ff. ZPO zu installieren und den Rechtsweg zu den staatlichen Gerichten auszuschließen.[481] Außerdem muss die Verfahrensregelung die strukturelle Unabhängigkeit und Unparteilichkeit der Entscheidungsinstanz sowie ein faires Verfahren garantieren.[482] Es ist fraglich, wann genau die Unabhängigkeit und Überparteilichkeit gegeben sind. Der BGH hat in der „Landseer-Hunde"-Entscheidung einem Vereinsspruchkörper diese abgesprochen und den Spruchkörper damit nicht als „echtes Schiedsgericht" anerkannt, weil die Mitglieder des Spruchkörpers allesamt im Voraus von der Mitgliederversammlung berufen worden waren und deshalb nach Auffassung des

---

475 *Haas*, ZVglRWiss 2015, S. 516, 517; *Scholz*, in: Maunz/Dürig, Grundgesetz-Kommentar, Rn. 84, 110; *Pfister*, in: Fritzweiler/Pfister/Summerer, PHB Sportrecht, Einf., Rn. 11.

476 *Haas*, in: Haas/Haug/Reschke, SportR, Bd. I, B 2. Kap., Rn. 153; *Kröll*, ZIP 2005, S. 13, 15; *Grunsky*, in: FS Röhricht, S. 1137, 1138.

477 BGH, Beschluss v. 27.04.2004, Az.: III ZB 53/03 (OLG Köln), SchiedsVZ 2004, S. 205, 207.

478 BGH, Beschluss v. 27.04.2004, Az.: III ZB 53/03 (OLG Köln), SchiedsVZ 2004, S. 205 ff.

479 BGH, Beschluss v. 27.04.2004, Az.: III ZB 53/03 (OLG Köln), SchiedsVZ 2004, S. 205, 208.

480 *Pfister*, in: Fritzweiler/Pfister/Summerer, PHB Sportrecht, 2. Teil, 4. Kap., Rn. 375.

481 *Pfister*, in: Fritzweiler/Pfister/Summerer, PHB Sportrecht, 2. Teil, 4. Kap., Rn. 375; *Grunsky*, in: FS Röhricht, S. 1137, 1145.

482 *Pfister*, in: Fritzweiler/Pfister/Summerer, PHB Sportrecht, 2. Teil, 4. Kap., Rn. 375.

BGH die strukturelle Gefährdung einer neutralen Entscheidung beste-he.[483] Die Entscheidung ist im Schrifttum[484] zu Recht kritisiert worden, da sie nicht auf formale Kriterien abstellt, sondern die Beurteilung anhand einer einzelfallbezogenen Gesamtschau fordert, was weder zur erforderlichen Rechtssicherheit beiträgt noch mit § 1034 Abs. 2 ZPO vereinbar ist.[485]

In seiner *Pechstein*-Entscheidung nahm der BGH mehrfach Bezug auf seine „Landseeer-Hunde"-Entscheidung, kam aber letztlich bezüglich des CAS zu einer anderen Einschätzung. Verkürzt dargestellt[486] lag dem *Pechstein*-Verfahren folgender Sachverhalt zugrunde:

Klägerin war die fünffache deutsche Olympiasiegerin im Eisschnelllauf *Claudia Pechstein*, Beklagte zu 1) die Deutsche Eisschnelllauf-Gemeinschaft e.V. (DESG) mit Sitz in München und Beklagte zu 2) die *International Scating Union (ISU)* mit Sitz in Lausanne (Schweiz).

Die Klägerin wollte an den im Februar 2009 in *Hamar* (Norwegen) ausgetragenen Eisschnelllauf-Mehrkampfweltmeisterschaften teilnehmen. Hierzu musste sie eine Schiedsvereinbarung[487] der Beklagten zu 2) unterzeichnen, ohne deren Unterzeichnung sie nicht zur Weltmeisterschaft zugelassen worden wäre.

Bei einer wenige Tage vor der Weltmeisterschaft durch die Beklagte zu 2) durchgeführten Dopingkontrolle wurden bei der Klägerin erhöhte Blutwerte (sog. Retikulozytenwerte) festgestellt. Demzufolge sperrte die ISU-Disziplinarkommission auf die Klageschrift der Beklagten zu 2) hin die Klägerin für 2 Jahre, da sie aufgrund eines indirekten Dopingbeweises[488] einen Dopingverstoß als erwiesen ansah.[489] Daraufhin begehrte *Pechstein* mit verschiedenen Anträgen einstweiligen Rechtsschutz vor dem CAS. Da-

---

483 *Haas*, in: Haas/Haug/Reschke, SportR, Bd. I, B 2. Kap., Rn. 156.

484 *Kröll*, ZIP 2005, S. 13, 15 ff.; *Grunsky*, in: FS Röhricht, S. 1137, 1141 ff.; *Pfister*, in: Fritzweiler/Pfister/Summerer, PHB Sportrecht, 2. Teil, 4. Kap., Rn. 375.

485 *Haas*, in: Haas/Haug/Reschke, SportR, Bd. I, B 2. Kap., Rn. 156.

486 S. zur ausführlichen Darstellung des Sachverhalts LG München I, Urteil v. 26.02.2014, Az.: 37 O 28331/12, SchiedsVZ 2014, S. 100; *Wilkmann*, Die Überführung des Sportlers im Dopingverfahren, S. 216 ff.

487 S. Kap. 1 C. III.

488 S. hierzu vertiefend *Merget*, Beweisführung im Sportgerichtsverfahren, S. 247 f. u. S. 261 ff.

489 Entscheidung der ISU-Disziplinarkommission vom 01.07.2009, abrufbar unter: http://www.claudia-pechstein.de/Gerichtsunterlagen/ISU_Urteil.pdf (Stand: März 2019); Klageschrift der ISU zur ISU-Disziplinarkommission (Statement of Complaint) vom 05.03.2009, abrufbar unter: http://www.claudia-pechstein.de/G erichtsunterlagen/Statement%20of%20Complaint.pdf (Stand: März 2019).

bei hatte sie jedoch nur mit ihrem hilfsweise gestellten Antrag Erfolg, sie vorläufig an von der DESG oder eines Vereines genehmigten oder organisierten Trainingsveranstaltungen teilnehmen zu lassen und alle verfügbaren Eisschnelllaufrennstrecken zu Trainingszwecken nutzen zu dürfen; im Übrigen wies der CAS die Anträge auf einstweiligen Rechtsschutz ab.[490] Per einstweiliger Anordnung gestattete das Schweizerische Bundesgericht im Dezember 2009 *Pechstein* die Teilnahme am 3.000 m Eisschnelllauf-Weltcuprennen in Salt Lake City nebst Trainingsmaßnahmen, wies darüber hinausgehende Anträge jedoch zurück.[491] In der Hauptsache legten sowohl die Klägerin als auch die Beklagte zu 1) Berufung beim CAS gegen die Entscheidung ein. Mit Schiedsspruch vom 25.11.2009 bestätigte der CAS die gegen die Klägerin verhängte Sperre wegen Dopings.[492] Hiergegen wiederum legte die Klägerin Beschwerde gemäß Art. 190 Abs. 2 IPRG beim Schweizerischen Bundesgericht ein. Mit Urteil vom 10.02.2010 wies das Schweizerische Bundesgericht die Beschwerde ab.[493] Da die Klägerin in der Zwischenzeit ein neues medizinisches Gutachten erhalten hatte, in dem neu entwickelte Auswertungs-Algorithmen angewandt wurden, legte sie zudem Revision gegen den CAS-Schiedsspruch beim Schweizerischen Bundesgericht ein.[494] Mit Urteil vom 28.09.2010 wies das Schweizerische Bundesgericht[495] das Revisionsgesuch mit der Begründung ab, die Gesuch-

---

490 CAS-Schiedsspruch v. 25.11.2009, Az.: CAS 2009/A/1912, P. v. ISU & CAS 2009/A/1913 DESG v. ISU, S. 5; S. hierzu *Wilkmann*, Die Überführung des Sportlers im Dopingverfahren, S. 218 f.

491 *Wilkmann*, Die Überführung des Sportlers im Dopingverfahren, S. 220 mit dem Hinweis, dass sich *Pechstein* nur über die Teilnahme an einem Weltcuprennen für die Olympischen Spiele qualifizieren konnte. Zwar unterbot sie die geforderte Zeit, verpasste mit Platz 14 jedoch die Olympianorm. Dennoch nominierte die DESG sie für die Olympischen Spiele, *Wilkmann*, Die Überführung des Sportlers im Dopingverfahren, S. 216, Fn. 162.

492 CAS-Schiedsspruch v. 25.11.2009, Az.: CAS 2009/A/1912, P. v. ISU & CAS 2009/A/1913 DESG v. ISU.

493 Schweizerisches Bundesgericht, Urteil v. 10.2.2010, Az.: 4A.612/2009; abrufbar in der inoffiziellen Sammlung der Entscheidungen des Schweizerischen Bundesgerichts unter: http://www.polyreg.ch/bgeunpub/Jahr_2009/Entscheide_4A_ 2009/4A.612__2009.html (Stand: März 2019).

494 Revisionsgesuch vom 04.03.2010, abrufbar unter: http://www.claudia-pechstein. de/Gerichtsunterlagen/Revision.pdf (Stand: März 2019) sowie Revisionsreplik vom 06.07.2010, abrufbar unter: http://www.claudia-pechstein.de/Gerichtsunter lagen/Revision.pdf (Stand: März 2019).

495 Schweizerisches Bundesgericht, Urteil v. 28.09.2010, Az.: 4A_144/2010, abrufbar unter: http://www.polyreg.ch/bgeunpub/Jahr_2010/Entscheide_4A_2010/4A.14 4__2010.html (Stand: März 2019).

stellerin habe weder neu entdeckte Tatsachen vorlegen können, sondern berufe sich lediglich auf angeblich neu entdeckte Beweismittel, noch habe sie ausreichend darlegen können, warum sie sich nicht bereits im Schiedsverfahren auf die neue Methode hätte berufen können.[496] Die Entscheidung des Schweizerische Bundesgerichts ist zu kritisieren. Letztlich bleibt nämlich festzuhalten, dass die von der ISU ausgesprochene und vom CAS bestätigte Sperre insofern nicht hätte ergehen dürfen, als die ISU aufgrund der damaligen Beweismethode nicht überzeugend darlegen und beweisen konnte, dass *Claudia Pechstein* tatsächlich gegen Doping-Vorschriften verstoßen hat.[497] In tatsächlicher Hinsicht beruhten die erhöhten Blutwerte auf einer Erbkrankheit, so dass bereits 2015 der DOSB *Claudia Pechstein* rehabilitierte.[498]

Im Dezember 2012 wandte *sich Claudia Pechstein* auch an deutsche Gerichte und klagte vor dem Landgericht München I auf Feststellung der Rechtswidrigkeit der gegen sie verhängten Sperre sowie auf Schadensersatz in Millionenhöhe und auf Schmerzensgeld. Nachdem das LG München I zwar die Unwirksamkeit der Schiedsvereinbarung annahm[499], die Klage jedoch mangels Missbrauchs einer marktbeherrschenden Stellung gemäß § 19 GWB a. F. und wegen fehlender Rüge der Unwirksamkeit der Schiedsvereinbarung bereits im Schiedsverfahren wegen Präklusion abwies[500], legte *Claudia Pechstein* hiergegen gegen den internationalen Sportverband, die ISU, Berufung zum OLG München ein. Das OLG München entschied daraufhin im Wege eines Teilurteils, dass die Schiedsvereinbarung aufgrund eines Verstoßes gegen zwingendes Kartellrecht unwirksam und die Klage somit zulässig sei[501]; im Übrigen stehe der Klage auch nicht, wie von der

---

496 Schweizerisches Bundesgericht, Urteil v. 28.09.2010, Az.: 4A_144/2010, Rn. D. 2.3.

497 So auch *Orth* in seinem Blog-Beitrag vom 26.05.2017, „Endgültige Entscheidung zu Pechstein in 2017?", abrufbar unter: https://www.janforth.de/endgueltige-entscheidung-zu-pechstein-in-2017/ (Stand: März 2019).

498 Süddeutsche Zeitung vom 29.01.2015, „Man kann nur um Entschuldigung bitten", abrufbar unter: http://www.sueddeutsche.de/sport/dosb-zum-fall-pechstein-man-kann-nur-um-entschuldigung-bitten-1.2326557 (Stand: März 2019).

499 LG München I, Urteil v. 26.02.2014, Az.: 37 O 28331/12 unter I. 3., SchiedsVZ 2014, S. 100, 103 ff.

500 LG München I, Urteil v. 26.02.2014, Az.: 37 O 28331/12 unter A. IV. 2b) und B. II., SchiedsVZ 2014, S. 100, 109 ff.

501 OLG München, Urteil v. 15.01.2015, Az.: U 1110/14 Kart, Teil 2 A. II. 3., SchiedsVZ 2015, S. 40, 42 ff.

Vorinstanz angenommen, die Rechtskraft des CAS-Urteils entgegen[502]. Daraufhin legte die ISU Revision zum BGH ein, so dass es zu dessen für die Sportschiedsgerichtsbarkeit wegweisendem Urteil kam. Der BGH gab der Revision statt und wies die Klage von *Claudia Pechstein* aufgrund der Schiedseinrede als unzulässig zurück. In der Folge legte *Claudia Pechstein* Verfassungsbeschwerde zum Bundesverfassungsgericht ein.[503] Besonders hervorzuheben ist zudem die unlängst am 2. Oktober 2018 ergangene Entscheidung des EGMR[504] über die bereits im Jahr 2010 von *Pechstein* erhobene Individualbeschwerde gegen die Entscheidung des Schweizerischen Bundesgerichts.[505] Mit inzwischen rechtskräftigem Urteil wies die 3. Sektion des EGMR die Beschwerden *Pechsteins* wegen Verstößen gegen die Unabhängigkeit und Unparteilichkeit gemäß Art. 6 EMRK zurück und gewährte ihr lediglich einen Erstattungsanspruch i. H. v. EUR 8.000,00 wegen des festgestellten Verstoßes gegen den Öffentlichkeitsgrundsatz.[506]

Bereits die Urteile der Vorinstanzen zum BGH hatten erhebliche Resonanz in der Literatur[507] hervorgerufen. Das mit Spannung erwartete Urteil

---

502 OLG München, Urteil v. 15.01.2015, Az.: U 1110/14 Kart, Teil 2 B., SchiedsVZ 2015, S. 40, 46 ff.

503 *Kröll*, SchiedsVZ 2016, S. 61, 62 mit Verweis auf http://www.spiegel.de/sport/win tersport/claudia-pechstein-verfassungsbeschwerde-gegen-bgh-urteil-a-1102653.ht ml (Stand: März 2019); *Orth*, Blog-Beitrag v. 26.05.2017, „Endgültige Entscheidung zu Pechstein in 2017?", abrufbar unter: https://www.janforth.de/tag/pechst ein/ (Stand: März 2019); die Entscheidung des BVerfG stand bei Veröffentlichung der Untersuchung noch aus.

504 EGMR, Urteil v. 02.10.2018, Nr. 40575/10, 67474/10, Mutu und Pechstein v. Suisse; deutsche (auszugsweise) Übersetzungen in SpuRt 2018, S. 253 ff. (m. Anm. *Hülskötter*); BeckRS 2018, S. 23523 ff.; NLMR 2018, S. 418 ff (m. Anm. *Kieber*).

505 EGMR, Beschwerde v. 11.11.2010, zuletzt angehört am 12.02.2013, Nr. 67474/10, Pechstein v. Suisse.

506 EGMR, Urteil v. 02.10.2018, Nr. 40575/10, 67474/10, Mutu und Pechstein v. Suisse, Rn. 196, BeckRS 2018, S. 23523.

507 S. Besprechungen zu LG München I, Urteil v. 26.02.2014, Az.: 37 O 28331/12 insbesondere von *Monheim*, SpuRt 2014, S. 90 ff.; *Heermann*, SchiedsVZ 20F14, S. 66 ff.; *Handschin/Schütz*, SpuRt 2015, S. 179 ff.; *Duve/Rösch*, SchiedsVZ 2014, S. 216 ff.; *Schulze*, SpuRt 2014, S. 139 ff.; *Niedermaier*, SchiedsVZ 2014, S. 280 ff.; *Orth*, NJW-aktuell 2014, S. 14; *Göksu*, CaS 2014, S. 356 ff.; *Peiffer*, SchiedsVZ 2014, S. 161 ff. *Muresan/Korff*, CaS 2014, S. 199 ff.; s. Besprechungen zu OLG München, Urteil v. 15.01.2015, Az.: U 1110/14 Kart insbesondere von *Stancke*, SpuRt 2015, S. 46 ff.; *Bleistein/Degenhart*, NJW 2015, S. 1353 ff.; *Duve/Rösch*, SchiedsVZ 2015, S. 69 ff.; *Heermann*, SchiedsVZ 2015, S. 78 ff.; *Schlosser*, SchiedsVZ 2015, S. 257 ff.; *Brandner/Kläger*, SchiedsVZ 2015, S. 112 ff.; *Rombach*,

des BGH wurde von der deutschen[508] und der internationalen Literatur[509] überwiegend äußerst kritisch aufgenommen.

Der BGH begründete seine Annahme, der CAS sei ein „echtes Schiedsgericht" i. S. v. §§ 1025 ff. ZPO und somit eine unabhängige und neutrale Instanz im Wesentlichen damit, dass aus dem Verfahren zur Erstellung der CAS-Schiedsrichterliste kein strukturelles Übergewicht der Sportverbände hergeleitet werden könne.[510] Dies begründete der BGH mit einer von ihm aufgestellten „Lagertheorie", wonach Sportverbände, Olympische Komitees und Athleten im Interesse eines dopingfreien Sports sich grundsätzlich nicht in von gegensätzlichen Interessen geleiteten Lagern gegenüberstünden und nur *„im Einzelfall höchst unterschiedliche Einzelinteressen verfolgen würden"*[511]. Außerdem stünden sich keine homogenen Lager, bestehend aus „den Verbänden" und „den Athleten" gegenüber.[512] Zudem gewährleiste der CAS-Code eine hinreichende individuelle Unabhängigkeit und Neutralität der CAS-Schiedsrichter.[513] Dies werde auch nicht dadurch beeinträchtigt, dass dem CAS-Generalsekretär ein Hinweisrecht zukomme, da dieses vielmehr zur Wahrung einer einheitlichen CAS-Rechtsprechung beitrage.[514]

Die Argumentation des BGH wird zu Recht als *„naiv"*[515] kritisiert. Vor dem Hintergrund zahlreicher aktueller Dopingskandale darf bereits bezweifelt werden, ob tatsächlich alle Beteiligten dem „Lager" eines dopingfreien Sports angehören.[516] Darüber hinaus stehen sich angesichts zahlrei-

---

SchiedsVZ 2015, S. 105 ff.; *Scherrer/Muresan/Ludwig*, SchiedsVZ 2015, S. 161 ff.; *v. Westphalen*, SpuRt 2015, S. 186 ff.; *Haus/Heitzer*, NZKart 2015, S. 181 ff.; *Adinolfi/Rübben*, ZJS 2016, S. 382 ff.

508 S. insbesondere *Wolf/Eslami*, in: FS Geimer II, S. 807 ff.; *Bunte*, EWiR 2016, S. 415 f.; *Prütting*, SpuRt 2016, S. 143 ff.; *Heermann*, NJW 2016, S. 2224 ff.; *Kröll*, npoR 2016, S. 268 ff.; *Stancke*, SpuRt 2016, S. 230 ff.; *Thorn/Lasthaus*, IPrax 2016, S. 426 ff.; *Burianski/Pogrzeba*, LMK 2016, S. 381217 ff.; *Eichner*, CaS 2017, S. 68 ff.; *Lambertz*, jM 2016, S. 316 ff.; *Duve*, BB 2016, S. 1 ff.; *Heper*, rescriptum 2017, S. 11 ff.

509 S. insbesondere *Mavromati*, CAS Bulletin 2016, S. 27 ff.; *Duval*, The BGH's Pechstein Decision: A Surrealist Ruling, Asser International Sports Law, Blog-Beitrag v. 08.06.2016, abrufbar unter: http://www.asser.nl/SportsLaw/Blog/post/the-bghs-pechstein-decision-a-surrealist-ruling (Stand: März 2019).

510 BGH, Urteil v. 07.06.2016, Az.: KZR 6/15, Rn. 24 ff., NJW 2016, S. 2266, 2268 ff.

511 BGH, Urteil v. 07.06.2016, Az.: KZR 6/15, Rn. 32, NJW 2016, S. 2266, 2269.

512 BGH, Urteil v. 07.06.2016, Az.: KZR 6/15, Rn. 33, NJW 2016, S. 2266, 2269.

513 BGH, Urteil v. 07.06.2016, Az.: KZR 6/15, Rn. 34 ff., NJW 2016, S. 2266, 2269 f.

514 BGH, Urteil v. 07.06.2016, Az.: KZR 6/15, Rn. 39, NJW 2016, S. 2266, 2270.

515 *Bunte*, EWiR 2016, S. 415, 416.

516 *Heermann*, NJW 2016, S. 2224, 2225 f.

cher Konfliktfelder aufgrund der zunehmenden Kommerzialisierung selbstverständlich im Einzelfall die Parteien mit höchst unterschiedlichen Interessen gegenüber.[517] Im Übrigen trifft die Begründung des BGH nicht auf Streitigkeiten zu, in denen ein gemeinsames Interesse der Parteien z. B. an der Dopingbekämpfung nicht ausgemacht werden kann.[518] Dass den internationalen Sportverbänden bei der Besetzung der CAS-Schiedsgerichte ein Übergewicht zukommt und insofern Reformanstrengungen des CAS erforderlich sind, wird an anderer Stelle dargelegt.[519] Die Argumentation des BGH ist auch insofern unzureichend, da sie, wie dargelegt[520], von einem falschen Sachverhalt bei der Bestellung des CAS-Schiedsgerichts ausgeht und somit die Auswirkungen des fehlenden paritätischen Einflusses der Parteien nicht einzuschätzen vermag. Letztlich ist auch der Verweis des BGH auf die Befangenheitsregelungen des CAS-Code nicht zielführend, da diese nichts an der problematischen strukturellen Unterlegenheit der Athleten ändern.[521]

Letztlich stellt der CAS nach Ansicht des BGH ein „echtes Schiedsgericht" i. S. v. §§ 1025 ff. ZPO dar. Dies ist allein deshalb überzeugend, als ein anderes Ergebnis mit dem Postulat des internationalen Entscheidungseinklangs nicht vereinbar gewesen wäre.

Die Einschätzung des BGH, den CAS als „echtes Schiedsgericht" zu qualifizieren entspricht der international vorherrschenden Ansicht weiterer nationaler Gerichte. So wird aus internationaler Perspektive längst nicht mehr ernsthaft in Zweifel gezogen, dass es sich bei dem CAS um ein sog. „echtes Schiedsgericht" handelt.[522] Insofern besteht ein internationaler Konsens trotz internationaler Uneinigkeit, was die Anforderungen an die institutionalisierte Unabhängigkeit des Spruchkörpers eines Schiedsgerichts angeht.[523]

---

517 *Heermann*, NJW 2016, S. 2224, 2225; *Bunte*, EWiR 2016, S. 415, 416.
518 *Duve*, BB 2016, S. 1, 2.
519 S. Kap. 3 B. III.
520 S. Kap. 1 C. IV.
521 So auch *Bunte*, EWiR 2016, S. 415, 416.
522 *Kröll*, npoR 2016, S. 268, 277; *Oschütz*, Sportschiedsgerichtsbarkeit, S. 88 ff., insb. S. 130.
523 Hinsichtlich der Uneinheitlichkeit der internationalen Anforderungen *Haas*, ZVglRWiss 2015, S. 516, 520.

E. Der CAS als Korrelat zum Dilemma der Rechtszersplitterung

Zur Lösung eines Dilemmas liegt es nahe, auf bestehende Institutionen und Strukturen zurückzugreifen. Nichts Anderes gilt für das oben dargestellte Dilemma der Rechtszersplitterung im internationalen Sportrecht. Somit gilt es, die Vor- und Nachteile des CAS aufzuzeigen, seine Kernkritikpunkte zu beleuchten und die Institution des CAS gegen Alternativen zur Lösung des Dilemmas der Rechtszersplitterung abzuwägen.

I. Vor- und Nachteile der CAS-Schiedsgerichtsbarkeit

Vor dem Hintergrund des zunehmenden Wunsches einiger Parteien, insbesondere der Athleten, entgegen der CAS-Schiedsvereinbarung vor staatliche Gerichte zu ziehen, stellt sich die Frage, welche Vor- und Nachteile die CAS-Schiedsgerichtsbarkeit im Vergleich zur staatlichen Gerichtsbarkeit bietet. Auch wenn diese Frage sich grundsätzlich nur für den konkreten Fall beantworten lässt,[524] soll eine Bewertung unter Rückgriff auf die Argumente für die Handelsschiedsgerichtsbarkeit versucht werden.

Die Hauptargumente, die gegenüber staatlichen Gerichtsverfahren für die Handelsschiedsgerichtsbarkeit streiten, sind: die besondere Sachkunde[525] und Neutralität[526] der Schiedsrichter, die kürzere Verfahrensdauer[527],

---

524 So auch *Haas*, in: Haas/Haug/Reschke, SportR, Bd. I, B 2. Kap., Rn. 151.
525 *Geimer*, in: Zöller, ZPO, vor § 1025, Rn. 6; *Lachmann*, Schiedsgerichtspraxis, S. 37, Rn. 130 ff.; *Lew/Mistelis/Kröll*, Comparative International Commercial Arbitration, Kap. 1, S. 7, Rn. 25; *Born*, International Commercial Arbitration, S. 80 ff.
526 *Lachmann*, Schiedsgerichtspraxis, S. 34, Rn. 120 ff.; *Born*, International Commercial Arbitration, S. 72 ff.; *Lew/Mistelis/Kröll*, Comparative International Commercial Arbitration, Kap. 1, S. 7, Rn. 23; *Stumpf*, in: FS Bülow, S. 217, 218 mit Verweis auf das im internationalen Wirtschaftsrecht häufig auftretende Misstrauen hinsichtlich der Unparteilichkeit der ordentlichen Gerichtsbarkeit bestimmter Staaten.
527 *Geimer*, in: Zöller, ZPO, vor § 1025, Rn. 6; *Lachmann*, Schiedsgerichtspraxis, S. 45, Rn. 145 ff.; *Born*, International Commercial Arbitration, S. 86 ff.; *Münch*, in: Müko/ZPO, vor § 1025, Rn. 89; *Stumpf*, in: FS Bülow, S. 217, 219.

geringere Verfahrenskosten[528], die Flexibilität[529] und die Vertraulichkeit[530] des Verfahrens.[531]

Besonders hervorzuheben sind die Vorteile der Handelsschiedsgerichtsbarkeit gegenüber der staatlichen Gerichtsbarkeit im internationalen Kontext.[532] Durch das von 159 Staaten[533] ratifizierte UN-Übereinkommen über die Anerkennung und Vollstreckung ausländischer Schiedssprüche vom 10.06.1958 wird die weltweite effiziente Vollstreckung ermöglicht. Auch wenn dieser Aspekt statistisch nicht im Vordergrund stehen mag, da die ganz überwiegende Mehrzahl der Schiedssprüche freiwillig erfüllt wird[534], ist dies eine ungemein wichtige weltweite Durchsetzungsmöglichkeit des Schiedsspruches in der Praxis.[535]

Ein vergleichbarer weltweiter Vollstreckungsschutz hinsichtlich Urteilen von staatlichen Gerichten besteht nicht. Auch wenn für den europäischen Raum weitreichende Abkommen für die Anerkennung und Vollstreckung gerichtlicher Urteile bestehen[536], erreichen diese nicht einen dem UN-Übereinkommen vergleichbaren weltweiten Anwendungsbereich. Dieser Umstand stellt einen ganz erheblichen Nachteil im Vergleich zum umfassenden UN-Übereinkommen hinsichtlich der Schiedssprüche dar.

---

528 *Geimer*, in: Zöller, ZPO, vor § 1025, Rn. 6; *Lew/Mistelis/Kröll*, Comparative International Commercial Arbitration, Kap. 1, S. 7, Rn. 30; *Born*, International Commercial Arbitration, S. 86 f.; *Lachmann*, Schiedsgerichtspraxis, S. 47, Rn. 162 ff.; *Stumpf*, in: FS Bülow, S. 217, 220.

529 *Geimer*, in: Zöller, ZPO, vor § 1025, Rn. 6; *Lew/Mistelis/Kröll*, Comparative International Commercial Arbitration, Kap. 1, S. 7, Rn. 16; *Born*, International Commercial Arbitration, S. 84 f.; *Lachmann*, Schiedsgerichtspraxis, S. 40, Rn. 139 und *Münch*, in: Müko/ZPO, vor § 1025, Rn. 97 („chamäleonartige Anpassungsfähigkeit des Schiedsverfahrens") jeweils mit Verweis auf die Möglichkeiten der Parteien, sich ihr Verfahren „maßzuschneidern".

530 *Geimer*, in: Zöller, ZPO, vor § 1025, Rn. 6; *Lew/Mistelis/Kröll*, Comparative International Commercial Arbitration, Kap. 1, S. 7, Rn. 26; *Born*, International Commercial Arbitration, S. 88 f.; *Lachmann*, Schiedsgerichtspraxis, S. 41, Rn. 143 ff.

531 *Schütze*, Schiedsgericht und Schiedsverfahren, Einl., Rn. 35 ff.

532 *Münch*, in: Müko/ZPO, vor § 1025, Rn. 100.

533 www.uncitral.org/uncitral/en/uncitral_texts/arbitration/NYConvention_status.html (Stand: März 2019).

534 S. hierzu *Stumpf*, in: FS Bülow, S. 217, 223.

535 *Lachmann*, Schiedsgerichtspraxis, S. 52, Rn. 183.

536 S. Kap. 1 A. II.

1. Sachkunde

Von besonderer Bedeutung ist die sportrechtliche Sachkunde der CAS-Schiedsrichter. Gemäß Art. S14 Abs. 1 S. 1 CAS-Code müssen die CAS-Schiedsrichter ein gutes Verständnis von Sport(-recht) sowie gute Kenntnisse zumindest einer der offiziellen CAS-Sprachen (Englisch/Französisch) vorweisen. Auch wenn nicht nach dem CAS-Code vorausgesetzt, so war eine Vielzahl der heutigen CAS-Schiedsrichter früher selbst Profisportler, so dass sie sich mit dem Sport besonders verbunden fühlen.[537] Sowohl die Parteien als auch der Präsident der Berufungskammer können bei der Auswahl der Schiedsrichter ausgewiesene Experten benennen.

Demgegenüber kann der staatliche Richter insbesondere bei Dopingangelegenheiten, in denen eine besondere Sachkunde ein Verfahren erheblich beschleunigen und vereinfachen kann, in der Regel nicht mit einem den CAS-Schiedsrichtern vergleichbaren Fachwissen bzw. Erfahrungswerten aufwarten. Dies liegt insbesondere darin begründet, dass der einzelne staatliche Richter aufgrund des Geschäftsverteilungsplans an seinem Gericht nur selten Dopingverfahren zu entscheiden hat, da die Zuständigkeit für Sport- bzw. Dopingverfahren nicht an einer Kammer eines staatlichen Gerichts gebündelt werden kann.[538]

Mithin spricht der Aspekt der Sachkunde für eine Entscheidung vor dem CAS.

2. Schnelligkeit

Im Vergleich zu der Handelsschiedsgerichtsbarkeit erfährt das Argument der Schnelligkeit der Entscheidungsfindung in der Sportschiedsgerichtsbarkeit nochmals eine besondere Bedeutung. Die Entscheidungen sind vor dem Hintergrund zu sehen, dass dem Athleten nur ein äußerst begrenzter Zeitraum von wenigen Jahren verbleibt, in dem er Höchstleistungen als Profisportler erbringen kann.[539] In diesem Zeitraum sind die Profisportler

---

537 Dies wird anhand der CAS-Schiedsrichterliste deutlich, die eine Kurzbiographie des jeweiligen Schiedsrichters enthält, abrufbar unter: http://www.tas-cas.org/en/arbitration/list-of-arbitrators-general-list.html (Stand: März 2019).

538 *Adolphsen*, Internationale Dopingstrafen, S. 486; *ders.*, in: Adolphsen/Nolte/Lehner/Gerlinger, Sportrecht in der Praxis, S. 258, Rn. 1032.

539 *Adolphsen*, Internationale Dopingstrafen, S. 486; *ders.*, in: Adolphsen/Nolte/Lehner/Gerlinger, Sportrecht in der Praxis, S. 258, Rn. 1033; *Holla*, Der Einsatz von Schiedsgerichten im organisierten Sport, S. 25.

aufgrund der fortschreitenden Kommerzialisierung in besonderem Maße auf Sponsoren und damit auf ihre öffentliche Reputation angewiesen, die durch langwierige Rechtsstreitigkeiten negativ beeinflusst werden kann.[540] Somit müssen sie in der Lage sein, kurzfristig wieder an den Start gehen zu dürfen.[541] Zügige Entscheidungen sind somit von zentraler Bedeutung für die betroffenen Athleten.

Zusätzliche Brisanz gewinnt der Aspekt der Schnelligkeit der Entscheidung insofern, als nicht nur die Parteien des Rechtsstreits, sondern auch Dritte hierauf angewiesen sein können. So kann bei Streitigkeiten über die Zulassung zu einem unmittelbar bevorstehenden sportlichen Wettkampf oder über eine Disqualifikation oder Spielwertung während eines laufenden Wettbewerbs die Teilnahme eines anderen Sportlers oder Vereins von der Entscheidung abhängen, so dass auch der Dritte auf eine rasche Entscheidung dringend angewiesen ist.[542] Eine rasche Entscheidung liegt somit aufgrund der Eigenart der sportlichen Wettkämpfe sowie der Interessen aller Beteiligten nicht nur im Interesse des Sports allgemein, sondern ist für dessen ordnungsgemäße Durchführung schlichtweg notwendig.[543]

Ein weiterer Teilaspekt des Erfordernisses einer raschen Entscheidung ist das Vertrauensverhältnis zwischen den beteiligten Parteien. Abweichend von beispielsweise einem Arbeitsverhältnis, bei dem die Parteien nicht mehr auf die anschließende Fortführung der vertraglichen Beziehungen angewiesen sind, ist der Athlet auch nach Beendigung des Rechtsstreits bei Fortführung seiner Karriere aufgrund der Organisationsstruktur des Sports auf den Verband zur Teilnahme an Wettbewerben angewiesen.[544] Gleiches kann *vice versa* für die Verbände gelten, die auf Top-Athleten aus Vermarktungsgründen für ihre Sportart weiterhin angewiesen sind. Dieses gegenseitige Abhängigkeitsverhältnis erfordert eine zügige Streitbeilegung.

Diesen Erwartungen wird ein Verfahren vor dem CAS überwiegend gerecht. Hinsichtlich des Konstituierungsprozesses des Schiedsgerichts vor

---

540 *Oschütz*, Sportschiedsgerichtsbarkeit, S. 34; *Hochtritt*, Internationale Sportschiedssprüche vor deutschen Gerichten, S. 34; *Holla*, Der Einsatz von Schiedsgerichten im organisierten Sport, S. 26.

541 *Hochtritt*, Internationale Sportschiedssprüche vor deutschen Gerichten, S. 33.

542 *Pfister*, in: Fritzweiler/Pfister/Summerer, PHB Sportrecht, 2. Teil, 4. Kap., Rn. 371.

543 *Handschin*, in: Arter (Hrsg.), Sport und Recht, S. 275, 277; *Holla*, Der Einsatz von Schiedsgerichten im organisierten Sport, S. 25.

544 *Holla*, Der Einsatz von Schiedsgerichten im organisierten Sport, S. 27 mit Darstellung der negativen Auswirkungen langwieriger Auseinandersetzungen zwischen IAAF, DLV und dem Athleten *Baumann*.

dem CAS ist zunächst zu berücksichtigen, dass es sich bei dem CAS um ein institutionelles Schiedsgericht handelt. Bei einem solchen werden – in Abgrenzung zum sog. Ad-hoc-Schiedsgericht, das grundsätzlich ohne Anbindung an eine Schiedsinstitution erst nach Entstehen eines Streites zwischen den Parteien gebildet wird[545] – die Schiedsrichter aus der CAS-Schiedsrichterliste ausgewählt, stehen somit sofort zur Verfügung und können innerhalb kürzester Zeit eine Entscheidung herbeiführen.[546] Zudem kann das CAS-Sekretariat durch Übernahme der Verwaltungsaufgaben einen reibungslosen Ablauf sicherstellen. Das eingangs erwähnte Argument des „Handicaps" der zeitaufwändigen Konstituierung des Schiedsgerichts kann somit für den CAS als institutionelles Schiedsgericht entkräftet werden. Vielmehr stellt die zügige Erledigung der Verfahren ein Hauptaugenmerk des CAS-Berufungsverfahrens dar.[547] Hierzu tragen wesentlich die kurz bemessenen Fristen, wie beispielsweise die 3-monatige Frist zur Herbeiführung des Schiedsspruchs bei.[548] Diese Frist ist deutlich kürzer bemessen als in vergleichbaren handelsrechtlichen Schiedsgerichtsordnungen.[549] Einschränkend ist allerdings anzumerken, dass die Frist durch den Präsidenten der Berufungskammer verlängert werden kann[550], die Frist in der Praxis oftmals nicht eingehalten wird bzw. die Fristverlängerung *sua sponte* durch den CAS erfolgt.[551] Da es sich lediglich um eine deklaratorische Frist handelt, ist ein etwaiger Fristablauf insofern unproblematisch, da er die Wirksamkeit des Schiedsspruches nicht beeinflusst.[552]

---

545 *Pfister*, in: Fritzweiler/Pfister/Summerer, PHB Sportrecht, 2. Teil, 4. Kap., Rn. 371.

546 *Pfister*, in: Fritzweiler/Pfister/Summerer, PHB Sportrecht, 2. Teil, 4. Kap., Rn. 371.

547 *Rigozzi/Hasler*, in: Arroyo, Arbitration in Switzerland, Art. R47, Rn. 7.

548 Art. R59 Abs. 5 S. 1 CAS-Code: „The operative part of the award shall be communicated to the parties within three months after the transfer of the file to the Panel." Diese Frist kann auf Antrag des Vorsitzenden des Schiedsgerichts vom Präsidenten der Berufungskammer verlängert werden, Art. R59 Abs. 5 S. 2 CAS-Code. Vor der Revision des CAS-Code im Jahr 2010 betrug die Frist 4 Monate, beginnend mit dem „statement of appeal", *Rigozzi/Hasler*, in: Arroyo, Arbitration in Switzerland, Art. R59, Rn. 15, Fn. 33; *Mavromati/Reeb*, The Code of the CAS – Commentary, Art. R59, Rn. 74.

549 S. z. B. Art. 31 Abs. 1 S. 1 ICC-Schiedsgerichtsordnung: „Das Schiedsgericht muss seinen Endschiedsspruch binnen sechs Monaten erlassen."

550 Der Präsident der Berufungskammer entscheidet hierüber auf Antrag des Vorsitzenden des Schiedsgerichts, Art. R59 Abs. 5 S. 2 CAS-Code.

551 *Rigozzi/Hasler*, in: Arroyo, Arbitration in Switzerland, Art. R59, Rn. 15.

552 *Rigozzi/Hasler*, in: Arroyo, Arbitration in Switzerland, Art. R59, Rn. 15.

Im Übrigen trägt der CAS einem zügigen Verfahren insbesondere durch das Vorsehen nur einer Instanz Rechnung.[553] Der Kritik der fehlenden Überprüfung des CAS-Schiedsspruches durch eine weitere schiedsgerichtliche Instanz ist zu entgegnen, dass dem CAS-Berufungsverfahren ein vereinsinternes Verfahren vorausgegangen ist, so dass der CAS nicht die erste, sondern nur die letzte Instanz dieses Verfahrens ist.[554] Auch wenn es sich bei dem vorangegangenen vereinsinternen Verfahren nicht um ein solches vor einer unabhängigen Instanz handelt und somit die Kritik im Hinblick auf die Überprüfung einer weiteren unabhängigen Instanz nicht von der Hand zu weisen ist, überwiegt gerade im Sportrecht das Postulat der Schnelligkeit der Entscheidung, welches gegen eine weitere Instanz spricht.

Der zügigen Verfahrenserledigung vor dem CAS kommt ferner zugute, dass ein Vollstreckungsverfahren in der Regel aufgrund des eigenen Vollstreckungssystems der Sportverbände nicht erforderlich ist.

Demgegenüber dürften staatliche Gerichtsverfahren dem Postulat der Schnelligkeit im Sportrecht selten gerecht werden. Ein Hauptargument gegen die staatliche Gerichtsbarkeit ist zudem der mögliche, langwierige Instanzenzug.[555] Zwar haben z. B. deutsche staatliche Gerichte bewiesen, dass sie zu äußerst zügigen Entscheidungen im Rahmen des einstweiligen Rechtsschutzes fähig sind, dies darf aber nicht über die Hindernisse im Hauptsacheverfahren hinwegtäuschen.[556]

Trotz der begrüßenswerten Regelungen im CAS-Code zugunsten der Gewährleistung eines zügigen Verfahrens läuft der CAS in seiner derzeitigen Entwicklung Gefahr, Prozesse aufgrund von überdimensional ausführlich begründeten Schiedssprüchen sowie verzögerter Veröffentlichung der

---

553 S. allgemein zur Sportschiedsgerichtsbarkeit *Oschütz*, Sportschiedsgerichtsbarkeit, S. 35.

554 So *Oschütz*, Sportschiedsgerichtsbarkeit, S. 35.

555 *Adolphsen*, Internationale Dopingstrafen, S. 486 mit Verweis auf den Rechtsstreit Krabbe / IAAF, in dem die Klägerin nach dem Dopingvorwurf im Jahr 1992 erst im Jahr 2001 Schadensersatz zugesprochen bekam, nachdem ihre Karriere längst beendet war; *Brunk*, Der Sportler und die institutionelle Sportschiedsgerichtsbarkeit, S. 19 ebenfalls mit Verweis auf die langen Verfahren der Athleten *Krabbe* und *Baumann*; *Holla*, Der Einsatz von Schiedsgerichten im organisierten Sport, S. 32 verweist zu Recht darauf, dass den Sportlern angesichts der zumeist beruflich und finanziell erheblichen Bedeutung des Verfahrensausgangs die Ausschöpfung des Instanzenzugs nicht zum Vorwurf gemacht werden kann.

556 *Handschin*, in: Arter (Hrsg.), Sport und Recht, S. 275, 277 verneint die Möglichkeit schneller Entscheidungen durch staatliche Richter, da „Sachzwänge der staatlichen Zivilprozessordnung" dies verhinderten.

Entscheidungsgründe in die Länge zu ziehen. Insbesondere aufgrund des anglo-amerikanischen Einflusses der Prozessführung entfernt der CAS sich derzeit insbesondere wegen zu ausführlicher Begründungen[557] seiner Schiedssprüche von seinem ursprünglichen Ziel der zügigen Streiterledigung.[558] Potenziert wird das Problem durch die Prozessflut, die den CAS in der Zukunft zu überschwemmen droht. Diesen Herausforderungen gilt es zukünftig durch eine verschlankte Verfahrensführung zu begegnen.

3. Kosten

Gerichts- und Schiedsrichtergebühren für ein Berufungsverfahren vor dem CAS sind vergleichsweise gering.[559] Dies erklärt sich mit dem Finanzierungsmodell des CAS aus dem Erlös von TV-Verwertungsrechten für die Olympischen Spiele.[560] Danach tragen die Mitglieder der Olympischen Bewegung, insbesondere die internationalen Sportverbände die Grundkosten des Berufungsverfahrens vor dem CAS.[561] Grundsätzlich ist zunächst ein Kostenvorschuss i. H. v. CHF 1.000,00 von dem Schiedskläger zu zahlen. Sodann legt das CAS-Sekretariat den Verfahrenskostenvorschuss fest, der sich anhand des Streitwertes errechnet, von beiden Parteien zu gleichen Teilen zu tragen ist und sich aus der online einsehbaren degressiven Gebührentabelle des CAS[562] ergibt.[563] Die eigenen Kosten für Zeugen, Experten und Dolmetscher haben die Parteien grundsätzlich selbst zu tragen.[564] Am Ende des Schiedsprozesses werden die endgültigen Gesamtkosten des

---

557 So betrugen die begründeten Schiedssprüche hinsichtlich der Dopingangelegenheiten der 39 russischen Athleten gegen das IOC zuletzt teilweise über 150 Seiten, CAS-Schiedsspruch v. 23.04.2018, CAS 2017/A/5379 (154 Seiten), Legkov v. IOC; CAS-Schiedsspruch v. 23.04.2018, CAS 2017/A/5422, Zubkov v. IOC (164 Seiten).

558 *Hasler*, Yearb. Int. Sports Arb. 2016, S. 3; *Brunk*, Der Sportler und die institutionelle Sportschiedsgerichtsbarkeit, S. 152.

559 *Cavalieros/Kim*, J. Int. Arb. 2015, S. 237, 257 mit Vergleichen zur Investitions- und Handelsschiedsgerichtsbarkeit; *Martens*, CAS Bulletin 2014, S. 31, 33.

560 S. hierzu Kap. 3 B. II. b); *Oschütz*, Sportschiedsgerichtsbarkeit, S. 387.

561 *Schleiter*, Globalisierung im Sport, S. 115; s. Kap. 1 C. II. 1.

562 S. Schedule of Arbitration Costs (in force as from 1 January 2017), abrufbar unter: http://www.tas-cas.org/en/arbitration/arbitration-costs.html (Stand: März 2019).

563 Art. R64.2 Abs. 2 CAS-Code.

564 S. allgemein Art. R64.3 CAS-Code und Art. R65.3 S. 1 CAS-Code für Berufungsverfahren gegen Disziplinarentscheidungen internationaler Verbände.

Verfahrens festgelegt und im Schiedsspruch wird aufgeführt, welche Partei die Kosten des Verfahrens zu tragen hat.[565] Dabei kann das Schiedsgericht der obsiegenden Partei unter Berücksichtigung der Komplexität und des Ausgangs des Verfahrens nach eigenem Ermessen die Erstattung parteieigener Kosten, insbesondere Kosten für Zeugen und Dolmetscher, bewilligen.[566]

Von der grundsätzlichen Gebührentragungspflicht besteht jedoch eine wichtige Ausnahme: Verfahren gegen Disziplinarentscheidungen von internationalen Sportverbänden sind gebührenfrei, da in diesen Fällen gemäß Art. R65.2 Abs. 1 S. 2 CAS-Code der CAS selbst die Verwaltungs- und Schiedsrichtergebühren trägt.[567] Die Parteien sind – wie in den übrigen Verfahren auch – lediglich verpflichtet, ihre eigenen Kosten, d. h. Anwaltskosten, Kosten für die beigebrachten Beweismittel und ggf. Dolmetscherkosten zu tragen und der Schiedskläger muss den Kostenvorschuss i. H. v. CHF 1.000,00 entrichten.[568] Die Kostenfreiheit bezieht sich damit nur auf die ansonsten anfallenden Schiedsrichterkosten und Kosten des CAS Court Office.[569] Diese teilweise Kostenfreiheit ist ein erheblicher Vorteil und einer der großen Vorzüge des Berufungsverfahrens mit internationalem Kontext.

Dennoch ist nur schwer nachvollziehbar, warum nur dem Schiedskläger gegen Disziplinarentscheidungen von internationalen Sportverbänden dieser Vorteil gewährt werden soll und dies nicht für alle Berufungsverfahren gilt.[570] Der Anwendungsbereich des Art. R65 CAS-Code wurde mit den Revisionen des CAS-Code immer weiter eingeschränkt. Ursprünglich galt die teilweise Kostenfreiheit für alle Berufungsverfahren, d. h. sowohl für nationale als auch für internationale Verfahren in Disziplinarstreitigkeiten ebenso wie in weiteren Berufungsstreitigkeiten, wie z. B. Streitigkeiten über Zulassungen zu Wettkämpfen. Seit 2004 wurde der Anwendungsbereich auf internationale Disziplinarstreitigkeiten unabhängig davon, ob sie

---

565 S. für die Gebühren- und Kostenaufstellung für alle Verfahren im Einzelnen Art. R64.4 CAS-Code.

566 Hinsichtlich der Kostenverteilung allgemein Art. R64.5 CAS-Code und für Berufungsverfahren gegen Entscheidungen internationaler Sportverbände Art. R65.3 CAS-Code.

567 Art. 65.2 Abs. 1 S. 2 CAS-Code: „The fees and costs of the arbitrators, calculated in accordance with the CAS fee scale, together with the costs of CAS are borne by CAS."

568 Art. 65.3 und Art. 65.2 Abs. 2 CAS-Code.

569 *Mavromati/Reeb*, The Code of the CAS – Commentary, Art. R65, Rn. 9.

570 *Rigozzi/Hasler*, in: Arroyo, Arbitration in Switzerland, Art. R65, Rn. 3.

von einer Anti-Doping-Behörde, einem internationalen Verband oder in dessen Auftrag von einem nationalen Verband festgelegt wurde und 2012 schließlich auf Berufungen gegen Disziplinarentscheidungen ausschließlich von internationalen Verbänden beschränkt.[571] Die Beschränkung der Kostenfreiheit auf internationale Verfahren benachteiligt unangemessen sowohl den Schiedskläger, der sich gegen Disziplinarentscheidungen von nationalen Sportverbänden[572] als auch denjenigen, der sich gegen Nicht-Disziplinarentscheidungen, wie Entscheidungen über Wettbewerbsteilnahmen wendet.[573] So ist es nicht nachvollziehbar, dass ein Sportler, der sich gegen eine Dopingsperre vor dem CAS wehrt, nur von der Kostenfreiheit profitieren soll, wenn diese von dem internationalen Verband, nicht jedoch, wenn diese vom nationalen Verband ausgesprochen wurde.[574] Ebenso wenig verständlich ist, warum der Schiedskläger nur in Disziplinarentscheidungen, nicht aber bei anderen Entscheidungen, wie z. B. bei Entscheidungen über die Teilnahme zu bestimmten Wettkämpfen von der Kostenfreiheit profitieren soll.[575] Die Einschränkungen in Art. R65 CAS-Code führen zu einer Gebührentragungspflicht für zahlreiche Athleten. Dieser Missstand kann auch nicht mit dem Zweck gerechtfertigt werden, zweifelhafte Klagen gegen Entscheidungen von nationalen Verbänden unterbinden zu wollen.[576]

Vor diesem Hintergrund spielt der Aspekt der Verfahrenskostenhilfe aus Athletensicht eine große Rolle, da sich die Athleten der Finanzkraft der Sportverbände im Verfahren vor dem CAS gegenübersehen. Entgegen der Mehrheit der Schiedsgerichtsordnungen in der Handelsschiedsgerichtsbarkeit, die keine Verfahrenskostenhilfe kennen, sieht der CAS-Code die Ge-

---

571 *Rigozzi/Hasler*, in: Arroyo, Arbitration in Switzerland, Art. R65, Rn. 3.
572 *Cavalieros/Kim*, J. Int. Arb. 2015 2015, S. 237, 255.
573 *Rigozzi/Hasler*, in: Arroyo, Arbitration in Switzerland, Art. R65, Rn. 3.
574 *Rigozzi/Hasler*, in: Arroyo, Arbitration in Switzerland, Art. R65, Rn. 3.
575 *Rigozzi/Hasler*, in: Arroyo, Arbitration in Switzerland, Art. R65, Rn. 3.
576 So *Sampson/Shevill*, Amendments to the Code of Sports-related Arbitration, Squire Sanders International Arbitration News April 2012, S. 5 f., abrufbar unter: http://www.squirepattonboggs.com/~/media/files/insights/publications/2012 /04/international-arbitration-newsletter/files/squire-sanders-international-arbitra tion-news-ap__/fileattachment/squire-sanders-international-arbitration-news-ap_ _.pdf (Stand: März 2019), die ebenfalls die Einschränkungen anprangern und nachdrücklich die Sicherstellung des Zugangs zum Gericht für die Athleten fordern.

währung von Verfahrenskostenhilfe grundsätzlich vor.[577] Seit Gründung des „Legal Aid Fund" durch den ICAS im Jahr 1994 und mit Inkrafttreten der Legal Aid Guidelines[578] zum 01.09.2013 kann eine bedürftige natürliche Person bei dem hierfür zuständigen ICAS einen begründeten Antrag auf Prozesskostenhilfe stellen.[579] Gemäß Art. 6 Legal Aid Guidelines kann die Verfahrenskostenhilfe in verschiedenen Formen gewährt werden, z. B. indem dem Antragsteller die Gerichtskosten erlassen werden, ihm ein *pro bono*-Anwalt von der CAS-Liste zur Verfügung gestellt wird, und/oder er Zuschüsse für Anfahrtskosten oder Beweismittel erhält.[580] Die Entscheidung des ICAS über den Antrag auf Verfahrenskostenhilfe ist unanfechtbar.[581] Mit der Revision des CAS-Code 2019 wurde die sog. „Legal Aid Commission" eingeführt, die nunmehr über Verfahrenskostenhilfeanträge entscheidet.[582]

Die Entscheidung über die Verfahrenskostenhilfe hat insofern eine immense Bedeutung, als die fehlende, fristgemäße Zahlung der Gerichtskosten eines Schiedsklägers dazu führt, dass die Schiedsklage gemäß Art. R64.2 Abs. 2 S. 3 HS. 2 CAS-Code als zurückgenommen gilt.[583]

In der Praxis scheint die Verfahrenskostenhilfe jedoch keine große Rolle zu spielen. Seit 2013 wurde lediglich in insgesamt 30 Fällen Verfahrenskostenhilfe beantragt, die in 65 Prozent der Fälle gewährt wurde.[584] Ablehnungsgründe waren entweder fehlende Unterlagen oder mangelnde Bedürftigkeit des Antragstellers.[585] Die fehlende Praxisrelevanz steht im unmittelbaren Zusammenhang mit den Schwächen des Verfahrens. So steht die Entscheidung allein im Ermessen des ICAS Boards und wird gemäß

---

577 Damit hat der ICAS von einer seiner Funktionen gemäß Art. S6 Nr. 10 CAS-Code Gebrauch gemacht. S. Art. S6 Nr. 10 CAS-Code: *„It creates a legal aid fund to facilitate access to CAS arbitration for individuals without sufficient financial means and CAS legal aid guidelines for the operation of the funds, including a Legal Aid Commission to decide on requests for legal aid."*

578 Ebenso wie das Antragsformular auf der Homepage des CAS abrufbar unter: http://www.tas-cas.org/en/arbitration/legal-aid.html (Stand: März 2019).

579 *Mavromati/Reeb*, The Code of the CAS – Commentary, S6, Rn. 24.

580 Art. 6 Legal Aid Guidelines; *Cavalieros/Kim*, J. Int. Arb. 2015, S. 237, 256.

581 Art. 10 Abs. 3 S. 1 Legal Aid Guidelines.

582 Art. S6 Nr. 10 CAS-Code; die Legal Aid Commission besteht gemäß Art. S7 Abs. 1 lit. b S. 1 CAS-Code aus dem ICAS-Präsidenten als Kommissionsvorsitzender und vier ICAS-Mitgliedern, die gemäß Art. S4 lit. d CAS-Code gewählt werden.

583 *Rigozzi/Hasler*, in: Arroyo, Arbitration in Switzerland, Art. R64, Rn. 11.

584 *Mavromati/Reeb*, The Code of the CAS – Commentary, Art. R30, Rn. 28.

585 *Mavromati/Reeb*, The Code of the CAS – Commentary, Art. R30, Rn. 28.

Art. 22 Legal Aid Guidelines in einem vertraulichen Verfahren[586] getroffen.[587] Somit bestehen keine praktischen Anhaltspunkte, in welchen Fällen die Verfahrenskostenhilfe gewährt wurde, und das Risiko, durch Ablehnung des Verfahrenskostenhilfeantrags die Frist zur Berufungseinlegung vor dem CAS zu versäumen, erscheint für viele Athleten als zu groß. Auch wenn die Festschreibung der Voraussetzungen für die Gewährleistung von Verfahrenskostenhilfe durch die Legal Aid Guidelines begrüßenswert ist, sollte mehr Transparenz in das Verfahren über Verfahrenskostenhilfe Einzug halten.[588] Eine weitere Schwäche ist die Unkenntnis auch vieler Praktiker von der Verfahrenskostenhilfe vor dem CAS.[589] Außerdem muss vonseiten des CAS und der internationalen Sportverbände eine bessere Informationspolitik hinsichtlich der Verfahrenskostenhilfe gegenüber den Athleten betrieben werden.

Grundsätzlich hat der CAS mit seinem Finanzierungssystem durch die Olympische Bewegung gute Voraussetzungen, eine möglichst weitgehende finanzielle Entlastung zugunsten der Athleten im Berufungsverfahren zu erreichen. Jüngere Entwicklungen wie die Einschränkung des Anwendungsbereichs der Kostenfreiheit zeigen jedoch, dass die Prioritäten falsch gesetzt werden.

Aufgrund der Streitwertgebundenheit der Kosten vor staatlichen Gerichten ist ein abstrakter Vergleich dieser Kosten zu den im CAS-Berufungsverfahren anfallenden Kosten schwierig. Geht man jedoch davon aus, dass das gerichtliche Verfahren über mehrere Instanzen geht, fällt auch hier erheblicher finanzieller Aufwand an, auch wenn die Parteien freilich ebenfalls auf Prozesskostenhilfe zurückgreifen können. Letztlich lässt sich aber nicht endgültig feststellen, ob das Berufungsverfahren vor dem CAS einen finanziellen Vorteil für die Parteien darstellt.

---

586 Es muss lediglich die andere Schiedspartei über die Gewährung der Verfahrenskostenhilfe informiert werden, Art. 22 Legal Aid Guidelines: „The procedure for granting legal aid is confidential. The CAS Court Office shall not disclose any part of the legal aid application or any supporting documentation to third parties, subject to requests from state judicial authoritieS. The CAS Court Office must however inform the other parties involved in the arbitration and the Panel that legal aid has been granted to the applicant."

587 *Cavalieros/Kim*, J. Int. Arb. 2015, S. 237, 257.

588 So auch zutreffend *Cavalieros/Kim*, J. Int. Arb. 2015, S. 237, 256, allerdings ist die Anmerkung „it is unclear how many applications have been made or granted" insofern unzutreffend, als hierüber Statistiken seit 2013 veröffentlicht wurden, s.hierzu Kap. 1 C. IV.

589 *Niedermaier*, in: Geisinger/Trabaldo - de Mestral, Sports Arbitration: A Coach for Other Players?, S. 145, 155.

4. Flexibilität

In der Handelsschiedsgerichtsbarkeit besteht die grundsätzliche Möglichkeit, die Verfahrensordnung nach den eigenen Bedürfnissen der Parteien „maßzuschneidern" und somit eine größtmögliche Flexibilität des Verfahrens zu erreichen.[590] Demgegenüber ist die Frage nach der Flexibilität im Berufungsverfahren vor dem CAS insofern schwieriger zu beantworten, als hier zwischen der Flexibilität aus Schiedsrichter- und aus Parteienperspektive zu differenzieren ist.

Aus Schiedsrichterperspektive ist die Flexibilität sehr großzügig ausgestaltet. Dies ist vor dem Hintergrund zu begrüßen, dass vor dem CAS Streitigkeiten aus der ganzen Welt aus den verschiedensten Sportarten entschieden werden.[591] Den Schiedsrichtern wird im CAS-Code ausdrücklich nicht vorgeschrieben, ob sie das Verfahren im Sinne einer „europäischen" oder „angloamerikanischen" Verfahrensführung gestalten.[592] Vielmehr ermöglicht der CAS-Code den Schiedsrichtern eine Mischung der beiden Verfahrensgestaltungen je nach Bedürfnis des konkreten Falles und juristischem Hintergrund der CAS-Schiedsrichter.[593] Die große Flexibilität bei der Verfahrensgestaltung schlägt sich beispielhaft in der Ermessensentscheidung der Schiedsrichter nieder, mit oder ohne Anhörung zu entscheiden.[594]

Demgegenüber ist die Gestaltungsfreiheit aus Parteiensicht im Berufungsverfahren vor dem CAS eingeschränkt, da der CAS-Code ohne Berücksichtigung der Besonderheiten des Einzelfalles anzuwenden ist.[595] Die Einschränkung der Flexibilität wird gerechtfertigt durch den Schutz der schwächeren Partei, damit z. B. die Verbände den Athleten nicht ihre Bedingungen aufgrund ihrer stärkeren Verhandlungsposition diktieren können.[596] Mithin ist die Schiedsgerichtsbarkeit unter dem Gesichtspunkt der Flexibilität des Verfahrens aus der Perspektive der Schiedsrichter sowie der schwächeren Schiedspartei grundsätzlich begrüßenswert.

---

590 S. hierzu *Lachmann*, Schiedsgerichtspraxis, S. 40, Rn. 139.
591 *Blackshaw*, Entertainment Law 2003, S. 61, 82.
592 *Martens*, CAS Bulletin 2014, S. 31, 34.
593 *Martens*, CAS Bulletin 2014, S. 31, 34.
594 S. Kap. 3 B. III.
595 *Rigozzi*, L'arbitrage international en matière de sport, S. 474, Rn. 914; *Niedermaier*, in: Geisinger/Trabaldo - de Mestral, Sports Arbitration: A Coach for Other Players?, S. 145, 154.
596 *Niedermaier*, in: Geisinger/Trabaldo - de Mestral, Sports Arbitration: A Coach for Other Players?, S. 145, 154.

5. Verfahrensöffentlichkeit vor dem CAS und Veröffentlichungspraxis zu den CAS-Schiedssprüchen

Bei der Sportschiedsgerichtsbarkeit gilt es nicht nur die Interessen der Schiedsparteien vor dem CAS zu wahren, sondern das Vertrauen der Öffentlichkeit und insbesondere der Athleten in den CAS als Schiedsinstitution zu stärken. Hierbei kann der Aspekt der Geheimhaltung eine zentrale Rolle spielen.

Während in der Handelsschiedsgerichtsbarkeit die Nichtöffentlichkeit des Verfahrens angesichts vertraulicher Details über Geschäftsgeheimnisse und Vertragseinzelheiten eines der Hauptargumente für die Schiedsgerichtsbarkeit ist,[597] kann dies für den Bereich des Sports nicht mit vergleichbarem Absolutheitsanspruch behauptet werden. Den sportspezifischen Sachverhalten des CAS-Berufungsverfahrens liegen nicht Geschäftsgeheimnisse o. Ä., sondern zumeist Sperren, Punktabzüge und Regelauslegungen zugrunde.[598] Darüber hinaus handelt es sich z. B. bei Dopingvorwürfen gegen internationale Top-Athleten um Angelegenheiten, die auch im Interesse der Öffentlichkeit stehen. Sowohl aus Parteien-, insbesondere aus Athletensicht, als auch aus Sicht der Öffentlichkeit kann mithin ein hohes Interesse an der Öffentlichkeit der Verhandlung bestehen. Die derzeitige Regelung des Art. R57 Abs. 2 S. 2 CAS-Code, wonach die Verhandlung grundsätzlich unter Ausschluss der Öffentlichkeit abgehalten wird, sofern die Parteien nichts Anderes vereinbaren, wird diesem Interesse nicht gerecht. Allerdings ist begrüßenswert, dass Art. R57 CAS-Code nunmehr als Reaktion auf das *Pechstein/Mutu*-Urteil des EGMR das Antragsrecht einer natürlichen Person auf Durchführung einer öffentlichen Verhandlung vor dem CAS vorsieht.[599]

Hingegen wird der Grundsatz der Öffentlichkeit vor staatlichen Gerichten[600] den Interessen insbesondere der Athleten in sportrechtsbezogenen Streitigkeiten eher gerecht.

Demgegenüber ist die grundsätzlich vorgesehene Veröffentlichung der Schiedssprüche im Berufungsverfahren positiv hervorzuheben. Dies ermöglicht die Herausbildung einer Rechtsprechung des CAS.[601] Hingegen

---

597 *Lachmann*, Schiedsgerichtspraxis, S. 42, Rn. 144.
598 *Hochtritt*, Internationale Sportschiedssprüche vor deutschen Gerichten, S. 30.
599 S. hierzu Kap. 3 B. III. 1. c).
600 S. für Deutschland § 169 S. 1 GVG, wonach die Verhandlung vor dem erkennenden Gericht einschließlich der Verkündung der Urteile und Beschlüsse grundsätzlich öffentlich ist.
601 S. Kap. 1 C. IV.

sind die CAS-Schiedsrichter zur Geheimhaltung gegenüber Dritten verpflichtet[602] und sollen nach der Praxis des CAS auch nicht mit den Medien
über Schiedsverfahren sprechen.[603] Dies ist eine vernünftige Regelung, die
sicherlich auch im Interesse der Parteien steht, die „Kommunikationsho-
heit" über ihren Fall auch gegenüber den Medien nicht an einzelne
Schiedsrichter zu verlieren.

Im Ergebnis ist zwar die Veröffentlichung der CAS-Schiedssprüche
grundsätzlich positiv hervorzuheben, allerdings ist nicht nachzuvollziehen,
warum nur eine selektierte Auswahl und nicht alle Schiedssprüche veröffentlicht werden.

6. Die internationale Dimension der Sportschiedsgerichtsbarkeit

Als überzeugendstes Argument zugunsten der CAS-Schiedsgerichtsbarkeit
gegenüber staatlichen Gerichten streitet jedoch die internationale Dimension der Schiedsgerichtsbarkeit als passgenauere Lösung hinsichtlich der
Anforderungen im internationalen Sport.[604]

Auch wenn der weltweiten Vollstreckungsmöglichkeit in der Sportschiedsgerichtsbarkeit aufgrund des „eigenen" Vollstreckungssystems der
Sportverbände längst nicht die Bedeutung, wie in der internationalen
Handelsschiedsgerichtsbarkeit, zukommt, so ermöglicht letztlich das UN-
Übereinkommen allen Beteiligten eine Entscheidung zu erreichen, die
weitgehend unabhängig von den nationalen Zuständigkeitssystemen ist
und somit den Gefahren des „forum shopping" entgegenzutreten.[605]

Außerdem treten weitere Aspekte hinzu, die aufgrund der Internationalität des CAS für diesen als passgenaue Lösung von internationalen Sachverhalten mit sportrechtlichem Bezug streiten.

Hierbei sind insbesondere hervorzuheben das Vorherrschen der international prägenden Sprachen Englisch und Französisch, die einfach gehaltenen Verfahrensregeln des CAS-Code, die gegenüber den vielfältigen Aus-

---

602 Art. S19 Abs. 1 CAS-Code: „CAS arbitrators and mediators are bound by the duty of confidentiality, which is provided for in the Code and in particular shall
   not disclose to any third party any facts or other information relating to proceedings conducted before CAS."
603 *Martens*, CAS Bulletin 2014, S. 31, 34.
604 *Adolphsen*, in: Adolphsen/Nolte/Lehner/Gerlinger, Sportrecht in der Praxis,
   S. 258, Rn. 1034; *ders.*, Internationale Dopingstrafen, S. 486 f; *Pfister*, in: Fritzwei-
   ler/Pfister/Summerer, PHB Sportrecht, 6. Teil, 6. Kap., Rn. 154.
605 *Hess*, ZZPint 1998, S. 457, 458.

gestaltungen der nationalen Prozessordnungen ein geringeres Prozessrisiko für die Parteien darstellen und eine Vereinbarkeit der Rechtstraditionen des *common law* und *civil law* ermöglichen[606] und nicht zuletzt der Umstand, dass durch die CAS-Schiedsgerichtsbarkeit eine einheitliche Auslegung der Verbandsregelungen erreicht werden kann.[607]

Dem transnationalen Charakter einer sportrechtlichen Streitigkeit wird ein Verfahren vor dem CAS damit am ehesten gerecht.[608]

Angesichts dieses Abwägungsergebnisses zugunsten der Sportschiedsgerichtsbarkeit[609] am Beispiel des CAS-Berufungsverfahrens ist die beständige Zunahme der Streiterledigung im Sport insgesamt keine Überraschung.[610]

II. Kritikpunkte am CAS als exklusive Zuständigkeitsinstanz zur Lösung des Dilemmas der Rechtszersplitterung

Trotz der dargestellten Vorteile, die dem CAS in Bezug auf das Dilemma der Rechtszersplitterung zukommen, sieht er sich fundamentaler Kritik in seiner Rolle als Lösung des Dilemmas der Rechtszersplitterung ausgesetzt. Die wesentlichen Kritikpunkte ergeben sich aus der folgenden Darstellung.

1. Problem der Umgehung des CAS durch den einstweiligen Rechtsschutz

Zunächst könnte eine Umgehung des CAS durch Anrufung staatlicher Gerichte im einstweiligen Rechtsschutz die Rolle des CAS zur Herbeiführung einer international einheitlichen sportrechtlichen Rechtsprechung erheblich mindern.

---

606 Allgemein zur internationalen Sportschiedsgerichtsbarkeit *Oschütz*, Sportschiedsgerichtsbarkeit, S. 36.
607 *Oschütz*, Sportschiedsgerichtsbarkeit, S. 35 f.
608 S. allgemein zur internationalen Sportschiedsgerichtsbarkeit *Oschütz*, Sportschiedsgerichtsbarkeit, S. 35.
609 So für den Bereich des internationalen Sports auch *Schleiter*, Globalisierung im Sport, S. 117.
610 S. hierzu *Haas*, in: Haas/Haug/Reschke, SportR, Bd. I, B 2. Kap., Rn. 151; *Adolphsen*, SchiedsVZ 2004, S. 169, 170 f.

a) Der parallele einstweilige Rechtsschutz vor dem CAS und den staatlichen Gerichten als Bedrohung der Gleichbehandlung im internationalen Sport

An dieser Stelle soll nicht vertieft auf den einstweiligen Rechtsschutz bei Schiedsverfahren als eines der *am meisten diskutierten Probleme in der Schiedsgerichtsbarkeit*[611] eingegangen, sondern lediglich der Gesamtkontext zur Notwendigkeit des CAS als einheitliche Entscheidungsinstanz dargestellt werden. Dabei liegt die besondere Bedeutung des einstweiligen Rechtsschutzes im Sportrecht auf der Hand. Dem Athleten geht es zumeist um die Teilhabe am Wettbewerb, von der er durch einen Verein oder Verband, z. B. aufgrund einer Dopingsperre oder einer nicht erfolgten Nominierung abgehalten wird.[612] Angesichts der Schnelllebigkeit des Sportgeschehens ist er dabei auf eine zügige Entscheidung bis zum Wettkampfstart angewiesen, die er nur mithilfe des einstweiligen Rechtsschutzes erreichen kann.[613] Dies soll folgendes fiktive Beispiel verdeutlichen:

> „Ein Langläufer ist im letzten Herbst vom Internationalen Skiverband (FIS) für zwei Jahre gesperrt worden. In seinem Blut war Erythopoietin (EPO) nachgewiesen worden. Die A- und B-Proben zeigen allerdings sehr unterschiedliche Werte. Der Langläufer legt Berufung beim TAS ein. Die Anhörung in Lausanne kann jedoch erst in einigen Tagen stattfinden. Die Berufung gegen Verbandsentscheide hat keine aufschiebende Wirkung und der Langläufer kann an den letzten Qualifikationswettkämpfen für die Olympischen Spiele nicht teilnehmen. Es wird ihm deshalb nicht mehr viel nützen, wenn seine Berufung gutgeheißen wird. Er wird deshalb versuchen müssen, einen Aufschub der Sperre bis zum Urteil des TAS zu erwirken."[614]

Soll er dies nun vor staatlichen Gerichten oder vor dem CAS oder parallel vor beiden Gerichten beantragen? Entschiede er sich für den Gang vor ein staatliches Gericht zur Erwirkung einer einstweiligen Teilnahmeanordnung und gewährte das Gericht ihm diese, so stellte dies einen erheblichen Eingriff in die Einheitlichkeit und Fairness der Qualifikationswettkämpfe dar.

---

611 *Oschütz*, Sportschiedsgerichtsbarkeit, S. 396;.
612 *Holla*, Der Einsatz von Schiedsgerichten im organisierten Sport, S. 227.
613 *Holla*, Der Einsatz von Schiedsgerichten im organisierten Sport, S. 227.
614 Fallbeispiel von *Netzle*, in: Rigozzi/Bernasconi (Hrsg.), The Proceedings before the CAS, S. 133, 134.

Dieses Fallbeispiel zeigt, dass – auch wenn grundsätzlich vor staatlichen Gerichten das Verbot der Vorwegnahme der Hauptsache besteht – staatliche einstweilige Anordnungen bei Nominierungsentscheidungen und kurzfristigen Wettkampfsperren regelmäßig vollendete Tatsachen schaffen, durch die ein späteres Hauptsacheverfahren vor dem CAS praktisch obsolet wird.[615]

Diese Problematik birgt eine besondere Brisanz für die Daseinsberechtigung der Schiedsgerichtsbarkeit im Sport. Nimmt der einstweilige Rechtsschutz durch staatliche Gerichte die tragende Rolle ein, geraten die Einheitlichkeit der Rechtsdurchsetzung und der Fairness-Grundsatz im internationalen Sport, derentwegen gerade die internationale Sportschiedsgerichtsbarkeit geschaffen wurde, in Gefahr.[616] Könnten die Athleten jederzeit vorläufigen Rechtsschutz vor staatlichen Gerichten erlangen, blieben die Bemühungen der Sportverbände wirkungslos, durch den Abschluss von Schiedsvereinbarungen eine international einheitliche Rechtsdurchsetzung zu erreichen.[617] Sofern die internationale Sportwelt nicht in der Lage ist, Antworten auf diese Problematik zu finden, liegt es nicht fern, die Alternativlosigkeit der internationalen Sportschiedsgerichtsbarkeit im Allgemeinen und des CAS im Besonderen gänzlich in Frage zu stellen.[618]

Den Bedarf der Konzentration des einstweiligen Rechtsschutzes vor dem CAS zeigt auch die bisherige Praxis der staatlichen Gerichte bei Entscheidungen im einstweiligen Rechtsschutz. Hier erfolgt in der Regel eine (für den konkreten Fall berechtigte) Konzentration auf den Einzelfall, ohne jedoch die Erfordernisse der internationalen Gleichbehandlung und Einheit-

---

615 *Osterwalder/Kaiser*, SpuRt 2011, S. 230, 235; *Oschütz*, Sportschiedsgerichtsbarkeit, S. 396; *Adolphsen*, Internationale Dopingstrafen, S. 496; *Rigozzi*, in: Blackshaw/Siekmann/Soek, CAS 1984-2004, S. 216, 220; *Lachmann*, Schiedsgerichtspraxis, S. 685, Rn. 2896; vgl. die weiteren Fallbeispiele bei *Schlosser*, SchiedsVZ 2009, S. 84, 85.

616 *Adolphsen*, Internationale Dopingstrafen, S. 496; *Osterwalder/Kaiser*, SpuRt 2011, S. 230, 235; *Schleiter*, Globalisierung im Sport, S. 144; *Holla*, Der Einsatz von Schiedsgerichten im organisierten Sport, S. 232.

617 *Adolphsen*, in: Vieweg, Perspektiven des Sportrechts, S. 81, 101.

618 *Adolphsen*, Internationale Dopingstrafen, S. 496; *Wax*, Internationales Sportrecht, S. 145: „Aufgrund dieses gleichberechtigten „Nebeneinander" verschiedener Wege des einstweiligen Rechtsschutzes kann das beschriebene „Dilemma" des internationalen Sportrechts auch durch die Sportschiedsgerichtsbarkeit nicht vollständig behoben werden." Dies führt *Wax* auf S. 150 zu der Schlussfolgerung, „[...] dass die Sportschiedsgerichtsbarkeit – insb. in Gestalt des CAS – zwar eine erhebliche Linderung des „Dilemmas" des internationalen Sportrechts bewirkt; eine gänzliche Ausschaltung der Gefahr uneinheitlicher Entscheidungen kann sie aber nicht herbeiführen."

lichkeit in der Sportwelt angemessen in die Einzelfallabwägung miteinzubeziehen.[619] Was somit für das Berufungsverfahren in der Hauptsache gilt, trifft auf den einstweiligen Rechtsschutz in zugespitzter Weise zu: Die beiden Grundpfeiler, die besondere Schutzbedürftigkeit der Athleten und die Notwendigkeit des CAS müssen gewährleistet werden. Mit anderen Worten: Für die Gewährleistung internationaler Gleichbehandlung ist die Konzentration des einstweiligen Rechtsschutzes vor dem CAS unabdingbar. Gleichzeitig muss der Athlet zügig seine Rechtslage vor Wettkampfbeginn geklärt wissen. Ferner benötigt er einen effektiven und fairen Rechtsschutz vor dem CAS.

Die Olympische Bewegung hat mit den Ad-hoc-Schiedsgerichten bereits zu den Olympischen Spielen 1996 eine Antwort für den sportspezifischen Rechtsschutz während der Olympischen Spiele gefunden; gleiches gilt für andere Sportgroßveranstaltungen, wie die Fußballwelt- und Europameisterschaften. Die Ad-hoc-Schiedsgerichte bieten den Athleten einen nahezu idealen Rechtsschutz, da die Verfahren innerhalb von 24 Stunden durch ausgewiesene Sportrechtsexperten vor Ort entschieden werden, sie kostenfrei sind[620] und teilweise sogar die unentgeltliche Vertretung durch lokale Anwälte für die Athleten angeboten wird.[621] Die Entscheidungen der Ad-hoc-Schiedsgerichte ergehen jedoch nicht im Rahmen des einstweiligen Rechtsschutzes, sondern als Hauptsacheentscheidungen,[622] die unmittelbar vollstreckbar und unanfechtbar sind.[623] Angesichts der effizienten und zügigen Erledigung der Verfahren durch die Ad-hoc-Schiedsgerichte stellt sich die Frage des staatlichen einstweiligen Rechtsschutzes für Streitigkeiten während der Olympischen Spiele nicht.[624] Außerhalb dieser speziellen Umstände von Sportgroßereignissen bedarf es weiterhin Lösungen, um das

---

619 *Osterwalder/Kaiser*, SpuRt 2011, S. 230, 235.
620 Art. 22 Abs. 1 Arbitration Rules applicable to the CAS ad hoc division for the Olympic Games: „The facilities and services of the CAS ad hoc Division, including the provision of arbitrators to the parties to a dispute, are free of charge."
621 *Schleiter*, Globalisierung im Sport, S. 148 mit Verweis auf *Hofmann*, SpuRt 2002, S. 7, 11 hinsichtlich der Olympischen Sommerspiele in Sydney 2000.
622 *Schleiter*, Globalisierung im Sport, S. 146; *Wax*, Internationales Sportrecht, S. 143.
623 Art. 21 Abs. 1 Arbitration Rules applicable to the CAS ad hoc division for the Olympic Games.
624 *Wax*, Internationales Sportrecht, S. 146, Fn. 103, der ebenfalls die Frage nach der Effizienz staatlichen einstweiligen Rechtsschutzes für Streitigkeiten während der Olympischen Spiele aufwirft, deren Beantwortung allerdings dahingestellt lässt.

Verhältnis des CAS zu den staatlichen Gerichten im Rahmen des einstweiligen Rechtsschutzes zu klären.

b) Die einschlägigen Regelungen zum einstweiligen Rechtsschutz

(1) Die Exklusivzuständigkeit des CAS

Im CAS-Code ist auch für den einstweiligen Rechtsschutz inzwischen eine Exklusivzuständigkeit für alle Verfahren vorgesehen.[625] Gemäß Art. R37 Abs. 3 S. 2 CAS-Code vereinbaren die Parteien mit der Schiedsvereinbarung einen expliziten und ausdrücklichen Ausschluss staatlicher Gerichte für den einstweiligen Rechtsschutz:

> „In agreeing to submit any dispute subject to the ordinary arbitration procedure or to the appeal arbitration procedure to these Procedural Rules, the parties expressly waive their rights to request any such measures from state authorities or tribunals."

Damit steht der CAS in der Tradition anderer internationaler und nationaler Schiedsgerichte, die in ihren Verfahrensordnungen ebenfalls Befugnisse des Schiedsgerichts zum Erlass einstweiliger Maßnahmen festlegen.[626] Dabei wird jedoch abweichend zum CAS-Code in der Regel die Parallelität zum staatlichen einstweiligen Rechtsschutz betont.[627]

---

625 Bis 2013 sah der CAS-Code den Ausschluss der staatlichen Gerichtsbarkeit nur für das Berufungsverfahren und ausdrücklich nicht für das Ordentliche Verfahren vor, vgl. Art. R37 Abs. 2 S. 3 CAS-Code 2004: „This waiver does not apply to provisional or conservatory measures in connection with disputes subject to ordinary arbitration proceedings."

626 Art. 28 Abs. 1 ICC-Schiedsgerichtsordnung. Flankierend hierzu wurde in Art. 29 ICC- Schiedsgerichtsordnung der Eilschiedsrichter eingeführt, bei dem vor Übergabe der Schiedsverfahrensakten an das Schiedsgericht Sicherungsmaßnahmen beantragt werden können, die nicht bis zur Bildung des Schiedsgerichts warten können („Eilmaßnahmen"); Art. 26 Abs. 1 Swiss Rules; Art. 20.1 DIS-Schiedsordnung 98; Art. 26 UNCITRAL Arbitration Rules (2010); Art. 25 LCIA Arbitration Rules (2014).

627 Art. 28 Abs. 2 S. 2 ICC- Schiedsgerichtsordnung; Art. 26 Abs. 5 Swiss-Rules; Art. 20.2 DIS-Schiedsordnung 98.

(2) Das einstweilige Rechtsschutzverfahren vor dem CAS

Der Antrag vorsorglicher Maßnahmen vor dem CAS setzt das Vorliegen der formellen und materiellen Voraussetzungen voraus. Formell muss zunächst der verbandsinterne Rechtsweg erschöpft worden sein.[628] Zulässigkeitsvoraussetzung ist zudem die Zahlung von CHF 1.000,00, die auf das Hauptverfahren angerechnet werden.[629] Außerdem muss ein Hauptsacheverfahren vor dem CAS bereits anhängig oder gleichzeitig mit dem Maßnahmebegehren beantragt werden.[630] Materiell wird vorausgesetzt, dass der CAS in der Hauptsache auch zuständig ist, d. h. es wird *prima facie* geprüft, ob eine gültige Schiedsvereinbarung vorliegt und diese den Rechtsstreit abdeckt.[631]

Die funktionelle Zuständigkeit innerhalb des CAS ist abhängig vom Stand des Hauptsacheverfahrens. Sofern für das Hauptsacheverfahren vor dem CAS die Akten noch nicht vollständig sind und das konkrete Schiedsgericht noch nicht konstituiert ist, kann der Präsident der jeweiligen Kammer die einstweilige Maßnahme anordnen; sobald die Akten vollständig sind, ist das Schiedsgericht auch für den Erlass einstweiliger Maßnahmen zuständig, Art. R37 CAS-Code.[632] Die materielle Beurteilung des Maßnahmebegehrens durch den CAS hängt von einer Interessenabwägung ab, in der gefragt wird, ob die Maßnahme notwendig ist, um den Antragsteller von einem nicht wieder gutzumachenden Nachteil (*„irreparable harm"*) zu bewahren, wie die Erfolgswahrscheinlichkeiten in der Hauptsache (*„the likelihood of success on the merits of the claim"*) aussehen und zu wessen Gunsten die Interessenabwägung zwischen den Interessen des Antragstellers und des Antragsgegners ausfällt (*„whether the interests of the Applicant outweigh those of the Respondent(s)"*).[633] Der Antragsgegner ist grundsätzlich

---

628 Art. R37 Abs. 1 CAS-Code.

629 Art. R37 Abs. 2 CAS-Code.

630 Art. R37 Abs. 6 i.V.m. Art. R49 CAS-Code, wonach für das Ordentliche Verfahren eine 10-Tagesfrist beginnend mit dem Antrag auf Erlass einstweiliger Maßnahmen und für das Berufungsverfahren eine 21-Tagesfrist seit Zugang der (Verbands-)Entscheidung, gegen die Berufung eingelegt werden soll gilt.

631 *Osterwalder/Kaiser*, SpuRt 2011, S. 230, 235; *Netzle*, in: Rigozzi/Bernasconi (Hrsg.), The Proceedings before the CAS, S. 133, 135.

632 *Osterwalder/Kaiser*, SpuRt 2011, S. 230, 235; *Adolphsen*, Internationale Dopingstrafen, S. 496.

633 Art. R37 Abs. 5 CAS-Code. Erst 2013 wurde diese Regelung explizit in den CAS-Code aufgenommen, entspricht der CAS-Rechtsprechung und ist angelehnt an Art. 26 Abs. 3 UNCITRAL Arbitration Rules 2010, *Mavromati/Reeb*, The Code of the CAS – Commentary, Art. R37, Rn. 27 u. Rn. 2.

zehn Tage nach Antragstellung zu hören, in Dringlichkeitsfällen, d. h. bei *ex parte*-Entscheidungen kann auch auf ein einseitiges Vorbringen hin entschieden und der Antragsgegner nach dem Erlass der Maßnahme gehört werden.[634] Innerhalb von zehn Tagen ist der Antragsteller verpflichtet, einen Antrag auf Durchführung des Hauptverfahrens zu stellen.[635] Schließlich kann ein Antrag auf Sicherheitsleistung gestellt werden.[636]

c) Die Befugnis des Schiedsgerichts zum Erlass einstweiliger Maßnahmen nach den nationalen Rechtsordnungen

Auch von staatlicher Seite ist es international inzwischen anerkannt, dass Schiedsgerichte zum Erlass einstweiliger Maßnahmen befugt sind. Dies beruht auf dem UNCITRAL-Modellgesetz zur internationalen Handelsschiedsgerichtsbarkeit (UNCITRAL-ML) und hier insbesondere auf Art. 17 Abs. 1 UNCITRAL-ML[637], wonach – eine fehlende abweichende Parteivereinbarung vorausgesetzt – das Schiedsgericht auf Antrag einstweilige Maßnahmen erlassen kann.[638] Dabei geht das UNCITRAL-ML von einer Parallelzuständigkeit für den einstweiligen Rechtsschutz der staatlichen Gerichte und der Schiedsgerichte aus, Art. 9 UNCITRAL-ML[639]. Hierauf sind zahlreiche nationale Regelungen zurückzuführen. So normiert beispielsweise § 1041 ZPO die Befugnis des Schiedsgerichts zum Erlass einstweiliger Maßnahmen, die gemäß § 1033 ZPO ausdrücklich parallel zur Befugnis des staatlichen Gerichts zum Erlass einstweiliger Maßnahmen ver-

---

634 Art. R37 Abs. 4 CAS-Code.
635 Art. R37 Abs. 6 CAS-Code.
636 Art. R37 Abs. 7 CAS-Code.
637 Model Law von 1985 mit Änderungen von 2006. Die Vollversammlung der Vereinten Nationen hat mit Resolution vom 11.12.1985 das UNCITRAL-Modellgesetz erlassen. Die UNCITRAL-Schiedsordnung wird allen Staaten zur Berücksichtigung bei der Neugestaltung ihrer nationalen Schiedsverfahrensrechte hinsichtlich der internationalen Handelsschiedsgerichtsbarkeit empfohlen. Das unter umfassender Beteiligung der internationalen Rechtsgemeinschaft zustande gekommene Modellgesetz ist eine Kodifizierung weltweit anerkannter bzw. auch politisch akzeptabler Standards der internationalen Schiedsgerichtsbarkeit, *Schwab/Walter*, Schiedsgerichtsbarkeit, Kap. 41, Rn. 17.
638 Art. 17 Abs. 1 UNCITRAL-ML: „Unless otherwise agreed by the parties, the arbitral tribunal may, at the request of a party, grant interim measures."
639 Art. 9 UNCITRAL-ML: „It is not incompatible with an arbitration agreement for a party to request, before or during arbitral proceedings, from a court an interim measure of protection and for a court to grant such measure."

läuft.[640] Die Parallelität wird aber insofern eingeschränkt, als das staatliche Gericht den Antrag nur zulassen soll, sofern nicht schon eine entsprechende Maßnahme bei einem anderen (Schieds-)Gericht beantragt worden ist, § 1041 Abs. 2 S. 1 ZPO.[641]

Gleiches gilt für internationale Schiedsverfahren[642] nach schweizerischem Recht gemäß Art. 183 IPRG:[643]

> „1 Haben die Parteien nichts anderes vereinbart, so kann das Schiedsgericht auf Antrag einer Partei vorsorgliche oder sichernde Massnahmen anordnen.
>
> 2 Unterzieht sich der Betroffene nicht freiwillig der angeordneten Massnahme, so kann das Schiedsgericht den staatlichen Richter um Mitwirkung ersuchen; dieser wendet sein eigenes Recht an.
>
> 3 Das Schiedsgericht oder der staatliche Richter können die Anordnung vorsorglicher oder sichernder Massnahmen von der Leistung angemessener Sicherheiten abhängig machen."

Die deutschen und schweizerischen Regelungen stehen beispielhaft für einen Trend, dem Schiedsgericht Befugnisse im einstweiligen Rechtsschutz einzuräumen.[644] So wird für das französische oder belgische Recht sogar die Zulässigkeit der Exklusivzuständigkeit des Schiedsgerichts bejaht.[645] Allerdings gibt es auch weiterhin Rechtsordnungen, in denen entweder der staatliche einstweilige Rechtsschutz absolut vorherrschend[646] oder der Schiedsrichter überhaupt nicht zum Erlass einstweiliger Maßnahmen be-

---

640 *Schleiter*, Globalisierung im Sport, S. 143.
641 *Bandel*, Einstweiliger Rechtsschutz im Schiedsverfahren, S. 316.
642 Gemäß Art. 176 Abs. 1 IPRG liegt ein internationales Schiedsverfahren vor, sofern das Schiedsgericht seinen Sitz in der Schweiz hat und beim Abschluss der Schiedsvereinbarung wenigstens eine Partei ihren Wohnsitz oder ihren gewöhnlichen Aufenthalt nicht in der Schweiz hatte.
643 Für nationale Schiedsverfahren innerhalb der Schweiz gilt Art. 374 Abs. 1 CH-ZPO: „Das staatliche Gericht oder, sofern die Parteien nichts anderes vereinbart haben, das Schiedsgericht kann auf Antrag einer Partei vorsorgliche Massnahmen einschließlich solcher für die Sicherung von Beweismitteln anordnen." Art. 374 CH-ZPO löste zum 01.01.2011 das bis dahin für nationale Schiedsverfahren anwendbare interkantonale Konkordat vom 27.03.1969 über die Schiedsgerichtsbarkeit (SchKonk) ab, wonach gemäß Art. 26 SchKonk der Ausschluss der staatlichen Zuständigkeit unwirksam war.
644 *Rigozzi*, in: Blackshaw/Siekmann/Soek, CAS 1984-2004, S. 216, 219.
645 *Adolphsen*, Internationale Dopingstrafen, S. 579.
646 S. z. B. für Finnland *Rauste*, in: Scherrer (Hrsg.), Einstweiliger Rechtsschutz im internationalen Sport, S. 73, 73: „provisional measures are applied in almost every sports case filed with state courts."

KAPITEL 1: Die internationale Sportschiedsgerichtsbarkeit

fugt ist[647]. Darüber hinaus – und dies ist für die Einheitlichkeit der Rechtsdurchsetzung im internationalen Sport am verheerendsten – entscheiden teilweise staatliche Gerichte unter Missachtung der Exklusivzuständigkeit des CAS über Anträge im einstweiligen Rechtsschutz, ohne ihre Zuständigkeit hierfür zu prüfen bzw. darzulegen. So gewährte z. B. der US District Court for the District of Arizona einem US-amerikanischen Schwimmer auf dessen Eilantrag vorsorglich die Teilnahme an allen vom Schwimmweltverband FINA und dessen Mitgliedverbänden ausgetragenen Wettkämpfen[648]. Zu Recht rügte das CAS-Schiedsgericht, welches der Schwimmer ebenfalls angerufen hatte diese Entscheidung und stellte die Zuständigkeit des Gerichts für Wettkämpfe außerhalb der USA in Frage.[649]

Im Ergebnis bleibt festzuhalten, dass sich international ein uneinheitliches Bild hinsichtlich der Akzeptanz von Exklusivvereinbarung zugunsten der Schiedsgerichte ergibt.[650]

d) Die Wirksamkeit der Vereinbarung einer Exklusivzuständigkeit im einstweiligen Rechtsschutz zugunsten des CAS

Die Beantwortung der Frage, ob der Ausschluss des staatlichen einstweiligen Rechtsschutzes gemäß Art. R37 Abs. 3 S. 2 CAS-Code wirksam ist, richtet sich nach derjenigen Rechtsordnung, vor deren staatlichen Gerichten Maßnahmen des einstweiligen Rechtsschutzes beantragt werden.[651] Selbst wenn somit eine Exklusivzuständigkeit des CAS nach dem schweize-

---

647 S. z. B. für Italien den für nationale und internationale Schiedsverfahren einschlägigen Art. 818 Italian Code of Civil Procedure: „The arbitrators may not grant attachment or other interim measures of protection." Es wird als erheblicher Rückschritt des italienischen Schiedsverfahrensrechts gesehen, dass diese Bestimmung auch nicht durch die Reform des Gesetzes 2006 abgeschafft wurde, *Poudret/Besson*, Comparative Law of International Arbitration, S. 522, Rn. 606.

648 Wortlaut des Urteils zitiert in CAS-Schiedsspruch v. 27.05.1999, Az.: CAS 98/218, Hall v. FINA, CAS Digest II, S. 325: „to participate in any activites of FINA or any of its member federations, including international competition, as a competitor until further notice of this Court"; *Rigozzi*, in: Blackshaw/Siekmann/Soek, CAS 1984-2004, S. 216, 224.

649 CAS-Schiedsspruch v. 27.05.1999, Az.: CAS 98/218, Hall v. FINA, , CAS Digest II, S. 325 „without any explanation of the basis for its jurisdiction with respect to events taking place outside Arizona and indeed the United States."

650 *Adolphsen*, Internationale Dopingstrafen, 581; *ders.*, in: Adolphsen/Nolte/Lehner/Gerlinger, Sportrecht in der Praxis, S. 290, Rn. 1203 f.

651 *Oschütz*, Sportschiedsgerichtsbarkeit, S. 400;.

rischen Recht gemäß Art. 183 Abs. 1 IPRG im Ergebnis als zulässig angesehen würde, wäre ein ausländisches Gericht nicht an die Auslegung des schweizerischen IPRG gebunden, sondern könnte eine eigene Bewertung auf der Grundlage seines nationalen Schiedsverfahrensrechts vornehmen.[652]

Zieht man als internationalen Maßstab die EMRK zur Beantwortung der Frage der Zulässigkeit der Exklusivvereinbarung heran, so stellt Art. R37 CAS-Code keinen Verstoß gegen Art. 6 Abs. 1 EMRK dar. Dieser garantiert als allgemeines Rechtsschutzgrundrecht seinem Wortlaut nach nur ein Verfahren *„innerhalb einer angemessenen Frist"*, d. h. er gewährleistet nicht unmittelbar den einstweiligen Rechtsschutz.[653] Ist bereits der einstweilige Rechtsschutz an sich nicht unmittelbar durch Art. 6 Abs. 1 EMRK garantiert, kann erst recht nicht die Substitution des staatlichen durch den schiedsgerichtlichen Rechtsschutz einen Verstoß gegen Art. 6 Abs. 1 EMRK darstellen.[654]

Ob durch die Schiedsvereinbarung die staatliche Gerichtsbarkeit auch für den einstweiligen Rechtsschutz ausgeschlossen werden kann, ist nicht nur im Sportrecht, sondern auch für die Handelsschiedsgerichtsbarkeit nach der jeweiligen nationalen Schiedsverfahrensordnung umstritten.[655] Die Argumente sollen exemplarisch aus der deutschen Perspektive dargestellt werden, sind jedoch auf ausländische Normen, wie z. B. Art. 183 IPRG[656] übertragbar.

Beantragt ein Athlet vor deutschen Gerichten einstweiligen Rechtsschutz trotz seiner Unterzeichnung einer Schiedsvereinbarung mit Verweis auf Art. R37 CAS-Code, stellt sich die Frage, ob die Exklusivzuständigkeit des CAS gemäß Art. R37 Abs. 3 S. 2 CAS-Code nach deutschem Recht wirksam ist, d. h. ob § 1033 ZPO zwingend oder dispositiv ist. Gradmesser der Frage ist dabei die Effektivität des einstweiligen Verfahrens vor dem

---

652 *Rigozzi*, in: Blackshaw/Siekmann/Soek, CAS 1984-2004, S. 216, 222.

653 *Bandel*, Einstweiliger Rechtsschutz im Schiedsverfahren, S. 316; *Adolphsen*, in: Renzikowski (Hrsg.), Die EMRK im Privat-, Straf- und Öffentlichen Recht, S. 39, 81.

654 *Adolphsen*, Internationale Dopingstrafen, S. 578 f.

655 *Bandel*, Einstweiliger Rechtsschutz im Schiedsverfahren, S. 311; *Haas*, in: Haas/Haug/Reschke, SportR, Bd. I, B 2. Kap., Rn. 223; s. zum Meinungsstand *Münch*, in: MüKo/ZPO, § 1033, Rn. 17, *Wolf/Eslami*, in: BeckOK/ZPO, § 1033, Rn. 5.

656 Die Zulässigkeit des Ausschlusses gerichtlichen Eilrechtsschutzes bzgl. Art. 183 IPRG bejahend *Roth*, in: Scherrer (Hrsg.), Einstweiliger Rechtsschutz im internationalen Sport, S. 11, 40; verneinend *Fenners*, Der Ausschluss der staatlichen Gerichtsbarkeit im organisierten Sport, S. 225.

Schiedsgericht. Ist diese nicht gegeben, lebt die Zuständigkeit der staatlichen Gerichte wieder auf.[657]

Für den zwingenden Charakter von § 1033 ZPO wird im Zusammenhang mit der Handelsschiedsgerichtsbarkeit insbesondere angeführt, dass der einstweilige Rechtsschutz allgemein vor einem Handelsschiedsgericht dem staatlichen einstweiligen Rechtsschutz nicht gleichwertig sei.[658] Begründet wird dies insbesondere mit einem „*Promptheitsdefizit*"[659], d. h. dass eine schnelle Entscheidung bei einem noch nicht konstituierten Schiedsgericht nicht erwartet werden könne[660]. Außerdem bedürfe es einer staatlichen Vollstreckbarerklärung der von dem Schiedsgericht getroffenen einstweiligen Maßnahme[661], und es sei kein Rechtsbehelf für den Antragsgegner beim Schiedsgericht bzw. vor staatlichen Gerichten vorgesehen[662], so dass es wiederum der Unterstützung durch ein staatliches Gericht bedürfe. Zudem sehe § 1041 ZPO nur vor, dass das Schiedsgericht die einstweilige Anordnung erlassen *kann*. Dies führe zu einem Rechtsschutzdefizit im Ver-

---

657 *Adolphsen*, in: Vieweg (Hrsg.), Perspektiven des Sportrechts, S. 81, 102; *ders.*, in: Adolphsen/Nolte/Lehner/Gerlinger, Sportrecht in der Praxis, S. 291, Rn. 1208; *Blackshaw/Pachmann*, in: Yearb. Int. Sports Arb. 2015, S. 93, 106.
658 *Haas*, in: Haas/Haug/Reschke, SportR, Bd. I, B 2. Kap., Rn. 223.
659 Begriff von *Lindacher*, ZGR 1979, S. 201, 209.
660 *Lachmann*, Schiedsgerichtspraxis, S. 695, Rn. 2934 f.; *Lindacher*, ZGR 1979, S. 201, 209; *Oschütz*, Sportschiedsgerichtsbarkeit, S. 403.
661 *Lachmann*, Schiedsgerichtspraxis, S. 696, Rn. 2937.
662 *Lachmann*, Schiedsgerichtspraxis, S. 696, Rn. 2938; *Mavromati/Reeb*, The Code of the CAS – Commentary, Art. R37, Rn. 11; *Berger/Kellerhals*, Schiedsgerichtsbarkeit in der Schweiz, Rn. 1539; *Wyss*, SchiedsVZ 2011, S. 194, 200 mit Verweis auf Schweizerisches Bundesgericht, Urteil v. 13.04.2010, Az.: 4A_582/2009, Rn. E.2.3, BGE 136 III, S. 200, wonach gegen Maßnahmeentscheide eines Schiedsgerichts im Sinne von Art. 183 IPRG keine Rechtsmittel bestehen, da nur endgültige Entscheide gemäß Artt. 190, 192 IPRG anfechtbar sind; *Berger/Kellerhals*, Schiedsgerichtsbarkeit in der Schweiz, Rn. 1540 verweisen darauf, dass ausnahmsweise die Entscheidung für den Fall anfechtbar sei, dass das Schiedsgericht das Maßnahmegesuch ablehne, weil es sich für unzuständig halte. Außerdem könne der Antragsgegner mit dem Einwand gehört werden, das Schiedsgericht sei für den Erlass der Maßnahme unzuständig. In beiden Fällen greife der Anfechtungsgrund des Art. 190 Abs. 2 lit. b) IPRG. Diese Ausnahmefälle dürften vor dem CAS jedoch keine Rolle spielen. Im deutschen Schiedsverfahrensrecht ist ebenfalls keine Möglichkeit vorgesehen, beim Schiedsgericht die Aufhebung oder Änderung seiner Entscheidung zu bewirken, *Lachmann*, Schiedsgerichtspraxis, S. 692, Rn. 2921; *Schwab/Walter*, Schiedsgerichtsbarkeit, Kap. 17a, Rn. 39.

gleich zum staatlichen Gericht, das gemäß Art. 101 GG beim Vorliegen der Voraussetzungen einstweiligen Rechtsschutz gewähren *müsse*.[663]

Die Befürworter der Abdingbarkeit von § 1033 ZPO argumentieren dagegen insbesondere mit der Parteiautonomie, die eine Exklusivvereinbarung zulasse.[664] Die Parteiautonomie werde zudem von den einschlägigen gesetzlichen Bestimmungen gestützt, die explizit auf die Dispositionsbefugnis der Parteien abstellen.[665]

Als weiteres Argument für die Vereinbarung des Ausschlusses des einstweiligen Rechtsschutzes durch staatliche Gerichte wird angeführt, dass aufgrund der Parteiautonomie die Möglichkeit bestehe, auf einen kompletten Ausschluss der Klagbarkeit eines Anspruches zu verzichten. Somit könne erst recht nur der gerichtliche Eilrechtsschutz ausgeschlossen werden.[666]

Diese Argumente können nicht undifferenziert auf die Sportschiedsgerichtsbarkeit übertragen werden. Zunächst ist den Gegnern der Exklusivzuständigkeit des Schiedsgerichts die spezielle Situation des internationalen Sportrechts vorzuhalten, auf die ihre Argumente nicht zutreffen. So ist dem „Promptheitsdefizit" entgegenzuhalten, dass es sich beim CAS um ein konstituiertes Schiedsgericht handelt, das einen permanent einsatzbereiten Spruchkörper vorsieht, so dass eine schnelle Entscheidung erwartet werden kann.[667] Wie erläutert, ist vor Eintreffen der Akten beim CAS zum Hauptverfahren der Präsident der jeweiligen Kammer und sodann das Schiedsgericht selbst für die Anordnung der begehrten einstweiligen Maßnahme zuständig. Aufgrund dieser Regelung verfügt der CAS über einen für Eilentscheidungen erforderlichen eingespielten *„Apparat"*[668], der es ihm ermöglicht, innerhalb von wenigen Stunden eine Entscheidung herbeizuführen.

---

663 *Cherkeh/Schroeder*, SpuRt 2007, S. 101, 103; *Krimpenfort*, Vorläufige und sichernde Maßnahmen im schiedsrichterlichen Verfahren, S. 108, der auf die Erforderlichkeit der „Feinabstimmung" im Einzelfall abstellt.

664 *Cherkeh/Schroeder*, SpuRt 2007, S. 101, 102; *Krimpenfort*, Vorläufige und sichernde Maßnahmen im schiedsrichterlichen Verfahren, S. 47.

665 § 1041 Abs. 1 S. 1 ZPO: **„Haben die Parteien nichts anderes vereinbart,** so kann das Schiedsgericht auf Antrag einer Partei vorläufige oder sichernde Maßnahmen anordnen" (Hervorhebungen durch Verf.).

666 *Lindacher*, ZGR 1979, S. 201, 214; *Krimpenfort*, Vorläufige und sichernde Maßnahmen im schiedsrichterlichen Verfahren, S. 51; *Oschütz*, Sportschiedsgerichtsbarkeit, S. 405.

667 *Adolphsen*, Internationale Dopingstrafen, S. 583; *Pfister*, in: Fritzweiler/Pfister/Summerer, PHB Sportrecht, 2. Teil, 6. Kap., Rn. 162; *Oschütz*, Sportschiedsgerichtsbarkeit, S. 405 verweist darauf, dass sich in der Praxis des CAS gezeigt habe, dass dieser innerhalb weniger Tage entscheiden könne.

668 Begriff nach *Lachmann*, Schiedsgerichtspraxis, S. 695, Rn. 2934.

So gab es bereits schon Verfahren, in denen das Begehren auf einstweiligen Rechtsschutz, die Antwort hierauf und der Entscheid allesamt am gleichen Tag ergingen.[669] Außerdem trifft das Hauptargument des Vollstreckungsdefizits auf die internationale Sportwelt nicht zu. In der Regel besteht erst gar keine Vollstreckungsnotwendigkeit, da davon ausgegangen werden darf, dass der Verband, demgegenüber eine einstweilige Maßnahme vom CAS angeordnet wurde, diese aufgrund der Bereitschaft zur Einhaltung der Verbandsregeln freiwillig erfüllen wird.[670] Dies ergibt sich insbesondere aus dem Umstand, dass die Sportverbände über effektive Mechanismen verfügen, Entscheidungen des CAS gegenüber den Athleten durchzusetzen, sowie aus dem Wissen, dass der CAS staatliche Hilfe zur Vollstreckung[671] jederzeit ersuchen kann.[672] Daher spielt die Vollstreckungsproblematik im internationalen Sportrecht grundsätzlich[673] keine Rolle.[674]

Dem Argument, aufgrund der fehlenden Rechtsmittel gegen eine einstweilige Entscheidung des CAS könne ein Rechtsschutzdefizit bestehen, ist

---

669 CAS-Schiedsspruch v. 11.11.2001, Az.: CAS 2001/O/341 Glasgow Rangers FC plc / Union des Associations Européennes de Football (UEFA); *Netzle*, in: Rigozzi/Bernasconi (Hrsg.), The Proceedings before the CAS, S. 133, 149.
670 *Adolphsen*, Internationale Dopingstrafen, S. 583; *Adolphsen*, in: Adolphsen/Nolte/Lehner/Gerlinger, Sportrecht in der Praxis, S. 275, Rn. 1113; *Martens*, SchiedsVZ 2004, S. 202, 205; *Haas*, in: Haas/Haug/Reschke, SportR, Bd. I, B 2. Kap., Rn. 223; *Oschütz*, Sportschiedsgerichtsbarkeit, S. 404; *Schimke*, in: Scherrer (Hrsg.), Einstweiliger Rechtsschutz im internationalen Sport, S. 53, 63; allgemein hinsichtlich Schiedsverfahren *Bandel*, Einstweiliger Rechtsschutz im Schiedsverfahren, S. 135 m. w. N., der darauf hinweist, dass Maßnahmen, die freiwillig befolgt werden können, im Schiedsverfahren besonders zweckmäßig sind.
671 Z. B. gemäß Art. 183 Abs. 2 IPRG.
672 *Mavromati/Reeb*, The Code of the CAS – Commentary, Art. R37, Rn. 53; *Netzle*, in: Rigozzi/Bernasconi (Hrsg.), The Proceedings before the CAS, S. 133, 143.
673 Eine Ausnahme stellt der außergewöhnliche Fall des FC Sion v. UEFA dar, der inzwischen Sportrechtsgeschichte geschrieben hat, vgl. *Red. Causa Sport*, CaS 2013, S. 52 ff. Hierin äußerte das Zivilgericht *Vaux* berechtigte Zweifel, dass die UEFA der Anordnung des CAS Folge leisten würde, Tribunal Cantonal, canton de Vaud, Urteil v. 27.09.2011, Order CM11.033798, S. 15 f. Dieser Ausnahmefall bietet aber insofern keine stichhaltigen Argumente für das Vollstreckbarkeitserfordernis, da sich die UEFA ebenfalls weigerte, die Anordnungen staatlicher Gerichte zu befolgen.
674 *Mavromati/Reeb*, The Code of the CAS – Commentary, Art. R37, Rn. 53; *Netzle*, in: Rigozzi/Bernasconi (Hrsg.), The Proceedings before the CAS, S. 133, 143; a. A. *Blackshaw/Pachmann*, in: Yearb. Int. Sports Arb. 2015, S. 93, 105, die das Problem des Vollstreckungsdefizits bei fehlender Freiwilligkeit aufgrund der fehlenden Anwendbarkeit von Artt. I und V UN-Übereinkommen betonen.

in gewissem Maße stattzugeben. Im Gegensatz zum staatlichen einstweiligen Rechtsschutzverfahren[675], wird dem Athlet in dieser entscheidenden Phase der staatliche Richter entzogen, da eine Anrufung des Schweizerischen Bundesgerichts gemäß Artt. 190, 192 IPRG nicht statthaft ist.[676] Allerdings sind die praktischen Auswirkungen weniger einschneidend als sie erscheinen mögen. So ist zumindest für den Fall, dass der Präsident der Berufungskammer den Erlass der einstweiligen Maßnahme abgelehnt hat, dem Athleten ein weiterer Antrag nach Übergang der Zuständigkeit auf das Schiedsgericht bei diesem anzuraten.[677] Dies ist jedoch grundsätzlich nur möglich, wenn sich die zugrundeliegenden Umstände in der Zwischenzeit geändert haben.[678] Bei unveränderten Umständen bleibt somit ein gewisses Rechtsschutzdefizit bestehen.[679]

Dem vorgetragenen Rechtsschutzdefizit aufgrund der Ausgestaltung des § 1041 ZPO als ledigliche Kann-Vorschrift, kann entgegengehalten werden, dass ungeachtet des Gesetzeswortlauts sowohl die Entscheidung des Schiedsgerichts als auch die des staatlichen Gerichts von einer wertenden Betrachtung des Einzelfalls abhängig ist. Außerdem ist die privatautonome Ausgestaltung von § 1041 ZPO zu berücksichtigen, nach der eine vereinbarte Exklusivzuständigkeit zugunsten des CAS hinsichtlich des einstweiligen Rechtsschutzes dahingehend auszulegen ist, dass anstelle der staatlichen Gerichte der CAS zum Erlass der einstweiligen Maßnahme verpflichtet ist, wenn er sie für erforderlich hält.[680] Auch wenn der CAS-Code selbst nicht explizit von einem „Müssen" ausgeht[681], sind in der Rechtsprechung des CAS keine Fälle bekannt, in denen der CAS den Antrag auf einstweiligen Rechtsschutz nicht beschieden hätte. Insofern ist die Gefahr eines Rechtsschutzdefizits bislang zumindest unbegründet.

---

675 S. z. B. für das deutsche Recht: Gegen den Beschluss der einstweiligen Anordnung ist der Widerspruch gemäß § 924 ZPO, gegen die Zurückweisung des Antrags auf Erlass einer einstweiligen Anordnung die sofortige Beschwerde gemäß § 567 ZPO gegeben. Außerdem kann der Antragsgegner den Antrag auf Klageerhebung binnen einer zu bestimmenden Frist gemäß § 926 Abs. 1 ZPO stellen.

676 *Wyss*, SchiedsVZ 2011, S. 194, 200 mit Verweis auf Schweizerisches Bundesgericht, Urteil v. 13.04.2010, Az.: 4A_582/2009, Rn. E.2.3, BGE 136 III, S. 200.

677 *Rigozzi/Hasler*, in: Arroyo, Arbitration in Switzerland, Art. R37, Rn. 6.

678 *Rigozzi/Hasler*, in: Arroyo, Arbitration in Switzerland, Art. R37, Rn. 6.

679 *Lachmann*, Schiedsgerichtspraxis, S. 692, Rn. 2921, Fn. 4. .

680 *Holla*, Der Einsatz von Schiedsgerichten im organisierten Sport, S. 255.

681 Art. R37 Abs. 3 CAS-Code: „The President of the relevant Division, prior to the transfer of the file to the Panel, or thereafter, the Panel **may**, upon application by a party, make an order for provisional or conservatory measures." (Hervorhebung durch Verf.).

Den Befürwortern der Exklusivzuständigkeit des CAS für den einstweiligen Rechtsschutz ist zugutezuhalten, dass sie die internationale Gleichbehandlung im Blick haben. Doch auch ihre Argumente müssen einer kritischen Würdigung unterzogen und mit den Bedürfnissen des internationalen Sportrechts abgeglichen werden. So ist hinsichtlich der Parteiautonomie auf das Problem der faktisch fehlenden Freiwilligkeit der Athleten bei Unterzeichnung der Schiedsvereinbarung[682] hinzuweisen. Bei Abschluss der Schiedsvereinbarung dürfte der Athlet in der Regel nicht Art. R37 CAS-Code kennen, geschweige denn sich Gedanken machen über dessen Auswirkungen und damit über den Ausschluss staatlicher Gerichte im einstweiligen Rechtsschutz.[683] Verstärkt wird das Bedürfnis nach mehr Klarheit durch den Umstand, dass der CAS-Code offiziell nur in englischer und französischer Sprache existiert.[684] Angesichts der weitreichenden Auswirkungen dieser Bestimmung bedarf es somit unbedingt einer verbesserten Informationspolitik vonseiten der Verbände hinsichtlich des einstweiligen Rechtsschutzes.[685] In jedem Fall sollte für die Athleten im Rahmen der Schiedsvereinbarung ein Hinweis auf den Ausschluss der staatlichen Gerichte für den einstweiligen Rechtsschutz hinzugefügt werden.[686] Ein lediglich allgemein gehaltener Verweis auf den CAS-Code ist nicht ausreichend.[687] Dies gilt umso mehr vor dem Hintergrund, dass Art. R37 CAS-Code gerade nicht wie andere Schiedsordnungen von der allgemein gültigen Parallelität der Verfahren ausgeht, sondern hiervon ausnahmsweise eine Exklusivität des einstweiligen Rechtsschutzes durch den CAS formuliert, was für die Mehrzahl der Athleten überraschend sein dürfte. Zu der für die Athleten erforderlichen Klarheit würde auch beitragen, wenn in den Statuten der internationalen Sportverbände nach dem Vorbild der FIFA-Statuten ausdrückliche Regelungen zum einstweiligen Rechtsschutz getroffen werden. Aktuell enthalten die Statuten zahlreicher internationaler Verbände keine expliziten Regelungen zum einstweiligen Rechtsschutz,

---

682 S. Kap. 2 C. I.
683 *Netzle*, in: Rigozzi/Bernasconi (Hrsg.), The Proceedings before the CAS, S. 133, 137.
684 *Netzle*, in: Rigozzi/Bernasconi (Hrsg.), The Proceedings before the CAS, S. 133, 137.
685 Z. B. enthält der Fragen- und Antwort-Katalog der Athletenkommission im DOSB zu Athleten- und Schiedsvereinbarungen keinen Hinweis auf die Exklusivzuständigkeit des CAS im einstweiligen Rechtsschutz.
686 *Oschütz*, Sportschiedsgerichtsbarkeit, S. 403.
687 *Oschütz*, Sportschiedsgerichtsbarkeit, S. 403.

sondern verweisen nur allgemein auf die Zuständigkeit des CAS.[688] Auch der WADC[689] und der NADC[690] müssten hier für größere Klarheit sorgen. Aktuell verweisen sie nur auf die allgemeine Exklusivzuständigkeit des CAS, ohne dabei explizit auf den einstweiligen Rechtsschutz einzugehen.[691] Als Vorbild für eine klare Regelung könnte die Vorschrift der FIFA dienen. Im IX. Kapitel der FIFA-Statuten zur Schiedsgerichtsbarkeit wird der ordentliche Rechtsweg – bis auf wenige geregelte Ausnahmen – ausdrücklich *„auch für vorsorgliche Maßnahmen aller Art ausgeschlossen"*.[692] Eine ähnlich ausdrückliche und klare Regelung findet sich in der IOC-Entry Form für die Olympischen Spiele.[693]

---

688 S. z. B. Rule 60 Nr. 11 IAAF Competition Rules 2016-2017 (in Kraft seit 01.11.2015): „In cases involving international-level athletes (or their athlete support personnel), the decision of the relevant body of the Member may be appealed exclusively to CAS [...]"; Art. 41 FIBA General Statutes (approved at the FIBA Congress of 28-29 August 2014):"[...] any disputes arising from these General Statutes, the International Regulations, other rules and regulations and decisions of FIBA which cannot be settled by the FIBA-internal appeals proceedings shall be definitely settled by a tribunal constituted in accordance with the Statutes and Procedural Rules of the Court of Arbitration for Sport, Lausanne, Switzerland."; Art. 62 Abs. 1 UEFA-Statuten (Ausgabe März 2016): „Entscheide eines UEFA-Organs können unter Ausschluss jeglicher ordentlichen Gerichtsbarkeit und aller übrigen Schiedsgerichte ausschliesslich beim TAS als Berufungsschiedsgericht angefochten werden."

689 Art. 13.2.1 WADC 2015 for Appeals involving International-level athletes or International events: „In cases arising from participation in an International event or in cases involving International-level athletes, the decision may be appealed exclusively to CAS."

690 Art. 13.2.1 NADC 2015 für Rechtsbehelfe gegen Entscheidungen, die Athleten eines internationalen Testpools oder Internationale Wettkampfveranstaltungen betreffen: „In Fällen, die aufgrund einer Teilnahme an einer Internationalen Wettkampfveranstaltung entstehen, oder in Fällen, die Athleten eines internationalen Testpools betreffen, können Rechtsbehelfe gegen Entscheidungen letztinstanzlich ausschließlich vor dem CAS eingelegt werden."

691 S. die Kritik von *Adolphsen*, in: Vieweg, Perspektiven des Sportrechts, S. 81, 101, den die Regelung insofern verwundert, als das IOC mit der klaren Regelung in der IOC-Entry Form das Problem erkannt hat und somit auch im WADC eine entsprechend klare Regelung angebracht gewesen wäre; *Wax*, Internationales Sportrecht, S. 146.

692 Art. 59 Nr. 2 S. 2 FIFA-Statuten.

693 S. beispielsweise *Jacob-Milica*, SpuRt 2013, S. 236, 238 für die Olympischen Winterspiele 2014 in Sotschi Nr. 8 der Entry Form: „I agree that any dispute, controversy or claim arising out of, in connection with, or on the occascion of the Olympic Games, not resolved after exhaustion of the legal remedies established by my NOC, the International Federation governing my sport, Sochi 2014 and

Insbesondere unter Berücksichtigung der Notwendigkeit des CAS als einheitliche Entscheidungsinstanz im einstweiligen Rechtsschutz sprechen trotz aller Bedenken die besseren Argumente letztlich für die grundsätzliche Zulässigkeit der Exklusivvereinbarung zugunsten des CAS.[694] Die eingangs gestellte Frage, welches Gericht der positiv auf EPO getestete Langläufer in dem fiktiven Beispielsfall anrufen soll, um an den Qualifikationswettkämpfen für die Olympischen Spiele teilnehmen zu können, ist somit mit Art. R37 CAS-Code zu beantworten: er müsste den CAS um den Erlass einer einstweiligen Maßnahme ersuchen.

2. Einschränkungen der exklusiven Zuständigkeit des CAS in den Statuten der Verbände

Des Weiteren könnte der Lösung des Dilemmas der Rechtszersplitterung durch den CAS der Umstand entgegenstehen, dass die Zuständigkeit des CAS zwar sehr weit verbreitet ist, jedoch nicht für alle sportrechtlichen Sachverhalte greift.

Die Zuständigkeit des CAS ist nicht nur davon abhängig, ob eine wirksame Schiedsvereinbarung vorliegt, sondern ob der konkrete Sachverhalt auch dem Schiedsgegenstand unterfällt.[695] Gemäß Art. R47 Abs. 1 CAS-Code muss entweder eine explizit zwischen den Parteien vereinbarte Schiedsvereinbarung vorliegen oder die Zuständigkeit muss sich aus den Statuten des Verbandes ergeben, gegen dessen Entscheidung Berufung ein-

---

the IOC, shall be submitted exklusively to the Court of Arbitration for Sport (CAS) for final and binding arbitration in accordance with the Arbitration Rules for the Olympic Games, which form part of the Code of Sports-related Arbitration. [...]"; vergleichbare Bestimmungen fanden sich bereits für vorherige Olympische Spiele, *Adolphsen*, Internationale Dopingstrafen, S. 551 f. mit Abdruck der Nennungsformulare für die Olympischen Spiele 2000 und 2002.

694 So im Ergebnis auch *Pfister*, in: Fritzweiler/Pfister/Summerer, PHB Sportrecht, 2. Teil, 6. Kap., Rn. 162; *Adolphsen*, Internationale Dopingstrafen, S. 596; *ders.*, in: Adolphsen/Nolte/Lehner/Gerlinger, Sportrecht in der Praxis, S. 291, Rn. 1208; *Holla*, Der Einsatz von Schiedsgerichten im organisierten Sport, S. 244; *Oschütz*, Sportschiedsgerichtsbarkeit, S. 406; *Monheim*, Sportlerrechte und Sportgerichte, S. 373; allgemein die Zulässigkeit von Ausschlussvereinbarungen bejahend *Bandel*, Einstweiliger Rechtsschutz im Schiedsverfahren, S. 326; a. A. *Blackshaw/Pachmann*, in: Yearb. Int. Sports Arb. 2015, S. 93, 107.

695 *Mavromati/Reeb*, The Code of the CAS – Commentary, Art. R47, Rn. 28.

gelegt werden soll.[696] Da die zweite Alternative den häufigsten Anwendungsbereich in der Praxis darstellt,[697] hängt es von der Politik des Verbandes ab, wieweit er den Anwendungsbereich der Schiedsvereinbarung gestalten will.[698]

Sowohl der sachliche als auch der persönliche Anwendungsbereich des CAS wird häufig durch die Statuten der Verbände eingeschränkt.[699] Fraglich ist, ob diese Einschränkungen an der Unumgänglichkeit des CAS als zentrale Zuständigkeitsinstanz im internationalen Sportrecht etwas ändert.

Einschränkungen hinsichtlich der sachlichen Anwendbarkeit der Schiedsvereinbarung sollen am Beispiel des FIFA-Disziplinarsystems dargestellt werden. Die FIFA erkennt den CAS als unabhängiges Schiedsgericht an.[700] Grundsätzlich müssen daher Berufungen gegen letztinstanzliche Entscheidungen der FIFA nach Ausschöpfung der FIFA-internen Instanzen[701] 21 Tage nach Bekanntgabe des anzufechtenden Entscheids beim CAS eingereicht werden.[702] Von der grundsätzlichen Zuständigkeit des CAS als Berufungsinstanz werden jedoch Ausnahmen gemacht. Gemäß Art. 58 Abs. 3 FIFA-Statuten behandelt der CAS keine Berufungen im Zusammenhang mit:

„a) Verstößen gegen die Spielregeln; b) Sperren bis vier Spiele oder bis drei Monate (Dopingentscheide ausgenommen); c) Entscheide, gegen die eine Berufung an ein unabhängiges und ordnungsgemäss einberufenes Schiedsgericht, das nach den Regeln eines Verbands oder einer Konföderation anerkannt ist, möglich ist.“[703]

In den UEFA-Statuten sind vergleichbare Ausschlüsse enthalten.[704] Problematisch ist dabei insbesondere die Ausnahmeregelung des Art. 58 Abs. 3

---

696 Art. R47 Abs. 1 CAS-Code: „An appeal against the decision of a federation, association or sports-related body may be filed with CAS if the statutes or regulations of the said body so provide or if the parties have concluded a specific arbitration agreement [...].“
697 *Rigozzi/Hasler*, in: Arroyo, Arbitration in Switzerland, Art. R47, Rn. 12.
698 *Mavromati/Reeb*, The Code of the CAS – Commentary, Art. R47, Rn. 28.
699 S. hierzu auch *Haas*, ISLR 2012, S. 43, 53 f.
700 Art. 57 Abs. 1 FIFA-Statuten.
701 Art. 58 Abs. 2 FIFA-Statuten.
702 Art. 58 Abs. 1 FIFA-Statuten.
703 Art. 58 Abs. 3 FIFA-Statuten.
704 Art. 63 Abs. 1 UEFA-Statuten: „Das TAS ist nicht zuständig für: a) Angelegenheiten im Zusammenhang mit der Anwendung einer reinen Sportregel, wie zum Beispiel der Spielregeln oder der technischen Modalitäten eines Wettbewerbs; b) einen Entscheid, durch den eine natürliche Person für die Dauer von zwei

lit. b) FIFA-Statuten.[705] Auch wenn es sich hierbei um eine begrenzte Anzahl an Spielen bzw. einen begrenzten Zeitraum handelt, wird dem betroffen Athleten gegen diese Entscheidung ein Rechtsbehelf zum CAS entzogen. Einer der bekanntesten Fälle war der des Fußball-Nationalspielers *Torsten Frings*, der bei der FIFA-Weltmeisterschaft 2006 von der FIFA für das WM-Halbfinale zwischen Deutschland und Italien gesperrt wurde. Hiergegen konnte er aufgrund von Art. 58 Abs. 3 lit. b) FIFA-Statuten nicht vorgehen und verpasste damit das wichtigste Spiel seiner Karriere (auch) wegen dieser Regelung.[706]

Über diese Einschränkungen hinaus gibt es auch heute noch vereinzelt Weltverbände, die außerhalb des Anwendungsbereichs des WADC keine explizite Zuständigkeit des CAS vorsehen. Beispielhaft ist hier der internationale Fachverband des Automobils, die *Federation Internationale de l'Automobile* (FIA) zu nennen. Diese sieht einen eigenständigen International Court of Appeal[707] vor, gegen dessen Entscheidungen aufgrund einer offen gehaltenen Klausel vor jedem Gericht oder Schiedsgericht („*[...] before any court or tribunal [...]*"[708]) vorgegangen werden kann. Ob aufgrund dieser Klausel eine Zuständigkeit des CAS gemäß Art. R47 Abs. 1 CAS-Code begründet werden kann, ist umstritten.[709] Letztlich stellen diese Regelungen

---

Spielen bzw. einem Monat oder weniger gesperrt wird; c) einen von einem unabhängigen und unparteiischen Schiedsgericht gefällten Schiedsspruch in einer nationalen Streitsache, die aus der Anwendung der Statuten oder Reglemente eines Verbandes entsteht."

705 Demgegenüber sind lit. a) und c) der Vorschrift unproblematisch. So sind Spielregeln im Gegensatz zu Rechtsregeln weder vor Schiedsgerichten noch vor staatlichen Gerichten justiziabel, *Mavromati/Reeb*, The Code of the CAS – Commentary, Art. R27, Rn. 107; so auch das Schweizerische Bundesgericht, Urteil v. 25.02.1992, Rn. 2, BGE 118 II, S. 12, 15. Die letzte Veriante (lit. c)) betrifft verbandsinterne Kontrollinstanzen.

706 *Wax*, Internationales Sportrecht, S. 138 f; *Müller*, F.A.Z. v. 10.07.2006, S. 3, der jedoch etwas ungenau von der „Berufungskommission" statt dem Berufungsverfahren vor dem CAS spricht.

707 Art. 26 FIA Statutes.

708 Art. 13 Abs. 1 FIA Judicial and Disciplinary Rules: „For the avoidance of doubt, nothing in these rules shall prevent any party from pursuing any right of action which it may have before any court or tribunal, subject at all times to such party having first exhausted all mechanisms of dispute resolution set out in the Statutes and regulations of the FIA."

709 Bejahend aufgrund einer indirekten Zuständigkeit des CAS („indirect jurisdiction"), die sich insbesondere aus der Anerkennung von Art. 61 OC durch die FIA herleite, *Dios Crespo/Torchetti*, in: Yearb. Int. Sports Arb. 2015, S. 275, 295;

der FIA jedoch einen absoluten Ausnahmefall dar.[710] Außerdem ist die vorbildliche Arbeit des *Basketball Arbitral Tribunal (BAT)*[711] in diesem Kontext anzuführen. Dem BAT können sich die Schiedsparteien ausdrücklich freiwillig im Kontext von Streitigkeiten von Spielern, Spielervermittlern und Vereinen unterwerfen.[712] Es tritt jedoch nicht in Konkurrenz zum CAS, da beispielsweise Streitigkeiten, in die der Basketball-Weltverband FIBA involviert ist, weiterhin vor dem CAS ausgetragen werden.[713]

Ausnahmefälle wie der der FIA überraschen insofern, als aufgrund derer die Allzuständigkeit des CAS noch nicht vollends manifestiert ist.[714] Es muss im Interesse aller liegen, die Zuständigkeit des CAS zukünftig weiter zu verbreiten.[715] Dies kann aber nicht Aufgabe des CAS sein, etwa durch extensive Auslegung von Schiedsvereinbarungen und Bejahung seiner Zuständigkeit auch bei nicht eindeutigen Schiedsregelungen wie der der FIA. Vielmehr ist dies eine politische Aufgabe des internationalen Sports, insbesondere der Olympischen Bewegung, der internationalen Sportverbände und deren Zusammenschlüsse, wie z. B. der General Association of International Sports Federations (GAISF). So sehen die Olympic Charter[716] und GAISF-Statuten[717] die Zuständigkeit des CAS vor. Dabei sollte, wie in den GAISF-Statuten bereits vorgesehen, eine explizite Schiedsvereinbarung zu-

---

verneinend CAS-Schiedsspruch v. 09.06.2015, Az.: CAS 2015/A/3872, Sheikh Khalid Al Qassimi & Abu Dhabi Racing Team v. FIA, Qatar Motor and Motorcycle Federation, & Nasser Al-Attiyah, darauf abstellend, dass es einer spezifischen Schiedsvereinbarung zugunsten des CAS bedürfe und die Anerkennung des IOC und der SportAccord nicht ausreichend sei, s. kurze Sachverhaltsdarstellung und rechtliche Würdigung von *Dios Crespo/Torchetti*, in: Yearb. Int. Sports Arb. 2015, S. 275, 296.

710 *Wax*, Internationales Sportrecht, S. 138.
711 Frühere Bezeichnung: „FIBA Arbitral Tribunal (FAT)"; eingehend hierzu *Martens*, SchiedsVZ 2010, S. 317 ff.
712 *Martens*, SchiedsVZ 2010, S. 317, 318.
713 *Martens*, SchiedsVZ 2010, S. 317, 318.
714 So auch *Dios Crespo/Torchetti*, in: Yearb. Int. Sports Arb. 2015, S. 275, 297.
715 *Dios Crespo/Torchetti*, in: Yearb. Int. Sports Arb. 2015, S. 275, 297.
716 Art. 61 OC: „1. The decisions of the IOC are final. Any dispute relating to their application or interpretation may be resolved solely by the IOC Executive Board and, **in certain cases, by arbitrationbefore the Court of Arbitration for Sport (CAS)**. 2. Any dispute arising on the occasion of, or **in connection with, the Olympic Games** shall be submitted **exclusively to the Court of Arbitration for Sport**, in accordance with the Code of Sports-Related Arbitration." (Hervorhebungen durch Verf.).
717 Art. 7.A.4.4. S. 2 GAISF Statutes: „Any organisation willing to apply for membership must submit its application [...] together with: [...] The constitution/ statute of the candidate must also contain a specific provision recognising the

gunsten des CAS vorausgesetzt werden. Außerdem bedarf es einer effekti-veren Durchsetzung der expliziten Schiedsvereinbarung zugunsten des CAS. So verwundert es doch, wie die FIA ohne eine derart explizite Schiedsvereinbarung zugunsten des CAS 2013 Mitglied der GAISF werden konnte. Dabei ist zur Verhinderung einer internationalen „Rechtszersplit-terung" nicht nur die konsequente Durchsetzung der Exklusivzuständig-keit des CAS im hierarchischen Aufbau des Sports, sondern ebenfalls die Eindämmung von o. g. Ausnahmefällen und Einschränkungen hinsicht-lich der Allzuständigkeit des CAS notwendig.

Dennoch ändern diese Einschränkungen hinsichtlich der Allzuständig-keit des CAS nichts an dessen Alleinstellungsmerkmal als weltweit einzig-artige Sportschiedsinstitution.

3. Möglichkeit der Geltendmachung des Schadensersatzanspruches vor staatlichen Gerichten

Teilweise wird an der internationalen Sportschiedsgerichtsbarkeit als „Pa-nazee zur Behandlung des „Dilemmas" [der Rechtszersplitterung]"[718] auch mit dem Argument gezweifelt, die Athleten könnten Schadensersatzansprüche nicht vor dem CAS, sondern vor den jeweils zuständigen staatlichen Ge-richten geltend machen.[719]

Zunächst ist den Kritikern darin Recht zu geben, dass im WADC[720] kei-ne Regelungen zur CAS-Zuständigkeit hinsichtlich der Schadensersatzan-

---

exclusive jurisdiction of the Court of Arbitration for Sport, in Lausanne, Switzerland." (Hervorhebungen durch Verf.).

718 So *Wax*, Internationales Sportrecht, S. 148.

719 *Wax*, Internationales Sportrecht, S. 148.

720 In der ausschließlichen Zuständigkeit zugunsten des CAS gemäß Art. 13.2.1 WADC werden Schadensersatzansprüche nicht erwähnt: „In cases arising from participation in an International Event or in cases involving International-Level Athletes, the decision may be appealed exclusively to CAS." Schadenser-satzansprüche werden im WADC allein klarstellend ohne Bezugnahme zum CAS erwähnt in der Anm. zu Art. 10.8 (Disqualification of Results in Competi-tions Subsequent to Sample Collection or Commission of an Anti-Doping Rule Violation) WADC: „Nothing in the Code precludes clean Athletes or other Per-sons who have been damaged by the actions of a Person who has committed an anti-doping rule violation from pursuing any right which they would otherwise have to seek damages from such Person."

sprüche enthalten sind.[721] Dennoch ist es gemäß Art. R27 Abs. 2 CAS-Code[722] gerade nicht ausgeschlossen, Schadensersatzansprüche vor dem CAS geltend zu machen. Dies war auch in der von der ISU vorgegebenen Schiedsvereinbarung in der *Pechstein*-Angelegenheit zugunsten des CAS der Fall.[723]

Auch wenn klare Regelungen vonseiten der Sportverbände hinsichtlich der Schadensersatzansprüche von Sportlern und eine Befassung des CAS mit dieser Problematik wünschenswert wären[724], so geht die Einschätzung der Kritiker fehl, aufgrund der Möglichkeit, Schadensersatzansprüche vor staatlichen Gerichten geltend machen zu können, werde die Position des CAS als Lösung des Dilemmas der Rechtszersplitterung geschwächt.[725] Hinsichtlich der internationalen Gleichbehandlung, Chancengleichheit und Vergleichbarkeit ist entscheidend, dass die Durchsetzung gleicher Bedingungen für die Teilnahme am Sport gewährleistet wird.[726] Auf das Postulat der internationalen Gleichbehandlung der sportlichen Leistung hat es aber keinen Einfluss, ob der Athlet beispielsweise vor einem deutschen oder US-amerikanischen Gericht Schadensersatz in höchstwahrscheinlich unterschiedlicher Höhe erhält.[727] Vielmehr ist hier eine klare Trennung zwischen den Primär- und den Sekundäransprüchen erforderlich. Dass für letztere keine international einheitlichen Regelungen bestehen, ist zwar bedauerlich, ändert jedoch nichts an der unbedingten Erforderlichkeit der

---

721 S. hinsichtlich der fehlenden Vorschrift im WADC *Flint*, in: Eimer/Hofmann (Hrsg.), 3. Internationaler Sportrechtskongress, S. 281, 291, der der Auffassung ist, dass die Schiedsregeln sämtliche Streitigkeiten umfassen müssten und trotz der „ausschließlichen" Berufung zum CAS die Gefahr bestehe, dass aufgrund der Schadensersatzklagen die Durchsetzung der Anti-Doping-Vorschriften beeinträchtigt werde.
722 Art. R27 Abs. 2 CAS-Code: „Such disputes may involve matters of principle relating to sport or matters of pecuniary or other interests relating to the practice or the development of sport and may include, more generally, any activity or matter related or connected to sport."
723 Kritisch insofern zu der im Verhältnis zu Art. 13.2.1 WADC überschießenden Innentendenz *Bützler*, Analyse des Urteils BGH v. 07.06.2016, Az.: KZR 6/15, Pechstein/International Skating Union, abrufbar unter: http://www.rechtstheori e.uni-koeln.de/analyse-des-urteils-bgh-v-07-06-2016-az-kzr-615-pechsteininternati onal-skating-union/ (Stand: März 2019).
724 So *Adolphsen*, Internationale Dopingstrafen, S. 644 f.
725 So aber *Wax*, Internationales Sportrecht, S. 148.
726 *Hochtritt*, Internationale Sportschiedssprüche vor deutschen Gerichten, S. 187; *Andexer*, Die nationale Sportgerichtsbarkeit und ihre internationale Dimension, S. 19 im Kontext des Ein-Platz-Prinzips.
727 *Hochtritt*, Internationale Sportschiedssprüche vor deutschen Gerichten, S. 187.

Zuständigkeit des CAS im Sinne der internationalen Gleichbehandlung auf der Primärebene.

4. Fehlende objektive Schiedsfähigkeit im Bereich des Arbeitsrechts

In der Literatur wird des Weiteren die Frage aufgeworfen, wie es sich auf die Zuständigkeit des CAS auswirkt, dass der Schiedsgerichtsbarkeit arbeitsrechtliche Streitfälle entzogen sind.[728]

Die Schiedsfähigkeit arbeitsrechtlicher Streitigkeiten ist für den Bereich des Sports von immenser Bedeutung.[729] Welcher Streitgegenstand schiedsfähig ist, bestimmt grundsätzlich jeder Staat selbst.[730] Generell ist international ein liberaler Trend unverkennbar, nachdem die Staaten zunehmend Streitgegenstände der Schiedsgerichtsbarkeit anvertrauen.[731] Danach erachten die meisten Staaten diejenigen Ansprüche als schiedsfähig, über die die Parteien *verfügen* können.[732] Die wichtigste Ausnahme des liberalen Ansatzes besteht jedoch im Arbeitsrecht.[733] Hier zeigt sich international ein uneinheitliches Bild. Ohne an dieser Stelle die internationalen Unterschiede vollständig aufzuzeigen[734], verdeutlicht bereits die folgende kleine Länderübersicht exemplarisch, welch unterschiedliche Regelungen zur Schiedsfähigkeit in Arbeitsrechtssachen international bestehen: Während in der Schweiz[735] die arbeitsrechtliche Schiedsfähigkeit im Anwendungsbereich

---

728 *Wax*, Internationales Sportrecht, S. 150, der jedoch konstatiert, dass dieser Bereich für das Gleichheitsprinzip im Sport „nicht von zentraler Bedeutung" sei.

729 *Oschütz*, Sportschiedsgerichtsbarkeit, S. 160.

730 S. insoweit auch Art. 1 Abs. 5 UNCITRAL-ML: „This Law shall not affect any other law of this State by virtue of which certain disputes may not be submitted to arbitration or may be submitted to arbitration only according to provisions other than those of this Law."

731 *Schleiter*, Globalisierung im Sport, S. 122.

732 *Schleiter*, Globalisierung im Sport, S. 121; § 177 IPRG diente insofern § 1030 ZPO als Vorbild, *Geimer*, in: Zöller, ZPO, § 1030, Rn. 1.

733 *Pfister*, SpuRt 2006, S. 137, 138.

734 Vgl. allein beispielhaft die Nationalberichte in *Gottwald*, Internationale Schiedsgerichtsbarkeit, S. 161 ff.

735 Im Anwendungsbereich des IPRG sind arbeitsrechtliche Streitigkeiten generell schiedsfähig, da gemäß Art. 177 Abs. 1 IPRG „jeder vermögensrechtliche Anspruch" Gegenstand eines Schiedsverfahrens sein kann. Die Grenze bildet hierbei lediglich Art. 5 Abs. 2 IPRG, wonach einer Partei der Gerichtsstand nicht „missbräuchlich" entzogen werden darf; *Oschütz*, Sportschiedsgerichtsbarkeit, S. 163; *Schleiter*, Globalisierung im Sport, S. 123.

des IPRG bejaht wird und in den USA[736] es diesbezüglich keinerlei Einschränkungen gibt, wird sie beispielsweise in Österreich[737] nur unter bestimmten Voraussetzungen angenommen.[738] In Deutschland sind Schiedsverfahren in Arbeitssachen gemäß § 101 Abs. 3 ArbGG[739] ausgeschlossen und gemäß §§ 2, 4, 101 Abs. 2 ArbGG nur im Bereich eines Tarifvertrages für bestimmte, im vorliegenden Kontext nicht weiter interessierende, sportferne Berufsgruppen[740] ausnahmsweise zugelassen.[741]

Die Beantwortung der Frage, welche Auswirkungen dieser teilweise bestehende Ausschluss der wichtigen arbeitsrechtlichen Streitigkeiten im Hinblick auf die Unentbehrlichkeit des CAS im Berufungsverfahren hat, hängt davon ab, inwiefern die jeweiligen Rechtsverhältnisse als arbeitsrechtliche Streitigkeiten zu qualifizieren sind.[742] Für das deutsche Recht besteht freilich zunächst die Voraussetzung, dass der Sportler Arbeitnehmer ist. Arbeitnehmer ist, wer aufgrund eines privatrechtlichen Vertrages zur Leistung weisungsgebundener, fremdbestimmter Arbeit in persönlicher Abhängigkeit im Dienste eines anderen verpflichtet ist.[743] Bereits die arbeitsrechtliche Qualifizierung zwischen Sportler und Verein ist aufgrund der vielen konkreten Ausgestaltungen umstritten.[744] Vor dem Hintergrund des Berufungsverfahrens vor dem CAS ist aber entscheidend auf das Rechtsverhältnis zwischen dem Sportler und dem internationalen Sport-

---

736 Die Regelungen des maßgeblichen Federal Arbitration Act (FAA) enthalten keine arbeitsrechtlichen Einschränkungen hinsichtlich der Schiedsfähigkeit, *Carbonneau*, in: Gottwald (Hrsg.), Internationale Schiedsgerichtsbarkeit, S. 875, 883.
737 Gemäß §§ 9 Abs. 2, 50 ASGG sind Schiedsvereinbarungen in Arbeitsrechtssachen nur für bereits entstandene Streitigkeiten wirksam.
738 *Schleiter*, Globalisierung im Sport, S. 123.
739 § 101 ArbGG: „Die Vorschriften der Zivilprozeßordnung über das schiedsrichterliche Verfahren finden in Arbeitssachen keine Anwendung."
740 § 101 Abs. 2 S. 1 ArbGG: „[...] wenn der persönliche Geltungsbereich des Tarifvertrags überwiegend Bühnenkünstler, Filmschaffende oder Artisten umfasst."; s. hierzu *Oschütz*, Sportschiedsgerichtsbarkeit, S. 167.
741 Kritisch hierzu und für eine Reform des § 101 Abs. 3 ZPO appellierend *Seitz*, NJW 2002, S. 2838, 2839.
742 S. hierzu eingehend *Hartung*, Die Arbeitnehmereigenschaft von Mannschaftssportlern, *passim*.
743 S. mit Wirkung vom 01.04.2017 neu eingeführter § 611a BGB.
744 *Oschütz*, Sportschiedsgerichtsbarkeit, S. 162 ff.; grundsätzlich wird die Arbeitnehmereigenschaft für den Mannschaftssportler im Profibereich bejaht und für Individualsportler – je nach konkreter Ausgestaltung – eher verneint, *Holla*, Der Einsatz von Schiedsgerichten im organisierten Sport, S. 81 ff.; *Köhler*, Arbeitnehmerbegriff, S. 53 ff.

verband abzustellen, da diese Rechtsverhältnisse das Gros der Streitigkeiten vor dem CAS ausmachen. Ob in der Rechtsbeziehung zwischen Verband und Athlet ein Arbeitsverhältnis zu sehen ist, ist ebenfalls umstritten.[745] Dabei ist zu beachten, dass der Verband lediglich die Eingliederung des Sportlers in die Verbandsorganisation gemäß seinem Verbandszweck vollzieht und damit funktionsmäßig einer berufsständischen Organisation vergleichbar tätig wird.[746] Weder schuldet der Sportler gegenüber dem Verband eine die persönliche Abhängigkeit begründende Leistung, noch schuldet der Verband dem Athleten eine Vergütung bzw. setzt ihm für dessen Ausübung der sportlichen Tätigkeit Grenzen, die eine Weisungsgebundenheit und persönliche Abhängigkeit begründeten.[747] Allein die wirtschaftliche Abhängigkeit kann keine Arbeitnehmereigenschaft begründen.[748] Somit liegen die Voraussetzungen des Arbeitnehmerbegriffes nicht vor. Mithin tritt grundsätzlich weder der nationale noch der internationale Verband als Arbeitgeber im Verhältnis zum Sportler[749] auf.[750]

Mangels Vorliegen einer arbeitsrechtlichen Streitigkeit im Verhältnis zwischen Verband und Sportler verliert damit die fehlende objektive Schiedsfähigkeit in Arbeitsrechtssachen im Kontext des CAS-Berufungsverfahrens an Bedeutung. Schließlich berührt sie die Unumgänglichkeit des CAS als zentrale, internationale Berufungsinstanz nicht.

---

745 *Haas/Hauptmann*, SchiedsVZ 2004, S. 175, 182; *Holla*, Der Einsatz von Schiedsgerichten im organisierten Sport, S. 86.

746 *Oschütz*, Sportschiedsgerichtsbarkeit, S. 166.

747 *Oschütz*, Sportschiedsgerichtsbarkeit, S. 166; *Schleiter*, Globalisierung im Sport, S. 128.

748 *Haas/Hauptmann*, SchiedsVZ 2004, S. 175, 182; *Niedermaier*, Strukturelle Ungleichgewichtslagen, S. 70.

749 Hiervon ausdrücklich nicht erfasst sind andere Rechtsbeziehungen, wie z. B. die zwischen dem Schiedsrichter und dem jeweiligen Verband. Solche sind im vorliegenden Kontext nicht zu erörtern, da ein Schiedsrichter bereits kein Sportler im hier verstandenen Sinne ist. Hierzu jüngst im steuerrechtlichen Kontext BFH, Urteil v. 20.12.2017, Az.: I R 98/15, SpuRt 2018, S. 129 ff (m. Anm. *Steiner*).

750 So im Ergebnis auch *Köhler*, Arbeitnehmerbegriff, S. 112; *Holla*, Der Einsatz von Schiedsgerichten im organisierten Sport, S. 98; *Oschütz*, Sportschiedsgerichtsbarkeit, S. 166; *Schleiter*, Globalisierung im Sport, S. 115; *Haas/Hauptmann*, SchiedsVZ 2004, S. 175, 182.

III. Alternativen zum CAS als exklusive Zuständigkeitsinstanz zur Lösung des Dilemmas der Rechtszersplitterung

Anhand der zahlreichen Kritikpunkte an der Institution des CAS ist deutlich geworden, auf welch fragilem Fundament die CAS-Schiedsgerichtsbarkeit steht. Dies wirft Fragen nach Alternativen zum CAS als exklusive Zuständigkeitsinstanz zur Lösung des Dilemmas der Rechtszersplitterung auf. Dabei muss jedoch stets klar sein: so reformbedürftig und instabil das „Kartenhaus" der CAS-Schiedsgerichtsbarkeit auch sein mag: Bevor es eingerissen wird, sollten zunächst ebenso effektive Alternativen elaboriert sein.[751]

1. Staatliche Gerichte

Der Streiterledigung durch die Sportschiedsgerichtsbarkeit ist die Alternativüberlegung gegenüberzustellen, staatliche Gerichte über sportrechtliche Streitigkeiten mit internationalem Anknüpfungspunkt entscheiden zu lassen.

Diese Alternativüberlegung ist jedoch grundsätzlich wegen der Gefährdung einheitlicher Regelungen aufgrund kumulierender Zuständigkeiten abzulehnen.[752]

Bereits auf nationaler Ebene besteht eine Gefährdung der Anwendung einheitlicher Regelungen, wenn unterschiedliche Gerichtszweige, z. B. die ordentliche Gerichtsbarkeit und die Arbeitsgerichtsbarkeit anhand unterschiedlicher Maßstäbe über sportrechtliche Sachverhalte urteilen.[753]

Für den internationalen Kontext ergibt sich das Problem einer zu großen Zuständigkeitsvielfalt.[754] Unterschiedliche Zuständigkeiten führen zu der Anwendung unterschiedlicher nationaler Kontrollmaßstäbe und Schutzmechanismen und haben zur Folge, dass beispielsweise hinsichtlich einer identischen Verbandsentscheidung ein nationaler Richter diese bestätigt und ein anderer nationaler Richter diese für nichtig erklärt.[755] Dies widerspricht allerdings dem Grundgedanken, nach welchem sich ein Sport-

---

751 *Paulsson*, SchiedsVZ 2015, S. 263, 269.
752 So auch *Pfeiffer*, SchiedsVZ 2014, S. 161, 165.
753 *Holla*, Der Einsatz von Schiedsgerichten im organisierten Sport, S. 30; s. Kap. 1 A.
754 *Haas*, in: Haas/Haug/Reschke, SportR, Bd. I, B 2. Kap., Rn. 148.
755 *Haas*, in: Haas/Haug/Reschke, SportR, Bd. I, B 2. Kap., Rn. 148.

ler einem Regelwerk unterwirft, nämlich (auch) in der Annahme, dass er den Mitkonkurrenten in der gleichen Weise gebunden wähnt.[756] Zudem stellen sich bezüglich nationaler Gerichtsurteile Fragen der Vollstreckbarkeit und der praktischen Befolgung der Urteile vonseiten der transnational agierenden internationalen Sportverbände und Athleten.[757]

Im Folgenden soll sich – illustriert anhand zweier einprägsamer Fälle – auf die Hauptkritikpunkte der Zuständigkeit von staatlichen Gerichten konzentriert werden.

Geradezu exemplarisch für die Ungeeignetheit von staatlichen Gerichten steht der Fall des US-Basketballspielers *Stanley Roberts* gegen den internationalen Basketballverband FIBA. Trotz des Umstands, dass der Fall schon bald 20 Jahre zurückliegt, verdeutlicht er anschaulich, zu welchen „*prozessualen Konfliktsituationen*"[758] es zwischen dem CAS und staatlichen Gerichten kommen kann. Allein dessen Umfang ist immens: Über einen Zeitraum von vier Jahren wurden zwölf Gerichte[759] und Schiedsgerichte in drei Ländern angerufen.[760] Dem lag folgender Sachverhalt[761] zugrunde:

Der US-amerikanische Basketballprofi *Stanley Roberts* stand bis November 1999 bei den „Philadelphia 76ers" unter Vertrag bis er aufgrund eines Dopingvorwurfs zunächst von der Nordamerikanischen Profiliga NBA für zwei Jahre und sodann von der FIBA – jedoch nicht aufgrund eigener Erkenntnisse, sondern lediglich aufgrund einer Pressemitteilung der NBA – ebenfalls für zwei Jahre gesperrt wurde.[762] Da die Sperre der FIBA für sämtliche Wettbewerbe im Wirkungsbereich der FIBA galt, konnte der Spieler nicht wie geplant in Istanbul bei der dortigen Spitzenmannschaft *Efes Pilsen Spor Kulübü*[763] einen neuen Vertrag unterzeichnen.[764] Da die

---

756 *Haas*, in: Haas/Haug/Reschke, SportR, Bd. I, B 2. Kap., Rn. 148.

757 *Paulsson*, SchiedsVZ 2015, S. 263, 268 im Kontext des Harry „Butch" Reynolds-Verfahrens zur fraglichen Befolgung eines staatlichen Urteils durch die IAAF.

758 *Engelbrecht*, AnwBl. 2001, S. 637, 639.

759 Neben deutschen und schweizerischen Gerichten wurden darüber hinaus auch US-amerikanische Gerichte angerufen, *Martens/Feldhoff-Mohr*, SchiedsVZ 2007, S. 11.

760 *Martens/Feldhoff-Mohr*, SchiedsVZ 2007, S. 11.

761 Sachverhaltsdarstellungen finden sich auch in den zitierten Entscheidungen sowie bei *Engelbrecht*, AnwBl. 2001, S. 637 ff.; *Wittmann*, Schiedssprüche des CAS, S. 180 f.; *Martens/Feldhoff-Mohr*, SchiedsVZ 2007, S. 11 ff.

762 *Engelbrecht*, AnwBl. 2001, S. 637, 642.

763 2011 wurde der Verein umbenannt in „Anadolu Efes Spor Kulübü" und ist türkischer Rekord-Baskettballmeister.

764 *Wittmann*, Schiedssprüche des CAS, S. 180; *Engelbrecht*, AnwBl. 2001, S. 637, 642.

hiergegen von *Roberts* vor der internen Appellationskommission der FIBA eingelegte Berufung keinen Erfolg hatte, entschied sich *Roberts*, sowohl Berufung zum CAS einzulegen als auch vor die ordentlichen Gerichte zu ziehen, um durch eine schnelle Aufhebung der Sperre doch noch bei dem türkischen Verein unterzeichnen zu können.[765] Somit beantragte *Roberts* vor dem LG München I die einstweilige Aufhebung der Sperre der FIBA und erhob wenig später beim CAS negative Feststellungsklage, dass dieser für die Angelegenheit nicht zuständig sei und beantragte hilfsweise die Aufhebung der Sperre.[766] Während das LG München I[767] dem einstweiligen Antrag stattgab mit der Folge, dass *Roberts* einstweilig weltweit wieder zur Teilnahme an Wettbewerben berechtigt war, der er aufgrund einer langwierigen Verletzung jedoch nicht mehr nachkommen konnte[768], erklärte sich auch der CAS für zuständig und sah *Roberts* an die Schiedsabrede gebunden, wodurch ein Ende des Prozessmarathons jedoch keinesfalls absehbar war. Denn während der Spieler gegen die Entscheidung des CAS Beschwerde zum Schweizerischen Bundesgericht einlegte, legte die FIBA gegen die Entscheidung des LG München I Berufung zum OLG München ein. Das Schweizerische Bundesgericht wies die Beschwerde zurück. Das OLG München hingegen bestätigte die Vorinstanz.[769] Dabei verneinte das OLG München das Vorliegen einer Schiedsabrede insbesondere auf der Grundlage deutschen Rechts als dem maßgeblichen Recht am Sitz der FIBA in München und kam auch nach schweizerischem Recht sowie auf Grundlage des UN-Übereinkommens zu keiner anderen Einschätzung.[770] Demgegenüber folgte das Schweizerische Bundesgericht der Rechtsansicht

---

765 *Wittmann*, Schiedssprüche des CAS, S. 181.

766 *Wittmann*, Schiedssprüche des CAS, S. 181; *Martens/Feldhoff-Mohr*, SchiedsVZ 2007, S. 11, 14.

767 Die Zuständigkeit des LG München I ergab sich aus § 17 ZPO, da die FIBA in München ansässig und in der Rechtsform eines Vereins organisiert war.

768 *Martens/Feldhoff-Mohr*, SchiedsVZ 2007, S. 11, 13.

769 *Wittmann*, Schiedssprüche des CAS, S. 181.

770 OLG München, Urteil v. 26.10.2000, Az.: U (K) 3208/00, Entscheidungsgründe B. III., SpuRt 2001, S. 64 ff. Entscheidungserheblich war nach Ansicht des Gerichts für das Nichtvorliegen der Schiedsabrede, dass diese lediglich in der Satzung der FIBA sowie in den „FIBA Internal Regulations" enthalten war. Mangels Mitgliedschaft des Berufungsbeklagten in der FIBA, sei die Schiedsabrede weder nach deutschem Recht noch nach dem einschlägigen Art. II Abs. 1, 2 UN-Übereinkommen „schriftlich" zwischen den Parteien vereinbart worden.

des CAS und bejahte das Vorliegen einer Schiedsabrede.[771] Daraufhin wurde *Roberts* letztlich weiterhin die Spielerlaubnis verweigert.[772] Somit kam es zu den divergierenden Entscheidungen: Während der CAS und das Schweizerische Bundesgericht eine wirksame Schiedsabrede als zwischen den Parteien zustande gekommen sahen, kamen die staatlichen Gerichte in München (incidenter) zu dem gegenteiligen Ergebnis.[773] Auf Grundlage der Entscheidung des OLG München klagte *Roberts* gegen die FIBA erfolglos vor dem LG München I auf Schadensersatz. Dem stand eine Schiedsabrede nicht entgegen, da sich die Schiedsvereinbarung unstreitig nicht auf Schadensersatzansprüche erstreckte.[774] Auch seine Berufung hiergegen vor dem OLG München[775] sowie sein Prozesskostenhilfeantrag zur Durchführung einer Nichtzulassungsbeschwerde vor dem BGH blieben erfolglos. Bemerkenswert war dabei, dass das OLG München im Gegensatz zu seiner Entscheidung im Verfügungsverfahren dieses Mal nicht auf der Grundlage deutschen Rechts, sondern ergänzend zum UN-Übereinkommen auf das Recht am Sitz des Schiedsortes, d. h. auf schweizerisches Recht abstellte.[776]

Damit war das Paradoxon perfekt: Für ein und denselben Sachverhalt kam es nicht nur zu zwei sich widersprechenden Entscheidungen nationaler Gerichte hinsichtlich der Zuständigkeit des CAS.[777] Aufgrund der Annahme der Zuständigkeit der deutschen Gerichte im einstweiligen Rechtsschutz kam es auch zur Anwendung divergierenden materiellen Rechts sowie unterschiedlicher Auslegungen des angewendeten Rechts. Unabhängig von der Bewertung der Entscheidung in der Sache lässt sich anhand dieses Falles konstatieren, dass durch die Anrufung der nationalen Gerichte eine auf den ersten Blick rein sportrechtliche Auseinandersetzung um die Frage, ob ein Weltverband wie die FIBA die von einem Dritten, hier der NBA, ausgesprochene Dopingsperre zur Grundlage einer eigenen Sperre machen

---

771 Schweizerisches Bundesgericht, Urteil v. 07.02.2001, Az.: 4P.230/2000, Rn. 2 a), das Art. 178 IPRG anwendete. Nach Auffassung des Gerichts war es nicht erforderlich, dass die Schiedsklausel in den von den Parteien ausgetauschten Vertragsdokumenten selbst enthalten, sondern eine Globalverweisung auf ein Dokument, welches die Schiedsklausel enthalte, sei ausreichend.

772 *Wittmann*, Schiedssprüche des CAS, S. 181.

773 *Martens/Feldhoff-Mohr*, SchiedsVZ 2007, S. 11, 18.

774 *Martens/Feldhoff-Mohr*, SchiedsVZ 2007, S. 11, 18.

775 OLG München: Urteil v. 10.10.2002, Az.: U (K) 1651/02, BeckRS 2002, S. 30470727.

776 OLG München: Urteil v. 10.10.2002, Az.: U (K) 1651/02, Rn. 2 a, BeckRS 2002, S. 30470727. Dabei ließ das Gericht ausdrücklich offen, ob es der Beurteilung des Schweizerischen Bundesgerichts zu Art. 176 IPRG folgt.

777 *Wittmann*, Schiedssprüche des CAS, S. 181.

darf, sich zu einer Vielzahl schiedsverfahrensrechtlicher und prozessualer Probleme potenzierte.[778] Weder die hohen Prozesskosten, noch die lange Prozessdauer, geschweige denn *„die juristische Akrobatik im Zusammenhang mit dem auf die Frage des Bestehens einer Schiedsvereinbarung anwendbaren Rechts"*[779] haben einer der Parteien im Sinne einer effektiven und sachgerechten Streiterledigung gedient. Letztlich hat *Roberts* im Ergebnis trotz des Prozessmarathons kein anderes, von der schnell getroffenen CAS-Entscheidung abweichendes Ergebnis erzielen können. Exemplarisch führt dieser Prozess die Argumente auf, warum derart international geprägte sportrechtliche Angelegenheiten vor dem CAS besser aufgehoben sind als vor nationalen Gerichten.[780]

Dass nationale Gerichte nicht angemessen zur Lösung beitragen können, ist auch aus der *„spektakulären Auseinandersetzung"*[781] zwischen dem US-Sprinter und 400-m-Weltrekordler *Harry „Butch" Reynolds* und dem internationalen Leichtathletikverband IAAF zu ziehen. Hier wehrte sich der Sprinter *Reynolds* vor US-amerikanischen Gerichten gegen die ihm von der IAAF auferlegte Sperre und verlangte – letztlich erfolglos – Schadensersatz i. H. v. 27 Mio. US-Dollar.[782] Der US-Sprintstar führte einen Prozessmarathon über fast vier Jahre vor zwölf Gerichten bzw. Schiedsgerichten[783], der ihn an den Rand des wirtschaftlichen Ruins führte.

Die Anrufung der staatlichen US-Gerichte oder der anderen über 209 möglichen verschiedenen staatlichen Gerichten[784] darf damit zutreffend als *„time-consuming, complicated and unnecessary"*[785] bezeichnet werden und kann letztlich keine sachgerechte Alternative zur Anrufung des CAS darstellen. Das Ergebnis der Anrufung verschiedener staatlicher Gerichte verdeutlichen die genannten Fälle anschaulich: Chaos bezogen auf die vielfäl-

---

778 *Martens/Feldhoff-Mohr*, SchiedsVZ 2007, S. 11, 12.
779 *Martens/Feldhoff-Mohr*, SchiedsVZ 2007, S. 11, 21.
780 *Martens/Feldhoff-Mohr*, SchiedsVZ 2007, S. 11, 21; *Yi*, Asper Review 2006, S. 289, 304: „Ultimately, this case proves that litigation in domestic courts is worse than a zero-sum proposition; it can be a negative-sum game for all parties involved. Given the hard lessons of the Reynolds case, it should come as no surprise that all sides involved in Olympic disputes generally disfavour domestic courts.
781 So *Reuter*, DZWir 1996, S. 1; s. vertiefend bzgl. Darstellung und Bewertung der Streitigkeit nach US-Recht *Newman*, Sports Law J. 1994, S. 205 ff.
782 *Adolphsen*, SchiedsVZ 2004, S. 169, 169.
783 *Nafziger*, ICLQ 1996, S. 130, 135.
784 Bezogen auf die zwingende Zuständigkeit des CAS nach den FIFA-Statuten *Ruggie*, For the Game. For the World, S. 26.
785 *Nafziger*, ICLQ 1996, S. 130, 136.

tigen Rechtsbehelfe, Zuständigkeiten und anwendbaren Rechtsordnungen.[786]

2. Lex sportiva

Ein weiterer Ansatz zur Lösung des Dilemmas in Abkehr von der Allzuständigkeit des CAS könnte in der Idee einer sog. *lex sportiva*[787] zu sehen sein, die sowohl in der CAS-Rechtsprechung[788] als auch in der Literatur[789] Anklang gefunden hat. So könnte man sich auf den Standpunkt stellen, ungeachtet von prozessualen Zuständigkeiten der „Rechtszersplitterung" durch Zugrundelegung der *lex sportiva* als materiell einheitlicher Rechtsgrundlage zu begegnen. Die *lex sportiva* als anationales Recht könnte eine Gleichbehandlung vergleichbarer Sachverhalte erreichen und einer „als zufällig empfundenen Nationalisierung von internationalen Sachverhalten entgegen[wirken]."[790] Die Idee der *lex sportiva* als Alternative zum CAS zur

---

786 *Paulsson*, SchiedsVZ 2015, S. 263, 268.
787 Teilweise wird auch der gleichbedeutende Begriff *lex sportiva internationalis*, *Wax*, Internationales Sportrecht, S. 173 ff. oder der *lex sportiva transnationalis*, Schweizerisches Bundesgericht, Urteil v. 20.12.2005, Az.: 4C.1/2005, X. AG v. Y., Rn. 1.3, BGE 132 III, S. 285, 289 verwendet. Vorliegend wurde jedoch der gebräuchlichere Begriff der *lex sportiva* gewählt.
788 In über 20 CAS-Schiedssprüchen, die in der CAS-Datenbank veröffentlicht wurden, findet der Begriff der „lex sportiva" Erwähnung (Stand: März 2019). Grundlegend hierzu: CAS-Schiedsspruch v. 20.08.1999, Az.: CAS 98/200, AEK Athens and SK Slavia Prague / Union of European Football Associations (UEFA), Rn. 156: „[...] Sports law has developed and consolidated along the years, particularly through the arbitral settlement of disputes, a set of unwritten legal principles – a sort of lex mercatoria for sports or, so to speak, a lex ludica – to which national and international sports federations must conform [...]"; *Geistlinger/Gappmaier*, Yearb. Int. Arb. 2013, S. 307, 311.
789 *Casini*, GLJ 2011, S. 1317 ff.; *Vieweg* (Hrsg.), Lex Sportiva, mit zahlreichen Beiträgen unterschiedlicher Autoren; *Vieweg/Staschik*, SpuRt 2013, S. 227 ff.; *Hess*, in: Hess/Dressler (Hrsg.), Aktuelle Rechtsfragen des Sports, S. 1, 39 ff.; *Summerer*, in: FS Hanisch, S. 267 ff.; *Kleiner*, Der Spielervertrag im Berufsfußball, S. 306 ff.; *Foster*, in: Blackshaw/Siekmann/Soek, CAS 1984-2004, S. 420 ff.; *Nafziger*, ISL 2004, S. 3 ff.; *ders.*, in: Blackshaw/Siekmann/Soek, CAS 1984-2004, S. 409 ff.; *Erbsen*, in: Blackshaw/Siekmann/Soek, CAS 1984-2004, S. 441 ff.; *Haas*, CaS 2007, S. 271 ff.; *Adolphsen*, in: Witt (Hrsg.), Jahrbuch Junger Zivilrechtswissenschaftler, S. 281 ff.; *ders.*, Internationale Dopingstrafen, S. 50; *Wax*, Internationales Sportrecht, S. 173 ff.
790 Allgemein für die Geltung anationalen Rechts *Adolphsen*, in: Witt (Hrsg.), Jahrbuch Junger Zivilrechtswissenschaftler, S. 281, 282, der diesen Ansatz für den in-

Lösung des „Dilemmas der Rechtszersplitterung" ist jedoch bereits einzuschränken, als sie nur insofern eine echte Alternativ zum CAS darstellen kann, dass sie vor den staatlichen Gerichten als anwendbares Recht Anwendung finden kann, was zu verneinen sein wird. Zunächst jedoch zu den Grundzügen einer *lex sportiva*:

Die Idee einer *lex sportiva* beruht auf folgender Prämisse: In der heutigen Welt mehren sich die Bereiche, in denen das hoheitliche Recht den nichtstaatlichen Regelungen privater Akteure hinterherhinkt, so dass eine Kluft – treffend als sog. „legal lag"[791] bezeichnet – zwischen nationalen, staatlichen Regelungen und Entwicklungen in Handel, Wirtschaft, Technik und insbesondere im Sport entsteht.[792] Gemeinsam ist den verschiedenen nichtstaatlichen Regelungen in diesen Bereichen ein *„Bedeutungszuwachs auf internationaler Ebene"*[793], der zur Herausbildung anationaler Regelungen, etwa der *lex mercatoria*[794], der *lex digitalis*[795], der *lex technica*[796] oder eben der *lex sportiva* geführt hat.[797] Die Idee einer *lex sportiva* ist dabei insbesondere auf die der *lex mercatoria* zurückzuführen. Hierunter wurden im Mittelalter Handelsbräuche und werden heutzutage internationale Rege-

---

ternationalen Sport jedoch sehr kritisch sieht; *Wax*, Internationales Sportrecht, S. 174.

791 Begrifflichkeit nach *Vieweg*, JuS 1993, S. 894, 896 hinsichtlich des zeitlichen Abstands zwischen der Entwicklung einer Technik und deren rechtlichen Regelung.

792 *Röthel*, JZ 2007, S. 755; grundlegend zu der Herausforderung internationaler, nichtstaatlicher Regelungen für die staatliche Rechtsgemeinschaft, *Teubner*, Rechtshistorisches Journal 1996, S. 255, 256: „Globales (nicht: inter-nationales!) Recht in diesem Sinne ist eine Rechtsordnung sui generis, die sich nicht nach den Maßstäben nationaler Rechtssysteme beurteilen läßt. Nicht wie vielfach angenommen handelt es sich um ein in seiner Entwicklung zurückgebliebenes Recht, das im Vergleich mit nationalem Recht noch bestimmte strukturelle Defizite aufweist. Vielmehr unterscheidet sich diese schon weitgehend ausgebildete Rechtsordnung durch bestimmte Eigenschaften vom traditionellen Recht der Nationalstaaten [...]".

793 *Röthel*, JZ 2007, S. 755, 761.

794 S. hierzu *Stein*, Lex Mercatoria *passim*; *Berger*, The Creeping Codification of the New Lex Mercatoria, S. 250 ff. insb. zu Vorschlägen, dem Kodifikationsdilemma zu entgehen.

795 S. hierzu *Teubner*, ZaöRV 2003, S. 1, 19 ff.

796 S. hierzu *Röthel*, JZ 2007, S. 755, 758 ff.

797 *Röthel*, JZ 2007, S. 755, 761.

lungen verstanden, wie z. B. *Incoterms*[798] und hieraus entstandenes *soft law*.[799]

Auch wenn höchst umstritten ist[800], was genau unter einer *lex sportiva* definitorisch zu fassen ist, lässt sich hierunter überwiegend

> „die Gesamtheit der Grundsätze versteh[en], die aus der Interaktion zwischen den sportlichen Regelwerken einerseits und den staatlichen Rechtsordnungen anderseits entsprungen [sind] und durch die Rechtsprechung der Sportschiedsgerichte konkretisiert wurde[n]."[801]

Grundlage für die *lex sportiva* ist im Berufungsverfahren vor dem CAS Art. R58 CAS-Code mit seinen Regelungen zum anwendbaren Recht. Danach kann das Schiedsgericht subsidiär zu den Verbandsstatuten und bei fehlender Rechtswahl der Parteien neben dem staatlichen Recht nach den Rechtsregeln entscheiden, die es für angemessen hält.[802] In diesem Fall besteht eine Begründungspflicht des Schiedsgerichts hinsichtlich des gewählten Rechts.[803] So greifen CAS-Schiedsgerichte entweder isoliert oder in Kombination zu den Verbandsstatuten bzw. zum anwendbaren staatlichen Recht auf allgemeine Rechtsgrundsätze zurück, die eine *lex sportiva* formen, wann immer sie diese für angemessen halten.[804] Noch größer ist das Einfallstor für die *lex sportiva* in der Schiedsordnung zu den CAS-Ad hoc

---

798 Hierbei handelt es sich um internationale Handelsklauseln, die von der Internationalen Handelskammer (ICC) herausgegeben werden und handelsübliche Vertragsformeln im internationalen Warenhandel darstellen.

799 Wobei insbesondere umstritten ist, ob das *soft law* von der *lex mercatoria* umfasst wird, *Röthel*, JZ 2007, S. 755, 756; *Stein*, Lex Mercatoria, S. 16 ff; *Lew/Mistelis/Kröll*, Comparative International Commercial Arbitration, Kap. 18, S. 454, Rn. 17.

800 *Nafziger/Ross*, Handbook on International Sports Law, S. 40 ff.; zu den unterschiedlichen Definitionen *Rigozzi/Hasler*, in: Arroyo, Arbitration in Switzerland, Art. R58, Rn. 26, Fn. 69. Teilweise wird der Begriff der *lex sportiva* auch synonym mit dem der *lex ludica* verwendet, was aber zu undifferenziert ist, da Letzterer die Spielregeln („field-of-play decisions"), z. B. eines Schiedsrichters betrifft und somit einem engeren Begriffsverständnis unterliegt, *Nafziger/Ross*, Handbook on International Sports Law, S. 43.

801 *Haas*, CaS 2007, S. 271, 272; ebenso *Rigozzi*, L'arbitrage international en matière de sport, S. 628, Rn. 1239; *Foster*, in: Blackshaw/Siekmann/Soek, CAS 1984-2004, S. 420, 421 f.

802 Art. R58 Abs. 1 CAS-Code: „[...] according to the rules of law that the Panel deems appropriate".

803 Art. R58 S. 2 CAS-Code: „In the latter case, the Panel shall give reasons for its decision."

804 *Rigozzi/Hasler*, in: Arroyo, Arbitration in Switzerland, Art. R58, Rn. 26.

Divisions während der Olympischen Spiele, nach der das Schiedsgericht ebenfalls nach Rechtsregeln entscheiden kann, die es für angemessen hält, ohne dass die Rechtsordnung eines Landes Erwähnung findet.[805] Dabei ist bemerkenswert, dass nicht mehr subsidiär eine staatliche Rechtsordnung als anwendbares Recht berufen werden muss. Während dies für die Schiedsordnung zu den CAS-Ad hoc Divisions während der Olympischen Spiele von Anfang an[806] galt[807], wurde Art. R58 CAS-Code erst 2004 dahingehend revidiert, dass nunmehr eine Entscheidung nach allgemeinen Rechtsgrundsätzen möglich ist.[808]

Seine gesetzliche Grundlage findet diese Vorgehensweise in dem für internationale CAS-Berufungsverfahren anwendbaren Art. 187 Abs. 1 IPRG[809], nach dem auch anationales Recht als Rechtsgrundlage vereinbart werden kann. Unter das anationale Recht gemäß Art. 187 Abs. 1 IPRG können sowohl die Verbandsstatuten der internationalen Sportverbände[810] als auch die *lex sportiva* subsumiert werden. Denn von Art. 187 IPRG werden alle Rechtsregeln erfasst, unabhängig davon, ob sie von staatlichen oder privaten Organisationen erlassen wurden, solange es sich bei den Rechtsregeln um ein „kohärentes Normengefüge"[811] handelt.[812]

---

805 Art. 17 Arbitration Rules applicable to the CAS ad hoc division for the Olympic Games: „The Panel shall rule on the dispute pursuant to the Olympic Charter, the applicable regulations, general principles of law and the rules of law, the application of which it deems appropriate."

806 Art. 17 der Rules for the Resolution of Disputes During the Olympic Games, der bei früheren Olympischen Spielen Anwendung fand, war gleichlautend mit dem heute geltenden zitierten Art. 17.

807 *Hess*, in: Hess/Dressler (Hrsg.), Aktuelle Rechtsfragen des Sports, S. 1, 43, der die nicht erforderliche subsidiäre Berufung einer staatlichen Rechtsordnung „frappierend" nennt; *Adolphsen*, in: Witt (Hrsg.), Jahrbuch Junger Zivilrechtswissenschaftler, S. 281 f.

808 *Hess* zitiert die 1996 gültige Fassung, nach der Streitigkeiten im Berufungsverfahren „gemäß den anwendbaren Regelwerken, dem von den Parteien gewählten Recht, hilfsweise nach dem Sitzrecht des Sportspitzenverbandes zu entscheiden" waren, *Hess*, in: Hess/Dressler (Hrsg.), Aktuelle Rechtsfragen des Sports, S. 1, 41.

809 Art. 187 Abs. 1 IPRG: „Das Schiedsgericht entscheidet die Streitsache nach dem von den Parteien gewählten Recht oder, bei Fehlen einer Rechtswahl, nach dem Recht, mit dem die Streitsache am engsten zusammenhängt."

810 *Haas*, CaS 2007, S. 271, 272; *Rigozzi*, L'arbitrage international en matière de sport, S. 599, Rn. 1178.

811 *Müller-Chen*, SpuRt 2007, S. 160, 161.

812 *Haas*, CaS 2007, S. 271, 271.

Damit steht der CAS-Code in der Tradition zahlreicher Schiedsordnungen aus der Handelsschiedsgerichtsbarkeit[813]. Nach der herrschenden Ansicht[814] kann die *lex mercatoria* als Rechtsgrundlage vor Schiedsgerichten vereinbart werden. Dies setzen diese Schiedsgerichtsordnungen in die Wirklichkeit um.

Auch wenn ein Vergleich der *lex sportiva* und der *lex mercatoria* insofern hinkt, als es sich bei Ersterer um ein wesentlich jüngeres Phänomen handelt[815] und beide auf unterschiedlichen Strukturen beruhen – *„hier nichtautoritäre Herrschaft des Marktes, dort autoritäre Herrschaft von Monopolverbänden"*[816] – so ist ihnen doch etwas Wesentliches gemeinsam: Es handelt sich um von Privaten gesetztes Recht mit einem anationalen, internationalen Anspruch, so dass sich unweigerlich die Frage nach der *„Legitimation dieser genuin nichtstaatlichen Regeln"*[817] stellt.

Zur Lösung des Dilemmas der Rechtszersplitterung könnte eine *lex sportiva* insofern beitragen, als die Geltung eines solchen anationalen Rechts dem globalen, von Besonderheiten des nationalen Rechts unabhängigen Geltungsanspruch der internationalen Sportverbände entspräche.[818] Dies setzt jedoch voraus, dass die *lex sportiva* unabhängig von der Zuständigkeit des jeweiligen Gerichts, also auch vor staatlichen Gerichten als anwendbares Recht von den Parteien vereinbart werden könnte. Nur so könnten die

---

813 Art. 21 Abs. 1 ICC- Schiedsgerichtsordnung: „Die Parteien können die Rechtsregeln, die das Schiedsgericht bei der Entscheidung in der Sache über die Streitigkeit anwenden soll, frei vereinbaren. Fehlt eine solche Vereinbarung, so wendet das Schiedsgericht diejenigen Rechtsregeln an, die es für geeignet erachtet."; Art. 24.1 DIS-Schiedsgerichtsordnung: „Die Parteien können die in der Sache anzuwendenden Rechtsregeln vereinbaren."; Art. 24.3 DIS-Schiedsgerichtsordnung: „Das Schiedsgericht ist bei seiner Entscheidung an vertragliche Vereinbarungen der Parteien gebunden und hat bestehende Handelsbräuche zu berücksichtigen."; Art. 28 Abs. 1 International Dispute Resolution Procedures of the AAA: „The tribunal shall apply the substantive law(s) or rules of law designated by the parties as applicable to the dispute. Failing such a designation by the parties, the tribunal shall apply such law(s) or rules of law as it determines to be appropriate."

814 *Sonnauer*, Die Kontrolle der Schiedsgerichte, S. 88; *Reuter*, DZWir 1996, S. 1, 3.

815 *Haas*, CaS 2007, S. 271, 273; *Rigozzi*, L'arbitrage international en matière de sport, S. 633, Rn. 1248; *Nafziger*, in: Blackshaw/Siekmann/Soek, CAS 1984-2004, S. 409.

816 *Reuter*, DZWir 1996, S. 1, 8; *Röthel* weist aber zu Recht darauf hin, dass auch im Handelsverkehr „faktische Machtgefälle und Monopolstrukturen" bestehen können, *Röthel*, JZ 2007, S. 755, 758.

817 *Röthel*, JZ 2007, S. 755, 762.

818 *Adolphsen*, Internationale Dopingstrafen, S. 50 und S. 485.

staatlichen Gerichte auf der Grundlage einer *lex sportiva* Entscheidungen herbeiführen, die international vergleichbar wären und somit zu einem internationalen Entscheidungseinklang führen könnten.

Dies ist jedoch nicht der Fall. Denn privatautonome Regelungen können nicht als anwendbares Recht vor dem staatlichen Richter vereinbart werden.[819] Dies gilt nach überzeugender Ansicht bereits für die wesentlich weiter verbreitete *lex mercatoria*.[820] Ebenso wenig ist nach der herrschenden Ansicht in der Literatur die Vereinbarung einer *lex sportiva* als anwendbares Recht zumindest vor deutschen staatlichen Gerichten möglich.[821] Gleiches gilt für schweizerische staatliche Gerichte[822].

Hierfür sprechen mehrere Argumente. Zunächst kann in einer *lex sportiva* kein Sonderprivatrecht des internationalen Sportrechts gesehen werden, welches ohne Rückgriff auf staatliches Recht Geltung entfalten kann. Entgegen letztlich nicht überzeugenden Stimmen in der internationalen Literatur[823] handelt es sich bei der *lex sportiva* bereits nicht um eine eigenständige Rechtsordnung, die ohne Rückkoppelung auf nationales Recht auskommt, denn eine *lex sportiva* als originäre, anationale Rechtsordnung des internationalen Sports, die unabhängig von jeglicher staatlicher Rechtsordnung Geltung beansprucht, existiert nach überzeugender Ansicht nicht;

---

819 *Lorenz*, IPRax 1987, S. 269, 272; *Haas*, CaS 2007, S. 271; *v. Hoffmann*, in: FS Kegel, S. 215, 232; *Wax*, Internationales Sportrecht, S. 185.

820 *Stein*, Lex Mercatoria, S. 246 f.; *v. Hoffmann*, in: FS Kegel, S. 215, 232; *Lorenz*, IPRax 1987, S. 269, 272.

821 *v. Hoffmann*, in: FS Kegel, S. 215, 232; *Haas*, CaS 2007, S. 271; *Wax*, Internationales Sportrecht, S. 185; *Adolphsen*, in: Witt (Hrsg.), Jahrbuch Junger Zivilrechtswissenschaftler, S. 281, 288; *Reuter*, DZWir 1996, S. 1, 3 hinsichtlich der Frage des anwendbaren Rechts, „das nicht ein anationales Recht der betroffenen Sportart sein kann, sondern ein staatliches Recht sein muß [sic!]"; *Rempfler*, CaS 2004, S. 237, 240; a. A. *Lorenz*, RIW 1987, S. 569, 573.

822 Schweizerisches Bundesgericht, Urteil v. 20.12.2005, Az.: 4C.1/2005, X. AG v. Y., BGE 132 III, S. 285, 288 f., Rn. 1.3: „Nach der Praxis des Bundesgerichts kommt Regelwerken privater Organisationen auch dann nicht die Qualität von Rechtsnormen zu, wenn sie sehr detailliert und ausführlich sind [...]. Von privaten Verbänden aufgestellte Bestimmungen stehen vielmehr grundsätzlich zu den staatlichen Gesetzen in einem Subordinationsverhältnis und können nur Beachtung finden, so weit das staatliche Recht für eine autonome Regelung Raum lässt."

823 In diesem Sinne insb. die italienische und belgische Literatur, nach der die Satzungen der internationalen Sportverbände die drei typischen Merkmale einer eigenen Rechtsordnung, nämlich Personen-, Organisations- und Normengefüge enthalten, *Summerer*, in: FS Hanisch, S. 267, 269 ff., der einen Überblick über den internationalen Meinungsstand gibt. Danach verneinen die engl. und frz. Literatur ebenso wie die herrschende deutsche Lehre die Eigenständigkeit des Sportrechts, *Summerer*, in: FS Hanisch, S. 267, 271.

vielmehr bedarf die *lex sportiva* stets der Bindung an staatliches Recht.[824] Dies ist insofern überzeugend, als nicht ersichtlich ist, woher die internationalen Sportverbände eine so weitreichende, das staatliche Recht verdrängende *„Normgebungsbefugnis"*[825] herleiten sollten. So verweist die nationalstaatliche, deutsche Perspektive auf die gemäß Art. 20 Abs. 2 GG erforderliche demokratische Legitimation, d. h. die *„Rückanbindung an das Volk als Legitimationssubjekt."*[826] Einzig die Tatsache, dass es eines einheitlichen internationalen Entscheidungsklangs im internationalen Sportrecht bedarf, kann nicht allein *„die Emanzipation vom staatlichen Recht"*[827] rechtfertigen. Vielmehr kann allein das staatliche Recht Autonomie verleihen.[828] Gleiches gilt für die Statuten der internationalen Sportverbände als Bestandteile der *lex sportiva*. Auch sie sind nur wirksam, soweit das staatliche Recht im Rahmen der Verbandsautonomie ihnen Geltung verleiht.[829]

Gegen eine völlige Loslösung der *lex sportiva* von jeglichem staatlichen Recht spricht des Weiteren die Ausgestaltung der Statuten der internationalen Sportverbände. Diese sind Bestandteil der *lex sportiva* und sehen überwiegend selbst eine Anknüpfung an staatliches Recht vor.[830] So führt beispielsweise Art. 57 Abs. 2 FIFA-Statuten hinsichtlich des anwendbaren Rechts aus:

---

824 Aus deutscher Sicht h. M. *Hess*, in: Hess/Dressler (Hrsg.), Aktuelle Rechtsfragen des Sports, S. 1, 40; *Wax*, Internationales Sportrecht, S. 177; *Pfister*, in: Fritzweiler/Pfister/Summerer, PHB Sportrecht, 6. Teil, 1. Kap., Rn. 8; *Adolphsen*, in: Witt (Hrsg.), Jahrbuch Junger Zivilrechtswissenschaftler, S. 281, 288; *ders.*, Internationale Dopingstrafen, S. 60; *Reuter*, DZWir 1996, S. 1, 3; *Summerer*, in: FS Hanisch, S. 267, 279; auch das OLG Frankfurt a. M. stellte in seinem Urteil v. 18.04.2001, Az.: 13 U 66/01, SpuRt 2001, S. 159 fest: „[...] eine von jedem staatlichen Recht unabhängige lex sportiva gibt es nicht [...]"; a. A. *Krause-Ablass*, NJW 1974, S. 1495, 1496, der für das Satzungsrecht der FIFA eine übergeordnete Rechtsordnung annimmt, indem er konstatiert: „Die Tätigkeit [der FIFA] ist dem Völkerrecht unterworfen. Dem Völkerrecht unterliegt damit auch das Satzungsrecht der FIFA." Die Ansicht von *Krause-Ablass* deckt sich teilweise mit der der amerikanischen Literatur, *Summerer*, in: FS Hanisch, S. 267, 270 f.

825 *Adolphsen*, in: Witt (Hrsg.), Jahrbuch Junger Zivilrechtswissenschaftler, S. 281, 287 f. mit vergleichbarer Argumentation gegenüber der Institutionenlehre, die Institutionen die Befähigung zuspricht, Recht zu setzen.

826 *Röthel*, JZ 2007, S. 755, 762.

827 *Röthel*, JZ 2007, S. 755, 762.

828 *Summerer*, in: FS Hanisch, S. 267, 274.

829 *Summerer*, in: FS Hanisch, S. 267, 274.

830 *Hess*, in: Hess/Dressler (Hrsg.), Aktuelle Rechtsfragen des Sports, S. 1, 40; *Wax*, Internationales Sportrecht, S. 176; s. z. B. Art. 57 Abs. 2 FIFA-Statuten.

„Für das Schiedsgerichtsverfahren gelten die Bestimmungen des Reglements für das Schiedsverfahren des CAS. Das CAS [sic!] wendet in erster Linie die verschiedenen Reglemente der FIFA sowie ergänzend das Schweizer Recht an."

Auch wenn die (subsidiäre) Anwendung schweizerischen Rechts der überwiegenden Praxis des CAS entspricht und die Anknüpfungen hieran in den Statuten der internationalen Sportverbände gegen eine *lex sportiva* als Rechtsgrundlage im Sinne einer originären Rechtsordnung sprechen, so darf nicht die interessante Entwicklung außer Acht gelassen werden, die mit den Änderungen von Art. R58 CAS-Code einherging. Während eine Entscheidung nach „allgemeinen Rechtsregeln" dort zunächst gar nicht vorgesehen war, wurde diese 2004 eingeführt und mit der Revision 2013 der Vorrang des von den Parteien gewählten staatlichen Rechts durch den Vorrang des Verbandsrechts abgelöst.[831] Somit konnte hinsichtlich der vorigen Fassungen von Art. R58 CAS-Code der Schluss gezogen werden, eine vollständige Entkoppelung des Sportrechts von jeglicher Rechtsordnung sei nicht intendiert.[832] Hinsichtlich der aktuellen Fassung von Art. R58 CAS-Code, bei der eine *lex sportiva* zur Anwendung kommen kann, kann dies nicht mehr gelten. Letztlich wird die zukünftige Anwendung der *lex sportiva* als Rechtsgrundlage vor dem CAS davon abhängen, inwieweit dies vom Schweizerischen Bundesgericht bei der *Ordre public*-Überprüfung des Schiedsspruches toleriert wird. Entscheidend muss dabei für das Schweizerische Bundesgericht sein, inwieweit die Rechte der Athleten bei Zugrundelegung einer *lex sportiva* ausreichend geschützt werden.[833] In keinem Fall darf die Vereinbarung einer *lex sportiva* dazu führen, Rechte von strukturell unterlegenen Athleten zu beschneiden.[834] Ohne hier auf die Einzelheiten der Mindeststandards zum Schutze der Athleten einzugehen, die sich aus der CAS-Rechtsprechung ergeben, besteht hier noch erheblicher Nachholbedarf.[835] Im Kontext der vorliegenden Untersuchung streitet

---

831 S. Kap. 1 C. IV.

832 So *Hess*, in: Hess/Dressler (Hrsg.), Aktuelle Rechtsfragen des Sports, S. 1, 41; *Wax*, Internationales Sportrecht, S. 176.

833 Grundsätzlich hält die internationale Gerichtspraxis Schiedsurteile auf der Grundlage anationaler Regelungen für zulässig, *Adolphsen*, SchiedsVZ 2004, S. 169, 174 m. w. N.

834 *Adolphsen*, SchiedsVZ 2004, S. 169, 174.

835 Ebenfalls kritisch *Pfister*, in: Fritzweiler/Pfister/Summerer, PHB Sportrecht, 6. Teil, 1. Kap., Rn. 8; auffällig in diesem Kontext ist auch, dass gerade Verbandsvertreter einer *lex sportiva* offen gegenüberstehen, *Adolphsen*, Internationale Dopingstrafen, S. 50.

dieses Argument ganz wesentlich gegen die *lex sportiva* als Alternative zum CAS. Eine weitere Schwäche der *lex sportiva* besteht in der Lückenhaftigkeit der Statuten der Sportverbände, die einen Rückgriff auf staatliches Recht letztlich doch erforderlich macht.[836]

Somit kann die *lex sportiva* weder vor staatlichen Gerichten als Rechtsgrundlage vereinbart werden, noch handelt es sich bei ihr um ein von einer staatlichen Rechtsordnung völlig unabhängiges anationales Sonderprivatrecht. Mithin kommt die *lex sportiva* nicht als Alternative zum CAS zur Lösung des „Dilemmas der Rechtszersplitterung" in Betracht.

Dieses Ergebnis ändert jedoch nichts daran, dass die *lex sportiva* vor dem CAS selber als anwendbares Recht vereinbart werden und somit zu einem internationalen Entscheidungseinklang beitragen kann. Somit bleibt festzuhalten, die *lex sportiva* das Dilemma der Rechtszersplitterung nicht als Alternative zum CAS lösen kann, sondern wegweisend muss sein, dass der CAS als universelle Zuständigkeit und die *lex sportiva* als materielle Entscheidungsgrundlage kumulativ zur Lösung der Rechtszersplitterung beitragen.

Letztlich ist es Aufgabe des CAS, durch eine kohärente und weiter verbreitete Veröffentlichung der Schiedssprüche zu einer verbesserten *lex sportiva* beizutragen. Denn keine andere ebenso etablierte staatliche oder schiedsgerichtliche Instanz ist in der Lage, die Rechtsprechung des internationalen Sportrechts zu prägen.[837] Nur so können sich die Parteien vor dem CAS und die CAS-Schiedsgerichte mit der CAS-Rechtsprechung auseinandersetzen, so dass diese durch die CAS-Schiedsgerichte fortentwickelt und konkretisiert werden kann.[838]

3. Lösung mithilfe von Harmonisierungen staatlicher Vorschriften

Als weiterer Lösungsansatz zur Behebung des „Dilemmas der Rechtszersplitterung" schlägt *Wax* Harmonisierungsbestrebungen staatlicher Vorschriften vor.[839] Konkret zieht er hierfür zwei Ansätze in Erwägung: Zum

---

836 *Pfister*, in: Fritzweiler/Pfister/Summerer, PHB Sportrecht, 6. Teil, 1. Kap., Rn. 8; *Adolphsen*, in: Witt (Hrsg.), Jahrbuch Junger Zivilrechtswissenschaftler, S. 281, 289 ff.
837 *Simma*, in: FS Seidl-Hohenveldern, S. 573, 580.
838 *Haas*, CaS 2007, S. 271, 274.
839 *Wax*, Internationales Sportrecht, S. 290 ff.

einen die weltweite Harmonisierung der *„sportartinternen"*[840] staatlichen Kollisionsrechte und zum anderen die Harmonisierung strafrechtlicher Vorschriften.[841] Hieran anknüpfend werden weitere Harmonisierungstendenzen zur Behebung des Problems des *forum shoppings* diskutiert.

Für die weltweite Harmonisierung des sportartinternen Kollisionsrechts müssten, so *Wax*, zunächst die Regelungen der konkret zu harmonisierenden Materien[842] vorgesehen und als exklusives Anknüpfungsmoment der Sitz des jeweils im Streit befindlichen Sportverbandes gewählt werden.[843] Hierdurch könnten sportartenintern einheitliche und gerechte Ergebnisse erreicht werden, da jeweils das am Sitz des Sportverbandes geltende Recht Anwendung finden würde.[844] Damit könnte auch das Problem der extraterritorialen Anwendung von Kartellrecht, insbesondere in Staaten, wie Deutschland und den USA, in denen Verbandsstrafen hieran gemessen werden, umgangen werden.[845] Divergierende Entscheidungen zwischen der Sportgerichtsbarkeit und staatlichen Gerichten seien insofern *„nur sehr schwer vorstellbar"*[846], als die Verbandssanktion auch stets auf dem am Sitz des Sportverbandes geltenden Recht begründet wäre.[847] Eine etwaige „Benachteiligung" der Sportler bei Anwendung des am Sitz des Sportverbandes geltenden Rechts bestünde insofern nicht, als sie sich diesem ohnehin schon in seiner Rechtsbeziehung zum Sportverband aufgrund des in staatliches Recht eingebetteten Verbandsrechts unterworfen hätten und zudem die Möglichkeit, durch die Harmonisierung des Kollisionsrechts einen Entscheidungseinklang zu erreichen, gegenüber dem Wunsch des Athleten zur Anwendung seines „Heimatrechts", vorrangig sei.[848] Außerdem sei der Entscheidungseinklang auch höherrangig gegenüber einer kulturellen Di-

---

840 Zutreffend meint *Wax* hiermit eine für das Gleichheitsprinzip bereits ausreichende Gleichbehandlung vergleichbarer sportrechtlicher Sachverhalte innerhalb ein und derselben Sportart, *Wax*, Internationales Sportrecht, S. 295, Fn. 30.

841 *Wax*, Internationales Sportrecht, S. 291.

842 Eine „Totalharmonisierung" des gesamten Sportrechts hält auch *Wax* für unrealistisch und unerwünscht vor dem Hintergrund, dass dann das gesamte den Sport betreffende Recht harmonisiert werden müsste, *Wax*, Internationales Sportrecht, S. 292, Fn. 13.

843 *Wax*, Internationales Sportrecht, S. 292.

844 *Wax*, Internationales Sportrecht, S. 292.

845 S. hierzu *Adolphsen*, Internationale Dopingstrafen, S. 284 ff.

846 *Wax*, Internationales Sportrecht, S. 292.

847 *Wax*, Internationales Sportrecht, S. 292.

848 *Wax*, Internationales Sportrecht, S. 293.

versität der staatlichen Kollisionsrechte und somit die Harmonisierung dieser Kollisionsrechte gerechtfertigt.[849]

Hinsichtlich der Realisierbarkeit der Harmonisierung des sportartspezifischen Kollisionsrechts verweist *Wax* auf das Bestreben der Staatengemeinschaft, mit regionalen Abkommen und dem Internationalen Übereinkommen gegen Doping im Sport rechtsvereinheitlichend zusammenzuarbeiten.[850]

Diesem Lösungsansatz zur Behebung des „Dilemmas" der Rechtszersplitterung ist aus zweierlei Gründen zu widersprechen. Zum einen aufgrund der vorgeschlagenen Anknüpfung am Sitz des internationalen Sportverbandes und zum anderen aus dem Grund der fehlenden Realisierbarkeit des Vorschlages.

Zunächst ist mit *Adolphsen*[851] auf die Problematiken bei der Bestimmung des Sitzes eines internationalen Sportverbandes zu verweisen. Hier stehen sich die Gründungs- und die Sitztheorie gegenüber, wonach zum einen das Recht des Staates, in dem der internationale Sportverband gegründet wurde und zum anderen das Recht des Staates, in dem der internationale Sportverband seinen Hauptverwaltungssitz hat, Anwendung finden soll.[852] Diese Problematik ist jedoch insofern nicht ausschlaggebend, als dies in einer Rechtswahl genau bestimmt werden könnte.[853] Allerdings wird mit dem Vorschlag hinsichtlich des Anknüpfungspunktes am Sitz des internationalen Sportverbandes der Zweck der Sitzbegründung der internationalen Sportverbände übersehen. Dieser liegt insbesondere in der Erlangung der Rechtsfähigkeit, so dass die Statuten eines internationalen Sportverbandes gerade nicht auf die Rechtsordnung eines Sitzstaates bezogen, sondern auf universelle Geltung angelegt sind.[854] Die mit der Sitzbegründung verbundene Anknüpfung an einen Sitzstaat ist somit zufällig.[855] Des Weiteren zieht der Ansatz der Anknüpfung am Sitz des Sportverbandes nicht in Erwägung, dass die überwältigende Mehrzahl der internatio-

---

849 *Wax*, Internationales Sportrecht, S. 293.
850 *Wax*, Internationales Sportrecht, S. 294.
851 *Adolphsen*, Internationale Dopingstrafen, S. 268 ff.
852 *Adolphsen*, Internationale Dopingstrafen, S. 269.
853 So auch *Adolphsen*, Internationale Dopingstrafen, S. 270.
854 *Hess*, in: Hess/Dressler (Hrsg.), Aktuelle Rechtsfragen des Sports, S. 1, 39.
855 *Hess*, in: Hess/Dressler (Hrsg.), Aktuelle Rechtsfragen des Sports, S. 1, 39, der dies mit dem Beispiel der Sitzverlegung der IAAF 1993 von London nach Monaco begründet mit der Folge, dass die IAAF-Regulations nicht mehr auf englischem, sondern auf monegassischem Recht beruhen, was jedoch keine Änderung des Regelwerks erforderlich machte.

nalen Sportverbände ihren Hauptsitz in der Schweiz haben. Demnach käme in der überwiegenden Anzahl der Fälle schweizerisches Kollisionsrecht und damit schweizerisches Recht zur Anwendung. *Wax* hat weder dargelegt, dass dies im Interesse der internationalen Staatengemeinschaft noch im Interesse der Athleten liegen dürfte. Es ist zwar richtig, dass – wie zuletzt auch von dem BGH im *Pechstein*-Verfahren nochmals ausdrücklich festgestellt – dem Athleten gerade kein Anspruch auf Entscheidung durch ein Gericht seines Heimatstaates zukommt.[856] In diesem Kontext ist jedoch die „Verbandsfreundlichkeit" des Schweizerischen Bundesgerichts sowie dessen wohlwollenden Haltung gegenüber Schiedsvereinbarungen im Sport zu sehen. Danach dürfte der Vorschlag, eine Anknüpfung am Sitz des Verbandes, die überwiegend zur Anwendung schweizerischen Rechts führt, allein im Interesse der Sportverbände liegen. Dies kann jedoch nicht legitimer Ausgangspunkt einer solch umfassenden Harmonisierungsreform staatlichen Kollisionsrechts sein.

Zudem dürfte das Vorhaben nicht realisierbar sein. *Wax* billigt selbst zu, dass die von ihm genannten Abkommen zur Harmonisierung *„keine[n] konkrete[n] Hinweis darauf enthalte[n], dass die Staatenwelt einer Rechtsharmonisierung im Bereich des Kollisionsrechts positiv gegenüberstünde."*[857] Dem ist auch vor dem Hintergrund zuzustimmen, dass es seit Lautwerden der Forderung der vorgeschlagenen Harmonisierung[858] keinerlei Realisierungsabsichten hierzu in der Staatengemeinschaft gab. Vielmehr steht die internationale Doping-Bekämpfung aufgrund des Internationalen Abkommens gegen Doping im Sport mit den Verpflichtungen des WADC zwar vorbildlich für ein internationales, gemeinsames Agieren der Staaten und der Sportverbände zur Harmonisierung der entsprechenden Vorschriften. Allerdings stellt die Harmonisierung bei der Doping-Bekämpfung eine Ausnahme dar und hat bisher (leider) noch keine Nachahmung bei der weiteren Harmonisierung im internationalen Sportrecht gefunden. Da eine solche in Zukunft auch nicht absehbar ist, trägt der zu idealistische Vorschlag letztlich nicht zur Lösung des „Dilemmas" der Rechtszersplitterung bei.

Auch der zweite Vorschlag, die Harmonisierung strafrechtlicher Vorschriften, kann nicht die Lösung des „Dilemmas der Rechtszersplitterung"

---

856 BGH, Urteil v. 07.06.2016, Az.: KZR 6/15, NJW 2016, S. 2266, 2272, Rn. 62.
857 *Wax*, Internationales Sportrecht, S. 294.
858 So mahnte z. B. *Silance* bereits 1971 allgemein den Bedarf an internationalen Bestimmungen anhand verschiedener Beispiele an, *Silance*, Olympic Review 1971, S. 586, 592 ff.

im internationalen Sport darstellen. Diesem Denkmodell von *Wax* liegt die Idee zugrunde, durch eine Harmonisierung des auf den Sport Anwendung findenden materiellen Rechts im Sinne eines vollkommenen Entscheidungseinklangs identische Strafen für gleiche Verhaltensweisen *„sowohl im Verbandsverfahren als auch im Strafverfahren hinsichtlich der Höhe des Strafmaßes"*[859] zu erreichen. Beispielsweise müsste ein von seinem Verband wegen eines Dopingverstoßes zwei Jahre gesperrter Sportler auch vom Staat weltweit für zwei Jahre, etwa in Form eines Berufsverbots, gesperrt werden.[860] *Wax* verneint allerdings letztlich selbst die Möglichkeit einer derartigen Harmonisierung des entsprechenden materiellen Strafrechts. Neben zahlreichen anderen rechtlichen Hürden[861] sieht er die vorgeschlagene Harmonisierung insbesondere daran scheitern, dass hierfür *„„fixe Sanktionshöhen im staatlichen Strafprozess, die keine vom Verbandsverfahren abweichende Strafmilderung oder -erhöhung zuließen"*[862] vorausgesetzt werden müssten. Dies sei jedoch nicht mit der richterlichen Unabhängigkeit im staatlichen Strafprozess und hieraus resultierender möglicher unterschiedlicher Bewertungen hinsichtlich der Sanktionshöhe vereinbar.[863]

Dem ist auch aufgrund der weiteren mit der Idee einhergehenden Probleme zuzustimmen, so dass im Ergebnis keiner der beiden Vorschläge zu einer Lösung des „Dilemmas der Rechtszersplitterung" führt.

---

859 *Wax*, Internationales Sportrecht, S. 305.
860 *Wax*, Internationales Sportrecht, S. 305. Er weist zu Recht darauf hin, dass nach deutschem Recht ein Doppelbestrafungsverbot i. S. v. Art. 103 Abs. 3 GG und damit ein Verstoß gegen den *ne bis in idem*-Grundsatz bei gleichzeitiger Bestrafung durch Verbandssanktion und staatliche Strafe nicht vorläge, da es sich bei der Verbandssanktion selbstverständlich nicht um ein allgemeines Strafgesetz i. S. v. Art. 103 Abs. 3 GG handelt; *Hömig*, in: Hömig/Wolff, GG, Art. 103, Rn. 19 hinsichtlich von Vereinsstrafen, die keine allgemeine Strafgesetze sind, so dass dies entsprechend auch für Verbandsstrafen gilt.
861 U. a. nennt *Wax* hier die Problematik des Eingriffs in die Autonomie des Sports, den er jedoch verneint, *Wax*, Internationales Sportrecht, S. 297; außerdem müsse wegen des (zumindest nach deutschem Strafrecht) bestehenden Problems der nicht strafbewehrten Selbstschädigung, international erreicht werden, dass ein dopender Sportler sich des Betruges strafbar mache, *Wax*, Internationales Sportrecht, S. 301 f.; im subjektiven Tatbestand des Betrugstatbestandes bestehe wiederum der Problemkreis der Beweiswürdigung bzw. des unterschiedlichen Verschuldensmaßstabes im Verbandsverfahren (Verschuldensvermutung) und im staatlichen Strafverfahren (Unschuldsvermutung), *Wax*, Internationales Sportrecht, S. 301 ff.
862 *Wax*, Internationales Sportrecht, S. 308.
863 *Wax*, Internationales Sportrecht, S. 308.

4. Die Idee eines Weltsportgerichtshofs und weitere Alternativvorschläge

Naturgemäß wurden zur Lösung des Dilemmas der „Rechtszersplitterung"
in der Literatur zahlreiche weitere Alternativvorschläge unterbreitet. Von
diesen sollen hier einige wenige exemplarisch im Überblick dargestellt
werden. Die Mehrzahl der unterbreiteten Vorschläge eint jedoch, dass die
Hürden auf dem Weg zu ihrer praktischen Durchführung zu hoch sind.

Der Institution des CAS ist die Überlegung einer internationalen staatli-
chen Alternative gegenüberzustellen. So stand in der Diskussion um den
CAS wiederholt die Idee eines internationalen Sportgerichts im Raum,
d. h. eines durch sämtliche Staaten eingerichteten Sportgerichtshofs.[864]
Zur konkreten Ausgestaltung schlug beispielsweise der CAS-Schiedsrichter
Carrard ein „Upgrade" des CAS auf Grundlage des bestehenden UNESCO-
Übereinkommen gegen Doping im Sport vor.[865] Hierdurch könnte eine
Vielzahl von Problemen gelöst werden. So könnten die Staaten zur finanziellen, organisatorischen und prozessualen Unterstützung des CAS völkerrechtlich verpflichtet werden. Die Sozialmacht der Verbände könnte einge-
dämmt werden, indem die Staaten zur Vollstreckung der CAS-Schiedssprüche aufgrund des UNESCO-Übereinkommens verpflichtet würden.[866]
Selbstverständlich steht einer stärkeren staatlichen Involvierung oder gar
eines auf völkerrechtlicher Grundlage gegründeten Weltsportgerichtshof
die Betonung der Autonomie des Sports im Kontext der Verrechtlichung
des Sports gegenüber.[867] Es führte zu weit, diese Diskussion an dieser Stelle
nachzuzeichnen. Ungeachtet der vielen offenen Fragen hinsichtlich der genauen Ausgestaltung eines Weltsportgerichtshofs[868] lässt sich jedoch konstatieren: So unwahrscheinlich die Realisierung eines solchen Weltsportge-
richtshofes derzeit und auch für die Zukunft erwartet werden kann,[869] so
reizvoll bleibt die verstärkte Betonung der staatlichen Verantwortung zur
Verbesserung der CAS-Schiedsgerichtsbarkeit.

Ferner wurde vorgeschlagen, an den Spezifika des internationalen Sportrechts anzusetzen und das System der Monopolstruktur der Verbände zu
durchbrechen, indem für eine Sportart mehrere Verbände zugelassen wür-

---

864 *Hasler*, Yearb. Int. Sports Arb. 2016, S. 3 f.; *Heper*, rescriptum 2017, S. 11, 16.
865 *Hasler*, Yearb. Int. Sports Arb. 2016, S. 3, 8.
866 *Hasler*, Yearb. Int. Sports Arb. 2016, S. 3, 8.
867 *Carrard* verweist dennoch auf die Erforderlichkeit des von ihm dargelegten „Up-
     grade" des CAS angesichts des immens hohen Prozessaufkommens vor dem
     CAS und den staatlichen Gerichten, *Hasler*, Yearb. Int. Sports Arb. 2016, S. 3 f.
868 S. hierzu *Downie*, Melb. J. Int. L. 2011, S. 1, 27 f.
869 *Pfeiffer*, SchiedsVZ 2014, S. 161, 165.

den.[870] Hierdurch könnte auch das Problem der Freiwilligkeit der Schiedsvereinbarung gelöst werden, da den Athleten Wahlmöglichkeiten hinsichtlich der unterschiedlichen Verbände zustünden.[871] Letztlich wurde dieser Vorschlag jedoch zu Recht als „*utopisch*"[872] abgewiesen. Die Vorstellung konkurrierender Weltsportverbände samt konkurrierender Weltmeisterschaften ist beispielsweise mit Blick auf die unübersichtliche Situation im nicht monopolistisch organisierten Box-Sport keine erstrebenswerte Alternative.[873]

Ebenso wenig zielführend sind Erwägungen, den internationalen Sportverbänden Immunität[874] zuzuerkennen, um dadurch eine Überprüfung der Regelwerke und Entscheidungen der internationalen Sportverbände durch staatliche nationale Gerichte zu verhindern.[875] Immunität in dem Sinne, dass sie der staatlichen Gerichtsbarkeit nicht unterlägen, kann den internationalen Sportverbänden allerdings nicht zugesprochen werden. Hiergegen spricht bereits der Umstand, dass internationale Sportverbände – entgegen dem Eindruck, den sie teilweise erwecken mögen[876] – keine zwischenstaatlichen internationalen Organisationen sind, da sie lediglich Zusammenschlüsse von Privatpersonen sind.[877] Sie beruhen weder auf völkerrechtlichem Vertrag noch auf einem Zusammenschluss von Völkerrechtssubjekten. Mitglieder der internationalen Sportverbände sind nicht Staaten, sondern nationale Dachverbände. Vielmehr handelt es sich nach überwiegender Auffassung bei internationalen Sportverbänden um NGOs.[878] Unter NGOs versteht man „*im weitesten Sinne jeden – auch nicht-*

---

870 *Heper*, rescriptum 2017, S. 11, 16.

871 *Heper*, rescriptum 2017, S. 11, 16.

872 *Schleiter*, Globalisierung im Sport, S. 130.

873 *Schlosser*, SchiedsVZ 2015, S. 257, 258.

874 *Summerer*, Internationales Sportrecht, S. 29 ff., der statt des Begriffs der „Immunität" jedoch den der „Exemtion" verwendet.

875 S. hierzu vertiefend *Wax*, Internationales Sportrecht, S. 150 ff.; *Summerer*, Internationales Sportrecht, S. 29 ff. Beide Autoren verwerfen die Idee jedoch letztlich richtigerweise als (verfassungsrechtlich) nicht durchführbar.

876 So bezeichnet sich z. B. die IBSF in ihren Statuten als „neutrale internationale nichtstaatliche Organisation", Art. I 1.1 IBSF-Statuten. Faktisch äußert sich dieses Verständnis der Sportverbände auch darin, dass sie teilweise die Zuständigkeit der staatlichen Gerichte, die die Athleten angerufen haben, für sich als nicht bindend ansehen, *Reuter*, DZWir 1996, S. 1; LG München I, Az.: 7 HKO 16591/94, SpuRt 1995, S. 161, 166.

877 *Heintschel von Heinegg*, in: Epping/Hillgruber, BeckOK/GG, Art. 24, Rn. 12.

878 *Wax*, Internationales Sportrecht, S. 158; *Pfister*, in: Fritzweiler/Pfister/Summerer, PHB Sportrecht, 6. Teil, 1. Kap., Rn. 6; *Klein/Schmahl*, in: Vitzthum/Proelß, Völ-

staatlichen – grenzüberschreitenden Zusammenschluss"[879] bzw. konkreter *„private Verbände, die von natürlichen oder privaten juristischen Personen gegründet werden, damit auf privatrechtlicher, nicht völkerrechtlicher Grundlage beruhen, und auf internationaler Ebene ideelle Interessen verfolgen."*[880] Vor dem Hintergrund der hier aufgeworfenen Frage nach Alternativen zum CAS zur Lösung des Dilemmas der Rechtszersplitterung kann es ferner dahinstehen, ob das IOC und die internationalen Sportverbände ungeachtet ihrer Eigenbezeichnungen[881] als NGOs oder multinationale Unternehmen einzustufen sind.[882]

F. Schlussfolgerungen zu Kapitel 1

Die Ausführungen in Kapitel 1 haben zwei Schwerpunkte akzentuiert: Das Postulat des Entscheidungseinklangs im internationalen Sportrecht sowie die besondere Schutzbedürftigkeit der Athleten.

Im Ergebnis lässt sich festhalten, dass der CAS angesichts seiner weltweiten Bedeutung, insbesondere aufgrund seiner Anerkennung vonseiten der

---

kerrecht, S. 260, Rn. 12, die das IOC beispielhaft für den Sport als NGO aufführen.

879 *Epping*, in: Ipsen, Völkerrecht, § 6, Rn. 21; *Stein/v. Buttlar/Kotzur*, Völkerrecht, § 29, Rn. 491.

880 *Dahm/Delbrück/Wolfrum*, Völkerrecht, Band I/2, S. 232 f.

881 Das IOC bezeichnet sich als „an international non-governmental not-for-profit organisation [...]", Rule 15 Abs. 1 OC und sieht auch die internationalen Sportverbänden als NGOs; Rule 25 Abs. 1 OC: „[...] the IOC may recognise as IFs international non-governmental organisations [...]"; die FIFA trifft in ihren Statuten nur eine Aussage über ihren Status nach nationalem Recht, Art. 1 Abs. 1 FIFA-Statuten: „Die Fédération Internationale de Football Association (FIFA) ist ein im Handelsregister des Kantons Zürich eingetragener Verein im Sinne von Art. 60 ff. des Schweizerischen Zivilgesetzbuches (ZGB)." wird jedoch als NGO (allerdings mit berechtigten Zweifeln hinsichtlich der Abgrenzung zu multinationalen Unternehmen) angesehen, *Heintschel von Heinegg*, in: Epping/Hillgruber, BeckOK/GG, Art. 24, Rn. 12.

882 *Wax*, Internationales Sportrecht, S. 160 stellt insofern berechtigterweise auf eine Einzelfallbetrachtung der jeweiligen Organisation ab. Dies hängt maßgeblich von der Gewinnerzielungsabsicht ab, *Dahm/Delbrück/Wolfrum*, Völkerrecht, Band I/2, S. 233 unter dem Hinweis, dass eine Gewinnorientierung nicht *per se* die Qualifizierung als NGO ausschließt, solange die erzielten Einnahmen der Zielverwirklichung der Organisation dienen; *Delbrück*, Nichtregierungsorganisationen, S. 4 f.; der berechtigte Zweifel an der Einordnung der FIFA als NGO insofern äußert, als deren wirtschaftliche Betätigung wohl nicht mehr allein als dem Verbandsziel dienend angesehen werden könne.

Sportverbände und der staatlichen Gerichte die treffendste Lösung zur Misere der internationalen Rechtszersplitterung bietet. Hieran können auch die zahlreichen aufgezeigten Kritikpunkte nichts Grundlegendes ändern. Ferner weist keine der besprochenen Alternativen vergleichbar entwickelte Strukturen zur Lösung des Dilemmas der internationalen Rechtszersplitterung auf. Dennoch bedarf der CAS angesichts seiner aufgezeigten Schwächen, die sich besonders in der strukturellen Unterlegenheit der Athleten äußert, selbst eines Korrelats. Ein solches kann nur in einer staatlichen Kontrolle auf Grundlage eines international einheitlichen Maßstabs gesehen werden.

Um die Herbeiführung dieses international einheitlichen Maßstabs zu ermöglichen, wurde in dieser Untersuchung eine – für manchen Leser im Kontext einer Schiedsinstitution wie der des CAS auf den ersten Blick möglicherweise überraschende – besondere Perspektive gewählt, nämlich diejenige der *Konvention zum Schutz der Menschenrechte und Grundfreiheiten*, kurzum die „EMRK-Perspektive". Im Rahmen dieser „EMRK-Perspektive" stellen sich Fragen aus verschiedenen Blickwinkeln: Was bildet den Hintergrund dieser „EMRK-Perspektive"? Inwiefern findet die EMRK Anwendung auf CAS-Schiedssprüche? Und ist der CAS selbst an die Garantien der EMRK gebunden?

Fragen, auf die Kapitel 2 Antworten zu finden sucht.

KAPITEL 2: „Die EMRK-Perspektive" – Art. 6 Abs. 1 EMRK als Überprüfungsmaßstab für das Berufungsverfahren vor dem CAS

Die Verfahren vor dem EGMR der Beschwerdeführer *Mutu* und *Pechstein*[883] oder auch das angekündigte Vorgehen von *Platini*[884] stehen stellvertretend für das Bedürfnis der vor dem CAS unterlegenen Schiedsparteien, ihre Rechte vor dem EGMR geltend zu machen. Sie behandeln Fragen der Kontextualisierung des CAS-Berufungsverfahrens in den Menschenrechtsschutz der EMRK. Auf die damit einhergehenden Probleme, die sich insbesondere in Bezug auf Art. 6 EMRK stellen, haben nicht nur der EGMR, sondern die gesamte Sportschiedsgerichtsbarkeit Antworten zu finden. Die vorliegende Untersuchung erörtert die Fragen, inwieweit die Verfahrensgarantien gemäß Art. 6 EMRK vor dem CAS Anwendung finden und ob der CAS selbst an Art. 6 EMRK gebunden ist.

A. *Zur Relevanz von Menschenrechten im CAS-Berufungsverfahren*

Als „*the Clash of Two Transnational Juridical Phenomena*"[885] könnte das Verhältnis zwischen der internationalen Schiedsgerichtsbarkeit und den internationalen Menschenrechten beschrieben werden. Es ist seit jeher umstritten, ob es sich dabei um unabhängig voneinander, ohne jegliche Konvergenz bestehende Gebiete des internationalen Rechts handelt, oder ob ein Grundkonsens zwischen beiden besteht, der zur Anwendbarkeit von internationalen Menschenrechten in der internationalen Schiedsgerichtsbarkeit führt, von der Wissenschaft und Praxis profitieren könnten.[886] Im Zen-

---

883 EGMR, Urteil v. 02.10.2018, Nr. 40575/10, 67474/10, Mutu und Pechstein v. Suisse, SpuRt 2018, S. 253 ff. = BeckRS 2018, S. 23523.

884 *Michel Platini* hat lediglich angekündigt, Individualbeschwerde zum EGMR einzulegen. Diese ist jedoch derzeit noch nicht anhängig.

885 So die Überschrift zum ersten Kapitel bei *Jaksic*, Arbitration and Human Rights, S. 17, Einführung.

886 Für eine getrennte Betrachtung *McDonald*, J. Int. Arb. 2003, S. 523, 524 ff.; *Samuel*, J. Int. Arb. 2004, S. 413 ff.; *Jarrosson*, Revue de l'arbitrage 1989, S. 573 ff.; die Gemeinsamkeiten betonend *Jaksic*, Arbitration and Human Rights, S. 17 ff.; *Emberland*, J. Int. Arb. 2003, S. 355, 358 ff.; *Robinson/Kasolowsky*, Arb. Int. 2002,

trum des Streits steht die Anwendung von Verfahrensgarantien als Bestandteil der internationalen Menschenrechte.[887] Die Befürworter der Anwendbarkeit von Menschenrechten in Schiedsverfahren betonen den beiden Rechtsgebieten gemeinsamen Grundkonsens, nämlich deren Trans- bzw. Supranationalität.[888] Auch die Tatsache, dass es sich bei der Handelsschiedsgerichtsbarkeit um kommerzielle Streitigkeiten handle, stehe der Anwendbarkeit von Menschenrechten nicht entgegen, vielmehr verdeutliche beispielsweise Art. 34 EMRK[889], dass eine Individualbeschwerde zum EGMR zur Geltendmachung von Menschenrechten nicht nur natürlichen, sondern auch juristischen Personen und damit Unternehmen offen stehe.[890] Die Gegner einer Konvergenz der beiden Rechtsgebiete betonen insbesondere die unterschiedlichen Ausgangslagen – Parteiautonomie auf der Seite der (Handels-)Schiedsgerichtsbarkeit, *fair trial*-Garantien von Individuen gegen Staaten auf der Seite der Menschenrechte.[891] Zudem seien die Schiedsparteien aufgrund der staatlichen Überprüfung der Schiedssprüche ausreichend geschützt.[892]

Für die internationale Sportschiedsgerichtsbarkeit erscheint die Konvergenz der beiden Rechtsgebiete aus mehreren Gründen dringend geboten. Zunächst ist festzuhalten, dass der durch die *Ordre public*-Überprüfung gewährleistete Schutz hinsichtlich der Überprüfung von CAS-Schiedssprüchen nicht ausreichen kann, da er im Sinne des *revision au fond* nur vor groben Verstößen gegen die Rechtsordnung schützt. Daher bleibt die Überprüfung deutlich unter dem Schutzniveau der Verfahrensgarantien von beispielsweise Art. 6 EMRK.

Darüber hinaus fehlt es an einer einheitlichen Definition der *Public policy* bzw. des *Ordre public* und es besteht auch heute noch der bereits von

---

S. 453, 466; *Benedettelli*, Arb. Int. 2015, S. 631, 632 ff.; *Petrochilos*, Procedural Law in International Arbitration, S. 110, Rn. 4.02.

887 *Benedettelli*, Arb. Int. 2015, S. 631.

888 *Jaksic*, Arbitration and Human Rights, S. 20.

889 Art. 34 S. 1 EMRK: „Der Gerichtshof kann von jeder natürlichen Person, nichtstaatlichen Organisation oder Personengruppe, die behauptet, durch eine der Hohen Vertragsparteien in einem der in dieser Konvention oder den Protokollen dazu anerkannten Rechte verletzt zu sein, mit einer Beschwerde befasst werden."

890 *Emberland*, J. Int. Arb. 2003, S. 355, 361; *Benedettelli*, Arb. Int. 2015, S. 631, 636.

891 *McDonald*, J. Int. Arb. 2003, S. 523, 526.

892 *McDonald*, J. Int. Arb. 2003, S. 523, 526 f.; mit weiteren Argumenten *Benedettelli*, Arb. Int. 2015, S. 631, 633.

van den Berg beschriebene „*Pendulumeffekt*"[893], der je nach nationalen Vorstellungen und Umständen zu unterschiedlichen Maßstäben bei der Überprüfung des *Ordre public* führt.[894] Somit ist der Schiedsspruch nationalen Wertungen durch staatliche Gerichte ausgesetzt.[895] Dadurch drohen Rechtszersplitterung und uneinheitliche Rechtsanwendung in Bezug auf die Einhaltung der Menschenrechte. Zudem ist die liberale Haltung, die viele staatliche Gerichte bei der Kontrolle eines Schiedsspruches aufgrund des *Ordre public international* zugrunde legen[896] problematisch, da hierdurch nur eine eingeschränkte und zurückhaltende Überprüfung erfolgt. Außerdem ist die Überprüfung durch staatliche Gerichte selten ein „scharfes Schwert". So bejahen die nationalen Gerichte einen Verstoß gegen den *Ordre public international* bzw. *Ordre public européen*, deren Bestandteil die Verfahrensgarantien von Art. 6 EMRK als Menschenrechte sind[897] lediglich für den Fall, dass das Schiedsgericht gegen fundamentale Rechtsgrundsätze verstoßen hat.[898] Außerdem unterliegt Art. V UN-Übereinkommen als „Kann"-Vorschrift dem Ermessen des nationalen Richters, einen Schiedsspruch für vollstreckbar zu erklären bzw. aufzuheben.[899] Mithin kann durch die *Ordre public*-Überprüfung der staatlichen Gerichte nicht in gleichem Maße das Schutzniveau der Verfahrensgarantien eingehalten werden, welches Art. 6 EMRK vorsieht.[900]

Dies kann vor dem Hintergrund der speziellen Gegebenheiten und Bedürfnisse des internationalen Sportrechts nicht interessengerecht sein. So besteht, wie dargestellt[901], eine besonders hohe Schutzbedürftigkeit des Athleten während des gesamten Verfahrens, angefangen bei der „faktischen Unfreiwilligkeit" der Schiedsvereinbarung über die strukturelle Unterlegenheit während des Schiedsverfahrens bis hin zur Unterwerfung des Athleten unter die systemimmanente Umsetzung des CAS-Schiedsspru-

---

893 *van den Berg*, The New York Arbitration Convention of 1958, S. 368: „The interpretation of public policy is like the movement of a pendulum."

894 *Jaksic*, Arbitration and Human Rights, S. 192.

895 So bereits für die Handelsschiedsgerichtsbarkeit *Jaksic*, Arbitration and Human Rights, S. 192.

896 S. Kap. 1 B. II.

897 *Habscheid*, in: FS Henckel, S. 341, 345; *Jaksic*, Arbitration and Human Rights, S. 193 m. w. N.

898 S. Kap. 1 B. II.

899 *Jaksic*, Arbitration and Human Rights, S. 193 f.

900 *Batliner/Gasser*, in: FS Baudenbacher, S. 705, 724 konkret hinsichtlich Schiedsklauseln zu Lasten Dritter im liechtensteinischen Recht mit auf die Sportschiedsgerichtsbarkeit übertragbarer Argumentation.

901 S. Kap. 1 B.

ches durch die internationalen Sportverbände. Diese Schutzbedürftigkeit des Athleten sowie die notwendige Denationalisierung der internationalen Sportschiedsgerichtsbarkeit erfordern in besonderem Maße eine Konvergenz Letzterer mit supranationalen Menschenrechten. Darüber hinaus sprechen die für jedermann leicht zugängliche EGMR-Rechtsprechung sowie deren hoher Grad an Verständlichkeit dafür, diese zum Bezugspunkt für Schiedsverfahren zu machen.[902]

Ein international einheitlicher Überprüfungsmaßstab ist als Korrelat eines internationalen Entscheidungseinklangs dringend geboten. Denn es ist offenkundig, dass ein konsequenter internationaler Entscheidungseinklang im internationalen Sportrecht nicht bei der Anerkennung einer einheitlichen Instanz, wie des CAS, enden darf. Ferner ist für den Bereich des Dopings der Satz richtig, dass die Bewertung eines Dopingvorwurfs weder von der Nationalität des Sportlers, dem Wohn- oder Vereinssitz, dem Ort der Dopingprobe bzw. -analyse noch dem Wettkampfort abhängig sein kann.[903] Doch ist dies hinsichtlich des Überprüfungsmaßstabes des CAS-Verfahrens nicht erschöpfend. Vielmehr muss konsequenterweise auch dieser universeller Natur sein, um den internationalen Entscheidungseinklang nicht durch nationale Wertungen zu gefährden.

Entgegen den eingangs erwähnten kritischen Stimmen ist die Anwendbarkeit von internationalen Menschenrechten in der internationalen Sportschiedsgerichtsbarkeit damit weder „unnecessary" noch „dangerous ideologically"[904], sondern zwingend geboten.

B. Voraussetzungen von Art. 6 Abs. 1 EMRK

Um überhaupt in den Anwendungsbereich von Art. 6 EMRK zu gelangen, müssten für das CAS-Berufungsverfahren zunächst allgemein die Voraussetzungen von Art. 6 EMRK einschlägig sein.

Art. 6 Abs. 1 S. 1 EMRK lautet:

> „Jede Person hat ein Recht darauf, dass über Streitigkeiten in Bezug auf ihre zivilrechtlichen Ansprüche und Verpflichtungen oder über eine gegen sie erhobene strafrechtliche Anklage von einem unabhängigen und unparteiischen, auf Gesetz beruhenden Gericht in einem fai-

---

902 *Emberland*, J. Int. Arb. 2003, S. 355, 362.
903 *Adolphsen*, SchiedsVZ 2004, S. 169, 171.
904 So *McDonald*, J. Int. Arb. 2003, S. 523, 526 zur Anwendung von internationalen Menschenrechten auf die internationale Handelsschiedsgerichtsbarkeit.

ren Verfahren, öffentlich und innerhalb angemessener Frist verhandelt wird."

Authentische Sprachfassungen der EMRK sind jedoch nur die in englischer und französischer Sprache, die somit bei der Auslegung entscheidend sind.[905] Die englische Originalfassung von Art. 6 Abs. 1 S. 1 EMRK[906] lautet:

„In the determination of his civil rights and obligations or of any criminal charge against him, everyone is entitled to a fair and public hearing within a reasonable time by an independent and impartial tribunal established by law."[907]

Zur französischen Originalfassung von Art. 6 Abs. 1 S. 1 Convention européenne des droits de l'homme (CEDH):

„Toute personne a droit à ce que sa cause soit entendue équitablement, publiquement et dans un délai raisonnable, par un tribunal indépendant et impartial, établi par la loi, qui décidera, soit des contestations

---

905   S. Schlussklausel zur Ratifikation der EMRK gemäß Art. 59 EMRK, BGBl. II 2010, S. 1198, 1217: „Geschehen zu Rom am 4. November 1950 in englischer und französischer Sprache, wobei jeder Wortlaut gleichermaßen verbindlich ist." Andere Sprachfassungen sind lediglich Übersetzungen, *Grabenwarter/Pabel*, EMRK, § 5, Rn. 2; *Mayer*, in: Karpenstein/Mayer, EMRK, Einl., Rn. 56; bei Divergenzen zwischen der frz. und engl. Originalfassung gilt Art. 33 WVK, der entgegen der in Art. 4 WVK festgeschriebenen Nichtrückwirkung nach der Rechtsprechung des EGMR Anwendung findet, *Matscher*, in: Macdonald/ Matscher/Petzold (Hrsg.), The European System for the Protection of Human Rights, S. 63, 65; gemäß Art. 33 WVK sind mangels abweichender Regelung in der EMRK die Texte in frz. und engl. Sprache in gleicher Weise maßgebend (Abs. 1) und es wird vermutet, dass die Ausdrücke des Vertrags in jedem authentischen Text dieselbe Bedeutung haben (Abs. 3).

906   Vergleichbare Regelungen finden sich in Art. 14 Abs. 1 S. 1 u. 2 IPbpR (engl. Originalfassung): „All persons shall be equal before the courts and tribunalS. In the determination of any criminal charge against him, or of his rights and obligations in a suit at law, everyone shall be entitled to a fair and public hearing by a competent, independent and impartial tribunal established by law." und Art. 8 AMRK: „Every person has the right to a hearing, with due guarantees and within a reasonable time, by a competent, independent, and impartial tribunal, previously established by law, in the substantiation of any accusation of a criminal nature made against him or for the determination of his rights and obligations of a civil, labor, fiscal, or any other nature."

907   European Convention on Human Rights (ECHR), abrufbar unter: http://www.e chr.coe.int/Documents/Convention_ENG.pdf (Stand: März 2019).

sur ses droits et obligations de caractère civil, soit du bien-fondé de toute accusation en matière pénale dirigée contre elle."[908]

Neben dem Vorliegen einer zivilrechtlichen Streitigkeit im Sinne der Vorschrift steht insbesondere die Frage der Qualifizierung des CAS als „tribunal established by law" in Streit.

I. Der CAS als „tribunal established by law" gemäß Art. 6 Abs. 1 S. 1 EMRK

In der Literatur[909] wird sich teilweise auf den Standpunkt gestellt, die Verfahrensgarantien gemäß Art. 6 Abs. 1 S. 1 EMRK könnten vor einem Schiedsgericht allein aus dem Grund der fehlenden Eröffnung des Normanwendungsbereichs keine Bedeutung erlangen.[910] So handle es sich bei einem Schiedsgericht insbesondere nicht um ein „tribunal established by law" mit der Folge, dass das Schiedsgericht die Verfahrensgarantien von Art. 6 Abs. 1 S. 1 EMRK nicht zu beachten habe. Dem ist jedoch aus verschiedenen Gründen zu widersprechen.

Ob der CAS als „tribunal established by law" im Sinne von Art. 6 Abs. 1 S. 1 EMRK betrachtet werden kann, ist insofern umstritten, als die Zuständigkeit des CAS doch gerade auf dem Willen der Parteien begründet wird, durch die Schiedsvereinbarung den Ausschluss der staatlichen Gerichte zu bezwecken.[911] Dies wirft Fragen nach den hieraus zu ziehenden Schlussfolgerungen auf.

Um die Anwendbarkeit der Verfahrensgarantien gemäß Art. 6 Abs. 1 S. 1 EMRK vor dem CAS grundsätzlich ausschließen zu können, müsste dieser von den Voraussetzungen des „tribunal established by law" nach der Vorschrift ausgenommen sein. Hiergegen sprechen jedoch sowohl bereits der

---

908 Abrufbar unter: http://www.echr.coe.int/Documents/Convention_FRA.pdf (Stand: März 2019). Grundsätzlich bestehen zwischen den beiden authentischen Sprachfassungen keine Divergenzen, so dass im Folgenden auf die engl. Originalfassung zurückgegriffen wird. Sofern die frz. Originalfassung ausnahmsweise explizite Besonderheiten enthält, werden diese jeweils erörtert.

909 *Jacot-Guillarmod*, in: FS Wiarda, S. 281, 290 ff., der darauf abstellt, dass die Verfahrensgarantien des Art. 6 EMRK schlichtweg nicht für Schiedsgerichte konzipiert seien, sondern deren Verfahrensgarantien sich aus dem jeweiligen Schiedsverfahrensrecht ergeben müssten.

910 Zu den Ansichten im Überblick *Petrochilos*, Procedural Law in International Arbitration, S. 152, Rn. 4.99 m. w. N.

911 *Muresan/Korff*, CaS 2014, S. 199, 206.

Wortlaut des „tribunal established by law" als auch die neben dem Wortlaut zu berücksichtigenden völkergewohnheitsrechtlichen Auslegungsmethoden gemäß Artt. 31 und 32 WVK der systematischen und autonomen Interpretation.[912] Die historische Interpretation ist demgegenüber Art. 32 WVK entsprechend lediglich subsidiär zu berücksichtigen.[913]

1. Der CAS als „tribunal" i. S. v. Art. 6 Abs. 1 S. 1 EMRK

Ob ein Schiedsgericht unter den Gerichtsbegriff des Art. 6 Abs. 1 EMRK fällt, ist ohne Rückgriff auf die insoweit unbeachtliche Eigenbezeichnung durch autonome Auslegung zu ermitteln.[914]

Trotz der unbestrittenen Fokussierung auf staatliche Gerichtsverfahren kann ausgehend von dem Wortlaut des Art. 6 EMRK unter dessen Gerichtsbegriff[915] auch ein Schiedsgericht fallen.[916] Zwar finden Schiedsgerichte keine ausdrückliche Erwähnung, allerdings wurde auch von der Verwendung des mit staatlichen Gerichten assoziierten expliziten Begriffes „court"[917] abgesehen.[918] Unter den nach den Originalfassungen gewählten Begriff „tribunal" sind demnach sowohl Schiedsgerichte als auch staatliche Gerichte zu subsumieren.

Die systematische Auslegung spricht nicht gegen eine Auslegung, den CAS als „tribunal" im Sinne der Norm zu qualifizieren. Hinsichtlich der

---

912 *Grabenwarter/Pabel*, EMRK, § 5, Rn. 8 ff.

913 *Grabenwarter/Pabel*, EMRK, § 5, Rn. 7.

914 *Kühne*, in: Pabel/Schmahl, IntKom, EMRK, Art. 6, Rn. 286; *Grabenwarter/Pabel*, in: Dörr/Grote/Marauhn, EMRK/GG, Kap. 14, Rn. 38.

915 S. eingehend zur Anforderung „tribunal established by law" gemäß Art. 6 Abs. 1 EMRK *Müßig*, Gesetzlicher Richter ohne Rechtsstaat?, S. 34 ff.; *Matscher*, in: FS Baumgärtel, S. 363 ff.

916 A. A. *Reiner*, ZfRV 2003, S. 52, 60, der aber dennoch die Anwendbarkeit der „unverzichtbaren Verfahrensgarantien" des Art. 6 EMRK auf Schiedsverfahren befürwortet; *Distler*, Private Schiedsgerichtsbarkeit und Verfassung, S. 264 ff.; *Liebscher*, The Healthy Award, S. 73; *Briner/v. Schlabrendorff*, in: FS Böckstiegel, S. 89, 93: „As, according to its wording, Article 6 ECHR covers only the situation of judicial dispute resolution [...]", die aber grundsätzlich einen indirekten horizontalen Effekt von Art. 6 EMRK auf die Schiedsgerichtsbarkeit bejahen; *De Ly*, The Relevance of Public International Law in International Commercial Arbitration, S. 29, 36.

917 Ebenso wenig wird in der frz. Fassung von „cour" gesprochen.

918 *Kühne*, in: Pabel/Schmahl, IntKom, EMRK, Art. 6, Rn. 282 ff. weist auf die „Verschwommenheit" der beiden Begriffe und auf deren unterschiedliche Bedeutung in den verschiedenen Jurisdiktionen hin.

Systematik von Art. 6 EMRK ist zu beachten, dass Abs. 1 sowohl für Zivil-
als auch für Strafverfahren gilt, demgegenüber die Unschuldsvermutung
gemäß Abs. 2 sowie die Einzelgarantien gemäß Abs. 3 nur auf Strafverfahren anwendbar sind.[919] Grundsätzlich wird in Art. 6 Abs. 1 S. 1 sowohl für
Straf- als auch für Zivilgerichte einheitlich von „tribunal" gesprochen. Teilweise wurde aus dieser einheitlichen Verwendung geschlussfolgert, hieraus
ergebe sich zwingend die begriffliche Verwendung für ein staatliches Gericht.[920] Dagegen spricht jedoch vielmehr für eine weite Interpretation des
Gerichtsbegriffes, dass mit „tribunal" der Oberbegriff für verschiedene Ge-
richtsformen gewählt wurde, der nicht bestimmte Gerichte ausschließen
wollte. Sofern der Gerichtsbegriff sich nur auf Strafgerichte beziehen sollte, wurde dies auch deutlich gemacht, wie z. B mit der ausdrücklichen Verwendung des Begriffes *„court"* in Art. 6 Abs. 3 lit. e) EMRK in der englischen Originalfassung.[921]

Ferner spricht die vom EGMR geforderte funktionale Auslegung des Gerichtsbegriff dafür, den CAS als „tribunal" i. S. v. Art. 6 Abs. 1 EMRK zu
sehen.[922] So hat der EGMR in verschiedenen Entscheidungen bereits betont, der Gerichtsbegriff sei nicht auf klassische staatliche Gerichte zu beschränken.[923] Unabhängig von der nationalen rechtlichen Einordnung
zählen all jene Spruchkörper im Sinne des materiellen Gerichtsbegriffes

---

919 *Grabenwarter/Pabel*, EMRK, § 24, Rn. 4.
920 *Distler*, Private Schiedsgerichtsbarkeit und Verfassung, S. 265 unter Verweis darauf, dass aufgrund der einheitlichen Verwendung auch ein staatliches Gericht
gemeint sei, wenn nicht von Straf- sondern von Zivilverfahren die Rede sei.
921 Art. 6 Abs. 3 lit. e) EMRK: „Everyone charged with a criminal offence has the
following minimum rights: to have the free assistance of an interpreter if he cannot understand or speak the language used in court"; in der frz. Originalfassung
wird nicht der Begriff „cour" verwendet, sondern ausdrücklich die öffentliche
Verhandlung erwähnt, Art. 6 Abs. 3 lit. e) EMRK: „Tout accusé a droit notam-
ment à: se faire assister gratuitement d'un interprète, s'il ne comprend pas ou ne
parle pas la langue employée à l'audience."
922 A. A. *Distler*, Private Schiedsgerichtsbarkeit und Verfassung, S. 265 f., der darauf
abstellt, dass nur der Staat Adressat der Ansprüche aus Art. 6 EMRK sein könne.
Dies ist in diesem Kontext jedoch insofern ein fehlerhaftes Auslegungsergebnis,
da die Staatenverantwortlichkeit nichts über den Anwendungsbereich von Art. 6
Abs. 1 EMRK aussagt.
923 EGMR, Urteil v. 08.07.1986, Nr. 9006/80; 9262/81; 9263/81; 9265/81; 9266/81;
9313/81; 9405/81, Lithgow and Others v. The United Kingdom, Rn. 201: „Again,
it recalls that the word "tribunal" in Article 6 para. 1 (Art. 6-1) is not necessarily
to be understood as signifying a court of law of the classic kind, integrated within the standard judicial machinery of the country [(...)]; thus, it may comprise a
body set up to determine a limited number of specific issues, provided always

der EMRK als Gerichte, die eine bindende Entscheidung treffen und nach rechtlichen Maßstäben aufgrund eines geregelten Verfahrens über den entsprechenden Anspruch entscheiden können.[924] Diese Voraussetzungen sind für den CAS zu bejahen. Er trifft eine bindende Entscheidung[925], die auf einer *de novo*-Basis[926] beruht und entscheidet mit dem CAS-Code aufgrund eines geregelten Verfahrens. Somit ist der CAS ein „tribunal" gem. Art. 6 Abs. 1 EMRK. In seinem *Mutu/Pechstein*-Urteil hat der EGMR unter kurzer Benennung der obigen Grundsätze ebenso entschieden.[927]

2. Beruht der CAS auf einem Gesetz?

Ungleich problematischer stellt sich die Frage, ob der CAS auf einem Gesetz beruht („established by law"). Auf den ersten Blick könnte dies aus dem simplen Umstand verneint werden, ein Schiedsgericht beruhe ja gerade nicht wie z. B. ein staatliches Gericht auf Gesetz, sondern auf der Schiedsvereinbarung und damit auf dem Willen der Parteien, ihren Rechtsstreit vor dem Schiedsgericht auszutragen. So argumentieren auch zahlreiche Literaturstimmen[928] und schlussfolgern hieraus, allein aus die-

---

that it offers the appropriate guarantees."; EGMR, Urteil v. 03.04.2008, Nr. 773/03, Regent Company v. Ukraine, Rn. 54; EGMR, Urteil v. 28.06.1984, Nr. 7819/77; 7878/77, Campbell and Fell v. The United Kingdom, Rn. 76.

924 *Grabenwarter/Pabel*, in: Dörr/Grote/Marauhn, EMRK/GG, Kap. 14, Rn. 38 bis 40; *dies.*, EMRK, § 24, Rn. 30 f.; *Peukert*, in: Frowein/Peukert, EMRK, Art. 6, Rn. 200; *Matscher*, in: FS Baumgärtel, S. 363, 364; *Müßig*, Gesetzlicher Richter ohne Rechtsstaat?, S. 47.

925 Art. R59 Abs. 4 S. 1 CAS-Code, s. Kap. 1 C. IV.

926 Art. R57 Abs. 1 S. 1 CAS-Code, s. Kap. 1 C. IV.

927 EGMR, Urteil v. 02.10.2018, Nr. 40575/10, 67474/10, Mutu und Pechstein v. Suisse, Rn. 139 (Voraussetzungen) u. Rn. 149 (Subsumtion), SpuRt 2018, S. 253, 256 f. = BeckRS 2018, S. 23523.

928 *Grothe/Frohn*, CaS 2008, S. 104, 107, Fn. 39; *Tochtermann*, Die Unabhängigkeit und Unparteilichkeit des Mediators, S. 38; *Landrove*, in: Human Rights at the Center, S. 73, 91; *Robinson/Kasolowsky*, Arb. Int. 2002, S. 453, 456; *Distler*, Private Schiedsgerichtsbarkeit und Verfassung, S. 266; *Wedam-Lukic*, Arbitration 1998, S. 16, 17, der dennoch die Anwendbarkeit von Art. 6 EMRK auf Schiedsverfahren befürwortet; *Liebscher*, The Healthy Award, S. 73; *Grabenwarter/Pabel*, EMRK, § 24, Rn. 33, nach denen an private Schiedsgerichte nicht die gleichen Anforderungen wie an ein Gericht gem. Art. 6 Abs. 1 EMRK zu stellen seien, soweit die Parteien auf die Verfahrensgarantien gem. Art. 6 Abs. 1 EMRK verzichtet hätten; rechtsstaatliche Mindestanforderungen seien aber auch vor privaten Gerichten einzuhalten; *Jarrosson*, Revue de l'arbitrage 1989, S. 573, 592, Rn. 35;

sem Grund könnten die Verfahrensgarantien von Art. 6 Abs. 1 EMRK vor dem Schiedsgericht keine Anwendung finden.[929] Dass diese Schlussfolgerung zu kurz greift, wird bereits aus dem Schutzzweck der Anforderung „established by law" unter Berücksichtigung der EMRK-Rechtsprechung ersichtlich. Das Merkmal der gesetzlichen Grundlage wurde vorgesehen, um die Errichtung von nachträglich konstituierten Ausnahmegerichten zu verhindern.[930] Ausnahmegerichte sind sog. „ad hoc"-Gerichte, die zur Beurteilung von bestimmten Einzelfällen errichtet werden.[931] So betonte bereits die EKMR[932] in der Rechtssache *Zand v. Austria:*

> „It is the objective and purpose of the clause in Art. 6 (1) requiring that the court shall be „established by law" that the judicial organization in a democratic society must not depend on the description of the Executive, but that it should be regulated by law emanating from Parliament."[933]

Demnach soll in einer demokratischen Gesellschaft die Organisation der Gerichte nicht dem Ermessen der Exekutive überlassen werden.[934]

Erforderlich, aber auch ausreichend ist somit, dass das Gericht auf einem von einem Parlament verabschiedeten Gesetz beruht, das insbesondere den Rahmen für den organisatorischen Aufbau und die Zusammen-

---

Jacot-Guillarmod, in: FS Wiarda, S. 281, 291, der die Gegenansicht als zu konstruiert kritisiert.

929 *Landrove*, in: Human Rights at the Center, S. 73, 91; *Besson*, ASA Bulletin 2006, S. 395, 401, Rn. 23.

930 *Grabenwarter/Pabel*, EMRK, § 24, Rn. 32; *Jung*, ZEuS 2014, S. 173, 177; *Müßig*, Gesetzlicher Richter ohne Rechtsstaat?, S. 38; *Matscher*, ZöR 1980, S. 1, 18; *Kühne*, in: Pabel/Schmahl, IntKom, EMRK, Art. 6, Rn. 291; *Meyer*, in: Karpenstein/Mayer, EMRK, Art. 6, Rn. 41; EGMR, Urteil v. 08.07.1986, Nr. 9006/80; 9262/81; 9263/81; 9265/81; 9266/81; 9313/81; 9405/81, Lithgow and Others v. The United Kingdom, Rn. 201; noch deutlicher wird dieser Schutzzweck in Art. 8 Abs. 1 AMRK formuliert:„[...] **previously** established by law [...]" (Hervorhebung durch Verf.). Die Formulierung von Art. 6 Abs. 1 S. 1 EMRK entspricht der des Art. 14 Abs. 1 S. 2 IPbpR.

931 *Müßig*, Gesetzlicher Richter ohne Rechtsstaat?, S. 38; *Villiger*, Handbuch der EMRK, S. 261 f., Rn. 414; *Grabenwarter*, Verfahrensgarantien in der Verwaltungsgerichtsbarkeit, S. 656, Fn. 262.

932 Die Europäische Kommission für Menschenrechte (EKMR) war bis 1998 das für Indiviudalbeschwerden zuständige Konventionsorgan, s. Kap. 3 D. I.

933 EKMR, Bericht v. 12.08.1978, Nr. 7360/76, Zand v. Austria, Rn. 69; bestätigt durch EKMR, Beschluss v. 18.12.1980, Nr. 8603/79; 8722/79; 8723/79; 8729/79; Crociani u. a. v. Italy, Rn. 8.

934 *Kühne*, in: Pabel/Schmahl, IntKom, EMRK, Art. 6, Rn. 291.

setzung des erkennenden Gerichts sowie dessen sachliche und örtliche Zuständigkeit festlegt.[935] Als hinreichende gesetzliche Grundlage ist hierfür auch die Verfassung anerkannt.[936] Demnach und unter Zugrundelegung des genannten Telos der Norm kann aus dem Wort „*by*" i. S. v. Art. 6 Abs. 1 S. 1 EMRK auch kein Unmittelbarkeitszusammenhang zwischen Gesetz und Gericht geschlussfolgert werden. Mittelbar beruht der CAS auf einem Parlamentsgesetz, da die internationalen Schiedsverfahren gemäß dem 12. Kapitel des IPRG zulässig sind. Darüber hinaus enthält Art. 6 EMRK aber gerade nicht ebenso weitreichende wie strenge Voraussetzungen wie sie das deutsche Recht beispielsweise mit der Festlegung von Gerichtsbezirken und Geschäftsverteilungsplänen gemäß Art. 101 GG kennt.[937] Auch Sondergerichtsbarkeiten wie Militär- und Spezialgerichte wurden als mit Art. 6 EMRK vereinbar erklärt, soweit die Verfahrensgarantien in ausreichendem Maße sichergestellt waren.[938] Gleiches muss im Grundsatz für den CAS als Schiedsgericht gelten. Die der CAS-Schiedsvereinbarung zugrundeliegende Parteiautonomie besteht nämlich gerade nicht im „*luftleeren Raum*", sondern leitet sich von einem staatlichen Ordnungsrahmen ab.[939] Konkret erfolgt die Anrufung des CAS in Übereinstimmung mit dem nationalen Schiedsgerichtsverfahrensgesetz und beruht auf dem CAS-Code als Schiedsordnung.

Damit sind die Schiedsvereinbarungen zumindest mittelbar auf gesetzliche Vorschriften zurückzuführen und die Organisation des Gerichts wird ausdrücklich nicht dem Ermessen der Exekutive überlassen. Mithin unterfallen Schiedsgerichte nach überzeugender Ansicht nicht dem Verbot von Ausnahmegerichten und sind nicht *per se* von Art. 6 Abs. 1 EMRK ausgeschlossen.[940]

---

935 *Villiger*, Handbuch der EMRK, S. 261 f., Rn. 414; *Peukert*, in: Frowein/Peukert, EMRK, Art. 6, Rn. 201; *Kuijer*, The Blindfold of Lady Justice, S. 184 ff.; *Grabenwarter/Pabel*, in: Dörr/Grote/Marauhn, EMRK/GG, Kap. 14, Rn. 38.

936 EGMR, Urteil v. 23.06.1981, Nr. 6878/75; 7238/75, Le Compte, Van Leuven and De Meyere v. Belgium, Rn. 56, EuGRZ 1981, S. 551, 554.

937 *Kuijer*, The Blindfold of Lady Justice, S. 187 ff.; *Grabenwarter/Pabel*, in: Dörr/Grote/Marauhn, EMRK/GG, Kap. 14, Rn. 45.

938 *Peukert*, in: Frowein/Peukert, EMRK, Art. 6, Rn. 202; *Grabenwarter/Pabel*, EMRK, § 24, Rn. 33.

939 *Haas*, SchiedsVZ 2009, S. 73, 75.

940 *Müßig*, Gesetzlicher Richter ohne Rechtsstaat?, S. 40; *Guradze*, Die Europäische Menschenrechtskonvention, Art. 6, Rn. 13 unter Bezugnahme auf EKMR, Beschluss v. 05.03.1962, Nr. 1197/61, X v. Germany mit dem Hinweis darauf, dass die Vertragsstaaten sich durch die Konvention nicht verpflichten wollten,

Zudem wäre es gerade im Kontext der CAS-Schiedsgerichtsbarkeit verfehlt, den Willen der Schiedsparteien in den Fokus der Argumentation zu rücken. Vielmehr tritt bei der CAS-Schiedsvereinbarung das voluntative Element der Schiedsparteien, insbesondere aufseiten des Athleten, hinter den bestimmenden faktischen Schiedszwang zurück. Somit muss, was für die Handelsschiedsgerichtsbarkeit gilt, *a fortiori* für die Sportschiedsgerichtsbarkeit gelten: Der CAS ist nicht *per se* von der Voraussetzung „tribunal established by law" gemäß Art. 6 Abs. 1 S. 1 EMRK ausgenommen. Die eingangs zitierten Literaturstimmen sind demnach in zweierlei Hinsicht unzutreffend: zum einen geht bereits die Annahme fehl, der CAS sei kein „tribunal established by law". Zum anderen ist die Schlussfolgerung, aufgrund dieser Annahme seien die Verfahrensgarantien des Art. 6 Abs. 1 S. 1 EMRK für ein Schiedsgericht unbeachtlich, verfehlt.

Der EGMR hat sich in seinem *Mutu/Pechstein*-Urteil im Wesentlichen auf die gleichen Argumente gestützt und bestätigt, der CAS sei ein „tribunal established by law".[941] Er betonte die uneingeschränkte Befugnis des CAS,

> „auf der Grundlage von Rechtsnormen und nach einem organisierten Verfahren alle Sach- und Rechtsfragen zu entscheiden, die im Zusammenhang mit den ihm vorgelegten Streitigkeiten gestellt wurden (Zypern ./. Türkei [s.o., Rdnr. 149], Rdnr. 233; Sramek ./. Österreich [s.o., Rdnr. 139], Rdnr. 36). Seine Entscheidungen stellen eine Streitbeilegung mit Rechtsprechungscharakter dar, und vor dem BGer konnten nach den in Art. 190-191 IPRG genau festgelegten Vorgaben Rechtsmittel eingelegt werden."[942]

Das Ergebnis der Ausführungen des EGMR vermag zu überzeugen. Es ist insbesondere vor dem Hintergrund der eingangs erwähnten Literaturstimmen zu begrüßen. Dennoch wurde die Mehrheitsentscheidung im Sondervotum der Richter *Keller* und *Serghides* insofern zu Recht kritisiert, als die Entscheidung eine autonome Auslegung des Begriffes „tribunal established by law" für die spezifische Konstellation des CAS als privates Sportschiedsgericht vermissen lässt.[943] Stattdessen begnügt sich der EGMR einmal

---

Schiedsgerichte abzuschaffen; *Kühne*, in: Pabel/Schmahl, IntKom, EMRK, Art. 6, Rn. 293; a. A. *Matscher*, in: FS Baumgärtel, S. 363, 368.

941 EGMR, Urteil v. 02.10.2018, Nr. 40575/10, 67474/10, Mutu und Pechstein v. Suisse, Rn. 148 ff., SpuRt 2018, S. 253, 257 = BeckRS 2018, S. 23523.

942 EGMR, Urteil v. 02.10.2018, Nr. 40575/10, 67474/10, Mutu und Pechstein v. Suisse, Rn. 149, SpuRt 2018, S. 253, 257.

943 EGMR, Urteil v. 02.10.2018, Nr. 40575/10, 67474/10, Mutu und Pechstein v. Suisse, Sondervotum Rn. 18 ff., SpuRt 2018, S. 253, 261 = BeckRS 2018, S. 23523.

mehr mit einem Verweis auf die Rechtsprechung des Schweizerischen Bundesgerichts, der damit ein entscheidender Einfluss bei der Auslegung zuteil wird.[944] Insgesamt ist der Mehrheitsentscheidung im Urteil deutlich anzumerken, dass die Richter sich nicht eingehender mit dieser Frage auseinandersetzen, sondern sogleich auf die der Unabhängigkeit und Unparteilichkeit eingehen wollten. Angesichts der 8-jährigen Verfahrensdauer[945] wäre eine vertiefte Auseinandersetzung mit der Auslegung des Begriffs „tribunal established by law" zu erwarten gewesen.

II. CAS-Berufungsverfahren als Streitigkeiten in Bezug auf zivilrechtliche Ansprüche und Verpflichtungen

Zur Eröffnung des sachlichen Anwendungsbereichs von Art. 6 Abs. 1 S. 1 Alt. 1[946] EMRK müssen die CAS-Berufungsverfahren Entscheidungen über Streitigkeiten zum Gegenstand haben, die ein Recht betreffen, welches zivilrechtlichen Charakter hat.

Die Voraussetzung der Streitigkeit leitet sich aus der französischen Originalfassung (*„contestations"*) her.[947] Nach der EGMR-Rechtsprechung muss demnach im Sinne eines möglichst untechnischen Verständnisses der Konvention eine Meinungsverschiedenheit ernsthaft bestehen und das Verfahren für die Rechte der Parteien unmittelbar entscheidend sein.[948] Die Frage, ob über ein „Recht" (*determination of [...] rights*") entschieden wird, dient der Abgrenzung zu lediglich prozessualen Fragestellungen, die nicht dem Anwendungsbereich der Vorschrift unterliegen.[949]

---

944 Dies ebenfalls kritisch in seiner Entscheidungsbesprechung hinterfragend *Hülskötter*, SpuRt 2018, S. 253, 262.

945 Die Beschwerden wurden jeweils am 13.07.2010 und 11.11.2010 beim EGMR eingereicht.

946 Sofern Alternative 2 und damit die „strafrechtliche Anklage" für die Untersuchung Relevanz gewinnt, wird hierauf Bezug genommen.

947 Ein sprachliches Äquivalent ist in der englischen Originalfassung nicht vorgesehen, *van Dijk/van Hoof*, Theory and Practice of the ECHR, Art. 6, S. 505; *Grabenwarter/Pabel*, EMRK, § 24, Rn. 15.

948 EGMR, Urteil v. 23.06.1981, Nr. 6878/75; 7238/75, Le Compte, Van Leuven and De Meyere v. Belgium, Rn. 45 u. 47, EuGRZ 1981, S. 551, 552; *Grabenwarter/Pabel*, EMRK, § 24, Rn. 15; *van Dijk/van Hoof*, Theory and Practice of the ECHR, Art. 6, S. 505 f.; *Meyer-Ladewig/Harrendorf/König*, in: Meyer-Ladewig, HK-EMRK, Art. 6, Rn. 17 f.

949 *Grabenwarter/Pabel*, in: Dörr/Grote/Marauhn, EMRK/GG, Kap. 14, Rn. 16.

Diese Voraussetzungen sind für das Berufungsverfahren vor dem CAS unproblematisch zu bejahen.[950] So darf insofern von einer Streitigkeit im Sinne der Vorschrift ausgegangen werden, als es ganz erhebliche Meinungsverschiedenheiten der Parteien über eine Verbandsentscheidung gibt, die erst zur Anrufung des CAS als Berufungsinstanz führen. Außerdem setzt Art. R47 Abs. 1 CAS-Code für das Berufungsverfahren vor dem CAS eine *„decision of a federation, association or sports-related body"* voraus. Inhaltlich macht Art. R47 Abs. 1 CAS-Code somit bereits eine Betroffenheit des Adressaten der Verbandsentscheidung in seiner materiellen Rechtsstellung zur Voraussetzung.[951]

Vielschichtiger ist die Frage nach dem zivilrechtlichen Charakter des Verfahrens. Der Begriff der zivilrechtlichen Ansprüche und Verpflichtungen (*„civil rights and obligations"*) ist autonom und umfassend auszulegen.[952]

Dabei gilt es zu beachten, dass Disziplinarmaßnahmen, insbesondere Anti-Doping-Maßnahmen in ihrer Wirkung quasi-strafrechtliche Aspekte enthalten, so dass die verbandsseitig auferlegten Disziplinarmaßnahmen weder einen rein zivilrechtlichen noch strafrechtlichen Charakter haben.[953] Grundsätzlich ist unter Zugrundelegung der EGMR-Rechtspre-

---

950 Hierzu eingehend im Kontext von Dopingstreitigkeiten *Montmollin/Pentsov*, Amer. Rev. Int. Arb. 2011, S. 189, 217 ff.

951 *Mavromati/Reeb*, The Code of the CAS – Commentary, Art. R47, Rn. 14 m. w. N.; *Rigozzi/Hasler*, in: Arroyo, Arbitration in Switzerland, Art. R47, Rn. 29.

952 EGMR, Urteil v. 28.06.1978, Nr. 6232/73, König v. Germany, Rn. 88; *Meyer*, in: Karpenstein/Mayer, EMRK, Art. 6, Rn. 13; *van Dijk/van Hoof*, Theory and Practice of the ECHR, Art. 6, S. 511; *Wildhaber*, in: Festgabe zum Schweizerischen Juristentag 1985, S. 469, 470; *Liebscher*, The Healthy Award, S. 63; *Petrochilos*, Procedural Law in International Arbitration, S. 116, Rn. 4.16; ausführlich zur Kasuistik des EGMR in diesem Kontext *Peukert*, in: Frowein/Peukert, EMRK, Art. 6, Rn. 6 ff.; *Meyer-Ladewig/Harrendorf/König*, in: Meyer-Ladewig, HK-EMRK, Art. 6, Rn. 21 f.

953 Zum quasi-strafrechtlichen bzw. quasi-zivilrechtlichen Charakter der Disziplinarentscheidungen *Straubel*, Loy. U. Chi. L. J. 2004, S. 1203, 1259 f.; *Soek*, The Strict Liability Principles and the Human Rights of Athletes in Doping Cases, S. 277 ff.; *Haas*, ISLR 2012, S. 43, 47; s. hinsichtlich Anti-Doping-Maßnahmen WADC, Introduction, S. 17: „These sport-specific rules and procedures, aimed at enforcing anti-doping rules in a global and harmonized way, are distinct in nature from criminal and civil proceedings. They are not intended to be subject to or limited by any national requirements and legal standards applicable to such proceedings, although they are intended to be applied in a manner which respects the principles of proportionality and human rights."

chung der zivilrechtliche Charakter von Disziplinarmaßnahmen anzunehmen. So entschied der EGMR, dass die disziplinarrechtliche Verhängung von Berufsverboten eine Entscheidung über „civil rights" darstelle.[954] Außerdem könne der strafrechtliche Charakter nur angenommen werden, sofern sich eine Regelung gegen alle Bürger und nicht nur eine bestimmte Gruppe richte und die Strafwirkung im Zentrum stehe.[955] Dies ist bei Disziplinarmaßnahmen vor dem CAS nicht der Fall, da diese sich nur gegen bestimmte Athletengruppen richten und die Dopingbekämpfung im Fokus steht.[956] Dies bestätigt ebenfalls die ständige Rechtsprechung des CAS.[957]

Darüber hinaus stellte der Gerichtshof klar, zivilrechtliche und strafrechtliche Aspekte von Art. 6 EMRK schlössen sich gerade im Kontext von Disziplinarangelegenheiten nicht zwingend gegenseitig aus.[958] Vielmehr würden die Prinzipien von Art. 6 Abs. 2 u. 3 lit. a), b) und d) EMRK im Zusammenhang mit dem Begriff des fairen Verfahrens nach Abs. 1 *mutatis mutandis* Berücksichtigung finden.[959]

Diese Klarstellungen zur Anwendbarkeit von zivilrechtlichen und strafrechtlichen Aspekten im Zusammenhang mit Art. 6 EMRK bedeutet für das CAS-Berufungsverfahren, dass grundsätzlich aufgrund des zivilrechtlichen Charakters die Verfahrensgarantien des Art. 6 Abs. 1 EMRK sachliche

---

954 EGMR, Urteil v. 10.02.1983, Nr. 7299/75; 7496/76, Albert and Le Compte v. Belgium, Rn. 28; EuGRZ 1983, S. 190, 193; *Grabenwarter/Pabel*, in: Dörr/Grote/Marauhn, EMRK/GG, Kap. 14, Rn. 26.

955 EGMR, Urteil v. 8.06.1976, Nr. 5100/71; 5101/71; 5102/71; 5354/72; 5370/72, Engel v. The Netherlands, Rn. 82; EGMR, Urteil v. 21.02.1984, Nr. 8544/79, Öztürk v. Germany, Rn. 53; *Haas*, ISLR 2012, S. 43, 46.

956 *Haas*, ISLR 2012, S. 43, 46.

957 CAS-Schiedsspruch v. 15.09.2011, Az.: CAS 2010/A/2268, I. v. FIA, Rn. 99 ff.; *Haas*, ISLR 2012, S. 43, 46 m. w. N.

958 EGMR, Urteil v. 10.02.1983, Nr. 7299/75; 7496/76, Albert and Le Compte v. Belgium, Rn. 30 m. w. N., EuGRZ 1983, S. 190, 193.

959 EGMR, Urteil v. 10.02.1983, Nr. 7299/75; 7496/76, Albert and Le Compte v. Belgium, Rn. 30 u. 38 ff. zur sinngemäßen Anwendung der Prinzipien aus Abs. 2 u. 3, EuGRZ 1983, S. 190, 193 u. 194 f.; *Vogler*, in: Pabel/Schmahl, IntKom, EMRK, Art. 6, Rn. 188; *Liebscher*, The Healthy Award, S. 62.

960 So urteilte der EGMR auch zu der Beschwerde *Pechsteins*, es bestehe „*kein Zweifel an der „zivilrechtlichen" Natur der entsprechenden Ansprüche*", EGMR, Urteil v. 02.10.2018, Nr. 40575/10, 67474/10, Mutu und Pechstein v. Suisse, Rn. 58, BeckRS 2018, S. 23523.

961 Für diese finden die strafrechtlichen Verfahren vorbehaltenen Absätze 2 und 3 von Art. 6 EMRK insofern Berücksichtigung, als sie bei dem Begriff des fairen

Anwendung finden.[960] Dies gilt ausdrücklich auch für Angelegenheiten, die strafrechtliche Aspekte enthalten, wie z. B. Anti-Doping-Verfahren.[961]

C. Der Verzicht der Schiedsparteien auf die Verfahrensgarantien gemäß Art. 6 EMRK: Zulässigkeit und Reichweite

Die Frage nach einer mittelbaren oder unmittelbaren Bindung des CAS an die Verfahrensgarantien gemäß Art. 6 EMRK kann des Weiteren dahinstehen, sofern davon ausgegangen wird, dass die Parteien mit der Schiedsvereinbarung auf diese Verfahrensgarantien verzichtet hätten. Ein solcher Verzicht wird teilweise von Literatur und Rechtsprechung vertreten.[962]

Inwieweit die Verfahrensgarantien des Art. 6 Abs. 1 EMRK vor dem CAS Anwendung finden, ist anhand der „Verzichtsdoktrin"[963] der Konventionsorgane zu erläutern. Diese beruht auf der simplen Erkenntnis, die Schiedsparteien verzichteten mit Unterzeichnung der Schiedsvereinbarung auf das Recht auf Zugang zu einem staatlichen Gericht.[964]

Hinsichtlich der formellen Anforderungen eines solchen Verzichts ergeben sich keine Besonderheiten. Vonseiten der Konventionsorgane kann der Verzicht ausdrücklich oder konkludent erklärt werden.[965] Da die Anforde-

---

Verfahrens der Beurteilung nach Art. 6 Abs. 1 EMRK miteinbezogen werden sollten; s. hinsichtlich der Verfahrenskostenhilfe *Rigozzi/Robert-Tissot*, in: Geisinger/Trabaldo - de Mestral, Sports Arbitration: A Coach for Other Players?, S. 59, 76, Fn. 57: „In any event, anti-doping-cases should be covered by Art. 6 (3) (c) ECHR."; demgegenüber lehnt das Schweizerische Bundesgericht die Anwendung strafrechtlicher Beweismaßstäbe wie die Unschuldsvermutung im Anwendungsbereich des Privatrechts ausdrücklich ab, Schweizerisches Bundesgericht, Urteil v. 11.06.2014, Az.: 4A_178/2014, Rn. 5.2 m. w. N.

962 *Matscher*, in: FS Baumgärtel, S. 363, 368: „[...] Hier haben vielmehr die Parteien auf die Institutsgarantien und Verfahrensgarantien des Art. 6 EMRK weitgehend verzichtet, wogegen auch im Lichte der Konvention nichts einzuwenden ist."; *Grabenwarter/Pabel*, in: Dörr/Grote/Marauhn, EMRK/GG, Kap. 14, Rn. 46: „An [die privaten Schiedsgerichte] sind nicht die Anforderungen an Gericht i. S. d. Art. 6 EMRK zu stellen, soweit die Parteien in der Schiedsvereinbarung auf die Institutions- und Verfahrensgarantien des Art. 6 EMRK (konkludent) verzichten."

963 Begriff nach *Bangert*, in: FS Wildhaber, S. 41, 43: „Die Verzichtsdoktrin der Kommission".

964 *Besson*, ASA Bulletin 2006, S. 395, 400, Rn. 20; *Heermann*, SchiedsVZ 2014, S. 66, 67.

965 EGMR, Urteil v. 23.06.1981, Nr. 6878/75; 7238/75, Le Compte, Van Leuven and De Meyere v. Belgium, Rn. 59: „[...] waiving this right of their own free will,

rungen gemäß Art. II Abs. 1 UN-Übereinkommen, wonach eine „schriftliche Vereinbarung"[966] als Schiedsvereinbarung erforderlich ist, die formellen Anforderungen für einen Verzicht auf die Verfahrensgarantien gemäß Art. 6 Abs. 1 EMRK übersteigen[967] und die Statuten bzw. Wettkampfteilnahmebedingungen der internationalen Sportverbände, in denen die CAS-Schiedsvereinbarung i. d. R. enthalten ist, ohnehin eine solche schriftliche Vereinbarung darstellen, ist der Verzicht aufgrund der CAS-Schiedsvereinbarung formell grundsätzlich nicht zu beanstanden.

Hinsichtlich der Frage, inwieweit die Schiedsparteien durch Unterzeichnung der Schiedsvereinbarung im Voraus auf Verfahrensgarantien gemäß Art. 6 Abs. 1 EMRK verzichten, ist dieser sog. *ex ante*-Verzicht (*„waiver before the fact"*[968]) in zeitlicher Hinsicht zunächst abzugrenzen von dem sog. *ex post*-Verzicht, d. h. einem Verzicht nach Beginn des Schiedsverfahrens (*„estoppel"*[969], *„waiver after the fact"*[970]).[971] Letzterer behandelt die Frage der Präklusion, d. h. inwieweit eine Partei ihr Recht verliert, sich auf Verfahrensgarantien gemäß Art. 6 Abs. 1 EMRK zu berufen, sofern sie diese nicht zuvor im Schiedsverfahren selbst geltend gemacht hat.[972] Es ist somit zu differenzieren, ob eine Partei tatsächlich vorab auf ein Recht verzichtet

---

whether expressly or tacitly."; EGMR, Urteil v. 27.02.1980, Nr. 6903/75, Deweer v. Belgium, Rn. 49.

966 Art. II Abs. 2 UN-Übereinkommen: „Unter einer "schriftlichen Vereinbarung" ist eine Schiedsklausel in einem Vertrag oder eine Schiedsabrede zu verstehen, sofern der Vertrag oder die Schiedsabrede von den Parteien unterzeichnet oder in Briefen oder Telegrammen enthalten ist, die sie gewechselt haben."

967 *Petrochilos*, Procedural Law in International Arbitration, S. 114 f., Rn. 4.14.

968 *Schultz*, Int. A. L. R. 2006, S. 8, 17.

969 Vertiefend *Liebscher*, The Healthy Award, S. 79: „waiver by behaviour (,,estoppel")."; *Petrochilos*, Procedural Law in International Arbitration, S. 117 ff., Rn. 4.19 ff., insb. S. 123 f., Rn. 4.34 f.: „Estoppel under the ECHR."

970 Dieser ist z. B. auch in Art. 4 UNCITRAL-ML enthalten: „A party who knows that any provision of this Law from which the parties may derogate or any requirement under the arbitration agreement has not been complied with and yet proceeds with the arbitration without stating his objection to such non-compliance without undue delay or, if a time-limit is provided therefor, within such period of time, shall be deemed to have waived his right to object."

971 *Schultz*, Int. A. L. R. 2006, S. 8, 17.

972 Anm.: Im *Pechstein*-Verfahren spielte eine andere Präklusionsfrage eine Rolle, nämlich die Frage, inwieweit die Klägerin sich vor den staatlichen Gerichten noch auf die Unwirksamkeit der Schiedsvereinbarung berufen konnte, obwohl sie sich vor dem CAS selbst hierauf nicht berufen hatte, verneint vom LG München I, Urteil v. 26.02.2014, Az.: 37 O 28331/12, Rn. A. IV. 2b) aa), SchiedsVZ 2014, S. 100, 109; bejaht vom OLG München, Urteil v. 15.01.2015, Az.: U 1110/14 Kart, Teil 2 A. I. 3 c), SchiedsVZ 2015, S. 40, 45.

oder im Laufe des Verfahrens von der Möglichkeit, ein solches Recht geltend zu machen, keinen Gebrauch gemacht hat.[973] Dabei ist zu beachten, dass sämtliche bisher von den Konventionsorganen entschiedenen Rechtssachen zum Verhältnis der Schiedsgerichtsbarkeit und der EMRK Sachverhalte betrafen, bei denen lediglich das staatliche Verfahren und somit nur mittelbar überprüft wurde, inwiefern die Verfahrensgarantien gemäß Art. 6 Abs. 1 EMRK vor dem Schiedsgericht beachtet wurden.[974] So hatte die EGMR-Rechtsprechung überwiegend Fälle zum Gegenstand, in denen ein Verzicht erst während des Schiedsverfahrens erklärt wurde. Dies war beispielsweise in der Rechtssache *Osmo Suovaniemi and others v. Finland*[975] der Fall. Darin hatten die Beschwerdeführer einen Schiedsrichter trotz ihres Wissens um dessen vorige Involvierung als Anwalt in derselben Angelegenheit akzeptiert. Nach erfolglosem Schiedsverfahren beantragten sie vor finnischen staatlichen Gerichten die Aufhebung des Schiedsspruches aufgrund der Befangenheit des Schiedsrichters. Das Gesuch wurde von dem angerufenen Gericht aus Präklusionsgründen zurückgewiesen. Die geltend gemachte Beschwerde, die finnischen Gerichte hätten einen Schiedsspruch trotz fehlender Unabhängigkeit und Unparteilichkeit des Schiedsrichters aufrechterhalten, wies der EGMR zurück.[976] Die Beschwerdeführer hätten,

---

973 Dies so deutlich herausstellend und danach auch die Verzichtsmöglichkeiten kategoriesierend allein *Landrove*, in: Human Rights at the Center, S. 73, 83 ff.

974 S. exemplarisch zur Präklusion des Öffentlichkeitsgrundsatzes im Rahmen einer abreitsrechtlichen Angelegenheit bei der Wahl des Beschwerdeführers zwischen dem Verbandsverfahren, welches kein öffentliches Verfahren vorsieht und dem staatlichen Verfahren, welches grundsätzlich ein öffentliches Verfahren vorsieht, EGMR, Urteil v. 27.08.2013, Nr. 2935/07, Kolgu v. Turkey, Rn. 44: „In the present case, following a dispute regarding the termination of his contract, the applicant initiated proceedings before the Arbitration Board of the Turkish Football Federation. However, as he had also signed a Protocol with the football club, it was open to the applicant to apply to the ordinary civil courts, where he would be entitled to have a public hearing. At this point, the Court refers to the sample Court of Cassation decisions, submitted by the Government, which indicated that a football player was entitled to have recourse to the ordinary civil courts if he had also signed a Protocol together with the uniform employment contract. In the present case, the applicant chose to initiate proceedings before the Arbitration Board; accordingly, he should be considered as having accepted the system provided by the Football Federation."

975 EGMR, Urteil v. 23.02.1999, Nr. 31737/96, Osmo Suovaniemi and others v. Finland.

976 EGMR, Urteil v. 23.02.1999, Nr. 31737/96, Osmo Suovaniemi and others v. Finland; s. Sachverhaltszusammenfassung von *Bangert*, in: FS Wildhaber, S. 41, 49; *Schultz*, Int. A. L. R. 2006, S. 8, 18.

so der EGMR, ausdrücklich davon Abstand genommen, während des Schiedsverfahrens die Befangenheit des Schiedsrichters zu rügen.[977] Außerdem seien die Beschwerdeführer anwaltlich vertreten gewesen, so dass die Verfahrensgarantien gewährt worden seien und sie hätten ausreichend Gelegenheit gehabt, ihre Argumente wegen der Befangenheit in dem staatlichen Überprüfungsverfahren vorzubringen.[978] Grundsätzlich ist es damit naheliegender, aus der Durchführung eines Schiedsverfahrens einen Verzicht auf Verfahrensrechte mangels deren Geltendmachung zu schlussfolgern, als aus der lediglichen Unterschrift unter eine Schiedsvereinbarung.[979] Somit ist die *Osmo Suovaniemi and others v. Finland*-Entscheidung bei Zugrundelegung der Bewertung eines *ex ante*-Verzichts restriktiv auszulegen.[980]

---

977 EGMR, Urteil v. 23.02.1999, Nr. 31737/96, Osmo Suovaniemi and others v. Finland: „Not only was the submission to arbitration voluntary but, in addition, **during the proceedings** before the arbitrators the applicants **clearly abstained from pursuing their challenge** against arbitrator M." (Hervorhebungen durch Verf.).

978 EGMR, Urteil v. 23.02.1999, Nr. 31737/96, Osmo Suovaniemi and others v. Finland: „The Court considers that the Contracting States enjoy considerable discretion in regulating the question on which grounds an arbitral award should be quashed, since the quashing of an already rendered award will often mean that a long and costly arbitral procedure will become useless and that considerable work and expense must be invested in new proceedings [(...)]. In view of this the finding of the Finnish court based on Finnish law that by approving M. as an arbitrator despite the doubt, of which the applicants were aware, about his objective impartiality within the meaning of the relevant Finnish legislation does not appear arbitrary or unreasonable. Moreover, considering that throughout the arbitration the applicants were **represented by counsel**, the waiver was accompanied by sufficient guarantees commensurate to its importance. The Court furthermore notes that in the **proceedings before the national courts the applicants had ample opportunity to advance their arguments**, inter alia, concerning the circumstances in which the waiver took place during the arbitration proceedings. Without having to decide whether a similar waiver would be valid in the context of purely judicial proceedings the Court comes to the conclusion that in the circumstances of the present case concerning arbitral proceedings the applicants' waiver of their right to an impartial judge should be regarded as effective for Convention purposes. Therefore the refusal of the Finnish courts to quash the arbitral award on the ground of M.'s participation in those proceedings does not disclose any appearance of a violation of Article 6 of the Convention." (Hervorhebungen durch Verf.).

979 *Briner/v. Schlabrendorff*, in: FS Böckstiegel, S. 89, 95, Fn. 28.

980 *Kuijer*, The Blindfold of Lady Justice, S. 143.

Hinsichtlich des *ex ante*-Verzichts hat die Rechtsprechung der Konventionsorgane eine Entwicklung von einer restriktiven zu einer flexibleren Rechtsprechung beschritten.[981]

In der Rechtssache *R v. Switzerland*[982] vertrat die Kommission noch sehr strikt die Verzichtsdoktrin. Wer sich auf ein Schiedsgericht einlasse, der optiere aus freien Stücken, seine Streitfrage von einem privaten Spruchkörper entscheiden zu lassen.[983] Weder das Schiedsgericht noch der Staat seien für dieses Verfahren der EMRK verpflichtet, so dass jede Beschwerde über Verfahrensfehler gemäß Art. 6 Abs. 1 EMRK vor dem Schiedsgericht erfolglos sein müsse.[984] So stellte die EKMR ausdrücklich fest: „[...] an arbitration agreement entails a renunciation of the exercise of the rights secured by Articile 6 para. 1, provided that the agreement was not signed under duress"[985] und betonte darüber hinaus „the Commission considers that the State cannot be held responsible for the arbitrators' actions unless, and only insofar as, the national courts were required to intervene."[986]

Dass mit der Entscheidung aber nicht ein „blanket waiver", d. h. ein Verzicht auf sämtliche Verfahrensgarantien, wie es die Begründung der Kommission nahelegen könnte, gemeint ist,[987] verdeutlichten die Folgeentscheidungen der Konventionsorgane. In der Rechtssache *Suovaniemi and others v. Finland* stellte der EGMR klar: „[...] *Even so, such a waiver should not necessarily be considered to amount to a waiver of all the rights under Article*

---

981 *Jaksic*, J. Int. Arb., S. 159, 160.
982 EKMR, Beschluss v. 04.03.1987, Nr. 10881/84, R. v. Switzerland, D. R. 51, S. 91 ff.
983 *Bangert*, in: FS Wildhaber, S. 41, 44.
984 *Bangert*, in: FS Wildhaber, S. 41, 44.
985 EKMR, Beschluss v. 04.03.1987, Nr. 10881/84, R. v. Switzerland, D. R. 51, S. 91, 101; mit vergleichbarem Wortlaut ebenfalls EKMR, Beschluss v. 02.12.1991, Nr. 18479/91, Jakob Boss Söhne KG v. Germany: „The Commission first observes that the applicant company had voluntarily entered into an arbitration agreement and thereby renounced its right to have its civil rights determined in court proceedings for the conduct of which the State is responsible under the Convention."; EKMR, Urteil v. 17.11.1996, Nr. 28101/95, Norström-Janzon and Norström-Lehtinen v. The Netherlands.
986 EKMR, Beschluss v. 04.03.1987, Nr. 10881/84, R. v. Switzerland, D. R. 51, S. 91, 102.
987 *Liebscher*, The Healthy Award, S. 77; dagegen sieht *Jaksic*, Arbitration and Human Rights, S. 199 in der Rechtsprechung der EKMR einen vollständigen Verzicht auf die Verfahrensrechte gem. Art. 6 Abs. 1 EMRK.

6."[988] Es kann somit nur auf bestimmte Art. 6 EMRK-Verfahrensgarantien verzichtet werden, auf andere wiederum nicht.[989]

Mit der *Suovaniemi*-Entscheidung können folgende allgemeine Grundsätze festgehalten werden: ein Verzicht auf die Verfahrensgarantien hat freiwillig zu erfolgen und ist nur insoweit wirksam als er zulässig ist; die Verzichtserklärung muss eindeutig erfolgen und es muss ein Mindestmaß an Verfahrensgarantien entsprechend deren Bedeutung gewährleistet sein, auf die verzichtet wird.[990]

I. Die „Freiwilligkeit" des Verzichts

Bevor der Frage nachgegangen werden soll, auf welche konkreten Verfahrensgarantien gemäß Art. 6 Abs. 1 EMRK für das CAS-Berufungsverfahren verzichtet werden kann, ist die Frage der Freiwilligkeit des Verzichts im Sinne der Rechtsprechung der Konventionsorgane zu erläutern.[991]

Trotz der nunmehr liberaleren Haltung des EGMR zur Anwendbarkeit von Art. 6 EMRK vor Schiedsgerichten ist die Freiwilligkeit des Verzichts steter „Gradmesser" für einen wirksamen Verzicht auf die Verfahrensgarantien gemäß Art. 6 Abs. 1 EMRK. Bezogen auf das Berufungsverfahren vor dem CAS ist dabei zwischen zwei Fragen zu differenzieren: Zunächst ist anhand der Rechtsprechung des EGMR zu prüfen, ob eine Unfreiwilligkeit des Verzichts im Sinne von Art. 6 Abs. 1 EMRK zu bejahen ist. Ist dies der Fall, ist zu erörtern, ob diese Unfreiwilligkeit automatisch zu einem Verstoß von Art. 6 Abs. 1 EMRK führt.

---

988 EGMR, Urteil v. 23.02.1999, Nr. 31737/96, Osmo Suovaniemi and others v. Finland.

989 EGMR, Urteil v. 23.02.1999, Nr. 31737/96, Osmo Suovaniemi and others v. Finland.

990 *Kola-Tafaj*, SchiedsVZ 2012, S. 184, 185 ff.

991 Anm.: Seinem *Mutu/Pechstein*-Urteil legte der EGMR ebenfalls den hier gewählten Prüfungsaufbau zugrunde, indem er entgegen der Ansichten der Parteien und Drittbeteiligten ausdrücklich klarstellte, dass die Freiwilligkeit und der Zwangscharakter der Schiedsvereinbarung nicht Fragen der Anwendbarkeit von Art. 6 EMRK, sondern Fragen eines möglichen Verzichts seien, EGMR, Urteil v. 02.10.2018, Nr. 40575/10, 67474/10, Mutu und Pechstein v. Suisse, Rn. 55, BeckRS 2018, S. 23523.

1. Anforderungen

Nach der ständigen Rechtsprechung der Konventionsorgane bedeutet Freiwilligkeit des Verzichts insbesondere, dass dieser in unmissverständlicher Weise (*„unequivocal"*[992]) und nicht unter Zwang zustande gekommen sein darf (*„absence of constraint is at all events one of the conditions to be satisfied"*[993]). Ob danach die Freiwilligkeit der CAS-Schiedsvereinbarung zu bejahen ist, soll anhand der Gegenüberstellung mit ausgewählten Entscheidungen der Konventionsorgane festgestellt werden.

In der Rechtssache *X v. Germany*[994] verneinte die EKMR die Ausübung von Zwang im Hinblick auf die streitgegenständliche Schiedsvereinbarung.[995] Der Entscheidung lag eine in dem Arbeitsvertrag des Lehrers *X* an einer deutschen Schule in Spanien vorgesehene Schiedsklausel zugrunde, nach der die Zuständigkeit zur Entscheidung von Streitigkeiten aus dem Anstellungsvertrag einem *„zuständigen Vertreter der Bundesrepublik Deutschland übertragen wird"*.[996] Nach erfolgloser Initiierung des Schiedsverfahrens wegen einer von seinem Arbeitgeber ausgesprochenen Kündigung rief der deutsche Lehrer ein spanisches Arbeitsgericht an, das ihm zwar in der Sache Recht gab, sich aber aus anderen Gründen für unzuständig erklärte. Die Verfassungsbeschwerde vor dem deutschen BVerfG blieb ebenfalls erfolglos, da unter den Schutz des Grundgesetzes nur die den deutschen Gerichten zugewiesenen Zuständigkeiten stünden.[997]

Der Rückgriff auf eine Kommissionsentscheidung aus dem Jahr 1962, um die Freiwilligkeit der aktuellen CAS-Schiedsvereinbarungen zu bestimmen mag auf den ersten Blick verwundern. Dies liegt jedoch darin begründet, dass zum einen die Entscheidung in den Instanzen der Causa *Pechstein* eine Rolle spielte und zum anderen dadurch deutlich wird, wie wenige Entscheidungen des EGMR sich bisher mit der Schiedsgerichtsbarkeit befasst haben. Der BGH bejahte in seinem *Pechstein*-Urteil das Vorliegen der Voraussetzungen für eine freiwillige Schiedsvereinbarung unter Berufung auf die zitierte Entscheidung und begründete dies damit, dass *„auch nach*

---

992 EGMR, Urteil v. 23.02.1999, Nr. 31737/96, Osmo Suovaniemi and others v. Finland.

993 EGMR, Urteil v. 27.02.1980, Nr. 6903/75, Deweer v. Belgium, Rn. 49; EKMR, Urteil v. 17.11.1996, Nr. 28101/95, Norström-Janzon and Nordström-Lehtinen v. The Netherlands.

994 EKMR, Beschluss v. 05.03.1962, Nr. 1197/61, X v. Germany.

995 *Matscher*, in: FS Nagel, S. 227, 238.

996 *Matscher*, in: FS Nagel, S. 227, 238.

997 *Matscher*, in: FS Nagel, S. 227, 238.

der Rechtsprechung des EGMR die Tatsache, dass die Kl. zur Ausübung ihres Berufs darauf angewiesen war, die von der Bekl. zu 2) vorgegebene Wettkampfmeldung zu unterzeichnen, nicht zu einer unfreiwilligen und damit konventionswidrigen Schiedsvereinbarung"[998] führe. In demselben Urteil bejahte der BGH jedoch die Fremdbestimmtheit der Entscheidung der Athletin, da sie unter faktischem Zwang die Schiedsvereinbarung zugunsten des CAS unterzeichnet habe.[999] Dieses Kunststück eines „semantischen Spagats"[1000] zwischen Negierung der Freiwilligkeit zum einen und Bejahung der Fremdbestimmtheit zum anderen innerhalb weniger Randnummern in ein und demselben Urteil dürfte dem BGH exklusiv vorbehalten sein. Darüber hinaus kann dieser Einschätzung hinsichtlich der Unfreiwilligkeit nicht gefolgt werden.[1001] Dies wird auch aufgrund eines Vergleichs zu der Rechtssache *X v. Germany* deutlich. Die zugrundeliegenden Sachverhalte der beiden Rechtssachen sind nur insoweit vergleichbar, als sowohl der Lehrer *X* als auch die Athletin *Pechstein* zur Ausübung ihrer Berufe auf die Unterzeichnung der Schiedsvereinbarung angewiesen waren. Darüber hinaus war die Athletin jedoch einer gesteigerten Zwangslage ausgesetzt, da sie die Schiedsvereinbarung eines Monopolisten zu unterzeichnen hatte.[1002] Demgegenüber stand dem Lehrer *X* nach der Kündigung immer noch die Möglichkeit offen, an einer anderen Schule zu unterrichten.

Dass nicht jede Form eines irgendwie gearteten, auch nur wirtschaftlichen Drucks zur Unwirksamkeit des Verzichts auf die Verfahrensgarantien und damit zu einem Verstoß gegen Art. 6 Abs. 1 EMRK führen kann, leuchtet bereits unter dem Gesichtspunkt ein, dass eine Schiedsvereinbarung ohne jegliches (wirtschaftliches) Ungleichgewicht zwischen den Schiedsparteien wenig realistisch erscheint.[1003] Diesen Grundsatz haben auch die Konventionsorgane in ihrer Rechtsprechung betont. So ging die

---

998 BGH, Urteil v. 07.06.2016, Az.: KZR 6/15, Rn. 65, NJW 2016, S. 2266, 2273.

999 S. Kap. 1 B. I. 3 a).; BGH, Urteil v. 07.06.2016, Az.: KZR 6/15, Rn. 56: „Im Streitfall war die Entscheidung der Kl. allerdings fremdbestimmt." und Rn. 69: „[...] weil [die Schiedsvereinbarung] von der Kl. unter dem faktischen Zwang, dass anderenfalls eine Berufsausübung nicht möglich wäre, unterzeichnet wurde.", NJW 2016, S. 2266, 2271 u. 2271; *Heermann*, NJW 2016, S. 2224, 2227.

1000 *Heermann*, NJW 2016, S. 2224, 2225; das „schon sprachlich nicht überzeugende Ergebnis" kritisierend *Hammer*, Überprüfung von Schiedsverfahren durch staatliche Gerichte in Deutschland, Rn. 201; *Summerer*, SpuRt 2018, S. 197.

1001 *Heermann*, NJW 2016, S. 2224, 2227; *Heermann*, SchiedsVZ 2015, S. 78, 81 zur Besprechung der Vorinstanz.

1002 *Heermann*, NJW 2016, S. 2224, 2227.

1003 *Samuel*, J. Int. Arb. 2004, S. 413, 421: „[...] the idea of a contract wholly without constraint is a little illusory."; *Haas*, SchiedsVZ 2009, S. 73, 79.

Kommission in der Rechtssache *Axelsson and Others v. Sweden*[1004] mit keinem Wort auf das Argument der Beschwerdeführer hinsichtlich der fehlenden Freiwilligkeit ein, obwohl diese als Taxifahrer gezwungen waren, eine satzungsmäßige Schiedsklausel eines monopolistischen Taxiunternehmens zu akzeptieren, um ihren Beruf als Taxifahrer ausüben zu können.[1005] In weiteren Entscheidungen, in denen die Beschwerdeführer eine vergleichbare Zwangslage geltend machten, nahm die Kommission dies nicht zum Anlass, die jeweilige Schiedsvereinbarung wegen fehlender Freiwilligkeit für unwirksam zu erklären, wobei einschränkend hinzuzufügen ist, dass die Beschwerden oftmals bereits an der fehlenden Rechtswegausschöpfung scheiterten.[1006]

Dass eine ernsthafte berufliche Existenzbedrohung wegen angekündigter Betriebsschließung zur Bejahung der Unwirksamkeit einer Schiedsvereinbarung führen kann, verdeutlichte die Entscheidung des EGMR in der Rechtssache *Deweer v. Belgium.*[1007] Dieser lag ein strafrechtlicher Sachverhalt zugrunde, aufgrund dessen die Erben eines belgischen Metzgers gegen die dem verstorbenen Beschwerdeführer zuvor auferlegten Maßnahmen vor dem EGMR vorgingen.[1008] Aufgrund angeblicher Preisauszeichnungsverstößen war die Schließung der Metzgerei des Beschwerdeführers von den staatlichen Behörden veranlasst worden. Der Beschwerdeführer verglich sich mit der Staatsanwaltschaft, indem er sich zu einer Strafzahlung verpflichtete, um so eine Einstellung des Verfahrens zu erreichen. Mit der

---

1004 EKMR, Beschluss v. 13.07.1990, Nr. 11960/86, Axelsson and Others v. Sweden.

1005 EKMR, Beschluss v. 13.07.1990, Nr. 11960/86, Axelsson and Others v. Sweden: „[...] The Commission notes that insofar as arbitration is based on agreements between the parties to the dispute, it is a natural consequence of their right to regulate their mutual relations as they see fit. [...] The Commission recalls that in the present case the Swedish courts found that the applicants were bound by the arbitration clause, which was part of the agreement which they had entered into with MTEA. In these circumstances, the Commission finds that the applicants must be regarded as having themselves renounced a court procedure."; *Haas*, ASA Bulletin 2014, S. 707, 719 f.; *ders.*, SchiedsVZ 2009, S. 73, 79; *Samuel*, J. Int. Arb. 2004, S. 413, 422; *Knigge/Ribbers*, J. Int. Arb. 2017, S. 775, 782; *Jung*, ZEuS 2014, S. 173, 202.

1006 EKMR, Urteil v. 09.04.1997, Nr. 24118/94, Hedland v. Sweden; EKMR, Beschluss v. 22.10.1996, Nr. 23173/94, Societe Molin et Tahir Molu v. Turquie; *Jung*, ZEuS 2014, S. 173, 202 f.; *Samuel*, J. Int. Arb. 2004, S. 413, 421 f.

1007 EGMR, Urteil v. 27.02.1980, Nr. 6903/75, Deweer v. Belgium, EuGRZ 1980, S. 667 ff.

1008 S. hinsichtlich Sachverhaltsdarstellung und Bewertung des Falles *Batliner/ Gasser*, in: FS Baudenbacher, S. 705, 715 f.; *Heermann*, SchiedsVZ 2014, S. 66, 67 f.; *Haas*, ASA Bulletin 2014, S. 707, 727 ff.

Strafzahlung des Beschwerdeführers wurde das Verfahren gegen ihn sodann eingestellt; hiermit war nach belgischem Recht ein Verzicht auf Überprüfung der Rechtmäßigkeit der Maßnahme verbunden. Der EGMR bejahte einen EMRK-Verstoß aufgrund des Vorliegens von Zwang, da der Beschwerdeführer den Verzicht auf die Verfahrensgarantien im Rahmen des Vergleichs mit der Staatsanwaltschaft nur erklärt habe, um die Schließung seines Geschäfts zu verhindern.[1009]

Der Fall eignet sich jedoch aus mehreren Gründen nur bedingt für einen Vergleich mit der Situation des faktischen Schiedszwangs, dem Athleten bei Abschluss der CAS-Schiedsvereinbarung unterliegen.[1010] Angesichts der unterschiedlichen Verfahrensgegenstände – hier ein Zivil-, dort ein Strafverfahren – ginge es sicherlich zu weit, aus dieser Entscheidung die Schlussfolgerung der Unwirksamkeit der CAS-Schiedsvereinbarung zu ziehen, wie dies teilweise in der Literatur angedeutet wurde.[1011]

Im Übrigen bestehen auch qualitative Unterschiede hinsichtlich der jeweiligen Motivation, dem Zwang nachzugeben. So betonte der EGMR, dass gerade unter dem Eindruck der oktroyierten Strafzahlung der Druck auf den Beschwerdeführer so zwingend geworden sei, dass es nicht erstaunlich sei, dass dieser dem Druck nachgegeben habe.[1012] Zwar ist der Sachverhalt insofern mit dem eines Athleten vergleichbar, der für die Wettbewerbsteilnahme zur Unterzeichnung der CAS-Schiedsvereinbarung faktisch gezwungen ist, als beide sich um die Grundlage ihrer beruflichen Existenz bedroht sehen. Zudem hat der Athlet bei Nichtunterzeichnung der CAS-Schiedsvereinbarung Disziplinarmaßnahmen[1013] vonseiten der Verbände zu fürchten. Dennoch dürften nicht die drohenden Disziplinarmaßnahmen, sondern die drohende Nichtteilnahme an dem Wettkampf Hauptmotiv dafür sein, die CAS-Schiedsvereinbarung zu unterzeichnen.

1009 *Miehsler/Vogler*, in: Pabel/Schmahl, IntKom, EMRK, Art. 6, Rn. 280.

1010 Ebenfalls kritisch im Kontext der Handelsschiedsgerichtsbarkeit *De Ly*, The Relevance of Public International Law in International Commercial Arbitration, S. 29, 38: „It seems that *Deweer* is invoked much more by proponents of the theory that the Convention applies to arbitration subject to a possible waiver of some of the Article 6 elements by virtue of the very nature of arbitration than that it expresses anything relevant as to the relationship between arbitration and the ECHR."

1011 So auch *Haas*, ASA Bulletin 2014, S. 707, 731; dies gibt auch *Heermann* einschränkend zu: „[...] freilich im Kontext mit einem Straf-, nicht jedoch mit einem Zivilverfahren [...]", *Heermann*, SchiedsVZ 2014, S. 66, 68.

1012 EGMR, Urteil v. 27.02.1980, Nr. 6903/75, Deweer v. Belgium, Rn. 51 b), EuGRZ 1980, S. 667, 673.

1013 S. hierzu s. Kap. 1 B. I. 3.

Außerdem stand dem Beschwerdeführer in der *Deweer*-Rechtssache keinerlei Überprüfungsmöglichkeit des gegen ihn eingeleiteten Strafverfahrens zu. Demgegenüber überprüft der CAS auf *de novo*-Basis den Sachverhalt vollumfänglich und es besteht mithilfe der Anfechtungsklage vor dem Schweizerischen Bundesgericht eine beschränkte Überprüfungsmöglichkeit des CAS-Schiedsspruchs.[1014]

Vor dem Hintergrund der „gemeineuropäischen Rechtsauffassungen"[1015], die es nach dem EGMR bei der Auslegung der EMRK zu berücksichtigen gilt, erscheint auch eine Entscheidung des englischen Court of Appeal von Bedeutung, die exemplarisch veranschaulicht, wie schwer nationale Gerichte sich mit der Einordnung der Unfreiwilligkeit einer sportrechtlichen Schiedsklausel tun. Der Rechtssache *Stretford* lag ein verbandsinternes Disziplinarverfahren der englischen Football Association (FA) gegen den lizenzierten Spielervermittler des Fußballprofis *Wayne Rooney*, *Paul Stretford* zugrunde.[1016] Die Disziplinarkommission der FA wurde eingesetzt, um zu überprüfen, ob der Spielervermittler *Stretford* als Berater *Rooneys* zu einem Zeitpunkt aufgetreten war, in dem der Spieler noch mit einem anderen Berater vertraglich gebunden war und damit gegen FA- bzw. FIFA-Statuten verstoßen hatte. Laut FA-Statuten war für sämtliche Disziplinarstreitigkeiten die schiedsgerichtliche Klärung vorgeschrieben.[1017] Dabei ist darauf hinzuweisen, dass der Spielervermittler insofern zur Unterzeichnung der Schiedsvereinbarung gezwungen war, als er aufgrund der Monopolstellung der FA für lizenzierte Spielervermittler lediglich vor der Wahl stand, die Schiedsklausel zu akzeptieren oder seinen Beruf im Zuständigkeitsbereich der FA aufzugeben.[1018] *Stretford*, der sich durch die Einsetzung der Disziplinarkommission sowie die Schiedsklausel in seinen Rechten aus Art. 6 Abs. 1 EMRK verletzt sah, erhob Klage vor den staatlichen Zivilgerichten. Die Klage hatte jedoch aufgrund der

---

1014 *Haas*, ASA Bulletin 2014, S. 707, 732.

1015 S. Kap. 2 D. I. 4.

1016 S. Kurzzusammenfassung des Sachverhalts *Grothe/Frohn*, CaS 2008, S. 104 ff.

1017 Rule K FA Rules: „[...] any dispute or difference (a "dispute") between any two or more Participants [...] arising out of or in connection with (i) The Rules and Regulations of The Association, [...] shall be referred to and finally resolved by arbitration under these Rules.", Court of Appeal, Urteil v. 21.03.2007, Nr. [2007] EWCA Civ 238, Paul Stretford v. The Football Association Ltd. & Another, Rn. 17.

1018 *Haas*, SchiedsVZ 2009, S. 73, 79; The High Courf of Justice, Urteil v. 17.03.2006, Nr. [2006] EWHC 479 (Ch), Paul Stretford v. The Football Association and Berry Right, Rn. 45.

Schiedseinrede der FA weder vor dem High Court[1019] noch vor dem Court of Appeal[1020] Erfolg.

Überraschend ist dabei, mit welch zum Teil lapidaren Begründungen die englischen Gerichte die Unfreiwilligkeit der Schiedsvereinbarung ablehnten. Zwar stützten sie ihre Bewertung auf englisches Recht, nahmen jedoch Bezug auf die Rechtsprechung des EGMR, insbesondere die *Deweer*-Rechtssache. Dabei maßen sie die Schiedsvereinbarung ebenfalls daran, ob diese durch Zwang zustande gekommen sei oder öffentlichen Interessen zuwiderlaufe. So sah der High Court in dem Beweggrund des Schiedszwangs keinen Hinderungsgrund für einen wirksamen Vertragsschluss.[1021] Und der Court of Appeal pflichtete dieser Einschätzung bei, indem er schlichtweg folgerte:

„No question of constraint arises here. Nor is there any relevant public interest consideration to stand in the way of arbitration. On the contrary, it seems to us that the public interest encourages arbitration in cases of this kind."[1022]

Auf die Unterschiede zur Zwangslage des Metzgers in der *Deweer*-Rechtssache wurde bereits hingewiesen. Hieraus jedoch den englischen Gerichten in der *Stretford*-Angelegenheit entsprechend zu schlussfolgern, trotz der Monopolstellung der FA läge für den Spielervermittler keine *„Hobson's choice"*, d. h. eine „Alles oder Nichts"-Entscheidung vor, erscheint wenig interessengerecht. Vielmehr drängt sich der Eindruck auf, der Court of Appeal schrecke, um den Erhalt des Schiedszwangs im Sportrecht willens[1023],

---

1019 The High Courf of Justice, Urteil v. 17.03.2006, Nr. [2006] EWHC 479 (Ch), Paul Stretford v. The Football Association and Berry Right.

1020 Court of Appeal, Urteil v. 21.03.2007, Nr. [2007] EWCA Civ 238, Paul Stretford v. The Football Association Ltd. & Another.

1021 The High Courf of Justice, Urteil v. 17.03.2006, Nr. [2006] EWHC 479 (Ch), Paul Stretford v. The Football Association and Berry Right, Rn. 45: „True it is that Mr Stretford would be inhibited in carrying on his business of a players' agent if he had not concluded it. But such an inducement to contract does not vitiate the necessary consent [...]."

1022 Court of Appeal, Urteil v. 21.03.2007, Nr. [2007] EWCA Civ 238, Paul Stretford v. The Football Association Ltd. & Another, Rn. 64, ebenso in Rn. 49 ff.

1023 Hierauf deuten die Ausführungen des Gerichts z. B. in Rn. 49 hin: „To strike down clauses of this kind because they were incompatible with article 6 on that basis would have a far-reaching and, in our opinion, undesirable effect on the use of arbitration in the context of sport generally.", Court of Appeal, Urteil v. 21.03.2007, Nr. [2007] EWCA Civ 238, Paul Stretford v. The Football Association Ltd. & Another.

vor der Feststellung der Unfreiwilligkeit der Schiedsvereinbarung zurück.[1024]

Demgegenüber urteilte jüngst der Appellationsgerichtshof Brüssel[1025] im Kontext einer Klage eines Vereins gegen das Verbot des *Third Party Ownership*, dass ein aufgrund von Schiedsklauseln internationaler oder nationaler Sportverbände aufgezwungenes Schiedssystem gegen Art. 6 EMRK verstoße.[1026] Letztlich kann allein im Hinblick auf die unterschiedlichen Entscheidungen deutscher, britischer und belgischer Gerichte nicht von „gemeineuropäischen Rechtsauffassungen" gesprochen werden.

2. Schlussfolgerungen aus der Unfreiwilligkeit der Schiedsvereinbarung

Die CAS-Schiedsvereinbarung und der damit verbundene Verzicht auf das Recht auf Zugang zu einem staatlichen Gericht gemäß Art. 6 Abs. 1 EMRK erfolgt somit unfreiwillig. Dies schlussfolgerte jüngst auch der EGMR zu der Beschwerde *Pechsteins*.[1027] Fraglich ist, ob ein solch partieller Verzicht zwingend die Unwirksamkeit der Schiedsvereinbarung gemäß Art. 6 Abs. 1 EMRK nach sich zieht. So wird sich teilweise unter Verweis auf die *„unaufgebbare"*[1028] Freiwilligkeit der Schiedsvereinbarung und die Bedeutung von Art. 6 EMRK innerhalb einer demokratischen Gesellschaft auf den Standpunkt gestellt, allein die Unfreiwilligkeit der Schiedsvereinbarung führe zu einem Verstoß gegen Art. 6 Abs. 1 EMRK.[1029] Die folgenden Gründe sprechen jedoch gegen eine solche Schlussfolgerung. So gelten nach der Recht-

---

1024 Diesbezüglich ist *Haas* in seiner süffisanten Anmerkung zuzustimmen: „Gerade im Mutterland des Fußballs hätte man erwartet, dass das Ausübungsinteresse am Beruf des Metzgers nicht höher eingestuft wird als dasjenige am Beruf des Fußballagenten.", *Haas*, SchiedsVZ 2009, S. 73, 79.

1025 Cour d'appeal Bruxelles, Urteil v. 29.08.2018, Az.: 2016/AR/2048.

1026 *Summerer*, SpuRt 2018, S. 197, 199.

1027 EGMR, Urteil v. 02.10.2018, Nr. 40575/10, 67474/10, Mutu und Pechstein v. Suisse, Rn. 114, SpuRt 2018, S. 253, 256 = BeckRS 2018, S. 23523.

1028 Ausdruck nach *Steiner*, SchiedsVZ 2013, S. 15, 17.

1029 *Heermann*, in: GS Unberath, S. 159, 171; *ders.*, SchiedsVZ 2014, S. 66, 70: „Voraussetzung ist jedoch ein freiwilliger Abschluss der Schiedsabrede, was insbesondere bedeutet, dass die betreffende Vereinbarung nicht aus einer Zwangssituation für eine Vertragspartei hervorgegangen sein darf. Andernfalls ist die Schiedsvereinbarung unwirksam, was von derjenigen Partei nachzuweisen ist, die sich hierauf beruft."; *Muresan/Korff*, CaS 2014, S. 199, 209; i. Zshg. m. der *Körbuch*-Entscheidung des BGH *Monheim*, SpuRt 2008, S. 8 ff.; dies ausdrücklich verneinend *Wittmann*, Schiedssprüche des CAS, S. 68.

sprechung des EGMR die Rechte des Art. 6 Abs. 1 EMRK nicht absolut.[1030] Danach ist anerkannt, dass das Recht auf Zugang zu einem staatlichen Gericht aus Praktikabilitätserwägungen für eine ordnungsgemäße Rechtspflege (*„in the interests of good administration of justice"*[1031]) inhärenten Beschränkungen unterliegen kann.[1032] Vorausgesetzt wird, dass der Wesensgehalt (*„the very essence"*) des Rechts auf Zugang zum Gericht nicht unterlaufen wird.[1033] Somit müssen die Einschränkungen ein legitimes Ziel verfolgen und hinsichtlich des verfolgten Ziels verhältnismäßig sein, d. h. es muss ein vernünftiges Verhältnis zwischen den eingesetzten Mitteln und den damit verfolgten Zielen bestehen.[1034] Der EGMR erachtete mannigfaltige Beschränkungen für gerechtfertigt. Hinlänglich bekannte Beispiele für derartige gerechtfertigte Einschränkungen sind Anwaltszwang, Fristen und Formvorschriften oder Gerichtsgebühren.[1035] Außerdem sah der EGMR

1030 EGMR, Urteil v. 02.10.2018, Nr. 40575/10, 67474/10, Mutu und Pechstein v. Suisse, Rn. 93, SpuRt 2018, S. 253, 254; EGMR, Urteil v. 21.02.1975, Nr. 4451/70, Golder v. The United Kingdom, Rn. 38; EGMR, Urteil v. 28.05.1985, Nr. 8225/78, Ashingdane v. The United Kingdom, Rn. 57; EGMR, Urteil v. 27.02.1980, Nr. 6903/75, Deweer v. Belgium, Rn. 49, EuGRZ 1980, S. 667, 672; *Villiger*, Handbuch der EMRK, S. 274, Rn. 431; *Grabenwarter/Pabel*, in: Dörr/Grote/Marauhn, EMRK/GG, Kap. 14, Rn. 74.

1031 EKMR, Beschluss v. 08.10.1976, Nr. 6916/75, X. Y. Z. v. Switzerland.

1032 *Peukert*, in: Frowein/Peukert, EMRK, Art. 6, Rn. 64; *Grabenwarter/Pabel*, in: Dörr/Grote/Marauhn, EMRK/GG, Kap. 14, Rn. 74; dies verkennen *Muresan/ Korff*, CaS 2014, S. 199, 209, indem sie festhalten: „[...] weder die Konvention selbst noch die einschlägige Rechtsprechung des EGMR sehen solche «Rechtfertigungsmöglichkeiten» bezüglich Verletzungen von Art. 6 EMRK vor."

1033 EGMR, Urteil v. 08.07.1986, Nr. 9006/80; 9262/81; 9263/81; 9265/81; 9266/81; 9313/81; 9405/81, Lithgow and Others v. The United Kingdom, Rn. 194; EGMR, Urteil v. 27.02.1980, Nr. 6903/75, Deweer v. Belgium, Rn. 49, EuGRZ 1980, S. 667, 672; EGMR, Urteil v. 18.02.1999, Nr. 26083/94, Waite and Kennedy v. Germany, Rn. 59, NJW 1999, S. 1173, 1174; EKMR, Beschluss v. 13.07.1990, Nr. 11960/86, Axelsson and Others v. Sweden; *Briner/v. Schlabrendorff*, in: FS Böckstiegel, S. 89, 91; *van Dijk/van Hoof*, Theory and Practice of the ECHR, Art. 6, S. 561 f.; *Jung*, ZEuS 2014, S. 173, 205, der darüber hinaus für die Beschränkung des Zugangs zum Gericht ein formelles Gesetz voraussetzt; ein solches ist jedoch für Art. 6 EMRK als Verfahrensrecht im Gegensatz zu den klassischen Abwehrrechten gem. Artt. 8 bis 11 EMRK nicht erforderlich, *Grabenwarter/Pabel*, in: Dörr/Grote/Marauhn, EMRK/GG, Kap. 14, Rn. 175.

1034 *Grabenwarter/Pabel*, EMRK, § 24, Rn. 53; dies., in: Dörr/Grote/Marauhn, EMRK/GG, Kap. 14, Rn. 74 u. 176.

1035 *Peukert*, in: Frowein/Peukert, EMRK, Art. 6, Rn. 65 ff.; *Villiger*, Handbuch der EMRK, S. 274 f., Rn. 432 f.; *Grabenwarter/Pabel*, EMRK, § 24, Rn. 55 ff.; *Haas*, SchiedsVZ 2009, S. 73, 78.

beispielsweise in der Förderung des Handels und der wirtschaftlichen Entwicklung eines Landes[1036], in der Vermeidung eines Durcheinanders von Rechtsbehelfen im Fall weitreichender Verstaatlichungsmaßnahmen[1037] oder im Schutz vor missbräuchlichen und wiederholten Klagen[1038] legitime Ziele und bejahte die Verhältnismäßigkeit für eine gerechtfertigte Beschränkung des Zugangs zu einem Gericht gemäß Art. 6 Abs. 1 EMRK.[1039] Demgegenüber verneinte der EGMR die Verhältnismäßigkeit in einem Fall mit sportrechtlichem Einschlag und sah in ungerechtfertigt hohen Gerichtsgebühren, die ein insolventer georgischer Fußballverein nicht in der Lage zu entrichten war, einen Verstoß gegen das Recht auf Zugang zu einem Gericht gemäß Art. 6 Abs. 1 S. 1 EMRK.[1040]

Das legitime Ziel des Berufungsverfahrens des CAS liegt in dessen „Existenzberechtigung", divergierende Entscheidungen nationaler Gerichte zu verhindern und aufgrund der Einheitlichkeit der Durchsetzung internationaler Regelungen die internationale Gleichberechtigung im Sport zu gewährleisten.[1041]

Außerdem müsste die Beschränkung des Zugangs zu einem staatlichen Gericht verhältnismäßig sein. Hierfür gilt es das Interesse an einer einheitlichen Rechtsdurchsetzung sowie einer dadurch zu erzielenden Gleichberechtigung internationaler sportrechtlicher Sachverhalte mit dem Recht des Einzelnen, insbesondere des Athleten, auf den Zugang zu einem staatlichen Gericht abzuwägen. Für die Verhältnismäßigkeit sprechen – und

---

1036 EGMR, Urteil v. 15.10.2009, Nr. 32921/03; 28464/04; 5344/05, Kohlhofer and Minarik v. The Czech Republic, Rn. 98: „[...] The Court finds that the denial of access to a court through the contested legal provision, which is part of the legislation on asset transfers, pursued a legitimate aim in the public interest."

1037 EGMR, Urteil v. 08.07.1986, Nr. 9006/80; 9262/81; 9263/81; 9265/81; 9266/81; 9313/81; 9405/81, Lithgow and Others v. The United Kingdom, Rn. 197: „Moreover, the Court shares the Commission's view that this limitation on a direct right of access for every individual shareholder to the Arbitration Tribunal pursued a legitimate aim, namely the desire to avoid, in the context of a large-scale nationalisation measure, a multiplicity of claims and proceedings brought by individual shareholders [(...)]. Neither does it appear, having regard to the powers and duties of the Stockholders' Representative and to the Government's margin of appreciation, that there was not a reasonable relationship of proportionality between the means employed and this aim."

1038 EGMR, Urteil v. 28.05.1985, Nr. 8225/78, Ashingdane v. The United Kingdom, Rn. 58 ff.

1039 *Grabenwarter/Pabel*, in: Dörr/Grote/Marauhn, EMRK/GG, Kap. 14, Rn. 74; *dies.*, EMRK, § 24, Rn. 54.

1040 EGMR, Urteil v. 31.07.2007, Nr. 38736/04, FC Mretebi v. Georgia, Rn. 38 ff.

1041 S. Kap. 1 E.; *Jung*, ZEuS 2014, S. 173, 206 f.; *Haas*, SchiedsVZ 2009, S. 73, 80.

dies auch aus Sicht der Athleten – die Vorteile der CAS-Schiedsgerichtsbarkeit, insbesondere die hierdurch angestrebte internationale Gleichbehandlung, die Schnelligkeit der Entscheidungen und die Expertise der CAS-Schiedsrichter.[1042] Der EGMR betonte in seinem *Mutu/Pechstein*-Urteil die Vorzüge des CAS wie folgt:

> „Zum besonderen Fall der Sportschiedsgerichtsbarkeit geht der Gerichtshof davon aus, dass ein gewisses Interesse daran besteht, dass Streitigkeiten, die im Rahmen des Berufssports entstehen, insbesondere wenn eine internationale Dimension nachweisbar ist, einer spezialisierten Gerichtsbarkeit vorgelegt werden können, die dazu in der Lage ist, schnell und kostengünstig zu entscheiden. Denn internationale Spitzensportwettbewerbe werden in unterschiedlichen Ländern abgehalten, und zwar von Organisationen, die wiederum in anderen Ländern ihren Sitz haben, während die Wettbewerbe Athleten aus der ganzen Welt offenstehen. Der Zugang zu einem einzigen internationalen Schiedsgericht fördert eine gewisse Einheitlichkeit der Verfahren und stärkt die Rechtssicherheit. Dies trifft umso mehr zu, wenn die Schiedssprüche lediglich der obersten Gerichtsbarkeit eines einzigen Landes zur Prüfung vorgelegt werden können, wie hier dem BGer, die dann letztinstanzlich entscheidet.“[1043]

Vorausgesetzt, dass vor dem CAS die Verfahrensgarantien von Art. 6 EMRK als Wesensgehalt („*the very essence*") des Rechts auf Zugang zu Gericht eingehalten werden – was zu prüfen sein wird[1044] – liegt eine wirksame Beschränkung des Rechts auf Zugangs zu einem staatlichen Gericht vor.

Dass die Unfreiwilligkeit der Schiedsvereinbarung nicht *per se* zu einem Verstoß gegen Art. 6 EMRK führt, ergibt sich auch aus einer Übertragung der ständigen Rechtsprechung der Konventionsorgane, das Recht auf Zugang zu Gericht gelte nicht absolut, sondern sei im Hinblick auf die Besonderheiten des internationalen Sportrechts der Abwägung zugänglich. Aus Sicht der Athleten kann es keinen Unterschied machen, ob sie vonseiten des Staates oder vonseiten eines internationalen Sportverbandes mit vergleichbarer Regelungsbefugnis zur Unterzeichnung der Schiedsverein-

---

1042 So auch *Jung*, ZEuS 2014, S. 173, 207 f.; *Haas*, SchiedsVZ 2009, S. 73, 80.
1043 EGMR, Urteil v. 02.10.2018, Nr. 40575/10, 67474/10, Mutu und Pechstein v. Suisse, Rn. 98, SpuRt 2018, S. 253, 255.
1044 S. Kap. 3 B.

barung gezwungen werden.[1045] In der staatlich angeordneten Schiedsgerichtsbarkeit wurde kein zwangsläufiger Verstoß gegen Art. 6 EMRK gesehen. Vielmehr müsse diese selbst Art. 6 EMRK einhalten. Unter Zugrundelegung der funktionellen Betrachtungsweise, die in dem verbandsseitig auferlegten Schiedszwang ein Äquivalent zum staatlichen Schiedszwang sieht, kann nichts Anderes für die CAS-Schiedsgerichtsbarkeit als für die gesetzlich angeordnete Schiedsgerichtsbarkeit gelten.

In diesen Kontext der Rechtsprechung ist die CAS-Schiedsvereinbarung einzuordnen. Aufgrund des faktischen Schiedszwangs kann – entgegen der Ansicht des BGH in dem *Pechstein*-Verfahren – nur schwer argumentiert werden, der Athlet verzichte freiwillig auf seine Verfahrensgarantien gemäß Art. 6 Abs. 1 EMRK. Dennoch ist hieraus nicht automatisch, wie die Rechtsprechung der Konventionsorgane deutlich gemacht hat, die Unwirksamkeit des Verzichts zu schlussfolgern. Die Antwort auf die eingangs gestellten Fragen kann somit nur zweigeteilt sein: Ja, der mit der CAS-Schiedsvereinbarung verbundene partielle Verzicht auf die Verfahrensgarantien kommt auch nach dem Maßstab der EMRK unter Zugrundelegung der Rechtsprechung der Konventionsorgane nicht freiwillig zustande; aber nein, hieraus folgt nicht *per se* die Unwirksamkeit des Verzichts auf die Verfahrensgarantien gemäß Art. 6 Abs. 1 EMRK.[1046]

II. Auf welche Verfahrensgarantien verzichten die Schiedsparteien vor dem CAS?

In seiner *Suovaniemi*-Entscheidung hielt der EGMR fest:

> „an unequivocal waiver of Convention rights is valid only insofar as such waiver is "permissible". Waiver may be permissible with regard to certain rights but not with regard to certain others. A distinction may

---

1045 *Haas*, SchiedsVZ 2009, S. 73, 80; a. A. *Heermann*, in: GS Unberath, S. 159, 171; s. Kap. 2 E. I. 2.

1046 So auch *Jung*, ZEuS 2014, S. 173, 202 ff.; *Haas*, SchiedsVZ 2009, S. 73, 79; a. A. *Heermann*, SchiedsVZ 2014, S. 66, 70: „[...] Voraussetzung ist jedoch ein freiwilliger Abschluss der Schiedsabrede, was insbesondere bedeutet, dass die betreffende Vereinbarung nicht aus einer Zwangssituation für eine Vertragspartei hervorgegangen sein darf. Andernfalls ist die Schiedsvereinbarung unwirksam, was von derjenigen Partei nachzuweisen [ist], die sich hierauf beruft." Dem kann jedoch mangels Differenzierung zwischen der Frage der fehlenden Freiwilligkeit des Verzichts und der Schlussfolgerung hieraus nicht gefolgt werden.

have to be made even between different rights guaranteed by Article 6. "[1047]

Für die Annahme eines Verzichtswillens der Parteien beschränkt auf einzelne Verfahrensgarantien bei Unterzeichnung der Schiedsvereinbarung bedarf es ausreichender Anhaltspunkte. Somit stellt sich die Frage, bezüglich welcher Verfahrensgarantien mit Unterzeichnung der CAS-Schiedsvereinbarung ein Verzicht naheliegt.

1. Recht auf Zugang zu einem staatlichen Gericht

In der Regel ist der Schiedsvereinbarung ein ausdrücklich erklärter (vollständiger) Ausschluss der ordentlichen Gerichtsbarkeit inhärent. Danach steht einer Klage vor staatlichen Gerichten grundsätzlich die Schiedseinrede entgegen. Der von den Parteien mit der Schiedsvereinbarung ausdrücklich erklärte Verzicht auf den Zugang zu einem *staatlichen* Gericht beschränkt sich jedoch hierauf. Hiervon zu differenzieren ist die nach hiesiger Ansicht zutreffende Qualifizierung des CAS als „tribunal established by law". Danach verbinden die Schiedsparteien mit der Unterzeichnung der Schiedsvereinbarung auch die Erwartung auf Zugang zu einem Schiedsgericht, welches den Anforderungen von Art. 6 EMRK entspricht.

2. Unabhängigkeit und Unparteilichkeit der Schiedsrichter und der Schiedsinstitution

Grundsätzlich ist das Recht auf ein unabhängiges und unparteiliches Gericht verzichtbar.[1048] Aufgrund der besonderen Bedeutung dieser Verfahrensgarantie sind an die Wirksamkeit eines solchen Verzichts jedoch erhöhte Anforderungen zu stellen.[1049] So muss der Betroffene insbesondere eine bewusste Entscheidung getroffen haben und es dürfen keine wichtigen öffentlichen Interessen entgegenstehen.[1050] Eine solche bewusste Entscheidung treffen die Schiedsparteien mit Unterzeichnung der CAS-Schiedsver-

---

1047 EGMR, Urteil v. 23.02.1999, Nr. 31737/96, Osmo Suovaniemi and others v. Finland.

1048 *Meyer*, in: Karpenstein/Mayer, EMRK, Art. 6, Rn. 50; *Grabenwarter/Pabel*, in: Dörr/Grote/Marauhn, EMRK/GG, Kap. 14, Rn. 55.

1049 *Grabenwarter/Pabel*, in: Dörr/Grote/Marauhn, EMRK/GG, Kap. 14, Rn. 55.

1050 *Grabenwarter/Pabel*, in: Dörr/Grote/Marauhn, EMRK/GG, Kap. 14, Rn. 55.

einbarung nicht. Auch vor dem Hintergrund, dass die Unabhängigkeit und Unparteilichkeit der CAS-Schiedsrichter den Kern der Kritik am CAS ausmachen, sind weder Anhaltspunkte für einen Verzicht der Parteien ersichtlich noch wäre ein solcher mit den öffentlichen Interessen vereinbar.

3. Das Recht auf öffentliche Verhandlung

Trotz seiner fundamentalen Bedeutung gilt der Öffentlichkeitsgrundsatz gemäß Art. 6 Abs. 1 EMRK nicht absolut, sondern grundsätzlich als verzichtbar.[1051] So stellte der EGMR ausdrücklich fest, weder Wortlaut noch Sinn und Zweck von Art. 6 EMRK halte die Parteien davon ab, auf die Öffentlichkeitsgarantie zu verzichten.[1052] Dies bekräftigte der EGMR auch nochmals in seinem Urteil zur *Pechstein*-Beschwerde.[1053]

Voraussetzung für einen wirksam erklärten Verzicht vor einem staatlichen Gericht ist nach der Rechtsprechung des EGMR: *„However, a waiver must be made in an unequivocal manner and must not run counter to any important public interest."*[1054] Die grundsätzliche Möglichkeit des Verzichts auf die öffentliche Verhandlung ist nach der EGMR-Rechtsprechung erst recht für Schiedsverfahren zu bejahen, da der Ausschluss der Öffentlichkeit eine der zentralen Eigenschaften für die Attraktivität des Verfahrens vor einem Handelsschiedsgericht sei.[1055] Mangels ausdrücklicher Erklärung der

---

1051 EGMR, Urteil v. 21.02.1990, Nr. 11855/85, Håkansson and Sturesson v. Sweden, Rn. 66: „Admittedly neither the letter nor the spirit of this provision prevents a person from waiving of his own free will, either expressly or tacitly, the entitlement to have his case heard in public [(...)]."; *Villiger*, Handbuch der EMRK, S. 281, Rn. 443; *Haas*, SchiedsVZ 2009, S. 73, 78; *van Dijk/van Hoof*, Theory and Practice of the ECHR, Art. 6, S. 582; *Schabas*, ECHR – Commentary, Art. 6, S. 289; *Moitry*, J. Int. Arb. 1989, S. 115, 121 mit dem Hinweis darauf, dass hierfür bereits der Wortlaut von Art. 6 Abs. 1 S. 2 EMRK spreche.

1052 EGMR, Urteil v. 21.02.1990, Nr. 11855/85, Håkansson and Sturesson v. Sweden, Rn. 66; EGMR, Urteil v. 23.06.1981, Nr. 6878/75; 7238/75, Le Compte, Van Leuven and De Meyere v. Belgium, Rn. 59; EGMR, Urteil v. 30.11.1987, Nr. 8950/80, H. v. Belgium, Rn. 54.

1053 EGMR, Urteil v. 02.10.2018, Nr. 40575/10, 67474/10, Mutu und Pechstein v. Suisse, Rn. 180, SpuRt 2018, S. 253, 259.

1054 EGMR, Urteil v. 21.02.1990, Nr. 11855/85, Håkansson and Sturesson v. Sweden, Rn. 66.

1055 EGMR, Urteil v. 23.02.1999, Nr. 31737/96, Osmo Suovaniemi and others v. Finland: „Thus, in the light of the case-law it is clear that the right to a public hearing can be validly waived even in court proceedings [(...)]. The same applies, *a fortiori*, to arbitration proceedings, one of the very purposes of which is often

Schiedsparteien in der CAS-Schiedsklausel, mit der sie lediglich die Letzt-zuständigkeit des CAS anerkennen und nicht auf eine öffentliche Verhandlung vor dem CAS verzichten, liegt kein Verzicht vor.

Für die geradezu wesenstypisch auf Vertraulichkeit angelegte Handels-schiedsgerichtsbarkeit wurde ein konkludenter Verzicht auf den Öffent-lichkeitsgrundsatz gemäß Art. 6 Abs. 1 EMRK bejaht. Hierfür spricht, dass das vor staatlichen Gerichten durch die öffentliche Verhandlung bezweck-te Vertrauen der Parteien in die Rechtsfindung im Schiedsverfahren bereits durch die Schiedsrichterbestellung und die dadurch eröffnete Möglichkeit, einen Schiedsrichter seines Vertrauens auswählen zu können, gesichert wird.[1056] Diese Erwägungen zur Handelsschiedsgerichtsbarkeit sind jedoch nicht auf das CAS-Berufungsverfahren übertragbar, da aufgrund des fakti-schen Schiedszwangs sowie der geschlossenen CAS-Schiedsrichterliste den Athleten gerade nicht die Möglichkeit der Wahl eines Schiedsrichters ihres Vertrauens eröffnet wird.

Gleiches gilt für die Veröffentlichung des Schiedsspruches, hinsichtlich derer ebenso wenig ein *ex ante*-Verzicht der Parteien mit Unterzeichnung der Schiedsvereinbarung angenommen werden kann. Dies hat der EGMR in seinem Urteil zur *Pechstein*-Beschwerde ebenfalls ausdrücklich festgehal-ten.[1057]

Im Ergebnis ist mit der CAS-Schiedsvereinbarung kein Verzicht auf eine öffentliche Verhandlung gemäß Art. 6 Abs. 1 S. 1 EMRK verbunden.

4. *fair trial*-Prinzipien

Allein aufgrund der Schiedsvereinbarung kann nicht auf einen Verzicht der Parteien auf die Einhaltung der *fair trial*-Prinzipien gemäß Art. 6 EMRK vor dem Schiedsgericht geschlossen werden.[1058] Das Recht auf ein

---

to avoid publicity."; EKMR, Urteil v. 17.11.1996, Nr. 28101/95, Norström-Jan-zon and Nordström-Lehtinen v. The Netherlands: „In some respects - in partic-ular as regards publicity - **it is clear that arbitral proceedings are often not even intended to be in conformity with Article 6 (Art. 6)**, and the arbitra-tion agreement entails a renunciation of the full application of that Article." (Hervorhebungen durch Verf.).

1056 *Briner/v. Schlabrendorff*, in: FS Böckstiegel, S. 89, 98; *Wedam-Lukic*, Arbitration 1998, S. 16, 19; *Haas*, SchiedsVZ 2009, S. 73, 78; *Jung*, ZEuS 2014, S. 173, 199.

1057 EGMR, Urteil v. 02.10.2018, Nr. 40575/10, 67474/10, Mutu und Pechstein v. Su-isse, Rn. 181, SpuRt 2018, S. 253, 259.

1058 *Kuijer*, The Blindfold of Lady Justice, S. 143.

faires Verfahren wird als eines der Kernelemente von Art. 6 EMRK angesehen, so dass im Sinne einer restriktiven Auslegung der *Suovaniemi*-Rechtsprechung des EGMR nicht ohne weitere Anhaltspunkte davon ausgegangen werden kann, die Parteien würden hierauf aufgrund der Schiedsvereinbarung verzichten.[1059]

5. Entscheidung binnen angemessener Frist

Teilweise[1060] wird dafür plädiert, mit Unterzeichnung einer (Handels-)Schiedsvereinbarung auch einen Verzicht auf eine Entscheidung binnen angemessener Frist verbunden zu sehen.[1061] Bereits für die Handelsschiedsgerichtsbarkeit dürften jedoch nach überzeugender Ansicht keine Anhaltspunkte für einen solchen Verzicht vorliegen.[1062] Erst recht kann ein solcher Verzicht der Schiedsparteien nicht im Rahmen der Sportschiedsgerichtsbarkeit angenommen werden. Denn unter Bezugnahme auf die besondere Bedeutung zügiger Entscheidungen in sportrechtlichen Angelegenheiten dürften die Schiedsparteien regelmäßig eine Entscheidung innerhalb einer angemessenen Frist dringend erwarten. Mithin dürfte die CAS-Schiedsvereinbarung von den Parteien nicht in der Erwartung unterzeichnet werden, damit auf eine Entscheidung binnen angemessener Frist zu verzichten.

Somit bleibt festzuhalten, dass die Schiedsparteien trotz Unterzeichnung der Schiedsvereinbarung eine faire Verfahrensführung mit der Möglichkeit einer öffentlichen Verhandlung von einem unabhängigen und unparteiischen Gericht sowie eine begründete Entscheidung innerhalb einer ange-

---

1059 So ausdrücklich auch *Kuijer*, The Blindfold of Lady Justice, S. 143.

1060 So wohl *Landrove*, in: Human Rights at the Center, S. 73, 85: „The mere signing of an arbitration agreement is a valid waiver of a right to a "tribunal" [(...)], and to a "public" trial **within a reasonable time**." (Hervorhebung durch Verf.). Allerdings behandelt er sodann nicht die Frage eines gänzlichen Verzichts auf eine Entscheidung innerhalb angemessener Frist, sondern vielmehr die Delegierung dieser Verfahrensgarantie von staatlichen Gerichten auf Schiedsgerichte, deren Zulässigkeit er bejaht.

1061 *De Ly*, The Relevance of Public International Law in International Commercial Arbitration, S. 29, 50.

1062 *Briner/v. Schlabrendorff*, in: FS Böckstiegel, S. 89, 97; *Petrochilos*, Procedural Law in International Arbitration, S. 153, Rn. 4.94; *Moitry*, J. Int. Arb. 1989, S. 115, 120; *De Ly*, The Relevance of Public International Law in International Commercial Arbitration, S. 29, 50; *Haydn-Williams*, Arbitration 2001, S. 289, 298.

messenen Frist erwarten.[1063] Diese Erwartungshaltung korrespondiert mit den drei Kernbestandteilen von Art. 6 Abs. 1 EMRK: den Garantien eines unabhängigen und unparteiischen Richters, eines fairen Verfahrens mit rechtlichem Gehör sowie der Garantie auf eine Entscheidung innerhalb angemessener Frist.[1064]

III. Zwischenergebnis

Damit bleibt folgendes Zwischenergebnis festzuhalten:
- Die CAS-Schiedsvereinbarung verstößt nicht generell gegen Art. 6 Abs. 1 EMRK.
- Mit Unterzeichnung der CAS-Schiedsvereinbarung ist nur ein partieller Verzicht auf das Recht auf Zugang zu einem staatlichen Gericht gemäß Art. 6 Abs. 1 EMRK verbunden.
- Der mit Unterzeichnung der CAS-Schiedsvereinbarung verbundene partielle Verzicht auf die Verfahrensgarantien gemäß Art. 6 Abs. 1 S. 1 EMRK erfolgt unfreiwillig. Dies führt aber nicht *per se* zur Unwirksamkeit der Schiedsvereinbarung.
- Grundsätzlich liegen die Voraussetzungen von Art. 6 Abs. 1 EMRK vor, da es sich bei dem CAS insbesondere um ein „tribunal established by law" handelt. Somit ist der Anwendungsbereich von Art. 6 Abs. 1 EMRK eröffnet.

1063 Aufzählung mit Ausnahme der öffentlichen Verhandlung so auch *Jung*, ZEuS 2014, S. 173, 200; allgemein für die Handelsschiedsgerichtsbarkeit *Wedam-Lukic*, Arbitration 1998, S. 16, 19: „The only requirement defined in the first paragraph of Article 6 of the ECHR which may be renounced is the right to a public hearing."; *Schlosser*, Das Recht der internationalen privaten Schiedsgerichtsbarkeit, S. 101, Rn. 121; *Habscheid*, in: FS Henckel, S. 341, 348.
1064 *Bangert*, in: FS Wildhaber, S. 41, 50; *Jung*, ZEuS 2014, S. 173, 200; *Briner/v. Schlabrendorff*, in: FS Böckstiegel, S. 89, 94 ff.; *Knoepfler*, Swiss Rev. Int'l & Eur. L. 2007, S. 463, 471 ff.; *Robinson/Kasolowsky*, Arb. Int. 2002, S. 453, 464: „Whilst it is likely to involve a limited waiver of the right to access to a court, a public hearing and a public judgement, it will not necessarily constitute a waiver of the right to a reasoned judgement, a hearing within a reasonable time, to an independent an impartial tribunal and right to have all arguments raised addressed by the tribunal."

D. Die Bindung des CAS an Art. 6 Abs. 1 EMRK

Unabhängig von der Eröffnung des Anwendungsbereichs von Art. 6 EMRK ist die Frage der Bindung des CAS an die Verfahrensgarantien gemäß Art. 6 EMRK zu beleuchten. Diese lässt sich anhand zweier Ansätze erörtern.[1065] Zum einen wird eine mittelbare Bindung des Schiedsgerichts an Art. 6 EMRK aufgrund der staatlichen Überprüfung in Form der Aufhebungs- und Anerkennungsverfahren von Schiedssprüchen und zum anderen eine unmittelbare Bindung des Schiedsgerichts an Art. 6 EMRK angenommen. Damit bestehen unterschiedliche Herangehensweisen, um eine Gewährleistung von Menschenrechten zwischen Privaten zu begründen. Diese kann nämlich *„entweder durch Zurechnung des privaten Verletzungsakts zum Staat oder durch Annahme einer Pflicht des Staates, den einzelnen vor Grundrechtsverletzungen durch Private zu schützen"*[1066] erreicht werden. Ersteres verfolgt die unmittelbare, Letzteres die mittelbare Bindungswirkung.

I. Die mittelbare Bindung von Schiedsgerichten an Art. 6 Abs. 1 EMRK

Zunächst soll auf den herkömmlichen dogmatischen Anknüpfungspunkt einer mittelbaren Bindung eines Schiedsgerichts an die EMRK eingegangen werden.

Die EMRK verfügt über das *„am weitesten entwickelte überstaatliche Menschenrechtsschutzsystem der Welt"*[1067], das seinen Ausdruck in dem außerordentlich hohen Individualschutz findet. So sind die 47 Vertragsstaaten gemäß Art. 1 EMRK zur Zusicherung der Rechte der Konvention und der Protokolle gegenüber allen ihrer Hoheitsgewalt unterstehenden Personen verpflichtet.[1068] Prozessual findet der Schutz des Einzelnen seinen Aus-

---

1065 Als weitere These wird die Negierung des Schiedsgerichts als „tribunal established by law" angeführt, die bereits oben behandelt wurde; s. für die Handelsschiedsgerichtsbarkeit *Liebscher*, The Healthy Award, S. 67; ähnlich *Petrochilos*, Procedural Law in International Arbitration, S. 152 f., Rn. 4.99, jedoch abweichend für die zweite Ansicht, die annimmt, dass – obwohl ein Schiedsgerich kein „tribunal established by law" gemäß Art. 6 Abs. 1 S. 1 EMRK sei – dessen Verfahrensgarantien ohnehin nach dem Ermessen der Schiedsrichter Anwendung finden würden. *Petrochilos* kritisiert diese Ansicht insofern zu Recht, als sie die eigentliche Problematik der Anwendbarkeit von Art. 6 EMRK vor Schiedsgerichten nicht adressiert.

1066 *Dröge*, Positive Verpflichtungen der Staaten in der EMRK, S. 72.

1067 *Mayer*, in: Karpenstein/Mayer, EMRK, Einl., Rn. 1.

1068 *Meyer-Ladewig/Nettesheim*, in: Meyer-Ladewig, HK-EMRK, Art. 1, Rn. 3.

druck in der Möglichkeit der Individualbeschwerde gemäß Art. 34 EMRK und der Überprüfung der Einhaltung der Rechte durch die Konventionsorgane (bestehend aus dem Europäischen Gerichtshof für Menschenrechte (EGMR) sowie der Europäischen Kommission für Menschenrechte (EKMR))[1069]. Allerdings handelt es sich bei der EMRK nicht um einen universellen, sondern um einen regional begrenzten Menschenrechtsschutz.[1070]

Vor dem Hintergrund des regional begrenzten Menschenrechtsschutzes stellt sich bezogen auf die *ratio loci* die Frage, ob allein die CAS-Schiedsvereinbarung den „Auslöser" zur Anwendbarkeit der EMRK darstellen soll. Dies soll folgender fiktiver Beispielsfall[1071] verdeutlichen:

Ein jamaikanischer Sprinter wird von seinem nationalen Verband aufgrund eines Verstoßes gegen jamaikanisches Verbandsrecht gesperrt und wehrt sich hiergegen vor einem Gericht in Jamaika. Da die Streitigkeit wegen offenkundig fehlender EMRK-Zugehörigkeit Jamaikas unzweifelhaft außerhalb des örtlichen Anwendungsbereichs der EMRK liegt, wären folgerichtig weder die Parteien noch das jamaikanische Gericht selbst auf die Idee der Anwendung der EMRK gekommen. Soll nunmehr allein der Umstand, dass der CAS seinen Sitz in dem EMRK-Mitgliedstaat Schweiz hat und somit der Überprüfung durch an die EMRK gebundene schweizerische Gerichte unterliegt, zum Anknüpfungspunkt für den jamaikanischen Sprinter in dem fiktiven Beispielsfall führen?

Die Anwendung von Art. 6 EMRK auf einen ursprünglich im Grunde außerhalb des örtlichen Anwendungsbereichs der Konvention liegenden Sachverhalts stimmt zwar mit dem Geltungsbereich der EMRK nach der Rechtsprechung der Konventionsorgane überein. So ist grundsätzlich weder die Staatsangehörigkeit der betroffenen Person[1072] entscheidend, noch

---

1069 Nach der ursprünglich vorgesehenen Dualität zwischen EKMR und EGMR war grundsätzlich Erstere für Individual- und Letzterer für Staatenbeschwerden zuständig. Aufgrund der „Filterfunktion" der EKMR gelangten viele Individualbeschwerden gar nicht erst zum EGMR. Diese Dualität wurde mit dem 19. ZP, in Kraft getreten am 01.11.1998, abgeschafft und der EGMR als ständiger Gerichtshof etabliert, dessen Gerichtsbarkeit für die Vertragsstaaten obligatorisch ist, *Mayer*, in: Karpenstein/Mayer, EMRK, Einl., Rn. 22 f.; *Frowein*, in: Frowein/Peukert, EMRK, Einf., Rn. 4.

1070 *Meyer-Ladewig/Nettesheim*, in: Meyer-Ladewig, HK-EMRK, Art. 1, Rn. 1.

1071 Leicht abgewandeltes Fallbeispiel nach *Jung*, ZEuS 2014, S. 173, 191 f.; *Bangert*, in: FS Wildhaber, S. 41, 53 mit handelsrechtlichem Fallbeispiel aus der Rechtsprechung des Schweizerischen Bundesgerichts.

1072 *Frowein*, in: Frowein/Peukert, EMRK, Art. 1, Rn. 3.

die Frage, auf welchem Territorium diese sich befindet[1073]. Der EGMR hat in seiner *Bankovic*-Entscheidung[1074] zwar festgehalten, dass die EMRK grundsätzlich als territorial begrenzt und nicht im Sinne einer weltweiten Anwendung für das Verhalten der Vertragsstaaten zu verstehen sei. Ausnahmsweise könne jedoch unter bestimmten Umständen, aufgrund derer der Staat eine effektive Kontrolle über ein Territorium ausübe, auch eine extraterritoriale Handlung eines Vertragsstaates dessen EMRK-Verantwortlichkeit begründen.[1075] Demnach liegt der Hoheitsgewalt grundsätzlich eine territoriale Anknüpfung zugrunde, beschränkt sich jedoch nicht hierauf.[1076] Entscheidend ist vielmehr Art. 1 EMRK, nach dem *„[d]ie Hohen Vertragsparteien allen ihrer Hoheitsgewalt unterstehenden Personen die in Abschnitt I bestimmten Rechte und Freiheiten zu[sichern]."*

Für den CAS ergibt sich die EMRK-Verantwortlichkeit aus den folgenden Gesichtspunkten: Die Schiedsparteien unterstehen der Hoheitsgewalt desjenigen EMRK-Vertragsstaates, dessen Verfahrensrecht vor dem Schiedsgericht Anwendung findet.[1077] Dies ist im Fall des CAS mit Sitz in Lausanne für die überwiegende Mehrzahl der Fälle internationaler Schiedsverfahren gemäß Art. 176 Abs. 1 IPRG die Schweiz. Für die Schweiz trat die EMRK am 28.11.1974 in Kraft.[1078] Bei der Überprüfung eines internationa-

---

1073 *Bangert*, in: FS Wildhaber, S. 41, 53.
1074 EGMR (Große Kammer), Entscheidung vom 12.12.2001, Nr. 52207/99, Bankovic u. a. / Belgien u. a., NJW 2003, S. 413 ff.
1075 EGMR (Große Kammer), Entscheidung vom 12.12.2001, Nr. 52207/99, Bankovic u. a. / Belgien u. a., Leitsätze 2 bis 4 sowie Rn. 54 ff., NJW 2003, S. 413, 414 ff. Für den zu entscheidenden Fall der Luftherrschaft der NATO über Jugoslawien verneinte der EGMR jedoch die „Hoheitsgewalt" der beklagten Staaten; *Frowein*, in: Frowein/Peukert, EMRK, Art. 1, Rn. 6; *Röben*, in: Dörr/Grote/Marauhn, EMRK/GG, Kap. 5, Rn. 113.
1076 EGMR (Große Kammer), Entscheidung vom 12.12.2001, Nr. 52207/99, Bankovic u. a. / Belgien u. a., Rn. 63 ff., NJW 2003, S. 413, 415 f; EGMR, Urteil v. 23.03.1995, Nr. 15318/89, Loizidou v. Turkey, Rn. 59 ff.
1077 *Petrochilos*, Procedural Law in International Arbitration, S. 160, Rn. 4.116; *Samuel*, J. Int. Arb. 2004, S. 413, 427, der aufgrund dessen auch das Gegenargument als wenig überzeugend verwirft, dass für den Fall des ausdrücklichen Verzichts der Parteien auf staatliche Rechtsbehelfsmöglichkeiten, den Staat, in dem sich der Schiedsort befindet, keine Pflicht zum Schutz von Menschenrechten treffe.
1078 S. nichtamtliche Anlage zur EMRK: Geltungsbereich, BGBl. 1975 II, S. 910. Nachdem die Schweiz erst 1963 Mitglied des Europarats geworden war, dauerte es abermals mehr als zehn Jahre bis der Prozess zum Beitritt zur EMRK abgeschlossen werden konnte; s. zu den Hintergründen *Haefliger/Schürman*, Die EMRK und die Schweiz, S. 5 ff.

len CAS-Schiedsspruches gemäß Artt. 176 ff. IPRG überprüft das zuständige Schweizerische Bundesgericht auch, ob ein Verstoß gegen den *Ordre public* gemäß Art. 190 Abs. 2 lit. e) IPRG vorliegt. Dessen Bestandteile sind wiederum sowohl in prozessualer als auch in materieller Hinsicht nach überzeugender Ansicht die Garantien der EMRK.[1079] Zudem enthalten die Anfechtungsgründe des Art. 190 Abs. 2 IPRG unabhängig von einem *Ordre public* Beschwerdegründe, die den Garantien von Art. 6 EMRK gleichen, wie insbesondere der Grundsatz der Gleichbehandlung der Parteien und derjenige des rechtlichen Gehörs gemäß Art. 190 Abs. 2 lit. d) IPRG oder – mit Abstrichen – die Anforderungen an die Besetzung des Schiedsgerichts. Dennoch ist mit dem Schweizerischen Bundesgericht ausdrücklich darauf hinzuweisen, dass die Anfechtungsgründe des IPRG nicht deckungsgleich mit den Garantien von Art. 6 EMRK sind.[1080] Letztlich hat das Schweizerische Bundesgericht bei der Überprüfung eines CAS-Schiedsspruches im Rahmen der *Ordre public*-Überprüfung gemäß Art. 190 IPRG auch Art. 6 EMRK als Bestandteil zu berücksichtigen. Aufgrund des Umstandes des Schiedssitzes des CAS in der Schweiz und der Überprüfung des CAS-Schiedsspruches durch das Schweizerische Bundesgericht ist grundsätzlich die Schweiz im Rahmen ihrer Schutzpflicht[1081] EMRK-Verantwortliche.

So einleuchtend dieser Befund auch sein mag, so fragwürdig ist er dennoch hinsichtlich des „Auslösers" der EMRK-Verantwortlichkeit der Schweiz, nämlich dem Schiedsort. Die Anwendbarkeit der EMRK allein aufgrund des Schiedsortes des CAS in Lausanne und damit im EMRK-Mitgliedstaat Schweiz dürfte wohl eher ein Zufallsergebnis als von den Gründungsvätern des CAS intendiert gewesen sein. Vielmehr dürfte die Wahl der Schweiz als Schiedsort für den CAS vor allem aufgrund des liberalen schweizerischen Ordnungsrahmens und des Sitzes der Mehrzahl der internationalen Sportverbände getroffen worden sein. Dass ausgerechnet die Wahl des Schiedsortes letztlich zu dem Geltungsbereich der Konvention führen soll, stellt auch einen der Hauptkritikpunkte[1082] an der Konstruktion der (nur) mittelbaren Bindung von Schiedsgerichten an Art. 6 EMRK dar.

1079 *Landrove*, in: Human Rights at the Center, S. 73, 97; *Habscheid*, in: FS Henckel, S. 341, 348; *Geistlinger/Gappmaier*, Yearb. Int. Arb. 2013, S. 307, 309.
1080 Schweizerisches Bundesgericht, Urteil v. 04.08.2006, Az.: 4P.105/2006, Rn. 7.3, CaS 2006, S. 575, 582.
1081 S. hierzu Kap. 2 D. I. 2.
1082 *Bangert*, in: FS Wildhaber, S. 41, 53; *Jung*, ZEuS 2014, S. 173, 192.

1. Die Rezeption des CAS zu seiner Bindung an Art. 6 EMRK

Der CAS betont in seiner Rechtsprechung, er sei lediglich mittelbar an Art. 6 EMRK gebunden.[1083] Dabei zeichnet sich in der CAS-Rechtsprechung eine Tendenz ab, die eine Loslösung von dem anfänglichen Abstellen auf lediglich allgemeine prozessuale Mindeststandards hin zu der Beachtung der EMRK aufgrund der *Ordre public*-Überprüfung durch das Schweizerische Bundesgericht aufzeigt.[1084] So hielt beispielsweise das CAS-Schiedsgericht in der *Contador*-Angelegenheit fest:

> „The Panel is of the view that even though it is not bound directly by the provisions of the ECHR (cf. Art 1 ECHR), it should nevertheless account for their content within the framework of procedural public policy."[1085]

Ebenso führte in einer anderen Angelegenheit ein CAS-Schiedsgericht nach deutlicher Negierung der unmittelbaren Bindung an die EMRK aus:

> „However, the Panel is mindful that some guarantees afforded in relation to civil law proceedings by article 6.1 of the ECHR are indirectly applicable before an arbitral tribunal sitting in Switzerland – all the more so in disciplinary matters – because the Swiss Confederation, as a contracting party to the ECHR, must ensure that its judges, when checking arbitral awards (at the enforcement stage or on the occasion of an appeal to set aside the award), verify that parties to an arbitration are guaranteed a fair proceeding within a reasonable time by an independent and impartial arbitral tribunal. These procedural principles thus form part of the Swiss procedural public policy."[1086]

1083 S. hierzu vertiefend *Geistlinger/Gappmaier*, Yearb. Int. Arb. 2013, S. 307, 310 ff.

1084 *Geistlinger/Gappmaier*, Yearb. Int. Arb. 2013, S. 307, 310.

1085 CAS-Schiedsspruch v. 06.02.2012, Az.: CAS 2011/A/2384, CAS 2011/A/2386, UCI v. Alberto Contador Velasco & RFEC & WADA v. Alberto Contador Velasco & RFEC, Rn. 21.

1086 CAS-Schiedsspruch v. 08.03.2012, Nr. 2011/A/2426, Ahongalu Fusimalohi v. FIFA, Rn. 66.

2. Die Dimension der staatlichen Schutzpflichten als dogmatischer
   Hintergrund der mittelbaren Bindung von Schiedsgerichten an die
   EMRK

Unbestritten sind lediglich die Vertragsstaaten zur Grundrechtsgewährleis-
tung nach Art. 1 EMRK verpflichtet. Insoweit ist der Wortlaut von Art. 1
EMRK[1087] eindeutig. Private sind damit grundsätzlich keine Grundrechts-
verpflichteten und für sie besteht auch keine unmittelbare Drittwirkung.[1088] Somit besteht keine direkte Drittwirkung in der Weise, dass sich
ein Bürger gegenüber einem anderen Bürger auf ein Recht aus der EMRK
berufen könnte.[1089] Hieraus kann jedoch nicht geschlussfolgert werden,
die EMRK entfalte keinerlei Bedeutung für die Schiedsgerichtsbarkeit.[1090]

a) Ansatz der „mittelbaren Drittwirkung"

Trotz der nachfolgenden Konzentration auf die Schutzpflichtdogmatik im
Zusammenhang mit der Bindung des CAS an Art. 6 EMRK soll an dieser
Stelle kurz auf die Rechtsfigur der „mittelbaren Drittwirkung" im sport-
rechtlichen Kontext eingegangen werden.

1087 Art. 1 EMRK: „Die Hohen Vertragsparteien sichern allen ihrer Hoheitsgewalt
      unterstehenden Personen die in Abschnitt I bestimmten Rechte und Freihei-
      ten zu." Unter Abschnitt I stehen die Rechte und Freiheiten gemäß Art. 2
      bis 18 EMRK.
1088 *Röben*, in: Dörr/Grote/Marauhn, EMRK/GG, Kap. 5, Rn. 146 u. 147; *Jaksic*, Ar-
      bitration and Human Rights, S. 118.
1089 So die vorherrschende internationale Ansicht *Frowein*, in: Frowein/Peukert,
      EMRK, Art. 1, Rn. 16; *Röben*, in: Dörr/Grote/Marauhn, EMRK/GG, Kap. 5,
      Rn. 147; *Jarrosson*, Revue de l'arbitrage 1989, S. 573, 579; *Poudret/Besson*, Com-
      parative Law of International Arbitration, S. 65, Rn. 87; *Grothe/Frohn*,
      CaS 2008, S. 104, 106; *Jung*, ZEuS 2014, S. 173, 193; so auch ausdrücklich der
      EGMR, Urteil v. 28.09.2001, Nr. 24699/94, Verein gegen Tierfabriken Schweiz
      (VgT) v. Switzerland, Rn. 46: „The Court does not consider it desirable, let
      alone necessary, to elaborate a general theory concerning the extent to which
      the Convention guarantees should be extended to relations between private in-
      dividuals inter se."
1090 *Haas*, SchiedsVZ 2009, S. 73, 84.

Was in der deutschen Grundrechtsdogmatik hinlänglich unter der Rechtsfigur der sog. „mittelbaren Drittwirkung"[1091] bekannt ist, wird unter demselben Schlagwort auch für die EMRK in Betracht gezogen.[1092]

Vorliegend gewinnt die Rechtsfigur der „mittelbaren Drittwirkung" der EMRK insofern an Bedeutung, als sie die argumentative Grundlage für einen herzustellenden Grundkonsens zugunsten der grundsätzlichen Bindung des CAS an die EMRK bilden kann.

An dieser Stelle soll nicht der Versuch unternommen werden, die Bedeutung der Rechtsfigur der „mittelbaren Drittwirkung" nachzuzeichnen. Vielmehr soll sie der Blickschärfung für die Bindung des CAS an die EMRK dienen. Dass zwischen Privaten ein strukturelles Ungleichgewicht auch im sportrechtlichen Kontext Bedeutung erlangen können, illustriert ein unlängst ergangener Senatsbeschluss des BVerfG[1093]. In dem zugrundeliegenden Fall hatte das BVerfG über ein zweijähriges bundesweites Stadionverbot zu entscheiden, das gegen den Beschwerdeführer nach einem Stadionbesuch im Jahr 2006 von dem Verein aufgrund der „Stadionverbots-Richtlinien" des DFB verhängt worden war, da es zu gewalttätigen Ausschreitungen gekommen war. Trotz der Einstellung des gegen den Beschwerdeführer angestrengten Ermittlungsverfahrens gemäß § 153 Abs. 1 StPO wurde das Stadionverbot aufrechterhalten, gegen welches sich der Beschwerdeführer erfolglos vor den Zivilgerichten zur Wehr gesetzt hatte.[1094] Das BVerfG entschied, dass Art. 3 Abs. 1 GG zwar kein objektives Gleichheitsgebot enthalte, für „spezifische Konstellationen" zwischen Privaten sich aus Art. 3 Abs. 1 GG jedoch gleichheitsrechtliche Anforderungen ergeben könnten. Eine solche „spezifische Konstellation" liege mit dem bundesweit gültigen Stadionverbot vor. Zu dem auf das Hausrecht gestützten Ausschluss von bestimmten Personen zu Veranstaltungen, die für die Teilnahme am gesellschaftlichen Leben von hoher Bedeutung seien, führte das BVerfG aus:

1091 Grundlegend und st. Rspr. BVerfG, Urteil v. 15.01.1958, Az.: 1 BvR 400/51, BVerfGE 7, S. 198, 205 f.; BVerfG, Beschluss v. 11.05.1976, Az.: 1 BvR 671/70, BVerfGE 42, S. 143, 148; BVerfG, Beschluss v. 19.10.1993, Az.: 1 BvR 567/89, BVerfGE 89, S. 214, 229; BVerfG, Beschluss v. 22.10.2014, Az.: 2 BvR 661/12, BVerfGE 137, S. 273, 313.

1092 S. vertiefend hierzu *Alkema*, in: FS Wiarda, S. 33 ff; *Clapham*, in: Macdonald/Matscher/Petzold (Hrsg.), The European System for the Protection of Human Rights, S. 163 ff.; *Grabenwarter/Pabel*, EMRK, § 19, Rn. 8 f.

1093 BVerfG, Beschluss v. 11.04.2018, Az.: 2 BvR 661/12, BeckRS 2018, S. 6483 ff.

1094 S. ausführlich zum Sachverhalt BVerfG, Beschluss v. 11.04.2018, Az.: 2 BvR 661/12, Rn. 2 ff., BeckRS 2018, S. 6483 ff.

„Indem ein Privater eine solche Veranstaltung ins Werk setzt, erwächst ihm von Verfassungs wegen auch eine besondere rechtliche Verantwortung. Er darf seine hier aus dem Hausrecht so wie in anderen Fällen möglicherweise aus einem Monopol oder aus struktureller Überlegenheit resultierende Entscheidungsmacht nicht dazu nutzen, bestimmte Personen ohne sachlichen Grund von einem solchen Ereignis auszuschließen."[1095]

Diese Gesichtspunkte sind im weitesten Sinne auf die internationale Sportschiedsgerichtsbarkeit übertragbar. Auch hier besteht eine strukturelle Überlegenheit vonseiten der Sportverbände, die zu deren Entscheidungsmacht in einem für die Athleten elementaren Bereich führt, nämlich dem der Wettbewerbsteilnahme und damit ihrer Berufsausübung. Denn im Kontext des Ein-Platz-Prinzips kommt den Sportverbänden eine Monopolstellung zu, indem sie – zwar auf zivilrechtlicher Grundlage, faktisch aber einem Hoheitsträger ähnlich – beispielsweise Teilnahme- und Zulassungsvoraussetzungen für sportliche Wettkämpfe den Athleten auferlegen. Indem sie die strukturbedingte Monopolstellung, um in der Sprache des BVerfG zu bleiben „ins Werk setzen", kommt ihnen eine besondere rechtliche Verantwortung zu. Im Berufungsverfahren vor dem CAS setzt sich die strukturelle Überlegenheit der Verbände gegenüber den Athleten, wie beschrieben[1096] fort. Das ungleiche Kräfteverhältnis zwischen den Sportverbänden auf der einen und den Athleten auf der anderen Seite stellt nahezu ein Paradebeispiel der vom BVerfG angesprochenen „spezifischen Konstellationen" zwischen Privaten dar.[1097] So betont das BVerfG explizit die „aus einem Monopol oder aus struktureller Überlegenheit resultierende Ent-

---

1095 BVerfG, Beschluss v. 11.04.2018, Az.: 2 BvR 661/12, Rn. 41, BeckRS 2018, S. 6483 ff.

1096 S. Kap. 1 B. I. 3.

1097 Präzisierend ist hierzu festzuhalten, dass das BVerfG in dem konkreten Fall die spezifische Konstellation des strukturellen Übergewichts zwischen dem Veranstalter und dem Stadionbesucher nicht in einem Verstoß von Art. 2 Abs. 1 GG, sondern allein in dem Verhältnis zu den anderen Stadionbesuchern im Rahmen des Gleichbehandlungsgebots gemäß Art. 3 Abs. 1 GG sah: „Die in Frage stehende Beschwer des Ausschlusses von Fußballspielen erlangt ihr verfassungsrechtliches Gewicht jedoch nicht in der Bedeutung und dem Ausmaß der hierin liegenden Freiheitsbeschränkung, sondern in der Verwehrung der Teilnahme an einer einem breiten Publikum geöffneten Großveranstaltung. Kern der Verfassungsbeschwerde ist die Ungleichbehandlung gegenüber all denjenigen, die das Stadion besuchen können.", BVerfG, Beschluss v. 11.04.2018, Az.: 2 BvR 661/12, Rn. 38, BeckRS 2018, S. 6483 ff. Dies ändert jedoch nichts an der Übertragung des Grundgedankens der mittelbaren Dritt-

scheidungsmacht" und beschreibt damit Umstände, die kumulativ auf die Strukturen der internationalen Sportwelt zutreffen. Somit hat der Grundgedanke der Ausstrahlungswirkung von Grund- und Menschenrechten auf das zivilrechtliche Verhältnis zwischen Privaten vor dem CAS Beachtung zu finden.

Letztlich ergeben sich aus der „mittelbaren Drittwirkung" im Vergleich zur Schutzpflichtdogmatik keine zusätzlichen oder abweichenden Rechtsfolgen[1098], so dass sich im Folgenden auf die Schutzpflichten konzentriert werden soll.

b) Herleitung der staatlichen Schutzpflichten

Sowohl in der Rechtsprechung der Konventionsorgane[1099] als auch in der Literatur[1100] sind Schutzpflichten der Staaten für eine effektive Gewährleistung der EMRK-Rechte allgemein anerkannt.

In erster Linie sind die einzelnen Rechte der EMRK Abwehrrechte gegen den Staat.[1101] Darüber hinaus ist unumstritten, dass den Rechten aus der EMRK unter bestimmten Voraussetzungen über die negativen Abwehransprüche hinaus gegenüber den Konventionsstaaten auch eine positive Funktion zukommen kann.[1102] Hierdurch entsteht eine allgemeine positive Schutzpflicht der Konventionsstaaten. Dies ergibt sich bereits aus

---

wirkung der EMRK auf die Verhältnisse vor dem CAS, zumal das strukturelle Übergewicht der Sportverbände nicht nur im direkten Verhältnis zu den Athleten, sondern auch im Verhältnis zu den anderen Athleten im Sinne des Gleichbehandlungsgrundsatzes seinen Ausdruck findet.

1098 *Grabenwarter/Pabel*, EMRK, § 19, Rn. 9; vertiefend *Szczekalla*, Die sogenannten grundrechtlichen Schutzpflichten im deutschen und europäischen Recht, S. 903 ff.

1099 EGMR, Urteil v. 13.08.1981, Az.: 7601/76; 7806/77, Young, James and Webster v. the United Kingdom, Rn. 49; EGMR, Urteil v. 28.05.1985, Nr. 9214/80; 9473/81; 9474/81, Abdulaziz, Cabales and Balkandali v. The United Kingdom, Rn. 67; EGMR, Urteil v. 17.10.1986, Nr. 9532/81, Rees v. The United Kingdom, Rn. 35 ff.; EGRM, Urteil v. 21.06.1988, Nr. 10126/82, Plattform „Ärzte für das Leben" v. Austria, Rn. 29 ff.

1100 *Bleckmann*, in: FS Bernhardt, S. 309 ff.; *Stahl*, Schutzpflichten im Völkerrecht, S. 108; *Jaeckel*, Schutzpflichten im deutschen und europäischen Recht, S. 103; *Wiesbrock*, Internationaler Schutz der Menschenrechte, S. 84 ff.; *Klatt*, ZaöRV 2011, S. 691 ff.; *Krieger*, ZaöRV 2014, S. 187, 193 ff.; *Rudolf/v. Raumer*, in: Anwaltschaft für Menschenrechte und Vielfalt, S. 11 ff.

1101 *Jaksic*, Arbitration and Human Rights, S. 119.

1102 *Krieger*, in: Dörr/Grote/Marauhn, EMRK/GG, Kap. 6, Rn. 21 ff.

den Wortlauten von Artt. 1 und 6 Abs. 1 EMRK, die es im Zusammenhang zu lesen gilt[1103]:

> „Die Hohen Vertragsparteien sichern allen ihrer Hoheitsgewalt unter-stehenden Personen die in Abschnitt I bestimmten Rechte und Frei-heiten zu." (Art. 1 EMRK) und damit sichern sie „jede[r] Person ein Recht darauf [zu], dass über Streitigkeiten in Bezug auf ihre zivilrecht-lichen Ansprüche und Verpflichtungen [...] von einem unabhängigen und unparteiischen, auf Gesetz beruhenden Gericht in einem fairen Verfahren, öffentlich und innerhalb angemessener Frist verhandelt wird" (Art. 6 Abs. 1 S. 1 EMRK).

Eine weitergehende Auslegung im Sinne einer tatsächlichen Gewährleis-tung der Schutzpflicht ergibt sich aus dem authentischen Wortlaut der englischen Originalfassung (*„shall secure to everyone within their jurisdic-tion"*[1104]).[1105] Demgegenüber ist das französische *„reconnaitre"* im Sinne von „anerkennen, zugestehen" wiederum zurückhaltender und spricht für einen eher neutralen Charakter.[1106]

Dabei ist es für die staatliche Verantwortlichkeit nach der Rechtspre-chung des EGMR unbeachtlich, ob der Staat hoheitliche Aufgaben selbst erfüllt oder deren Wahrnehmung auf Private überträgt.[1107] In der Rechtssa-che *Costello-Roberts v. the United Kingdom*[1108] bejahte der EGMR die positi-ve Schutzpflicht des Staates, da der Staat seiner Verantwortlichkeit nicht durch Delegierung auf private Organisationen oder Individuen entgehen könne (*„[...] the State cannot absolve itself from responsibility by delegating its obligations to private bodies or individuals"*).[1109] Der Entscheidung lag eine Prügelstrafe des Direktors einer Privatschule gegenüber einem Schüler und

---

1103 So *Stahl*, Schutzpflichten im Völkerrecht, S. 105.

1104 Art. 1 ECHR: „The High Contracting Parties shall secure to everyone within their jurisdiction the rights and freedoms defined in Section I of this Conven-tion."

1105 *Petrochilos*, Procedural Law in International Arbitration, S. 153, Rn. 4.101; *Jae-ckel*, Schutzpflichten im deutschen und europäischen Recht, S. 112.

1106 *Jaeckel*, Schutzpflichten im deutschen und europäischen Recht, S. 112.

1107 *Grabenwarter/Pabel*, EMRK, § 17, Rn. 7.

1108 EGMR, Urteil v. 25.03.1993, Az.: 13134/87, Costello-Roberts v. the United Kingdom.

1109 EGMR, Urteil v. 25.03.1993, Az.: 13134/87, Costello-Roberts v. the United Kingdom, Rn. 27; *Frowein*, in: Frowein/Peukert, EMRK, Art. 1, S. 22, Rn. 14; *Jaksic*, Arbitration and Human Rights, S. 125.

damit eine mögliche Verletzung von Artt. 3 und 8 EMRK[1110] sowie Art. 2 des 1. Zusatzprotokolls[1111] zugrunde. Die Regierung argumentierte, sie sei ihrer Schutzpflicht nachgekommen, indem sie unangemessene Formen körperlicher Bestrafung gesetzlich untersagt habe.[1112]

Dem trat der EGMR jedoch entgegen und ging in dieser Entscheidung weiter als bisher in seiner Rechtsprechung, indem er nicht an die Gesetzgebung[1113], sondern an das konkrete Handeln des privaten Schuldirektors anknüpfte und hieran die staatliche Verantwortlichkeit festmachte.[1114] Demgegenüber stellte der EGMR in einem anderen Fall im Zusammenhang

---

1110 Art. 3 EMRK: „Niemand darf der Folter oder unmenschlicher oder erniedrigender Behandlung oder Strafe unterworfen werden."; Art. 8 Abs. 1 EMRK: „Jede Person hat das Recht auf Achtung ihres Privat- und Familienlebens, ihrer Wohnung und ihrer Korrespondenz."

1111 Art. 2 des Zusatzprotokolls zur Konvention zum Schutze der Menschenrechte und Grundfreiheiten in der Fassung des Protokolls Nr. 11: „Niemandem darf das Recht auf Bildung verwehrt werden. Der Staat hat bei Ausübung der von ihm auf dem Gebiet der Erziehung und des Unterrichts übernommenen Aufgaben das Recht der Eltern zu achten, die Erziehung und den Unterricht entsprechend ihren eigenen religiösen und weltanschaulichen Überzeugungen sicherzustellen."

1112 EGMR, Urteil v. 25.03.1993, Az.: 13134/87, Costello-Roberts v. the United Kingdom, Rn. 17 ff.

1113 EGMR, Urteil v. 13.08.1981, Az.: 7601/76; 7806/77, Young, James and Webster v. the United Kingdom, Rn. 49: „Under Article 1 (Art. 1) of the Convention, each Contracting State "shall secure to everyone within [its] jurisdiction the rights and freedoms defined in ... [the] Convention"; hence, if a violation of one of those rights and freedoms is the result of non-observance of that obligation in the enactment of domestic legislation, the responsibility of the State for that violation is engaged. Although the proximate cause of the events giving rise to this case was the 1975 agreement between British Rail and the railway unions, it was the domestic law in force at the relevant time that made lawful the treatment of which the applicants complained. The responsibility of the respondent State for any resultant breach of the Convention is thus engaged on this basis."; EGMR, Urteil v. 23.11.1983, Az.: 8919/80, Van der Mussele v. Belgium, Rn. 29: „[...] Under the Convention, the obligation to grant free legal assistance arises, in criminal matters, from Article 6 § 3 (c) (Art. 6-3-c); in civil matters, it sometimes constitutes one of the means of ensuring a fair trial as required by Article 6 § 1 (Art. 6-1) [(...)]. This obligation is incumbent on each of the Contracting Parties. The Belgian State – and this was not contested by the Government – lays the obligation by law on the Ordres des avocats, thereby perpetuating a state of affairs of long standing; [...] Such a solution cannot relieve the Belgian State of the responsibilities it would have incurred under the Convention had it chosen to operate the system itself."

1114 *Frowein*, in: Frowein/Peukert, EMRK, Art. 1, S. 22, Rn. 14; *Jaksic*, Arbitration and Human Rights, S. 119.

mit einem Verstoß gegen Sklaverei und Knechtschaft gemäß Art. 4 Abs. 1 EMRK auf das Fehlen einer Strafvorschrift ab, da die Vorschrift nicht nur bei staatlichem Handeln greife, sondern den Staat eine Pflicht zum effektiven Schutz treffe.[1115]

Mithin stellt der EGMR auf eine funktionale Auslegung aus der allgemeinen Gewährleistungspflicht gemäß Art. 1 EMRK sowie auf das Effektivitätsgebot ab.[1116] Auch wenn die Mehrzahl der Entscheidungen des EGMR zur positiven Schutzpflicht des Staates sich nicht unmittelbar auf Art. 6 EMRK bezieht,[1117] kann für Art. 6 EMRK geschlussfolgert werden, dass die Schutzpflicht sich nicht darin erschöpfen kann, Schiedsgerichte an sich zuzulassen und für deren Kontrolle Schiedsverfahrensgesetze zu erlassen, sondern diese Schutzpflicht muss sich auch effektiv auf diejenigen erstrecken, die sich für die Streitbeilegung vor einem privaten Schiedsgericht entscheiden.[1118]

Kritiker des Konzepts der staatlichen Schutzpflichten halten diesem insbesondere vor, die Intention der EMRK sei die klassische Verhinderung von staatlichen Eingriffen in Menschenrechte gewesen, ohne dass die Überlegung des Schutzes vor Eingriffen Privater eine Rolle gespielt habe.[1119] Ein solches Verständnis würde dem Geltungsanspruch der EMRK allerdings nicht gerecht. Hierfür sprechen die Präambel, der Wortlaut des Art. 2 Abs. 1 S. 1 EMRK[1120] sowie die Rechtsprechung der Konventionsor-

---

1115 EGMR, Urteil v. 26.07.2005, Az.: 73316/01, Siliadin v. France, Rn. 89: „In those circumstances, the Court considers that limiting compliance with Article 4 of the Convention only to direct action by the State authorities would be inconsistent with the international instruments specifically concerned with this issue and would amount to rendering it ineffective. Accordingly, it necessarily follows from this provision that States have positive obligations, in the same way as under Article 3 for example, to adopt criminal-law provisions which penalise the practices referred to in Article 4 and to apply them in practice."

1116 *Röben*, in: Dörr/Grote/Marauhn, EMRK/GG, Kap. 5, Rn. 151.

1117 Die Mehrzahl der Entscheidungen zur Anwendbarkeit der EMRK zwischen Privaten bezieht sich auf Art. 8 EMRK, *Jaksic*, Arbitration and Human Rights, S. 120; vertiefend zu den staatlichen Schutzpflichten im Kontext von Art. 6 EMRK, *Szczekalla*, Die sogenannten grundrechtlichen Schutzpflichten im deutschen und europäischen Recht, S. 777 ff.

1118 *Petrochilos*, Procedural Law in International Arbitration, S. 153, Rn. 4.101.

1119 *Wiesbrock*, Internationaler Schutz der Menschenrechte, S. 183; *Jaeckel*, Schutzpflichten im deutschen und europäischen Recht, S. 131.

1120 Art. 2 Abs. 1 S. 1 EMRK: „Das Recht jedes Menschen auf Leben wird gesetzlich geschützt."

gane, nach der die staatlichen Schutzpflichten aufgrund eines effektiven Grundrechtsschutzes allgemein anerkannt sind.[1121]

c) Einschränkungen durch Ermessensspielraum

Die Schutzpflicht der Staaten wird durch den Ermessensspielraum eingeschränkt, der jedem Staat bei der Durchsetzung der Art. 6 Abs. 1 EMRK inhärenten Verfahrensgarantien zuteilwird. Aus der EMRK selbst ergeben sich grundsätzlich keine Vorgaben hinsichtlich der nationalen Schnittstellen zur EMRK.[1122] Der Rechtsprechung der Konventionsorgane zufolge haben die staatlichen Gerichte lediglich eine gewisse Überwachungsfunktion. Ihnen kommt somit ein weiter Ermessensspielraum bei der Überprüfung zu, inwieweit die Schiedsgerichte die Verfahrensgarantien gemäß Art. 6 Abs. 1 EMRK einhalten.[1123] Dieser weite Ermessensspielraum bezieht sich auf die Frage der genauen Rechtsbehelfsmöglichkeiten sowohl in der prä- als auch in der postarbitralen Phase.[1124] Grundsätzlich ist jedoch hinsichtlich des „Ob" und des „Wie" des Ermessensspielraums zu unterscheiden.[1125] Hinsichtlich des „Ob" ist das staatliche Ermessen insofern eingeschränkt, als der Staat sich nicht grundsätzlich von seiner Kontrolle zur Einhaltung der Verfahrensgarantien von Art. 6 EMRK befreien darf.[1126] Seiner Überwachungsfunktion wird der Staat jedoch bereits gerecht, sofern er die Möglichkeit der Überprüfung des Schiedsverfahrens durch

---

1121 *Jaeckel*, Schutzpflichten im deutschen und europäischen Recht, S. 132 f.; *Wiesbrock*, Internationaler Schutz der Menschenrechte, S. 184.
1122 *Haas*, SchiedsVZ 2009, S. 73, 81.
1123 EGMR, Urteil v. 23.02.1999, Nr. 31737/96, Osmo Suovaniemi and others v. Finland: „The Court considers that the Contracting States enjoy considerable discretion in regulating the question on which grounds an arbitral award should be quashed [...]"; EKMR, Urteil v. 17.11.1996, Nr. 28101/95, Norström-Janzon and Nordström-Lehtinen v. The Netherlands: „[...] each Contracting State may in principle decide itself on which grounds an arbitral award should be quashed."; *Haas*, SchiedsVZ 2009, S. 73, 81; *Landrove*, in: Human Rights at the Center, S. 73, 93; *Besson*, ASA Bulletin 2006, S. 395, 404 f.
1124 *Haas*, SchiedsVZ 2009, S. 73, 81; s. hierzu rechtsvergleichend *ders.*, in: FS Rechberger, S. 187 ff.; *ders.*, in: Oberhammer (Hrsg.), Schiedsgerichtsbarkeit in Zentraleuropa, S. 19 ff.
1125 *Haas*, SchiedsVZ 2009, S. 73, 81 f.
1126 EKMR, Beschluss v. 02.12.1991, Nr. 18479/91; Jakob Boss Söhne KG v. Germany.

staatliche Gerichte anbietet.[1127] Dies setzt aber voraus, dass eine der Schiedsparteien ein staatliches Gericht anruft. Demgegenüber besteht keine positive Schutzpflicht des Staates in der Form, dass er selbst einschreiten müsste.[1128] Einfach ausgedrückt besteht mithin lediglich eine „Schutzpflicht auf Abruf".

Hinsichtlich des „Wie" der Kontrolle, d. h. der Ausgestaltung der gesetzlichen Rahmenbedingungen („legal framework") steht dem Staat die Wahl der Mittel frei: entweder er gewährleistet selbst die Einhaltung der EMRK durch seine staatlichen Gerichte, oder er schafft im Falle der Zulassung eines privaten Streitbeilegungsmechanismus, wie dem der Schiedsgerichtsbarkeit eine Kontrollinstanz, die selbst die Verfahrensgarantien von Art. 6 Abs. 1 EMRK gewährleistet.[1129] Trotz des weiten Ermessensspielraums der Staaten liegt die abschließende Überprüfung, ob das Ergebnis der Ermessensentscheidung des jeweiligen Vertragsstaates gegen Art. 6 Abs. 1 EMRK verstößt, unweigerlich beim EGMR.[1130]

1127 *Haas*, SchiedsVZ 2009, S. 73, 81.
1128 EKMR, Beschluss v. 22.10.1996, Nr. 23173/94, Societe Molin et Tahir Molu v. Turquie.
1129 EGMR, Urteil v. 10.02.1983, Nr. 7299/75; 7496/76, Albert and Le Compte v. Belgium, Rn. 29: „[...] Even in instances where Article 6 para. 1 (Art. 6-1) is applicable, conferring powers in this manner does not in itself infringe the Convention (see [...] Le Compte, Van Leuven and De Meyere judgment, Series A no. 43, p. 23, first sub-paragraph). Nonetheless, in such circumstances the Convention calls at least for one of the two following systems: either the jurisdictional organs themselves comply with the requirements of Article 6 para. 1 (Art. 6-1), or they do not so comply but are subject to subsequent control by a judicial body that has full jurisdiction and does provide the guarantees of Article 6 para. 1 (Art. 6-1)."; *Liebscher*, The Healthy Award, S. 75; *Tochtermann*, Die Unabhängigkeit und Unparteilichkeit des Mediators, S. 39; *Clapham*, in: Macdonald/Matscher/Petzold (Hrsg.), The European System for the Protection of Human Rights, S. 163, 180; *Briner/v. Schlabrendorff*, in: FS Böckstiegel, S. 89, 99 f.
1130 EGMR, Urteil v. 02.10.2018, Nr. 40575/10, 67474/10, Mutu und Pechstein v. Suisse, Rn. 93, SpuRt 2018, S. 253, 254; EGMR, Urteil v. 12.02.1985, Nr. 9024/80, Colozza v. Italy, Rn. 30: „The Court's task is not to indicate those means to the States, but to determine whether the result called for by the Convention has been achieved"; EKMR, Beschluss v. 02.12.1991, Nr. 18479/91; Jakob Boss Söhne KG v. Germany; *Liebscher*, The Healthy Award, S. 75.

d) Die *Tabbane*-Rechtssache als Beispiel praktischer Auswirkungen der staatlichen Schutzpflichten

Welche praktischen Auswirkungen der staatliche Ermessensspielraum bei der Überprüfung von Schiedssprüchen nach sich ziehen kann, zeigte sich unlängst in der von dem EGMR entschiedenen *Tabbane*-Rechtssache[1131]. Der EGMR bestätigte in seiner Entscheidung erstmals die Kompatibilität eines Rechtsmittelverzichts von Schiedsparteien gemäß Art. 192 IPRG mit Art. 6 Abs. 1 EMRK.[1132] In dem zugrundeliegenden Sachverhalt unterlag der Erblasser, ein tunesischer Geschäftsmann, dessen Beschwerde von seinen Erben vor dem EGMR zulässigerweise weiterverfolgt wurde[1133], in einem Schiedsverfahren am Schiedsort Genf gegen das amerikanische Unternehmen Colgate-Palmolive und wollte den Schiedsspruch vor dem Schweizerischen Bundesgericht anfechten. Dieses verwehrte ihm jedoch das Rechtsmittel und wies seine Beschwerde aufgrund eines umfassenden Rechtsmittelverzichts gemäß Art. 192 IPRG[1134], dem er in der Schiedsklausel zugestimmt hatte, als unzulässig zurück.[1135] Hierin sah der Beschwerdeführer *Tabbane* einen Verstoß der Schweiz gegen Art. 6 Abs. 1 EMRK.[1136] Demgegenüber bejahte der EGMR die Zulässigkeit des Rechtsmittelverzichts, da dieser bestimmt und freiwillig erfolgt sei und Art. 192 IPRG mit der Stärkung der Schweiz als attraktiver und effektiver Schiedsort ein legiti-

---

1131 EGMR, Urteil v. 01.03.2016, Nr. 41069/12, Tabbane v. Suisse.

1132 *Kunz*, Eur. Int. Arb. Rev. 2016, S. 125, 131.

1133 EGMR, Urteil v. 01.03.2016, Nr. 41069/12, Tabbane v. Suisse, Rn. 22.

1134 EGMR, Urteil v. 01.03.2016, Nr. 41069/12, Tabbane v. Suisse, Rn. 5: „The decision of the arbitration shall be final and binding and neither party shall have any right to appeal such decision to any court of law."

1135 Schweizerisches Bundesgericht, Urteil v. 04.01.2012, Az.: 4A_238/2011.

1136 Außerdem machte er einen Verstoß gegen Art. 6 Abs. 1 EMRK wegen der Beweiserhebung des Schiedsgerichts geltend, der vor dem EGMR ebenfalls keinen Erfolg hatte, EGMR, Urteil v. 01.03.2016, Nr. 41069/12, Tabbane v. Suisse, Rn. 17; *Münch*, SchiedsVZ 2017, S. 114, 115; *Kunz*, Eur. Int. Arb. Rev. 2016, S. 125, 128 ff.; *Knigge/Ribbers*, J. Int. Arb. 2017, S. 775, 782 ff.

1137 Neben der Effizienzsteigerung des Schiedsverfahrens sollten durch Art. 192 Abs. 1 IPRG dilatorische Taktiken durch Anrufung des Schweizerischen Bundesgerichts als Berufungsinstanz verhindert und damit Letzteres entlastet werden, *Brunner*, AJP 2008, S. 738, 750, der allerdings verneint, dass dieses Ziel durch Art. 192 IPRG erreicht werde; insgesamt ist umstritten, ob die von Art. 192 Abs. 1 IPRG anvisierten Ziele durch die Norm erreicht werden, *Krausz*, J. Int. Arb. 2011, S. 137, 138 m. w. N.

mes Ziel[1137] verfolge.[1138] Damit blieb die Handelsschiedsgerichtsbarkeit bezogen auf Art. 192 IPRG gänzlich unbescholten und kann sich ihrer Grundlagen weiterhin versichert sein.[1139]

Auch wenn dieser Fall spezielle, hier nicht weiter zu erörternde Probleme enthielt[1140], wirft er doch bezogen auf die Sportschiedsgerichtsbarkeit die interessante Frage auf, inwiefern der Staat sich aus seiner Schutzpflicht zurückziehen darf.

Der EGMR verwies in seinem *Mutu/Pechstein*-Urteil auch auf die *Tabbane*-Rechtssache und stellte die Unterschiede zwischen den Ausgangslagen des Geschäftsmannes sowie weiterer handelsrechtlicher Streitigkeiten und der Sportler heraus.[1141] So habe es sich in der *Tabbane*-Rechtssache um einen Kaufmann gehandelt, dem es

> „frei stand, Handelsbeziehungen mit den Partnern [seiner] Wahl einzugehen oder auch nicht, ohne dass dies [seine] Freiheit und Fähigkeit beeinträchtigte, mit anderen Partnern Projekte in [seinen] jeweiligen Tätigkeitsbereichen durchzuführen."[1142]

Demgegenüber sei die Situation der Spitzensportlerin *Pechstein* hiermit nicht vergleichbar, da ihre Wahlmöglichkeit allein darin bestand, *„entweder die Schiedsklausel anzunehmen, um weiterhin ihren Sport beruflich auszuüben zu können, oder aber die Schiedsklausel abzulehnen und dann komplett darauf verzichten zu müssen, ihren Lebensunterhalt durch die Ausübung ihrer Sportart auf derzeitigem professionellen Niveau zu bestreiten."*[1143] Wie bereits *Münch*[1144] zur *Tabbane*-Entscheidung zutreffend gemutmaßt hatte, stellte der EGMR damit in seiner *Pechstein*-Entscheidung insbesondere auf die un-

---

1138 EGMR, Urteil v. 01.03.2016, Nr. 41069/12, Tabbane v. Suisse, Rn. 27 ff.; *Münch*, SchiedsVZ 2017, S. 114, 116.

1139 *Münch*, SchiedsVZ 2017, S. 114, 117.

1140 Problematisch waren insbesondere die Auslegung des Rechtsmittelverzichts sowie die Beweiswürdigung des Schiedsgerichts, s. hierzu die Entscheidungsbesprechungen von *Münch*, SchiedsVZ 2017, S. 114 ff.; *Knigge/Ribbers*, J. Int. Arb. 2017, S. 775 ff.; *Kunz*, Eur. Int. Arb. Rev. 2016, S. 125 ff.; *Rueda García/Vedovatti*, Spain Arbitration Review 2016, S. 87 ff.; *Schellenberg*, Kluwer Arbitration Blog v. 21.03.2016.

1141 EGMR, Urteil v. 02.10.2018, Nr. 40575/10, 67474/10, Mutu und Pechstein v. Suisse, Rn. 103 ff., SpuRt 2018, S. 253, 255 = BeckRS 2018, S. 23523.

1142 EGMR, Urteil v. 02.10.2018, Nr. 40575/10, 67474/10, Mutu und Pechstein v. Suisse, Rn. 107, BeckRS 2018, S. 23523.

1143 EGMR, Urteil v. 02.10.2018, Nr. 40575/10, 67474/10, Mutu und Pechstein v. Suisse, Rn. 113, SpuRt 2018, S. 253, 255 f.

1144 *Münch*, SchiedsVZ 2017, S. 114, 117.

terschiedlichen Wahlmöglichkeiten von Sportlern und Kaufmännern ab und schlußfolgerte hieraus die Unfreiwilligkeit der Unterzeichnung der Schiedsvereinbarung für die Athletin.[1145] Demgegenüber verneinte er die Unfreiwilligkeit in der *Mutu*-Beschwerde. Die Situation des Beschwerdeführers *Mutu* unterschied sich insofern von der *Pechsteins*, als *Mutu* nicht zwangsweise verpflichtet worden war, ein Schiedsgericht anzurufen, sondern die Form der Streitbeilegung Verein und Spieler überlassen worden war.[1146] Nach der EGMR-Rechtsprechung ist damit für die Beurteilung der Freiwilligkeit entscheidend, welche Wahlmöglichkeiten den Parteien konkret zustehen.

Hinsichtlich eines Rechtsmittelverzichts im Zusammenhang mit der Sportschiedsgerichtsbarkeit ist auf die *Cañas*-Entscheidung des Schweizerischen Bundesgerichts[1147] hinzuweisen, nach der aufgrund der Besonderheiten des Systems der internationalen Sportschiedsgerichtsbarkeit ein solcher Rechtsmittelverzicht ohnehin unwirksam ist. Danach bedarf es für eine CAS-Schiedsvereinbarung einer teleologischen Reduktion des Art. 192 Abs. 1 IPRG, um den Athleten zu schützen und ihm die Anfechtung gemäß Art. 190 IPRG zu gewährleisten. Denn hier schließen die Parteien gerade nicht, wie die Kaufleute in der *Tabbane*-Rechtssache die Schiedsvereinbarung auf Augenhöhe, sondern im Rahmen eines Über-/Unterordnungsverhältnisses. Im Gegensatz zur *Tabbane*-Rechtssache kann gerade nicht jegliches „Zwangsindiz" negiert werden, sondern der faktische Schiedszwang prägt dieses Rechtsverhältnis geradezu.

Ferner ist hinsichtlich der auch in der *Tabbane*-Entscheidung betonten Einzelfallgerechtigkeit[1148] folgender Aspekt zu berücksichtigen, der in der *Cañas*-Entscheidung unbeachtet blieb. Ungeachtet der sportspezifischen Besonderheiten, die eine teleologische Reduktion von Art. 192 Abs. 1 IPRG erfordern, ist zu betonen, dass in einem CAS-Berufungsverfahren i. d. R. der Athlet als Schiedskläger und der internationale Verband als Schiedsbeklagter auftritt. Dies ist zwar nicht notwendiger-, jedoch typischerweise der Fall, da der Athlet gegen eine verbandsseitig verhängte Disziplinarmaßnahme vorgehen wird. Angenommen, die Parteien würden sich auf einen Rechtsmittelverzicht einigen, stünde der Schiedskläger er-

---

1145 EGMR, Urteil v. 02.10.2018, Nr. 40575/10, 67474/10, Mutu und Pechstein v. Suisse, Rn. 114, SpuRt 2018, S. 253, 256 = BeckRS 2018, S. 23523.

1146 EGMR, Urteil v. 02.10.2018, Nr. 40575/10, 67474/10, Mutu und Pechstein v. Suisse, Rn. 116 ff., insb. Rn. 120, SpuRt 2018, S. 253, 256 = BeckRS 2018, S. 23523.

1147 S. Kap. 1 C. V. 1. b).

1148 S. EGMR, Urteil v. 01.03.2016, Nr. 41069/12, Tabbane v. Suisse, Rn. 31.

heblich schlechter als der Schiedsbeklagte dar. Der Schiedskläger würde sämtlicher Rechtsbehelfe im Anfechtungs- und Vollstreckungsverfahren beraubt.[1149] Dies liegt insofern auf der Hand, als ein das Begehren des Schiedsklägers abweisender Schiedsspruch unweigerlich keiner Vollstreckung bedarf.[1150] Außerdem bliebe es dem Athleten verwehrt, sich an ausländische staatliche Gerichte zu wenden, um bei diesen die Aufhebung des Schiedsspruchs zu ersuchen, da gemäß Art. V Abs. 1 lit. e) UN-Übereinkommen nur die Gerichte des Heimatstaates befugt sein sollen, einen Schiedsspruch ggf. aufzuheben.[1151] Dies führt zu einer Schlechterstellung des Schiedsklägers im Vergleich zum Schiedsbeklagten, dem die Rechtsbehelfe verbleiben, um eine Vollstreckung aus dem Schiedsspruch zu verhindern.[1152] Somit dürfte beispielsweise ein als Schiedskläger vor dem CAS unterlegener deutscher Athlet nicht deutsche Gerichte um die Aufhebung des CAS-Schiedsspruches ersuchen. Mithin könnte er bei Vorliegen eines Rechtsmittelverzichts gemäß Art. 192 IPRG weder vor dem Schweizeri-

---

1149 S. allgemein für die Schiedsgerichtsbarkeit *Knigge/Ribbers*, J. Int. Arb. 2017, S. 775, 790: „[...] no remedy is available to a party whose claims are rejected in the arbitration."; *Krausz*, J. Int. Arb. 2011, S. 137, 153: „[...] the losing claimant will have absolutely no possibility to request a state court to control the validity of the award."; *Brunner*, AJP 2008, S. 738, 748 weist zu Recht darauf hin, dass andere Rechtsbehelfe, wie z. B. eine negative Anerkennungsklage oder die Feststellung der Nichtigkeit des Schiedsspruches nicht zur Verfügung stehen; *Besson*, ASA Bulletin 2006, S. 395, 406, Rn. 35.

1150 *Krausz*, J. Int. Arb. 2011, S. 137, 153; *Knigge/Ribbers*, J. Int. Arb. 2017, S. 775, 791.

1151 Art. V Abs. 1 lit. e) UN-Übereinkommen: „Die Anerkennung und Vollstreckung des Schiedsspruches darf auf Antrag der Partei, gegen die er geltend gemacht wird, nur versagt werden, wenn diese Partei der zuständigen Behörde des Landes, in dem die Anerkennung und Vollstreckung nachgesucht wird, den Beweis erbringt, daß der Schiedsspruch für die Parteien noch nicht verbindlich geworden ist oder daß er von einer zuständigen Behörde des Landes, in dem oder nach dessen Recht er ergangen ist, aufgehoben oder in seinen Wirkungen einstweilen gehemmt worden ist."; *Schlosser*, in: Stein/Jonas, ZPO, Anh. zu § 1061, Rn. 146; eingehend zur Zuweisung der Aufhebungskompetenz an den Erststaat und zu dem Verhältnis zwischen Erst- und Zweitstaat (primary and secondary jurisdiction) *Bajons*, in: FG Machacek und Matscher, S. 704, 705 ff.

1152 *Besson*, ASA Bulletin 2006, S. 395, 406, Rn. 35: „the challenging party, if such party was claimant, it has no other possibility than an application to set aside the award in order to obtain justice, while a respondent can still avail itself of the means of defence at the enforcement stage and has, accordingly, less interest to dispute the validity of an exclusion of all possible action to set aside the award."

schen Bundesgericht noch vor deutschen Gerichten einen möglichen Verstoß gegen grundlegende Verfahrensgarantien vor dem CAS rügen. Unabhängig von dem Vollstreckungsverfahren stünde ferner einer Klage vor deutschen Gerichten die Schiedseinrede gemäß § 1032 Abs. 1 ZPO entgegen.

Für die Sportschiedsgerichtsbarkeit ist die ohnehin restriktiv zu interpretierende[1153] *Tabbane*-Entscheidung somit zwingend in den besonderen Kontext der sportrechtlichen Besonderheiten des strukturell unterlegenen Athleten sowie dessen Rolle als benachteiligter Schiedskläger einzuordnen.

Die Frage nach dem „Ob" der staatlichen Schutzpflicht ist somit auch unter Rückgriff auf die *Tabbane*-Entscheidung und angesichts der Unterschiede zwischen Sport- und Handelsschiedsgerichtsbarkeit klar zu bejahen. Konkret für die Sportschiedsgerichtsbarkeit in der Schweiz ist zu konkludieren, dass die Möglichkeit der Anfechtung eines CAS-Schiedsspruchs gemäß Art. 190 IPRG nicht über einen Rechtsmittelverzicht gemäß Art. 192 IPRG ausgeschlossen werden darf.

Hinsichtlich des „Wie" verdeutlichen auch die Schlussfolgerungen aus der *Tabbane*-Entscheidung die praktischen Herausforderungen in der Bestimmung der Reichweite der staatlichen Schutzpflicht. In dem für die Handelsschiedsgerichtsbarkeit angemessenen Rahmen manövriert das *Tabbane*-Urteil zwischen Einzelfallgerechtigkeit einerseits und dem bereitwillig weit ausgelegten Ermessensspielraum der Staaten bei der Bestimmung ihrer Schutzpflicht andererseits.[1154] Hinsichtlich der Sportschiedsgerichtsbarkeit müssen hier jedoch der staatlichen Schutzpflicht präzisere Grenzen auferlegt werden.[1155]

3. Die „Weichenstellungen" in der Rechtsprechung der Konventionsorgane

Nach der Rechtsprechung der Konventionsorgane ist hinsichtlich des Verhältnisses von Schiedsverfahren zur EMRK zwischen drei Gesichtspunkten zu differenzieren: a) der grundsätzlichen Vereinbarkeit der Schiedsgerichtsbarkeit mit der EMRK, b) dem qualitativen Unterschied zwischen freiwilli-

---

1153 So *Knigge/Ribbers*, J. Int. Arb. 2017, S. 775, 793.

1154 *Münch*, SchiedsVZ 2017, S. 114, 118; EGMR, Urteil v. 01.03.2016, Nr. 41069/12, Tabbane v. Suisse, Rn. 31 ff.

1155 Dies bereits für die Handelsschiedsgerichtsbarkeit fordernd *Münch*, SchiedsVZ 2017, S. 114, 118.

ger und gesetzlich angeordneter Schiedsgerichtsbarkeit und c) der Freiwilligkeit der Schiedsvereinbarung.[1156] Diese „Weichenstellungen" hat der EGMR im Übrigen in seinem jüngsten Urteil zu den Beschwerden von *Mutu* und *Pechstein* ebenfalls vorgenommen.[1157]

a) Zur grundsätzlichen Vereinbarkeit der Schiedsgerichtsbarkeit mit Art. 6 EMRK

Konsens besteht zunächst in der grundsätzlichen Vereinbarkeit der Schiedsgerichtsbarkeit mit der EMRK. So betonen die Konventionsorgane in ständiger Rechtsprechung, eine Vereinbarung von Privatpersonen über ein Schiedsgericht zur Lösung eines Rechtsstreits stehe grundsätzlich in Einklang mit Art. 6 Abs. 1 EMRK.[1158] Zu dieser Einschätzung gelangt der EGMR insbesondere aufgrund der „unbestreitbaren Vorteile"[1159], die er in der Handelsschiedsgerichtsbarkeit sieht. Angesichts der dargestellten Vorteile der internationalen Sportschiedsgerichtsbarkeit[1160] im Kontext des erforderlichen internationalen Entscheidungseinklangs, kann für die interna-

---

1156 S. vergleichbar *Münch*, SchiedsVZ 2017, S. 114, 116, der von einem „Prüfsystem" spricht; vergleichbar *Jung*, ZEuS 2014, S. 173, 178 ff., insb. unter C. II. und D. I. u. II; dabei ist zu beachten, dass diese Prüfungsreihenfolge sich nicht in den einzelnen Entscheidungen des EGMR ausdrücklich wiederspiegelt, sondern vielmehr Strukturelement der langjährigen Rechtsprechung der Konventionsorgane ist.
1157 EGMR, Urteil v. 02.10.2018, Nr. 40575/10, 67474/10, Mutu und Pechstein v. Suisse, Rn. 92 ff., SpuRt 2018, S. 253, 254.
1158 EGMR, Urteil v. 02.10.2018, Nr. 40575/10, 67474/10, Mutu und Pechstein v. Suisse, Rn. 94, SpuRt 2018, S. 253, 254 = BeckRS 2018, S. 23523; EGMR, Urteil v. 25.05.1999, Nr. 46483/99, Pastore v. Italy; EGMR, Urteil v. 27.02.1980, Nr. 6903/75, Deweer v. Belgium, Rn. 49; EKMR, Beschluss v. 13.07.1990, Axelsson and Others v. Sweden, Rn. 1; Urteil v. 23.02.1999, Nr. 31737/96, Osmo Suovaniemi and others v. Finland; EGMR, Urteil v. 16.12.2003, Nr. 35943/02 (Case Reports), Transado-Transportes Fluviais do Sado S. A. v. Portugal; EGMR, Urteil v. 03.04.2008, Nr. 773/03, Regent Company v. Ukraine, Rn. 54: „[...] the Court reiterates that Article 6 does not preclude the setting up of arbitration tribunals in order to settle disputes between private entities"; EGMR, Urteil v. 25.08.2015, Nr. 1485/11, Zamet - Budowa Maszyn Spółka Akcyjna v. Poland, Rn. 24; EGMR, Urteil v. 01.03.2016, Nr. 41069/12, Tabbane v. Suisse, Rn. 25.
1159 EGMR, Urteil v. 27.02.1980, Nr. 6903/75, Deweer v. Belgium, Rn. 49; EGMR, Urteil v. 01.03.2016, Nr. 41069/12, Tabbane v. Suisse, Rn. 25: „avantages indénieable [de l'arbitrage]".
1160 S. Kap. 1 E. I.

tionale Sportschiedsgerichtsbarkeit nichts Anderes gelten. Mithin verstößt die Schiedsklausel zugunsten des CAS nicht *per se* gegen Art. 6 Abs. 1 EMRK.

b) Freiwillige vs. staatlich angeordnete Schiedsgerichtsbarkeit

Eine essentielle Weichenstellung nimmt der EGMR bei der Einordung der konkret zu untersuchenden Schiedsvereinbarung als entweder freiwillige[1161] oder staatlich angeordnete[1162] Schiedsgerichtsbarkeit vor.

Nach der Rechtsprechung der Konventionsorgane finden auf die staatlich angeordnete Schiedsgerichtsbarkeit die Verfahrensgarantien des Art. 6 Abs. 1 EMRK unmittelbare Anwendung.[1163] Ein Beispiel für staatlich angeordnete Schiedsgerichte sind jene Außenhandelsschiedsgerichte in den ehemaligen Ostblockstaaten, deren Zuständigkeit zur Bedingung für Ge-

---

1161 Wird auch als „autonome Schiedsgerichtsbarkeit" bezeichnet; frz. „arbitrage volontaire"; engl. „voluntary arbitration".

1162 Wird auch als „Zwangsschiedsgerichtsbarkeit" bezeichnet; frz. „arbitrage forcé"; engl. „compulsory arbitration", „statutory arbitration" oder „mandatory arbitration"; Bei der Zwangsschiedsgerichtsbarkeit besteht insofern eine begriffliche Widersprüchlichkeit, als eine Vereinbarung als konstitutives Element der Schiedsgerichtsbarkeit vorausgesetzt wird (s. für das deutsche Recht § 1029 Abs. 1 ZPO: „Schiedsvereinbarung ist eine **Vereinbarung der Parteien**, alle oder einzelne Streitigkeiten, die zwischen ihnen in Bezug auf ein bestimmtes Rechtsverhältnis vertraglicher oder nichtvertraglicher Art entstanden sind oder künftig entstehen, der Entscheidung durch ein Schiedsgericht zu unterwerfen." (Hervorhebungen durch Verf.); *Ringquist*, Do Procedural Human Rights Requirements Apply to Arbitration, S. 8; *Jarrosson*, Revue de l'arbitrage 1989, S. 573, 576; ferner sind zwangsweise angeordnete Schiedsgerichte nach deutschem Recht keine „echten" Schiedsgerichte i. S. v. §§ 1025 ff. ZPO, BGH, Urteil v. 09.02.95, Az.: III ZR 37/94 (KG), DtZ 1995, S. 246, 247; *Petrochilos*, Procedural Law in International Arbitration, S. 180, Rn. 5.32; *Schlosser*, Das Recht der internationalen privaten Schiedsgerichtsbarkeit, Rn. 17; *Münch*, in: Müko/ZPO, vor § 1025, Rn. 2; *ders.*, SchiedsVZ 2017, S. 114, 116.

1163 EKMR, Beschluss v. 12.12.1983, Nr. 8588/79 und 8589/79, Bramelid and Malmström v. Sweden, Rn. 32; EKMR, Beschluss v. 16.05.1995, Nr. 14667/89, Cantafio v. Italy, Rn. 44; *Jaksic*, Arbitration and Human Rights, S. 199; *Jung*, ZEuS 2014, S. 173, 178 f.; *Haas*, SchiedsVZ 2009, S. 73, 80; *Bangert*, in: FS Wildhaber, S. 41, 44; *Samuel*, J. Int. Arb. 2004, S. 413, 421; *Matscher*, in: FS Nagel, S. 227, 232 u. 240; *Batliner/Gasser*, in: FS Baudenbacher, S. 705, 715; *Robinson/Kasolowsky*, Arb. Int. 2002, S. 453, 455; *De Ly*, The Relevance of Public International Law in International Commercial Arbitration, S. 29, *Liebscher*, The Healthy Award, S. 68 u. 70; *Villiger*, Handbuch der EMRK, S. 278, Rn. 439.

schäftsabschlüsse mit Handelspartnern im ehemaligen Ostblock gemacht wurde.[1164]

Die strukturelle Unterscheidung zwischen der staatlich angeordneten und der freiwilligen Schiedsgerichtsbarkeit betonte die EKMR in der Rechtssache *Bramelid and Malmström v. Sweden*[1165]:

> „Furthermore, a distinction must be drawn between voluntary arbitration and compulsory arbitration. Normally Article 6 poses no problem where arbitration is entered into voluntarily [(...)]. If, on the other hand, arbitration is compulsory in the sense of being required by law, as in this case, the parties have no option but to refer their dispute to an Arbitration Board, and the Board must offer the guarantees set forth in Article 6 (1)."[1166]

Die unmittelbare Anwendung von Art. 6 Abs. 1 EMRK vor staatlich angeordneten Schiedsgerichten unterstrichen die Konventionsorgane in weiteren Entscheidungen, indem sie den Vergleich zur staatlichen Gerichtsbarkeit und hieraus den Schluss zogen, die Anwendung von Art. 6 Abs. 1 EMKR müsse sowohl vor staatlichen Gerichten als auch vor staatlich angeordneten Schiedsgerichten gleichermaßen gewährleistet sein.[1167]

1164 *Brunk*, Der Sportler und die institutionelle Sportschiedsgerichtsbarkeit, S. 207, Fn. 1030; Haas, SchiedsVZ 2009, S. 73, 75 f.; *Knoepfler*, Swiss Rev. Int'l & Eur. L. 2007, S. 463, 465 f.

1165 EKMR, Beschluss v. 12.10.1982, Nr. 8588/79 und 8589/79, Bramelid and Malmström v. Sweden.

1166 EKMR, Beschluss v. 12.10.1982, Nr. 8588/79 und 8589/79, Bramelid and Malmström v. Sweden, Rn. 30.

1167 EGMR, Urteil v. 08.07.1986, Nr. 9006/80; 9262/81; 9263/81; 9265/81; 9266/81; 9313/81; 9405/81, Lithgow and Others v. The United Kingdom, Rn. 201: „The Court also notes that, under the statutory instruments governing the matter, the proceedings before the Arbitration Tribunal were similar to those before a court and that due provision was made for appeals"; EGMR, Urteil v. 03.04.2008, Nr. 773/03, Regent Company v. Ukraine, Rn. 54; EGMR, Urteil v. 27.07.2002 (Case Reports), Nr. 38190/97, Federation of Offshore Workers' Trade Unions v. Norway in Bezug auf die bejahte Anwendbarkeit von Art. 11 EMRK (Versammlungs- und Vereinigungsfreiheit), die von einem staatlich angeordneten Schiedsgericht beachtet werden muss; in der Rechtssache *Scarth v. The United Kingdom*, der aufgrund des Aircraft and Shipbuilding Industry Act 1977 eine gesetzlich angeordnete Schiedsgerichtsbarkeit zugrundelag, bejahte der EGMR einen Verstoß gegen Art. 6 Abs. 1 EMRK, da der Schiedsrichter eine öffentliche Verhandlung ablehnte, ohne jedoch explizit die unmittelbare Anwendbarkeit von Art. 6 Abs. 1 EMRK vor dem Schiedsgericht nochmals zu betonen, EGMR, Urteil v. 22.07.1999, Nr. 33745/96, Scarth v. The United Kingdom, Rn. 29; hierzu *Robinson/Kasolowsky*, Arb. Int. 2002, S. 453, 455.

Der EGMR stellt für die staatlich angeordnete Schiedsgerichtsbarkeit bezogen auf Art. 6 Abs. 1 EMRK vier Grundsätze auf: 1) das Recht auf Zugang zu einem Gericht gemäß Art. 6 Abs. 1 EMRK ist kein absolutes Recht; 2) es besteht ein Ermessensspielraum der Staaten, wie sie dieses Recht ausgestalten, wobei die Entscheidung darüber, ob das Recht eingehalten wurde, der Überprüfung durch den EGMR obliegt; 3) dem Ermessensspielraum sind insofern Grenzen gesetzt, als die staatlich angeordnete Schiedsgerichtsbarkeit gegen Art. 6 Abs. 1 EMRK verstößt, wenn sie nicht ein legitimes Ziel verfolgt und verhältnismäßig ist; 4) es muss gewährleistet sein, dass die staatlich vorgesehenen Beschränkungen von Art. 6 Abs. 1 EMRK nicht das Recht des Einzelnen auf Zugang zu einem Gericht „in einer Weise und in einem Ausmaß einschränken oder verkürzen, dass das Recht in seinem Wesensgehalt angetastet wird"[1168].[1169]

1168 EGMR, Urteil v. 18.02.1999, Nr. 26083/94, Waite and Kennedy v. Germany, Rn. 59: „It must be satisfied that the limitations applied do not restrict or reduce the access left to the individual in such a way or to such an extent that the very essence of the right is impaired.", NJW 1999, S. 1173, 1174; mit gleichlautendem Wortlaut EGMR, Urteil v. 08.06.2006, Nr. 22860/02, Woś v. Poland, Rn. 98; EGMR, Urteil v. 08.07.1986, Nr. 9006/80; 9262/81; 9263/81; 9265/81; 9266/81; 9313/81; 9405/81, Lithgow and Others v. The United Kingdom, Rn. 194; EGMR, Urteil v. 28.10.1998, Nr. 23452/94, Osman v. The United Kingdom, Rn. 147.

1169 EGMR, Urteil v. 08.07.1986, Nr. 9006/80; 9262/81; 9263/81; 9265/81; 9266/81; 9313/81; 9405/81, Lithgow and Others v. The United Kingdom, Rn. 194: „(a) The right of access to the courts secured by Article 6 para. 1 (Art. 6-1) is **not absolute but may be subject to limitations**; these are permitted by implication since the right of access "by its very nature calls for regulation by the State, regulation which may vary in time and in place according to the needs and resources of the community and of individuals. (b) In laying down such regulation, the Contracting States enjoy a **certain margin of appreciation**, but the final decision as to observance of the Convention's requirements rests with the Court It must be satisfied that the limitations applied do not restrict or reduce the access left to the individual in such a way or to such an extent **that the very essence of the right is impaired.** (c) Furthermore, a limitation will not be compatible with Article 6 para. 1 (Art. 6-1) if it does not pursue a **legitimate aim** and if there is not a **reasonable relationship of proportionality** between the means employed and the aim sought to be achieved." (Hervorhebungen durch Verf.); mit nahezu gleichlautendem Wortlaut EGMR, Urteil v. 08.06.2006, Nr. 22860/02, Woś v. Poland, Rn. 98; EGMR, Urteil v. 18.02.1999, Nr. 26083/94, Waite and Kennedy v. Germany, Rn. 59, NJW 1999, S. 1173, 1174; Haas, SchiedsVZ 2009, S. 73, 80; Batliner/Gasser, in: FS Baudenbacher, S. 705, 719.

Demgegenüber lehnen die Konventionsorgane eine unmittelbare Bindung der Schiedsgerichtsbarkeit an die Verfahrensgarantien gemäß Art. 6 Abs. 1 EMRK ab. Es kämen bekanntlich lediglich die Konventionsstaaten – konkret die staatlichen Gerichte bei ihrer Überprüfung der Schiedssprüche – als Adressaten von Art. 6 Abs. 1 EMRK in Betracht, nicht aber die Schiedsgerichte selbst.[1170]

Die Ablehnung der unmittelbaren Anwendbarkeit von Art. 6 Abs. 1 EMRK auf die freiwillige Schiedsgerichtsbarkeit ergibt sich bereits aus einem Umkehrschluss zu den Ausführungen der Kommission in der Rechtssache *Bramelid and Malmström v. Sweden*, allein das gesetzlich angeordnete Schiedsgericht sei an die Verfahrensgarantien gemäß Art. 6 Abs. 1 EMRK unmittelbar gebunden.[1171] Dennoch bejahte auch bereits die Kommission eine Verantwortlichkeit des jeweiligen Konventionsstaates und aufgrund dessen eine mittelbare Überprüfung der Schiedssprüche, indem sie die Einhaltung der Verfahrensgarantien in den staatlichen Überprüfungsverfahren, nicht jedoch vor den Schiedsgerichten selbst prüfte.[1172] So führt die EKMR in der Rechtssache *Norström-Janzon and Nordström-Lehtinen v. The Netherlands* wie folgt aus:

„However, the Commission considers that account must be taken not only of the arbitration agreement between the parties and the nature of the private arbitration proceedings, but also of the legislative framework providing for such proceedings in order to determine whether the domestic courts retained some measure of control of the arbitration proceedings and whether this control has been properly exercised in the concrete case."[1173]

1170 *Bangert*, in: FS Wildhaber, S. 41, 48.
1171 EKMR, Beschluss v. 12.12.1983, Nr. 8588/79 und 8589/79, Bramelid and Malmström v. Sweden, Rn. 30.
1172 EKMR, Beschluss v. 04.03.1987, Nr. 10881/84, R. v. Switzerland, D. R. 51, S. 91, 101: „[...] The Commission nevertheless considers that, in order to answer the question of whether the guarantees secured by Article 6 apply, account must be taken not only of the arbitration agreement between the parties and the nature of the private arbitration proeeedings, but also of the legislative framework providing for such proceedings."; ebenfalls EKMR, Beschluss v. 13.07.1990, Nr. 11960/86, Axelsson v. Sweden: „The Commission finds no indication that the decisions of the courts were in any way arbitrary or unreasonable or contrary to Swedish law."
1173 EKMR, Urteil v. 17.11.1996, Nr. 28101/95, Norström-Janzon and Nordström-Lehtinen v. The Netherlands; ebenso bereits die Begründung in EKMR, Beschluss v. 02.12.1991, Nr. 18479/91; Jakob Boss Söhne KG v. Germany: „This does not mean, however, that the respondent State's responsibility is complete-

Diese Rechtsprechungslinie verfolgte der EGMR in seiner *Suovaniemi*-Entscheidung unter Bezugnahme auf die *Nordström*-Rechtssache der EKMR weiter, indem er betonte:

> „In deciding this question the Court limits itself to the particular circumstances of the present case, which concerned arbitral proceedings. In doing this it takes account also of the applicable legislative framework for arbitration proceedings and the control exercised by the domestic courts within that framework [(...)]. The Court considers that the Contracting States enjoy considerable discretion in regulating the question on which grounds an arbitral award should be quashed, since the quashing of an already rendered award will often mean that a long and costly arbitral procedure will become useless and that considerable work and expense must be invested in new proceedings."[1174]

Zwar machte der EGMR damit deutlich, dass er die Verfahrensgarantien vor dem Schiedsgericht allenfalls mittelbar über das Überprüfungsverfahren vor dem staatlichen Gericht prüfen will. Allerdings fehlte es an einer zulänglichen Begründung für dieses Vorgehen. Stattdessen wurden verschiedene Aspekte – mittelbare Anwendung, Ermessensspielraum der Staaten bei Überprüfung eines Schiedsspruches und Folgen einer Aufhebung des Schiedsspruches – miteinander verwoben. Dies verdeutlicht, welche Schwierigkeiten die Einordnung der freiwilligen Schiedsgerichtsbarkeit in den Kontext von Art. 6 Abs. 1 EMRK auch dem EGMR bereitet.

Festzuhalten bleibt letztlich, dass die Konventionsorgane eine unmittelbare Bindung der Schiedsgerichte an Art. 6 Abs. 1 EMRK im Hinblick auf die freiwillige Schiedsgerichtsbarkeit ablehnen.[1175]

---

ly excluded [(...)] as the arbitration award had to be recognised by the German courts and be given executory effect by them. The courts thereby exercised a certain control and guarantee as to the fairness and correctness of the arbitration proceedings which they considered to have been carried out in conformity with fundamental rights and in particular with the right of the applicant company to be heard."

1174 EGMR, Urteil v. 23.02.1999, Nr. 31737/96, Osmo Suovaniemi and others v. Finland.

1175 *Jung*, ZEuS 2014, S. 173, 186.

c) Die Anwendbarkeit der „Suda"-Rechtsprechung auf die CAS-Schiedsgerichtsbarkeit

Somit stehen sich die Kategorien der staatlich angeordneten Schiedsgerichtsbarkeit mit der Folge der unmittelbaren Anwendbarkeit der Verfahrensgarantien vor dem Schiedsgericht und die der freiwilligen Schiedsgerichtsbarkeit mit einer allenfalls mittelbaren Anwendung der Garantien gegenüber. Zwischen diese absoluten Kategorien gilt es die Schiedsgerichtsbarkeit des CAS einzuordnen. Hierzu wird oftmals die Rechtssache *Suda v. the Czech Republic*[1176] herangezogen[1177], der folgender Sachverhalt[1178] zugrunde lag: Der Beschwerdeführer war Minderheitsaktionär einer aufzulösenden Aktiengesellschaft. In der Hauptversammlung der AG wurde gegen seine Stimme ein Mehrheitsbeschluss getroffen, aufgrund dessen das Gesellschaftsvermögen von einer anderen Gesellschaft als Hauptaktionärin der AG übernommen wurde. Der Rückzahlungsbetrag der Minderheitsaktionäre und damit auch des Beschwerdeführers wurde durch Vertrag zwischen der aufzulösenden Aktiengesellschaft und der übernehmenden Gesellschaft geregelt. In dem Vertrag war eine Schiedsklausel vorgesehen, nach der jegliche Nachprüfung des Rückzahlungsbetrags vor einem Schiedsgericht unter Ausschluss der staatlichen Gerichte erfolgen sollte. Dadurch war ein Schiedsgericht vorgesehen, dessen Schiedsrichter ausschließlich von den Vertragspartnern – und damit nicht von dem Beschwerdeführer – von einer geschlossenen Liste gewählt wurden. Der Beschwerdeführer klagte erfolglos vor staatlichen tschechischen Gerichten. Vor dem EGMR machte er einen Verstoß von Art. 6 Abs. 1 EMRK geltend, da er keinen Einfluss auf die gegen seinen Willen beschlossene Schiedsklausel und damit auf einen Verzicht der Rechte gemäß Art. 6 Abs. 1 EMRK gehabt habe. Das durch die Schiedsvereinbarung vorgesehene Schiedsgericht habe er nicht angerufen, da er ansonsten dessen Zuständigkeit anerkannt und dieses eine Sachprüfung und damit eine bindende Entscheidung hätte treffen können. Aufgrund der lediglich eingeschränkten Überprüfung des Schiedsspruches durch die staatlichen Gerichte sei

---

1176 EGMR, Urteil v. 28.10.2010, Nr. 1643/06, Suda v. the Czech Republic; bestätigt durch EGMR, Urteil. v. 27.09.2012, Nr. 7398/07; 11993/08; 31244/07; 3957/09, Chadzitaskos and Franta v. the Czech Republic.
1177 S. nur *Muresan/Korff*, CaS 2014, S. 199, 204 ff.
1178 EGMR, Urteil v. 28.10.2010, Nr. 1643/06, Suda v. the Czech Republic, Rn. 5 ff; *Łukomski*, Int. Sports Law J. 2013, S. 60, 66 f.

ihm sein Anspruch auf Zugang zu Gericht gemäß Art. 6 Abs. 1 S. 1 EMRK entzogen worden.

Anders als die tschechischen Gerichte sah der EGMR in der Schiedsvereinbarung einen Verstoß gegen Art. 6 Abs. 1 S. 1 EMRK. Dabei stellte der EGMR klar, dass die Schiedsvereinbarung weder gesetzlich vorgesehen noch freiwillig, sondern von Dritten auferlegt worden sei.[1179] Der Beschwerdeführer habe nicht durch Anrufung des Schiedsgerichts das Risiko einer Sachprüfung durch das Schiedsgericht und der damit verbundenen Bestimmung des Überprüfungsumfangs der staatlichen Gerichte eingehen müssen.[1180] Außerdem sei das vorgesehene Schiedsgericht kein „tribunal established by law" und es liege eine Verletzung des Öffentlichkeitsgrundsatzes gemäß Art. 6 Abs. 1 EMRK vor.[1181]

Es stellt sich die Frage, ob die *Suda*-Entscheidung auf die CAS-Schiedsgerichtsbarkeit übertragbar ist. Man könnte sich auf den Standpunkt stellen, den Verbandszwang mit dem der gesetzlichen Zwangsschiedsgerichtsbarkeit unter Berufung auf die *Suda*-Entscheidung auf eine Stufe zu stellen, wie es beispielsweise das LG München I in der Causa *Pechstein* annahm.[1182] Dieser Vergleich fällt jedoch in der Analyse zu pauschal aus, denn aus der *Suda*-Entscheidung kann nicht ein Verstoß der CAS-Schiedsvereinbarung gegen Art. 6 Abs. 1 EMRK geschlussfolgert werden.[1183] Stellt man die Situation des Beschwerdeführers *Suda* derjenigen der Athleten im internationalen Sportrecht gegenüber, so ergibt sich die Zwangslage für die Athleten aus anderen Gesichtspunkten als in der *Suda*-Angelegenheit. Für den Beschwerdeführer *Suda* bestand zunächst im Vergleich zu den Athleten eine gesteigerte Zwangslage, da er sich einer Schiedsvereinbarung zu unterwerfen hatte, die von Dritten vereinbart worden war. Dies ist bei der CAS-Schiedsvereinbarung nicht der Fall, da diese von dem jeweiligen Verband und dem Athleten unterzeichnet wird. Außerdem kommt dem Athleten

---

1179 EGMR, Urteil v. 28.10.2010, Nr. 1643/06, Suda v. the Czech Republic, Rn. 49 f.

1180 EGMR, Urteil v. 28.10.2010, Nr. 1643/06, Suda v. the Czech Republic, Rn. 52.

1181 EGMR, Urteil v. 28.10.2010, Nr. 1643/06, Suda v. the Czech Republic, Rn. 53 ff.

1182 LG München I, Urteil v. 26.02.2014, Az.: 37 O 28331/12, Rn. A. II. 3c) bb) (1), SchiedsVZ 2014, S. 100, 107; dies ablehnend *Pfeiffer*, SchiedsVZ 2014, S. 161, 165.

1183 A. A. *Muresan/Korff*, CaS 2014, S. 199, 205, mit Verweis darauf, dass der CAS in seiner Ausgestaltung zum Zeitpunkt des *Pechstein*-Verfahrens gegen Art. 6 EMRK verstoße. Der Verstoß könne jedoch mit Modifikationen der CAS-Statuten geheilt werden. Der Ansicht ist insofern nicht zu folgen, da sie die zu differenzierenden Fragen der Anwendbarkeit und des Vorliegens der Voraussetzungen von Art. 6 Abs. 1 EMRK vermischt.

das Recht zu, einen der Schiedsrichter aus der geschlossenen CAS-Liste selbst zu wählen.

Demgegenüber ist der Athlet jedoch im Gegensatz zu dem Beschwerdeführer *Suda* insofern noch schlechter gestellt, als ihm mangels Stimmrechts in seinem jeweiligen Weltsportverband gar nicht erst die Möglichkeit eröffnet wird, auf die Schiedsvereinbarung Einfluss zu nehmen.[1184]

Für die Einordnung einer CAS-Schiedsvereinbarung ist die *Suda*-Entscheidung auch insofern von Bedeutung, als sie verdeutlicht hat, dass nicht jede Schiedsvereinbarung eindeutig den Kategorien „gesetzlich aufgezwungen" und „freiwillig" mit den dargestellten Konsequenzen hinsichtlich der Anwendbarkeit von Art. 6 Abs. 1 EMRK im Sinne einer Einzelfallgerechtigkeit zugeordnet werden kann.[1185] Vielmehr gibt es Konstellationen, die in der „Grauzone"[1186] dazwischen zu verorten sind. Dies ist bei der internationalen Sportschiedsgerichtsbarkeit der Fall. Es handelt sich nicht um eine gesetzlich erzwungene, sondern um eine faktisch dem Athleten von einem sozialmächtigen Verband aufgezwungene Schiedsvereinbarung zugunsten des CAS.[1187] Qualitativ dürfte es letztlich aus Sicht des Athleten keinen Unterschied machen, ob er sich einer staatlich oder verbandsseitig zwangsweise angeordneten Schiedsgerichtsbarkeit beugen muss.[1188] Die CAS-Schiedsvereinbarung ist der gesetzlich aufgezwungenen Schiedsvereinbarung auch insofern näher, als der betroffene Athlet, ebenso wie der Beschwerdeführer *Suda*, den Schiedsrichter nur aus einer geschlossenen Liste auswählen darf, auf deren Zusammenstellung er faktisch keinen Einfluss hat.

Letztlich muss für die Einordnung der *Suda*-Rechtssache jedoch beachtet werden, dass die Schiedsklausel vom EGMR vor allem aus Gründen für unwirksam erklärt wurde, die nicht mit der Zwangssituation in unmittelbarem Zusammenhang standen. So begründete der EGMR die Unwirksamkeit der Schiedsklausel insbesondere damit, das Schiedsgericht stelle kein „tribunal established by law" dar und es liege ein Verstoß gegen den Öffentlichkeitsgrundsatz vor.[1189] Demgegenüber handelt es sich bei dem

---

1184 *Druml*, Sportgerichtsbarkeit, S. 316.

1185 *Závodná*, The European Convention on Human Rights and Arbitration, S. 35; *Samuel*, J. Int. Arb. 2004, S. 413, 421.

1186 So *Münch*, SchiedsVZ 2017, S. 114, 116.

1187 *Besson*, ASA Bulletin 2006, S. 395, 398, Rn. 17: „It is not 'compulsory' but 'forced' arbitration."

1188 *Jung*, ZEuS 2014, S. 173, 195; *Haas*, SchiedsVZ 2009, S. 73, 76; zweifelnd *Pfeiffer*, SchiedsVZ 2014, S. 161, 165.

1189 *Pfeiffer*, SchiedsVZ 2014, S. 161, 165.

CAS gerade um ein „tribunal established by law"[1190] und hinsichtlich des Öffentlichkeitsgrundsatzes bedarf es einer differenzierten Analyse[1191]. Die Unwirksamkeit der Schiedsklausel beruhte somit in der *Suda*-Rechtssache nicht allein auf der Ausübung privaten Zwangs, ein Schiedsverfahren betreiben zu müssen, auf dessen Zusammensetzung der Beschwerdeführer keinen Einfluss hatte. Dies verkennt das LG München I in dem *Pechstein*-Verfahren in seiner Schlussfolgerung aus dem *Suda*-Urteil.[1192]

Auch nach Ansicht des Schweizerischen Bundesgerichts würde der noch zu überprüfende Umstand, dass der CAS nicht den Anforderungen von Art. 6 EMRK entspräche, lediglich zu einer Teilnichtigkeit der Schiedsvereinbarung führen, der durch eine ergänzende Vertragsauslegung anhand des hypothetischen Parteiwillens zu begegnen wäre.[1193] Die Frage, was die Parteien vereinbart hätten, sofern ihnen die Mängel des CAS bei Abschluss der Schiedsvereinbarung bekannt gewesen wären, stellt sich jedoch aufgrund des faktischen Schiedszwanges gerade nicht und insofern ist die Argumentation des Schweizerischen Bundesgerichts zirkelschlüssig.

Letztlich ist die CAS-Schiedsklausel aufgrund des privat ausgeübten Zwangs in dem „Graubereich" zwischen gesetzlich angeordneter und freiwilliger Schiedsvereinbarung näher der ersten Kategorie zuzuordnen. Dieser Zwang führt jedoch nicht *per se* zur Unwirksamkeit der Schiedsklausel.

4. Gibt es eine gemeineuropäische Auffassung der Nationalgerichte zur Frage der Bindung der Schiedsgerichte an Art. 6 EMRK?

In seine Rechtsprechung bezieht der EGMR auch gemeineuropäische Rechtsauffassungen (*„common European approach"*[1194]) mit ein, so dass sich ein Blick auf nationale Gerichtsentscheidungen und deren Beurteilung der Bindung von Schiedsgerichten an Art. 6 EMRK lohnt.

1190 S. Kap. 2 B. I.
1191 S. Kap. 3 B. III.
1192 LG München I, Urteil v. 26.02.2014, Az.: 37 O 28331/12, Rn. A. II. 3c) bb) (1), SchiedsVZ 2014, S. 100, 107.
1193 *Handschin/Schütz*, SpuRt 2015, S. 179, 181; Schweizerisches Bundesgericht, Urteil v. 07.11.2011, Az.: 4A_246/2011, Rn. 2, BGE 129 III, S. 29, 38 f.; Schweizerisches Bundesgericht, Urteil v. 14.04.2005, Az.: 4C.423/2004, Rn. 1.2, BGE 131 III, S. 467, 470.
1194 EGMR, Urteil v. 30.07.1998, Nr. 22985/93; 23390/94, Sheffield and Horsham v. The United Kingdom, Rn. 57; *Jung*, ZEuS 2014, S. 173, 179.

Die Entscheidungsdichte der nationalen Gerichte zum Verhältnis der Schiedsgerichtsbarkeit zu Art. 6 EMRK ist ähnlich gering wie die der Konventionsorgane, so dass ein umfassendes gemeinsames Verständnis der Konventionsstaaten noch schwerlich auszumachen ist.[1195] Dennoch verdeutlicht ein kurzer Überblick zu Entscheidung nationaler Gerichte hinsichtlich des Verhältnisses der Schiedsgerichtsbarkeit zu Art. 6 EMRK, dass insofern von einem gemeinsamen Konsens gesprochen werden kann, als die nationalen Gerichte ebenso wie die Konventionsorgane der EMRK eine unmittelbare Bindung der Schiedsgerichte an Art. 6 EMRK ablehnen.

Das Schweizerische Bundesgericht nimmt eine zentrale Rolle unter den nationalen Gerichten als Beschwerde- und Revisionsinstanz ein. Dabei konnte es in seiner langjährigen Rechtsprechung keine einheitliche Linie zum Verhältnis von Art. 6 EMRK zur Schiedsgerichtsbarkeit entwickeln. So entschied das Gericht sowohl zugunsten als auch zulasten der unmittelbaren Anwendung von Art. 6 EMRK vor Schiedsgerichten. Letztlich schlug in den jüngsten Entscheidungen des Schweizerischen Bundesgerichts das Pendel innerhalb seiner uneinheitlichen Entscheidungspraxis zulasten der unmittelbaren Anwendbarkeit aus, so dass es im Ergebnis die unmittelbare Anwendung der Verfahrensgarantien von Art. 6 Abs. 1 EMRK vor Schiedsgerichten mit Ausnahme von staatlich angeordneten Schiedsgerichten[1196] negiert.[1197] Relevanz gewinnt die Rechtsprechung des Schweizerischen Bundesgerichts zusätzlich durch seine Entscheidungen nicht lediglich zur Wirtschafts-, sondern explizit zur Sportschiedsgerichtsbarkeit.

1195 *Jung*, ZEuS 2014, S. 173, 183.
1196 Schweizerisches Bundesgericht, Urteil v. 20.06.2008, Az.: 9C_132/2008. Dem Urteil der sozialrechtlichen Abteilung des Bundesgerichts lag ein kantonales Schiedsgericht zugrunde, welches gemäß Art. 89 Abs. 4 schweiz. Bundesgesetz über die Krankenversicherung (KGV) vom Kanton und damit vom Staat angeordnet wird. Hier nahm das Schweizerische Bundesgericht ohne weitere Ausführungen die Anwendbarkeit von Art. 6 Abs. 1 EMRK an; *Jung*, ZEuS 2014, S. 173, 182, Fn. 43; *Haas*, SchiedsVZ 2009, S. 73, 74 sieht in der Entscheidung ohne weitere Besprechung Belege für die Anwendbarkeit der EMRK in Schiedssachen.
1197 *Jung*, ZEuS 2014, S. 173, 182; abweichend *Haas*, SchiedsVZ 2009, S. 73, 74, der die Anwendungsfrage der EMRK auf die Schiedsgerichtsbarkeit aus schweizerischer Sicht als „offen" bezeichnet; insoweit veraltet *De Ly*, The Relevance of Public International Law in International Commercial Arbitration, S. 29, 35; *Petrochilos*, Procedural Law in International Arbitration, S. 152 f., Rn. 4.99, die beide noch auf die damalige Rechtsprechung des Schweizerischen Bundesgerichts der unmittelbaren Anwendbarkeit von Art. 6 EMRK auf Schiedsgerichte abstellten.

In einer Entscheidung aus dem Jahr 1986 verneinte das Gericht zunächst eine unmittelbare Anwendung von Art. 6 Abs. 1 EMRK, da das Schiedsgericht nicht Adressat von Art. 6 Abs. 1 EMRK sei.[1198] In der bereits aus der EKMR-Rechtsprechung bekannten Rechtssache *R v. Switzerland* nahm das Gericht jedoch eine dramatische Wende und erklärte Art. 6 Abs. 1 EMRK unmittelbar vor dem Schiedsgericht für anwendbar, ohne dies näher zu begründen bzw. auf seine vorige gegenläufige Rechtsprechung einzugehen:

> „Die sich aus [...] Art. 6 EMRK ergebenden Garantien beziehen sich nicht bloss auf staatliche Gerichte, sondern auch auf private Schiedsgerichte, deren Entscheide denjenigen der staatlichen Rechtspflege hinsichtlich Rechtskraft und Vollstreckbarkeit gleichstehen und die deshalb dieselbe Gewähr für eine unabhängige Rechtsprechung bieten müssen."[1199]

Diese Rechtsauffassung bestätigte das Schweizerische Bundesgericht in zwei darauffolgenden Entscheidungen.[1200]

In seiner jüngeren Rechtsprechung rückte das Schweizerische Bundesgericht hiervon jedoch wieder ab und schloss sich der Ausgangsentscheidung von 1986 an, indem es die unmittelbare Bindung von Schiedsgerichten an Art. 6 Abs. 1 EMRK gerade im Zusammenhang mit Schiedssprüchen des CAS ablehnte.[1201] So entschied das Bundesgericht 2006 in einer Entscheidung, in der ein Langstreckenreiter aus den Vereinigten Arabischen Emira-

---

1198 Schweizerisches Bundesgericht, Urteil v. 20.07.1986, BGE 112 Ia, S. 166, 168; *Jung*, ZEuS 2014, S. 173, 180; *Landrove*, in: Human Rights at the Center, S. 73, 96.

1199 Schweizerisches Bundesgericht, Urteil v. 30.04.1991, BGE 117 Ia, S. 166, 168; *Jung*, ZEuS 2014, S. 173, 180; beachtlich ist dabei auch, dass das Schweizerische Bundesgericht im Gegensatz zur EKMR einen Verstoß gegen Art. 6 Abs. 1 EMRK wegen fehlerhafter Schiedsgerichtbesetzung bejahte, *Landrove*, in: Human Rights at the Center, S. 73, 96.

1200 Schweizerisches Bundesgericht, Urteil v. 18.12.2004, Az.: 4P.208/2004, Rn. 4.1: „Diese gelten nicht nur für staatliche Gerichte, sondern auch für private Schiedsgerichte, deren Entscheide jenen der staatlichen Rechtspflege hinsichtlich Rechtskraft und Vollstreckbarkeit gleichstehen und die deshalb grundsätzlich dieselbe Gewähr für eine unabhängige Rechtsprechung bieten müssen." In dem ersten Urteil ging es um die Unabhängigkeit eines vom Schiedsgericht eingesetzten Sachverständigen, für den das Bundesgericht die Anwendbarkeit von Art. 6 Abs. 1 EMRK bejahte; daraus kann *a fortiori* geschlussfolgert werden, dass dies ebenso für Schiedsrichter gelten muss, *Jung*, ZEuS 2014, S. 173, 180 f.; *Landrove*, in: Human Rights at the Center, S. 73, 96, Fn. 108.

1201 Schweizerisches Bundesgericht, Urteil v. 11.06.2001, Az.: 4P.64/2001, Rn. 2 d) aa), BGE 127 III, S. 429 ff., mit Verweis darauf, dass dennoch grundlegende Ga-

ten gegen einen CAS-Schiedsspruch Beschwerde vor dem Bundesgericht u. a. wegen Verletzung von Art. 6 EMRK erhoben hatte, dass diese Vorschrift vor dem CAS nicht anwendbar sei.[1202] Gleiches vertrat das Schweizerische Bundesgericht in der Causa *Pechstein*, indem es einen Anspruch auf Durchführung einer öffentlichen Verhandlung u. a. aus Art. 6 Abs. 1 EMRK mangels Anwendbarkeit vor dem CAS ablehnte.[1203] Mithin verneint das Bundesgericht trotz ausdrücklicher gegenläufiger Entscheidungen in seiner Rechtsprechung im Ergebnis die unmittelbare Bindung von Schiedsgerichten – und ausdrücklich auch des CAS – an Art. 6 Abs. 1 EMRK.[1204]

Gleiches gilt für die französischen Gerichte, die die unmittelbare Bindung von Schiedsgerichten an Art. 6 EMRK ebenfalls ablehnen. Dies lässt sich anhand der Rechtssache *Cubic Defense Systems Inc. v. International Chamber of Commerce* exemplarisch verdeutlichen.[1205] Dem lag ein Schiedsverfahren aus dem Jahr 1977 vor dem ICC zwischen einem amerikanischen Unternehmen und dem iranischen Verteidigungsministerium zugrunde,

---

rantien der ordnungsgemäßen Verfahrensführung Anwendung finden müssten; *Liebscher*, The Healthy Award, S. 66; *Samuel*, J. Int. Arb. 2004, S. 413, 424.

1202 Schweizerisches Bundesgericht, Urteil v. 04.08.2006, Az.: 4P.105/2006, Rn. 7.3, CaS 2006, S. 575, 582: „[...] entgegen den Vorbringen des Beschwerdeführers ist die Bestimmung von Art. 6 Ziff. 1 EMRK nach zutreffendem Verständnis der bundesgerichtlichen Rechtsprechung ohnehin nicht auf das Verfahren der freiwilligen Schiedsgerichtsbarkeit anwendbar."; *Jung*, ZEuS 2014, S. 173, 181.

1203 Schweizerisches Bundesgericht, Urteil v. 10.02.2010, Az.: 4A_612/2009, Rn. 4.1: „Die Beschwerdeführerin beruft sich dabei zu Unrecht auf Art. 6 Ziff. 1 EMRK, Art. 30 Abs. 3 BV sowie Art. 14 Ziff. 1 UNO Pakt II, da diese nach zutreffendem Verständnis der bundesgerichtlichen Rechtsprechung auf Verfahren der freiwilligen Schiedsgerichtsbarkeit nicht anwendbar sind [(...)]. Aus den genannten Bestimmungen lässt sich demnach kein Anspruch auf eine öffentliche Parteiverhandlung im Rahmen des Schiedsverfahrens ableiten. Indem die Vorinstanz in Anwendung von Artikel R57 TAS-Code, der eine öffentliche Verhandlung nur bei Zustimmung der Parteien vorsieht, den Antrag der Beschwerdeführerin auf Zulassung ihres Managers H. zum Hearing abwies, missachtete sie keinen Anspruch der Beschwerdeführerin auf Durchführung einer öffentlichen Parteiverhandlung."

1204 A. A. *Petrochilos*, Procedural Law in International Arbitration, S. 152 f., Rn. 4.99, der jedoch allein auf Schweizerisches Bundesgericht, Urteil v. 30.04.1991, BGE 117 Ia, S. 166 ff. zurückgreift ohne die abweichenden Entscheidungen des Gerichts, z. B. Schweizerisches Bundesgericht, Urteil v. 11.06.2001, Az.: 4P.64/2001 miteinzubeziehen.

1205 S. hierzu vertiefend *Haas*, SchiedsVZ 2009, S. 73, 76 f.; *Jung*, ZEuS 2014, S. 173, 182; 76; *Samuel*, J. Int. Arb. 2004, S. 413, 424; *Briner/v. Schlabrendorff*, in: FS Böckstiegel, S. 89, 90.

aufgrund dessen das Unternehmen vor französischen Gerichten eine Verletzung von Art. 6 EMRK durch die Schiedsinstitution selbst, den ICC, geltend machte. Dies lehnte der Cour d'appel de Paris ab und führte aus, durch die EMRK seien nur die Konventionsstaaten, nicht aber private Dritte wie der ICC gebunden.[1206] Das Berufungsgericht bestätigte diese Entscheidung und lehnte eine unmittelbare Bindung des ICC an Art. 6 EMRK ausdrücklich ab.[1207] Eine unmittelbare Drittwirkung von Art. 6 EMRK zwischen Privaten besteht somit den französischen Gerichten zufolge nicht.[1208]

Ebenfalls ist aus Entscheidungen österreichischer[1209] und italienischer[1210] Gerichten zu entnehmen, dass sie keine unmittelbare Bindung von Schiedsgerichten an die EMRK annehmen, sondern vielmehr auf den „public policy"-Ansatz abstellen.[1211]

Deutsche Gerichte haben sich bisher nicht zur unmittelbaren Bindung von Schiedsgerichten an Art. 6 EMRK geäußert.[1212]

1206 Cour d'appel de Paris, Urteil v. 15.09.1998, Az.: 1987/15465, Cubic Defense Systems Inc. v. International Chamber of Commerce, Rev. Arb. 1999, S. 103, 113.

1207 Cour de Cassation, Urteil v. 20.02.2001, Az.: 255 FS-P, Rev. Arb. 2001, S. 511, 513: „[...] que la Convention précitée, qui ne concerne que les Etats et les juridictions étatiques, est sans application [...]."

1208 *Haas*, SchiedsVZ 2009, S. 73, 76 f.; *Ringquist*, Do Procedural Human Rights Requirements Apply to Arbitration, S. 45 f.

1209 In einem Fall vor dem OGH berief sich die vor dem Schiedsgericht unterlegene Partei unter Bezugnahme auf die Entscheidung in der Rechtssache *Bramelid and Malmström v. Sweden* auf einen Verstoß der Verfahrensgarantien gemäß Art. 6 Abs. 1 EMRK. Dies lehnte der OGH mit folgender Begründung ab: „[Dem ist engegenzuhalten], dass die zitierte Entscheidung nicht nur einen Fall sogenannter Zwangsschiedsgerichtsbarkeit zum Gegenstand hatte, sondern dort für die Schiedsbeklagte von einer staatlichen Stelle ein Schiedsrichter bestellt wurde, während die Schiedsklägerin, ein führendes schwedisches Wirtschaftsunternehmen, eine Person ihres Vertrauens zu ihrem Schiedsrichter bestellen konnte. Der Fall ist dem gegenständlichen also keineswegs vergleichbar." Außerdem bejahte der OGH die Zulässigkeit des freiwilligen Verzichts der Verfahrensgarantien gemäß Art. 6 EMRK, OGH, Urteil v. 01.04.2008, Az.: 5Ob272/07x; *Jung*, ZEuS 2014, S. 173, 182.

1210 Corte di Appello Milan, Urteil v. 04.12.1992, Allsop Automatic Inc. v. Tecnoski snc, engl. Übersetzung in ICCA Yearbook 1997, S. 725 ff.

1211 *Lew/Mistelis/Kröll*, Comparative International Commercial Arbitration, Kap. 5, Rn. 62, Fn. 82; *Landrove*, in: Human Rights at the Center, S. 73, 97; *Emberland*, J. Int. Arb. 2003, S. 355, 359 f.

1212 *Jung*, ZEuS 2014, S. 173, 179; in der *Pechstein*-Entscheidung nahm der BGH nur Stellung zur Freiwilligkeit des Verzichts auf die Verfahrensgarantien gemäß

Mithin besteht eine gemeineuropäische Rechtsauffassung dahingehend, Art. 6 EMRK entfalte allenfalls eine mittelbare Bindungswirkung für Schiedsgerichte. Auch in der internationalen Literatur kann zumindest keine herrschende Meinung zugunsten einer unmittelbaren Bindung der Schiedsgerichte an Art. 6 EMRK ausgemacht werden.[1213]

II. Der Ansatz einer unmittelbaren Bindung des CAS an Art. 6 EMRK

Dem insbesondere von der Rechtsprechung vertretenen Ansatz der mittelbaren Bindung wird eine unmittelbare Bindung des Schiedsgerichts an Art. 6 EMRK in der Literatur entgegengesetzt. So könnte eine Delegation von Hoheitsgewalt auf das Schiedsgericht dessen unmittelbare Bindung an Art. 6 Abs. 1 EMRK auslösen. Denn soweit Privatpersonen mit der Ausübung von Hoheitsgewalt beliehen sind, übernehmen sie funktionell die Stellung des Staates und werden selbst unmittelbare Adressaten der Gewährleistungspflichten aus Art. 1 EMRK.[1214] Bezogen auf den CAS könnte dies bedeuten, dass dieser ausnahmsweise als unmittelbarer Adressat der Pflichten aus Art. 1 EMRK angesehen werden könnte. Dies würde jedoch voraussetzen, dass in der Übertragung der staatlichen Rechtsprechungsfunktion auf den CAS die Delegierung einer staatlichen Hoheitsaufgabe zu sehen wäre, die mit klassischen Beispielen der Delegierung staatlicher Pflichten auf Private, wie beispielsweise der Beleihung qualitativ vergleichbar wäre.

Somit stellen sich die Fragen, ob ein Schiedsspruch als *„Hoheitsakt"*[1215] zu qualifizieren bzw. der Schiedsrichter als *„funktioneller Hoheitsträger im Lichte der EMRK"*[1216] angesehen werden kann.

Art. 6 Abs. 1 EMRK, nicht zu deren unmittelbaren Bindungswirkung vor dem CAS.

1213 *De Ly,* The Relevance of Public International Law in International Commercial Arbitration, S. 29, 34 differenziert dahingehend, dass skandinavische, schweizerische, niederländische und belgische Autoren grundsätzlich die (mittelbare) Bindung von Schiedsgerichten an Art. 6 EMRK bejahten, englische Autoren wiederum eine solche eher ablehnen.

1214 *Röben,* in: Dörr/Grote/Marauhn, EMRK/GG, Kap. 5, Rn. 96.

1215 *Bangert,* in: FS Wildhaber, S. 41, 54.

1216 *Jung,* ZEuS 2014, S. 173, 192; *Bangert,* in: FS Wildhaber, S. 41, 56, der die Frage nach dem „Schiedsrichter als Hoheitsträger wider Willen" stellt.

Teile der Literatur bejahen dies und sehen in dem Schiedsspruch einen „Akt erkennender Rechtsprechung"[1217]. So betont *Bangert*, der Schiedsspruch lasse sich „*nicht als rein privates Phänomen bar jeder hoheitlichen Komponente erklären"*.[1218] Die Anerkennung von der Rechtsordnung als „*verbindlicher Entscheid über Rechtsstreitigkeiten"* unterscheide das Schiedsverfahren von jeder anderen Methode der außergerichtlichen Streiterledigung.[1219]

Auch *Jung*[1220] stellt auf die „*Sonderform"* der Schiedsgerichtsbarkeit insofern ab, als diese zwar auf eine privatrechtliche Vereinbarung zurückzuführen sei, eine allein hierauf abstellende Betrachtung jedoch der über die privatrechtliche Vereinbarung hinausgehenden Wirkung eines Schiedsspruches nicht gerecht werde.[1221] Vielmehr trete der Schiedsrichter durch staatliche Vorschriften legitimiert an die Stelle staatlicher Rechtsprechung und übernehme damit eine Funktion, die grundsätzlich „*dem Staate eigen und vorbehalten"* sei.[1222] Zwar übe das Schiedsgericht „*keinerlei staatliche Zwangsgewalt"* aus, diese stehe weiterhin dem Staate zu.[1223] Allerdings sei die der staatlichen Zwangsgewalt zur Durchsetzung der Entscheidung vorgelagerte Rechtsanerkennung ebenfalls Teil der Rechtsprechungsfunktion des Staates, so dass private Schiedsgerichte in „*rein judikativer Natur"* sehr wohl an der Ausübung staatlicher Hoheitsgewalt partizipieren würden.[1224] Auch wenn *Jung* selbst einschränkend darlegt, eine „*unmittelbare Übertragung von Hoheitsgewalt"* finde „*zumindest auf direktem Wege tatsächlich nicht statt"*, so komme es hierauf letztlich nicht an, da in funktioneller Hinsicht der Entscheidung der privaten Schiedsgerichte eine ähnliche Bedeutung zukomme, wie der eines staatlich angeordneten Schiedsgerichts.[1225] Ange-

---

1217 *Bangert*, in: FS Wildhaber, S. 41, 55; *Jung*, ZEuS 2014, S. 173, 193; ähnlich *Besson*, ASA Bulletin 2006, S. 395, 402, Rn. 25: „Arbitrators are substitutes for judges and they exercise a jurisdictional mission even if their intervention is conditional upon an agreement between the parties. In that respect, arbitrators acting in this capacity are not like any other private individuals because they have specific rights and duties, which are normally exercised by the courts"; *Wedam-Lukic*, Arbitration 1998, S. 16, 19: „I agree with the statement that an arbitral tribunal is not a state institution, although it has **delegated jurisdiction** thereof" (Hervorhebungen durch Verf.).

1218 *Bangert*, in: FS Wildhaber, S. 41, 55.

1219 *Bangert*, in: FS Wildhaber, S. 41, 54 f.

1220 *Jung*, ZEuS 2014, S. 173, 192 ff.

1221 *Jung*, ZEuS 2014, S. 173, 193.

1222 *Jung*, ZEuS 2014, S. 173, 193; ebenso *Besson*, ASA Bulletin 2006, S. 395, 402, Rn. 25.

1223 *Jung*, ZEuS 2014, S. 173, 194.

1224 *Jung*, ZEuS 2014, S. 173, 194.

1225 *Jung*, ZEuS 2014, S. 173, 194.

sichts dieser Besonderheit eines privaten Schiedsgerichts sei *„der Schieds-spruch im Lichte der EMRK als Hoheitsakt zu qualifizieren [unabhängig da-von,] ob der Umstand nun als [staatliche] Delegation bezeichnet werden kann oder nicht".*[1226]

Der Frage der unmittelbaren Bindung von Schiedsgerichten an die EMRK liegt die dogmatische Einordnung der Schiedsgerichtsbarkeit zu-grunde. Die Rechtnatur der Schiedsgerichtsbarkeit ist seit jeher umstrit-ten.[1227] Für eine mögliche Einordnung des CAS-Schiedsspruchs als Ho-heitsakt können aus dem Streit um die Rechtsnatur des Schiedsspruches gewichtige Argumente gezogen werden. Grundsätzlich stehen sich die pri-vatrechtliche und die jurisdiktionelle Theorie gegenüber.[1228] Die privat-rechtliche Theorie[1229] stellt auf die Parteivereinbarung als Grundlage des Schiedsverfahrens ab. Danach entscheiden die Schiedsrichter über den ih-nen unterbreiteten Rechtsstreit aufgrund der vertraglichen Ermächtigung der Parteien. Diese sei nicht mit einer dem staatlichen Gericht zustehen-den Hoheitsgewalt vergleichbar. Es handle sich somit um eine delokalisier-te, autonome Schiedsgerichtsbarkeit.[1230] Zudem mangele es im Kontext der Schiedsgerichtsbarkeit an einer klassischen Delegation hoheitlicher Be-fugnisse, wie sie beispielsweise bei einer klassischen Beleihung vollzogen werde, da die Entscheidungsbefugnis durch die übereinstimmenden Par-teierklärungen und nicht durch den staatlichen Hoheitsakt begründet wer-

---

1226 *Jung*, ZEuS 2014, S. 173, 194 f.
1227 *Lachmann*, Schiedsgerichtspraxis, S. 74, Rn. 266; *Ebbing*, Private Zivilgerichte, S. 126.
1228 S. hierzu vertiefend *Solomon*, Die Verbindlichkeit von Schiedssprüchen in der internationalen privaten Schiedsgerichtsbarkeit, S. 288 ff.; *Schlosser*, Das Recht der internationalen privaten Schiedsgerichtsbarkeit, S. 34 ff., Rn. 45 ff.; *v. Hoff-mann*, Internationale Schiedsgerichtsbarkeit, S. 35 ff. unterscheidet lediglich begrifflich, inhaltlich jedoch nicht abweichend zwischen materiellrechtlicher und öffentlichrechtlicher Theorie.
1229 S. hierzu *Solomon*, Die Verbindlichkeit von Schiedssprüchen in der internatio-nalen privaten Schiedsgerichtsbarkeit, S. 290 ff., insb. S. 294.
1230 *Paulsson*, ICLQ 1981, S. 358, 368: „The message seems clear: one is authorised to conclude that the binding force of an international award may be derived from the contractual commitment to arbitrate in and of itself, that is to say without a specific national legal system serving as its foundation. In this sense, an abritral award may indeed "drift", but of course it is ultimately subject to the *post facto* control of the execution jurisdiction(s)."

de.[1231] Demgegenüber stellt die jurisdiktionelle Theorie[1232] nicht auf die Parteivereinbarung, sondern auf den Schiedsspruch als jurisdiktionellen Akt ab. Zudem sei die Schiedsgerichtsbarkeit in den nationalen Schiedsverfahrensvorschriften geregelt und der Schiedsspruch damit grundsätzlich geeignet, gleich einem Urteil Rechtskraft zu entfalten und Grundlage für die Zwangsvollstreckung zu sein. Die heute wohl herrschende Meinung[1233] ist auf die Synthese der beiden Theorien angelegt. Danach stellt die Schiedsgerichtsbarkeit eine auf den Parteiwillen gestützte Rechtsprechung dar und qualifiziert den Schiedsvertrag als einen materiellrechtlichen Vertrag über prozessuale Beziehungen[1234]. Die Schiedsgerichtsbarkeit weist demnach unweigerlich sowohl konsensuale als auch hoheitliche Elemente auf.[1235]

Aus deutscher Perspektive spricht für die prozessuale Qualifizierung des Schiedsspruches als Hoheitsakt insbesondere § 1055 ZPO, wonach der Schiedsspruch für die Parteien die Wirkungen eines rechtskräftigen gerichtlichen Urteils hat sowie die Qualifizierung nach der Rechtsprechung des BGH als *„materielle Rechtsprechung"*.[1236] Stellt man damit allein auf die Rechtsfolgen des Schiedsspruches ab, so ist die urteilsgleiche Qualität zu

---

1231 *Münzberg*, Die Schranken der Parteivereinbarungen, S. 23 f.; *v. Hoffmann*, Internationale Schiedsgerichtsbarkeit, S. 37; *Solomon*, Die Verbindlichkeit von Schiedssprüchen in der internationalen privaten Schiedsgerichtsbarkeit, S. 322 f.; *Schwab/Walter*, Schiedsgerichtsbarkeit, Kap. 30, Rn. 1, Schiedssprüche seien „keine gerichtlichen, keine staatlichen Hoheitsakte."; *Geimer*, in: Schlosser (Hrsg.), Integritätsprobleme im Umfeld der Justiz, S. 113, 121: „Schiedsrichter sprechen [...] Recht nicht aufgrund staatlicher Delegation, sondern aufgrund staatlicher Zulassung. Die Schiedsrichter üben keine staatliche Tätigkeit aus."; a. A. *Berger*, Internationale Wirtschaftsschiedsgerichtsbarkeit, S. 73.

1232 S. hierzu *Solomon*, Die Verbindlichkeit von Schiedssprüchen in der internationalen privaten Schiedsgerichtsbarkeit, S. 294 ff.; *Schlosser*, Das Recht der internationalen privaten Schiedsgerichtsbarkeit, S. 34, Rn. 46.

1233 *Solomon*, Die Verbindlichkeit von Schiedssprüchen in der internationalen privaten Schiedsgerichtsbarkeit, S. 298 ff.; *Schlosser*, Das Recht der internationalen privaten Schiedsgerichtsbarkeit, S. 37, Rn. 50 ff., der ergänzend darauf hinweist, dass die vermittelnde Theorie sich fast ausschließlich allein auf die Schiedsvereinbarung und nicht auf das Schiedsverfahren als Ganzes beziehe.

1234 So die ständige deutsche Rechtsprechung, s. BGH, Urteil v. 28.11.1963, Az.: VII ZR 112/62 (Frankfurt), NJW 1964, S. 591, 592; BGH, Urteil v. 30.01.1957, Az.: V ZR 80/55 (Koblenz), NJW 1957, S. 589, 590.

1235 *Berger*, Internationale Wirtschaftsschiedsgerichtsbarkeit, S. 73 m. w. N.

1236 *Schlosser*, in: Stein/Jonas, ZPO, vor § 1025, Rn. 4, der hinsichtlich der „materiellen Rechtsprechung" jedoch einschränkend anmerkt, hierunter sei keine öffentliche Gewalt zu verstehen; *Tochtermann*, Die Unabhängigkeit und Unparteilichkeit des Mediators, S. 35; *Kornblum*, Probleme der schiedsrichterlichen

sehen und demzufolge eine Anerkennung als staatlicher Hoheitsakt unschwer möglich.[1237] Lediglich die staatliche Überprüfung gemäß §§ 1059 ff. ZPO schränkt die Wirkungen eines Schiedsspruches im Vergleich zu denen eines (inländischen) Urteils ein.[1238]

Diese Argumente insbesondere der jurisdiktionellen Theorie bilden auch den dogmatischen Hintergrund für die Verfechter einer unmittelbaren Bindung von Schiedsgerichten und damit auch einer unmittelbaren Bindung des CAS an Art. 6 EMRK. Letztlich speist sich die Ansicht der unmittelbaren Bindung jedoch zu einem wesentlichen Teil aus der Kritik der mittelbaren Bindung von Schiedsgerichten an Art. 6 EMRK.

Zunächst sei der mittelbaren Bindung eine dogmatische Ungenauigkeit anzulasten. So setzt der sachliche Anwendungsbereich von Art. 6 EMRK Streitigkeiten über *„civil rights and obligations"* voraus. Bei der Überprüfung eines Schiedsspruches nehme das staatliche Gericht jedoch bekanntlich keine inhaltliche Überprüfung vor, sondern diese falle allein dem Schiedsgericht zu, so dass bereits der sachliche Anwendungsbereich von Art. 6 EMRK nicht eröffnet sei.[1239]

Des Weiteren beanstanden *Bangert* und *Jung*, dass der Schiedsort den Anknüpfungspunkt für die Verantwortlichkeit eines Staates bilde. So könne der *„Umstand allein, dass ein Schiedsgericht seinen Sitz in einem bestimmten Mitgliedstaat hätte, noch keine Verantwortlichkeit jenes Staates auslösen."*[1240] Ferner kritisieren sie, durch die lediglich mittelbare Bindung könne die

---

Unabhängigkeit, S. 106; zu den weitreichenden Folgen von § 1055 ZPO *Spohnheimer*, Gestaltungsfreiheit bei antezipiertem Legalanerkenntnis des Schiedsspruchs, S. 13 ff.

1237 *Schlosser*, in: Stein/Jonas, ZPO, vor § 1025, Rn. 4: „[...] auch ohne Exequatur urteilsgleicher Akt"; *Schwab/Walter*, Schiedsgerichtsbarkeit, Kap. 18, Rn. 1: „Das Gesetz macht [den Schiedsspruch] zum Ausgangspunkt öffentlich-rechtlicher Folgen."

1238 S. vertiefend zum Verhältnis von § 1055 ZPO zu §§ 1059 ff. ZPO *Spohnheimer*, Gestaltungsfreiheit bei antezipiertem Legalanerkenntnis des Schiedsspruchs, S. 14 ff.; ausführlich mit Vergleich zur Kontrolle des ausländischen Urteils gem. § 328 ZPO *Solomon*, Die Verbindlichkeit von Schiedssprüchen in der internationalen privaten Schiedsgerichtsbarkeit, S. 326 ff.; *Münzberg*, Die Schranken der Parteivereinbarungen, S. 24 schlussfolgert hieraus, „daß [sic!] der Schiedsspruch anders als das Urteil seine Wirkung nicht aus der Jusitzhoheit entnimmt."

1239 *Bangert*, in: FS Wildhaber, S. 41, 52; *Jung*, ZEuS 2014, S. 173, 191; a. A. und insofern auf die staatliche Schutzpflicht abstellend *Haas*, SchiedsVZ 2009, S. 73, 82.

1240 *Bangert*, in: FS Wildhaber, S. 41, 53.

Gefahr einer gleichzeitigen Verantwortlichkeit mehrerer Vertragsstaaten begründet werden.[1241]

E. *Plädoyer für einen sportrechtlichen Sonderweg zum Schutze der Rechte der Athleten vor dem CAS gemäß Art. 6 Abs. 1 EMRK*

Die Frage nach der Anwendung von Art. 6 EMRK stellte sich naturgemäß auch im *Mutu/Pechstein*-Verfahren. Der EGMR bejahte sie im Rahmen seiner *ratione personae*-Zuständigkeitsprüfung und begründete dies mit der Zuständigkeit des Schweizerischen Bundesgerichts für die Beurteilung der Gültigkeit der CAS-Schiedssprüche.[1242] Mit der Zurückweisung der Beschwerde *Pechsteins* habe das Schweizerische Bundesgericht dem Schiedsspruch zur Rechtskraft verholfen.[1243] Eine weitergehende Begründung gab der EGMR in seinem Urteil jedoch nicht. Im Folgenden soll eine Lösung für die Anwendungsfrage aufgezeigt werden.

Für die Anwendung der Verfahrensgarantien gemäß Art. 6 Abs. 1 EMRK vor CAS-Schiedsgerichten im Berufungsverfahren spricht bereits das sog. Effektivitätsargument. Danach müssen die Schiedsrichter, um einen anerkennungs- und vollstreckungsfähigen Schiedsspruch zu gewährleisten, dem nicht eine Versagung bzw. Aufhebung wegen eines möglichen Verstoßes gegen Art. 6 EMRK im Rahmen der staatlichen *Ordre public*-Prüfung droht, bereits selbst die Verfahrensgarantien gemäß Art. 6 Abs. 1 EMRK beachten.[1244] Mit anderen Worten würde es der Effektivität zuwiderlaufen, erst im staatlichen Überprüfungsverfahren die Einhaltung der grundlegenden EMRK-Prinzipien zu überprüfen, ohne dem Schiedsrichter bereits während des Schiedsverfahrens und vor Erlass des Schiedsspruches die Pflicht aufzuerlegen, die Einhaltung mit Art. 6 EMRK zu beachten.[1245]

1241 *Bangert*, in: FS Wildhaber, S. 41, 53; *Jung*, ZEuS 2014, S. 173, 192.
1242 EGMR, Urteil v. 02.10.2018, Nr. 40575/10, 67474/10, Mutu und Pechstein v. Suisse, Rn. 60 ff., BeckRS 2018, S. 23523; dabei stellte der EGMR heraus, dass diese Frage von Amts wegen zu prüfen sei.
1243 EGMR, Urteil v. 02.10.2018, Nr. 40575/10, 67474/10, Mutu und Pechstein v. Suisse, Rn. 66, BeckRS 2018, S. 23523.
1244 *Besson*, ASA Bulletin 2006, S. 395, 402, Rn. 27; *Petrochilos*, Procedural Law in International Arbitration, S. 154, Rn. 4.102; *De Ly*, The Relevance of Public International Law in International Commercial Arbitration, S. 29, 37; *Kuijer*, The Blindfold of Lady Justice, S. 145 mit der berechtigten Frage: „Is it not logical to aovid the infringement at the earliest possible stage?".
1245 *Besson*, ASA Bulletin 2006, S. 395, 402, Rn. 27.

Fraglich ist, wie dies in dogmatischer Hinsicht – aufgrund einer mittelbaren oder unmittelbaren Bindung des Schiedsgerichts an die EMRK – überzeugend zu begründen ist.

Bezogen auf die Schiedsgerichtsbarkeit des CAS sind beide Ansichten Zweifeln ausgesetzt, die letztlich einen sportrechtlichen Sonderweg erforderlich machen.

Zunächst ist den Befürwortern der unmittelbaren Bindung eines Schiedsgerichts an die EMRK darin Recht zu geben, dass gerade für den CAS die Annahme naheliegt, dessen Tätigwerden als hoheitlich und die CAS-Schiedssprüche als Hoheitsakte zu qualifizieren.

Dies ergibt sich aus den folgenden sportspezifischen Argumenten.

I. Sportspezifische Argumente

Die sportspezifischen Argumente bestehen im Wesentlichen in den systemimmanenten Verflechtungen staatlicher und privater Zuständigkeit, welche die Sportschiedsgerichtsbarkeit prägen. Außerdem ist eine funktionelle Gegenüberstellung aus Sicht des Athleten zwischen dem faktischen Schiedszwang zum CAS und einem staatlichen Schiedszwang vorzunehmen.

1. Fließender Übergang zwischen staatlicher und privater Zuständigkeit im Sportrecht

Klare Linien zwischen privaten, freiwilligen Schiedsverfahren auf der einen und staatlich angeordneten Schiedsverfahren auf der anderen Seite können weder für die Handelsschiedsgerichtsbarkeit, noch für die Sportschiedsgerichtsbarkeit gezogen werden. Vielmehr stehen sich diese Arten der Schiedsgerichtsbarkeit nicht als diametral entgegengesetzte Pole gegenüber, sondern es gibt, gerade für die internationale Sportschiedsgerichtsbarkeit, zahlreiche Verflechtungen zwischen privater und staatlicher Zuständigkeit.[1246]

Bereits die Handhabung des UN-Übereinkommens für die Handelsschiedsgerichtsbarkeit verdeutlicht die großen Schnittmengen zwischen freiwilliger und staatlich angeordneter Schiedsgerichtsbarkeit und wie wenig sachgerecht eine klare Grenzziehung zwischen beiden erscheint. Zwar

---

1246 *Jung*, ZEuS 2014, S. 173, 177.

ist die Definition für Schiedssprüche i. S. d. Art. I Abs. 2 Alt. 2 UN-Übereinkommen eindeutig, dass nur Schiedssprüche solcher Schiedsgerichte erfasst sind, denen sich die Parteien unterworfen haben (*„to which the parties have submitted"*[1247]).[1248] Dennoch ist eine Tendenz in der staatlichen Praxis auszumachen, auch Schiedssprüche staatlich angeordneter Schiedsgerichte dem UN-Übereinkommen zu unterstellen.[1249]

Der Bereich des Sports ist geprägt von den Interdependenzen zwischen privaten und staatlichen Zuständigkeiten. Diese wurden in der Literatur bereits eingehend unter dem Stichwort *„Verrechtlichung des Sports"*[1250] diskutiert. Hierunter lässt sich der *„wachsende Einfluss staatlichen Rechts auf die organisierte Sportausübung entgegen dem Prinzip der staatlichen Nichtintervention"*[1251] fassen. Der Staat fördert den Sport im ideellen, politischen und finanziellen Sinne.[1252] So betreibt der Staat nicht nur professionelle Sportförderung und solche im Jugendbereich, sondern besonders in der Streiterledigung sportrechtlicher Sachverhalte bestehen Verflechtungen zwischen staatlicher und privater Justiz. Am deutlichsten treten die Schnittmengen zwischen privater und staatlicher Zuständigkeit im Bereich der Dopingbekämpfung zutage. Wie einführend beschrieben[1253] wird der weltweite Anti-Doping-Kampf von den Anti-Doping-Behörden, nationalen und internationalen Sportverbänden sowie der Staatengemeinschaft gemeinsam betrieben. Im Zentrum des Anti-Doping-Kampfes stehen dabei die Mechanismen des WADC, die für den Bereich der Streiterledigung in Art. 13.2 WADC die Letztentscheidungsinstanz des CAS für verbandsseitig ausgesprochene Disziplinarmaßnahmen gegen Athleten wegen Dopingvergehen vor-

---

1247 Art. I Abs. 2 UN-Übereinkommen: „The term "arbitral awards" shall include not only awards made by arbitrators appointed for each case but also those made by permanent arbitral bodies to which the parties have submitted."

1248 *Ehle*, in: Wolff, NY Convention – Commentary, Art. I, S. 36 f., Rn. 29 f.

1249 *Jung*, ZEuS 2014, S. 173, 177; *Haas*, SchiedsVZ 2009, S. 73, 75 f. mit Verweis auf die Anwendung des UN-Übereinkommen im Zusammenhang mit den staatlich angeordneten Schiedsgerichten, wie das US-Iran Claims Tribunal sowie die (Außen-)Handelsschiedsgerichte der ehemaligen Ostblockstaaten; zur Anwendung des UN-Übereinkommen auf Letztere auch *Samuel*, J. Int. Arb. 2004, S. 413, 424; *Schwab/Walter*, Schiedsgerichtsbarkeit, Kap. 41, Rn. 18.

1250 S. zur Verrechtlichung des Sports *Adolphsen*, Internationale Dopingstrafen, S. 19; *ders.*, SchiedsVZ 2004, S. 169, 171 f.; *Haas*, in: Haas/Haug/Reschke, SportR, Bd. I, A. Einf., Rn. 1 ff.; *ders.*, SchiedsVZ 2013, S. 15 ff.; *Wax*, Internationales Sportrecht, S. 33 u. 128; grundlegend zum Verhältnis Sport und Recht *Nolte*, Staatliche Verantwortung im Bereich Sport, S. 7 ff.

1251 *Adolphsen*, SchiedsVZ 2004, S. 169, 171.

1252 S. hierzu vertiefend *Steiner*, SpuRt 2009, S. 222 ff.

1253 S. Kap. 1 C. I.

sehen. Da es sich bei dem WADC jedoch um ein privates Regelwerk handelt, können Regierungen diesem nicht beitreten, sondern werden über das UNESCO-Übereinkommen[1254] zur Anerkennung des CAS verpflichtet.[1255] Darin verpflichten sich die die 189 Vertragsstaaten[1256], *„auf nationaler und internationaler Ebene angemessene Maßnahmen zu ergreifen, die mit den Grundsätzen des [WADC] vereinbar sind"*[1257]. Dadurch werden die Vertragsstaaten u. a. auch zur Anerkennung des CAS gemäß Art. 13.2 WADC verpflichtet. Diese den Staaten durch das UNESCO-Übereinkommen auferlegten Verpflichtungen werden durch im WADC näher ausgeführte Erwartungen an die Regierungen flankiert. So wird in Art. 22.4 WADC die Erwartung geäußert, dass *„[...] jede Regierung bevorzugt das Schiedsverfahren nutzen [wird], um Konflikte im Zusammenhang mit Doping zu lösen."* Es besteht somit nicht nur ein faktischer Schiedzwang für den Athleten, der sich zur Teilnahme am Wettbewerb dem WADC und damit der Zwangsschiedsgerichtsbarkeit des CAS unterwirft, sondern auch der Staat ist völkerrechtlich verpflichtet, Streitigkeiten im Geltungsbereich des WADC nicht durch seine nationalen Gerichte zu entscheiden, sondern diese in der Letztentscheidungsinstanz an den CAS zu verweisen. Somit kehrt sich das herkömmliche Bild unter dem Stichwort der „Verrechtlichung des Sports", dass der Staat Einfluss in den privat organisierten Sport nehme, an dieser Stelle um: aufgrund des WADC und des UNESCO-Übereinkommens dringt der privat organisierte Sport in eines der Kerngebiete des Staates, nämlich die Judikative vor und drängt den Staat aus diesem Bereich zurück. Überspitzt könnte man insofern in Anlehnung der Begrifflichkeiten der „Verrechtlichung des Sports" von einer „Versportlichung des Staates" sprechen.

In diesem Spannungsverhältnis muss der Sport grundsätzlich in der Lage sein, die Athleten stärker in die Pflicht zu nehmen als dies dem Staat gegenüber seinen Bürgern erlaubt ist.[1258] Dabei sind Einschränkungen der Privat- und Intimsphäre der Athleten im Rahmen des Anti-Doping-Kampfes ein wesentlicher Bestandteil. Deren Zulässigkeit bestätigte auch jüngst der EGMR und sah in den strengen melderechtlichen Pflichten von Kader-

---

1254 S. Kap. 1 C. I.

1255 S. auch Kommentar zu Art. 22 WADC 2015.

1256 S. Auflistung der Vertragsparteien im Anhang zu dem Geltungsbereich: Internationales Übereinkommen vom 19.10.2005 gegen Doping im Sport, Gesetz vom 26.3.2007, BGBl. 2007 II, S. 354, 355, BT-Drs. 16/3712, 4077, in Kraft für die Bundesrepublik Deutschland seit dem 1.7.2007, BGBl. 2010 II, S. 368.

1257 Art. 3 lit. a) UNESCO-Übereinkommen.

1258 *Steiner*, SpuRt 2018, S. 186.

sportlern im Rahmen der Dopingüberwachung keinen unzulässigen Eingriff in das Recht auf Privatleben gemäß Art. 8 EMRK.[1259]

2. Funktioneller Vergleich

Außerdem spricht eine funktionelle Betrachtungsweise für ein vergleichsweise hoheitliches Tätigwerden des CAS. So beruht zwar unzweifelhaft auch die Schiedsgerichtsbarkeit zum CAS auf der Parteivereinbarung. Angesichts der faktischen Unfreiwilligkeit des Athleten bei Unterzeichnung der Schiedsvereinbarung wäre es demgegenüber jedoch nicht interessengerecht, das voluntative Element in den Vordergrund zu rücken. Vielmehr gibt der faktische Schiedszwang Anlass dazu, die Schiedsvereinbarung zum CAS in die Nähe einer staatlich angeordneten Schiedsgerichtsbarkeit und damit einer staatlichen Delegation zu rücken. So dürfte es doch aus Sicht des Athleten funktionell keinen Unterschied machen, ob er sich einer staatlich oder verbandsseitig zwangsweise angeordneten Schiedsgerichtsbarkeit beugen muss.[1260] Des Weiteren kommt den CAS-Schiedssprüchen aufgrund der Tatsache, dass sie wegen des systemimmanenten Vollstreckungssystems der internationalen Sportverbände grundsätzlich nicht auf eine staatliche Vollstreckung und damit auf eine staatliche Überprüfung angewiesen sind, urteilsähnliche Wirkung zu. Es treten mithin evidente Unterschiede der CAS-Schiedsgerichtsbarkeit zur Handelsschiedsgerichtsbarkeit zutage[1261]: Hier die Sozialmacht der Verbände gegenüber den strukturell unterlegenen Athleten, dort die grundsätzliche Augenhöhe, auf der sich die Handelspartner bei Vereinbarung einer Schiedsklausel und vor dem Schiedsgericht begegnen. Mithin steht ein Über-/Unterordnungsverhältnis vergleichbar mit den Rechtsbeziehungen zwischen Unternehmern und Verbrauchern einer grundsätzlich gleichberechtigten Rechtsbeziehung zwischen Kaufleuten gegenüber. Auf der einen Seite führt das „eigene Vollstreckungssystem" der internationalen Sportverbände zu einer Distanzierung von den staatlichen Gerichten, auf der anderen Seite ist deren Anrufung für eine Vollstreckbarerklärung eines Handelsschiedsspruch grundsätzlich erforderlich.[1262] Der funktionale Vergleich zur staatlichen

---

1259 EGMR, Urteil v. 18.01.2018, Nr. 48151; 77769/13, SpuRt 2018, S. 62 ff.
1260 *Jung*, ZEuS 2014, S. 173, 195; *Haas*, SchiedsVZ 2009, S. 73, 76.
1261 S. hierzu ebenfalls *Jung*, ZEuS 2014, S. 173, 195 f.
1262 Einschränkend ist hier zwar auf die auch in der Handelsschiedsgerichtsbarkeit grundsätzlich übliche freiwillige Befolgung des Schiedsspruches hinzuweisen.

Gerichtsbarkeit verdeutlicht somit, dass der CAS und dessen Schiedssprüche für den Bereich des Sports die staatliche Gerichtsbarkeit faktisch ersetzen, so dass die Annahme einer hoheitlichen Tätigkeit bzw. des CAS-Schiedsspruches als Hoheitsakt grundsätzlich zu überzeugen vermag.

II. Kritik an den bisherigen Ansätzen zur unmittelbaren bzw. mittelbaren Bindung des CAS an Art. 6 EMRK

1. Zum Ansatz der unmittelbaren Bindung

Dennoch verbleiben Zweifel am Ansatz des CAS-Schiedsspruches als Hoheitsakt. Diese ergeben sich insbesondere aufgrund des Grundkonzepts der Zurechnung des CAS-Schiedsspruches zu einem Staat. So ist bereits problematisch, dass die Übertragung von Hoheitsgewalt nicht unmittelbar vom Staat ausgeht.[1263] Zwar haben sich die Staaten für den Bereich des Anti-Doping-Kampfes mit Unterzeichnung des UNESCO-Übereinkommens zur Anerkennung des CAS als Letztentscheidungsinstanz in Anti-Doping-Berufungsverfahren verpflichtet. Die Initiative allerdings zur Begründung der Zuständigkeit des CAS geht mit der Schiedsvereinbarung vonseiten der privaten Schiedsparteien aus. Insofern ist den Kritikern der jurisdiktionellen Theorie Recht zu geben, dass hierin doch ein erheblicher qualitativer Unterschied zu Fällen der klassischen Übertragung von Hoheitsaufgaben auf Private vonseiten des Staates besteht.

Dies verdeutlicht auch ein Rückgriff auf die völkergewohnheitsrechtlich anerkannten Zurechnungsregeln der UN-International Law Commission zur Kodifizierung der Staatenverantwortlichkeit (*ILC Draft articles on Responsibility of States for Internationally Wrongful Acts*, im Folgenden:

Dies ändert jedoch für den Fall der Nichtbefolgung des Schiedsspruches nichts an der grundsätzlich erforderlichen Anrufung staatlicher Gerichte. Diese ist geboten aufgrund eines fehlenden „eigenen" Vollstreckungssystem der Handelsschiedsinstitutionen, welches mit dem Vollstreckungssystem der internationalen Sportverbände vergleichbar wäre.

1263 Insofern auch einschränkend, letztlich jedoch entscheidend auf die funktionelle Sichtweise abstellend *Jung*, ZEuS 2014, S. 173, 194.

ILC Draft).[1264] Diese werden von der Literatur[1265] häufig als Argumentationshilfe zur Begründung einer staatlichen Zurechnung im Zusammenhang mit der Handelsschiedsgerichtsbarkeit herangezogen. Gemäß Art. 11 ILC Draft gilt nämlich selbst für einen grundsätzlich dem Staat nicht zurechenbaren Hoheitsakt:

> „Conduct which is not attributable to a State under the preceding articles shall nevertheless be considered an act of that State under international law if and to the extent that the State acknowledges and adopts the conduct in question as its own."

Anerkennt oder vollstreckt demnach ein staatliches Gericht einen Schiedsspruch und verhilft ihm damit zum staatlichen „seal of approval"[1266], lässt sich demgemäß eine staatliche Zurechnung gut begründen. Gleiches kann allerdings nicht für die Sportschiedsgerichtsbarkeit gelten, da es hier in der überwiegenden Mehrzahl der CAS-Schiedssprüche zur „verbandsinternen Vollstreckung" kommt. Überprüft demgegenüber beispielsweise das Schweizerische Bundesgericht aufgrund einer Anfechtungsklage einen CAS-Schiedsspruch, so stellt es allein fest, ob ein Anfechtungsgrund gemäß Art. 190 IPRG vorliegt. Darüber hinaus davon auszugehen, mit der Überprüfung des Schiedsspruches erkenne es diesen als seinen eigenen i. S. v. Art. 11 ILC Draft an („acknowledges and adopts the conduct in question as its own"), dürfte zu weit gehen.

2. Zum Ansatz der mittelbaren Bindung

Demgegenüber sind der lediglich mittelbaren Bindung des CAS an die Verfahrensgarantien im Wesentlichen zwei Gegenargumente vorzuhalten. So sprechen die nur eingeschränkte staatliche Ordre public-Überprüfung eines CAS-Schiedsspruches sowie der weite Ermessensspielraum der Staaten hinsichtlich ihrer Schutzpflicht gegen eine nur mittelbare Bindung des CAS an Art. 6 EMRK. Unter Zugrundelegung des weiten Ermessensspiel-

---

1264 UN Doc. A/65/10, Yearbook of the International Law Commission, 2001, Vol. II, Part Two, S. 20-143; s. vertiefend *Epiney*, Die völkerrechtliche Verantwortlichkeit von Staaten für rechtswidriges Verhalten im Zusammenhang mit Aktionen Privater, S. 21 ff.

1265 *Petrochilos*, Procedural Law in International Arbitration, S. 112 f., Rn. 4.09; *Ringquist*, Do Procedural Human Rights Requirements Apply to Arbitration, S. 19 u. S. 46 f.

1266 *Petrochilos*, Procedural Law in International Arbitration, S. 112 f., Rn. 4.09.

raums dürfte es bereits ausreichen, wenn die nationalen Schiedsverfahrensgesetze Rechtsbehelfsmöglichkeiten zugunsten der Schiedsparteien vorsehen, um sich gegen Entscheidungen des Schiedsgerichts zu wenden. Diese
reine „Möglichkeit der Kontrolle"[1267] ist für die hier diskutierten internationalen Schiedsverfahren vor dem Schweizerischen Bundesgericht gemäß
Art. 176 ff. IPRG unproblematisch gegeben. Es wurde jedoch aufgezeigt,
dass diese Schutzmechanismen zu keiner effektiven Gewährleistung der
EMRK-Garantien für die Schiedsparteien führen können. Die damit ein-
hergehende Herabstufung der in Art. 6 EMRK inkorporierten Verfahrensgarantien auf verfahrensrechtliche Minimalstandards, die allein einen Verstoß gegen den *Ordre public* begründen können, ist ein Schwachpunkt der
nur mittelbaren Bindung. Dies wird weder der Bedeutung der Verfahrensgarantien vor einem Schiedsgericht in einer demokratischen Gesellschaft
im Allgemeinen[1268], geschweige denn dem gehobenen Schutzbedürfnis
des Athleten vor dem CAS im Besonderen gerecht. Im Übrigen ist dieser
Ansatz mit der Schutzpflicht des Staates, die Verfahrensgarantien vollumfänglich zu gewährleisten, nicht vereinbar. Aufgrund dieser Schwächen der
mittelbaren Bindung des CAS an Art. 6 EMRK sind weitere, ggf. wirksame-
re Anknüpfungspunkte zu untersuchen.

Im Ergebnis wissen der Ansatz der unmittelbaren Bindung eines
Schiedsgerichts aufgrund der problematischen Zurechnungsmethode zu
einem Staat, der Ansatz der mittelbaren Bindung wiederum aufgrund des
herabgesetzten EMRK-Schutzniveaus wenig zu überzeugen.

III. Sportrechtlicher Sonderweg

Mithin ist die Lösung abseits der bereits begangenen Lösungswege für den
CAS zu suchen. Der Diskrepanz zwischen dem großen Ermessensspiel-
raum, den der EGMR den Staaten bei der Überprüfung von Schiedssprü-
chen gewährt, und der Gewährleistung der Verfahrensgarantien gemäß
Art. 6 EMRK zum Schutze der Schiedsparteien könnte für den Bereich des
CAS durch eine Konkretisierung des Ermessensspielraums der Staaten bei
Überprüfung von CAS-Schiedssprüchen begegnet werden. Eine Konkreti-
sierung nicht nur hinsichtlich des „Ob", sondern auch hinsichtlich des
„Wie" des Ermessensspielraums der Staaten im Sinne einer Ermessensredu-

---

1267 *Haas*, SchiedsVZ 2009, S. 73, 81.
1268 *Jung*, ZEuS 2014, S. 173, 190.

zierung auf Null ist umstritten.[1269] Als Gründe für eine solche Konkretisierung werden der effektive Konventionsschutz sowie der Rückgriff auf die deutsche Ermessensfehlerlehre angegeben.[1270]

Der Annahme einer Ermessensreduzierung auf Null liegt die folgerichtige Prämisse zugrunde, dass *„die Begründung von Schutzpflichten letztlich sinnlos wäre, wenn diese Pflicht sich nicht zumindest in konkreten Fällen eindeutig konkretisieren ließe."*[1271]

Ob ein solcher konkreter (Ausnahme-)Fall vorliegt, ist im Wege einer Auslegung anhand einer Verhältnismäßigkeitsprüfung zu untersuchen. Hierbei sind die Interessen der Allgemeinheit und der Vertragsparteien an einem weiten Ermessensspielraum mit den Interessen der Schiedsparteien vor dem CAS abzuwägen.

Für eine Reduzierung des staatlichen Ermessensspielraums dahingehend, die Staaten zur Gewährleistung der Verfahrensgarantien vor dem CAS zu verpflichten, könnte auch ein Vergleich der nach dem EGMR bejahten staatlichen Schutzpflichten im Zusammenhang mit klassischen staatlichen Gerichtsverfahren sprechen.[1272] So bejahte der EGMR in der Rechtssache *Airey v. Ireland*[1273] einen Verstoß gegen Art. 6 Abs. 1 EMRK, da das irische Recht für das Verfahren auf gerichtliche Trennung von „Tisch und Bett" vor dem High Court damals keine Prozesskostenhilfe vorsah. Der EGMR betonte in der Entscheidung seine ständige Rechtsprechung, die EMRK-Rechte nicht theoretisch oder illusorisch, sondern praktisch und wirksam zu garantieren, was insbesondere für Art. 6 EMRK gelte.[1274] Für bestimmte Kategorien könne ein positives Tun seitens des Staates erforderlich werden und die *„Verpflichtung, ein wirksames Recht auf Zugang zu den Gerichten zu gewährleisten"*, falle in diese Kategorie der Pflichten.[1275] Mit dieser Entscheidung stellte der EGMR anhand des praktischen Beispiels der Prozesskostenhilfe einen Anwendungsfall für die Reduzierung

---

1269 Bejahend *Bleckmann*, in: FS Bernhardt, S. 309, 319 ff.; kritisch demgegenüber mangels Anordnungsbefugnis des EGMR *Stahl*, Schutzpflichten im Völkerrecht, S. 300 ff.

1270 *Bleckmann*, in: FS Bernhardt, S. 309, 320 f.

1271 *Bleckmann*, in: FS Bernhardt, S. 309, 320.

1272 So auch *Jung*, ZEuS 2014, S. 173, 189.

1273 EGMR, Urteil v. 09.10.1979, Nr. 6289/73, Airey v. Ireland, EuGRZ 1979, S. 626 ff.

1274 EGMR, Urteil v. 09.10.1979, Nr. 6289/73, Airey v. Ireland, Rn. 24, EuGRZ 1979, S. 626, 628.

1275 EGMR, Urteil v. 09.10.1979, Nr. 6289/73, Airey v. Ireland, Rn. 25, EuGRZ 1979, S. 626, 628.

des grundsätzlich bestehenden staatlichen Ermessensspielraums hinsichtlich der Wahl der Mittel dar.

Auch hinsichtlich der Anwendung von Art. 6 EMRK vor dem CAS ist eine solche Konkretisierung des staatlichen Ermessensspielraums des „Wie" zu bejahen. Hierfür sprechen bereits die oben aufgeführten sportspezifischen Argumente. Darüber hinaus erkennen die Staaten für den Bereich der Dopingsanktionen gemäß dem UNESCO-Übereinkommen in Verbindung mit Art. 13 WADC den CAS als Letztzuständigkeit an. Die damit durch völkerrechtlichen Vertrag eingegangene Verpflichtung zur Anerkennung des CAS darf nicht zur Befreiung der staatlichen Verantwortlichkeit führen, Parteien in Dopingangelegenheit nicht mehr den Schutz vor dem zuständigen Spruchkörper gemäß Art. 6 EMRK zu bieten. Dies ist auch vor dem Hintergrund zu beleuchten, dass der EGMR für die staatliche Gerichtsbarkeit, wie die Rechtssache *Airey* verdeutlicht, offensichtlich keine Zurückhaltung zeigt, konkrete Maßnahmen zur Einhaltung der EMRK von den Staaten einzufordern. Demgegenüber zeigt der EGMR bei der Überprüfung von Schiedssprüchen durch Betonung des Ermessensspielraums der Staaten große Zurückhaltung. Sollte der EGMR dieser Zurückhaltung auch bei der Überprüfung von CAS-Schiedssprüchen folgen, würde dies faktisch zur Herabstufung von sportrechtliche Angelegenheiten zur „EMRK-freien Zone"[1276] führen. Dieser Weg würde dem Schutzbedürfnis der Athleten vor dem CAS freilich nicht gerecht.

Die Bejahung einer solchen Konkretisierung des staatlichen Ermessensspielraums hinsichtlich der CAS-Schiedsgerichtsbarkeit ändert jedoch noch nichts an der grundsätzlich erforderlichen Anrufung der staatlichen Gerichte, allen voran des Schweizerischen Bundesgerichts, vonseiten der Athleten zur Geltendmachung ihrer Rechte aus Art. 6 EMRK. Vielmehr verbleibt es bei dem Grundsatz, dass der Staat nicht von sich aus tätig werden muss, sondern erst für den Fall, dass seine Gerichte wegen der Überprüfung eines CAS-Schiedsspruches angerufen werden. Zur Komplettierung des beschriebenen sportrechtlichen Sonderrechtswegs ist es daher erforderlich, dass der CAS aus Vertrauensaspekten gegenüber den Athleten und im Wissen der Konkretisierung des staatlichen Ermessensspielraums für den Fall einer Überprüfung seiner Schiedssprüche selbst offensiv für die Gewährleistung der Verfahrensgarantien gemäß Art. 6 EMRK vor CAS-Schiedsgerichten eintritt. Hierdurch würde das Vertrauen der Athleten in den CAS nachhaltig gestärkt.

1276 *Rietiker*, in: Balthasar/Cornu (Hrsg.), Internationaler Sport: eine rechtliche Herausforderung für Verwaltung und Gerichtsbarkeit?, S. 53, 70.

Im Ergebnis lässt sich der Sonderweg des CAS in Bezug auf die Bindung an Art. 6 EMRK wie folgt zusammenfassen: Der CAS ist zur Einhaltung der in Art. 6 EMRK korporierten Verfahrensgarantien verpflichtet. Hierfür sollte er aus vertrauensbegründenden Gesichtspunkten selbst offen eintreten.[1277] Sollte es zur Überprüfung eines CAS-Schiedsspruches vor einem staatlichen Gericht, insbesondere vor dem Schweizerischen Bundesgericht kommen, so hat sich das überprüfende Gericht nicht allein auf die Mindeststandards des *Ordre public* zu beschränken, sondern prüft die vollumfängliche Einhaltung der Verfahrensgarantien gemäß Art. 6 Abs. 1 EMRK. Nur auf diesem Weg können dem faktisch an die Zuständigkeit des CAS gebundenen Athleten die Verfahrensgarantien von Art. 6 EMRK zuteilwerden. Neben den zahlreichen weiteren Verdiensten hat das *Pechstein*-Verfahren vor allem eines verdeutlicht: Es darf von einem Athleten nicht erwartet werden, dass er sich der „EMRK-freien Zone" des CAS zwangsweise unterwerfen muss, um sodann einen Prozessmarathon für die Einhaltung seiner Verfahrensgarantien gemäß Art. 6 EMRK bis zum EGMR anstrengen zu müssen. Und selbst das Schweizerische Bundesgericht hat in der Entscheidung *Lazutina/Danilova*[1278] bereits festgehalten, dass der CAS als Institution verbesserungswürdig sei; ein Zeugnis, das den CAS dennoch in den letzten 15 Jahren nicht zu Reformen angehalten hat.[1279] Letztlich ist zu schlussfolgern: Allein aus Vertrauensschutzgesichtspunkten der Schiedsparteien in die Institution des CAS als *„oberstes Gericht der Welt des Sports"*[1280] sollte der CAS Reformen anstrengen und die *„extra mile"*[1281] gehen, um seine Verfahrensordnung EMRK-konform auszugestalten.

1277 Den Vertrauensaspekt ebenfalls hervorhebend *Thomassen*, CAS Bulletin 2015, S. 31, 38.

1278 Schweizerisches Bundesgericht, Urteil v. 23.05.2003, Az.: 4P.267-270/2002, Rn. 3.3.3.2, BGE 129 III, S. 445 ff., SchiedsVZ 2004, S. 208, 210.

1279 *Rigozzi/Hasler/Noth*, in: Arroyo, Arbitration in Switzerland, Introduction, Rn. 10.

1280 Schweizerisches Bundesgericht, Urteil v. 23.05.2003, Rn. 3.3.3.3, BGE 129 III, S. 445 ff., SchiedsVZ 2004, S. 208, 211.

1281 *Rigozzi/Hasler/Noth*, in: Arroyo, Arbitration in Switzerland, Introduction, Rn. 10.

KAPITEL 3: Die Reformierung des CAS-Berufungsverfahrens im Spiegel der Verfahrensgarantien gemäß Art. 6 EMRK

A. Einleitung

I. Art. 6 EMRK vor dem CAS: Der Weg aus der „EMRK-freien Zone" des Sports

Eines der wesentlichen, zukunftsweisenden Ziele des CAS muss darin bestehen, das Vertrauen der Schiedsparteien, insbesondere der Athleten, in seine Allzuständigkeit als „supreme sports court" zu stärken. Entscheidendes Mittel wird dabei die Gewährleistung der Verfahrensrechte gemäß Art. 6 EMRK sein. Der CAS sollte offensiv für deren Gewährleistung vor den CAS-Schiedsgerichten eintreten. Mit anderen Worten steht nicht weniger als die Herausforderung bevor, als CAS-Schiedsgerichtsbarkeit federführend den Bereich des Sports aus der „EMRK-freien Zone" zu führen und ein Exempel für die Anwendbarkeit der Verfahrensgarantien gemäß Art. 6 EMRK zu statuieren.

In einem ersten Schritt sollte der CAS-Code ein klares Bekenntnis zu den Verfahrensgarantien aus Art. 6 Abs. 1 EMRK enthalten. Als Vorbild für die Verpflichtung zur Gewährleistung allgemeiner Verfahrensgarantien könnte Art. 14.4 LCIA Arbitration Rules dienen, worin die allgemeinen Pflichten des Schiedsgerichts wie folgt aufgeführt sind:

> „(i) a duty to act fairly and impartially as between all parties, giving each a reasonable opportunity of putting its case and dealing with that of its opponent(s); and (ii) a duty to adopt procedures suitable to the circumstances of the arbitration, avoiding unnecessary delay and expense, so as to provide a fair, efficient and expeditious means for the final resolution of the parties' dispute."

Enthält diese Regelung zwar keinen Bezug zu der EMRK, so steht sie doch exemplarisch für die Verpflichtung des Schiedsgerichts, das Schiedsverfahren im Sinne der Berücksichtigung grundlegender Verfahrensgarantien der Schiedsparteien durchzuführen. Demnach könnte im CAS-Code folgende Verpflichtung der CAS-Schiedsgerichte aufgenommen werden:

„The Panel is bound by Art. 6 (1) ECHR and has the duty to act as an independent and impartial tribunal established by law and to ensure each procedural right enshrined in this provision, i. e. the right to a fair and public hearing within a reasonable time."

Das ausdrückliche Bekenntnis im CAS-Code zur Anwendung von Art. 6 EMRK allein ist jedoch für die Vertrauensgewinnung wenig ergiebig. Vielmehr bedarf es der Analyse, inwiefern der CAS den einzelnen Verfahrensgarantien von Art. 6 Abs. 1 EMRK gerecht wird. Dabei stellt sich die Herausforderung, aus der Kasuistik der EGMR-Rechtsprechung Grundsätze herauszufiltern, an denen die Institution des CAS zu messen sein wird. Vor diesem Hintergrund sollen ebenfalls die verschiedentlichen Reformbemühungen der Literatur hinsichtlich des CAS-Code Berücksichtigung finden. Ziel der vorliegenden Untersuchung ist es somit, auf Grundlage der Anforderungen gemäß Art. 6 EMRK den Reformprozess des CAS-Code einer neuen Version zuzuführen, die die Reformvorschläge EMRK-konform adressiert und formuliert. Ein entsprechender Formulierungsvorschlag befindet sich im Anhang[1282] der Untersuchung. Dabei erübrigt sich der Hinweis darauf, dass zahlreiche Ideen und Reformvorschläge über die Anforderungen nach Art. 6 EMRK hinausgehen und lediglich als fakultative Elemente Erwähnung finden sollen. Ihre Einbeziehung in die Bearbeitung soll dazu beitragen, den Reformprozess des CAS-Code für zu beachtende Verfahrensgarantien zu sensibilisieren. Lediglich flankierend zu den Verfahrensgarantien gemäß Art. 6 EMRK soll auch auf die Anforderungen an das Schiedsgericht nach dem IPRG eingegangen werden, um das unterschiedliche Schutzniveau im Verhältnis zu Art. 6 EMRK zu verdeutlichen.

II. Rechtfertigen die Besonderheiten der CAS-Schiedsgerichtsbarkeit einen strikten Auslegungsmaßstab?

Um größtmögliche Einzelfallgerechtigkeit herzustellen gilt es die Begriffe der Verfahrensgarantien des Art. 6 Abs. 1 EMRK auf die spezifische Situation des CAS anzuwenden.

1282 Anhang: Reformierter CAS-Code basierend auf den Ergebnissen der Untersuchung, S. 407.

Grundsätzlich beanspruchen die herkömmlichen völkerrechtlichen Auslegungsmethoden gemäß Art. 31 ff. WVK für die EMRK Geltung[1283], jedoch mit der Besonderheit der sog. dynamischen Auslegung. Danach ist die EMRK als *„living instrument which [...] must be interpreted in the light of present-day conditions"*[1284] zu sehen.[1285] Bei der Auslegung lässt sich der EGMR vor allem von dem Ziel eines effektiven Konventionsschutzes leiten.[1286] Damit hebt der EGMR in ständiger Rechtsprechung hervor, die Konventionsrechte seien nicht nur *„theoretical or illusory but practial and effective"* zu gewährleisten.[1287]

Vor der Beurteilung der Verfahrensgarantien im Einzelnen stellt sich die Frage des zugrunde zulegenden Maßstabes. In Betracht kommt die Heranziehung eines milden oder die eines strikten Maßstabs. Ersteres wird für die freiwillige Schiedsgerichtsbarkeit vorgeschlagen, während der EGMR demgegenüber für die gesetzlich vorgeschriebene Schiedsgerichtsbarkeit einen rigorosen Maßstab zugrunde legt.[1288]

Für die richtige Einordnung des anzusetzenden Maßstabs für das CAS-Berufungsverfahren können die Erwägungen zur *„Verzichtsdoktrin"*[1289] herangezogen werden. Danach ist die CAS-Schiedsgerichtsbarkeit in einem „Graubereich" zwischen freiwilliger und gesetzlich angeordneter Schieds-

---

1283 *Kälin/Künzli*, Universeller Menschenrechtsschutz, Rn. 100 f.; *Kempen/Hillgruber*, Völkerrecht, § 57, Rn. 57 mit dem zutreffenden Hinweis, dass eine Abweichung von den herkömmlichen Auslegungsregeln allein aufgrund des menschenrechtlichen Charakters eines völkerrechtlichen Vertrages sich nicht nachweisen lasse.

1284 EGMR, Urteil v. 25.04.1978, Nr. 5856/72, Tyrer v. The United Kingdom, Rn. 31.

1285 Für die dynamische Auslegung sprechen die Präambel sowie Artt. 19 und 46 EMRK, *Grabenwarter/Pabel*, EMRK, § 5, Rn. 14 f.; *Mayer*, in: Karpenstein/Mayer, EMRK, Einl., Rn. 50; *Herdegen*, Völkerrecht, § 49, Rn. 4; *Haydn-Williams*, Arbitration 2001, S. 289, 293; kritisch *Kempen/Hillgruber*, Völkerrecht, § 57, Rn. 59, die darauf hinweisen, dass die dynamische Auslegung nur insofern gelten könne, als sie auch von der Vertragspraxis der Konventionsstaaten mitumfasst sei.

1286 *Herdegen*, Völkerrecht, § 49, Rn. 4.

1287 EGMR, Urteil v. 24.06.2004, Nr. 59320/00, von Hannover v. Germany, Rn. 71; EGMR, Urteil v. 13.05.1980, Nr. 6694/74, Artico v. Italy, Rn. 33; *Jung*, ZEuS 2014, S. 173, 176.

1288 *Kuijer*, The Blindfold of Lady Justice, S. 293; EKMR, Beschluss v. 12.12.1983, Nr. 8588/79 und 8589/79, Bramelid and Malmström v. Sweden, Rn. 39: „[The Commission] considers that there must be a rigorous guarantee of equality between the parties in regard to the influence they exercise on the composition of the court."

1289 S. Kap. 2 C.

gerichtsbarkeit anzusiedeln. Aufgrund des faktischen Schiedszwangs und der Schutzbedürftigkeit der Athleten ist die Sportschiedsgerichtsbarkeit indes qualitativ näher der gesetzlich angeordneten Schiedsgerichtsbarkeit zuzuordnen. Somit ist ein der gesetzlich angeordneten Schiedsgerichtsbarkeit vergleichbarer strikter Maßstab hinsichtlich der Verfahrensgarantien gemäß Art. 6 EMRK zugrunde zu legen.[1290]

Das Postulat eines solch strikten Maßstabs steht im Widerspruch zu dem Maßstab, der von dem Schweizerischen Bundesgericht bei der Bewertung der Unabhängigkeit und Unparteilichkeit der CAS-Schiedsgerichtsbarkeit zugrunde gelegt wird.

So hält das Schweizerische Bundesgericht für die CAS-Schiedsgerichtsbarkeit letztlich denselben Maßstab wie für die Handelsschiedsgerichtsbarkeit für angemessen. Zunächst ließen aber die Ausführungen in der *Mutu*-Entscheidung hinsichtlich der Berücksichtigung der Besonderheiten der CAS-Schiedsgerichtsbarkeit Interpretationsspielraum zugunsten eines abweichenden, spezifischen Maßstabes zu.[1291] Dies verneinte das Schweizerische Bundesgericht jedoch mit der *Valverde*-Entscheidung[1292], in der es nochmals die Grundsätze aus der *Lazutina/Danilova*-Entscheidung betonte. So sei für die Unabhängigkeit und Unparteilichkeit der CAS-Schiedsrichter derselbe Maßstab wie für die Schiedsrichter eines Handelsschiedsgerichts zugrunde zu legen.[1293] Die Besonderheiten der Sportschiedsgerichtsbarkeit, wie die geschlossene Schiedsrichterliste und der nur sehr begrenzte Pool an Schiedsrichtern müssten berücksichtigt werden. Ein strengerer Maßstab führe zu vermehrten Anfechtungen von CAS-Schiedssprüchen, die wiederum im Widerspruch zu dem Ziel einer effektiven und schnellen

---

1290 So auch *Brunk*, Der Sportler und die institutionelle Sportschiedsgerichtsbarkeit, S. 206; *Wittmann*, Schiedssprüche des CAS, S. 40.

1291 *Kaufmann-Kohler/Rigozzi*, International Arbitration: Law and Practice in Switzerland, Rn. 4.125 mit Verweis auf die Vorauflage, in der die Autoren aufgrund der *Mutu*-Entscheidung einen strengeren Maßstab des Schweizerischen Bundesgerichts für die CAS-Schiedsgerichtsbarkeit annahmen.

1292 Schweizerisches Bundesgericht, Urteil v. 29.10.2010, Az.: 4A_234/2010, Rn. 3.3.1, BGE 136 III, S. 605, 611, *Kaufmann-Kohler/Rigozzi*, International Arbitration: Law and Practice in Switzerland, Rn. 4.131 (engl. Übersetzung der frz. Original-Urteilsfassung).

1293 Schweizerisches Bundesgericht, Urteil v. 29.10.2010, Az.: 4A_234/2010, Rn. 3.3.1, BGE 136 III, S. 605, 611, *Kaufmann-Kohler/Rigozzi*, International Arbitration: Law and Practice in Switzerland, Rn. 4.131 (engl. Übersetzung der frz. Original-Urteilsfassung).

Konfliktlösung im Sport stünden.[1294] Ein besonders strikter, CAS-spezifischer Maßstab aufgrund der Besonderheiten der Sportschiedsgerichtsbarkeit sei abzulehnen: „*Therefore, there is no justification for reserving a special treatment to CAS arbitrators and for being particularly strict in assessing their independence and impartiality.*"[1295]

Die Einschätzung des Schweizerischen Bundesgericht hinsichtlich des für die CAS-Schiedsgerichtsbarkeit zugrunde zu legenden Maßstabs geht aus mehreren Gründen fehl. So erschöpfen sich die Besonderheiten der CAS-Schiedsgerichtsbarkeit gerade nicht in den von dem Gericht aufgeführten Aspekten der geschlossenen Schiedsrichterliste sowie dem kleinen Pool an als Schiedsrichtern in Betracht kommenden Sportrechtsexperten. Zu den Besonderheiten trägt vielmehr ebenfalls die Ausgangssituation des faktischen Schiedszwangs bei. Diese führt zu einem qualitativen Unterschied der Sportschiedsgerichtsbarkeit im Vergleich zu der grundsätzlich freiwillig eingegangenen kommerziellen Schiedsgerichtsbarkeit. Dieser qualitative Unterschied erfordert es, die Sportschiedsgerichtsbarkeit, wie ausgeführt, ähnlich der streng zu kontrollierenden staatlich angeordneten Zwangsschiedsgerichtsbarkeit zu klassifizieren. Das faktische Ungleichgewicht zwischen Athlet und Verband prägt dieses Verhältnis grundsätzlich auch in dem Berufungsverfahren vor dem CAS. Dies gilt es bei der Bewertung zu berücksichtigen. An dem erforderlichen strengen Maßstab kann auch nicht der Hinweis auf die Beachtung der Umstände des Einzelfalls[1296] grundlegend etwas ändern. Die Problematik des strengen Maßstabs, die hier am Beispiel der zu bewertenden Unabhängigkeit des Schiedsgerichts dargestellt wurde, lässt sich auf sämtliche Verfahrensgarantien gemäß Art. 6 EMRK übertragen, da hierfür die gleichen Argumente streiten.

Demgegenüber wäre es fatal, der Begründung des Schweizerischen Bundesgerichts folgend, allein aus der Befürchtung vermehrter Anfechtungen

---

1294 Schweizerisches Bundesgericht, Urteil v. 29.10.2010, Az.: 4A_234/2010, Rn. 3.3.3, BGE 136 III, S. 605, 613 f., *Kaufmann-Kohler/Rigozzi*, International Arbitration: Law and Practice in Switzerland, Rn. 4.131 (engl. Übersetzung der frz. Original-Urteilsfassung).

1295 Schweizerisches Bundesgericht, Urteil v. 29.10.2010, Az.: 4A_234/2010, Rn. 3.3.3, BGE 136 III, S. 605, 613 f., *Kaufmann-Kohler/Rigozzi*, International Arbitration: Law and Practice in Switzerland, Rn. 4.131 (engl. Übersetzung der frz. Original-Urteilsfassung).

1296 So aber das Schweizerische Bundesgericht, Urteil v. 29.10.2010, Az.: 4A_234/2010, Rn. 3.3.3 a. E., BGE 136 III, S. 605, 613 f., *Kaufmann-Kohler/ Rigozzi*, International Arbitration: Law and Practice in Switzerland, Rn. 4.131 (engl. Übersetzung der frz. Original-Urteilsfassung).

von CAS-Schiedssprüchen einen milderen Maßstab für die CAS-Schiedsgerichtsbarkeit anzunehmen.[1297] Diese Sichtweise vermengt irrtümlicherweise Ursache und Wirkung. Denn eine solche Vorgehensweise, die aus der reinen Befürchtung vor den praktischen Folgen einen strengen Maßstabs negiert, würde sich ausgerechnet dem verschließen, wofür die Parteien die Gerichte angerufen haben: eine interessengerechte Überprüfung des Systems der CAS-Schiedsgerichtsbarkeit. Aufgrund der dargelegten Argumente ist mithin die Auffassung des Schweizerischen Bundesgerichts abzulehnen und bezogen auf Art. 6 EMRK das Gegenteil zu fordern: die Zugrundelegung eines im Vergleich zur freiwilligen Handelsschiedsgerichtsbarkeit strikteren Maßstabes bei der Prüfung und Anwendung der Verfahrensgarantien gemäß Art. 6 EMRK.[1298]

B. Die Garantien von Art. 6 EMRK im CAS-Berufungsverfahren

Art. 6 EMRK gewährleistet neben dem Recht auf Zugang zu einem Gericht Organisations- und Verfahrensgarantien.[1299] Daher setzt sich die Untersuchung zunächst mit der Frage der Gewährleistung der Organisationsgarantien durch die Institutionen des CAS und sodann mit verfahrensrechtlichen Fragen im Kontext von Art. 6 EMRK im CAS-Berufungsverfahren auseinander.

Die Gewährleistung sowohl der Organisations- als auch der Verfahrensgarantien war auch Gegenstand der Beschwerde *Pechsteins*, die grundlegende Fragen zum CAS und seinen Strukturen stellte. Grundsätzlich besteht gemäß Art. 43 Abs. 2 EMRK die Möglichkeit der Anrufung der Großen Kammer des EGMR, *„wenn die Rechtssache eine schwerwiegende Frage der Auslegung oder Anwendung dieser Konvention oder der Protokolle dazu oder eine schwerwiegende Frage von allgemeiner Bedeutung aufwirft."* So gingen

---

1297 *Beffa*, ASA Bulletin 2011, S. 598, 605.

1298 *Wittmann*, Schiedssprüche des CAS, S. 68 f.; dies allgemein bezogen auf die Bewertung der Unabhängigkeit und Unparteilichkeit des CAS ohne spezifischen EMRK-Bezug fordernd *Kaufmann-Kohler/Rigozzi*, International Arbitration: Law and Practice in Switzerland, Rn. 4.126; *Besson*, ASA Bulletin 2006, S. 395, 398, Rn. 17; *Rigozzi*, JIDS 2010, S. 217, 239; *ders.*, L'arbitrage international en matière de sport, S. 490 f., Rn. 950; a. A. *Beffa*, ASA Bulletin 2011, S. 598, 605, der hierfür zwar die Argumente aufführt, jedoch nicht einen strengeren, dafür aber mindestens genauso strengen Maßstab für die Sportschiedsgerichtsbarkeit im Vergleich zu dem der Handelsschiedsgerichtsbarkeit fordert.

1299 *Grabenwarter/Pabel*, EMRK, § 24, vor Rn. 29.

auch die beiden EGMR-Richter *Keller* und *Serghides* in ihrem teilweise ab-
weichendem Sondervotum zur *Pechstein*-Beschwerde davon aus, die Fragen
zur Unabhängigkeit und Unparteilichkeit rechtfertigten eine Anrufung der
Großen Kammer.[1300] Demgegenüber hat der Ausschuss der Großen Kammer des EGMR den fristgerecht gestellten Antrag *Pechsteins* auf Anrufung
der Großen Kammer abgelehnt, so dass das Urteil endgültig ist, Art. 44
Abs. 2 lit. c) EMRK. Diese Entscheidung überrascht, hätte sie doch dem
EGMR die Gelegenheit geboten, sich dezitierter als die 3. Sektion des Gerichtshofs zu den spezifischen und allemal „schwerwiegenden" Fragen des
CAS-Systems im Hinblick auf die Verfahrensgarantien zu äußern.

I. Die Unabhängigkeit des Gerichts

Die Struktur des CAS, die Zusammensetzung des ICAS und die geschlossene CAS-Schiedsrichterliste haben sich stets einem zentralen Vorwurf ausgesetzt gesehen, nämlich dem der fehlenden Unabhängigkeit und Unparteilichkeit. Dieser Vorwurf beinhaltet damit die Existenzfrage des Weltsportgerichtshofs: Ist der CAS in hinreichendem Maße unabhängig und
unparteilich?
   Die Frage der Unabhängigkeit und Unparteilichkeit allein nach der
Rechtsprechung des Schweizerischen Bundesgerichts zu beantworten, würde dem Schutzniveau der Schiedsparteien vor dem CAS, insbesondere dem
der Athleten, nicht gerecht. Denn in diesem Zusammenhang zeigt das
Schweizerische Bundesgericht eine äußerst liberale Haltung. Diese liberale
Haltung stellt die Parteien hinsichtlich des Beweises der Abhängigkeit eines Schiedsgerichts vor hohe Hürden und kann zu einem erheblichen Ab-
sinken des verfahrensrechtlichen Schutzniveaus für die Parteien führen.
   Zu dieser Bewertung gelangt das Schweizerische Bundesgericht überwiegend auf Grundlage der Normen des IPRG. Gemäß Art. 190 Abs. 2
lit. a) IPRG kann ein Schiedsspruch wegen vorschriftswidriger Ernennung
des Einzelschiedsrichters bzw. Zusammensetzung des Schiedsgerichts aufgehoben werden. Nach Art. 190 Abs. 2 lit. a) IPRG sind ebenfalls die fehlende Unabhängigkeit und Unbefangenheit eines Schiedsgerichts zu rügen, hinsichtlich derer zudem ein primärer Rechtsbehelf während des

---

1300 EGMR, Urteil v. 02.10.2018, Nr. 40575/10, 67474/10, Mutu und Pechstein v. Su-
      isse, Sondervotum Rn. 30, SpuRt 2018, S. 253, 261 = BeckRS 2018, S. 23523.

Schiedsverfahrens gemäß Art. 180 Abs. 1 lit. c) IPRG existiert.[1301] Danach kann *„ein Schiedsrichter [...] abgelehnt werden, wenn Umstände vorliegen, die Anlass zu berechtigten Zweifeln an seiner Unabhängigkeit geben."* Nach der Rechtsprechung des Schweizerischen Bundesgerichts müssen die Zweifel im Lichte der Artt. 29 und 30 der schweizerischen Bundesverfassung (BV)[1302], Art. 6 Abs. 1 EMRK und Art. 368 CH-ZPO[1303] betrachtet werden.[1304] Inhaltlich müssen sich die Zweifel auf konkrete und objektive Tatsachen stützen, die geeignet sind, anhand der Bewertung der Einzelfallumstände vernünftigerweise Misstrauen gegen die schiedsrichterliche Unabhängigkeit bzw. Unparteilichkeit zu erwecken.[1305] Bei dieser Bewertung nimmt das Schweizerische Bundesgericht zu Vorwürfen gegen den CAS wegen der schiedsrichterlichen Unabhängigkeit die angesprochene liberale Haltung ein, so dass die hierauf gestützten Anfechtungsklagen in der Regel keinen Erfolg haben.

Exemplarisch für die liberale Haltung des Schweizerischen Bundesgerichts steht dessen Rechtsauffassung zu Zusammensetzung und Proporz des ICAS. So sieht das Gericht hier keine Probleme bezogen auf die Unabhängigkeit gemäß Art. 190 Abs. 2 lit. a) IPRG. Dies stellte es bereits mit seiner *Gundel*-Entscheidung[1306] für Verfahren, in denen das IOC nicht beteiligt war sowie als Reaktion auf die daraufhin vom CAS angestrengten Strukturreformen ausdrücklich in der Angelegenheit *Lazutina/Danilova*[1307]

1301 Schweizerisches Bundesgericht, Urteil v. 23.05.2003, Az.: 4P.267-270/2002, BGE 129 III, S. 445, 449; den Maßstab von Art. 6 EMRK ausdrücklich in seiner Anmerkung zu dem Urteil betonend *Oschütz*, SchiedsVZ 2004, S. 208, 211; *Pfisterer*, in: Basler Kommentar IPRG, Art. 190, Rn. 29; diesen Aspekt stellten *Berti/Schnyder* in der Vorauflage des Kommentars in Rn. 25 zu Art. 190 noch deutlicher heraus.

1302 Die Artikel stellen übergeordnete Anforderungen hinsichtlich der allgemeinen Verfahrensgarantien (Art. 29 BV) und des Gerichtsverfahrens (Art. 30 BV) auf.

1303 Das Schweizerische Bundesgericht bezog sich auf den damals gültigen Art. 19 SchKonk, der dem heute geltenden Art. 368 CH-ZPO entspricht. Dessen Abs. 1 lautet: „Eine Partei kann das Schiedsgericht ablehnen, wenn die andere Partei einen überwiegenden Einfluss auf die Ernennung der Mitglieder ausgeübt hat. Die Ablehnung ist dem Schiedsgericht und der anderen Partei unverzüglich mitzuteilen."

1304 Schweizerisches Bundesgericht, Urteil v. 23.05.2003, Az.: 4P.267-270/2002, BGE 129 III, S. 445, 454; *Peter/Brunner*, in: Basler Kommentar IPRG, Art. 180, Rn. 16a.

1305 *Peter/Brunner*, in: Basler Kommentar IPRG, Art. 180, Rn. 12.

1306 Schweizerisches Bundesgericht, Urteil v. 15.03.1993, BGE 119 II, S. 271 ff.

1307 Schweizerisches Bundesgericht, Urteil v. 23.05.2003, Az.: 4P.267-270/2002, BGE 129 III, S. 445 ff., SchiedsVZ 2004, S. 208 ff.

fest. Mit der letzten Entscheidung wies das Gericht den Vorwurf der nicht bestehenden institutionellen Unabhängigkeit des CAS nochmals ausdrücklich zurück. Dieser Vorwurf sei weder aufgrund einer behaupteten Abhängigkeit zum IOC, noch aufgrund einer einseitigen Finanzierung durch die Sportverbände und schließlich auch nicht durch die geschlossene CAS-Schiedsrichterliste zu bejahen.[1308] Diese Einschätzungen gilt es unter Zugrundelegung der Anforderungen nach der EGMR-Rechtsprechung kritisch zu beleuchten.

1. Unabhängigkeitsanforderungen nach der EGMR-Rechtsprechung

Art. 6 Abs. 1 S. 1 EMRK erfordert die Unabhängigkeit des Gerichts. Die postulierte Unabhängigkeit ist dabei umfassend zu verstehen. Sie bezieht sich sowohl auf die Gerichtsinstitution selbst als auch auf den konkreten Spruchkörper und dessen Mitglieder.[1309] Ihr Zweck besteht in dem Erhalt des Vertrauens der Öffentlichkeit innerhalb einer demokratischen Gesellschaft gegenüber dem Gericht.[1310]

Zwischen der Unabhängigkeit und der Unparteilichkeit besteht ein funktionaler Zusammenhang, da Erstere Voraussetzung für Letztere ist.[1311] Ebenso wie zum Grundsatz des fairen Verfahrens bestehen Schnittmengen zwischen den beiden Garantien, da sowohl die Unabhängigkeit von den Parteien als auch die Unparteilichkeit der Richter das Erfordernis der Objektivität des Verfahrens und der Entscheidung enthalten.[1312] Mithin erweist sich eine strikte Trennung oftmals als schwierig und auch der EGMR verwendet die beiden Begriffe nicht selten übereinstimmend.[1313]

1308 Schweizerisches Bundesgericht, Urteil v. 23.05.2003, Az.: 4P.267-270/2002, Rn. 3.3.3.2, BGE 129 III, S. 445 ff., SchiedsVZ 2004, S. 208, 210.

1309 *Grabenwarter/Pabel*, EMRK, § 24, Rn. 34; *Müller*, Richterliche Unabhängigkeit und Unparteilichkeit nach Art. 6 EMRK, S. 39 f.

1310 *Grabenwarter/Pabel*, in: Dörr/Grote/Marauhn, EMRK/GG, Kap. 14, Rn. 58 m. w. N.

1311 *Peukert*, in: Frowein/Peukert, EMRK, Art. 6, Rn. 213; *Grabenwarter/Pabel*, in: Dörr/Grote/Marauhn, EMRK/GG, Kap. 14, Rn. 54; *dies.*, EMRK, § 24, Rn. 41; *Trechsel*, in: GS Noll, S. 385, 393.

1312 *Grabenwarter/Pabel*, in: Dörr/Grote/Marauhn, EMRK/GG, Kap. 14, Rn. 54; *dies.*, EMRK, § 24, Rn. 41; *Kühne*, in: Pabel/Schmahl, IntKom, EMRK, Art. 6, Rn. 306.

1313 EGMR, Urteil v. 22.06.1989, Nr. 11179/84, Langborger v. Sweden, Rn. 32: „[...] it appears difficult to dissociate the question of impartiality from that of independence."; EGMR, Urteil v. 16.12.2013, Nr. 57067/00, Grieves v. The United

Bezeichnenderweise stellte die EKMR diesen funktionalen Zusammenhang zwischen Unabhängigkeit und Unparteilichkeit, dem heute gerne allgemeingültige Bedeutung zugeschrieben wird, mit der *Bramelid*-Entscheidung ausdrücklich in dem spezifischen Kontext der Schiedsgerichtsbarkeit dar.[1314] Die Unabhängigkeit des Spruchkörpers sei nicht nur gegenüber der Exekutive, sondern auch gegenüber den Parteien zu gewährleisten.[1315] In der Schiedsgerichtsbarkeit kommt naturgemäß dem zweiten Aspekt, der Unabhängigkeit des Spruchkörpers von den Parteien, besondere Bedeutung zu. Vor diesem Hintergrund könnte man sich auf den Standpunkt stellen, die Unabhängigkeit habe gegenüber der Unparteilichkeit, die ja gerade die Distanz zu den Parteien erfordere, keinen Mehrwert.[1316] Der Mehrwert der Unabhängigkeit gegenüber der Unparteilichkeit ergibt sich jedoch in der Sicherstellung der institutionellen Unabhängigkeit des CAS und seiner Organe gegenüber den Schiedsparteien.

Nach der ständigen Rechtsprechung des EGMR[1317] bestimmt sich die Unabhängigkeit eines Gerichts im Sinne von Art. 6 Abs. 1 EMRK nach den folgenden vier Kriterien, die jedoch in einer Gesamtschau zu betrachten sind und nicht enumerativ vorliegen müssen: 1) Art und Weise der Ernennung der Richter, 2) ihre Amtszeit, 3) Garantien gegen eine äußere Ein-

---

Kingdom, Rn. 69; *Kühne*, in: Pabel/Schmahl, IntKom, EMRK, Art. 6, Rn. 306; *Grabenwarter/Pabel*, EMRK, § 24, Rn. 41.

1314 Kritisch zu der Allgemeingültigkeit des funktionalen Zusammenhangs *Müller*, Richterliche Unabhängigkeit und Unparteilichkeit nach Art. 6 EMRK, S. 100 m. w. N.

1315 EKMR, Beschluss v. 12.12.1983, Nr. 8588/79 und 8589/79, Bramelid and Malmström v. Sweden, Rn. 36; s. hierzu allgemein auch *Villiger*, Handbuch der EMRK, S. 264, Rn. 417; *Kühne*, in: Pabel/Schmahl, IntKom EMRK, Art. 6, Rn. 296; *Peukert*, in: Frowein/Peukert, EMRK, Art. 6, Rn. 204; *Muresan/Korff*, CaS 2014, S. 199, 206; a. A. *Kuijer*, The Blindfold of Lady Justice, S. 261: „[...] the applicability of the requirement is limited to the machinery of justice institutionalised by the state. This specific requirement cannot relate to arbitration clauses."

1316 Allerdings explizit die Spezifika der Schiedsgerichtsbarkeit ausnehmend *Müller*, Richterliche Unabhängigkeit und Unparteilichkeit nach Art. 6 EMRK, S. 100.

1317 EGMR, Urteil v. 28.06.1984, Nr. 7819/77; 7878/77, Campbell and Fell v. The United Kingdom, Rn. 78; EGMR, Urteil v. 16.07.1971, Nr. 2614/65, Ringeisen v. Austria, Rn. 95; EGMR, Urteil v. 22.06.1989, Nr. 11179/84, Langborger v. Sweden, Rn. 32; EGMR, Urteil v. 25.02.1997, Nr. 22107/93, Findlay v. The United Kingdom, Rn. 73; EGMR, Urteil v. 22.11.1995, Nr. 19178/91, Bryan v. The United Kingdom, Rn. 37; EGMR, Urteil v. 23.06.1981, Nr. 6878/75; 7238/75, Le Compte, Van Leuven and De Meyere v. Belgium, Rn. 55, EuGRZ 1981, S. 551, 554.

flussnahme und 4) die Frage danach, ob das Organ ein Erscheinungsbild der Unabhängigkeit bietet.[1318]

Es ist darauf hinzuweisen, dass in der Rechtsprechung des EGMR zunehmend das letzte der vier Kriterien, das Erscheinungsbild der Unabhängigkeit erheblich an Bedeutung gewonnen hat[1319] und auch für die Bewertung des CAS im Fokus steht.

Auch hinsichtlich dieses entscheidenden Kriteriums beruht die EGMR-Rechtsprechung auf einer kasuistischen Herangehensweise, ohne klare dogmatische Rechtsprechungslinien aufzuzeigen.[1320] Trotz der Bedeutung der Unabhängigkeit als zentraler Garantie von Art. 6 EMRK fällt die Entscheidungsanzahl der Konventionsorgane hierzu äußerst gering aus.[1321] Dennoch lässt sich mit der *Bramelid*-Entscheidung hinsichtlich der gesetzlich angeordneten Schiedsgerichtsbarkeit festhalten: *„[...] there must be a rigorous guarantee of equality between the parties in regard to the influence they exercise on the composition of the court.“*[1322] In der *Delcourt*-Rechtssache berief der EGMR sich erstmals ausdrücklich auf die angelsächsische Maxime *„justice must not only be done; it must also be seen to be done.“*[1323] Entscheidend ist danach, ob aus der Sicht eines Laien Zweifel an der Unabhängigkeit eines Gerichts allein aufgrund dessen Erscheinungsbildes nach außen bestehen.[1324] Dabei geht mit dem Kriterium des äußeren Erscheinungsbildes insofern eine Beweiserleichterung zugunsten des Beschwerdeführers einher, als der EGMR das Vorbringen von objektiven Zweifeln genügen lässt, die er sodann darauf überprüft, ob diese sich objektiv rechtfer-

---

1318 *Müller*, Richterliche Unabhängigkeit und Unparteilichkeit nach Art. 6 EMRK, S. 39; *Peukert*, in: Frowein/Peukert, EMRK, Art. 6, Rn. 205; *Grabenwarter/Pabel*, in: Dörr/Grote/Marauhn, EMRK/GG, Kap. 14, Rn. 48; *dies.*, EMRK, § 24, Rn. 34; *Meyer*, in: Karpenstein/Mayer, EMRK, Art. 6, Rn. 43.

1319 *Müller*, Richterliche Unabhängigkeit und Unparteilichkeit nach Art. 6 EMRK, S. 69.

1320 Dies ebenfalls kritisierend *Kuijer*, The Blindfold of Lady Justice, S. 297 u. 299 ff.

1321 *Kuijer*, The Blindfold of Lady Justice, S. 297 u. 299 ff.

1322 EKMR, Beschluss v. 12.12.1983, Nr. 8588/79 und 8589/79, Bramelid and Malmström v. Sweden, Rn. 39; *Kuijer*, The Blindfold of Lady Justice, S. 294.

1323 EGMR, Urteil v. 17.01.1970, Nr. 2689/65, Delcourt v. Belgium, Rn. 31; EGMR, Urteil v. 12.10.1984, Nr. 9186/80, De Cubber v. Belgium, Rn. 26; EGMR, Urteil v. 28.06.1984, Nr. 7819/77; 7878/77, Campbell and Fell v. The United Kingdom, Rn. 81, EuGRZ 1985, S. 534, 540; EGMR, Urteil v. 15.10.2009, Nr. 17056/06, Micaleff v. Malta, Rn. 98.

1324 *Müller*, Richterliche Unabhängigkeit und Unparteilichkeit nach Art. 6 EMRK, S. 72.

tigen lassen.[1325] Demnach stellt der EGMR in der Regel nicht explizit eine Verletzung der Unabhängigkeit fest, sondern lässt den Vorwurf der gerechtfertigten Zweifel genügen.[1326] Bezog sich das Erfordernis der Unabhängigkeit zunächst auf das Verhältnis eines Gerichts zu Exekutive und Legislative, erweiterte der EGMR dies später ausdrücklich auf die interne Unabhängigkeit innerhalb der Justiz.[1327] So betonte der EGMR in der Rechtssache *Khrykin v. Russia* ausdrücklich:

> „The Court notes that judicial independence also demands that individual judges be free not only from undue influences outside the judiciary, but also from within. This internal judicial independence requires that they be free from instructions or pressures from the fellow judges and vis-à-vis their judicial superiors."[1328]

Zu prüfen ist, inwiefern diese für die nationalen Gerichtssysteme entwickelte Rechtsprechung auf die Verhältnisse des CAS übertragbar ist. Dabei ist der Untersuchungsgegenstand zweigeteilt: zum einen ist auf das Verhältnis zwischen dem konkreten Schiedsgericht und der Schiedsinstitution und zum anderen auf das Verhältnis der Schiedsrichter zu den Schiedsparteien einzugehen.

2. Beurteilung der Institutionen des CAS anhand der Unabhängigkeitsanforderungen

Für das Verhältnis zwischen den Schiedsrichtern und der Schiedsinstitution stehen Fragen zu mittelbaren Einflussmöglichkeiten auf die Schiedsrichter, insbesondere die Zusammensetzung des ICAS, die Finanzierung des CAS sowie die Überprüfung von CAS-Schiedssprüchen durch den Generalsekretär im Zentrum der Unabhängigkeitsfragen.

1325 Kritisch hinsichtlich dieser Beweiserleichterung bezogen auf das Kriterium der Unabhängigkeit *Müller*, Richterliche Unabhängigkeit und Unparteilichkeit nach Art. 6 EMRK, S. 72; *Kuijer*, The Blindfold of Lady Justice, S. 292.

1326 EGMR, Urteil v. 19.04.2011, Nr. 33186/08, Khrykin v. Russia, Rn. 38; EGMR, Urteil v. 08.08.2000, Nr. 42095/98, Daktaras v. Lithuania, Rn. 32 ff.; *Müller*, Richterliche Unabhängigkeit und Unparteilichkeit nach Art. 6 EMRK, S. 76.

1327 *Müller*, Richterliche Unabhängigkeit und Unparteilichkeit nach Art. 6 EMRK, S. 75.

1328 EGMR, Urteil v. 19.04.2011, Nr. 33186/08, Khrykin v. Russia, Rn. 29.

a) Die Zusammensetzung des ICAS im Lichte der EGMR-Rechtsprechung

Angesichts der Zusammensetzung des ICAS, dem Internationalen Rats für Sportschiedsgerichtsbarkeit[1329], sind erhebliche Bedenken an der Unabhängigkeit des ICAS und damit des CAS nach den skizzierten Rechtsprechungslinien des EGMR angebracht. Unter Bezugnahme auf die Darstellung zu dem ICAS[1330] sei nochmals auf die vielfältigen ICAS-Aufgaben aufmerksam gemacht: Es bestehen in finanzieller, organisatorischer und tatsächlicher Hinsicht Einflussmöglichkeiten des ICAS auf ein konkretes Schiedsgericht im CAS-Berufungsverfahren. Um die Unabhängigkeit des CAS zu wahren nimmt der ICAS entscheidende Funktionen innerhalb des CAS-Mechanismus wahr: Er bestimmt, wer die wichtigsten Posten bekleidet, hat die alleinige Befugnis zur Änderung des CAS-Codes[1331] und entscheidet über Befangenheitsanträge gegen CAS-Schiedsrichter[1332]. So ernennt der ICAS den CAS-Generalsekretär sowie den Präsidenten der jeweiligen CAS-Kammer und besetzt damit diese wichtige Position des Präsidenten der Berufungskammer.[1333] Einschränkend ist demgegenüber anzuführen, dass die ICAS-Mitglieder nicht als Schiedsrichter benannt werden können und der Generalsekretär in seiner Doppelfunktion für den CAS und den ICAS bei Letzterem nur eine beratende Funktion einnimmt.[1334] Dennoch nimmt der ICAS letztlich eine entscheidende Rolle bei der Bewertung der internen Unabhängigkeit des CAS ein.[1335]

Eine Überprüfung des ICAS nach Unabhängigkeitsgesichtspunkten, wie sie auch im *Pechstein*-Verfahren vor dem OLG München[1336] vorgenommen wurde, sieht sich dem Vorwurf als zu weitgehend ausgesetzt, schließlich beziehe sich das Erfordernis der Unabhängigkeit nur auf den Spruchkörper selbst und nicht auf das Gremium, das über die Liste für dessen Zu-

---

1329 S. Kap. 1. C. II.
1330 S. Kap. 1. C. II.
1331 Art. S6 Nr. 1 CAS-Code.
1332 Anm.: Mit der Einführung des CAS-Code 2019 entscheidet der ICAS dies aufgrund seiner "Challenge Commission", Art. S6 Nr. 5 CAS-Code.
1333 Art. S6 Nrn. 2 u. 7 CAS-Code.
1334 Schweizerisches Bundesgericht, Urteil v. 23.05.2003, Az.: 4P.267-270/2002, Rn. 3.3.3.2, BGE 129 III, S. 445 ff., SchiedsVZ 2004, S. 208, 210.
1335 *Duval*, The Court of Arbitration for Sport after Pechstein: Reform or Revolution?, in: Asser International Sports Law Blog.
1336 OLG München, Urteil v. 15.01.2015, Az.: U 1110/14 Kart, Teil 2 A. II. 3 b) bb) (3) aaa) a-1), SchiedsVZ 2015, S. 40, 44.

sammensetzung entscheide.[1337] Angesichts der zahlreichen Interdependenzen zwischen ICAS und den CAS-Schiedsgerichten und den Kompetenzen des ICAS sowie der Anforderungen des EGMR zu Abhängigkeiten innerhalb der staatlichen Gerichtsbarkeiten ist eine solche Vorgehensweise jedoch gerechtfertigt.

Um gerechtfertigte Zweifel an einer hinreichenden internen Unabhängigkeit auszuräumen, bedarf es eines transparenten und gegenüber jeder Partei den äußeren Anschein der Unabhängigkeit vermittelnden Wahlverfahrens des ICAS Boards.

Ein solches Verfahren ist jedoch weder *in puncto* Transparenz noch hinsichtlich des äußeren Anscheins der Unabhängigkeit garantiert. Gemäß Art. S4 CAS-Code setzt sich der ICAS aus 20 erfahrenen Juristen zusammen, von denen jeweils vier Mitglieder von den internationalen Sportverbänden, der Vereinigung der Nationalen Olympischen Komitees („ANOC") und des IOC ernannt werden. Diese zwölf Mitglieder ernennen vier Persönlichkeiten, die die Interessen der Athleten vertreten sollen (*„four members are appointed by the twelve members of ICAS listed above, after appropriate consultation with a view to safeguarding the interests of the athletes"*[1338]). Diese nunmehr 16 Mitglieder ernennen wiederum die verbleibenden vier Mitglieder, die Persönlichkeiten sein sollen, die von den Sportorganisationen unabhängig sind.[1339]

Somit werden drei Fünftel der ICAS-Mitglieder von den Sportverbänden gewählt und diese wählen die verbleibenden zwei Fünftel der ICAS-Mitglieder.[1340] Mithin besteht hinsichtlich der ersten drei Fünftel aufgrund des für Entscheidungen des ICAS geltenden Mehrheitsprinzips ein unmittelbares Übergewicht der Sportverbände innerhalb des ICAS, welches sich mittelbar aufgrund der mehrheitlichen Mitwirkung der zwöf verbandsseitig ernannten ICAS-Mitglieder hinsichtlich der Ernennung der verbleiben-

---

1337 So ausdrücklich in Bezug auf die Ausführungen zum ICAS in dem *Pechstein*-Verfahren *Schlosser*, SchiedsVZ 2015, S. 257, 261: „Bisher war aber noch niemals der Gedanke aufgekommen, dass sogar das Gremium, das für die Aufstellung der Liste verantwortlich ist, seinerseits nach Integritätskriterien oder gar irgendwelchen Proporzgesichtspunkten bezüglich der möglichen „Nutzer" zusammengesetzt sein muss."

1338 Art. S4 lit. d. CAS-Code.

1339 S. Kap. 1. C. IV.; Art. S4 lit. e. CAS-Code: „[...] personalities independent of the bodies designating the other members of the ICAS".

1340 *Duval*, The Court of Arbitration for Sport after Pechstein: Reform or Revolution?, in: Asser International Sports Law Blog.

den zwei Fünftel der ICAS-Mitglieder perpetuiert.[1341] Dies kann in mehrfacher Hinsicht den Anschein fehlender innerer Unabhängigkeit erwecken. So geht der CAS-Code aufgrund der Formulierung von Art. S4 lit. d) CAS-Code, nach der vier Persönlichkeiten die Interessen der Athleten schützen sollen, selbst von einer Verbandsabhängigkeit der Mehrheit der ICAS-Mitglieder aus.[1342] Darüber hinaus ist es zum einen naheliegend, dass die Wahl der Sportverbände auf Persönlichkeiten fällt, die die sportrechtlichen Auffassungen der Sportverbände grundsätzlich teilen.[1343] Zum anderen sind die ICAS-Mitglieder intensiv in die Organisationsstruktur und Arbeit der Sportverbände eingegliedert. So weist die Mehrheit der ICAS-Mitglieder persönliche Verflechtungen aufgrund aktueller oder in der Vergangenheit liegender Ämter innerhalb von internationalen oder nationalen Sportverbänden bzw. der Olympischen Bewegung, insbesondere des IOC auf.[1344] Diese Schnittmengen zwischen Positionen im ICAS und in internationalen Sportverbänden sind hinsichtlich des äußeren Erscheinungsbildes der Unabhängigkeit problematisch. Auch der EGMR sah in seiner *Pechstein*-Entscheidung,

> „eine gewisse Nähebeziehung zwischen dem ICAS und denjenigen Organisationen, die sich im Rahmen eventueller Streitigkeiten vor dem CAS, insbesondere bei Disziplinarverfahren, möglicherweise den Athleten entgegenstellen."[1345]

An dieser problematischen „gewissen Nähebeziehung" kann auch die Verpflichtung der ICAS-Mitglieder nichts ändern, vor Amtsantritt eine Erklärung abzugeben, die sie zu vollkommener Objektivität und Unabhängigkeit in Übereinstimmung mit dem CAS-Code verpflichtet.[1346]

Diese Gesamtschau der Befugnisse und der Zusammensetzung des ICAS als das zentrale CAS-Organ weckt erhebliche Zweifel an der Vereinbarkeit mit den Unabhängigkeitsanforderungen nach Art. 6 EMRK. Auch wenn

---

1341 OLG München, Urteil v. 15.01.2015, Az.: U 1110/14 Kart, Teil 2 A. II. 3 b) bb) (3) aaa), SchiedsVZ 2015, S. 40, 44.

1342 So ausdrücklich im *Pechstein*-Verfahren OLG München, Urteil v. 15.01.2015, Az.: U 1110/14 Kart, Teil 2 A. II. 3 (3) aaa), SchiedsVZ 2015, S. 40, 44.

1343 *Duval*, The Court of Arbitration for Sport after Pechstein: Reform or Revolution?, in: Asser International Sports Law Blog.

1344 Dies wird aufgrund der biografischen Kurz-Übersichten auf der CAS-Homepage deutlich.

1345 EGMR, Urteil v. 02.10.2018, Nr. 40575/10, 67474/10, Mutu und Pechstein v. Suisse, Rn. 154, SpuRt 2018, S. 253, 258.

1346 Art. S5 Abs. 2 CAS-Code.

ein Verstoß gegen Art. 6 EMRK nicht zwingend festzustellen sein dürf-te,[1347] so sind nach der EGMR-Rechtsprechung lediglich berechtigte Zwei-fel bereits ausreichend. Aufgrund dieser Beweiserleichterung muss ein Ver-stoß gerade nicht ausdrücklich feststehen. An dieser Stelle[1348] bedarf es so-mit noch keiner Erörterung, inwiefern der dargestellte Proporz des ICAS sich zu einer konkreten Beeinträchtigung der internen Unabhängigkeit in einem CAS-Schiedsverfahren manifestiert.

b) Finanzielle Unabhängigkeit des ICAS von der Olympischen Bewegung

Die Diskussion um die finanzielle Unabhängigkeit des ICAS und des CAS im Verhältnis zum IOC und der Olympischen Bewegung ist ein steter Be-gleiter der CAS-Schiedsgerichtsbarkeit. Das Schweizerische Bundesgericht stellte in der *Lazutina/Danilova*-Grundsatzentscheidung jedoch klar, dass die Art und Weise der Finanzierung des ICAS und des CAS aufgrund des Paris Agreements nicht zu einer Kontrolle des IOC über die CAS-Schieds-gerichtsbarkeit führe, da der ICAS von dem IOC autonom und unabhän-gig über den Haushaltsplan entscheide.[1349] Ebenso wenig sei eine „mittel-bare" Einflussnahme des IOC auszumachen, da der in Art. 3 Paris Agree-ment vorgesehene Finanzierungsmechanismus des ICAS aus dem Erlös des Verkaufs von TV-Rechten nicht zu einem dem IOC unmittelbar zurechen-baren eigenen Finanzierungsbeitrag führe, sondern dieses vielmehr als Zahlungsstelle eigene und den internationalen Sportverbänden zustehen-de Erlöse aus den TV-Rechten an den ICAS weiterleite.[1350] Dadurch solle aus Praktikabilitätsgründen verhindert werden, dass sich der ICAS an je-den einzelnen Sportverband halten muss, um dessen Beiträge einzutrei-ben.[1351] Für den unwahrscheinlichen Fall, dass das IOC die Gelder abspra-

---

1347 So allgemein auch *Rigozzi/Hasler/Noth*, in: Arroyo, Arbitration in Switzerland, Introduction, Rn. 10: „*While the existing residual imbalance should not constitute a sufficient reason to question the structural independence of the CAS [...]*".

1348 S. hierzu Kap. 3. B. I. 3.

1349 Schweizerisches Bundesgericht, Urteil v. 23.05.2003, Az.: 4P.267-270/2002, Rn. 3.3.3.2, BGE 129 III, S. 445, 460, SchiedsVZ 2004, S. 208, 210; *Haas*, in: Gil-les/Pfeiffer (Hrsg.), Neue Tendenzen im Prozessrecht, S. 9, 38.

1350 Schweizerisches Bundesgericht, Urteil v. 23.05.2003, Az.: 4P.267-270/2002, Rn. 3.3.3.2, BGE 129 III, S. 445, 460, SchiedsVZ 2004, S. 208, 210; *Haas*, in: Gil-les/Pfeiffer (Hrsg.), Neue Tendenzen im Prozessrecht, S. 9, 38.

1351 Schweizerisches Bundesgericht, Urteil v. 23.05.2003, Az.: 4P.267-270/2002, Rn. 3.3.3.2, BGE 129 III, S. 445, 460, SchiedsVZ 2004, S. 208, 210; *Haas*, in: Gil-les/Pfeiffer (Hrsg.), Neue Tendenzen im Prozessrecht, S. 9, 38.

chewidrig zurückhalte, sei der ICAS nicht daran gehindert, die Finanzierungsbeiträge bei den internationalen Verbänden einzutreiben.[1352] Damit stellte das Schweizerische Bundesgericht jedoch auch klar, dass mangels vergleichbaren Finanzierungsbeitrags von Athletenseite eine „paritätische Finanzierung" des ICAS nicht gewährleistet sei.[1353] Dennoch dürfte dem Schweizerischen Bundesgericht in seiner Einschätzung Recht zu geben sein, dass sich aus dem Finanzierungssystem aufgrund des Paris Agreements keine Abhängigkeit von Schiedsrichtern von einer Partei in der Form ergibt, die sich zu einem Verstoß gegen die strukturelle Unabhängigkeit qualifiziert.

Im Übrigen ergebe sich nach Auffassung des Schweizerischen Bundesgerichtshofes nicht zwangsläufig ein Kausalzusammenhang zwischen einer richterlichen Unabhängigkeit und der Finanzierung des Gerichts. So hätten staatliche Richter auch Fälle zu entscheiden, in denen der Staat selbst Partei sei, ohne dass in Bezug auf diese Fälle der Vorwurf der finanziellen Abhängigkeit laut werde.[1354] Diesen Vergleich zur Finanzierung staatlicher Gerichte aus dem Staatshaushalt zog auch der EGMR in seiner *Pechstein*-Entscheidung und betonte, dies allein könne keinen hinreichenden Anhaltspunkt zur Unterstellung fehlender richterlicher Unabhängigkeit und Unparteilichkeit darstellen.[1355]

In der Literatur wurden dennoch Forderungen nach Reformen in Form von höheren Verfahrenskosten laut, um die finanzielle Abhängigkeit des CAS von der Olympischen Bewegung zu minimieren.[1356] Derzeit beträgt der Verfahrenskostenvorschuss gemäß Art. R64.1 CAS-Code CHF 1.000,00 und die Verfahrenskosten sind im Vergleich zu anderen Schiedsinstitutionen relativ gering.[1357] Jedoch gehen derartige Reformvorschläge fehl, die das Problem der finanziellen Unabhängigkeit auf die Schiedsparteien abzuwälzen suchen. Aufgrund des faktischen Schiedszwangs muss den Athle-

---

1352 Schweizerisches Bundesgericht, Urteil v. 23.05.2003, Az.: 4P.267-270/2002, Rn. 3.3.3.2, BGE 129 III, S. 445, 460, SchiedsVZ 2004, S. 208, 210; *Haas*, in: Gilles/Pfeiffer (Hrsg.), Neue Tendenzen im Prozessrecht, S. 9, 39.
1353 Schweizerisches Bundesgericht, Urteil v. 23.05.2003, Az.: 4P.267-270/2002, Rn. 3.3.3.2, BGE 129 III, S. 445, 460, SchiedsVZ 2004, S. 208, 210; *Haas*, in: Gilles/Pfeiffer (Hrsg.), Neue Tendenzen im Prozessrecht, S. 9, 39.
1354 Schweizerisches Bundesgericht, Urteil v. 23.05.2003, Az.: 4P.267-270/2002, Rn. 3.3.3.2, BGE 129 III, S. 445, 461, SchiedsVZ 2004, S. 208, 210 f.
1355 EGMR, Urteil v. 02.10.2018, Nr. 40575/10, 67474/10, Mutu und Pechstein v. Suisse, Rn. 151, SpuRt 2018, S. 253, 258 = BeckRS 2018, S. 23523.
1356 *Downie*, Melb. J. Int. L. 2011, S. 1, 24.
1357 S. hierzu im Einzelnen Kap. 1. E. I. 3.

ten ein kostengünstiges Verfahren gewährleistet werden. Überhöhte Verfahrenskosten, die insbesondere Athleten davon abhalten könnten, Berufung gegen Verbandsentscheidungen einzulegen, würden im Übrigen mit dem Recht auf prozessuale Waffengleichheit sowie dem Recht auf Zugang zu einem Gericht, das auch die finanzielle Ermöglichung vonseiten des Staates mitumfasst,[1358] kollidieren. Ebenso wenig ist eine Finanzierungserleichterung durch geringere Schiedsrichterhonorare angezeigt. Denn es darf nicht außer Acht gelassen werden, dass die Finanzierung des CAS bereits jetzt zum Großteil auch durch die im Vergleich zur Handelsschiedsgerichtsbarkeit geringen Schiedsrichterhonorare gewährleistet wird.[1359]

Letztlich ist die Ausgestaltung der Finanzierungsstruktur des ICAS jedoch unbeachtlich, sofern dies nicht zu einer unberechtigten einseitigen Einflussnahme der Parteien vor dem CAS führt, wie in dem *Lazutina/Danilova*-Urteil vom Schweizerischen Bundesgericht zutreffend ausgeführt wird. Vielmehr soll die den Sportorganisationen auferlegte Finanzierungslast nicht das strukturelle Ungleichgewicht der Parteien vor dem CAS festigen, sondern zum Abbau der Nachteile beitragen, die den Athleten aus der Monopolstellung der internationalen Sportverbände erwächst.[1360]

c) Die formale Überprüfung der CAS-Schiedssprüche durch den CAS-Generalsekretär

Im Zusammenhang mit der strukturellen Unabhängigkeit des CAS wirft die Überprüfung der CAS-Schiedssprüche durch den CAS-Generalsekretär Probleme auf. Art. R59 Abs. 2 S. 1 CAS-Code schreibt vor, dass der CAS-Schiedsspruch vor seiner Unterzeichnung dem CAS-Generalsekretär zur Korrektur zugeschickt werden muss, damit dieser formale Änderungen vornehmen und die Aufmerksamkeit des mit der Sache befassten Schiedsgerichts auf wesentliche Rechtsfragen richten kann.[1361] Der Zweck der Vor-

---

1358 *Van Dijk/van Hoof*, Theory and Practice of the ECHR, Art. 6, S. 563 f.

1359 *Rigozzi/Hasler/Noth*, in: Arroyo, Arbitration in Switzerland, Introduction, Rn. 11.

1360 Schweizerisches Bundesgericht, Urteil v. 23.05.2003, Az.: 4P.267-270/2002, Rn. 3.3.3.2, BGE 129 III, S. 445, 461, SchiedsVZ 2004, S. 208, 210; *Haas*, in: Gilles/Pfeiffer (Hrsg.), Neue Tendenzen im Prozessrecht, S. 9, 39.

1361 Art. R59 Abs. 2 S. 1 CAS-Code: „Before the award is signed, it shall be transmitted to the CAS Secretary General who may make rectifications of pure form and may also draw the attention of the Panel to fundamental issues of

schrift besteht in der Vereinheitlichung der CAS-Rechtsprechung.[1362] Bei der Regelung handelt es sich nicht um eine sportschiedsgerichtliche Besonderheit, sondern vergleichbare Überprüfungskompetenzen finden sich auch in handelsrechtlichen Schiedsordnungen[1363].[1364] Auch wenn der Wortlaut der Vorschrift insofern nicht eindeutig ist,[1365] sind die Vorschläge, die der CAS-Generalsekretär den Schiedsrichtern unterbreiten darf, für diese nicht bindend.[1366] Die Überprüfungskompetenz des CAS-Generalsekretärs reicht somit nicht soweit, mit Druck Änderungen im Schiedsspruch durchsetzen zu können.[1367] Zudem obliegt es den Schiedsrichtern sogar, die Frage des CAS-Generalsekretärs, warum der konkrete Schiedsspruch von der bisherigen CAS-Rechtsprechung abweiche, ohne weitere Begründung zurückzuweisen.[1368] Die materielle Entscheidungsbefugnis verbleibt demnach fraglos bei dem mit der Sache befassten CAS-Schiedsgericht.[1369]

Letztlich beschränkt sich die Überprüfungskompetenz des CAS-Generalsekretärs faktisch auf formale Gesichtspunkte und ein Hinweisrecht bezüglich der Rechtsprechungslinien der bisherigen CAS-Schiedssprüche. Hinsichtlich dieser Einschränkungen der Einflussnahme des CAS-Generalsekretärs überrascht es nicht, dass der Vorwurf der fehlenden Unabhängigkeit des CAS-Schiedsgerichts nach Art. 190 Abs. 2 lit. a) IPRG wegen der Überprüfung durch den CAS-Generalsekretär vor dem Schweizerischen

---

principle." Dies entspricht der wortgleichen Regelung für das Ordentliche Verfahren gemäß Art. R46 Abs. 1 S. 3 CAS-Code.

1362 *Rigozzi/Hasler*, in: Arroyo, Arbitration in Switzerland, Art. R59, S. 1057, Rn. 11.

1363 S. z. B. Art. 34 ICC-Schiedsgerichtsordnung: „Vor der Unterzeichnung eines Schiedsspruchs legt das Schiedsgericht seinen Entwurf dem Gerichtshof vor. Dieser kann Änderungen in der Form vorschreiben. Unter Wahrung der Entscheidungsfreiheit des Schiedsgerichts kann der Gerichtshof dieses auf Punkte hinweisen, die den sachlichen Inhalt des Schiedsspruchs betreffen. Kein Schiedsspruch kann ergehen, ohne dass er vom Gerichtshof in der Form genehmigt worden ist."

1364 *Mavromati/Reeb*, The Code of the CAS – Commentary, Art. R46, Rn. 24.

1365 Kritisch hinsichtlich der unklaren Formulierung des wortgleichen Art. R46 Abs. 1 S. 3 CAS-Code *Straubel*, Loy. U. Chi. L. J. 2004, S. 1203, 1214, Fn. 70.

1366 *Rigozzi/Hasler*, in: Arroyo, Arbitration in Switzerland, Art. R59, Rn. 10 u. 12; *Rigozzi/Robert-Tissot*, in: Geisinger/Trabaldo - de Mestral, Sports Arbitration: A Coach for Other Players?, S. 59, 72.

1367 *Straubel*, Loy. U. Chi. L. J. 2004, S. 1203, 1255.

1368 *Straubel*, Loy. U. Chi. L. J.. 2004, S. 1203, 1256.

1369 *Mavromati/Reeb*, The Code of the CAS – Commentary, Art. R46, Rn. 27.

Bundesgericht erfolglos blieb.[1370] Doch auch im Hinblick auf die postulierte Unabhängigkeit gemäß Art. 6 Abs. 1 EMRK dürfte die dargestellte Überprüfungskompetenz des CAS-Generalsekretärs nicht ausreichen, um einen Anschein der Einflussnahme zu begründen. Schließlich würde ein solcher Anschein der Einflussnahme voraussetzen, die materielle Entscheidungsbefugnis des Schiedsgerichts derart zu beeinflussen, dass dieses keine eigene Entscheidung mehr treffen könnte. Dies ist jedoch nach obigen Ausführungen nicht der Fall. Folgerichtig wies auch der EGMR die diesbezüglich erhobene Beschwerde *Pechsteins* zurück, da sie nicht habe nachweisen können, *„dass der Schiedsspruch [...] durch die Intervention des Generalsekretärs des TAS geändert wurde, insbesondere in einer Weise, die ihr gegenüber nachteilig gewesen wäre."*[1371] Darüber hinaus ist in Betracht zu ziehen, dass die Überprüfung der CAS-Schiedssprüche durch den CAS-Generalsekretär vor dem Hintergrund des Herauskristallisierens und der Aufrechterhaltung einer einheitlichen CAS-Rechtsprechung einen legitimen Zweck verfolgt, für dessen Erreichung kein milderes, ebenso effektives Mittel ersichtlich ist.

Um jedoch jeglichem Anschein der Einflussnahme vorbeugen zu können, empfiehlt es sich, die fehlende Bindungspflicht der Schiedsrichter an die Hinweise und Vorschläge des CAS-Generalsekretärs im CAS-Code deutlich hervorzuheben, so dass sowohl die Parteien als auch unerfahrene CAS-Schiedsrichter Kenntnis hiervon erlangen.[1372]

Probleme mit der Überprüfungskompetenz des CAS-Generalsekretärs können sich weiterhin im Zusammenhang mit dem Anspruch auf rechtliches Gehör und der Waffengleichheit der Parteien nach Art. 6 EMRK ergeben. Denn durch die nachträgliche Überprüfung des Schiedsspruches kann die Situation entstehen, dass der CAS-Generalsekretär die Schiedsrichter auf CAS-Präzedenzfälle aufmerksam macht, die weder den Parteien bekannt waren noch im Verfahren selbst überhaupt Erwähnung fanden, so dass die Parteien hierzu nicht ihre Rechtsansichten äußern konnten.[1373] Sollte der Schiedsspruch nach einem Hinweis des CAS-Generalsekretärs sich auf Präzedenzfälle beziehen, die in dem Verfahren bisher ersichtlich

---

1370 Schweizerisches Bundesgericht, Urteil v. 10.02.2010, Az.: 4A_612/2009, Rn. 3.3.
1371 EGMR, Urteil v. 02.10.2018, Nr. 40575/10, 67474/10, Mutu und Pechstein v. Suisse, Rn. 158, BeckRS 2018, S. 23523.
1372 Hinsichtlich der diesbezüglichen Hervorhebungspflicht des CAS-Generalsekretär gegenüber unerfahrenen CAS-Schiedsrichtern *Rigozzi/Hasler*, in: Arroyo, Arbitration in Switzerland, Art. R59, Rn. 12.
1373 *Rigozzi/Hasler*, in: Arroyo, Arbitration in Switzerland, Art. R59, Rn. 11; *Rigozzi*, L'arbitrage international en matière de sport, S. 643, Rn. 1269.

keine Rolle gespielt haben, müsste den Parteien Gelegenheit gegeben werden, hierzu noch Stellung nehmen zu können.

3. Die Unabhängigkeit der konkreten CAS-Schiedsgerichte

Im Fokus der Unabhängigkeit der einzelnen CAS-Schiedsgerichte und CAS-Schiedsrichter im Verhältnis zu den Schiedsparteien steht die Diskussion um die geschlossene CAS-Schiedsrichterliste. Diese gilt es, neben einem kurzen Überblick zu den übrigen allgemeinen Kriterien nach der EGMR-Rechtsprechung, insbesondere an dem Kriterium des Erscheinungsbildes der Unabhängigkeit zu bewerten.

a) Allgemeine Unabhängigkeitsanforderungen an die CAS-Schiedsgerichte

Hinsichtlich der ersten drei der von der EGMR-Rechtsprechung über die Unabhängigkeit entwickelten Kriterien ergeben sich in Bezug auf die CAS-Schiedsgerichte wenig Probleme. So bestehen unmittelbare Bedenken weder hinsichtlich der Art und Weise der Zusammensetzung des Schiedsgerichts, noch der Amtsdauer der Schiedsrichter, noch dem Schutz vor äußerer Einflussnahme.[1374]

Nimmt man die Vorschriften über die Art und Weise der Zusammensetzung des Schiedsgerichts[1375] in den Blick, so stellen sich in diesem Zusammenhang keine unmittelbaren Probleme, da beiden Parteien die gleichen Rechte zustehen. So haben sowohl der Schiedskläger als auch der Schiedsbeklagte das Recht, einen Schiedsrichter zu benennen, daneben wird der Vorsitzende des Schiedsgerichts durch den Präsidenten der Berufungskammer benannt.[1376] Ob Letzteres bzw. die Benennung des Einzelschiedsrichters durch den Präsidenten des Schiedsgerichts mit Art. 6 EMRK konform ist, soll an anderer Stelle erörtert werden.[1377]

1374 S. zu den Unabhängigkeitsanforderungen nach Art. 6 EMRK im Kontext des CAS ebenfalls *Thomassen*, CAS Bulletin 2015, S. 31, 35.
1375 Ein Einzelschiedsrichter wird nur bei ausdrücklicher Parteivereinbarung oder ohne eine solche von dem Präsidenten der Berufungskammer im Einzelfall bestimmt, Art. R50 Abs. 1 CAS-Code.
1376 Artt. R48 Abs. 1, 53, 54 Abs. 2 CAS-Code.
1377 S. Kap. 3. B. II.

Mit Blick auf den unverkennbar bestehenden Einfluss der Parteien auf die parteiernannten Schiedsrichter dürfte es auf der Hand liegen, dass dies der Unabhängigkeit eines Schiedsgerichts nicht entgegensteht. So stellte bereits die EKMR in der Rechtssache *Bramelid and Malmström v. Sweden*[1378] fest, für den parteiernannten Schiedsrichter liege es nahe, der Partei, die ihn benannt hat, näher als der gegnerischen Partei zu stehen.[1379] Hierauf könne es aber auch insofern nicht ankommen, als es vielmehr darum gehe, den gleichberechtigten Einfluss der Parteien auf die Zusammensetzung des Schiedsgerichts zu garantieren.[1380] Dabei war der Verstoß gegen die Unabhängigkeit in dieser Angelegenheit relativ offenkundig, da lediglich einer Schiedspartei das Recht zukam, ihren eigenen Schiedsrichter benennen zu dürfen, demgegenüber der anderen Schiedspartei der Schiedsrichter von der zuständigen Schiedsstelle zugewiesen wurde.[1381]

Bezogen auf Schiedsgerichte ist festzuhalten, dass die Unabhängigkeit der parteiernannten Schiedsrichter und die des Vorsitzenden des Schiedsgerichts nach der Rechtsprechung sowohl des CAS als auch des Schweizerischen Bundesgerichts keiner Differenzierung unterliegt. Es ist inzwischen vorherrschende Meinung, keinen unterschiedlichen Maßstab hinsichtlich der Unabhängigkeit des Vorsitzenden Schiedsrichters und der parteiernannten Schiedsrichter anzulegen.[1382] Dies darf jedoch nicht darüber hin-

---

1378 EKMR, Beschluss v. 12.12.1983, Nr. 8588/79 und 8589/79, Bramelid and Malmström v. Sweden.

1379 EKMR, Beschluss v. 12.12.1983, Nr. 8588/79 und 8589/79, Bramelid and Malmström v. Sweden, Rn. 37: „In regard to their relationship with the arbitrators they have themselves appointed, the parties may not always be on an equal footing."

1380 EKMR, Beschluss v. 12.12.1983, Nr. 8588/79 und 8589/79, Bramelid and Malmström v. Sweden, Rn. 38 ff.; *Peukert*, in: Frowein/Peukert, EMRK, Art. 6, Rn. 231; *Müller*, Richterliche Unabhängigkeit und Unparteilichkeit nach Art. 6 EMRK, S. 48.

1381 EKMR, Beschluss v. 12.12.1983, Nr. 8588/79 und 8589/79, Bramelid and Malmström v. Sweden, Rn. 38.

1382 *Mavromati/Reeb*, The Code of the CAS – Commentary, Art. R33, Rn. 14 ff. m. w. N; Schweizerisches Bundesgericht, Urteil v. 29.10.2010, Az.: 4A_234/2010, Rn. 3.3.1, BGE 136 III, S. 605, 610 ff., *Kaufmann-Kohler/Rigozzi*, International Arbitration: Law and Practice in Switzerland, Rn. 4.131 (engl. Übersetzung der frz. Original-Urteilsfassung); *Berger/Kellerhals*, Schiedsgerichtsbarkeit in der Schweiz, Rn. 738; eingehend zu dem umstrittenen eigenen Standard von parteiernannten Schiedsrichtern und diesen ebenfalls verneinend *Froitzheim*, Die Ablehnung von Schiedsrichtern wegen Befangenheit in der internationalen Schiedsgerichtsbarkeit, S. 64 ff., Rn. 144 ff.; a. A. *Wittmann*, Schiedssprüche des CAS, S. 41.

wegtäuschen, dass für die CAS-Schiedsrichter – sowohl für die parteiernannten Schiedsrichter als auch für den Vorsitzenden des Schiedsgerichts – aufgrund der Spezifika der Sportschiedsgerichtsbarkeit insgesamt ein strenger Maßstab anzusetzen ist.

Ebenso ist die Amtsdauer der CAS-Schiedsrichter unter EMRK-Gesichtspunkten unbedenklich, da deren Bedeutung hinter den anderen Anforderungen ohnehin zurücktritt und zudem vor allem im Verhältnis zur Exekutive in den Vordergrund rückt.[1383] Die CAS-Schiedsrichter werden vom ICAS auf die CAS-Schiedsrichterliste für eine bzw. mehrere Amtszeiten von jeweils vier Jahren gewählt; alle vier Jahre überprüft der ICAS die CAS-Schiedsrichterliste.[1384] Von dieser Schiedsrichterliste werden die CAS-Schiedsrichter nur für den konkreten Zeitraum des Schiedsverfahrens gewählt.

Zudem müsste der CAS gegen die Einflussnahme von außen gesichert sein, um dem dritten Kriterium der EGMR-Rechtsprechung gerecht zu werden. Im Kern betrifft dies die Weisungsfreiheit seitens der Exekutive und Legislative als Gradmesser einer unabhängigen Justiz in der Form der Unterwerfung des Spruchkörpers allein unter das Gesetz.[1385] Hierunter fällt insbesondere die Befugnis des Spruchkörpers, die Beweise selbständig würdigen zu können.[1386] Insofern bestehen für das CAS-Berufungsverfahren keinerlei Bedenken. In den Berufungsverfahren nehmen die CAS-Schiedsgerichte eine *de novo*-Überprüfung einer Verbandssanktion gemäß Art. R57 Abs. 1 S. 1 CAS-Code vor. Diese Befugnis ist letztlich auf Artt. 182 Abs. 1 u. 2 sowie 184 Abs. 1 IPRG zurückzuführen, nach denen die Parteien grundsätzlich das Verfahren nach einer Schiedsordnung ihrer Wahl regeln können bzw. bei fehlender Wahl die Schiedsordnung von dem Schiedsgericht festgelegt wird und dem Schiedsgericht die Befugnis zukommt, selbständig Beweise erheben zu dürfen.[1387]

1383 *Meyer-Ladewig/Harrendorf/König*, in: Meyer-Ladewig, HK-EMRK, Art. 6, Rn. 67; *Valerius*, in: BeckOK/StPO, Art. 6 EMRK, Rn. 6; EGMR, Urteil v. 28.06.1984, Nr. 7819/77; 7878/77, Campbell and Fell v. The United Kingdom, Rn. 80, EuGRZ 1985, S. 534, 540.

1384 Art. S13 Abs. 1 CAS-Code.

1385 *Müller*, Richterliche Unabhängigkeit und Unparteilichkeit nach Art. 6 EMRK, S. 52 m. w. N. aus der Rechtsprechung der Konventionsorgane.

1386 EKMR, Beschluss v. 12.12.1983, Nr. 8588/79 und 8589/79, Bramelid and Malmström v. Sweden, Rn. 36.

1387 Hinsichtlich der Befugnis der Parteien, das Verfahren nach einer Schiedsordnung ihrer Wahl zu gestalten *Mavromati/Reeb*, The Code of the CAS – Commentary, Art. R57, Rn. 10; an der grundsätzlichen Befugnis des Schiedsgerichts zur freien Beweiswürdigung ändert auch nichts die Möglichkeit der Ersuchung

b) Die geschlossene CAS-Schiedsrichterliste im Zentrum der Kritik an der Unabhängigkeit des CAS

Die Kritik an dem System der geschlossenen CAS-Schiedsrichterliste währt bereits so lange, wie die Institution des CAS alt ist. Sie beschreibt den Kern der Diskussion um die Unabhängigkeit des CAS. So beständig und hartnäckig die Kritiker für die Abschaffung des geschlossenen Systems der CAS-Schiedsrichterliste werben, so nachdrücklich wird dieses kontinuierlich vom CAS selbst sowie von der Rechtsprechung, insbesondere dem Schweizerischen Bundesgericht und zuletzt im *Pechstein*-Verfahren vor dem BGH und sogar dem EGMR verteidigt. Problematisch ist eine Schiedsrichterliste angesichts der Tatsache, dass ihre Aufstellung doch in gewisser Weise eine *„Vorwahl"*[1388] der Schiedsrichter darstellt.

Zu dem System der geschlossenen CAS-Schiedsrichterliste führt Art. S14 Abs. 1 CAS-Code aus:

> „The ICAS shall appoint personalities to the list of CAS arbitrators with appropriate legal training, recognized competence with regard to sports law and/or international arbitration, a good knowledge of sport in general and a good command of at least one CAS working language, whose names and qualifications are brought to the attention of ICAS, including by the IOC, the IFs, the NOCs and by the athletes' commissions of the IOC, IFs and NOCs. ICAS may identify the arbitrators having a specific expertise to deal with certain types of disputes.
> "

Zudem soll der ICAS bei der Aufstellung der CAS-Schiedsrichterliste eine faire Repräsentation der Kontinente sowie der unterschiedlichen Rechtskulturen gewährleisten.[1389]

(1) Erforderlichkeit einer geschlossenen CAS-Schiedsrichterliste

Zunächst stellt sich die Frage der Erforderlichkeit einer geschlossenen CAS-Schiedsrichterliste. So könnte es interessengerecht sein, Vorschlägen aus der Literatur nachzugehen, das System der geschlossenen CAS-Schieds-

---

eines staatlichen Richters im Fall einer erforderlichen staatlichen Rechtshilfe gemäß Art. 184 Abs. 2 IPRG.
1388 So *Kornblum*, Probleme der schiedsrichterlichen Unabhängigkeit, S. 249.
1389 Art. S16 CAS-Code.

richterliste zu öffnen.[1390] Auch ein nur empfehlender Charakter[1391] der CAS-Schiedsrichterliste wurde erwogen.

Aus Sicht des Schweizerischen Bundesgericht werde eine geschlossene Schiedsrichterliste am ehesten dem Postulat einer flexiblen, raschen, einfachen und kostengünstigen Streiterledigung von auf das Sportrecht spezialisierten Experten gerecht.[1392] Außerdem sichere eine geschlossene Schiedsrichterliste die Kontinuität der Rechtsprechung.[1393] Dagegen sieht das Gericht in einer offenen Schiedsrichterliste die Gefahr der fehlenden Effizienz und Qualitätssicherung des Verfahrens und insoweit ein Risiko *„dass Schiedsrichter, welche nicht über die notwendige Expertise verfügen, geneigt sein könnten, die Rolle eines Vertreters der Partei, von welcher sie ernannt wurden, zu spielen."*[1394] Außerdem seien die Schiedsparteien durch das Ablehnungsrecht gegen einen befangenen Schiedsrichter sowie die obligatorische Unabhängigkeitserklärung der Schiedsrichter zu Beginn eines Verfahrens ausreichend geschützt.[1395] Zudem spreche gegen eine Öffnung der Schiedsrichterliste die Involvierung zahlreicher unterschiedlicher Schiedsrichter, welche die Herausbildung einer einheitlichen Rechtsprechung – gar im Sinne einer *lex sportiva* – vor Herausforderungen stellen könnte. Diese Argumente vermögen jedoch nicht zu überzeugen. So dürfte es bereits im ureigenen Interesse der Parteien stehen, einen nicht völlig unerfahrenen Schiedsrichter zu benennen und so die Qualität des Verfahrens zu sichern.[1396]

Ein Blick auf die Verfahrensregelungen anderer Schiedsordnungen verdeutlicht, dass eine geschlossene Schiedsrichterliste für eine funktionsfähige Schiedsinstitution keinesfalls zwingend notwendig ist.[1397] So kommen

---

1390 Für eine offene CAS-Schiedsrichterliste *Downie*, Melb. J. Int. L. 2011, S. 1, 24 f.; zur Diskussion um die Öffnung der CAS-Schiedsrichterliste vgl. allein *Hofmann*, SpuRt 2014, S. 60.

1391 Einen solchen vorschlagend *Orth*, SpuRt 2015, S. 230, 232; auf diese Diskussion bereits hinweisend *Krähe*, SpuRt 2012, S. 17.

1392 Schweizerisches Bundesgericht, Urteil v. 23.05.2003, Az.: 4P.267-270/2002, Rn. 3.3.3.2, BGE 129 III, S. 445 ff., SchiedsVZ 2004, S. 208, 210.

1393 *Monheim*, in: Vieweg (Hrsg.), Facetten des Sportrechts, S. 93, 113 f.; *Thorn/Lasthaus*, IPRax 2016, S. 426, 430.

1394 Schweizerisches Bundesgericht, Urteil v. 23.05.2003, Az.: 4P.267-270/2002, Rn. 3.3.3.1, BGE 129 III, S. 445 ff., SchiedsVZ 2004, S. 208, 210.

1395 *Cernic*, HR & ILD 2012, S. 259, 271.

1396 *Orth*, SpuRt 2015, S. 230, 232.

1397 *Thorn/Lasthaus*, IPRax 2016, S. 426, 430.

die großen Handelsschiedsinstitutionen wie die AAA[1398], die ICC[1399] oder die DIS[1400] ohne eine für die Parteien zwingende geschlossene Schiedsrichterliste aus. Gleiches ergibt sich aus einem Vergleich zum DIS-Sport-schiedsgericht. Dieses stellt den Parteien lediglich eine Schiedsrichterliste zur Verfügung.[1401] Den Parteien ist es aber ausdrücklich freigestellt, einen Schiedsrichter zu benennen, der nicht auf der Schiedsrichterliste steht.[1402] Der Vergleich zu den Verfahrensordnungen der Handelsschiedsinstitutionen scheitert auch nicht an den Spezifika der Sportschiedsgerichtsbarkeit. So kann dem Argument der durch die geschlossene CAS-Schiedsrichterliste beabsichtigten Kontinuität der Rechtsprechung entgegengehalten werden, dass diese durch die große Anzahl von inzwischen fast 400 Personen auf der CAS-Schiedsrichterliste faktisch ohnehin schwer zu erreichen sein dürfte.[1403]

(2) Verbandslastigkeit der CAS-Schiedsrichterliste

Sollte eine geschlossene Schiedsrichterliste dennoch für erforderlich gehalten werden, so drängt sich die Anschlussfrage auf, inwiefern diese den Anforderungen an die Unparteilichkeit standhält. Unter Zugrundelegung des rigiden Maßstabs nach der *Bramelid*-Entscheidung[1404] muss Voraussetzung

---

1398 Art. R-12 (a) AAA Commercial Arbitration and Mediation Procedures sieht einen empfehlenden Charakter der Schiedsrichterliste („National Roster") vor: „The AAA shall send simultaneously to each party to the dispute an identical list of 10 [(...)] names of persons chosen from the National Roster. The parties are encouraged to agree to an arbitrator from the submitted list and to advise the AAA of their agreement.

1399 Gemäß Art. 13 Abs. 1 ICC-Schiedsgerichtsordnung werden bei Ernennung oder Bestätigung der Schiedsrichter allein deren Staatsangehörigkeit, Wohnsitz und sonstige Beziehungen zu den Parteien sowie deren Verfügbarkeit und Fähigkeit überprüft, in Übereinstimmung mit der ICC-Schiedsgerichtsordnung ein Verfahren zu führen.

1400 Art. 9.1 und 9.2 DIS-SchO: „Jeder Schiedsrichter muss während des gesamten Schiedsverfahrens unparteilich und unabhängig sein sowie die von den Parteien vereinbarten Voraussetzungen erfüllen. Im Übrigen sind die Parteien bei der Auswahl der Schiedsrichter frei. Die DIS kann auf Anfrage Anregungen für die Schiedsrichterauswahl geben."

1401 § 3.1 S. 1 DIS-SportSchO.

1402 § 3.1 S. 2 DIS-SportSchO.

1403 *Thorn/Lasthaus*, IPRax 2016, S. 426, 430.

1404 EKMR, Beschluss v. 12.12.1983, Nr. 8588/79 und 8589/79, Bramelid and Malmström v. Sweden, Rn. 39.

für die Besetzung eines unabhängigen Schiedsgerichts sein, keiner der Parteien ein Übergewicht bei der Bestimmung der Schiedsrichterliste zu gewähren.

Problematisch ist dabei insbesondere die mögliche Einflussnahme eines an einem CAS-Schiedsverfahren beteiligten internationalen Verbandes auf die Zusammensetzung der CAS-Schiedsrichterliste.

Ungeachtet des formell gleichberechtigten unmittelbaren Ernennungsrechts der Parteien für die Zusammensetzung des konkreten Schiedsgerichts kann sich ein Übergewicht einer Partei jedoch insofern ergeben, als dieser bei der Zusammenstellung der Schiedsrichterliste ein größerer Einfluss als der anderen Partei zukommt.[1405]

Dies ist bei der Zusammenstellung der CAS-Schiedsrichterliste der Fall. Selbst der BGH stellte in seinem umstrittenen *Pechstein*-Urteil klar, ein mittelbarer Einfluss des beklagten internationalen Verbandes bestehe insofern, als dieser vier der insgesamt 20 ICAS-Mitglieder mit den anderen internationalen Verbänden gemeinsam bestimmen könne und – nach dem zum damaligen Zeitpunkt einschlägigen CAS-Code – ein Fünftel der Schiedsrichter aus den von den internationalen Sportverbänden vorgeschlagenen Personen bestimmt werde.[1406] Damit komme dem beklagten internationalen Verband nach Auffassung des BGH zwar *„ein gewisser Einfluss auf die Zusammensetzung der Schiedsrichterliste zu"*, allerdings kein *„bestimmender Einfluss."*[1407] Von einem solchen könne nicht die Rede sein, da die internationalen Sportverbände jeweils unterschiedliche Interessen vertreten würden und somit nicht in ihrer Gesamtheit „den Athleten" als von gegensätzlichen Interessen geleiteten Lagern gegenüberstünden.[1408] Im Übrigen sei unter den damals bereits weit über 200 Schiedsrichtern der CAS-Schiedsrichterliste ein von dem internationalen Sportverband unabhängiger Schiedsrichter zu finden.[1409]

Letzterem ist entgegenzuhalten, dass das Übergewicht der Verbände – wie von dem OLG München im *Pechstein*-Verfahren bereits überzeugend ausgeführt[1410] – nicht durch die große Anzahl der Schiedsrichter kompensiert werden kann, da die Gefahr der Verbandsnähe bei jedem einzelnen Schiedsrichter vorliegt. Darüber hinaus relativiert sich die große Anzahl

---

1405 *Kornblum*, Probleme der schiedsrichterlichen Unabhängigkeit, S. 249 ff.
1406 BGH, Urteil v. 07.06.2016, Az.: KZR 6/15, Rn. 31, NJW 2016, S. 2266, 2269.
1407 BGH, Urteil v. 07.06.2016, Az.: KZR 6/15, Rn. 31, NJW 2016, S. 2266, 2269.
1408 BGH, Urteil v. 07.06.2016, Az.: KZR 6/15, Rn. 31, NJW 2016, S. 2266, 2269.
1409 BGH, Urteil v. 07.06.2016, Az.: KZR 6/15, Rn. 31, NJW 2016, S. 2266, 2269.
1410 OLG München, Urteil v. 15.01.2015, Az.: U 1110/14 Kart, Teil 2 A. II. 3 (3) aaa), SchiedsVZ 2015, S. 40, 44.

der auf der CAS-Schiedsrichterliste aufgeführten Personen rasch, nimmt man auch die weiteren bei der Nominierung der Schiedsrichter zu berücksichtigenden Parameter, wie z. B. eine von den Parteien abweichende Nationalität des Schiedsrichters, in Betracht. Filtert man beispielsweise die derzeit fast 400 Schiedsrichter umfassende Liste allein nach Schiedsrichtern mit deutscher Staatsangehörigkeit, so verbleiben 18 Schiedsrichter.[1411]

Die Verbandslastigkeit der CAS-Schiedsrichterliste hat sich auch nicht durch die 2012 reformierte Zusammensetzung der CAS-Schiedsrichterliste verbessert. Durch den Wegfall der prozentualen Zuordnung von geeigneten Kandidaten zu bestimmten Interessengruppen ist nicht mehr gesichert, dass zumindest 20 Prozent der CAS-Schiedsrichter die Athleteninteressen vertreten sollen.[1412] Darüber hinaus ist der unklare Wortlaut von Art. S14 Abs. 1 CAS-Code der Transparenz abträglich. So ist nicht ersichtlich, wie genau der Benennungsprozess aufgrund eines Vorschlages einer Person vonseiten einer der genannten Interessengruppen erfolgt. Die Bestimmung, nach der Persönlichkeiten vorgeschlagen werden sollen, *„whose names and qualifications are brought to the attention of ICAS, including by the IOC, the IFs, the NOCs and by the athletes' commissions of the IOC, IFs and NOCs"*[1413], wirft diesbezüglich mehr Fragen auf, als dass sie klare Regelungen zum Ernennungsprozess der Schiedsrichter trifft.

Somit besteht eine Verbandslastigkeit der CAS-Schiedsrichterliste. Dieser Befund darf selbstverständlich nicht zu der Annahme führen, jeder von Verbänden ernannte Schiedsrichter entscheide zwangsläufig im Sinne des Verbandes und gegen den Athleten. Hiergegen sprechen die Qualifikation der Schiedsrichter und der Umstand, dass viele Schiedsrichter sowohl von Verbands- als auch von Athletenseite schon benannt wurden.[1414] Dennoch kommt es in diesem Zusammenhang auf die Entscheidung im Einzelfall nicht an, da allein die Gefahr des äußeren Anscheins der Voreingenommenheit entscheidend ist. Diese ist angesichts des strikten Maßstabes bei der Annahme eines gewissen Übergewichts der internationalen Sportverbände gegenüber den Athleten bei der Zusammensetzung der CAS-Schiedsrichterliste zu bejahen. Darin allein ist bereits ein Verstoß gegen die strukturelle Unabhängigkeit zu sehen. Ohne dass es vor diesem Hinter-

---

1411 Abrufbar unter: http://www.tas-cas.org/en/arbitration/list-of-arbitrators-general
-list.html?GenSlct=2&nmIpt=&LngCkbx%5B%5D=3&nltSlc%5B%5D=187
(Stand: März 2019).
1412 *Krähe*, SpuRt 2012, S. 17.
1413 Art. S14 Abs. 1 CAS-Code.
1414 *Lambertz*, jM 2016, S. 316, 317; *Schlosser*, SchiedsVZ 2015, S. 258, 262.

grund auf die semantischen Feinheiten ankäme, die den BGH zwischen „gewissen Einfluss" und „bestimmenden Einfluss" sinnieren lassen, ist entgegen dessen Ansicht jedoch auch von einem bestimmenden Einfluss der internationalen Sportverbände auszugehen. Dies muss allein schon angesichts der weitreichenden Folgen gelten, die sich aus der Zusammensetzung der CAS-Schiedsrichterliste ergeben.

(3) Das EGMR-Urteil im *Pechstein*-Verfahren zur CAS-Schiedsrichterliste

In dem Urteil zur Beschwerde *Pechsteins* sahen die EGMR-Richter mehrheitlich keinen Verstoß gegen die Unabhängigkeit und Unparteilichkeit aufgrund der geschlossenen CAS-Schiedsrichterliste. So habe die Beschwerdeführerin *„keine Tatsachen vorgelegt, die erlaubt hätten, die Unabhängigkeit und Unparteilichkeit dieser Schiedsrichter anzuzweifeln."*[1415] Zwar konzedierte der Gerichtshof,

> „dass diejenigen Organisationen, die sich möglicherweise im Rahmen von Streitigkeiten vor dem CAS den Athleten gegenüberstellen, seinerzeit einen realen Einfluss bei der Berufung der zum Zeitpunkt der Geschehnisse zuständigen Schiedsrichter ausübten."[1416]

Dennoch konnten die EGMR-Richter hieraus mehrheitlich nicht den Schluss ziehen, *„dass einzig und allein aufgrund dieses Einflusses die Schiedsrichterliste, ggf. nur mehrheitlich, aus Schiedsrichtern bestand, die individuell, objektiv sowie subjektiv gegenüber den genannten Organisationen nicht als unabhängig und unparteilich gelten konnten."*[1417]

Diese Schlussfolgerung geht aus mehreren Gründen fehl. Insofern ist dem überzeugenden abweichenden Sondervotum[1418] der beiden EGMR-Richter *Keller* und *Serghides* vollumfänglich zuzustimmen. In dem Votum bejahten die beiden Richter einen Verstoß gegen die Unabhängigkeit und

---

1415 EGMR, Urteil v. 02.10.2018, Nr. 40575/10, 67474/10, Mutu und Pechstein v. Suisse, Rn. 157, SpuRt 2018, S. 253, 258.

1416 EGMR, Urteil v. 02.10.2018, Nr. 40575/10, 67474/10, Mutu und Pechstein v. Suisse, Rn. 157, SpuRt 2018, S. 253, 258.

1417 EGMR, Urteil v. 02.10.2018, Nr. 40575/10, 67474/10, Mutu und Pechstein v. Suisse, Rn. 157, SpuRt 2018, S. 253, 258.

1418 EGMR, Urteil v. 02.10.2018, Nr. 40575/10, 67474/10, Mutu und Pechstein v. Suisse, Rn. 157, SpuRt 2018, S. 253, 258.

Unparteilichkeit gemäß Art. 6 EMRK wegen der Struktur und Zusammensetzung des CAS.[1419] So führten sie aus:

> „Die Mehrheit scheint den durch den ICAS auf das Auswahlverfahren der Schiedsrichter ausgeübten „Einfluss" zu erkennen, anscheinend aber doch ohne einzuräumen, dass dieser „Einfluss" sich auf die Unabhängigkeit und/oder Unparteilichkeit jener Schiedsrichter erstrecken könnte, die auf der Liste stehen, womit die Panel zusammengestellt werden. Die Mehrheit vermag auch nicht den Schluss zu ziehen, dass dieser „Einfluss" sich auf diejenigen Schiedsrichter, die im vorliegenden Fall entschieden haben, erstrecken könnte. Unseres Erachtens hätte die Mehrheit sich nicht damit zufriedengeben sollen, einen derartigen Gedankengang mit einem einfachen Verweis auf die Aussage des [Schwerizerischen Bundesgerichts], dass das System der Schiedsrichterlisten ‚seit der Reform von 1994' ‚heutzutage den auf Schiedsinstitutionen anwendbaren verfassungsrechtlichen Vorgaben von Unabhängigkeit und Unparteilichkeit' entspreche (vgl. Rdnr. 44 bzw. 157 des Urteils). Damit unternimmt der Gerichtshof keine autonome Prüfung umstrittener Begriffe."[1420]

Ferner bezeichneten *Keller* und *Serghides* den *„überproportionalen ebenso wie ungerechtfertigten „Einfluss" [der Verbände] direkt sowie indirekt über den ICAS auf das Auswahlverfahren der Schiedsrichter, die über Streitigkeiten zwischen Verbänden und Athleten zu befinden habe"*[1421] als *„beunruhigend"*[1422].

Diese Umstände hätten den EGMR dazu veranlassen müssen, so *Keller* und *Serghides*, *„eine gründlichere Überprüfung der berechtigten Sorge der Sportler [durchzuführen], sich der Gerichtsbarkeit einer Organisation zu unterwerfen, die nicht den Anschein der Unabhängigkeit macht."*[1423]

1419 EGMR, Urteil v. 02.10.2018, Nr. 40575/10, 67474/10, Mutu und Pechstein v. Suisse, Sondervotum Rn. 2 ff., SpuRt 2018, S. 253, 259 f. = BeckRS 2018, S. 23523.

1420 EGMR, Urteil v. 02.10.2018, Nr. 40575/10, 67474/10, Mutu und Pechstein v. Suisse, Sondervotum Rn. 7, SpuRt 2018, S. 253, 260.

1421 EGMR, Urteil v. 02.10.2018, Nr. 40575/10, 67474/10, Mutu und Pechstein v. Suisse, Sondervotum Rn. 11, SpuRt 2018, S. 253, 260.

1422 EGMR, Urteil v. 02.10.2018, Nr. 40575/10, 67474/10, Mutu und Pechstein v. Suisse, Sondervotum Rn. 11, SpuRt 2018, S. 253, 260.

1423 EGMR, Urteil v. 02.10.2018, Nr. 40575/10, 67474/10, Mutu und Pechstein v. Suisse, Sondervotum Rn. 15, BeckRS 2018, S. 23523; in der anderen deutschen Übersetzung wird dies noch drastischer gefasst: *„[...] mit der legitimen Befürchtung der Athleten auseinandersetzen müssen, der Jurisdiktion eines Organs unterworfen zu werden, dem jegliche Unabhängigkeit fehlt."*; die entsprechende frz. Originalfassung lautet: *„À notre avis, la Cour aurait dû procéder à une analyse plus ap-*

Der berechtigten Kritik der Richter *Keller* und *Serghides* folgend lassen bereits die vom EGMR bemühten Begrifflichkeiten aufhorchen. Während der BGH in seiner *Pechstein*-Entscheidung noch zwischen „*gewisse[m]*" und „*bestimmende[m]*"[1424] Einfluss differenzierte, sieht der EGMR ausdrücklich einen „*realen Einfluss*"[1425] bzw. „*tatsächlichen Einfluss*"[1426] der Sportverbände auf die Benennung der CAS-Schiedsrichter, ohne dass er sich dadurch zu einer anderen Schlussfolgerung veranlasst sähe. Besonders überraschend erscheint an der mehrheitlich getroffenen Entscheidung der EGMR-Richter jedoch zweierlei: Zum einen widerspricht die Anforderung, die Beschwerdeführerin habe einen konkreten Nachweis der richterlichen Befangenheit vortragen müssen der eigenen Rechtsprechung[1427]. Zum anderen machen es sich die EGMR-Richter schlichtweg zu einfach, indem sie lediglich die Argumente des Schweizerischen Bundesgerichts repetieren, ohne eine eigenständige autonome Auslegung vorzunehmen.[1428]

Die Mehrheitsentscheidung irritiert insbesondere dahingehend, als sie nicht Zweifel an der Unabhängigkeit eines Gerichts allein aufgrund dessen äußeren Erscheinungsbildes genügen lässt, sondern den konkreten Nachweis der richterlichen Befangenheit fordert. Dadurch werden die Beweisanforderungen ungerechtfertigterweise erhöht. Zudem muss sich der Gerichtshof vorwerfen lassen, zwar die angelsächsische Maxime „*justice must not only be done; it must also be seen to be done*" zu zitieren und damit als Anforderung den Anschein der Abhängigkeit genügen zu lassen.[1429] Es stellt sich jedoch die Frage, wie der vom EGMR festgestellte „reale Einfluss" der Sportverbände auf die Zusammensetzung der CAS-Schiedsrichterliste nicht zu einem unverkennbaren Anschein der Abhängigkeit führen

profondie quant à la crainte légitime des athlètes de se soumettre à la juridiction d'un organisme dépourvu de l'apparence d'indépendance."
1424 BGH, Urteil v. 07.06.2016, Az.: KZR 6/15, Rn. 31, NJW 2016, S. 2266, 2269.
1425 EGMR, Urteil v. 02.10.2018, Nr. 40575/10, 67474/10, Mutu und Pechstein v. Suisse, Rn. 157, SpuRt 2018, S. 253, 260; in der frz. Originalfassung der Entscheidung ist von „réelle influence" die Rede.
1426 EGMR, Urteil v. 02.10.2018, Nr. 40575/10, 67474/10, Mutu und Pechstein v. Suisse, Rn. 157, BeckRS 2018, S. 23523.
1427 EGMR, Urteil v. 19.04.2011, Nr. 33186/08, Khrykin v. Russia, Rn. 38; EGMR, Urteil v. 08.08.2000, Nr. 42095/98, Daktaras v. Lithuania, Rn. 32 ff.; s. hierzu Kap. 3 B. I. 1.
1428 So auch *Keller* und *Serghides* in ihrem Sondervotum, EGMR, Urteil v. 02.10.2018, Nr. 40575/10, 67474/10, Mutu und Pechstein v. Suisse, Sondervotum Rn. 7, SpuRt 2018, S. 253, 260.
1429 EGMR, Urteil v. 02.10.2018, Nr. 40575/10, 67474/10, Mutu und Pechstein v. Suisse, Rn. 143, SpuRt 2018, S. 253, 257 = BeckRS 2018, S. 23523.

sollte. Der konsequenten Beantwortung dieser Frage entzieht sich die Mehrheitsentscheidung leider vollends.

Die Kritik der EGMR-Richter *Keller* und *Serghides* an der Mehrheitsentscheidung des EGMR ist auch darin zu bekräftigen, dass es der EGMR in dem *Pechstein*-Urteil versäumt hat, für die Sportschiedsgerichtsbarkeit klare Anforderungen hinsichtlich der Unabhängigkeit und Unparteilichkeit zu formulieren. Vielmehr überrascht es, wie häufig der Gerichtshof in seiner Entscheidung ausführt, er sehe sich nicht veranlasst, von der Auffassung des Schweizerischen Bundesgerichts abzuweichen.[1430]

Mehrfach wurde bereits betont,[1431] dass es sich bei den Anforderungen nach dem Schweizerischen Bundesgericht nicht nur um einen sehr liberalen Maßstab handelt, sondern diese auch keinen angemessenen Maßstab für die CAS-Schiedsgerichtsbarkeit darstellen. Dies hätte die Mehrheit der EGMR-Richter in dem *Pechstein*-Verfahren erkennen und der eigenen Analyse kritisch zugrundelegen müssen.

(4) Reformvorschläge zur Anwendung und Zusammensetzung der CAS-Schiedsrichterliste

Um den im CAS-Berufungsverfahren als Schiedskläger oder -beklagte auftretenden internationalen Sportverbänden den Vorteil des Einflusses auf die Zusammensetzung der CAS-Schiedsrichterliste gegenüber den Athleten zu nehmen, könnte erwogen werden, die Benennungsrechte der Athleten im ICAS paritätisch auszugestalten.

Einer solchen Stärkung der Athletenrechte im ICAS wird aber oftmals mit dem Argument entgegengetreten, die Athleten seien nicht in den Vereinigungen der internationalen Sportverbände vergleichbaren Athletenzusammenschlüssen organisiert und strukturiert.[1432] Dem ist entgegenzuhalten, dass im IOC, in den NOKs und in den internationalen Sportverbänden eigene Athletenvertretungen existieren.[1433] Derartige Athletenvertretungen werden entweder, wie beispielsweise beim IOC, unmittelbar durch die Athleten selbst oder durch zuvor vonseiten der Athleten bestimmte

---

1430 So beispielsweise in EGMR, Urteil v. 02.10.2018, Nr. 40575/10, 67474/10, Mutu und Pechstein v. Suisse, Rn. 149, 150, 157, 158, 168, SpuRt 2018, S. 253, 257 ff. = BeckRS 2018, S. 23523.
1431 S. hierzu insbesondere Kap. 3 A. II.
1432 *Schlosser*, SchiedsVZ 2015, S. 257, 261 f.
1433 *Eichner*, CaS 2017, S. 68, 70.

Athletenvertreter gewählt.[1434] Zudem zeigen aktuelle Entwicklungen der Stärkung von Athletenrechten auch ein verstärktes Engagement vieler Athleten auf.[1435] So begrüßenswert die aktuellen Entwicklungen der Athleten an der organisatorischen Teilhabe des CAS und so wünschenswert eine Intensivierung dieser Teilhabe auch ist, so kann an dieser Stelle jedoch nicht mit Sicherheit festgestellt werden, ob die Strukturen der Athletenvertretungen denen der Olympischen Bewegung qualitativ derart gewachsen sind, um eine tatsächliche Parität der Parteien bei dem Einfluss auf die Zusammensetzung der CAS-Schiedsrichterliste sicherzustellen. Letztlich ist die strukturelle Verfasstheit der Athletenvertretungen ein rein praktisches Argument, welches eine juristische Argumentation nicht zu ersetzen vermag. Im Ergebnis könnte mithin die Festschreibung des paritätischen Einflusses auf die CAS-Schiedsrichterliste im CAS-Code die Liste von dem Anschein der äußeren Einflussnahme zulasten der Athleten befreien.

Unabhängig von der Frage des paritätischen Einflusses auf die Zusammenstellung der CAS-Schiedsrichterliste sollte die CAS-Schiedsrichterliste für die Parteien nicht verpflichtend sein, sondern ihr sollte nach dem Vorbild der DIS-SportSchO ein lediglich empfehlender Charakter zugesprochen werden.

Darüber hinaus wäre es im Sinne der Effektivität der CAS-Berufungsverfahren angezeigt, den Schiedsparteien solche Schiedsrichterlisten vonseiten des CAS zu empfehlen, die auf bestimmte Situationen zugeschnitten sind. Dem ist der CAS bereits mit der „football list"; d. h. der Liste mit Schiedsrichtern, die auf fußballbezogene Angelegenheiten spezialisiert sind, nachgekommen. Nicht einzuleuchten vermag jedoch, warum eine vergleichbare Liste nicht auch für Dopingangelegenheiten zur Verfügung gestellt

---

1434 *Eichner*, CaS 2017, S. 68, 70.
1435 S. z. B. Engagement der *World Players Association*, die im Dezember 2017 die „Universal Declaration of Player Rights" auf den Weg brachte, die von über 100 internationalen Sportverbänden unterstützt wurde, abrufbar unter: http://www.uniglobalunion.org/sites/default/files/files/news/official_udpr.pdf (Stand: März 2019); s. hierzu *Kaiser*, A guide to the World Players Association's Universal Declaration of Player Rights, abrufbar unter: https://www.lawinsport.com/topics/articles/item/a-guide-to-the-world-players-association-s-universal-declaration-of-player-rights?highlight (Stand: März 2019); auf nationaler Ebene wurde im Oktober 2017 der Verein „Athleten Deutschland e. V." gegründet, eine vom DOSB unabhängige Athletenorganisation mit eigener Finanzverwaltung, die die Athletenrechte auch vor dem CAS stärken soll und mit einer Anschubfinanzierung vom Bund i. H. v. Euro 225.000 gefördert wird, http://www.deutschlandfunk.de/anschubfinanzierung-vom-bund-225-000-euro-fuer-athleten.890.de.html?dram:article_id=419861 (Stand: März 2019).

wird. Auch hier könnte man sich am Beispiel der DIS-SportSchO orientieren. Diese erfordert von den Schiedsrichtern für Dopingangelegenheiten den Nachweis einer veröffentlichten Qualifikation über Anti-Dopingstreigkeiten und stellt den Parteien eine „Vorschlagsliste" zur Verfügung.[1436]

In der praktischen Umsetzung könnte das CAS Court Office den Schiedsparteien beispielsweise zehn Personenvorschläge von der Schiedsrichterliste zeitgleich zukommen lassen, von denen die Parteien ihren Schiedsrichter wählen können.[1437] Sollte eine Partei nicht innerhalb der hierfür vom CAS-Code vorgesehenen Fristen ihren Schiedsrichter aus dem vorgeschlagenen Personenkreis benannt haben, erlischt ihr Ernennungsrecht und der CAS ernennt anstelle der Partei den Schiedsrichter. Eine solche Regelung nach Vorbild des aktuellen CAS-Code[1438] ist erforderlich, um einer Verfahrensverschleppung vorzubeugen.

Die CAS-Schiedsrichterliste könnte jedoch für die Benennung des Vorsitzenden des Schiedsgerichts ihren zwingenden Charakter behalten.[1439] Dabei sollten bei der Ernennung des Vorsitzenden eines Schiedsgerichts zusätzliche Kriterien beachtet werden. So sollte der Vorsitzende neben den allgemeinen Anforderungen an CAS-Schiedsrichter[1440] insbesondere – und diese Qualifikation kann nicht genügend betont werden – keinerlei Verbindung mit der Olympischen Bewegung aufweisen.[1441] Gleichzeitig sollten weitere Aspekte wie die der Nationalität[1442] Beachtung finden. Die gleichzeitige Öffnung der Schiedsrichterliste für die parteiernannten Schiedsrichter und das vorgeschlagene Benennungsverfahren für den Vorsitzenden des Schiedsgerichts könnten sowohl der Parteiautonomie als auch dem Anspruch einer konsistenten CAS-Rechtsprechung Rechnung tragen.[1443]

1436 § 53.1 und 53.2 DIS-SportSchO.
1437 Vergleichbar der Regelung in Art. R-12 AAA Commercial Arbitration and Mediation Procedures.
1438 Art. R53 S. 2 CAS-Code hinsichtlich des Schiedsrichterbenennungsrechts des Schiedsbeklagten: „In the absence of a nomination within such time limit, the President of the Division shall make the appointment."
1439 Vergleichbar eine „list of presidents" vorschlagend *Rigozzi/Hasler/Noth*, in: Arroyo, Arbitration in Switzerland, Introduction, Rn. 7; *Rigozzi*, L'arbitrage international en matière de sport, S. 298, Rn. 575.
1440 S. Art. S14 Abs. 1 CAS-Code.
1441 *Rigozzi/Hasler/Noth*, in: Arroyo, Arbitration in Switzerland, Introduction, Rn. 16; *Rigozzi*, L'arbitrage international en matière de sport, S. 298, Rn. 575.
1442 S. hierzu Kap. 3. B. II. 1. c) (5).
1443 *Rigozzi/Hasler/Noth*, in: Arroyo, Arbitration in Switzerland, Introduction, Rn. 7; *Rigozzi*, L'arbitrage international en matière de sport, S. 298, Rn. 575.

Im Zuge eines Reformprozesses im Hinblick auf die CAS-Schiedsrichter-liste dürfte der kleinste gemeinsame Nenner in der Veröffentlichung von Informationen zu Art und Weise der Ernennung der CAS-Schiedsrichter bestehen. So konstatierte selbst das Schweizerische Bundesgericht als Be-fürworter einer geschlossenen Schiedsrichterliste bereits in der *Lazutina/ Danilova*-Entscheidung:

> „Es wäre wünschenswert, wenn bei jedem Schiedsrichter gleichzeitig angegeben würde, zu welcher Kategorie gemäß Artikel S14 des Codes er gehört und auf wessen Vorschlag er in die Liste aufgenommen wur-de. Die Parteien wären damit besser in der Lage, ihre Schiedsrichter in Kenntnis aller relevanten Fakten auszuwählen."[1444]

c) Unabhängigkeitsfragen im Kontext der Wahl und Kompetenzen des Präsidenten der Berufungskammer

Die Reichweite seiner Kompetenzen führt zu einer exponierten Stellung des Präsidenten der Berufungskammer im Gesamtgefüge des CAS-Code, die unter Unabhängigkeitsaspekten virulent wird. So kommt ihm im Be-reich des einstweiligen Rechtsschutzes die funktionelle Zuständigkeit zum Erlass einstweiliger Maßnahmen vor Konstituierung des Schiedsge-richts[1445] zu. Außerdem trifft er beispielsweise Entscheidungen im Zusam-menhang mit der Kostenverteilung[1446], der Verfahrensverbindung[1447], der Verfahrenssprache[1448], der Verfahrensbeschleunigung[1449], der Schiedsrich-teranzahl[1450] und der Fristenbestimmungen[1451]. Besonderes Gewicht hat jedoch seine „Kernkompetenz" zur Schiedsrichterbestellung losgelöst von dem jeweiligen Parteiwillen. So ist er befugt, den Vorsitzenden des Schiedsgerichts zu bestellen.[1452] Außerdem kommt ihm die Befugnis zur Bestellung des Einzelschiedsrichters zu.[1453] Diese „Kernkompetenz" er-

---

1444 Schweizerisches Bundesgericht, Urteil v. 23.05.2003, Az.: 4P.267-270/2002, Rn. 3.3.3.2, BGE 129 III, S. 445, 460, SchiedsVZ 2004, S. 208, 210.
1445 Art. R37 Abs. 3 CAS-Code.
1446 Art. R65.4 CAS-Code.
1447 Art. R50 Abs. 2 CAS-Code.
1448 Artt. R29 Abs. 1 und R52 Abs. 5 CAS-Code.
1449 Art. R52 Abs. 4 CAS-Code.
1450 Art. R50 Abs. 1 CAS-Code.
1451 Art. R49 CAS-Code.
1452 Art. R54 Abs. 2 CAS-Code.
1453 Art. R54 Abs. 1 CAS-Code.

langt aufgrund der besonderen Bedeutung des Vorsitzenden des Schiedsgerichts bzw. des Einzelschiedsrichters in dem Schiedsverfahren besondere Bedeutung. Dadurch perpetuiert sich die Problematik, dass die Schiedsrichterauswahl nicht auf dem Parteiwillen beruht, sondern von Dritten, nämlich dem Präsidenten der Berufungskammer abhängig ist.

Angesichts dieser weitreichenden Befugnisse drängen sich Unabhängigkeitsfragen bezogen auf den Präsidenten der Berufungskammer auf. Der Fokus nach der Rechtsprechung des EGMR liegt hierbei wiederum auf der Frage, ob das Erscheinungsbild der Unabhängigkeit gewahrt ist.

Wirft man einen Blick auf die persönlichen Verflechtungen des ehemaligen Präsidenten sowie der aktuellen Präsidentin der Berufungskammer mit Organen der Olympischen Bewegung, werden erhebliche Zweifel hinsichtlich der Wahrung des Erscheinungsbildes der Unabhängigkeit geweckt. So war *Thomas Bach* während seiner Zeit als Präsident der Berufungskammer von 1994-2013 gleichzeitig Mitglied im IOC-Exekutivkomitee.[1454] Auch die aktuelle Präsidentin der CAS-Berufungskammer, *Frau Corinne Schmidhauser*[1455], war gleichzeitig Mitglied im Legal and Safety-Committee der FIS[1456] und im Legal Comittee des Schweizerischen Skiverbandes und ist Präsidentin des Stiftungsrats der Antidoping Stiftung der Schweiz[1457]. Auch wenn die persönlichen Verknüpfungen zu den genannten Organisationen weniger problematisch als jene von *Tomas Bach* zum IOC sind, fällt es sicherlich schwer, die aktuelle Präsidentin von jeglichen Zweifeln hinsichtlich ihrer Unabhängigkeit freizusprechen.[1458] Losgelöst von der Frage der tatsächlichen persönlichen Verflechtungen bürgen sol-

---

1454 *Thomas Bach* wurde 1996 in das IOC-Exekutivkomitee gewählt und diente jeweils von 2000-2004, von 2006-2010 und von 2010-2013 als Vizepräsident des IOC.

1455 Die Vorsitzenden des CAS und des ICAS können eingesehen werden unter: http://www.tas-cas.org/en/icas/the-board.html (Stand: März 2019).

1456 Vgl. ihren Lebenslauf auf ihrer persönlichen Homepage, abrufbar unter: http://www.corinneschmidhauser.ch/beruf/lebenslauf-privat/ (Stand: März 2019); *Druml*, Sportgerichtsbarkeit, S. 331, Fn. 304, der deshalb zu Recht ihre Eignung für das Amt als Präsidentin der Berufungskammer bei gleichzeitiger Nähe zu einem internationalen Sportverband als „zumindest fraglich" einstuft; insofern ebenfalls mit erheblichen Bedenken *Duval/van Rompuy*, in: Paulussen/Takács/Lazić/van Rompuy, Fundamental Rights in International and European Law, S. 245, 275.

1457 S. Kurzbiografie auf der CAS-Homepage, abrufbar unter: https://www.tas-cas.org/en/icas/the-board.html (Stand: März 2019).

1458 *Duval/van Rompuy*, in: Paulussen/Takács/Lazić/van Rompuy, Fundamental Rights in International and European Law, S. 245, 275.

che Biografien zumindest das Potenzial, das Erscheinungsbild eines unabhängigen Präsidenten der Berufungskammer zu erschüttern.[1459] Auch für die Zukunft ist nicht ausgeschlossen, dass persönliche Interessenkonflikte Entscheidungen des Präsidenten der Berufungskammer beeinflussen.

Sowohl Auswirkungen des Ernennungsprozesses und der Kompetenzmacht des Präsidenten der Berufungskammer als auch die fehlenden Einflussmöglichkeiten der Parteien auf die Ernennung ihres Einzelschiedsrichters bzw. Vorsitzenden des Schiedsrichtgerichts sind unter Unabhängigkeitsgesichtspunkten problematisch. Es ist zwar legitim, die Ernennung des Vorsitzenden des Schiedsgerichts durch den Präsidenten der Berufungskammer abzusichern.[1460] Dies darf jedoch nur unter der Prämisse erfolgen, dass diesem in keiner Weise der Anschein der Parteilichkeit nachgesagt werden kann.[1461]

Letzteres ist jedoch aufgrund der „Kettenreaktion" der Verbandslastigkeit nicht gewährleistet: So wählt gemäß Art. S6 Nr. 2 CAS-Code der verbandslastig besetzte ICAS mit einfacher Mehrheit den Präsidenten der Berufungskammer und dieser wiederum den Einzelschiedsrichter bzw. den Vorsitzenden des Schiedsgerichts. Damit können die Verbände, um es mit dem OLG München in der Causa *Pechstein* zu formulieren, im Gegensatz zu beispielsweise den Athleten zusätzlich mittelbaren Einfluss auf den Vorsitzenden des konkreten Schiedsgerichts nehmen.[1462] Hierdurch kann das Vertrauen des Rechtsuchenden in die Unparteilichkeit und Sachlichkeit eines Schiedsgerichts Schaden nehmen.[1463] Dies ist ein Umstand, der mit dem EMRK-Erfordernis des Erscheinungsbildes der Unabhängigkeit nicht konform geht. Ein diesbezüglicher Reformprozess des CAS-Codes muss dazu führen, die Unabhängigkeit und Unparteilichkeit des Präsidenten der Berufungskammer zur Olympischen Bewegung zu garantieren. Als Vorbild

---

1459 *Duval/van Rompuy*, in: Paulussen/Takács/Lazić/van Rompuy, Fundamental Rights in International and European Law, S. 245, 275.

1460 *Duval/van Rompuy*, in: Paulussen/Takács/Lazić/van Rompuy, Fundamental Rights in International and European Law, S. 245, 275.

1461 *Duval/van Rompuy*, in: Paulussen/Takács/Lazić/van Rompuy, Fundamental Rights in International and European Law, S. 245, 275.

1462 OLG München, Urteil v. 15.01.2015, Az.: U 1110/14 Kart, Teil 2 A. II. 3 b) bb) (3) aaa) a-2), SchiedsVZ 2015, S. 40, 44.

1463 OLG München, Urteil v. 15.01.2015, Az.: U 1110/14 Kart, Teil 2 A. II. 3 b) bb) (3) aaa) a-2), SchiedsVZ 2015, S. 40, 44.

könnten hierfür die Reformvorschläge von *Duval*[1464] dienen. So könnte der Präsident der Berufungskammer des CAS verpflichtet werden, sämtliche Posten innerhalb von Organen der Olympischen Bewegung und der internationalen Sportverbände offenzulegen und auf diese zu verzichten. Außerdem könnte für ihn eine Vertragssperre hinsichtlich aller Verträge mit den genannten Organisationen, die den Anschein der Parteilichkeit zu begründen vermögen, als zwingend erforderlich vorgesehen werden. Gleiches muss natürlich für den Stellvertreter des Präsidenten der Berufungskammer gelten. Angesichts der besonderen Bedeutung der Position des Präsidenten der Berufungskammer reicht die allgemeine Erklärung für ICAS-Mitglieder[1465], die für den Präsidenten der Berufungskammer aufgrund seiner Mitgliedschaft im ICAS ebenfalls greift, nicht aus.

4. Zusammenfassung der Reformvorschläge
- Die Zusammensetzung des ICAS sollte so ausgestaltet werden, dass eine vonseiten der Olympischen Bewegung, der internationalen Sportverbände insgesamt sowie der Athletenvereinigungen paritätische Beteiligung gewährleistet ist.
- Der Listenzwang sollte abgeschafft werden. Der CAS-Schiedsrichterliste sollte ein lediglich empfehlender Charakter zugesprochen werden. Zur Wahrung der Einheitlichkeit der Rechtsprechung sollten die Vorsitzenden der Schiedsgerichte von einer gesonderten CAS-Schiedsrichterliste gewählt werden. Im Übrigen sollten zusätzlich zu der speziell für fußballbezogene Angelegenheiten bestehenden CAS-Schiedsrichterliste („football list") weitere spezifische Listen z. B. für Anti-Dopingangelegenheiten von dem CAS zur Verfügung gestellt werden.
- In jedem Fall sollten sämtliche Benennungen der CAS-Schiedsrichter veröffentlicht werden und für die CAS-Schiedsparteien einsehbar sein.

1464 *Duval*, Blog-Beitrag v. 04.12.2015, The rules of the game, abrufbar unter: http://www.playthegame.org/news/comments/2015/019_three-pillars-for-a-reform-of-the-court-of-arbitration-for-sport-independence-transparency-and-access-to-justice/ (Stand: März 2019).
1465 Art. S5 Abs. 2 CAS-Code: „Upon their appointment, the members of ICAS sign a declaration undertaking to exercise their function personally, with total objectivity and independence, in conformity with this Code. They are, in particular, bound by the confidentiality obligation provided in Article R43."

II. Die Unparteilichkeit des Gerichts

„Impartiality normally denotes absence of prejudice or bias"[1466], stellte der EGMR in der *Piersack*-Rechtssache klar. Die so verstandene, am Fehlen von Vorurteilen oder Befangenheit ausgerichtete Unparteilichkeit wird auch als *„eigentliches Kernstück der Garantie des konventionsgemäßen Richters"*[1467] bezeichnet.[1468]

Die EGMR-Rechtsprechung sieht hinsichtlich der Unparteilichkeit der Richter einen doppelten Test vor, nämlich einen subjektiven und einen objektiven.[1469] Ersterer dient dazu, konkret herauszufinden, was *„ein bestimmter Richter in seinem Innersten in einem bestimmten Fall dachte"*[1470]. Letzterer dient der abstrakten Prüfung, ob der Richter hinreichend Gewähr dafür geboten hat, jeden berechtigten Zweifel insbesondere in funktionaler Hinsicht an seiner Unparteilichkeit auszuschließen.[1471] Aufgrund der Interdependenzen zur Unabhängigkeit kommt auch hier wieder der *Grundsatz „justice must not only be done; it must also be seen to be done"*[1472] zum Tragen.

Demzufolge stellt sich die Frage, ob und inwieweit die Institution des CAS und dessen Schiedsrichter im CAS-Berufungsverfahren die beiden Tests in objektiver und subjektiver Hinsicht bestehen.

1. Objektive Unparteilichkeit

a) Maßstab nach der EGMR-Rechtsprechung

Im Rahmen der objektiven Unparteilichkeit ist zu prüfen, ob Zweifel an der Unabhängigkeit in Bezug auf die interne Organisation eines Gerichts

---

1466 EGMR, Urteil v. 01.10.1982, Nr. 8692/79, Piersack v. Belgium, Rn. 30.

1467 *Trechsel*, in: GS Noll, S. 385, 393.

1468 *Müller*, Richterliche Unabhängigkeit und Unparteilichkeit nach Art. 6 EMRK, S. 99.

1469 EGMR, Urteil v. 06.06.2000, Nr. 34130/96, Morel v. France, Rn. 40; EGMR, Urteil v. 01.10.1982, Nr. 8692/79, Piersack v. Belgium, Rn. 30, EuGRZ 1985, S. 301, 303; EGMR, Urteil v. 05.02.2009, Nr. 22330/05, Olujić v. Croatia, Rn. 57.

1470 EGMR, Urteil v. 01.10.1982, Nr. 8692/79, Piersack v. Belgium, Rn. 30, EuGRZ 1985, S. 301, 303.

1471 EGMR, Urteil v. 01.10.1982, Nr. 8692/79, Piersack v. Belgium, Rn. 30, EuGRZ 1985, S. 301, 303.

1472 EGMR, Urteil v. 17.01.1970, Nr. 2689/65, Delcourt v. Belgium, Rn. 31; EGMR, Urteil v. 12.10.1984, Nr. 9186/80, De Cubber v. Belgium, Rn. 26; EGMR, Urteil v. 15.10.2009, Nr. 17056/06, Micaleff v. Malta, Rn. 98.

oder auf die Funktion, welche ein Richter in einem Verfahren wahrnimmt, geweckt werden.[1473] Im Zusammenhang mit dem CAS steht insbesondere die funktionelle Unabhängigkeit und damit die Frage im Zentrum, ob aufgrund funktioneller bzw. struktureller Gründe oder der Zusammensetzung des Gerichts der Anschein erweckt werden kann, ein Richter habe sich schon abschließend eine Meinung über einen Fall gebildet.[1474]

Hierzu hat der EGMR eine Kasuistik entworfen, die zahlreichen Verdachtsmomenten der objektiven Unparteilichkeit nachgeht. Dabei gilt es zu betonen, dass nicht jede Form der vorherigen Befassung mit einer Angelegenheit eines Richters zu dessen objektiven Parteilichkeit führt, sondern es vielmehr einer präzisen Herausarbeitung der konkreten Involvierung des Richters und dessen vorheriger Befassung mit den rechtlichen und tatsächlichen Aspekten des Falles bedarf, um den Vorwurf der Parteilichkeit begründen zu können.[1475] Für den äußeren Anschein der Parteilichkeit ist es jedoch ausreichend, *„wenn Umstände vorliegen, die die Gefahr der Voreingenommenheit zu begründen vermögen.“*[1476]

Mit der Rechtssache *Piersack v. Belgium*[1477] setzte der EGMR hinsichtlich der Anforderungen zur objektiven Unparteilichkeit erste Maßstäbe. Der Rechtssache lag ein strafrechtlicher Sachverhalt zugrunde, in dem der belgische Beschwerdeführer von einem Schwurgericht wegen Mordes verurteilt wurde. Dem Schwurgericht gehörte als Vorsitzender ein Richter an, der in demselben Verfahren zuvor das Amt des Ersten Vertreters der zuständigen Staatsanwaltschaft eingenommen hatte, wobei er weder eine persönliche Stellungnahme noch selbständig Verfolgungs- oder Untersuchungsmaßnahmen vorgenommen, sondern ihm lediglich die Unterlagen in dem Verfahren zur Kenntnisnahme vorgelegt worden waren.[1478]

Hierin sah der EGMR einen Verstoß gegen die objektive Unparteilichkeit im Sinne von Art. 6 Abs. 1 S. 1 EMRK, da er die Befürchtung der Verfahrensbeteiligten an der fehlenden Gewähr der Unparteilichkeit als begründet ansah, wenn dieselbe Person in ein und demselben Verfahren

---

1473 *Grabenwarter/Pabel*, EMRK, § 24, Rn. 48.
1474 *Meyer*, in: Karpenstein/Mayer, EMRK, Art. 6, Rn. 46.
1475 *Meyer*, in: Karpenstein/Mayer, EMRK, Art. 6, Rn. 47.
1476 *Grabenwarter/Pabel*, in: Dörr/Grote/Marauhn, EMRK/GG, Kap. 14, Rn. 58.
1477 EGMR, Urteil v. 01.10.1982, Nr. 8692/79, Piersack v. Belgium, EuGRZ 1985, S. 301 ff.
1478 EGMR, Urteil v. 01.10.1982, Nr. 8692/79, Piersack v. Belgium, Rn. 30 f., EuGRZ 1985, S. 301, 303.

mehrere Funktionen wahrnehme.[1479] Dabei kam es dem EGMR nicht auf die konkreten Umstände der möglichen Einflussnahme des späteren Richters als Staatsanwalt auf das Verfahren an, sondern es genügte die Feststellung des Bestehens von Zweifeln an der Unparteilichkeit des Gerichts, um einen Verstoß gegen Art. 6 Abs. 1 S. 1 EMRK zu begründen.[1480]

Diesen funktionalen Ansatz bestätigte der EGMR mit der Annahme der Parteilichkeit für den Fall, dass *„eine hierarchische oder andere Verbindung mit einem anderen Beteiligten am Verfahren"*[1481] besteht.

b) Konkretisierung des Art. 6 EMRK-Maßstabes durch die IBA Guidelines

Bevor auf die Unabhängigkeit im CAS-Berufungsverfahren anhand der EGMR-Rechtsprechung im Einzelnen eingegangen wird, stellt sich die Frage, ob die Schiedspraxis nicht Instrumente zur Konkretisierung der in einem Schiedsverfahren erforderlichen Unabhängigkeit und Unparteilichkeit an die Hand gibt, die auch im Rahmen einer Prüfung gemäß Art. 6 EMRK Berücksichtigung finden könnten. Ein solches Instrument könnte in den *IBA Guidelines on Conflicts of Interest in Arbitrator Challenges* („IBA Guidelines")[1482] zu sehen sein. Die IBA Guidelines wurden von einer Arbeitsgruppe der International Bar Association 2004 konzipiert und im Jahr 2014 revidiert.[1483] Die IBA Guidelines enthalten insgesamt sieben allgemeine Grundsätze zu Unabhängigkeit, Unparteilichkeit und Offenlegungspflichten von Schiedsrichtern und kategorisieren diese in der praktischen Anwendung nach einem „Ampelsystem" von „rot" bis „grün". Aufgeführt werden Situationen, in denen Anlass zu berechtigten Zweifeln an der Unabhängigkeit und Unparteilichkeit der Schiedsrichter besteht und die so-

---

1479 EGMR, Urteil v. 01.10.1982, Nr. 8692/79, Piersack v. Belgium, Rn. 30, EuGRZ 1985, S. 301, 303.

1480 EGMR, Urteil v. 01.10.1982, Nr. 8692/79, Piersack v. Belgium, Rn. 30, EuGRZ 1985, S. 301, 303; *Kühne*, in: Pabel/Schmahl, IntKom, EMRK, Art. 6, Rn. 309.

1481 EGMR, Urteil v. 15.12.2005, Nr. 73797/01, Kyprianou v. Cyprus, Rn. 121, NJW 2006, S. 2901, 2903.

1482 S. eingehend zu den IBA Guidelines *Froitzheim*, Die Ablehnung von Schiedsrichtern wegen Befangenheit in der internationalen Schiedsgerichtsbarkeit, S. 18 ff., Rn. 55 ff.; *Berger/Kellerhals*, Schiedsgerichtsbarkeit in der Schweiz, Rn. 734.

1483 Eigeninformationen der International Bar Association, abrufbar unter: https://www.ibanet.org/Publications/publications_IBA_guides_and_free_materials.aspx (Stand: März 2019); *Horst*, Das Spannungsverhältnis zwischen Schiedsrichter und Parteivertreter in der internationalen Schiedsgerichtsbarkeit, S. 38 ff.

mit auf ihr Amt verzichten müssen (sog. „rote Liste");[1484] solche Situationen, in denen der Schiedsrichter zur Offenlegung verpflichtet ist, da in
den Augen der Parteien berechtigte Zweifel an der Unabhängigkeit und
Unparteilichkeit des Schiedsrichters bestehen, die aber nicht zwingend
eine Ablehnung nach sich ziehen müssen (sog. „orangene Liste");[1485] und
schließlich jene Situationen, in denen mangels eines aus objektiver Sicht
bestehenden Interessenkonflikts keine Offenlegungspflicht des Schiedsrichters besteht (sog. „grüne Liste")[1486]. Vergleichbare Regelungen wurden
im Übrigen zur Vermeidung von Interessenkonflikten bei der Parteivertre-
tung entwickelt (*IBA Guidelines on Party Representation in International Arbitration*).[1487] Auch wenn die IBA Guidelines nicht bindend sind und fraglos weiterhin die Umstände des Einzelfalls entscheidend bleiben, spielen
sie in der Praxis nicht nur für die Schiedsparteien und Schiedsrichter
selbst, sondern auch für die staatlichen Gerichte eine entscheidende Rolle
in der Bewertung der Unabhängigkeit und Unparteilichkeit von Schiedsrichtern sowie zur Harmonisierung der internationalen Schiedsgerichtsbarkeit.[1488] Das Schweizerische Bundesgericht hat diese wesentliche Rolle
der IBA Guidelines in seiner ersten Entscheidung[1489], in der es sich zu den
IBA Guidelines äußerte – bezeichnenderweise eine Entscheidung im Zusammenhang mit der Anfechtung eines CAS-Schiedsspruches – als *„a pre-*

1484 Die rote Liste besteht aus zwei Teilen, einer „unverzichtbaren roten Liste", die
Situationen beschreibt, die gegen den Grundsatz, wonach keine Person ihr eigener Richter sein darf, verstoßen und somit eine Offenlegung der Situation
zu keiner Heilung des Konflikts führen kann und einer „verzichtbaren roten
Liste", die zwar ernsthafte, aber nicht so schwerwiegende Situationen beinhaltet, Art. II. 2. IBA Guidelines.
1485 Art. II. 3. IBA Guidelines.
1486 Art. II. 6. IBA Guidelines.
1487 S. eingehend hierzu *Horst*, Das Spannungsverhältnis zwischen Schiedsrichter
und Parteivertreter in der internationalen Schiedsgerichtsbarkeit, insb.
S. 191 ff.
1488 *Kaufmann-Kohler/Rigozzi*, International Arbitration: Law and Practice in Switzerland, Rn. 4.130; *Berger/Kellerhals*, Schiedsgerichtsbarkeit in der Schweiz,
Rn. 734; *Moses*, Kluwer Arbitration Blog v. 23.11.2017, The Role of the IBA
Guidelines on Conflicts of Interest in Arbitrator Challenges, abrufbar unter:
http://arbitrationblog.kluwerarbitration.com/2017/11/23/role-iba-guidelines-co
nflicts-interest-arbitrator-challenges/ (Stand: März 2019).
1489 Schweizerisches Bundesgericht, Urteil v. 20.03.2008, Az.: 4A_506/2007,
Rn. 3.3.2.2, ASA Bulletin 2008, S. 565, 575; *Peter/Brunner*, in: Basler Kommentar IPRG, Art. 180, Rn. 16c.

cious instrument"[1490] bei der Bestimmung der schiedsrichterlichen Unabhängigkeit und Unparteilichkeit ausdrücklich anerkannt.

Vor diesem Hintergrund empfiehlt es sich, die IBA Guidelines auch zur Konkretisierung der Anforderungen nach Art. 6 EMRK heranzuziehen.[1491] Trotz des unter dem Gesichtspunkt der Konkretisierung grundsätzlich begrüßenswerten Rückgriffs auf die IBA Guidelines darf nicht außer Acht gelassen werden, dass diese vornehmlich für die Handelsschiedsgerichtsbarkeit konzipiert wurden.[1492] Mithin sind sie Ausdruck eines liberalen Maßstabes[1493] und gehen grundsätzlich von gleichberechtigten, auf Grundlage einer freiwilligen Schiedsvereinbarung sich auf Augenhöhe begegnenden Schiedsparteien aus. Dies sollte bei Anwendung der IBA Guidelines gerade im Zusammenhang mit Art. 6 EMRK bezogen auf das CAS-Berufungsverfahren beachtet werden. Problematisch ist ferner, wie sich die Besonderheiten der Sportschiedsgerichtsbarkeit, insbesondere der durch die geschlossene CAS-Schiedsrichterliste vorgegebene kleine Kreis an potenziellen Schiedsrichtern auf die Anwendung der IBA Guidelines auswirken. Die IBA Guidelines schlagen in Fußnote 6 zu Art. 3.1.3 („orangene Liste") für bestimmte Arten der Schiedsgerichtsbarkeit vor – hier werden die Schifffahrts- und Rohstoffschiedsgerichtsbarkeit ausdrücklich genannt – auf eine Offenlegung zu verzichten, sofern die häufige Benennung derselben Schiedsrichter aufgrund des nur kleinen spezialisierten Pools an Schiedsrichtern den Parteien geläufig sei. Teilweise wird dies auf die Sportschiedsgerichtsbarkeit mit dem Argument übertragen, auch hier könne aufgrund der geschlossenen CAS-Schiedsrichterliste nur auf einen kleinen, spezialisierten Pool an Schiedsrichtern zurückgegriffen werden und die Parteien seien mit diesem Umstand vertraut.[1494] Dies kann jedoch nicht interessengerecht sein. Denn die beispielhaft in den IBA Guidelines genannten speziellen Arten der Schiedsgerichtsbarkeit dürften sowohl grundsätzlich Parteien betreffen, die sich auf Augenhöhe begegnen, als auch den Umstand zugrunde legen, die häufige Benennung desselben Schiedsrichters werde von beiden Schiedsparteien praktiziert. Dies ist jedoch vor dem CAS mit dem dargestellten strukturellen prozessualen Ungleichgewicht

---

1490 Schweizerisches Bundesgericht, Urteil v. 20.03.2008, Az.: 4A_506/2007, Rn. 3.3.2.2, ASA Bulletin 2008, S. 565, 575.

1491 So auch *Downie*, Melb. J. Int. L. 2011, S. 1, 26 f.

1492 Einführung, 5. IBA Guidelines. Dort wird auch die Ausweitung auf andere Schiedsarten, wie z. B. die Investitionsschiedsgerichtsbarkeit empfohlen.

1493 So ausdrücklich *Martens*, SchiedsVZ 2009, S. 99 f.

1494 *Mavromati/Reeb*, The Code of the CAS – Commentary, Art. R33, Rn. 35 m. w. N.

zulasten des Athleten gerade nicht der Fall. Hier stehen sich nämlich nicht, wie etwa bei den in Fußnote 6 zu Art. 3.1.3 IBA Guidelines beispielhaft genannten Rechtsgebieten, allein *Repeat players*, sondern *Repeat player* und *one-shotter*[1495] gegenüber. Somit ruft die nur verbandsseitig praktizierte häufige Benennung desselben Schiedsrichters gerade eine Offenlegung früherer Benennungen eines Schiedsrichters für den Athleten als dringend notwendig hervor.

Vergleichbar mit der Einbeziehung der IBA Guidelines ist der Vorschlag von *Wittmann*, CAS-spezifische Bestimmungen zur Unabhängigkeit nach dem Vorbild der IBA Guidelines einzuführen, um präventiv Interessenkonflikten zu begegnen.[1496] Letztlich kann dahinstehen, ob eigene Bestimmungen auf Grundlage der IBA Guidelines entworfen oder die IBA Guidelines ausdrücklich für anwendbar erklärt werden. Entscheidend ist stets die Beachtung des erforderlichen hohen Schutzniveaus.

c) Würdigung im Einzelnen

(1) Das Verbot der Doppelfunktion gemäß Art. S18 Abs. 3 CAS-Code

Legt man die Maßstäbe der EGMR-Rechtsprechung für das CAS-Berufungsverfahren zugrunde, so ist zunächst festzuhalten, dass der CAS mit dem im Jahr 2010 eingeführten Art. S18 Abs. 3 CAS-Code die organisatorischen Voraussetzungen geschaffen hat, um Zweifel an der Unabhängigkeit von Schiedsrichtern allein aufgrund ihrer anwaltlichen Tätigkeit auszuschließen. Danach dürfen CAS-Schiedsrichter nicht Parteien als Anwälte vor dem CAS vertreten.[1497] Das Verbot der Doppelfunktion (sog. „double hat practice") war zuvor lediglich in einer nicht bindenden ICAS-Direktive vorgeschrieben gewesen.[1498] Der ICAS entschied sich jedoch für die Einführung des bindenden Art. S18 Abs. 3 CAS-Code. Vorbild für das Verbot der „double hat practice" war die *Lawal*-Entscheidung[1499] des britischen

---

1495 S. Kap. 1. B. II. 2 b).

1496 *Wittmann*, Schiedssprüche des CAS, S. 40.

1497 Art. S18 Abs. 3 CAS-Code: „CAS arbitrators and mediators may not act as counsel for a party before the CAS."

1498 S. CAS Pressemitteilung von November 2006, aufgeführt in *Rigozzi*, JIDS 2010, S. 217, 242, Fn. 120; *Rigozzi/Hasler/Noth*, in: Arroyo, Arbitration in Switzerland, Introduction, Rn. 20.

1499 House of Lords, Urteil v. 19.06.2003, 41st Report from the Appellate Committee, Az.: [2003] UKHL 35, Lawal v. Northern Spirit Limited.

House of Lords. Dieser lag ein Sachverhalt zugrunde, den ein staatliches Schiedsgerichts zu entscheiden hatte. Der Beklagte ließ sich vor dem Gericht von einem Anwalt vertreten, der zuvor Schiedsrichter an diesem Schiedsgericht gewesen war und mit zwei der nunmehr mit dieser Sache befassten Schiedsrichter gemeinsam geurteilt hatte. Das *House of Lords* sah in dieser Beziehung zwischen dem Anwalt und den Schiedsrichtern die Gefahr begründet, Letzterer könne zugunsten des Beklagten entscheiden und urteilte deshalb, dass diese „double hat practice" beendet werden müsse.[1500]

Die Einführung von Art. S18 Abs. 3 CAS-Code durch den ICAS ist umso bemerkenswerter, zieht man in Betracht, dass sie nicht wegen, sondern trotz einer zuvor ergangenen Entscheidung des Schweizerischen Bundesgerichts erging, in der das Gericht die Praxis der Doppelfunktion ausdrücklich gebilligt hatte. Hierin sah das Schweizerische Bundesgericht nämlich gerade keine vorschriftswidrige Zusammensetzung des Schiedsgerichts gemäß Art. 190 Abs. 2 lit. a) IPRG, die eine fehlende Unabhängigkeit u. a. im Sinne von Art. 6 EMRK begründe.[1501] Dabei bezog es sich auf seine Rechtsprechung, nach der allein *„die Tatsache, wonach ein Schiedsrichter bei anderer Gelegenheit mit dem Anwalt einer Partei getagt habe, für sich allein keinen Grund darstellt, an der Unabhängigkeit des Schiedsrichters objektiv zu zweifeln"*[1502]. Gleiches gelte für *„das freundschaftliche Verhältnis zwischen einem Schiedsrichter und dem Anwalt einer Partei"*[1503]. Die Entscheidung des ICAS zur Reform des CAS-Code erfolgte somit nicht, wie zu erwarten gewesen wäre, als Reaktion einer Forderung vonseiten des Schweizerischen Bundesgerichts, sondern entgegen dessen Entscheidung, der damalige CAS-Code genüge der Unabhängigkeit nach dem IPRG.

Diese insofern überraschende und begrüßenswerte Entscheidung des ICAS sollte in erhöhtem Maße als Vorbild für derartige mutige Reformschritte des CAS-Code dienen.

[1500] *Luttrell*, Bias Challenges in International Commercial Arbitration, Kap. 2, S. 54 f.; *Mavromati/Reeb*, The Code of the CAS – Commentary, Art. R33, Rn. 37.

[1501] Schweizerisches Bundesgericht, Urteil v. 04.08.2006, Az.: 4P.105/2006, Rn. 4, CaS 2006, S. 575, 577.

[1502] Schweizerisches Bundesgericht, Urteil v. 04.08.2006, Az.: 4P.105/2006, Rn. 4, CaS 2006, S. 575, 577 unter Verweis auf Schweizerisches Bundesgericht, Urteil v. 23.05.2003, Az.: 4P.267-270/2002, BGE 129 III, S. 445, 454, Rn. E. 3.3.3 und 466, Rn. E. 4.2.2.2.

[1503] Schweizerisches Bundesgericht, Urteil v. 04.08.2006, Az.: 4P.105/2006, Rn. 4, CaS 2006, S. 575, 577.

Trotz dieses positiv zu bewertenden Schrittes ging der Mut des ICAS bei der Reform des CAS-Codes jedoch nicht weit genug. So gilt die Vorschrift ausdrücklich nur personenbezogen für den jeweiligen Schiedsrichter, nicht erfasst sind demgegenüber andere Mitglieder derselben Sozietät, der auch der CAS-Schiedsrichter angehört.[1504] Mithin können diejenigen Sozietäten, die einen CAS-Schiedsrichter in ihren Reihen haben, weiterhin von dessen Tätigkeit, beispielsweise der Einsichtnahme von unveröffentlichten CAS-Schiedssprüchen profitieren.[1505] Ferner zieht ein Verstoß gegen Art. S18 Abs. 3 CAS-Code lediglich harmlose Sanktionen nach sich. Zwar kann der ICAS aufgrund der allgemeinen Regelung des Art. S19 Abs. 2 CAS-Code[1506] bei Verstoß eines CAS-Schiedsrichters gegen den CAS-Code und somit auch bei Verstoß gegen Art. S18 Abs. 3 CAS-Code diesen von der CAS-Schiedsrichterliste nehmen.[1507] Dennoch bleibt im Lichte der obigen Rechtsprechung des Schweizerischen Bundesgerichts hinsichtlich der vorigen CAS-Praxis der Doppelfunktion äußerst fraglich, ob ein Verstoß gegen Art. S18 Abs. 3 CAS-Code eine Partei auch tatsächlich zu einer Anfechtung eines Schiedsspruches mangels fehlender Unabhängigkeit gemäß Art. 190 Abs. 2 lit. a) IPRG berechtigt. Zieht man jedoch die *Lawal*-Entscheidung in Betracht, auf die Art. S18 Abs. 3 CAS-Code unter anderem zurückzuführen ist, so muss konsequenterweise ein Verstoß gegen diese Vorschrift zur Unparteilichkeit des Schiedsgerichts und damit zur Anfechtung des CAS-Schiedsspruches führen. Diese Konsequenz sollte auch ausdrücklich in Art. S18 Abs. 3 CAS-Code Erwähnung finden und die Regelung sollte nicht auf ihre präventive Funktion beschränkt werden. Denn nur so kann der ICAS die progressive Rolle gegenüber dem Schweizerischen Bundesgericht, die er mit der Einführung von Art. S18 Abs. 3 CAS-Code eingenommen hat, gegenüber den Parteien im CAS-Berufungsverfahren glaubhaft und konsequent praktizieren.

1504 *Reeb*, CAS Bulletin 2010, S. 32; *Rigozzi/Hasler/Noth*, in: Arroyo, Arbitration in Switzerland, Introduction, Rn. 20.

1505 *Rigozzi/Hasler/Noth*, in: Arroyo, Arbitration in Switzerland, Introduction, Rn. 21.

1506 Art. S19 Abs. 2 CAS-Code: „ICAS may remove an arbitrator or a mediator from the list of CAS members, temporarily or permanently, if she/he violates any rule of this Code or if her/his action affects the reputation of ICAS and/or CAS."

1507 *Noth/Haas*, in: Arroyo, Arbitration in Switzerland, Art. R33, Rn. 14.

(2) Mehrfachbenennung eines Schiedsrichters durch dieselbe Partei: Wie weit reicht die schiedsrichterliche Offenlegungspflicht?

Gemäß Art. R33 CAS-Code[1508] ist jeder Schiedsrichter zur Unparteilichkeit und Unabhängigkeit gegenüber den Parteien verpflichtet und muss unverzüglich jegliche Umstände offenlegen, die diese Unabhängigkeit beeinträchtigen könnten. Im Jahr 2013 wurde Art. R33 CAS-Code dahingehend reformiert, dass nunmehr sämtliche Umstände[1509], die die schiedsrichterliche Unabhängigkeit betreffen könnten, im Sinne der Maxime „*if in doubt, disclose*" offengelegt werden müssen.[1510] Flankiert wird die Vorschrift von Art. S18 Abs. 2 CAS-Code[1511], nach dem jeder Schiedsrichter vor seiner Benennung eine Erklärung zu seiner persönlichen Objektivität, Unabhängigkeit und Unparteilichkeit unterzeichnen muss.[1512]

Bezogen auf diese im Vergleich mit anderen Schiedsgerichtsordnungen[1513] übliche Standardverpflichtung der Schiedsrichter drängen sich die Fragen der Reichweite der schiedsrichterlichen Offenbarungspflicht und der Rechtsfolgen bei Verstoß gegen die Vorschrift auf.

Die Offenlegungs- und Aufklärungspflicht vonseiten der Schiedsrichter vor und während des Schiedsverfahrens[1514] gegenüber den Parteien kolli-diert mit der parteiseitig bestehenden Nachforschungsobliegenheit. Nach dieser „duty of curiosity" trifft die Parteien und ihre Anwälte die Obliegenheit, bei vorliegenden Anhaltspunkten, die den Eindruck der Befangenheit im gegenwärtigen Verfahren wecken könnten, den betreffenden Schieds-

---

1508 Art. R33 CAS-Code: „Every arbitrator shall be and remain independent of the parties and shall immediately disclose any circumstances likely to affect his independence with respect to any of the parties."

1509 Art. R33 Abs. 1 CAS-Code: „[...] any circumstances which may affect his/her independence [...]"; zuvor lautete Art. R33 Abs. 1 CAS-Code 2012: „[...] shall immediately disclose any circumstances **likely** to affect his independence with respect to any of the parties." (Hervorherbung durch Verf.).

1510 *Noth/Haas*, in: Arroyo, Arbitration in Switzerland, Art. R33, Rn. 15; *Noth/ Abegg*, CaS 2013, S. 112, 114.

1511 Art. S18 Abs. 2 CAS-Code: „Upon their appointment, CAS arbitrators and mediators shall sign an official declaration undertaking to exercise their functions personally with total objectivity, independence and impartiality, and in conformity with the provisions of this Code."

1512 *Mavromati/Reeb*, The Code of the CAS – Commentary, Art. R33, Rn. 10.

1513 S. vergleichsweise Art. 9 Swiss Rules; Art. 11 ICC-Schiedsgerichtsordnung; Art. 5, insb. Art. 5-3-5.5 LCIA Arbitration Rules; Art. 9 DIS-SchO; §§ 15 u. 16 DIS-SportSchO.

1514 So ausdrücklich für diesen Zeitraum *Leemann*, ASA Bulletin 2011, S. 10, 13.

KAPITEL 3: Die Reformierung des CAS-Berufungsverfahrens

richter nach dessen Involvierung in vorige Angelegenheiten zu befragen. Kommen die Parteien dieser Obliegenheit nicht nach, laufen sie Gefahr, vor dem Schweizerischen Bundesgericht mit ihrer Beschwerde wegen Befangenheit des Schiedsrichters präkludiert zu sein. Gemäß Art. R34 Abs. 1 S. 2 CAS-Code[1515] muss der Befangenheitsantrag gegen einen CAS-Schiedsrichter bei der zuständigen „Challenge Commission" des ICAS sieben Tage nach Entdeckung der zugrundeliegenden Umstände gestellt werden. Dabei stellt das Schweizerische Bundesgericht grundsätzliche hohe Anforderungen an die parteiliche Nachforschungspflicht.[1516] Danach hat eine Partei für den Fall, dass Anhaltspunkte für die Parteilichkeit oder Abhängigkeit eines Schiedsrichters bestehen, diesen nachzugehen und weitere Belege für eine etwaige Befangenheit zu sammeln; kommt sie dem nicht nach, kann sie im späteren Verfahren mit dem Einwand der Befangenheit präkludiert sein.[1517]

Inwieweit das Schweizerische Bundesgericht die Kollision zwischen Offenbarungspflicht der Schiedsrichter und Nachforschungsobliegenheit der Parteien in der Regel zulasten Letzterer im Sinne seiner liberalen Haltung auflöst, zeigte das Gericht exemplarisch in einem im Oktober 2010 ergangenen Urteil[1518] zu einem Befangenheitsantrag gegen einen CAS-Schiedsrichter. Diesem Fall lag die Berufung des internationalen Radsportverbandes UCI vor dem CAS[1519] gegen die von dem nationalen Verband u. a. ausgesprochenen finanziellen Sanktionen gegen einen belgischen Mountainbike-Profi wegen eines Dopingverfahrens zugrunde. Einer der drei CAS-Schiedsrichter, *Olivier Carrard*, war innerhalb eines Jahres mehrfach von der UCI als Schiedsrichter in Angelegenheiten benannt worden, die ebenfalls finanzielle Sanktionen gegen Athleten zum Gegenstand hatten. Von zwei Schiedsrichterbenennungen hatte der Anwalt des Athleten ausdrücklich Kenntnis und befragte Herrn *Carrard* zu Beginn des CAS-Verfahrens, ob er sich aufgrund der Involvierung in diesen beiden Angelegenheiten für hinreichend unabhängig von der Schiedsklägerin UCI erachte. Mangels Ablehnungsantrags wurde das CAS-Verfahren sodann mit Herrn *Carrrard* als Schiedsrichter durchgeführt. Später stellte sich jedoch heraus, dass dieser über eineinhalb Jahren in insgesamt sieben Fällen von der UCI als

---

1515 Art. R34 Abs. 1 S. 2 CAS-Code: „The challenge shall be brought within seven days after the ground for the challenge has become known."
1516 *Leemann*, ASA Bulletin 2011, S. 10, 15.
1517 *Rigozzi*, JIDS 2010, S. 217, 239 f.; *Leemann*, ASA Bulletin 2011, S. 10, 15.
1518 Schweizerisches Bundesgericht, Urteil v. 09.10.2012, Az.: 4A_110/2012, SpuRt 2013, S. 23 ff.
1519 CAS-Schiedsspruch v. 23.12.2011, Az.: 2011/A/2325, UCI v. Paulissen, RLVB.

Schiedsrichter benannt worden war, die teilweise noch nicht abgeschlossen waren und von denen der Anwalt des Athleten aufgrund der Nichtveröffentlichungen der Schiedssprüche teilweise keine Kenntnis hatte.[1520] Das Schweizerische Bundesgericht sah hierin jedoch keinen Verstoß gegen die schiedsrichterliche Unabhängigkeit. Vielmehr forderte es vonseiten des Anwalts des Athleten als Voraussetzung für einen erfolgreichen Befangenheitsantrag die explizite Nachfrage, in wie vielen Fällen Herr *Carrard* von der UCI zu finanziellen Sanktionen als Schiedsrichter benannt worden war und – abhängig von dessen Antwort – die Stellung eines sofortigen Ablehnungsantrags.[1521] Somit ließ es die gestellte Frage hinsichtlich der Involvierung in den zwei bekannten Fällen nicht ausreichen.

Mithin sah das Schweizerische Bundesgericht nicht den Schiedsrichter, der fünf teilweise zeitgleich noch laufende Verfahren zu derselben Vorschrift verschwiegen hatte, in denen er von der UCI als Schiedsrichter benannt worden war, sondern die Partei in der Pflicht, Nachforschungen zu teilweise unveröffentlichten Schiedssprüchen anzustellen, deren Veröffentlichung der CAS sogar auf Nachfrage wegen Geheimhaltungsinteressen der involvierten Parteien abgelehnt hatte. Von der Literatur wurde das Schweizerische Bundesgericht für diese Verkehrung der Maßstäbe heftig kritisiert.[1522] Es drängt sich unweigerlich die Frage auf, wie das Verhalten des Schiedsrichters mit dessen Offenlegungspflicht des damals einschlägigen Art. R33 CAS-Code 2012 („*[...] shall immediately disclose any circumstances likely to affect his independence with respect to any of the parties.*") vereinbar ist. Ferner ist auch bei Heranziehung der IBA Guidelines diese Entscheidung nicht nachvollziehbar. Gemäß Art. 3.1.3 IBA Guidelines werden bereits Situationen der sog. „orangenen Liste" zugehörig qualifiziert, in denen der Schiedsrichter in den letzten drei Jahren von einer Partei in zwei oder mehr Angelegenheiten als Schiedsrichter benannt worden ist. Hier handelte es sich jedoch, wie dargelegt, um sieben Fälle in eineinhalb Jahren, so dass nach der „orangenen Liste" der Schiedsrichter zur Offenlegung verpflichtet gewesen wäre. Es bleibt das Geheimnis des Schweizerischen Bundesgerichts, warum es im Gegensatz zu seiner sonstigen Rechtspre-

---

1520 S. zu den Einzelheiten des Sachverhalts *Stutzer/Bösch*, Newsletter v. 14.11.2012, Multiple Appointments of an Arbitrator: Does the Swiss Federal Supreme Court really see no Limit?, S. 1.

1521 Schweizerisches Bundesgericht, Urteil v. 09.10.2012, Az.: 4A_110/2012, Rn. 2.2.2, SpuRt 2013, S. 23, 25 f.

1522 S. insb. *Stutzer/Bösch*, Newsletter v. 14.11.2012, Multiple Appointments of an Arbitrator: Does the Swiss Federal Supreme Court really see no Limit?, S. 3 ff.

chung der fast schon üblichen Heranziehung der IBA Guidelines in der konkreten Angelegenheit nicht auf diese abstellte.[1523]

(3) Vorangegangene Involvierung eines Schiedsrichters in derselben Angelegenheit

Die Spezifika der internationalen Sportschiedsgerichtsbarkeit, vornehmlich die geschlossene CAS-Schiedsrichterliste und der kleine Pool an Schiedsrichtern führen zwangsläufig zu einer Kumulation von Benennungen nur einiger weniger Schiedsrichter für zahlreiche Verfahren. In Bezug auf mehrere Benennungen desselben Schiedsrichters in demselben Verfahren stellt sich die Frage nach den Grenzen der funktionellen Unabhängigkeit. Oder anders formuliert: Inwieweit dürfen die Spezifika der internationalen Sportschiedsgerichtsbarkeit herangezogen werden, um jegliche Parteilichkeit eines Schiedsrichters in funktioneller Hinsicht zu negieren?

Das Schweizerische Bundesgericht geht hierbei in seiner liberalen Haltung sehr weit. Dies verdeutlicht die Rechtssache *Adrian Mutu v. Chelsea Football Club Ltd*[1524]. Dem lag eine vor dem *Appeal Committe* der englischen *Premier League* und sodann vor dem CAS als Berufungsinstanz ausgetragene arbeitsrechtliche Streitigkeit zugrunde, nachdem der englische Fußballklub *FC Chelsea* seinem rumänischen Lizenzspieler *Adrian Mutu* nach einem positiven Kokainbefund außerordentlich gekündigt und ihn nach der bestätigten Wirksamkeit der Kündigung auf Schadensersatz wegen entgangener Transfersummen aufgrund der gegen *Mutu* ausgesprochenen Sperre in Höhe von über Euro 17 Mio. verklagt hatte. Zwei CAS-Schiedsgerichte bestätigten in voneinander getrennt geführten Verfahren sowohl die Wirksamkeit der Kündigung als auch die Höhe der Schadensersatzforderung. Die Besonderheit der Angelegenheiten ergab sich auch daraus, dass der *FC Chelsea* für das zweite Verfahren *Dirk-Reiner Martens* als Schiedsrichter benannte, der als Vorsitzender dem für das erste Verfahren

---

1523 *Stutzer/Bösch*, Newsletter v. 14.11.2012, Multiple Appointments of an Arbitrator: Does the Swiss Federal Supreme Court really see no Limit?, S. 3; zwar hielt das Gericht die IBA Guidelines grundsätzlich für anwendbar, stellte in der konkreten Situation jedoch auf die Präklusion des Ablehnungsrechts des Klägers ab, Schweizerisches Bundesgericht, Urteil v. 09.10.2012, Az.: 4A_110/2012, Rn. 2.2.2, SpuRt 2013, S. 23, 25 f.

1524 Schweizerisches Bundesgericht, Urteil v. 10.06.2010, Az.: 4A_458/2009. Die Originalentscheidung erging in frz. Sprache.

zuständigen Schiedsgericht vorgesessen hatte.[1525] Gegen den zweiten CAS-Schiedsspruch erhob *Mutu* Anfechtungsklage vor dem Schweizerischen Bundesgericht unter anderem wegen fehlender Unabhängigkeit und Unparteilichkeit des Schiedsgerichts aufgrund des Schiedsrichters *Martens*, dessen Benennung er im CAS-Berufungsverfahren vor dem ICAS bereits erfolglos gerügt hatte.[1526]

Das Schweizerische Bundesgericht wies die Anfechtungsklage zurück. Es betonte nochmals die Grundsätze seiner Rechtsprechung, ein Schiedsrichter müsse vergleichbar einem staatlichen Richter Unabhängigkeit und Unparteilichkeit garantieren.[1527] Dabei seien die Besonderheiten der Schiedsgerichtsbarkeit und insbesondere die der CAS-Schiedsgerichtsbarkeit, wie z. B. die geschlossene CAS-Schiedsrichterliste, zu berücksichtigen. Das Gericht stellte hierzu heraus: *„These should not be disregarded even though they do not justify per se to be less demanding as to sport arbitration than as to commercial arbitration.“*[1528]

Nach seiner Rechtsprechung sei ein Schiedsrichter bei einer vorherigen Involvierung in der Angelegenheit nur dann voreingenommen, wenn er schon zu bestimmten Rechtsfragen Stellung bezogen habe, die seine zukünftigen Entscheidungen beeinflussen könnten.[1529] Hierfür bestünden jedoch keine Anhaltspunkte. Die alleinige Involvierung des Schiedsrichters *Martens* rechtfertige nicht *per se* eine Annahme der Befangenheit des Schiedsrichters, insbesondere vor dem Hintergrund, dass die Frage der Höhe der Schadensersatzforderung auch bereits von dem ersten Schiedsgericht hätte entschieden werden können, das an seine Entscheidung zur Wirksamkeit der Kündigung gebunden gewesen wäre.[1530]

Außerdem lägen die Voraussetzungen der Artt. 2.1.2 und 3.1.5 IBA Guidelines nicht vor. Gemäß Art. 2.1 IBA Guidelines steht auf der verzichtbaren „roten Liste“, eine Situation, in der der Schiedsrichter zuvor in der

---

1525 Zur Sachverhaltsdarstellung Schweizerisches Bundesgericht, Urteil v. 10.06.2010, Az.: 4A_458/2009, Rn. A. und B.; *Beffa/Ducrey*, CaS 2011, S. 307, 308.

1526 Schweizerisches Bundesgericht, Urteil v. 10.06.2010, Az.: 4A_458/2009, Rn. C.

1527 Schweizerisches Bundesgericht, Urteil v. 10.06.2010, Az.: 4A_458/2009, Rn. C.3.1.

1528 Schweizerisches Bundesgericht, Urteil v. 10.06.2010, Az.: 4A_458/2009, Rn. C.3.1.

1529 Schweizerisches Bundesgericht, Urteil v. 10.06.2010, Az.: 4A_458/2009, Rn. 3.3.3.2; *Beffa*, ASA Bulletin 2011, S. 598, 599 f.

1530 Schweizerisches Bundesgericht, Urteil v. 10.06.2010, Az.: 4A_458/2009, Rn. 3.3.3.2; *Beffa/Ducrey*, CaS 2011, S. 307, 309.

Streitsache involviert war. Auf der „orangenen Liste" ist gemäß Art. 3.1.5 IBA Guidelines eine Situation zu führen, in der der Schiedsrichter innerhalb der letzten drei Jahre in einer verbundenen Sache als Schiedsrichter gedient hat. Dies stützte das Schweizerische Bundesgericht auf eine äußerst formale Begründung. So handle es sich nicht um dieselbe Streitsache i. S. v. Art. 2.1.2 IBA Guidelines, da die Angelegenheiten vor dem CAS mit zwei unterschiedlichen Verfahrenszeichen geführt worden seien.[1531] Art. 3.1.5 IBA Guidelines beziehe sich nur auf Situationen, in denen der Schiedsrichter die Interessen einer Partei und nicht, wie vorliegend, beider Parteien in einer vorigen Angelegenheit vertreten habe.[1532]

Dabei verkennt das Schweizerische Bundesgericht in seiner restriktiven Auslegung nicht nur, dass der simple Umstand der Beurteilung unterschiedlicher Rechtsfragen durch die beiden Schiedsgerichte nicht der richtige Maßstab für die Bewertung der Unparteilichkeit eines Schiedsrichters sein kann.[1533] Die Benennung eines Schiedsrichters, der dem Schiedsgericht, das zuvor die Sache dem Grunde nach entschieden hat, als Vorsitzender vorsaß, führt vielmehr zu einem nicht zu rechtfertigenden Informationsungleichgewicht unter den Schiedsrichtern.[1534]

Der EGMR hat die Beschwerde von *Mutu* mangels Verstoßes gegen Art. 6 EMRK zurückgewiesen. Der Gerichtshof verdeutlichte nochmals die Anforderungen für das Vorliegen berechtigter Zweifel an der Unparteilichkeit eines Schiedsrichters:

> „Zum einen ist es für das Vorliegen einer Voreingenommenheit notwendig, dass der betreffende Schiedsrichter sukzessive über identische Sachverhalte entscheiden musste und zum anderen, dass er die gleiche Frage beantworten musste oder zumindest, dass der Unterschied zwischen den zu entscheidenden Fragen minimal war."[1535]

Diese Voraussetzungen sah der EGMR nicht erfüllt. In seiner Begründung folgte er im Wesentlichen der Argumentation des Schweizerischen Bundes-

---

1531 Schweizerisches Bundesgericht, Urteil v. 10.06.2010, Az.: 4A_458/2009, Rn. 3.3.3.1.
1532 Schweizerisches Bundesgericht, Urteil v. 10.06.2010, Az.: 4A_458/2009, Rn. 3.3.3.1.
1533 *Beffa/Ducrey*, CaS 2011, S. 307, 309.
1534 *Beffa/Ducrey*, CaS 2011, S. 307, 309.
1535 EGMR, Urteil v. 02.10.2018, Nr. 40575/10, 67474/10, Mutu und Pechstein v. Suisse, Rn. 160, BeckRS 2018, S. 23523.

gerichts und stellte darauf ab, dass die beiden Schiedsgerichte unterschiedliche Rechtsfragen beurteilt hätten.[1536]

Auch wenn der alleinige Umstand der Benennung des Schiedsrichters *Martens* trotz seiner vorigen Involvierung als Vorsitzender des Schiedsgerichts in derselben Angelegenheit keinen Verstoß gegen Art. 6 EMRK darstellt, täten sowohl der ICAS als auch das Schweizerische Bundesgericht gut daran, den rigiden Maßstab hinsichtlich der Unparteilichkeit der CAS-Schiedsrichter nicht zu verkennen. Dabei liegt die Problematik der *Mutu*-Angelegenheit nicht wie in vielen der vom EGMR entschiedenen Fällen in der Gefahr, dass die Entscheidungsträger als Richter in eigener Sache auftreten. Denn die Entscheidung des zweiten Schiedsgerichts ist aufgrund des *res iudicata*-Grundsatzes unstreitig auf die Frage der Schadensersatzhöhe beschränkt.[1537] Vielmehr haftet der Zusammensetzung des zweiten Schiedsgerichts insofern der Anschein der Abhängigkeit an, als der parteiernannte Schiedsrichter *Martens* zuvor als Vorsitzender eine Entscheidung gegen *Mutu* getroffen hat. Um diesem Anschein der Voreingenommenheit entgegenzuwirken, wurden die Situationen der IBA Guidelines entwickelt. Deren restriktive Auslegung durch das Schweizerische Bundesgericht wird dem nicht gerecht. Auch ohne ausdrücklichen Verstoß gegen Art. 6 EMRK bleibt es problematisch, dass eine Partei ohne Weiteres denjenigen Schiedsrichter benennen kann, der in derselben Angelegenheit kurz zuvor als Vorsitzender über die Sache dem Grunde nach zulasten der gegnerischen Partei entschieden hat.[1538]

Demgegenüber hat das Schweizerische Bundesgericht zu Recht in einem Fall einen zu vage vorgetragenen Vorwurf gegenüber einem Schiedsrichter wegen dessen behaupteter Voreingenommenheit abgelehnt.[1539] In dem Fall hatte die Klägerin die Befangenheitsrüge damit begründet, der Präsident des Schiedsgerichts habe einem ihrer Prozessvertreter gegenüber im Zusammenhang mit einem anderen Verfahren erklärt, er vertrete *„eine har-*

1536 EGMR, Urteil v. 02.10.2018, Nr. 40575/10, 67474/10, Mutu und Pechstein v. Suisse, Rn. 160, BeckRS 2018, S. 23523.

1537 So auch ausdrücklich von dem CAS-Schiedsgericht festgestellt, CAS-Schiedsspruch v. 31.07.2009, Nr. CAS 2008/A/1644, M. v. Chelsea Football Club Ltd., Rn. 23.

1538 *Beffa/Ducrey*, CaS 2011, S. 307, 309; *Noth/Haas*, in: Arroyo, Arbitration in Switzerland, Art. R33, Rn. 11.

1539 Schweizerisches Bundesgericht, Urteil v. 10.02.2010, Az.: 4A_612/2009, Rn. 3.2.

te Linie in Dopingfragen"[1540]. Das Schweizerische Bundesgericht sah darin zu Recht einen zu vagen Vorwurf ohne Bezug zu dem anhängigen Verfahren.[1541] Diese Sichtweise wurde durch den EGMR im *Mutu/Pechstein*-Urteil bestätigt.[1542] Mangels Anhaltspunkten und Beweisen bezüglich des konkreten Verfahrens lagen auch die obigen Anforderungen nach der EGMR-Rechtsprechung nicht vor.

Letztlich gilt es nochmals die Bedeutung der Transparenz zu betonen. Den Parteien muss die Möglichkeit eröffnet sein, aufgrund vollständiger und transparenter Informationen über die Benennung ihres Schiedsrichters entscheiden zu können. Dies setzt eine vollumfängliche Offenlegungspflicht der Schiedsrichter im Hinblick auf ihre früheren Benennungen voraus. Im Übrigen wird ohne eine derartige Offenlegungspflicht das Ablehnungsrecht der Schiedsparteien vor dem CAS entwertet, da den Parteien ohne legitimen Grund wesentliche Informationen vorenthalten werden, die ansonsten Anlass zu weiteren Nachforschungen bieten könnten.[1543] Dies hat die Rechtssache *X v.* UCI[1544] mit der problematischen Mehrfachbenennung eines Schiedsrichters durch die UCI gezeigt. Dabei ist insbesondere deutlich geworden, dass ein Athletenvertreter selbst mit erfolglosen Offenlegungsanfragen an den CAS bezüglich vorhergehender Verfahren eines Schiedsrichters, die aus Geheimhaltungsgründen vom CAS zurückgewiesen wurden, nicht seiner „duty of curiosity" gerecht wird. Ohne die Offenlegung aller vorigen Benennungen der Schiedsrichter hängt der mehrfachen Benennung eines Schiedsrichters durch einen Sportverband vor dem CAS der *Hautgout* der Parteilichkeit an.[1545]

1540 Dies erklärte Herr *Prof. Coccia* gegenüber dem Prozessvertreter vor dem Schweizerischen Bundesgericht von Frau *Pechstein*, Herrn *Valloni*, als dieser ihn für das Verfahren gegen *Floyd Landis* vor dem CAS gewinnen wollte.

1541 Schweizerisches Bundesgericht, Urteil v. 10.02.2010, Az.: 4A_612/2009, Rn. 3.2.

1542 EGMR, Urteil v. 02.10.2018, Nr. 40575/10, 67474/10, Mutu und Pechstein v. Suisse, Rn. 150, SpuRt 2018, S. 253, 258 = BeckRS 2018, S. 23523.

1543 *Thorn/Lasthaus*, IPRax 2016, S. 426, 431.

1544 Schweizerisches Bundesgericht, Urteil v. 09.10.2012, Az.: 4A_110/2012, SpuRt 2013, S. 23 ff.

1545 *Thorn/Lasthaus*, IPRax 2016, S. 426, 431.

(4) Professionelle Beziehungen zwischen Schiedsrichter und
    Parteivertreter

Sportrechtsexperten sind nicht nur relativ rar gesät, sie gehen in der Regel
auch Berufen nach, die sie immer wieder in verschiedenen Funktionen mit
potenziellen CAS-Schiedsparteien in Verbindung bringen können. Aufgrund dieser professionellen Beziehungen kann die Gefahr des Anscheins
der Voreingenommenheit entstehen, welche sich anhand der Rechtssache
Valverde Belmonte v. CONI[1546], WADA und UCI[1547] exemplarisch illustrieren lässt. An dem CAS-Schiedsspruch, der die zweijährige Sperre gegen
den spanischen Radprofi *Alejandro Valverde Belmonte* bestätigte, wirkte der
von dem italienischen Olympischen Komitee benannte Schiedsrichter *Prof.
Ulrich Haas* mit. Die *WADA* und der internationale Radsportverband *UCI*
traten dem Schiedsverfahren bei. *Prof. Haas* war ein Jahr zuvor von der *WA-
DA* als unabhängiger Rechtsexperte in eine Arbeitsgruppe zur Überarbeitung des WADC sowie ebenfalls von der *WADA* zu den Olympischen Spielen 2004 in Athen als Vorsitzender eines Teams zur Überwachung der Einhaltung des Anti-Doping-Programms benannt worden. Unter anderem wegen dieser Involvierung des Schiedsrichters *Prof. Haas* erhob *Valverde* erfolglos Anfechtungsklage vor dem Schweizerischen Bundesgericht, nachdem er mit einem Befangenheitsantrag gegen *Prof. Haas*, der die Beauftra-
gung vonseiten der WADA zu Beginn des Schiedsverfahrens vollumfänglich offengelegt hatte, vor dem ICAS gescheitert war.

Das Schweizerische Bundesgericht sah in den Tätigkeiten von *Prof. Haas*
keine objektiv gerechtfertigte Parteilichkeit. Dabei betonte es, *Prof. Haas* sei
vollumfänglich seiner Offenlegungspflicht nachgekommen.[1548] Zudem sei
er zwar von der *WADA* benannt worden, jedoch habe er als unabhängiger
Rechtsexperte gearbeitet und die Tätigkeit zu den Olympischen Spielen sei
schon drei Jahre vor Beginn des Schiedsverfahrens abgeschlossen gewe-

---

1546 *Comitato Olimpico Nazionale Italiano* ist der Dachverband aller italienischen
      Sportverbände.
1547 Schweizerisches Bundesgericht, Urteil v. 29.10.2010, Az.: 4A_234/2010, BGE
      136 III, S. 605 ff.; *Kaufmann-Kohler/Rigozzi*, International Arbitration: Law and
      Practice in Switzerland, Rn. 4.131 (engl. Übersetzung der frz. Original-Urteils-
      fassung).
1548 Schweizerisches Bundesgericht, Urteil v. 29.10.2010, Az.: 4A_234/2010,
      Rn. 3.4.4, BGE 136 III, S. 605, 619 ff.; *Kaufmann-Kohler/Rigozzi*, International
      Arbitration: Law and Practice in Switzerland (engl. Übersetzung der frz. Origi-
      nal-Urteilsfassung).

sen.[1549] Somit bestehe keine dem Mandatsverhältnis eines Anwalts zu einem Mandanten vergleichbare berufliche Abhängigkeit.[1550] Außerdem sei Art. 3.4.2 IBA Guidelines[1551] nicht einschlägig, da *Prof. Haas* nur als unabhängiger Rechtsexperte und nicht in einem Beschäftigungsverhältnis zur *WADA* aufgetreten sei und im Übrigen die „orangene Liste" der IBA Guidelines ohnehin nur zur Offenlegung verpflichte, die vorliegend erfolgt sei.[1552]

Letztlich stellte jedoch auch das Schweizerische Bundesgericht klar, dass bei Hinzutreten weiterer Umstände aufgrund einer beruflichen Beziehung eine Parteilichkeit angenommen werden könne.[1553]

Der Entscheidung des Schweizerischen Bundesgerichts ist insofern zuzustimmen, als die alleinige, teilweise bereits vor Jahren abgeschlossene Tätigkeit als unabhängiger Rechtsexperte im Auftrag einer Schiedspartei allein nicht zur Annahme einer objektiv gerechtfertigten Parteilichkeit führen kann. Allerdings wäre es wünschenswert gewesen, im Sinne der Rechtssicherheit die Umstände präzisierend aufzuführen, die zur Annahme einer solchen Parteilichkeit führen können. Entscheidendes Kriterium sollte dabei die wirtschaftliche Abhängigkeit eines Schiedsrichters sein, die durch seine Tätigkeit für eine Schiedspartei entsteht. Einen Verstoß gegen

---

1549 Schweizerisches Bundesgericht, Urteil v. 29.10.2010, Az.: 4A_234/2010, Rn. 3.4.4, BGE 136 III, S. 605, 619 ff.; *Kaufmann-Kohler/Rigozzi*, International Arbitration: Law and Practice in Switzerland, Rn. 4.131 (engl. Übersetzung der frz. Original-Urteilsfassung).

1550 Schweizerisches Bundesgericht, Urteil v. 29.10.2010, Az.: 4A_234/2010, Rn. 3.4.4, BGE 136 III, S. 605, 619 ff.; *Kaufmann-Kohler/Rigozzi*, International Arbitration: Law and Practice in Switzerland, Rn. 4.131 (engl. Übersetzung der frz. Original-Urteilsfassung).

1551 Art. 3.4.2 IBA Guidelines: „Der Schiedsrichter war in den vergangenen drei Jahren mit einer Partei oder einer mit ihr verbundenen Gesellschaft («affiliate») in beruflicher Hinsicht verbunden, wie z. B. als früherer Angestellter oder Partner."

1552 Schweizerisches Bundesgericht, Urteil v. 29.10.2010, Az.: 4A_234/2010, Rn. 3.4.4, BGE 136 III, S. 605, 619 ff.; *Kaufmann-Kohler/Rigozzi*, International Arbitration: Law and Practice in Switzerland, Rn. 4.131 (engl. Übersetzung der frz. Original-Urteilsfassung).

1553 Schweizerisches Bundesgericht, Urteil v. 29.10.2010, Az.: 4A_234/2010, Rn. 3.4.4, BGE 136 III, S. 605, 619 ff.; *Kaufmann-Kohler/Rigozzi*, International Arbitration: Law and Practice in Switzerland, Rn. 4.131 (engl. Übersetzung der frz. Original-Urteilsfassung): „It goes without saying that this decision in no way precludes the appreciation which could be made as to the same arbitrator's independence and impartiality towards WADA in the light of other circumstances not considered here."; *Beffa*, ASA Bulletin 2011, S. 598, 600.

die Unparteilichkeit eines Richters hat der EGMR beispielsweise für den Fall einer langjährigen beruflichen Beziehung sowie nicht unerheblicher Gehaltszahlungen zwischen einer Partei und einem Richter angenommen.[1554] Solche Voraussetzungen lagen jedoch im Fall von Herrn *Prof. Haas* gegenüber der *WADA* nicht vor, so dass insofern Zweifel an der Unparteilichkeit bestanden.

(5) Parteiabhängigkeit eines Schiedsrichters wegen derselben Nationalität wie eine der Parteien?

Häufig sieht sich der CAS vergleichbar vagen Vorwürfen hinsichtlich der Unparteilichkeit der CAS-Schiedsrichter ausgesetzt. Beispielhaft hierfür steht dieselbe Nationalität von Schiedsrichtern und Parteien. So kommentierte der Prozessvertreter von *Claudia Pechstein* vor den ordentlichen Gerichten, *Thomas Summerer*, die Benennung des Vorsitzenden in *Pechstein's* CAS-Berufungsverfahren wie folgt:

„Und das hat sich Im Fall Claudia Pechstein fatal ausgewirkt. Dort wurde nämlich als Vorsitzender ein Italiener benannt. Und allein das hatte schon ein Geschmäckle, denn der Präsident der verklagten International Skating Union war ebenfalls Italiener."[1555]

Dieses – sicherlich absichtlich pointiert-provokativ vorgetragene – „Geschmäckle" stellt jedoch keinen Verstoß gegen die objektive Unparteilichkeit im Sinne von Art. 6 EMRK dar. Denn unter Zugrundelegung des Maßstabs für die objektive Unparteilichkeit nach der EGMR-Rechtsprechung dürfte allein der Umstand derselben Staatsangehörigkeit zwischen Partei und Schiedsrichter nicht den Vorwurf der Voreingenommenheit des Schiedsrichters begründen. Vielmehr müssten hierfür weitere Umstände hinzutreten, die beispielsweise durch das persönliche Verhalten des

---

1554 EGMR, Urteil v. 17.06.2003, Nr. 62435/00, Pescador Valero v. Spain, Rn. 27; *Meyer-Ladewig/Harrendorf/König*, in: Meyer-Ladewig, HK-EMRK, Art. 6, Rn. 82.

1555 So mehrfach von Herrn *Summerer* vorgetragen, z. B. im Deutschlandfunk-Beitrag v. 26.09.2016 mit dem Titel „Tatort Stadion", abrufbar unter: http://www.d eutschlandfunkkultur.de/sportgerichtsbarkeit-tatort-stadion.966.de.html?dram: article_id=365002 (Stand: März 2019). Hintergrund der Aussage war, dass *Prof. Massimo Coccia* (italienischer Staatsbürger) zum Vorsitzenden des Schiedsgerichts in Frau *Pechstein's* CAS-Berufungsverfahren berufen wurde und zeitgleich Herr *Cinquanta* (ebenfalls italienischer Staatsbürger) Präsident der ISU, der damaligen Schiedsbeklagten in dem Verfahren, war.

Schiedsrichters den Anschein der Parteilichkeit erwecken. Diese wurden jedoch nicht vorgetragen. Ebenso wenig kann ein Verstoß gegen die subjektive Unparteilichkeit bejaht werden, da diese bis zum Beweis des Gegenteils vermutet wird.

Diesbezüglich ist auch dem Schweizerischen Bundesgericht in seiner Einschätzung zuzustimmen, allein der Umstand, dass Mitglieder eines Schiedsgerichts dieselbe Staatsangehörigkeit wie eine Partei haben, führe zu keiner vorschriftswidrigen Ernennung der Schiedsrichter bzw. einer Missachtung des *Ordre public* gemäß Art. 190 Abs. 2 lit. a) bzw. lit. e) IPRG.[1556]

Ungeachtet eines Verstoßes gegen die Unparteilichkeit könnten die Vorwürfe hinsichtlich der Nationalität der Schiedsrichter zum Anlass genommen werden, im Zuge eines Reformprozesses die Nationalität bei der Schiedsrichterauswahl zu berücksichtigen. Der Bedarf hierfür ergibt sich aufgrund eines Vergleichs zu Handelsschiedsgerichtsordnungen. Um größtmögliche Neutralität des Schiedsgerichts hinsichtlich der Nationalität und des (Wohn-)Sitzes der Parteien zu gewährleisten, sind in mehreren Handelsschiedsgerichtsordnungen Regelungen enthalten, welche auf die Nationalität der Schiedsrichter eingehen.[1557]

1556 Schweizerisches Bundesgericht, Urteil v. 12.02.1958, Rn. 6b, BGE 84 I, S. 39, 51; Schweizerisches Bundesgericht, Urteil v. 17.05.1950, Rn. 2b, BGE 76 I, S. 121: „Dass sämtliche Mitglieder eines Schiedsgerichts die gleiche Staatsangehörigkeit und den gleichen Wohnsitz wie die eine Partei haben, lässt es noch nicht als ungeeignet erscheinen. Es würde zu weit gehen, zur Beurteilung internationaler zivilrechtlicher Streitigkeiten nur Schiedsgerichte zuzulassen, die entweder gleichmässig aus Angehörigen der Heimatstaaten beider Parteien oder aus Angehörigen anderer Staaten zusammengesetzt sind."; *Berger/Kellerhals*, Schiedsgerichtsbarkeit in der Schweiz, Rn. 728.

1557 Art. 16 Abs. 7 UNCITRAL Arbitration Rules; Art. 13 Abs. 5 ICC-Schiedsgerichtsordnung; Art. 6 LCIA Arbitration Rules; Art. 13 Abs. 5 SCC Arbitration Rules. Andere Schiedsordnungen, wie z. B. die Swiss Arbitration Rules oder die DIS-Schiedsgerichtsordnung bzw. die DIS-SportSchO enthalten keine vergleichbaren ausdrücklichen Regelungen.

1558 Art. 13 Abs. 5 ICC-Schiedsgerichtsordnung: „Der [...] Vorsitzende des Schiedsgerichts muss eine andere Staatsangehörigkeit besitzen als die Parteien. Wenn die Umstände dies als sinnvoll erscheinen lassen und keine der Parteien innerhalb einer vom Gerichtshof gesetzten Frist Einwendungen erhebt, kann jedoch [...] ein Vorsitzender des Schiedsgerichts mit einer Staatsangehörigkeit ausgewählt werden, die dieselbe ist wie die einer der Parteien."

So muss beispielsweise gemäß Art. 13 Abs. 5 ICC-Schiedsgerichtsordnung[1558] oder gemäß Art. 6 LCIA Arbitration Rules[1559] der Vorsitzende des Schiedsgerichts grundsätzlich eine andere Staatsangehörigkeit als die Parteien besitzen, es sei denn die Parteien haben nichts wegen der Nationalität des Vorsitzenden einzuwenden. Eine ähnliche Regelung enthält Art. R-15 AAA Commercial Arbitration and Mediation Procedures[1560]. Gemäß Art. 6.2 LCIA Arbitration Rules[1561] erstreckt sich der Begriff der Nationalität auf die entsprechenden Mehrheitsaktionäre einer Partei. Über die zu beachtende Neutralität hinsichtlich der Nationalität hinaus sind gemäß Art. 13 Abs. 1 ICC-Schiedsgerichtsordnung bei der Benennung der Schiedsrichter der *„Wohnsitz und sonstige Beziehungen der betreffenden Person zu den Ländern, deren Staatsangehörigkeit die Parteien oder die anderen Schiedsrichter haben"*, zu berücksichtigen.[1562]

Ähnliche Regelungen erscheinen auch für den CAS-Code sinnvoll. Zwar handelt es sich einerseits bei einer der Schiedsparteien im CAS-Berufungsverfahren in der Regel um einen internationalen Sportverband, von denen die Mehrzahl ihren Sitz in der Schweiz hat und hinsichtlich derer aufgrund ihrer internationalen Ausrichtung die Nationalität des Präsidenten keine zu entscheidende Rolle einnehmen sollte. Andererseits spielt der Präsident eines internationalen Sportverbandes in seinem Verband keine untergeordnete Rolle. Der Präsident vertritt seinen Verband häufig in allen gerichtlichen und außergerichtlichen Angelegenheiten.[1563] Außerdem kann sich die Amtszeit der Präsidenten internationaler Sportverbände[1564] über einen sehr langen Zeitraum erstrecken.

1559   Art. 6.1 LCIA Arbitration Rules: „Where the parties are of different nationalities, a sole arbitrator or the presiding arbitrator shall not have the same nationality as any party unless the parties who are not of the same nationality as the arbitral candidate all agree in writing otherwise."

1560   Art. R-15 AAA Commercial Arbitration and Mediation Procedures: „Where the parties are nationals of different countries, the AAA, at the request of any party or on its own initiative, may appoint as arbitrator a national of a country other than that of any of the partieS. The request must be made before the time set for the appointment of the arbitrator as agreed by the parties or set by these rules."

1561   Art. 6.2 LCIA Arbitration Rules: „The nationality of a party shall be understood to include those of its controlling shareholders or interests."

1562   *Jahnel/Loong*, in: Arroyo, Arbitration in Switzerland, ICC Rules, Art. 13, Rn. 36.

1563   S. z. B. für die ISU Art. 16 Abs. 2 lit. a) ISU Statutes.

1564   So waren z. B. *Ottavio Cinquanta* von 1994-2016 Präsident der ISU oder *Sepp Blatter* von 1998-2016 Präsident der FIFA.

Somit sollte die Nationalität des Vorsitzenden des Schiedsgerichts in die Erwägungsgründe für dessen Benennung durch den Präsidenten der Berufungskammer in den CAS-Code miteinbezogen werden.

2. Subjektive Unparteilichkeit

Im Vergleich zur objektiven Unparteilichkeit spielt deren Pendant, die subjektive Unparteilichkeit, in der Rechtsprechung des EGMR lediglich eine untergeordnete Rolle.[1565] Dies lässt sich insbesondere mit den gesteigerten Anforderungen an die Darlegungs- und Beweislast aufgrund der Beweislastumkehr erklären.[1566] Denn die subjektive Unparteilichkeit wird bis zum Beweis des Gegenteils vermutet.[1567] Trotz der Konzentration des EGMR auf die objektive Unparteilichkeit gibt es natürlich *„keine wasserdichte Grenze"*[1568] zwischen den beiden Ansätzen der objektiven und subjektiven Unparteilichkeit. Fehlende subjektive Unparteilichkeit kann sich aus persönlichen Beziehungen zwischen Richtern und Parteien oder der Einstellung der Richter gegenüber den Parteien ergeben.[1569] Letzteres kann sich im Besonderen in einer Vorverurteilung, feindseligen oder böswilligen Haltungen des Richters gegenüber dem Betroffenen oder in dessen persönlichem Bemühen äußern, dass ihm ein bestimmter Fall zugewiesen wird.[1570] Ferner bejahte der EGMR die fehlende subjektive Unparteilichkeit in Fällen negativer Äußerungen zum Nachteil der Parteien gegenüber den Medien oder fehlender Diskretion des Gerichts bei öffentlichen

---

1565 EGMR, Urteil v. 15.10.2009, Nr. 17056/06, Micaleff v. Malta, Rn. 95.

1566 *Müller*, Richterliche Unabhängigkeit und Unparteilichkeit nach Art. 6 EMRK, S. 117.

1567 EGMR, Urteil v. 10.08.2006, Nr. 75737/01, Schwarzenberger v. Germany, Rn. 39, NJW 2007, S. 3553, 3554; EGMR, Urteil v. 15.12.2005, Nr. 73797/01, Kyprianou v. Cyprus, Rn. 119, NJW 2006, S. 2901, 2903; EGMR, Urteil v. 06.06.2000, Nr. 34130/96, Morel v. France, Rn. 41; EGMR, Urteil v. 23.06.1981, Nr. 6878/75; 7238/75, Le Compte, Van Leuven and De Meyere v. Belgium, Rn. 58, EuGRZ 1981, S. 551, 554; *Meyer*, in: Karpenstein/Mayer, EMRK, Art. 6, Rn. 49; *Meyer-Ladewig/Harrendorf/König*, in: Meyer-Ladewig, HK-EMRK, Art. 6, Rn. 74; *Peukert*, in: Frowein/Peukert, EMRK, Art. 6, Rn. 213.

1568 EGMR, Urteil v. 15.12.2005, Nr. 73797/01, Kyprianou v. Cyprus, Rn. 119, NJW 2006, S. 2901, 2903; EGMR, Urteil v. 23.04.2015, Nr. 29369/10, Morice v. France, Rn. 75, NJW 2016, S. 1563, 1564.

1569 *Meyer*, in: Karpenstein/Mayer, EMRK, Art. 6, Rn. 49.

1570 EGMR, Urteil v. 12.10.1984, Nr. 9186/80, De Cubber v. Belgium, Rn. 25; EGMR, Urteil v. 15.10.2009, Nr. 17056/06, Micaleff v. Malta, Rn. 94.

Äußerungen.[1571] Ob eine subjektive Unparteilichkeit im Hinblick auf das Berufungsverfahren vor dem CAS nach solchen Maßstäben angenommen werden kann, ist nach den Umständen des Einzelfalls zu beurteilen. Da eine solche einzelfallgerechte Beurteilung die Grenzen dieser Bearbeitung überschreiten würde, beschränkt sich diese auf die Fallgruppen der objektiven Unparteilichkeit, die für das CAS-Berufungsverfahren prägenden Charakter haben können.

3. Zusammenfassung der Reformvorschläge
– Im CAS-Code bzw. in der CAS-Schiedsklausel sollte sich eine Bezugnahme auf die IBA Guidelines wiederfinden, die deren Anwendung im Kontext der spezifischen Anforderungen der CAS-Schiedsgerichtsbarkeit vorsieht. Alternativ wären auf dem gleichen Schutzniveau CAS-spezifische Richtlinien für die Unabhängigkeit der Schiedsrichter wünschenswert, um Interessenkonflikte zu vermeiden.
– Die Offenlegungspflicht der Schiedsrichter zu Beginn des Schiedsverfahrens sollte umfassender als bisher ausgestaltet werden und sich an den Anforderungen der IBA Guidelines orientieren.
– Das Verbot der Doppelfunktion gemäß Art. S18 Abs. 3 CAS-Code sollte sich auf die gesamte Sozietät eines CAS-Schiedsrichters beziehen und durch die Klarstellung gestärkt werden, dass ein Verstoß gegen diese Vorschrift in der Regel den Vorwurf der Befangenheit nach sich zieht und dieser von den Parteien geahndet werden kann.
– Hinsichtlich der Mehrfachbenennung eines Schiedsrichters durch dieselbe Partei sollte an die Nachforschungspflicht der Parteien keine überzogenen Anforderungen gestellt werden; demgegenüber sollte die Offenlegungspflicht der Schiedsrichter strenger geprüft werden.
– Bei der Auswahl des Vorsitzenden des Schiedsgerichts sollte auf dessen von den Parteien abweichende Staatsangehörigkeit geachtet werden, es sei denn, die Parteien haben ausdrücklich ihr Einverständnis erklärt.

III. Das Recht auf Öffentlichkeit und Mündlichkeit des Verfahrens

Gemäß Art. 6 Abs. 1 S. 1 EMRK hat jedermann einen Anspruch darauf, dass über seine Streitigkeit „*öffentlich [...] verhandelt wird*" („*everyone is en-*

1571 EGMR, Urteil v. 16.09.1999, Nr. 29569/95, Buscemi v. Italy, Rn. 67 f.; *Peukert*, in: Frowein/Peukert, EMRK, Art. 6, Rn. 214 f.

titled to a [...] public hearing").[1572] Die umfassend zu verstehende Öffentlichkeitsgarantie reicht von der öffentlichen Verhandlung bis zur Veröffentlichung der Entscheidung und schützt nicht nur die Parteien, sondern im Sinne einer Volksöffentlichkeit das Recht eines jeden, Zugang zu der Verhandlung zu erhalten.[1573] Telos der Öffentlichkeitsgarantie ist dabei zum einen, im Sinne einer demokratischen Funktion das Vertrauen in die Gerichtsbarkeit zu stärken, indem durch die öffentliche Kontrolle eine Justiz im Geheimen verhindert wird.[1574] Zum anderen soll die Fairness des Verfahrens im Sinne der Waffengleichheit gesichert werden, indem sich die Rechtsunterworfenen aufgrund einer transparenten Erörterung der rechtlichen und tatsächlichen Streitpunkte mithilfe eines direkten Austausches davon überzeugen können, dass das Gericht ihr Anliegen entsprechend zur Kenntnis genommen hat und somit die Akzeptanz der Entscheidung und deren Effektivität gesteigert werden.[1575]

1. Die öffentliche Verhandlung

Die Verhandlung soll grundsätzlich für jedermann im Rahmen des verfügbaren Platzangebotes zugänglich sein.[1576] Zunächst ist zu prüfen, ob Ausschlussgründe vorliegen, die ein Absehen von der öffentlichen Verhandlung rechtfertigen.

Einschränkungen des Öffentlichkeitsgrundsatzes sind in Art. 6 Abs. 1 S. 2 HS. 2 EMRK vorgesehen:

> „Presse und Öffentlichkeit können jedoch während des ganzen oder eines Teiles des Verfahrens ausgeschlossen werden, wenn dies im Interesse der Moral, der öffentlichen Ordnung oder der nationalen Sicherheit

---

1572 Anm.: Der Grundsatz der Mündlichkeit ist dem der Öffentlichkeit inhärent und trotz fehlender ausdrücklicher Erwähnung unentbehrliche Voraussetzung für die Teilhabe der Öffentlichkeit an dem Verfahren, *Kühne*, in: Pabel/Schmahl, IntKom, EMRK, Art. 6, Rn. 346.

1573 *Grabenwarter/Pabel*, EMRK, § 24, Rn. 86; *dies.*, in: Dörr/Grote/Marauhn, EMRK/GG, Kap. 14, Rn. 119; *Villiger*, Handbuch der EMRK, S. 279, Rn. 440; *Kühne*, in: Pabel/Schmahl, IntKom, EMRK, Art. 6, Rn. 345.

1574 *Peukert*, in: Frowein/Peukert, EMRK, Art. 6, Rn. 187; *Villiger*, Handbuch der EMRK, S. 280, Rn. 441; *Morscher/Christ*, EuGRZ 2010, S. 272, 274.

1575 *Meyer*, in: Karpenstein/Mayer, EMRK, Art. 6, Rn. 60; *Villiger*, Handbuch der EMRK, S. 280, Rn. 441; *Morscher/Christ*, EuGRZ 2010, S. 272, 274.

1576 *Peukert*, in: Frowein/Peukert, EMRK, Art. 6, Rn. 187; *Grabenwarter/Pabel*, EMRK, § 24, Rn. 86.

in einer demokratischen Gesellschaft liegt, wenn die Interessen von Jugendlichen oder der Schutz des Privatlebens der Prozessparteien es verlangen oder – soweit das Gericht es für unbedingt erforderlich hält – wenn unter besonderen Umständen eine öffentliche Verhandlung die Interessen der Rechtspflege beeinträchtigen würde."

Zu unterscheiden sind danach die allgemeinen und die prozessbezogenen sowie jene Ausschlussgründe zugunsten der Rechtspflege.[1577] Darüber hinaus sieht die Rechtsprechung des EGMR ein Absehen von einer öffentlichen Verhandlung als gerechtfertigt an, sofern das Verfahren rein rechtliche oder spezifisch technische Aspekte[1578] bzw. außergewöhnliche Umstände[1579] betrifft, die den Ausschluss der Öffentlichkeit erfordern.[1580] Im Gegensatz zu Artt. 8 bis 11 EMRK ist kein ausdrücklicher Gesetzesvorbehalt für die Beschränkungsmöglichkeiten vorgesehen.[1581] Der Öffentlichkeitsausschluss muss dem Verhältnismäßigkeitsgrundsatz entsprechen, d. h. eines der von einem Ausschlussgrund erfassten Ziele verfolgen, zu dessen Erreichung geeignet und erforderlich und hinsichtlich der Einschränkung der Öffentlichkeit angemessen sein.[1582] Eine solche Verhältnismäßigkeitsprüfung hat sich an den Umständen des Einzelfalls zu orientieren.

Es sind grundsätzlich keine besonderen Umstände ersichtlich, die *per se* ein Absehen von einer öffentlichen Verhandlung in sämtlichen CAS-Berufungsverfahren nach der Rechtsprechung des EGMR erforderlich machen.

1577 *Grabenwarter/Pabel*, EMRK, § 24, Rn. 94; *dies.*, in: Dörr/Grote/Marauhn, EMRK/GG, Kap. 14, Rn. 128 ff.

1578 EGMR, Urteil v. 24.03.2005, Nr. 54645/00, Osinger v. Austria, Rn. 46: „The Court has already considered that in the course of proceedings where exclusively legal or highly technical questions are at stake, the requirements of Article 6 may be fulfilled even in the absence of a hearing."

1579 EGMR, Urteil v. 08.02.2005, Nr. 55853/00, Miller v. Sweden, Rn. 29: „The Court reiterates that in proceedings before a court of first and only instance the right to a "public hearing" under Article 6 § 1 entails an entitlement to an "oral hearing" unless there are exceptional circumstances that justify dispensing with such a hearing."; EGMR, Urteil v. 11.07.2002, Nr. 36590/97, Göç v. Turkey, Rn. 47; EGMR, Urteil v. 21.02.1990, Nr. 11855/85, Håkansson and Sturesson v. Sweden, Rn. 64.

1580 EGMR, Urteil v. 27.08.2013, Nr. 2935/07, Kolgu v. Turkey, Rn. 43.

1581 *Grabenwarter/Pabel*, in: Dörr/Grote/Marauhn, EMRK/GG, Kap. 14, Rn. 121; *Kühne*, in: Pabel/Schmahl, IntKom, EMRK, Art. 6, Rn. 352.

1582 *Meyer*, in: Karpenstein/Mayer, EMRK, Art. 6, Rn. 60; *Grabenwarter/Pabel*, EMRK, § 24, Rn. 93; *dies.*, in: Dörr/Grote/Marauhn, EMRK/GG, Kap. 14, Rn. 123 ff.

Besondere Aufmerksamkeit ist dabei auf Verfahren zu lenken, die Doping-streitigkeiten zum Gegenstand haben. Diese können in besonderem Maße sensibel für die Handhabung persönlicher Daten sowie rechtliche und technische Aspekte sein, so dass hier eine besonders intensive Prüfung von-seiten des Schiedsgerichts angezeigt ist, ob ein Ausschluss von Presse bzw. der Öffentlichkeit für Teile des Verfahrens oder das gesamte Verfahren ver-hältnismäßig ist. Aber auch für Verfahren jenseits von dopingbezogenen Streitigkeiten kann ein Ausschlussgrund vorliegen. So sah der EGMR in der Rechtssache *Kolgu v. Turkey* einen Ausschluss der Öffentlichkeit vor dem Schiedsgericht des türkischen Fußballverbands aufgrund der Handha-bung von spezifisch technischen Fragen als gerechtfertigt an.[1583] Insofern liegt für ähnlich gelagerte Streitgegenstände auch vor dem CAS die Annah-me eines Ausschlussgrundes nahe.

a) Das Problem der Nichtvornahme einer mündlichen Verhandlung

Art. R57 Abs. 2 S. 1 CAS-Code bestimmt: *„After consulting the parties, the Panel may, if it deems itself to be sufficiently well informed, decide not to hold a hearing."* Dem Schiedsgericht wird demnach ermöglicht, allein aufgrund der Aktenlage einen Schiedsspruch herbeizuführen, sofern es zuvor die Zu-stimmung beider Parteien eingeholt hat.[1584] Unabhängig von dem Wort-laut von Art. R57 Abs. 2 S. 1 CAS-Code hat es sich in der Praxis vor dem CAS längst durchgesetzt, eine mündliche Verhandlung im Berufungsver-fahren durchzuführen.[1585] Fraglich ist, wie Fälle zu behandeln sind, in de-nen nur eine der beiden Parteien sich mit dem Verzicht auf die mündliche Verhandlung einverstanden erklärt hat. Hierbei erscheint insbesondere der Schiedskläger im Vergleich zu dem Schiedsbeklagten schutzwürdiger, da bei nur einer Schriftsatzrunde Ersterem keine Gelegenheit zum Gegenvor-trag hinsichtlich der Argumente des Schiedsbeklagten gegeben wird.[1586]

1583 EGMR, Urteil v. 27.08.2013, Nr. 2935/07, Kolgu v. Turkey, Rn. 45.
1584 CAS-Schiedsspruch v. 25.11.2005, Nr. CAS 2005/A/908, WADA v. Coetzee Wi-um, S. 5 f.
1585 *Rigozzi/Hasler*, in: Arroyo, Arbitration in Switzerland, Art. R57, Rn. 39.
1586 *Rigozzi/Hasler*, in: Arroyo, Arbitration in Switzerland, Art. R57, Rn. 39 mit Ver-weis darauf, dass sofern der Schiedskläger auf die mündliche Verhandlung ver-zichtet, der Schiedsbeklagte bei einer Entscheidung allein auf Aktengrundlage nicht benachteiligt werde, da er auf den Vortrag des Schiedsklägers habe re-agieren können. Es darf jedoch erheblich in Zweifel gezogen werden, ob dies

Auch wenn Art. R57 Abs. 2 S. 1 CAS-Code hinsichtlich seiner Bestimmtheit unglücklich formuliert ist, dürfte die darin enthaltene Regelung grundsätzlich EMRK-konform sein.[1587] Denn in der Regel befragt das Schiedsgericht die Parteien nach der ersten Schriftsatzrunde, ob sie die Durchführung einer mündlichen Verhandlung oder eine Entscheidung allein aufgrund der ausgetauschten Schriftsätze präferieren.[1588] In dem Schreiben weist das Schiedsgericht die Parteien auch ausdrücklich auf die ihm zustehende Möglichkeit hin, gemäß Art. R57 Abs. 2 S. 1 CAS-Code keine mündliche Verhandlung durchzuführen, sofern es sich für hinreichend informiert hält.[1589] Sofern die Parteien hierauf einvernehmlich auf die Durchführung einer mündlichen Verhandlung verzichten, dürfte hierin ein ausdrücklicher, unzweideutig erklärter Verzicht im Sinne der EGMR-Rechtsprechung zu sehen sein. Für diesen Fall dürften einem Verzicht auf die Verhandlung auch keine öffentlichen Interessen entgegenstehen, da diese in der Regel nicht das Interesse der Parteien an der Durchführung einer mündlichen Verhandlung überwiegen. Zudem sind mit Blick auf die Wahrung der öffentlichen Interessen solche Verfahrensrechtslagen mit Art. 6 EMRK unvereinbar, in denen eine mündliche Verhandlung grundsätzlich ausgeschlossen oder nur auf Antrag einer Partei zugelassen ist.[1590] Dies ist bei Art. R57 Abs. 2 S. 1 CAS-Code aber gerade nicht der Fall, da dieser eine Verfahrensrechtslage beschreibt, die von der grundsätzlichen Durchführung der mündlichen Verhandlung ausgeht, auf die unter Umständen einvernehmlich verzichtet werden kann. Ein solcher Verzicht in diesem Verfahrensstadium unterscheidet sich deutlich von dem im Rahmen der Verzichtsdoktrin diskutierten pauschalen Verzicht auf die Öffentlichkeitsgarantie gemäß Art. 6 EMRK allein durch Abschluss der Schiedsvereinbarung, dessen Voraussetzungen nicht vorliegen.[1591]

Art. R57 Abs. 2 S. 1 CAS-Code ist insbesondere in zweifacher Hinsicht hinsichtlich der Anforderungen nach Art. 6 EMRK zu kritisieren: Die Vorschrift sollte ein ausdrückliches Antragsrecht der Parteien auf Durchfüh-

---

angesichts der Bedeutung einer mündlichen Verhandlung auch aus Sicht des Schiedsbeklagten tatsächlich ausreichend sein kann.

1587 Anm.: Die Frage der Nichtvornahme der mündlichen Verhandlung war nicht Gegenstand des *Pechstein/Mutu*-Urteils des EGMR.

1588 *Rigozzi/Hasler*, in: Arroyo, Arbitration in Switzerland, Art. R57, Rn. 38.

1589 *Rigozzi/Hasler*, in: Arroyo, Arbitration in Switzerland, Art. R57, Rn. 38.

1590 Eine solche Regelung würde es dem Gericht bei Untätigkeit der Parteien verwehren, im Falle des Überwiegens der öffentlichen Interessen eine öffentliche Verhandlung anzuberaumen, *Grabenwarter/Pabel*, EMRK, § 24, Rn. 105.

1591 S. Kap. 2. C. II. 3.

rung einer mündlichen Verhandlung enthalten und die Entscheidung hierüber nicht allein in das Ermessen des Schiedsgerichts stellen.

Zwar darf für die Praxis angenommen werden, dass in Disziplinarstreitigkeiten eine mündliche Verhandlung auf Antrag des Athleten regelmäßig stattfindet.[1592] Allerdings enthält der CAS-Code kein ausdrückliches Antragsrecht einer Partei auf Durchführung einer Verhandlung. Hieran dürfte auch die Revision des CAS-Code 2019[1593] nichts geändert haben. Danach besteht nur ein ausdrückliches Antragsrecht eines Athleten auf Durchführung einer *öffentlichen* Verhandlung in Disziplinarangelegenheiten. Weder der Wortlaut noch der Hintergrund dieser Vorschrift lassen eine Auslegung dahingehend zu, dass hieraus dem Athleten ein Antragsrecht auf Durchführung einer mündlichen Verhandlung erwächst. Unabhängig von der Frage der Öffentlichkeit der Verhandlung sollte den Parteien somit ausdrücklich ein Antragsrecht auf Durchführung einer mündlichen Verhandlung zugeschrieben werden. Hierzu könnte § 28.1 S. 2 DIS-SportSchO[1594] als Vorbild dienen. Dem wurde leider mit der Revision des CAS-Code 2019 nicht nachgekommen.

Des Weiteren sind neben den Anforderungen nach Art. 6 EMRK auch jene gemäß Art. 182 Abs. 3 IPRG zu beachten. Danach hat das Schiedsgericht in allen Fällen den *„Anspruch [der Parteien] auf rechtliches Gehör in einem kontradiktorischen Verfahren [zu] gewährleisten."* Hierdurch wird das Recht einer Partei auf Durchführung einer mündlichen Verhandlung unterlaufen. Somit genügt die derzeitige Regelung nicht, lediglich die Meinung der Schiedsparteien einzuholen, um sodann dem Schiedsgericht die alleinige Dispositionsbefugnis hinsichtlich der Durchführung einer mündlichen Verhandlung zu übertragen. Vielmehr sollte hier die Parteiautonomie gestärkt und eine Regelung getroffen werden, nach der das Schiedsgericht an den Willen einer Partei, eine mündliche Verhandlung durchzuführen, gebunden ist. Die bereits gängige Praxis der Durchführung einer mündlichen Verhandlung im CAS-Berufungsverfahren sollte sich im CAS-Code ausdrücklich widerspiegeln und verpflichtend festgeschrieben werden.[1595]

1592 *Rigozzi/Hasler*, in: Arroyo, Arbitration in Switzerland, Art. R57, Rn. 41.

1593 S. hierzu sogleich in Kap. 3 B. III. 1. c).

1594 § 28.1 S. 2 DIS-SportSchO: „Haben die Parteien die mündliche Verhandlung nicht ausgeschlossen, hat das Schiedsgericht eine solche Verhandlung in einem geeigneten Abschnitt des Schiedsverfahrens durchzuführen, wenn eine Partei es beantragt."

1595 S. Anhang: Reformierter CAS-Code basierend auf den Ergebnissen der Untersuchung, S. 407.

b) Ist die grundsätzliche Nichtöffentlichkeit der Verhandlungen vor dem CAS EMRK-konform?

Art. R57 Abs. 2 S. 2 CAS-Code regelt die grundsätzliche Nichtöffentlichkeit des CAS-Berufungsverfahrens, es sei denn, die Parteien verständigen sich auf eine öffentliche Verhandlung: *„At the hearing, the proceedings take place in camera, unless the parties agree otherwise.“*[1596] Die Regelung führt zu dem in nahezu sämtlichen CAS-Berufungsverfahren praktizierten Ausschluss der Öffentlichkeit.[1597] Damit steht die Vorschrift in Einklang mit § 28.2 DIS-SportSchO und dem *Gros* der handelsrechtlichen Schiedsgerichtsordnungen[1598], denen zufolge die Verhandlung grundsätzlich nichtöffentlich geführt wird.[1599] Regelungen und Handhabungen von Art. R57 Abs. 2 S. 2 CAS-Code werfen Fragen nach der EMRK-Konformität auf, die auch Gegenstand des *Pechstein/Mutu*-Verfahrens vor dem EGMR waren.[1600]

Der EGMR stellt grundsätzlich hohe Hürden für ein Absehen von einer öffentlichen Verhandlung auf: *„Holding proceedings, whether wholly or partly, in camera must be strictly required by the circumstances of the case.“*[1601] So sind zwar gemäß Art. 6 Abs. 1 S. 2 EMRK Ausnahmen von der öffentlichen Verhandlung, nicht aber von der Öffentlichkeitsgarantie als solcher nach der EGMR-Rechtsprechung vorgesehen.[1602] Liegen die Voraussetzungen für einen Ausschluss der Öffentlichkeit nicht vor, muss demgemäß grundsätzlich jeder Partei wenigstens die Möglichkeit eröffnet sein, eine öffentli-

---

1596 Damit entspricht die Regelung derjenigen zum Ordentlichen Verfahren vor dem CAS, Art. R44.2 Abs. 2 S. 2: „Unless the parties agree otherwise, the hearings are not public.“

1597 *Rigozzi/Hasler,* in: Arroyo, Arbitration in Switzerland, Art. R57, Rn. 34; *Mavromati/Reeb,* The Code of the CAS – Commentary, Art. R57, Rn. 65, Fn. 117 mit Verweis auf CAS, Schiedsspruch v. 07.06.1999, CAS 98/211, B. v. FINA, S. 2, in dem ausnahmsweise eine öffentliche Verhandlung stattfand.

1598 S. Art. 25 Abs. 6 ICC-Schiedsgerichtsordnung; Art. 29 DIS-Schiedsgerichtsordnung; Art. 19.4 LCIA Arbitration Rules; Art. 25 Abs. 6 Swiss Rules.

1599 Schweizerisches Bundesgericht, Urteil v. 10.02.2010, Az.: 4A_612/2009, Rn. 4.1.

1600 S. hierzu sogleich in Kap. 3 B. III. 1. c).

1601 EGMR, Urteil v. 12.04.2006, Nr. 58675/00, Martinie v. France, Rn. 40; EGMR, Urteil v. 23.06.1981, Nr. 6878/75; 7238/75, Le Compte, Van Leuven and De Meyere v. Belgium, Rn. 59; EGMR, Urteil v. 26.09.1995, Nr. 18160/91, Diennet v. France, Rn. 34.

1602 *Grabenwarter/Pabel,* EMRK, § 24, Rn. 103.

che Verhandlung beantragen zu können.[1603] Hiervon zu differenzieren ist die Frage, ob das Gericht daraufhin den Antrag der Partei auf Durchführung einer öffentlichen Verhandlung wegen des Vorliegens eines Ausschlussgrundes zurückweist.[1604] So hielt der EGMR in der Rechtssache *Martinie v. France* ausdrücklich fest:

> „Other than in wholly exceptional circumstances, litigants must at least have the opportunity of requesting a public hearing, though the court may refuse the request and hold the hearing in private on account of the circumstances of the case and for the aforementioned reasons."[1605]

Diesen Anforderung genügte Art. R57 Abs. 2 S. 2 CAS-Code a. F. bis zu seiner Einführung eines Antragsrechts einer natürlichen Person auf Durchführung einer öffentlichen Verhandlung aufgrund des CAS-Code 2019[1606] nicht. Zwar war den Parteien die grundsätzliche Möglichkeit der Beantragung einer öffentlichen Verhandlung eröffnet. Allerdings stand dieses Recht unter der Bedingung der Einigung beider Parteien. Das den Schiedsparteien damit nur gemeinsam zustehende Recht auf eine öffentliche Verhandlung konnte dem Interesse der einzelnen Schiedspartei vor dem Hintergrund des Telos der Öffentlichkeitsgarantie gemäß Art. 6 Abs. 1 S. 1 EMRK nicht gerecht werden. Dabei ist auch das prozessuale Ungleichgewicht zwischen den Schiedsparteien im CAS-Berufungsverfahren zu beachten. Das den Schiedsparteien nur gemeinsam zustehende Antragsrecht auf eine öffentliche Verhandlung lief insbesondere dem Interesse der Athleten zuwider, ihre Angelegenheiten vor dem CAS möglicherweise öffentlich zu verhandeln. Wie bereits das Schweizerische Bundesgericht in einem *obiter dictum* feststellte, ist hier der Athlet mit seinem Antrag auf ein öffentliches Verfahren besonders schutzwürdig:

1603 EGMR, Urteil v. 21.02.1990, Nr. 11855/85, Håkansson and Sturesson v. Sweden, Rn. 64: „The applicants were accordingly entitled to a public hearing before that court, as none of the exceptions laid down in the second sentence of Article 6 para. 1 (Art. 6-1) applied."; EGMR, Urteil v. 23.02.1994, Nr. 18928/91, Fredin v. Sweden, Rn. 21; *Schabas*, ECHR – Commentary, Art. 6, S. 290; *Meyer-Ladewig/Harrendorf/König*, in: Meyer-Ladewig, HK-EMRK, Art. 6, Rn. 173 bezüglich der deutschen Regelung über Gerichtsbescheide.

1604 EGMR, Urteil v. 12.04.2006, Nr. 58675/00, Martinie v. France, Rn. 42.

1605 EGMR, Urteil v. 12.04.2006, Nr. 58675/00, Martinie v. France, Rn. 42 unter Bezugnahme auf die zuvor aufgeführten Ausschlussgründe.

1606 S. Art. R57 Abs. 2 S. 3 CAS-Code; siehe hierzu sogleich in Kap. 3 B. III. 1. c).

„Unabhängig von der Frage eines entsprechenden Rechtsanspruchs wäre es angesichts der überragenden Bedeutung des TAS im Bereich des Sports im Hinblick auf das Vertrauen in die Unabhängigkeit und Fairness der Entscheidfindung immerhin wünschenswert, wenn auf Antrag des betroffenen Sportlers eine öffentliche Verhandlung durchgeführt würde."[1607]

Besondere Bedeutung kommt einer öffentlichen Verhandlung im CAS-Berufungsverfahren auch unter dem Gesichtspunkt zu, dass die vorangegangenen internen Disziplinarverfahren vor den Organen der internationalen Sportverbände in der Regel unter Ausschluss der Öffentlichkeit geführt wurden. Im Rahmen des mehrinstanzlichen Verfahrens muss dem Athleten jedoch zumindest in einer Instanz das Recht auf Durchführung einer öffentlichen Verhandlung zukommen. Hierfür eignet sich in besonderem Maße das Berufungsverfahren vor dem CAS, in dem dieser als *de novo*-Instanz die Verbandssanktion vollumfänglich hinsichtlich sämtlicher Tatsachen- und Rechtsfragen überprüft. Darüber hinaus war die Regelung des CAS-Code vor der Revision 2019 auch unter dem Gesichtspunkt der öffentlichen Interessen nicht begrüßenswert, da sie dem Telos der Öffentlichkeitsgarantie, das Vertrauen der Öffentlichkeit in ein transparentes und faires Verfahren zu sichern, nicht gerecht wurde.

Da das Berufungsverfahren vor dem CAS in seinem Gesamtkontext beurteilt werden muss, stellt sich die Frage, ob ein Verstoß von Art. R57 CAS-Code a. F. gegen die Öffentlichkeitsgarantie gemäß Art. 6 Abs. 1 EMRK nicht aufgrund der möglichen Überprüfung des CAS-Schiedsspruches vor dem Schweizerischen Bundesgericht geheilt werden kann. Hiergegen sprechen jedoch im Wesentlichen zwei Erwägungen. Zunächst müsste vor dem Schweizerischen Bundesgericht eine öffentliche Verhandlung obligatorisch sein. Dies ist jedoch grundsätzlich gemäß Art. 57 BGG[1608] und mangels Vorschriften, die eine zwingende öffentliche Parteiverhandlung für die Anfechtungsklage vor dem Schweizerischen Bundesgericht vorsehen, nicht der Fall.[1609] Darüber hinaus lägen ohnehin die Voraussetzungen für eine Heilung eines Verstoßes gegen die Öffentlichkeitsgarantie nach der EGMR-

---

1607 Schweizerisches Bundesgericht, Urteil v. 10.02.2010, Az.: 4A_612/2009, Rn. 4.1.
1608 Danach kann im Urteilsverfahren der Abteilungspräsident eine Parteiverhandlung anordnen. Die Parteien haben hierauf jedoch keinen Anspruch. Sofern eine Parteiverhandlung angeordnet wurde, hat diese jedoch grundsätzlich öffentlich zu erfolgen, Art. 59 Abs. 1 BGG.
1609 Schweizerisches Bundesgericht, Urteil v. 10.02.2010, Az.: 4A_612/2009, Rn. 4.2: „Eine zwingende öffentliche Parteiverhandlung vor dem Bundesgericht, wie

Rechtsprechung nicht vor. Hierfür müsste nämlich das konventionswidrig nicht öffentlich verhandelte Verfahren vollumfänglich wiederholt werden, das heißt die höhere Instanz müsste die Kompetenz zur vollständigen Überprüfung aller Rechts- und Tatsachenfragen haben.[1610] Dies trifft auf die im Kontext der Anfechtungsklage nur eingeschränkte Überprüfung vor dem Schweizerischen Bundesgericht gemäß Art. 190 IPRG offenkundig nicht zu, so dass eine Heilung eines Verstoßes gegen die Öffentlichkeitsgarantie von vornherein nicht in Betracht kommt.[1611]

Letztlich sollte den Parteien jedoch das Recht zugesprochen werden, im Wege eines *ex post*-Verzichts den Ausschluss der Öffentlichkeit übereinstimmend zu vereinbaren. Hierfür spricht der konsensuale Charakter des Schiedsverfahrens, der trotz des faktischen Schiedszwangs insofern Beachtung finden muss, als die Zustimmung beider Parteien, insbesondere des Athleten zum Ausschluss der Öffentlichkeit, unabdingbar ist. Ferner dürften grundsätzlich die Interessen der Öffentlichkeit an der Durchführung einer öffentlichen Verhandlung gegenüber den gemeinsamen Parteiinteressen am Ausschluss der Öffentlichkeit kaum überwiegen.[1612] Voraussetzungen für einen solchen Verzicht ist, dass die Parteien Kenntnis von der Verzichtsmöglichkeit und den Rechtsfolgen eines Verzichts haben, der Verzicht ausdrücklich und unzweideutig erfolgt und keine öffentlichen Inter-

---

sie – bei Klagen gemäss Art. 120 Abs. 1 lit. c BGG oder wenn das Bundesgericht gestützt auf selbst erhobene Sachverhaltsfeststellungen (Art. 55 BGG) einen reformatorischen Entscheid fällen will (Art. 107 Abs. 2 BGG) – ausnahmsweise durch übergeordnetes Recht geboten sein kann [(...)], fällt im Rahmen des Schiedsbeschwerdeverfahrens nach Art. 77 BGG ausser Betracht."

1610 *Grabenwarter/Pabel*, in: Dörr/Grote/Marauhn, EMRK/GG, Kap. 14, Rn. 134; *Villiger*, Handbuch der EMRK, S. 285, Rn. 444; *Kühne*, in: Pabel/Schmahl, IntKom, EMRK, Art. 6, Rn. 348.

1611 Anm.: Zudem betonte der EGMR in der *Pechstein*-Entscheidung, die Angelegenheit habe vor dem Schweizerischen Bundesgericht „*hochtechnische Rechtsfragen*" und damit keine Tatsachenfragen zum Gegenstand gehabt, die „*ohne mündliche Verhandlung angemessen beigelegt werden*" könnten, EGMR, Urteil v. 02.10.2018, Nr. 40575/10, 67474/10, Mutu und Pechstein v. Suisse, Rn. 187, BeckRS 2018, S. 23523.

1612 A. A. *Muresan/Korff*, CaS 2014, S. 199, 210, die einen Verzicht auf die Öffentlichkeit aufgrund des Schiedszwangs negieren. Dem ist nicht zu folgen, da die Autoren nicht differenzieren zwischen einem expliziten, auf die Öffentlichkeit beschränkten *ex post*-Verzicht und einem allgemein mit der Schiedsvereinbarung teilweise angenommenen *ex ante*-Verzicht. Vielmehr nehmen sie pauschal Bezug auf ihre Ausführungen zu dem Schiedszwang (Rn. 3.1.2.1 des Beitrages).

essen zuwiderlaufen.[1613] Ein solcher übereinstimmender *ex post*-Verzicht der Parteien auf die Öffentlichkeit müsste explizit erfolgen und steht ausdrücklich nicht einem teilweise mit der Schiedsvereinbarung angenommenen konkludenten allgemeinen *ex ante*-Verzicht auf die Verfahrensgarantien gemäß Art. 6 EMRK gleich.

Im Kontext des Telos des Grundsatzes der Öffentlichkeit, eine Geheimjustiz zu verhindern, ist auch die Medienberichterstattung von Bedeutung.[1614] Gerade in Dopingangelegenheiten, die das Interesse einer breiten Öffentlichkeit erwecken können, sollte Journalisten und Pressevertretern der Zugang zu den Verhandlungen ermöglicht werden. Nachdem der CAS bereits dazu übergegangen ist, die *Hearing*-Termine auf seiner Homepage zu veröffentlichen, wäre es nur folgerichtig, Journalisten und Pressevertreter immerhin zu Ton- und Bildaufnahmen vor Verhandlungsbeginn zuzulassen.[1615]

c) Das *Pechstein*-Urteil des EGMR zum Öffentlichkeitsgrundsatz und die daraufhin erfolgte Revision des CAS-Code

Auch der EGMR stellte in seinem *Pechstein*-Urteil einen Verstoß gegen Art. 6 EMRK wegen der Nichtöffentlichkeit der Verhandlung vor dem CAS fest.[1616] Der Gerichtshof betonte, dass die in dem *Pechstein*-Verfahren zu klärenden Fragen, insbesondere jene zu dem Dopingvorwurf *„eine durch die Öffentlichkeit kontrollierte Verhandlung erforderlich machten"*[1617], da die Fragen geeignet gewesen seien, *Pechstein's „berufliche[r] Ehrenhaftigkeit und ihrer Glaubwürdigkeit zu schaden."*[1618] Außerdem verwies der Gerichtshof auf die vorliegend bereits erörterte Feststellung des Schweizerischen Bundesgerichts in einem *obiter dictum*, wonach die öffentliche Verhandlung

---

1613 So allgemein ohne spezifischen Bezug zur Schiedsgerichtsbarkeit *Morscher/ Christ*, EuGRZ 2010, S. 272, 274.

1614 *Grabenwarter/Pabel*, in: Dörr/Grote/Marauhn, EMRK/GG, Kap. 14, Rn. 120; *dies.*, EMRK, § 24, Rn. 87; *Kühne*, in: Pabel/Schmahl, IntKom, EMRK, Art. 6, Rn. 349.

1615 *Rigozzi/Hasler*, in: Arroyo, Arbitration in Switzerland, Art. R57, Rn. 36.

1616 EGMR, Urteil v. 02.10.2018, Nr. 40575/10, 67474/10, Mutu und Pechstein v. Suisse, Rn. 182 f., SpuRt 2018, S. 253, 259 = BeckRS 2018, S. 23523.

1617 EGMR, Urteil v. 02.10.2018, Nr. 40575/10, 67474/10, Mutu und Pechstein v. Suisse, Rn. 182, SpuRt 2018, S. 253, 259.

1618 EGMR, Urteil v. 02.10.2018, Nr. 40575/10, 67474/10, Mutu und Pechstein v. Suisse, Rn. 182, BeckRS 2018, S. 23523.

vor dem CAS „*wünschenswert*" sei.[1619] Auf eine tiefgreifende Erörterung der Besonderheiten des CAS im Rahmen des Öffentlichkeitsgrundsatzes verzichtete der Gerichtshof indes.

In Reaktion auf das Urteil des EGMR zur *Pechstein*-Beschwerde revidierte der CAS nun seinen CAS-Code. So lautet Art. R57 Abs. 2 CAS-Code 2019 in seiner neuen Fassung, die seit dem 1. Januar 2019 in Kraft ist wie folgt:

> „After consulting the parties, the Panel may, if it deems itself to be sufficiently well informed, decide not to hold a hearing. At the hearing, the proceedings take place in camera, unless the parties agree otherwise. At the request of a physical person who is party to the proceedings, a public hearing should be held if the matter is of a disciplinary nature. Such request may however be denied in the interest of morals, public order, national security, where the interests of minors or the protection oft he private life of the parties so require, where publicity would prejudice the interests of justice, where the proceedings are exclusively related to questions of law or where a hearing held in first instance was already public."[1620]

Diese Neuerung von Art. R57 Abs. 2 CAS-Code weiß zumindest in der Sache grundsätzlich zu überzeugen und kommt dem in dieser Untersuchung erarbeiteten Reformvorschlag[1621] nahe. So ist die Gewährung eines Antragsrechts auf eine öffentliche Verhandlung ohne Zustimmung der Gegenpartei zu begrüßen. Allerdings sah sich der CAS auch von dem EGMR-Urteil nicht zu einer grundsätzlichen Öffentlichkeit der Verfahren veranlasst. Dies wäre jedoch ein mutiger und sicherlich im Sinne der EGMR-Rechtsprechung begrüßenswerter Schritt gewesen. Zudem ist die Beschränkung des Antragsrechts auf natürliche Personen („*physical person*") grundsätzlich abzulehnen. So steht zwar beispielsweise auch gemäß § 28.2 S. 2 DIS-SportSchO nur einer natürlichen Person ein solches Antragsrecht zu, sofern sie dieses „*innerhalb von 10 Tagen ab Zugang der Mitteilung über den Termin für die mündliche Verhandlung beantragt hat.*" Damit steht das Beantragungsrecht einer mündlichen Verhandlung ausdrücklich jedem Athleten als natürliche Person, nicht jedoch dem zumeist als einge-

---

1619 EGMR, Urteil v. 02.10.2018, Nr. 40575/10, 67474/10, Mutu und Pechstein v. Suisse, Rn. 182: „*souhaitable*", BeckRS 2018, S. 23523; in SpuRt 2018, S. 253, 259 als „erstrebenswert" übersetzt.

1620 CAS-Code 2019, abrufbar unter: http://www.tas-cas.org/fileadmin/user_upload /Code_2019__en_.pdf (Stand: März 2019).

1621 Anhang: Reformierter CAS-Code basierend auf den Ergebnissen der Untersuchung, S. 407, 410.

tragener Verein organisierten internationalen Sportverband[1622] im Verfahren vor dem Deutschen Sportschiedsgericht zu. Eine vergleichbare Regelung ist zwar auch im Berufungsverfahren vor dem CAS interessengerecht. So wurde dargestellt, dass insbesondere der Athlet in seinem Recht auf Durchführung einer öffentlichen Verhandlung schutzwürdig ist. Die umgekehrte Konstellation, in der der internationale Sportverband die Durchführung einer mündlichen Verhandlung gegen den Willen des Athleten verlangt, dürfte in der Praxis kaum Anwendungsfälle finden. Dennoch richtet sich auch die Öffentlichkeitsgarantie gemäß Art. 6 Abs. 1 S. 1 EMRK ohne Einschränkungen ausdrücklich an jedermann, worunter auch juristische Personen zu subsumieren sind.[1623] Dies ist insbesondere für kleine Verbände oder Vereine relevant, denen als juristische Personen ebenfalls ein Recht auf Durchführung einer mündlichen Verhandlung zustehen muss. Insofern bedarf es einer Gleichbehandlung aller Parteien im CAS-Berufungsverfahren, ungeachtet dessen, ob es sich um natürliche oder juristische Personen handelt. Auch insoweit ist auf den Reformvorschlag des CAS-Code[1624] in dieser Untersuchung zu verweisen.

2. Veröffentlichung des CAS-Schiedsspruches

a) Anforderungen nach der EGMR-Rechtsprechung

Der von Art. 6 Abs. 1 EMRK vorgegebene Öffentlichkeitsgrundsatz erschöpft sich nicht in dem Grundsatz der öffentlichen Verhandlung, sondern umfasst auch die öffentliche Verkündung der verfahrensbeendenden Entscheidung. So formuliert Art. 6 Abs. 1 S. 2 HS. 1 EMRK ausdrücklich: *„Das Urteil muss öffentlich verkündet werden"*[1625]. Der Zweck dieser Vor-

---

1622 So ist die FIFA beispielsweise ein „im Handelsregister des Kantons Zürich eingetragener Verein im Sinne von Art. 60 ff. des Schweizerischen Zivilgesetzbuches (ZGB)"; Art. 1 Abs. 1 FIFA-Statuten.

1623 *Meyer-Ladewig/Harrendorf/König*, in: Meyer-Ladewig, HK-EMRK, Art. 6, Rn. 4 mit Hinweis auf Art. 34 EMRK, nach dem Unternehmen in den Anwendungsbereich einzubeziehen sind; *Landrove*, in: Human Rights at the Center, S. 73, 78; *Emberland*, J. Int. Arb. 2003, S. 355, 361; *Benedettelli*, Arb. Int. 2015, S. 631, 636.

1624 Anhang: Reformierter CAS-Code basierend auf den Ergebnissen der Untersuchung, S. 407, 410.

1625 Authentischen Sprachfassungen von Art. 6 Abs. 1 S. 2 HS. 1 EMRK: „Judgment shall be pronounced publicly"; „Le jugement doit être rendu publiquement".

schrift liegt darin, die Gerichtsunterworfenen vor einer Geheimjustiz zu schützen, das Vertrauen in die Gerichte zu stärken und durch die somit erlangte Transparenz dem Ziel von Art. 6 EMRK zu dienen, ein Verfahren im Sinne der grundlegenden Prinzipien einer demokratischen Gesellschaft zu garantieren.[1626] Zur Erreichung dieses Zwecks darf Art. 6 EMRK nicht restriktiv ausgelegt werden.[1627] Der EGMR legt jedoch keine wörtliche Auslegung seiner Rechtsprechung zugrunde.[1628] Die Ausnahmetatbestände für die öffentliche Verhandlung finden auf die öffentliche Verkündung keine Anwendung.[1629]

Nach der Rechtsprechung des EGMR muss das Urteil der Öffentlichkeit in einer Art und Weise zugänglich gemacht werden, die eine Kontrolle ebenso gut ermöglicht wie eine öffentliche Verkündung.[1630] Hierbei sind die Besonderheiten des jeweiligen Verfahrens gesamtheitlich zu berücksichtigen.[1631] So sah der EGMR in einem Fall die Hinterlegung des Urteils bei Gericht ohne Verkündung als ausreichend an, da so der Zugang von jedermann zum gesamten Urteil und somit der Zweck der Wahrung des Rechts auf ein billiges Verfahren gesichert sei.[1632] Demgegenüber sei die ledigliche Verkündung des Urteilstenors trotz anschließender Zustellung des Urteils mit Begründung an die Parteien nach dem EGMR nicht ausrei-

---

1626 EGMR, Urteil v. 08.12.1983, Nr. 7984/77, Pretto and Others v. Italy, Rn. 21, NJW 1986, S. 2177, 2178; EGMR, Urteil v. 22.02.1984, Nr. 8209/78, Sutter v. Switzerland, Rn. 26; EGMR, Urteil v. 17.01.2008, Nr. 14810/02, Ryakib Biryukov v. Russia, Rn. 30, NJW 2009, S. 2873, 2873; *Tubis*, NJW 2010, S. 415.

1627 EGMR, Urteil v. 17.01.1970, Nr. 2689/65, Delcourt v. Belgium, Rn. 25 a. E.; *van Dijk/van Hoof*, Theory and Practice of the ECHR, Art. 6, S. 500; *Tubis*, NJW 2010, S. 415.

1628 EGMR, Urteil v. 08.12.1983, Nr. 7984/77, Pretto and Others v. Italy, Rn. 26, NJW 1986, S. 2177, 2178; EGMR, Urteil v. 08.12.1983, Nr. 8273/78, Axen v. Germany, Rn. 31; EGMR, Urteil v. 22.02.1984, Nr. 8209/78, Sutter v. Switzerland, Rn. 33; *Kühne*, in: Pabel/Schmahl, IntKom, EMRK, Art. 6, Rn. 355.

1629 *Grabenwarter/Pabel*, in: Dörr/Grote/Marauhn, EMRK/GG, Kap. 14, Rn. 135; *dies.*, EMRK, § 24, Rn. 111; *Kühne*, in: Pabel/Schmahl, IntKom, EMRK, Art. 6, Rn. 355; *Villiger*, Handbuch der EMRK, S. 285, Rn. 450.

1630 *Grabenwarter/Pabel*, in: Dörr/Grote/Marauhn, EMRK/GG, Kap. 14, Rn. 135; *dies.*, EMRK, § 24, Rn. 111.

1631 EGMR, Urteil v. 08.12.1983, Nr. 7984/77, Pretto and Others v. Italy, Rn. 26 f., NJW 1986, S. 2177, 2178; EGMR, Urteil v. 21.09.2006, Nr. 12643/02, Moser v. Austria, Rn. 101; *van Dijk/van Hoof*, Theory and Practice of the ECHR, Art. 6, S. 586; *Meyer-Ladewig/Harrendorf/König*, in: Meyer-Ladewig, HK-EMRK, Art. 6, Rn. 186.

1632 EGMR, Urteil v. 08.12.1983, Nr. 7984/77, Pretto and Others v. Italy, Rn. 27, NJW 1986, S. 2177, 2178.

chend, da die Öffentlichkeit mangels Zugang zu den Entscheidungsgründen keine Möglichkeit habe, eine effektive Kontrolle der Justiz sicherzustellen.[1633] Notwendig ist demnach die Veröffentlichung des Urteilsspruchs und der Urteilsbegründung bzw. die Zugangsmöglichkeit der Öffentlichkeit hierzu.[1634]

Ferner hat der EGMR die Veröffentlichungspraxis mancher Gerichte, nur die von dem konkreten Gericht für veröffentlichungswürdig gehaltenen Entscheidungen in einer Sammlung zu veröffentlichen und Dritten bei einem berechtigten Interesse Zugang zum Urteilstext zu gewährleisten, zunächst gebilligt,[1635] sodann aber dahingehend revidiert, die Veröffentlichung dürfe nicht von einem berechtigten Interesse Dritter abhängig gemacht werden.[1636] Letzterem ist insofern beizupflichten, als eine am berechtigten Interesse Dritter ausgerichtete Zugänglichkeit von Urteilen sowie die vom Gericht getroffene Auswahl anonymisierter Veröffentlichungen nicht einer grundsätzlich erforderlichen Zugänglichmachung der Urteilsgründe für die Öffentlichkeit gleichstehen kann.[1637]

b) Bewertung der Veröffentlichungspraxis des CAS gemäß Art. R59 Abs. 7 CAS-Code

Bei der Untersuchung der Frage, ob ein CAS-Schiedsspruch den Anforderungen zur Veröffentlichung der Entscheidung gemäß Art. 6 Abs. 1 S. 2 HS. 1 EMRK gerecht wird, stehen zwei Aspekte im Fokus: Werden die Schiedsparteien als Gerichtsunterworfene vor dem CAS mit der Handhabung der Veröffentlichung der CAS-Schiedssprüche nach dem CAS-Code hinreichend geschützt und wird hierdurch das Vertrauen der Öffentlichkeit in einen transparenten CAS ausreichend gefördert?

1633 EGMR, Urteil v. 17.01.2008, Nr. 14810/02, Ryakib Biryukov v. Russia, Rn. 38 ff,, NJW 2009, S. 2873, 2874 f.; *Tubis*, NJW 2010, S. 415, 416 mit dem Hinweis darauf, dass unter diesen strengen Anforderungen auch die deutsche Gerichtspraxis vor dem Hintergrund der §§ 299, 311 ZPO kritisch zu sehen sei.
1634 *Grabenwarter/Pabel*, in: Dörr/Grote/Marauhn, EMRK/GG, Kap. 14, Rn. 135.
1635 EGMR, Urteil v. 22.02.1984, Nr. 8209/78, Sutter v. Switzerland, Rn. 34; EGMR, Urteil v. 24.04.2001, Nr. 36337/97; 35974/97, B. and P. v. The United Kingdom, Rn. 46 f.
1636 EGMR, Urteil v. 21.09.2006, Nr. 12643/02, Moser v. Austria, Rn. 102; *Tubis*, NJW 2010, S. 415, 416.
1637 *Tubis*, NJW 2010, S. 415, 416.

Grundlage der Bewertung der Veröffentlichung der CAS-Schiedssprüche im Berufungsverfahren ist Art. R59 Abs. 7 CAS-Code:

> „The award, a summary and/or a press release setting forth the results of the proceedings shall be made public by CAS, unless both parties agree that they should remain confidential. In any event, the other elements of the case record shall remain confidential."

Damit sieht Art. R59 Abs. 7 CAS-Code für das Berufungsverfahren im Grundsatz die Veröffentlichung des Schiedsspruches vor, sofern die Parteien nichts Anderes vereinbaren. Im Gegensatz hierzu stellt in dem Ordentlichen Verfahren vor dem CAS gemäß Art. R43 CAS-Code[1638] die Nichtveröffentlichung des Schiedsspruches den Regelfall dar. Die Veröffentlichung gemäß Art. R59 CAS-Code bezieht sich explizit nur auf nicht vertrauliche Aspekte des Verfahrens, so dass beispielsweise die Geheimhaltung der Verhandlung oder das Beratungsgeheimnis der CAS-Schiedsrichter[1639] aufrechterhalten werden. Dies wird mit Satz 2 dieses Absatzes, der mit der Revision des CAS-Code 2013 eingeführt wurde, nochmals ausdrücklich klargestellt.[1640] Zudem stellt Art. R59 Abs. 7 CAS-Code den Umfang der Veröffentlichung klar, der über den reinen Text des CAS-Schiedsspruches hinaus sich auch auf Pressemitteilungen, Zusammenfassungen etc. erstrecken kann.[1641]

Hinsichtlich der Veröffentlichungspraxis des CAS ist zunächst festzuhalten, dass das Urteil nicht öffentlich verkündet wird. Da dies mangels wörtlicher Auslegung von Art. 6 Abs. 1 S. 2 HS. 1 EMRK dem EGMR zufolge auch nicht erforderlich ist, stellt sich die Frage, ob auf anderen Wegen eine Zugänglichmachung des gesamten Schiedsspruches für die Öffentlichkeit ermöglicht wird. Wie dargelegt, sind dabei die Besonderheiten des CAS-Berufungsverfahrens ganzheitlich zu berücksichtigen.

1638 Art. R43 CAS-Code: „Proceedings under these Procedural Rules are confidential. The parties, the arbitrators and CAS undertake not to disclose to any third party any facts or other information relating to the dispute or the proceedings without the permission of CAS. Awards shall not be made public unless all parties agree or the Division President so decides."; s. hierzu *Cernic*, HR & ILD 2012, S. 259, 275 f., der für eine transparentere Veröffentlichungspraxis des CAS wirbt.

1639 S. Art. 59 Abs. 2 S. 2 CAS-Code: „Dissenting opinions are not recognized by CAS and are not notified."

1640 *Mavromati/Reeb*, The Code of the CAS – Commentary, Art. R59, Rn. 78.

1641 *Mavromati/Reeb*, The Code of the CAS – Commentary, Art. R59, Rn. 79.

Problematisch ist, dass die Veröffentlichung des CAS-Schiedsspruches gemäß Art. R59 Abs. 7 S. 1 CAS-Code in das Ermessen der Parteien gestellt wird. Hierdurch kann eine Zugänglichmachung des CAS-Schiedsspruches zugunsten Dritter bzw. der Öffentlichkeit verhindert werden. Selbst unter Zugrundelegung der bereits revidierten EGMR-Rechtsprechung, nach der Dritte nur bei einem berechtigten Interesse Zugang zu den Entscheidungsgründen erhalten sollen, hält diese Regelung des CAS-Code den Anforderungen nach Art. 6 Abs. 1 S. 2 HS. 1 EMRK nicht stand. Denn selbst wenn Dritte ein berechtigtes Interesse an dem Schiedsspruch geltend machen könnten, kann der CAS bei entgegenstehendem Willen der Parteien den Schiedsspruch den Dritten nicht zur Verfügung stellen. So können sich Parteien vor dem CAS, deren Angelegenheit vergleichbar zu bereits vom CAS entschiedenen Fällen sind und die somit ein rechtliches Interesse an der Veröffentlichung des ergangenen Schiedsspruches für sich proklamieren können, nicht auf solche Schiedssprüche beziehen, deren Veröffentlichung nicht zugestimmt wurde. Diese durch Art. R59 Abs. 7 S. 1 CAS-Code ermöglichte Praxis wird dem Zweck der Veröffentlichung nicht gerecht, so dass insofern Reformbedarf besteht.

Außerdem ist die Veröffentlichungspraxis des CAS, trotz des eindeutigen Wortlauts von Art. R59 Abs. 7 S. 1 CAS-Code: *„The award [...] shall be made public by CAS"*, nur eine selektierte Auswahl an Schiedssprüchen in seiner online zugänglichen Datenbank zu veröffentlichen, äußerst kritisch zu sehen.[1642] Nach der revidierten EGMR-Rechtsprechung dürfte eine vom Gericht getroffene Auswahl von veröffentlichungswürdigen Entscheidungen nicht mehr den Anforderungen von Art. 6 Abs. 1 S. 2 HS. 1 EMRK genügen.[1643] Zudem sprechen, bei unterstellter Einwilligung der Parteien in die Veröffentlichung, auch aus Transparenzgründen keine stichhaltigen Argumente für die derzeitige selektive Veröffentlichungspraxis des CAS. Allerdings zeigt die jüngste Entwicklung sowohl eine vermehrte als auch eine zügigere Veröffentlichung von CAS-Schiedssprüchen.[1644]

Veröffentlichungsfragen vor dem Hintergrund von Art. 6 EMRK stehen naturgemäß im Spannungsverhältnis zwischen dem Interesse der Öffentlichkeit und Vertraulichkeitsinteressen der Prozessbeteiligten. In der Han-

---

1642 *Rigozzi/Hasler*, in: Arroyo, Arbitration in Switzerland, Art. R59, Rn. 20.
1643 *Tubis*, NJW 2010, S. 415, 416 mit Verweis auf die EGMR-Entscheidung im Fall *Moser v. Austria*, die die vorige EGMR-Entscheidung *Sutter v. Switzerland* revidierte.
1644 Dies verdeutlicht ein Blick in die Datenbank, in der die jüngsten Schiedssprüche nur wenige Wochen nach Ergehen der Entscheidung veröffentlicht wurden.

delsschiedsgerichtsbarkeit ist dieses Spannungsverhältnis dem berechtigten Interesse der Schiedsparteien folgend, mit dem Schiedsverfahren gerade die Geheimhaltung ihrer Geschäftsbeziehungen zu verteidigen, grundsätzlich zugunsten des Vertraulichkeitsinteresses zu lösen ist. Demgegenüber müssen für die aufgezwungene Sportschiedsgerichtsbarkeit andere Maßstäbe gelten. Hier streiten mehrere Gründe für eine uneingeschränkte Zugänglichmachung der CAS-Schiedssprüche. Zunächst ist es für eine vom CAS anvisierte und begrüßenswerte einheitliche Rechtsprechung vor dem Hintergrund der Herauskristallisierung einer möglichen *lex sportiva* unabdingbar, sämtliche Schiedssprüche zu veröffentlichen. Das Schweizerische Bundesgericht hat die einheitliche CAS-Rechtsprechung sogar als Argument für die Rechtfertigung der geschlossenen CAS-Schiedsrichterliste herangezogen.[1645] Ferner manifestiert eine am Ermessen der Parteien sowie des CAS ausgerichtete Zugänglichmachung der Schiedssprüche das Ungleichgewicht zwischen den internationalen Sportverbänden und den Athleten. Während die Verbände als *Repeat players*[1646] vor dem CAS Zugriff auf die dort ergangenen Schiedssprüche haben, ist dies für die Athleten als *one-shotter*[1647] nicht der Fall. Dieses Ungleichgewicht wird durch den mit der Revision des CAS-Code 2017 neu eingefügten Absatz 6 des Art. R59 CAS-Code noch verschärft. Danach gilt: *„A copy of the operative part of the award, if any, and of the full award shall be communicated to the authority or sports body which has rendered the challenged decision, if that body is not a party to the proceedings."* Unter Berücksichtigung der Interessen des Verbandes, der die Entscheidung erlassen hat, aber nicht Partei des Verfahrens war, ergibt die Regelung durchaus Sinn. Hinsichtlich der gleichberechtigten Zugänglichkeit von CAS-Schiedssprüchen zwischen Verbänden und Athleten erweitert die Regelung jedoch einseitig die Möglichkeiten der Verbände, Zugang zu dem CAS-Schiedsspruch zu erlangen. Bestünde insgesamt eine bedingungslose Zugänglichkeit der CAS-Schiedssprüche für die Öffentlichkeit, wäre diese ungleichberechtigte Zugänglichmachung unbeachtlich. Zudem profitieren von der derzeitigen Veröffentlichungspraxis Kanzleien, deren Anwälte häufig als Prozessvertreter vor dem CAS bestellt wer-

---

1645 Schweizerisches Bundesgericht, Urteil v. 23.05.2003, Rn. 3.3.3.2, Az.: 4P.267-270/2002, BGE 129 III, S. 445, 455 ff; *Rigozzi/Hasler*, in: Arroyo, Arbitration in Switzerland, Art. R59, Rn. 20.
1646 S. Kap. 1 B. II. 2 b).
1647 S. Kap. 1 B. II. 2 b).

den,[1648] was sicherlich nicht Zweck des Art. 6 Abs. 1 S. 2 HS. 1 EMRK sein kann.

Letztlich spricht der Vertrauensaspekt ebenfalls für eine uneingeschränkte Veröffentlichung aller Schiedssprüche im CAS-Berufungsverfahren. Es muss im ureigenen Interesse des CAS selbst stehen, das Vertrauen aller im internationalen Sportrecht beteiligter Akteure, insbesondere der Athleten, in den CAS als Letztentscheidungsinstanz zu fördern. Hierfür ist eine größtmögliche Transparenz unabdingbar. Transparenz liegt nicht vor, wenn für Dritte nicht ersichtlich ist, welche CAS-Schiedssprüche veröffentlicht werden und welche nicht.[1649] Positiv im Sinne einer größtmöglichen Transparenz ist jedoch die nicht auf einer Rechtspflicht basierende Praxis des CAS anzuführen, die Schiedssprüche in der Regel vollumfänglich zu veröffentlichen. Dies ermöglicht der Öffentlichkeit eine direkte Kontrolle der veröffentlichten Schiedssprüche im CAS-Berufungsverfahren.

Selbstverständlich müssen jedoch auch für das CAS-Berufungsverfahren trotz der gewichtigen Argumente für eine unbeschränkte Veröffentlichung aller Schiedssprüche die Vertraulichkeitsinteressen der Schiedsparteien gewahrt werden. Besonders relevant ist dies in Disziplinarangelegenheiten, in denen personenbezogene, vertrauliche Daten durch den Schiedsspruch an die Öffentlichkeit gelangen können. Zum einen ist darauf hinzuweisen, dass vertrauliche Akteninhalte von der Veröffentlichung des Schiedsspruches unberührt bleiben.[1650] Zum anderen können die vertraulichen Informationen bereits aufgrund der derzeitigen Praxis der CAS-Schiedsgerichte hinreichend geschützt werden. Danach sendet das CAS-Schiedsgericht den Parteien den Schiedsspruch nach Fertigstellung vorab per Telefax zu mit der Bitte um Stellungnahme, ob die Parteien einer Veröffentlichung zustimmen bzw. ob eine Partei vertrauliche Informationen in dem Schiedsspruch für den Fall der Veröffentlichung unkenntlich gemacht haben möchte, was sie entsprechend zu begründen hat.[1651] Allerdings sollte diese bisher ungeschriebene Praxis aus Transparenz- und Rechtssicherheitsgründen explizit im CAS-Code festgeschrieben werden.

Letztlich streiten die besseren Argumente dafür, das aufgezeigte Spannungsverhältnis im Hinblick auf das CAS-Berufungsverfahren zugunsten

1648 *Rigozzi/Hasler*, in: Arroyo, Arbitration in Switzerland, Art. R59, Rn. 20.
1649 *Rigozzi/Hasler*, in: Arroyo, Arbitration in Switzerland, Art. R59, Rn. 20 hinsichtlich der derzeitigen Veröffentlichungspraxis: *„it might create an impression of lack of transparency."*
1650 *Mavromati/Reeb*, The Code of the CAS – Commentary, Art. R59, Rn. 78.
1651 *Rigozzi/Hasler*, in: Arroyo, Arbitration in Switzerland, Art. R59, Rn. 19.

der Interessen der Öffentlichkeit aufzulösen unter der Bedingung, vertrauliche Informationen der Parteien vor Veröffentlichung des Schiedsspruches zu anonymisieren. Im Ergebnis bleibt festzuhalten, dass die derzeitige Veröffentlichungspraxis der CAS-Schiedssprüche im Berufungsverfahren nicht dem Zweck von Art. 6 Abs. 1 S. 2 HS. 1 EMRK dient, eine effektive Kontrolle der Öffentlichkeit sicherzustellen und somit das Vertrauen in den CAS als transparente Letztentscheidungsinstanz zu stärken.

Von der an die Öffentlichkeit gerichteten öffentlichen Verkündung ist die Bekanntgabe der Entscheidung an die Parteien zu unterscheiden.[1652] Der Anspruch auf ein faires Verfahren umfasst nach der Rechtsprechung des EGMR auch einen Anspruch auf Begründung und Bekanntgabe jeder Entscheidung, gegen die ein Rechtsmittel gegeben ist.[1653] Hinsichtlich der Begründung muss das Gericht mit ausreichender Deutlichkeit die Gründe anführen, auf die es seine Entscheidung stützt, so dass es der Partei möglich ist, Rechtsmittel einzulegen.[1654] Dies setzt jedoch ausdrücklich nicht voraus, auf jedes seitens der Parteien vorgetragene Argument explizit einzugehen zu müssen.[1655]

An diesen Vorgaben haben sich CAS-Schiedsgerichte bei Begründung des Schiedsspruches zu orientieren. Hinsichtlich der konkreten Anforderungen an die CAS-Schiedsgerichtsbarkeit folgt hieraus, dass der Schiedsspruch hinreichend begründet werden muss, gleichzeitig durch die Begründungspflicht keine Verzögerung einhergehen darf. Nur so können die Rechte der Parteien sinnvoll gewahrt werden. Gemäß Art. R59 Abs. 1 S. 3 CAS-Code muss der CAS-Schiedsspruch eine kurze Begründung („*brief reasons*") enthalten. Damit besteht nach dem CAS-Code eine Begründungspflicht, die über die Anforderungen und der Rechtsprechung des Schweizerischen Bundesgerichts[1656] hinausgeht. Der Begründung des CAS-Schiedsspruches ist insofern ein strengerer Maßstab zugrunde zu legen, als

---

1652 *Pieck*, Der Anspruch auf ein rechtsstaatliches Gerichtsverfahren, S. 84; *Kühne*, in: Pabel/Schmahl, IntKom, EMRK, Art. 6, Rn. 355.

1653 *Peukert*, in: Frowein/Peukert, EMRK, Art. 6, Rn. 182; *Grabenwarter/Pabel*, EMRK, § 24, Rn. 76.

1654 EGMR, Urteil v. 16.12.1992, Nr. 12945/87, Hadjianastassiou v. Greece, Rn. 33, NJW 1993, S. 1697, 1697.

1655 *Peukert*, in: Frowein/Peukert, EMRK, Art. 6, Rn. 182.

1656 So negierte das Schweizerische Bundesgericht in seinem *Cañas*-Urteil das Bestehen einer Begründungspflicht, hob den Schiedsspruch mangels ausreichender Würdigung des Vortrags des Schiedsklägers durch das Schiedsgericht dennoch auf, Schweizerisches Bundesgericht, Urteil v. 22.03.2007, Rn. 5.2 ff., BGE 133 III, S. 235, 243; SchiedsVZ 2007, S. 330, 334; zustimmend *Haas/Reiche*, SchiedsVZ 2007, S. 330, 336; eine fehlende Begründung eines Schieds-

der Athlet vor einem staatlichen Gericht grundsätzlich einen Anspruch auf Begründung der Entscheidung hätte, es sich bei dem CAS-Schiedsspruch um eine endgültige Entscheidung handelt und die Schiedsparteien für die Erhebung der Anfechtungsklage auf die Entscheidungsgründe angewiesen sind.[1657] Angesichts dieser besonderen Umstände, wäre das Schweizerische Bundesgericht gut darin beraten, einen strengeren *Ordre public* zugrunde zu legen und von einer Begründungspflicht auszugehen.[1658] Ferner ist zu begrüßen, dass Art. R59 Abs. 1 S. 3 CAS-Code die Begründungspflicht des Schiedsspruches nicht in die Disposition der Schiedsparteien stellt, wie es aber nach dem IPRG möglich[1659] und beispielsweise in der DIS-Sport-SchO[1660] praktiziert wird. Die Parteien dürften vor Abschluss des Schiedsverfahrens kaum einzuschätzen vermögen, inwieweit sie auf einen begründeten Schiedsspruch für eine spätere Anfechtungsklage angewiesen sind und sollten sich somit nicht der späteren Einlegungsmöglichkeit dieses Rechtsmittels berauben lassen können. Demgegenüber dürfte die Forderung nach einer über die „brief reasons" hinausgehenden ausführlichen Begründungspflicht[1661] praktisch wenig Bedeutung erlangen. Zum einen wurde bereits auf die gegenläufige Gefahr einer Verfahrensverzögerung wegen zu ausführlich begründeter CAS-Schiedssprüche hingewiesen. Zum anderen zeigt die Praxis bereits, dass CAS-Schiedssprüche grundsätzlich ausführlich begründet werden. Letztlich besteht auch nicht die Gefahr, dass ein lebenslanges Berufsverbot gegen einen Sportler mit kurzer Begründung quittiert werden darf.[1662] Denn selbst nach der Rechtsprechung des Schweizerischen Bundesgerichts müssen nicht sämtliche, jedoch die wesentlichen Argumente der Parteien in dem Schiedsspruch Berücksichtigung finden.[1663]

---

spruches stellt keinen *Ordre public*-Verstoß i. S. v. Art. 190 Abs. 2 IPRG dar, Schweizerisches Bundesgericht, Urteil v. 21.08.1990, Rn. 7, BGE 116 II, S. 373, 374 f.
1657 *Druml*, Sportgerichtsbarkeit, S. 339.
1658 *Baddeley*, CaS 2007, S. 155, 160 f.; *Druml*, Sportgerichtsbarkeit, S. 339.
1659 Auf die grundsätzliche Begründungspflicht können die Parteien übereinstimmend verzichten, Art. 189 Abs. 2 IPRG.
1660 § 34.3 DIS-SportSchO: „Der Schiedsspruch ist zu begründen, soweit die Parteien nichts anderes vereinbart haben."
1661 So *Druml*, Sportgerichtsbarkeit, S. 339 f.
1662 A. A. *Druml*, Sportgerichtsbarkeit, S. 340, der diese Gefahr als gegeben ansieht.
1663 Schweizerisches Bundesgericht, Urteil v. 22.03.2007, Rn. 5.2 ff., BGE 133 III, S. 235, 243; SchiedsVZ 2007, S. 330, 334.

3. Zusammenfassung der Reformvorschläge

– Jeder Partei sollte ein gebundener Anspruch auf Durchführung einer mündlichen Verhandlung zustehen. Für den Fall des ausdrücklichen und übereinstimmend von beiden Parteien erklärten Verzichts auf die Durchführung einer mündlichen Verhandlung kann das Schiedsgericht auf diese verzichten, wenn es sich selbst für hinreichend informiert hält.

– Die mündliche Verhandlung im CAS-Berufungsverfahren sollte grundsätzlich öffentlich erfolgen. Die Parteien können jedoch auf die Öffentlichkeit verzichten, wenn sie dies in Kenntnis der Rechtsfolgen übereinstimmend und unmissverständlich erklären und keine öffentlichen Interessen entgegenstehen. Ferner kann das Schiedsgericht den Ausschluss der Öffentlichkeit aus zwingenden Gründen vergleichbar mit denen gemäß Art. 6 Abs. 1 S. 2 HS. 2 EMRK erklären.

– Sämtliche CAS-Schiedssprüche sollten veröffentlicht und so der Öffentlichkeit und zukünftigen Schiedsparteien zugänglich gemacht werden. Vertraulichkeitsaspekte der Schiedsparteien müssen durch Anonymisierungen gewahrt werden.

IV. Das Recht auf angemessene Verfahrensdauer

Gemäß Art. 6 Abs. 1 S. 1 EMRK hat jedermann in zivil- und strafrechtlichen Angelegenheiten einen Anspruch auf eine Entscheidung innerhalb einer angemessenen Frist.[1664] Zwar spricht die Vorschrift ausdrücklich nur von einer Verhandlung innerhalb angemessener Frist („*hearing within a reasonable time*"), nach der Rechtsprechung des EGMR ist hiervon jedoch auch die Entscheidungsfindung und -verkündung mitumfasst.[1665] Die Ratio der Vorschrift besteht darin, die Dauer von Rechtsstreitigkeiten möglichst kurz zu halten und somit einen baldigen Rechtsfrieden zu erreichen.[1666] Mit der Vorschrift sollen die Parteien insbesondere vor exzessiven Verfahrensverzögerungen geschützt werden.[1667] Dabei steht das Recht auf

---

1664 *Kühne*, in: Pabel/Schmahl, IntKom, EMRK, Art. 6, Rn. 321.
1665 EGMR, Urteil v. 27.06.1968, Nr. 2122/64, Wemhoff v. Germany, Rn. 18; EGMR, Urteil v. 28.06.1978, Nr. 6232/73, König v. Germany, Rn. 98, NJW 1979, S. 477, 479; *Kühne*, in: Pabel/Schmahl, IntKom, EMRK, Art. 6, Rn. 321; *Meyer-Ladewig/Harrendorf/König*, in: Meyer-Ladewig, HK-EMRK, Art. 6, Rn. 188.
1666 *Villiger*, Handbuch der EMRK, S. 286, Rn. 452.
1667 EGMR, Urteil v. 10.11.1969, Nr. 1602/62, Stögmüller v. Austria, Rn. 5; *Petrochilos*, Procedural Law in International Arbitration, S. 150, Rn. 4.93.

angemessene Verfahrensdauer im Spannungsverhältnis mit anderen Verfahrensgarantien, da die Gewährleistung zahlreicher Verfahrensgarantien in der Regel zu einem längeren Verfahren führt.[1668] Für die Bewertung der Verfahrensdauer bestehen deshalb keine festen Zeitgrenzen, sondern es sind stets die Umstände des Einzelfalls entscheidend.[1669]

Die Rüge wegen zu langer Verfahrensdauer gilt als die am häufigsten vor dem EGMR erhobene Verfahrensrüge.[1670] Mit Blick auf das CAS-Berufungsverfahren ist eine derartige Relevanz dieser Verfahrensgarantie abzusprechen, da der CAS-Code auf die zügige Verfahrensdurchführung angelegt ist. Dies gilt sowohl für die parteiliche Prozessförderungspflicht hinsichtlich der Durchführung eines zügigen Verfahrens als auch bezüglich der Pflicht des Schiedsgerichts und des CAS als Schiedsinstitution, für die Durchführung eines solchen zügigen Verfahrens sämtliche Voraussetzungen zu schaffen.

Mit Art. R52 Abs. 3 CAS-Code[1671] wird dem vor wichtigen Wettkämpfen wie den Olympischen Spielen[1672] oder Weltmeisterschaften besonders akuten Interesse der Schiedsparteien an schnellen Entscheidungen aufgrund eines beschleunigten Verfahrens (*„expedited procedure"*) Rechnung getragen. Dieses Interesse besteht allen voran aufseiten der Athleten zu der Frage, ob sie teilnahmeberechtigt für den Wettkampf sind. Aber auch die internationalen Sportverbände haben ein veritables Interesse daran, rechtzeitig festgestellt zu wissen, welche Athleten startberechtigt sind.[1673] Gemäß Art. R52 Abs. 3 CAS-Code müssen beide Parteien dem beschleunigten Verfahren zu Beginn des Schiedsverfahrens zustimmen. Das Schiedsge-

---

1668 *Grabenwarter/Pabel*, EMRK, § 24, Rn. 81; *Villiger*, Handbuch der EMRK, S. 286, Rn. 452.

1669 *Meyer*, in: Karpenstein/Mayer, EMRK, Art. 6, Rn. 76; *Peukert*, in: Frowein/Peukert, EMRK, Art. 6, Rn. 249; *Grabenwarter/Pabel*, in: Dörr/Grote/Marauhn, EMRK/GG, Kap. 14, Rn. 114; *Villiger*, Handbuch der EMRK, S. 286, Rn. 453.

1670 *Peukert*, in: Frowein/Peukert, EMRK, Art. 6, Rn. 235; *Meyer-Ladewig/Harrendorf/König*, in: Meyer-Ladewig, HK-EMRK, Art. 6, Rn. 188; *Schabas*, ECHR – Commentary, Art. 6, S. 291.

1671 Art. R52 Abs. 3 CAS-Code: „With the agreement of the parties, the Panel or, if it has not yet been appointed, the President of the Division may proceed in an expedited manner and shall issue appropriate directions for such procedure."

1672 Im Sinne einer raschen Rechtssicherheit ist das beschleunigte CAS-Berufungsverfahren auch einem Verfahren vor einer CAS Ad hoc-Division, das 10 Tage vor Beginn der Olympischen Spiele angestrengt werden kann, vorzuziehen, *Rigozzi/Hasler*, in: Arroyo, Arbitration in Switzerland, Art. R52, Rn. 13, Fn. 22.

1673 *Rigozzi/Hasler*, in: Arroyo, Arbitration in Switzerland, Art. R52, Rn. 14.

richt kann ein solches mithin nicht gegen den Willen einer Partei durchführen.[1674]

Unabhängig von dem beschleunigten Verfahren legt der CAS-Code auch im Übrigen Wert auf eine zügige Verfahrensdurchführung. So gelten angemessen kurz gehaltene Fristen für die Einlegung der Berufung, *statement of appeal* (grundsätzlich 21 Tage nach Zustellung der Entscheidung, gegen die Berufung eingelegt werden soll, Art. R49 CAS-Code), deren Begründung (zehn Tage nach Ablauf der Frist zur Berufungseinlegung, Art. R51 Abs. 1 CAS-Code) sowie für die Fristen zur Schiedsrichterbenennung und der Erwiderung auf die Berufung für den Schiedsbeklagten (zehn Tage nach Zustellung des *statement of appeal*, Art. R53 CAS-Code bzw. zehn Tage nach Zustellung der Berufungsbegründung, Art. R55 Abs. 1 CAS-Code).[1675] Auch die durch Art. R54 Abs. 2 CAS-Code vorgesehene Ernennung des Vorsitzenden des Schiedsgerichts durch den Präsidenten der Berufungskammer ist unter dem Gesichtspunkt der Verfahrensbeschleunigung insofern begrüßenswert, als keine Verzögerungen durch Parteiabsprachen abgewartet werden müssen. Ferner verpflichten sich die Schiedsrichter gemäß Art. R33 Abs. 2 CAS-Code zur Durchführung eines zügigen Verfahrens verfügbar zu sein. Zudem wird dem Beschleunigungsgrundsatz insbesondere aufgrund von Art. R59 Abs. 5 S. 1 CAS-Code Rechnung getragen, nach dem innerhalb von drei Monaten nach Eingang der Angelegenheit bei dem konkreten Schiedsgericht den Parteien der Tenor des Schiedsspruchs zugesandt werden soll.[1676] Danach verbleiben dem Schiedsgericht in der Regel zwei Monate nach Durchführung der mündlichen Verhandlung, um den Schiedsspruch zu erlassen.[1677] Diese Regelung bezweckt, den Interessen im internationalen Sport nach einer schnellen Entscheidung gerecht zu werden.[1678] Der Vorsitzende des Schiedsgerichts

---

1674 *Mavromati/Reeb*, The Code of the CAS – Commentary, Art. R52, Rn. 13; *Rigozzi/Hasler*, in: Arroyo, Arbitration in Switzerland, Art. R52, Rn. 14 weisen zu Recht darauf hin, dass die Ablehnung einer Partei zur Durchführung eines beschleunigten Verfahrens nicht gegen Treu und Glauben verstoßen darf, z. B. der Sportverband allein durch diese Ablehnung den Athleten an der Teilnahmen an einem bestimmten Wettbewerb hindern wollte.

1675 S. eingehend zu dem Verfahrensablauf Kap. 1 C. IV.

1676 Art. R59 Abs. 5 S. 1 CAS-Code: „The operative part of the award shall be communicated to the parties within three months after the transfer of the file to the Panel." Eine vergleichbare Vorschrift enthalten die Regelungen zu dem Ordentlichen Verfahren vor dem CAS ausdrücklich nicht, *Mavromati/Reeb*, The Code of the CAS – Commentary, Art. R59, Rn. 73.

1677 *Mavromati/Reeb*, The Code of the CAS – Commentary, Art. R59, Rn. 74.

1678 *Mavromati/Reeb*, The Code of the CAS – Commentary, Art. R59, Rn. 73.

kann eine Verlängerung dieser Frist bei dem Präsidenten der Berufungs-kammer beantragen.[1679] Vor der Revision des CAS-Code im Jahr 2010 be-gann die damals geltende viermonatige Frist mit dem Schiedsauftrag, d. h. mit Registrierung des Verfahrens vor dem CAS und damit vor Konstituie-rung des Schiedsgerichts.[1680] Mit der derzeit geltenden dreimonatigen Frist schreibt der CAS-Code im Vergleich beispielsweise zu der ICC-Schiedsge-richtsordnung[1681] eine kürzere Frist, jedoch auch eine deutlich längere Frist im Vergleich beispielsweise zu der 14-tägigen Frist nach Durchfüh-rung der mündlichen Verhandlung in Dopingverfahren vor dem Deut-schen Sportschiedsgericht[1682] vor. Insgesamt bietet Art. R59 Abs. 5 CAS-Code einen angemessenen Regelungsrahmen für ein zügig durchzuführen-des Verfahren.

1. Unzulänglichkeiten und Reformbedarf in der Praxis des CAS zur Verfahrensbeschleunigung

Ungleich problematischer stellt sich der Umgang in der Praxis mit dem Recht auf angemessene Verfahrensdauer dar. Hier schlagen selbst ehemali-ge und aktive CAS-Schiedsrichter Alarm und mahnen zu Verfahrensbe-schleunigungen.[1683] Erfahrungsgemäß wird die Frist des Art. R59 Abs. 5 CAS-Code nur in den seltensten Fällen eingehalten und vielmehr der Pra-xis vor dem ICC-Schiedsgericht folgend *sua sponte* verlängert.[1684] Demnach

---

1679 Art. R59 Abs. 5 S. 2 CAS-Code: „Such time limit may be extended by the Presi-dent of the Appeals Arbitration Division upon a reasoned request from the President of the Panel."

1680 *Mavromati/Reeb*, The Code of the CAS – Commentary, Art. R59, Rn. 75.

1681 Art. 31 Abs. 1 ICC-Schiedsgerichtsordnung: „Das Schiedsgericht muss seinen Endschiedsspruch binnen sechs Monaten erlassen. Diese Frist beginnt mit dem Tag der letzten Unterschrift des Schiedsgerichts oder der Parteien unter den Schiedsauftrag [...]."

1682 § 60.1 DIS-SportSchO. Allgemein enthält die DIS-SportScho keine bestimmte Frist für den Erlass des Schiedsspruches, sondern schreibt allein in ihren Son-derbestimmungen für Anti-Dopingstreitigkeiten gemäß § 30.1 DIS-SportSchO vor, das Schiedsverfahren „zügig zu führen und in angemessener Frist einen Schiedsspruch zu erlassen."

1683 S. jüngst *Netzle*, SpuRt 2018, S. 89; *Hasler*, Yearb. Int. Sports Arb. 2016, S. 3 ff.

1684 *Rigozzi/Hasler*, in: Arroyo, Arbitration in Switzerland, Art. R59, Rn. 15; *Rigozzi*, in: Lévy/Polkinghorne (Hrsg.), Expedited Procedures in International Arbitra-tion, S. 88, 97.

wird sogar nach Ablauf der Frist eine Fristverlängerung genehmigt.[1685] Die Gründe für die Verfahrensverzögerungen sind vielfältig und reichen von der zunehmenden Komplexität der Fälle über den Umstand, dass die Schiedsparteien dazu neigen, erfahrene und damit viel beschäftigte Schiedsrichter zu benennen, bis hin zu der Überprüfung des Schiedsspruches durch den CAS-Generalsekretär gemäß Art. R59 Abs. 2 CAS-Code.[1686]

Der für die Bewertung maßgebliche Zeitraum beginnt mit dem Antrag bei dem erkennenden Spruchkörper und endet mit der abschließenden, rechtskräftigen Entscheidung.[1687] Die Angemessenheit der Verfahrensdauer bemisst der EGMR im Wesentlichen nach den Kriterien der Bedeutung der Sache für den Beschwerdeführer, der Komplexität des Verfahrens und dem Verhalten des Beschwerdeführers sowie der Behörden und Gerichte.[1688]Für das Berufungsverfahren vor dem CAS beginnt demnach der Bemessungszeitraum mit Erhebung der Schiedsklage und endet mit der rechtskräftigen Entscheidung des CAS-Schiedsspruches. Ersteres ergibt sich zwar nicht ausdrücklich aus dem CAS-Code, ist jedoch in Übereinstimmung mit Art. 181 IPRG[1689] anzunehmen.[1690] Letzteres erfolgt mit fruchtlosem Verstreichen der 30-tägigen Frist zur Erhebung der Anfech-

---

1685 *Rigozzi/Hasler*, in: Arroyo, Arbitration in Switzerland, Art. R59, Rn. 14.

1686 *Rigozzi*, in: Lévy/Polkinghorne (Hrsg.), Expedited Procedures in International Arbitration, S. 88, 97.

1687 *Meyer-Ladewig/Harrendorf/König*, in: Meyer-Ladewig, HK-EMRK, Art. 6, Rn. 189; *Kühne*, in: Pabel/Schmahl, IntKom, EMRK, Art. 6, Rn. 323; *Peukert*, in: Frowein/Peukert, EMRK, Art. 6, Rn. 239 ff.; *Grabenwarter/Pabel*, in: Dörr/Grote/Marauhn, EMRK/GG, Kap. 14, Rn. 113; *Meyer*, in: Karpenstein/Mayer, EMRK, Art. 6, Rn. 74; *van Dijk/van Hoof*, Theory and Practice of the ECHR, Art. 6, S. 588 ff.

1688 *Grabenwarter/Pabel*, in: Dörr/Grote/Marauhn, EMRK/GG, Kap. 14, Rn. 114; *dies.*, EMRK, § 24, Rn. 82; *Peukert*, in: Frowein/Peukert, EMRK, Art. 6, Rn. 248 ff.; *Meyer*, in: Karpenstein/Mayer, EMRK, Art. 6, Rn. 78 ff.; ausführlich *Kühne*, in: Pabel/Schmahl, IntKom, EMRK, Art. 6, Rn. 329 ff.; *van Dijk/van Hoof*, Theory and Practice of the ECHR, Art. 6, S. 592 ff.

1689 Art. 181 IPRG: „Das Schiedsverfahren ist hängig, sobald eine Partei mit einem Rechtsbegehren den oder die in der Schiedsvereinbarung bezeichneten Schiedsrichter anruft oder, wenn die Vereinbarung keinen Schiedsrichter bezeichnet, sobald eine Partei das Verfahren zur Bildung des Schiedsgerichts einleitet."

1690 *Mavromati/Reeb*, The Code of the CAS – Commentary, Art. R58, Rn. 46.

tungsklage vor dem Schweizerischen Bundesgericht.[1691] Zwar kann ein Verstoß gegen das Recht auf eine Entscheidung innerhalb angemessener Frist nur aufgrund einer Abwägung anhand des konkreten Einzelfalls beurteilt werden. Gerade in Dopingangelegenheiten, in denen die berufliche Zukunft der Athleten auf dem Spiel steht, dürfte die Bedeutung der Sache regelmäßig äußerst hoch eingeschätzt werden. Zudem weisen Dopingangelegenheiten oftmals eine hohe Komplexität auf, so dass es zu ganz erheblichen Verfahrensverzögerungen kommen kann. So dauerte beispielsweise das Verfahren in der *Contador*-Angelegenheit[1692] insgesamt über eineinhalb Jahre und davon allein neun Monate vor dem CAS anstatt der von Art. R59 Abs. 5 CAS-Code vorgeschriebenen drei Monate.[1693] Trotz dieser Verfahrensverzögerungen dürfte ein EMRK-Verstoß wegen zu langer Verfahrensdauer nur schwerlich zu bejahen sein, da letztlich nicht von einer exzessiv langen Verfahrensdauer im Sinne der Rechtsprechung des EGMR auszugehen ist.

Problematisch an der Handhabung der praktizierten „automatischen" Fristverlängerung und der damit einhergehenden Verfahrensverzögerung ist, dass den Schiedsparteien hierbei keine Einwirkungsmöglichkeiten zustehen. So ist weder eine Benachrichtigung der Parteien über die Fristverlängerung gemäß Art. R59 Abs. 5 S. 2 CAS-Code bzw. über die Gründe für eine solche Fristverlängerung vorgesehen, noch steht den Parteien ein Rechtsbehelf zu, einen Schiedsspruch innerhalb einer bestimmten Frist zu erreichen. Letzteres ist allgemein ein Problem der Schiedsgerichtsbarkeit, da effektive Rechtsbehelfe gegen Verfahrensverzögerungen den Parteien in der Regel nicht zur Verfügung stehen. Zwar ist den Beteiligten des Schiedsverfahrens gemäß Art. 185 IPRG[1694] die Möglichkeit eröffnet, eine Mitwirkung des staatlichen Richters zu erreichen. Hiervon sind auch Aufforderungen des staatlichen Richters an das Schiedsgericht erfasst, einen

---

1691 Art. 100 Abs. 1 BGG; Für die Fristberechnung gelten die Art. 44 ff. BGG; *Rigozzi*, JIDS 2010, S. 217, 225; *Mavromati/Reeb*, The Code of the CAS – Commentary, Art. R59, Rn. 1; allgemein für die schweizerische Schiedsgerichtsbarkeit *Habscheid*, in: FS Henckel, S. 341, 346.

1692 CAS-Schiedsspruch v. 06.02.2012, Az.: CAS 2011/A/2384, CAS 2011/A/2386, UCI v. Alberto Contador Velasco & RFEC & WADA v. Alberto Contador Velasco & RFEC, Rn. 345.

1693 *Cernic*, HR & ILD 2012, S. 259, 278.

1694 Art. 185 IPRG: „Ist eine weitere Mitwirkung des staatlichen Richters erforderlich, so ist der Richter am Sitz des Schiedsgerichts zuständig."

Schiedsspruch gemäß Art. 189 Abs. 1 IPRG[1695] nach dem von den Parteien vereinbarten Verfahren zu erlassen.[1696] Da Art. R59 Abs. 5 CAS-Code letztlich auch Bestandteil des vereinbarten Verfahrens ist, sind die Schiedsgerichte zum Erlass eines Schiedsspruches innerhalb der darin normierten in den dreimonatigen Frist verpflichtet. Es ist aber bereits umstritten, wie weitreichend die Mitwirkungsbefugnis des staatlichen Richters ist.[1697] Ferner findet Art. 185 IPRG nur äußerst selten praktische Anwendung.[1698] Letztlich stellt sich die Frage, ab welcher Dauer der Verfahrensverzögerung dessen Voraussetzungen vorliegen. Hierzu dürften insbesondere Ausnahmefälle zählen, in denen sich die Verfahrensverzögerungen zu einer Rechtsverweigerung kumulieren.[1699]

Damit findet Art. 185 IPRG zwar grundsätzlich für die regelmäßigen Verzögerungen im CAS-Berufungsverfahren Anwendung. Es bestehen jedoch erhebliche Bedenken, ob die Vorschrift den Schiedsparteien im CAS-Berufungsverfahren einen effektiven Rechtsbehelf an die Hand gibt, um gegen Verfahrensverzögerungen entgegen der Dreimonatsfrist von Art. R59 Abs. 5 CAS-Code, die nicht an eine Rechtsverweigerung heranreichen, vorzugehen.

Auch wenn in der Praxis des CAS im Umgang mit der Dreimonatsfrist des Art. R59 Abs. 5 CAS-Code noch keine exzessive Verfahrensverzögerung zu sehen sein dürfte, sollten für den CAS-Code Reformen zugunsten eines fairen, transparenten und zügigen Verfahrens angestrengt werden.

Zunächst sollte die Mitteilung an die Parteien hinsichtlich der Dauer und der Gründe für den Fall einer Fristverlängerung gemäß Art. R59

1695 Art. 189 Abs. 1 IPRG: „Der Entscheid ergeht nach dem Verfahren und in der Form, welche die Parteien vereinbart haben."

1696 *Girsberger/Voser*, International Arbitration, S. 287, Rn. 1177; *Knoll*, in: Arroyo, Arbitration in Switzerland, IPRG, Art. 185, Rn. 20.

1697 Zumeist wird analog zu dem nicht mehr einschlägigen Art. 17 SchKonk von einem Beschwerderecht der Parteien wegen Rechtsverzögerung ausgegangen, *Volken*, in: ZK-IPRG, Art. 185, Rn. 8; *Girsberger/Voser*, International Arbitration, S. 287, Rn. 1177 sprechen hinsichtlich des Anwendungsbereichs der Vorschrift schlicht von „requests that the arbitral proceedings be accelerated."; *Poudret/Besson*, Comparative Law of International Arbitration, S. 514, Rn. 597 gehen sogar von einem Recht des staatlichen Richters zur Abberufung des Schiedsrichters aus, denn die staatliche Maßnahme beinhalte „[the arbitrators'] removal in the event of an unjustified delay in proceedings which amounts to a denial of justice."

1698 *Knoll*, in: Arroyo, Arbitration in Switzerland, IPRG, Art. 185, Rn. 14.

1699 So *Poudret/Besson*, Comparative Law of International Arbitration, S. 514, Rn. 597 (s. zwei Fußnoten zuvor).

Abs. 5 S. 2 CAS-Code festgeschrieben werden. Zudem sollten der CAS-Generalsekretär sowie das Schiedsgericht sich verpflichten, die gemäß Art. R59 Abs. 2 CAS-Code vorgeschriebene Überprüfung des Schiedsspruches nicht zu einer unangemessenen Verzögerung des Verfahrens kommen zu lassen. Im Übrigen wäre eine allgemeine Verpflichtung des Schiedsgerichts, Verzögerungen zu vermeiden nach dem Vorbild von Art. 14.4 (ii) LCIA Arbitration Rules[1700] sinnvoll, um dem Schiedsgericht „den Spiegel vorzuhalten", dass die Pflicht zur Vermeidung von Verzögerungen nicht nur die Schiedsparteien, sondern auch die Schiedsrichter selbst betrifft. Abhilfe könnte demgegenüber aber z. B. eine Entlastung des CAS-Generalsekretärs bei der Überprüfung von CAS-Schiedssprüchen durch eine personelle Verstärkung schaffen, die angesichts der zunehmenden Verfahrensüberlastung des CAS dringend geboten erscheint.[1701]

Demgegenüber dürfte eine Reduzierung der Schiedsrichterhonorare für Fälle ungerechtfertigter Verzögerungen für das CAS-Berufungsverfahren keine interessengerechte Lösung darstellen. Diese Maßnahmen kündigte beispielsweise der ICC Court für seine Verfahren ab dem 01.01.2016 an, um dadurch die zügige und fristgerechte Durchführung der Verfahren nach der ICC-Schiedsgerichtsordnung sicherzustellen.[1702] Dieser allgemein für die Handelsschiedsgerichtsbarkeit unter dem Gesichtspunkt der Verfahrensbeschleunigung sinnvoll erscheinende Vorschlag kann jedoch für die CAS-Schiedsrichter keine Lösung sein, da deren Honorare ohnehin bereits vergleichsweise gering ausfallen und eine derartige Maßnahme qualifizierte CAS-Schiedsrichter von der Annahme von Schiedsaufträgen abhalten könnte.[1703]

Darüber hinaus stellt sich die Frage, ob die Praxis des CAS bezüglich der Bekanntgabe der Schiedssprüche es den Schiedsparteien in hinreichendem Maße ermöglicht, einen Rechtsbehelf gegen den CAS-Schiedsspruch ein-

---

1700 Art. 14.4 (ii) LCIA Arbitration Rules: „Under the Arbitration Agreement, the Arbitral Tribunal's general duties at all times during the arbitration shall include: a duty to adopt procedures suitable to the circumstances of the arbitration, avoiding unnecessary delay and expense, so as to provide a fair, efficient and expeditious means for the final resolution of the parties' dispute."

1701 *Rigozzi*, in: Lévy/Polkinghorne (Hrsg.), Expedited Procedures in International Arbitration, S. 88, 97.

1702 Pressemitteilung des ICC Court v. 05.01.2016, abrufbar unter: https://iccwbo.o rg/media-wall/news-speeches/icc-court-announces-new-policies-to-foster-transp arency-and-ensure-greater-efficiency/ (Stand: März 2019).

1703 *Rigozzi*, in: Lévy/Polkinghorne (Hrsg.), Expedited Procedures in International Arbitration, S. 88, 97.

zulegen. Entgegen einer vom EGMR entschiedenen Rechtssache[1704], in der der Beschwerdeführer wegen verzögerter Bekanntgabe der Urteilsgründe und des damit einhergehenden Fristablaufs für den Rechtsbehelf daran gehindert war, einen solchen vollumfänglich einzulegen, droht den CAS-Schiedsparteien ein solcher Verlust eines Rechtsbehelfs nicht, da die Frist erst mit endgültiger Bekanntgabe des Schiedsspruches beginnt.

Vor dem Hintergrund der Gewährleistung eines effektiven Rechtsbehelfs stellt sich jedoch ein anderes Problem. Im Zusammenhang mit der besonderen Bedeutung des Postulats schneller Entscheidungen sind die Parteien auch im Berufungsverfahren darauf angewiesen, zügig den begründeten Schiedsspruch zu erhalten, um die Erfolgsaussichten eines Rechtsbehelfs prüfen zu können. Zwar ist eine Partei grundsätzlich nicht daran gehindert, bereits nach Erhalt des Tenors und vor endgültiger Bekanntgabe des Schiedsspruches Rechtsbehelf zum Schweizerischen Bundesgericht einzulegen.[1705] Gemäß Art. R59 Abs. 5 S. 1 CAS-Code muss den Parteien innerhalb von drei Monaten nach Eingang der Angelegenheit bei dem konkreten Schiedsgericht lediglich der Tenor des Schiedsspruches (*„operative part of the award"*) zugesandt werden. Dies beinhaltet ausdrücklich nicht den begründeten Schiedsspruch. Vor dem Hintergrund der Beschleunigung des Verfahrens ist diese Praxis durchaus begrüßenswert.[1706] Dennoch setzt die Einlegung von Rechtsbehelfen zum Schweizerischen Bundesgericht die Kenntnis der Entscheidungsgründe voraus. Dieser Möglichkeiten dürfen die Parteien nicht wegen fehlender Möglichkeit der Kenntnisnahme der Entscheidungsgründe beraubt werden.[1707] Diesbezüglich zog *Rigozzi*[1708] eine Analogie von Art. 112 Abs. 2 BGG[1709] in Erwä-

---

1704 EGMR, Urteil v. 16.12.1992, Nr. 12945/87, Hadjianastassiou v. Greece, Rn. 29 ff., NJW 1993, S. 1697, 1697 f., aufgrunddessen bejahte der EGMR einen Verstoß gegen Art. 6 Abs. 3 lit. b) i. V. m. Abs. 1 EMRK.

1705 *Rigozzi/Hasler*, in: Arroyo, Arbitration in Switzerland, Art. R59, Rn. 14; *Rigozzi*, JIDS 2010, S. 217, 225.

1706 *Rigozzi*, in: Lévy/Polkinghorne (Hrsg.), Expedited Procedures in International Arbitration, S. 88, 97.

1707 *Rigozzi*, in: Lévy/Polkinghorne (Hrsg.), Expedited Procedures in International Arbitration, S. 88, 97. Abgemildert wird dies lediglich dadurch, dass die Parteien auch nur aufgrund des Tenors des Schiedsspruches ein Aufhebungsverfahren vor dem Schweizerischen Bundesgericht beantragen können, *Rigozzi/Hasler*, in: Arroyo, Arbitration in Switzerland, Art. R59, Rn. 14.

1708 *Rigozzi*, JIDS 2010, S. 217, 225, Fn. 40.

1709 Art. 112 Abs. 2 S. 1 u. 2 BGG: „Wenn es das kantonale Recht vorsieht, kann die Behörde ihren Entscheid ohne Begründung eröffnen. Die Parteien können in diesem Fall innert 30 Tagen eine vollständige Ausfertigung verlangen."

gung. Danach können die Parteien von Behörden innerhalb von 30 Tagen eine vollständige Ausfertigung für den Fall verlangen, dass die Behörde zulässigerweise zuvor ihren Entscheid ohne Begründung erlassen hat.

Auch wenn das Vorliegen der Analogievoraussetzungen angezweifelt wird,[1710] empfiehlt sich die Aufnahme einer solchen Regelung in den CAS-Code. Der Bedarf für eine solche Regelung wird durch die zahlreichen Fälle deutlich, in denen nicht nur die Athleten, sondern auch die internationalen Sportverbände oder das IOC auf die zügige Veröffentlichung der Entscheidungsgründe zur Geltendmachung der Anfechtungsklage vor dem Schweizerischen Bundesgericht angewiesen sind.[1711] Für die Aufnahme einer solchen Frist in den CAS-Code sprechen die zügige Durchführung des Verfahrens sowie die Wahrung einer raschen Rechtsbehelfsmöglichkeit für die Schiedsparteien. Überdies verbleiben den CAS-Schiedsrichtern nach Ablauf des Verfahrens und Bekanntgabe des Tenors 30 Tage zur Schiedsspruchbegründung. Eine solche 30-Tage-Frist wäre somit eine konsequente Fortführung der mit Art. R59 Abs. 5 S. 1 CAS-Code anvisierten Verfahrensbeschleunigung.

2. Exkurs: Reformbedarf des CAS-Verfahrens zum einstweiligen Rechtsschutz

Zwar ist die generelle Stärkung des einstweiligen Rechtsschutzverfahrens vor dem CAS insbesondere durch die Revisionen des CAS-Codes in den Jahren 2010 und 2013[1712] anzuerkennen. Außerdem bietet der CAS *in puncto* Schnelligkeit alle Ressourcen, um schnelle Abhilfe leisten zu können. Positiv hervorzuheben ist hierbei insbesondere die Nutzung flexibler Kommunikationsformen durch den CAS, der – im Gegensatz zu dem

---

1710 *Rigozzi*, JIDS 2010, S. 217, 225, Fn. 40 schlussfolgert ohne nähere Begründung: „It is doubtful that one could apply Article 112 (2) SCA by analogy in order to request the reasoned award within 30 days."

1711 S. hierzu jüngst die Fälle der 39 russischen Athleten, die vom IOC im Zusammenhang mit dem Vorwurf des russischen Staatsdopings gesperrt lebenslänglich wurden. Der Tenor („operative part") der CAS-Entscheidungen datiert vom 01.02.2018. Die beiden ersten begründeten Entscheidungen wurden zum 23.04.2018 veröffentlicht. Weitere Informationen zu den Verfahren sind auf der Homepage des CAS abrufbar.

1712 *Rigozzi/Hasler*, in: Arroyo, Arbitration in Switzerland, R37, Rn. 2.

vor staatlichen Gerichten teilweise immer noch vorherrschenden Briefverkehr – mit den Parteien per E-Mail oder Fax kommuniziert.[1713]

Trotz der grundsätzlichen Zulässigkeit der Exklusivvereinbarung zugunsten des CAS besteht hinsichtlich eines effektiven einstweiligen Rechtsschutzes vor dem CAS Reformbedarf. Dieser steht im ureigenen Interesse der internationalen Sportverbände und des CAS, um die Attraktivität des einstweiligen Rechtsschutzes vor dem CAS zu steigern, was Athleten zwangsläufig dazu bringen wird, Rechtsschutz vor dem CAS und nicht vor den staatlichen Gerichten zu suchen.[1714] Neben einer verbesserten Informationspolitik hinsichtlich der Tragweite der Ausschlussvereinbarung, die von den Verbänden sowie der WADA und der NADA zu leisten ist, bedarf es auch Verbesserungen hinsichtlich des Verfahrens des einstweiligen Rechtsschutzes vor dem CAS. Bei den Reformen sollte der Schwerpunkt auf größere Schnelligkeit, Effektivität und Unabhängigkeit der Entscheidungsträger gelegt werden.

Als Ausgangslage sollte Art. R37 CAS-Code zunächst dahingehend geändert werden, dass der CAS verpflichtet wird, über jeden Antrag auf Gewährung einstweiligen Rechtsschutzes entscheiden zu müssen. Auch wenn es an den praktischen Auswirkungen des derzeit nur als Kann-Vorschrift ausgestalteten Art. R37 CAS-Code fehlt,[1715] ist kein Grund ersichtlich, die Regelung nicht als Muss-Vorschrift auszugestalten. Lediglich der Inhalt der Entscheidung sollte im Ermessen des Präsidenten der Berufungskammer bzw. des Schiedsgerichts stehen, nicht aber die grundsätzliche Erwägung, über den Antrag entscheiden zu müssen. Eine solche Änderung würde auch der aktuellen, sinnvollen Regelung in der DIS-SportSchO[1716] entsprechen.

Außerdem empfiehlt es sich, die Hürden für den Antrag auf einstweiligen Rechtsschutz vor dem CAS abzubauen. Hierfür wäre insbesondere ein

---

1713 *Rigozzi/Hasler*, in: Arroyo, Arbitration in Switzerland, R37, Rn. 39; s. hierzu auch beispielhaft die Revision von Art. R59 Abs. 3 CAS-Code, die den Erhalt des Schiedsspruches u. a. per E-Mail nunmehr ermöglicht.

1714 So auch *Schleiter*, Globalisierung im Sport, S. 223, der jedoch der Ansicht ist, dass die Exklusivvereinbarung des Art. R37 Abs. 2 S. 2 CAS-Code gestrichen werden sollte und der CAS sich dem Wettbewerb um den besseren einstweiligen Rechtsschutz mit den staatlichen Gerichten stellen sollte.

1715 S. hierzu Kap. 1 E. II. 1.

1716 § 20.1 S. 2 u. 3 DIS-SportSchO: „Über den Antrag auf einstweiligen Rechtsschutz entscheidet der Vorsitzende des Schiedsgerichts allein bzw. der Einzelschiedsrichter jeweils durch Beschluss. Der Inhalt einer Maßnahme des einstweiligen Rechtsschutzes steht im Ermessen des Schiedsgerichts."

Verzicht auf Ausschöpfung des verbandsinternen Rechtswegs und eine Entkoppelung des einstweiligen Rechtsschutzverfahrens von dem Hauptverfahren angebracht. Denn die Zulässigkeitsvoraussetzung, vor Anrufung des CAS den verbandsinternen Rechtsweg ausschöpfen zu müssen, steht im Widerspruch zu dem Grundgedanken des sofortigen Rechtsschutzes.[1717]

Für die Parallelität von Hauptsacheverfahren und einstweiligem Verfahren streitet auch ein Vergleich mit den Regelungen der ZPO zum einstweiligen Rechtsschutz. Gemäß §§ 916 ff. ZPO ist der einstweilige Rechtsschutz unabhängig von dem Hauptsacheverfahren neben diesem zulässig.[1718] Hintergrund dessen sind die unterschiedlichen Rechtsschutzziele der Verfahren: Im Gegensatz zum Hauptsacheverfahren dient der einstweilige Rechtsschutz der Sicherung des Anspruchs.[1719] Dieser Gedanke kann auch auf das einstweilige Verfahren vor dem CAS übertragen werden, geht es doch in den überwiegenden Fällen um die Frage, ob ein Athlet kurzfristig zu einem Wettbewerb zugelassen werden soll, und mithin um die vorläufige Sicherung des Anspruchs auf Wettbewerbsteilnahme.

Außerdem besteht – wie dargestellt[1720] – eine Rechtsschutzlücke aufgrund des grundsätzlich fehlenden Rechtsbehelfs für den Fall, dass der Präsident der Berufungskammer den Antrag auf einstweiligen Rechtsschutz ablehnt.[1721] Es sollte im CAS-Code eine klare Regelung eingefügt werden, aus der sich ergibt, dass Eilrechtsschutz nicht nur vor Übergabe der Akten bei dem Präsidenten der Berufungskammer, sondern zusätzlich auch nach Übergabe der Akten unabhängig von dem Ergebnis des ersten Antrags gestellt werden kann.

Zudem muss das Verhältnis zwischen der Entscheidung des Präsidenten der Berufungskammer und der des späteren Schiedsgerichts klarer geregelt werden. Wie dargestellt,[1722] besteht bei unveränderten Umständen kein Rechtsbehelf gegen eine abweisende Entscheidung des Präsidenten der Be-

---

1717 So auch *Osterwalder/Kaiser*, SpuRt 2011, S. 230, 236.

1718 *Vollkommer*, in: Zöller, ZPO, vor § 916, Rn. 1b.

1719 Konkret dient der Arrest der Sicherung der Zwangsvollstreckung wegen Geldforderungen in das bewegliche und unbewegliche Vermögen, die einstweilige Verfügung der Sicherung eines Individualanspruchs und der einstweiligen Regelung eines streitigen Rechtsverhältnisses sowie die Leistungsverfügung dem Ziel, dem Gläubiger eine vorläufige Befriedigung zu verschaffen, *Vollkommer*, in: Zöller, ZPO, vor § 916, Rn. 1.

1720 S. Kap. 1 E. II. 1.

1721 *Blackshaw/Pachmann*, in: Yearb. Int. Sports Arb. 2015, S. 93, 107 f., die insgesamt die fehlende Rechtsschutzintensität im Vergleich zu staatlichen Gerichten kritisieren.

1722 S. Kap. 1 E. II. 1.

rufungskammer vor dem späteren Schiedsgericht.[1723] Hat der Präsident der Berufungskammer den Antrag auf einstweiligen Rechtsschutz aber z. B. aus dem Grund abgelehnt, dass er die Interessenabwägung zulasten des Antragstellers entschieden hat, ist kein Grund ersichtlich, warum das Schiedsgericht nicht zu einem anderen Ergebnis kommen und antragsgemäß entscheiden dürfte.[1724] Jedenfalls sollte das Schiedsgericht befugt sein, eine Entscheidung des Präsidenten der Berufungskammer aufzuheben, wenn es der Ansicht ist, dass die Voraussetzungen hierfür vorliegen.[1725] Hiervon sollte auch in der Praxis großzügig Gebrauch gemacht werden, um einen möglichst großen Rechtsschutz zu gewährleisten. Hierfür könnte als Vorbild Art. 29 Abs. 3 ICC-Schiedsgerichtsordnung[1726] dienen, wonach das Schiedsgericht nicht an Beschlüsse des Eilschiedsrichters gebunden ist und diese auch ausdrücklich aufheben kann.

Problematisch ist auch die exponierte Stellung des Präsidenten der jeweiligen Kammer, bei Berufungsverfahren des Präsidenten der Berufungskammer. Mit dessen Zuständigkeit als Eilschiedsrichter vor Übergabe der Akten an das Schiedsgericht kommt ihm eine entscheidende Rolle im einstweiligen Rechtsschutz zu. Insbesondere die Athleten sind jedoch darauf angewiesen, dass der Rechtsschutz nicht nur effektiv, sondern auch von einer unabhängigen Person gewährleistet wird. Dass diese Unabhängigkeit des Präsidenten der Berufungskammer und damit des Schiedsrichters in einer für den Athleten ganz entscheidenden Phase des einstweiligen Rechtsschutzes gewährleistet sein muss, ist im CAS-Code – im Gegensatz

---

1723 S. Kap. 3 B. I. 3. c).

1724 *Rigozzi/Hasler*, in: Arroyo, Arbitration in Switzerland, Art. R37, Rn. 6.

1725 *Rigozzi/Hasler*, in: Arroyo, Arbitration in Switzerland, Art. R37, Rn. 6. Der Hinweis zu diesem Vorschlag von *Mavromati/Reeb*, The Code of the CAS – Commentary, Art. R37, Rn. 16, Fn. 38, wonach es naheliegender wäre, eine Entscheidung dem Grunde nach herbeizuführen (in einem beschleunigten Verfahren oder indem der Tenor der Hauptsacheentscheidung vor dem Schiedsspruch mit den Entscheidungsgründen veröffentlicht wird) als nochmals die Erfolgsaussichten im einstweiligen Verfahren zu überprüfen, steht dem nicht entgegen. Vielmehr handelt es sich hierbei um einen zusätzlichen Aspekt der Beschleunigung, der im Hauptsacheverfahren Berücksichtigung finden könnte.

1726 Art. 29 Abs. 3 ICC-Schiedsgerichtsordnung: „Der Beschluss des Eilschiedsrichters bindet das Schiedsgericht nicht in Bezug auf irgendeine im Beschluss entschiedene Frage, Angelegenheit oder Streitigkeit. Das Schiedsgericht kann Beschlüsse des Eilschiedsrichters, einschließlich von Änderungen hierzu, ändern, in ihrer Wirkung beenden oder aufheben."

zu anderen Schiedsverfahrensordnungen[1727] – nicht explizit geregelt.[1728] Dies birgt ein nicht hinnehmbares Potenzial für persönliche Verflechtungen zwischen dem CAS und den Sportverbänden und dem IOC[1729]. Um solche zu verhindern, kann sich beispielsweise ein Modell, wie es vor dem Deutschen Sportschiedsgericht vorgesehen ist, empfehlen. Dort ist vor Konstituierung des Schiedsgerichts der Antrag auf einstweiligen Rechtsschutz gemäß § 20.2 DIS-SportSchO bei dem „Eilschiedsrichter" zu stellen, der, ebenso wie sein Stellvertreter, nach dem Geschäftsverteilungsplan bestimmt wird. Somit wird den Parteien die Möglichkeit des einstweiligen Rechtsschutzes durch einen unabhängigen Schiedsrichter jederzeit gewährleistet.[1730]

Zusammenfassung:
Trotz der generellen Zulässigkeit der Exklusivvereinbarung zugunsten des CAS besteht ein erheblicher Reformbedarf des einstweiligen Rechtsschutzes vor dem CAS.

Die Reformvorschläge im Einzelnen:
- Änderung der Ausgestaltung von Art. R37 CAS-Code von der derzeitigen „Kann"-Vorschrift hin zu einer „Muss"-Vorschrift.
- Abschaffung des Erfordernisses der Ausschöpfung des verbandsinternen Rechtsweges vor Anrufung des CAS.
- Hinzufügung einer klaren Regelung in Art. R37 CAS-Code, die einen zusätzlichen Rechtsbehelf vor dem Schiedsgericht unabhängig von der Entscheidung des Präsidenten der Berufungskammer über den ersten Antrag auf einstweiligen Rechtsschutz enthält.
- Einfügung einer klaren Regelung, wonach das Schiedsgericht befugt ist, im Widerspruch über die Entscheidung des Präsidenten der Berufungskammer zu entscheiden.
- Funktionelle Zuständigkeit des Präsidenten der Berufungskammer das Verfahren auf turnusmäßig zu bestimmenden unabhängigen Eilschiedsrichter zu übertragen, um die Entscheidung durch eine unabhängige Instanz zu gewährleisten.

1727 S. z. B. Art. 2 Abs. 4 Anhang V – Eilschiedsrichterverfahrensordnung der ICC-Schiedsgerichtsordnung.
1728 S. Kap. 1 E. II. 1.
1729 S. hierzu Kap. 1 E. II. 1.
1730 *Adolphsen*, in: Adolphsen/Nolte/Lehner/Gerlinger, Sportrecht in der Praxis, S. 387, Rn. 1599 und S. 276, Rn. 1122.

V. Aspekte des Grundsatzes des fairen Verfahrens vor dem CAS

Das Recht auf ein faires Verfahren bildet den Kern der in Art. 6 EMRK inkorporierten Verfahrensgarantien.[1731] Grundsätzlich zielt die Verfahrensgarantie darauf ab, den Parteien zu gewährleisten, ihren Prozessstandpunkt unter gleichwertigen Bedingungen effektiv vertreten zu können.[1732] Dabei lassen sich unter diesen elementaren Verfahrensanspruch etliche Teilaspekte subsumieren, wie beispielsweise der Anspruch auf rechtliches Gehör, der Grundsatz der Waffengleichheit oder das Recht auf Begründungen von Entscheidungen.[1733]

Der Vorwurf der Verletzung des Rechts auf ein faires Verfahren vor dem CAS wird verhältnismäßig häufig erhoben. Eine hierauf gerichtete Untersuchung würde jedoch aufgrund der Vielfalt der Fallgestaltungen die Grenzen der Untersuchung überschreiten. Bei der Bewertung des CAS-Code soll der Fokus daher vielmehr auf einzelne kritische Teilaspekte gelegt werden.

Hierbei spielt der Grundsatz der Waffengleichheit („*equality of arms*"[1734]) eine besondere Rolle. Er sichert als inhärenter Teil eines Rechts auf ein adversatorisches Verfahren ein gewisses prozessuales Gleichgewicht zwischen den Parteien.[1735] Bezüglich des CAS-Berufungsverfahrens kann er insbe-

---

1731 *Grabenwarter/Pabel*, EMRK, § 24, Rn. 66.

1732 *Grabenwarter/Pabel*, EMRK, § 24, Rn. 66 f.; konkret zum Grundsatz der Waffengleichheit EGMR, Urteil v. 27.10.1993, Nr. 14448/88, Dombo Beheer B. V. v. The Netherlands, Rn. 33; EGMR, Urteil v. 07.06.2001, Nr. 39594/98, Kress v. France, Rn. 72; *Meyer*, in: Karpenstein/Mayer, EMRK, Art. 6, Rn. 115.

1733 *Grabenwarter/Pabel*, EMRK, § 24, Rn. 66; *Kühne*, in: Pabel/Schmahl, IntKom, EMRK, Art. 6, Rn. 357; s. Kap. 3 B. III 2.

1734 Eingehend hierzu *van Dijk/van Hoof*, Theory and Practice of the ECHR, Art. 6, S. 562 ff.

1735 *Meyer*, in: Karpenstein/Mayer, EMRK, Art. 6, Rn. 115.

1736 *Rigozzi/Robert-Tissot*, in: Geisinger/Trabaldo - de Mestral, Sports Arbitration: A Coach for Other Players?, S. 59, 74; *De Marco*, Blog-Eintrag v. 20.07.2016, The dichotomy and future of sports arbitration, abrufbar unter: https://www.lawin sport.com/topics/features/item/the-dichotomy-and-future-of-sports-arbitration-l egal-aid-and-publications-of-decisions (Stand: März 2019); *Duval*, Blog-Beitrag v. 17.11.2015, The Court of Arbitration for Sport after Pechstein: Reform or Revolution?, abrufbar unter: http://www.asser.nl/SportsLaw/Blog/post/the-cou rt-of-arbitration-for-sport-after-pechstein-reform-or-revolution (Stand: März 2019).

sondere zum Tragen kommen bei der Verfahrenskostenhilfe[1736], der Verfahrenssprache[1737] oder der Veröffentlichung der CAS-Schiedssprüche[1738].

1. Verfahrenssprache

Gelegentlich wird der Vorwurf laut, es verstoße gegen die Menschenrechte, das Verfahren vor dem CAS nicht in der Sprache des Athleten zu führen.[1739] Dieser Vorwurf ist sowohl undifferenziert als auch vor dem Hintergrund von Art. 6 EMRK unzutreffend und zeugt von einer überhöhten Erwartungshaltung.

Zwar ist es zutreffend, dass weder die Staatsangehörigkeit des Athleten noch dessen Muttersprache die entscheidenden Faktoren bei der Bestimmung der Verfahrenssprache vor dem CAS-Schiedsgericht sind.[1740] Wie bereits beschrieben[1741] sind die Parteien jedoch nicht daran gehindert, abweichend von den beiden offiziellen Arbeitssprachen des CAS, Englisch und Französisch, sich auf eine andere Verfahrenssprache zu einigen.[1742] So wurden zwar die meisten CAS-Verfahren in englischer Sprache, hiervon abwei-

---

1737 *Kühne*, in: Pabel/Schmahl, IntKom, EMRK, Art. 6, Rn. 382 ordnet den Aspekt der Verfahrenssprache jedoch dem Anspruch auf rechtliches Gehör zu.

1738 *Duval*, Blog-Beitrag v. 17.11.2015, The Court of Arbitration for Sport after Pechstein: Reform or Revolution?, abrufbar unter: http://www.asser.nl/SportsL aw/Blog/post/the-court-of-arbitration-for-sport-after-pechstein-reform-or-revolu tion (Stand: März 2019).

1739 *Paulsson*, SchiedsVZ 2015, S. 263, 268: „I have heard it said by the lawyers of an accused athlete that CAS is violating human rights because the proceedings are not entirely conducted in Flemish even though their client-athlete is in the world elite and writes on a blog and conducts interviews in fluent French and English"; so auch der erstinstanzliche Klägervortrag in der Angelegenheit Pechstein ./. DESG u. ISU, LG München, Urteil v. 26.02.2014, Az.: 37 O 28331/12, SchiedsVZ 2014, S. 100, 102; diesbezüglich *Muresan/Korff*, CaS 2014, S. 199, 211: „Dies ist auch deswegen von grosser Bedeutung, weil vor dem CAS lediglich Englisch und Französisch Verfahrenssprachen sind und viele deutsche Sportler bereits hiervon abgeschreckt sein könnten."

1740 *Mavromati/Reeb*, The Code of the CAS – Commentary, Art. R29, Rn. 24; eingehend zur Verfahrenssprache vor dem CAS *Mavromati*, CAS Bulletin 2012, S. 39 ff.

1741 S. Kap. 3 B. II 1. c) (v).

1742 Art. R29 Abs. 1 S. 1 CAS-Code; *Mavromati*, CAS Bulletin 2012, S. 39, 40.

chend aber auch schon auf Spanisch, Deutsch oder Italienisch geführt.[1743] Auch wenn eine solche abweichende Verfahrenssprache nur unter den Bedingungen der Einigung der Schiedsparteien sowie der Zustimmung des CAS-Schiedsgerichts und des CAS Court Office zustande kommt, ist der generelle Vorwurf, ein Verfahren vor dem CAS sei ausschließlich nur in englischer oder französischer Sprache durchführbar, unzutreffend. Bei fehlender Einigung der Parteien entscheidet der Vorsitzende des Schiedsgerichts bzw. der Präsident der Berufungskammer unter Zugrundelegung der Einzelfallumstände, ob das Verfahren in englischer oder französische Sprache geführt wird.[1744] Zudem können die Parteien gemäß Art. R44.2 Abs. 2 S. 2 CAS-Code einen Dolmetscher hinzuziehen.

Ferner kann unabhängig von der sich ergebenden Notwendigkeit, einen Dolmetscher zur Verfügung zu stellen, aus Art. 6 Abs. 1 EMRK keine allgemeine Pflicht des Gerichts abgeleitet werden, auf Verständnisschwierigkeiten einer Partei hinsichtlich der Gerichtssprache Rücksicht zu nehmen.[1745] Somit besteht auch vor dem CAS kein Anspruch darauf, das Verfahren in seiner Muttersprache durchzuführen. Überspitzt formuliert ist der CAS demnach nicht gezwungen, seine Verfahren in über 200 Sprachen anzubieten.[1746] Im Übrigen sind die Erwartungen hier insofern überhöht, als es sich bei den Athleten vor dem CAS zwar nicht ausschließlich, jedoch überwiegend um internationale Top-Athleten handelt, die weltweit an Wettbewerben teilnehmen, Interviews in verschiedenen Sprachen geben und deren sämtliche Wettkampfbedingungen in den vorherrschenden Weltsprachen, Englisch oder Französisch, ausgestaltet sind.[1747] Von ihnen darf erwartet werden, den beiden Arbeitssprachen des CAS im CAS-Berufungsverfahren folgen und sich in diesen Sprachen äußern zu können.

1743 *Mavromati/Reeb*, The Code of the CAS – Commentary, Art. R29, Rn. 9; *Noth*, in: Arroyo, Arbitration in Switzerland, Art. R29, Rn. 6 mit Verweis darauf, dass Englisch keine Verfahrenssprache vor dem Schweizerischen Bundesgericht ist, so dass für den Fall einer Anfechtungsklage der englische Schiedsspruch in eine der in Art. 54 Abs. 1 BGG aufgeführten Amtssprachen zu übersetzen ist; *Mavromati*, CAS Bulletin 2012, S. 39, 41.

1744 Art. R29 Abs. 1 S. 1 CAS-Code.

1745 *Kühne*, in: Pabel/Schmahl, IntKom, EMRK, Art. 6, Rn. 382.

1746 *Paulsson*, SchiedsVZ 2015, S. 263, 268.

1747 *Paulsson*, SchiedsVZ 2015, S. 263, 268.

2. Verfahrenskostenhilfe

a) Allgemeine Ausführungen

Jedermann muss Zugang zu einem Gericht gewährleistet werden. Dies gilt auch für solche Personen, die nicht über ausreichende finanzielle Mittel für ihre Rechtsverteidigung verfügen. Zwar ergibt sich für zivilrechtliche Verfahren kein Prozess- bzw. Verfahrenskostenhilfeanspruch unmittelbar aus der EMRK vergleichbar mit strafrechtlichen Verfahren, bei denen ein allgemeines Recht auf unentgeltlichen Beistand eines Verteidigers gemäß Art. 6 Abs. 3 lit. c) EMRK besteht.[1748] Ferner stellt das Recht auf Zugang zu einem Gericht kein absolutes Recht dar und darf verhältnismäßigen Einschränkungen unterliegen.[1749] Allerdings leitet der EGMR den hohen Stellenwert der Prozess- bzw. Verfahrenskostenhilfe aus zwei Verfahrensgarantien her: der effektiven Gewährleistung des Zugangs zu einem Gericht und dem Grundsatz der Fairness des Verfahrens, insbesondere der Waffengleichheit.[1750]

So kommt auch in diesem Zusammenhang das Postulat der „praktischen und effektiven" statt „illusionären und theoretischen" Gewährleistung der Verfahrensgarantien aus Art. 6 EMRK zum Tragen.[1751] Demnach besteht beispielsweise die Pflicht der Staaten, innerhalb des ihnen hinsichtlich der Wahl der Mittel zuerkannten weiten Ermessensspielraums dafür Sorge zu tragen, unter bestimmten Umständen die kostenlose Inanspruchnahme eines Rechtsanwalts vorzusehen.[1752] Prozess- bzw. Verfahrenskostenhilfe ist danach verfügbar zu machen, wenn sie für den effektiven Zugang zu Gericht unerlässlich ist.[1753] Die Unerlässlichkeit ist im Hinblick auf den unentgeltlichen Rechtsbeistand bei gesetzlich vorgeschriebenem Anwalts-

---

1748 *Meyer-Ladewig/Harrendorf/König*, in: Meyer-Ladewig, HK-EMRK, Art. 6, Rn. 43; EGMR, Urteil v. 09.10.1979, Nr. 6289/73, Airey v. Ireland, Rn. 26, EuGRZ 1979, S. 626, 628.
1749 EGMR, Urteil v. 22.03.2012, Nr. 19508/07, G. ./. Germany, Rn. 45 f.
1750 Allgmein zu den Überschneidungen bei der Verfahrenshilfe in der Rechtsprechung des EGMR *Kühne*, in: Pabel/Schmahl, IntKom, EMRK, Art. 6, Rn. 357, Fn. 2 m. w. N.
1751 EGMR, Urteil v. 26.02.2002, Nr. 46800/99, Del Sol v. France, Rn. 21; EGMR, Urteil v. 15.02.2005, Nr. 68416/01, Steel and Morris v. The United Kingdom, Rn. 59.
1752 *Grabenwarter/Pabel*, EMRK, § 24, Rn. 52.
1753 *Meyer*, in: Karpenstein/Mayer, EMRK, Art. 6, Rn. 57.

zwang oder besonderer Komplexität der Angelegenheit anzunehmen.[1754] Insbesondere in CAS-Berufungsverfahren, in denen sich beispielhaft die mit der Terminologie der *haves* und *have-nots*, das heißt oftmals mittellose Athleten finanziell übermächtigen Sportverbänden gegenüberstehen,[1755] ist dieser Aspekt der Verfahrenskostenhilfe stets in die Betrachtung zu beziehen.

Hinsichtlich der Ausgestaltung der Prozess- bzw. Verfahrenskostenhilfe ist zu beachten, dass zur Gewährleistung der Garantien aus Art. 6 EMRK ausreichender Schutz gegen willkürliche Entscheidungen gegeben sein muss. Dabei darf die Prozesskostenhilfe grundsätzlich von Voraussetzungen abhängig gemacht werden, wie z. B. hinreichender Erfolgsaussicht oder Formerfordernissen. Ablehnende Entscheidungen müssen begründet werden.[1756]

Zu den Anforderungen nach der EGMR-Rechtsprechung stehen die schweizerischen Vorschriften über Verfahrenskostenhilfe sowie die Rechtsprechung des Schweizerischen Bundesgerichts in nahezu diametralem Gegensatz. Gemäß Art. 380 CH-ZPO ist die verfassungsmäßig grundsätzlich vorgesehene unentgeltliche Rechtspflege[1757] für die interne, d. h. nationale Schiedsgerichtsbarkeit ausgeschlossen. Diesen Ausschluss übertrug das Schweizerische Bundesgericht auf die internationale Schiedsgerichtsbarkeit, indem es in einem Beschwerdeverfahren gegen einen CAS-Schiedsspruch entschied, es könne nicht einleuchten, *„inwiefern für die internationale Schiedsgerichtsbarkeit etwas anderes gelten soll[e]."*[1758] Gerade im Hinblick auf die internationale Sportschiedsgerichtsbarkeit, über die das

---

1754 EGMR, Urteil v. 09.10.1979, Nr. 6289/73, Airey v. Ireland, Rn. 26, EuGRZ 1979, S. 626, 628; EGMR, Urteil v. 19.09.2000, Nr. 40031/98, Gnahoré v. France, Rn. 38.

1755 S. Kap. 1 B. II. 2 b).

1756 *Meyer-Ladewig/Harrendorf/König*, in: Meyer-Ladewig, HK-EMRK, Art. 6, Rn. 44; EGMR, Urteil v. 19.09.2000, Nr. 40031/98, Gnahoré v. France, Rn. 41; EGMR, Urteil v. 26.02.2002, Nr. 46800/99, Del Sol v. France, Rn. 23; zur Begründungspflicht EMGR, Urteil v. 17.06.2008, Nr. 64916/01, Bobrowski v. Poland, Rn. 51; *Peukert*, in: Frowein/Peukert, EMRK, Art. 6, Rn. 76 f. mit Hinweis auf Zurückweisung fast aller Beschwerden wegen Verweigerung von Prozesskostenhilfe mangels Verletzung des Rechts auf Zugang zum Gericht.

1757 Art. 29 Abs. 3 BV: „Jede Person, die nicht über die erforderlichen Mittel verfügt, hat Anspruch auf unentgeltliche Rechtspflege, wenn ihr Rechtsbegehren nicht aussichtslos erscheint. Soweit es zur Wahrung ihrer Rechte notwendig ist, hat sie ausserdem Anspruch auf unentgeltlichen Rechtsbeistand."; einfachgesetzlich ist die unentgeltliche Rechtspflege in Artt. 117 ff. CH-ZPO geregelt.

1758 Schweizerisches Bundesgericht, Urteil v. 11.06.2014, Az.: 4A_178/2014, Rn. 4 m. w. N.

Schweizerische Bundesgericht in dem zugrundeliegenden Fall zu urteilen hatte, müssen dem Gericht gewichtige Gründe entgegengehalten werden, die sehr wohl für eine abweichende Regelung streiten.

Diese Gründe ergeben sich aus einem Perspektivwechsel, der die Spezifika der internationalen Sportschiedsgerichtsbarkeit in den Blick nimmt. Im Zentrum steht dabei der für die Athleten bindende faktische Schiedszwang zur CAS-Schiedsgerichtsbarkeit. Das Schweizerische Bundesgericht erkennt diesen bekanntlich zwar an, legt ihn jedoch abermals seiner Bewertung der CAS-Schiedsgerichtsbarkeit inkonsequent nicht zugrunde. So ist auch im Hinblick auf die Verfahrenskostenhilfe die Alternativüberlegung anzustellen, dass den Athleten bei fehlender CAS-Schiedsvereinbarung vor staatlichen Gerichten unproblematisch ein Anspruch auf Prüfung der Verfahrenskostenhilfe zuteilwürde. Aus dem faktischen Schiedszwang aufgrund der CAS-Schiedsvereinbarung resultiert aber nicht nur die alleinige Zuständigkeit des CAS unter Ausschluss der staatlichen Gerichte, sondern den Athleten wird darüber hinaus das System der Verfahrenskosten vor dem CAS aufgedrängt.[1759] Vor diesem Hintergrund fällt die obige Aussage des Schweizerischen Bundesgerichts allzu pauschal aus und verdeutlicht, dass sich das Gericht an dieser Stelle einer eingehenden Analyse der Spezifika der CAS-Schiedsgerichtsbarkeit verwehrt.

b) CAS Legal Aid Guidelines

Die Voraussetzungen, die für einen Verfahrenskostenhilfeantrag vor dem CAS zu erfüllen sind, formuliert Art. 5 Legal Aid Guidelines wie folgt:

„Legal aid is granted, based on a reasoned request and accompanied by supporting documents, to any natural person provided that his income and assets are not sufficient to allow him to cover the costs of proceedings, without drawing on that part of his assets necessary to support him and his family.
Legal aid will be refused if it is obvious that the applicant's claim or grounds of defence have no legal basis. Furthermore, legal aid will be refused if it is obvious that the claim or grounds of defence are frivolous or vexatious."

1759 *Rigozzi/Robert-Tissot*, in: Geisinger/Trabaldo - de Mestral, Sports Arbitration: A Coach for Other Players?, S. 59, 73.

Die Ausgestaltung der Verfahrenskostenhilfe erfolgt gemäß Art. 6 Legal Aid Guidelines:

> „The applicant may be released from having to pay the costs of the procedure, or to pay an advance of costs; "Pro bono" counsel may be chosen by the applicant from the list established by the CAS; the applicant may be granted a lump sum to cover his own travel and accommodation costs and those of his witnesses, experts and interpreters in connection with any CAS hearing, as well as the travel and accommodation costs of "pro bono" counsel."

Gemäß Artt. 5 und 9 Legal Aid Guidelines ist ein begründeter Antrag unter Beifügung der erforderlichen Unterlagen zu stellen, aus dem hervorgehen muss, dass die natürliche Person nicht in der Lage ist, die Verfahrenskosten zu tragen.[1760]

Die Voraussetzungen und die Ausgestaltung der Verfahrenskostenhilfe durch den zuständigen ICAS unterliegen im Hinblick auf Art. 6 EMRK mehreren Bedenken.

Zunächst ist die Beschränkung auf natürliche Personen gemäß Art. 5 Legal Aid Guidelines unangemessen. Zwar stehen die Athleten als bedürftige Personen im Fokus der CAS-Verfahrenskostenhilfe. Allerdings können auch Amateurvereine oder lokale Sportvereinigungen im CAS-Berufungsverfahren unter bestimmten Voraussetzungen bedürftig sein.[1761] Gründe, warum diese Akteure vor dem CAS von Beginn an von der Verfahrenskos-

---

1760 Art. 5 Legal Aid Guidelines: „Legal aid is granted, based on a reasoned request and accompanied by supporting documents, to any natural person provided that his income and assets are not sufficient to allow him to cover the costs of proceedings, without drawing on that part of his assets necessary to support him and his family. Legal aid will be refused if it is obvious that the applicant's claim or grounds of defence have no legal basiS. Furthermore, legal aid will be refused if it is obvious that the claim or grounds of defence are frivolous or vexatious."; Art. 9 Legal Aid Guidelines: „Art. 9 The applicant shall supply all the elements necessary to establish his financial situation, accompanied by supporting documents, e.g., tax returns, contract of employment, statement of salary, lease. The applicant shall also set out, in a summary fashion, the grounds of his appeal/defence to establish that his appeal/defence has a legal basiS. The applicant is requested to authorize state institutions and third parties to provide confidential information on his financial situation. In the absence of the above requirements, the request for legal aid will be refused."

1761 *Rigozzi/Robert-Tissot*, in: Geisinger/Trabaldo - de Mestral, Sports Arbitration: A Coach for Other Players?, S. 59, 77.

tenhilfe ausgenommen sein sollten, sind nicht ersichtlich.[1762] Entsprechende Regelungen für die Prozesskostenhilfe zugunsten juristischer Personen sehen beispielsweise die schweizerische[1763] und deutsche ZPO[1764] vor. Dementsprechend wurden einem schweizerischen Fußballverein in dessen Verfahren gegen eine Entscheidung seines nationalen Verbandes vor den staatlichen schweizerischen Gerichten Prozesskostenhilfe gewährt, demgegenüber lehnte der ICAS den Antrag dieses Verbandes in derselben Angelegenheit im CAS-Berufungsverfahren[1765] ab.[1766]

Rigozzi und *Robert-Tissot* bemängeln ferner zu Recht, dass von dem ICAS ein Verfahrenskostenhilfeantrag eines Athleten aus dem Grund der fehlenden anwaltlichen Vertretung abgelehnt worden sei.[1767] Dass dies kein tauglicher Ablehnungsgrund sein kann, offenbart bereits der Umstand, dass der Antragsteller zur Einschätzung der Erfolgsaussichten in der Sache möglicherweise eines anwaltlichen Rats bedarf.[1768]

Keiner weiteren Erwähnung bedarf die Tatsache, dass der gemäß Art. 6 Legal Aid Guidelines vorgesehene Geldbetrag im Sinne einer effektiven Gewährleistung der Verfahrensrechte gemäß Art. 6 EMRK in dem Maße ausgestaltet sein muss, sämtliche Verfahrenskosten des Antragstellers abdecken zu können.[1769] Unter den Kosten sind in besonderem Maße die Gutachterkosten hervorzuheben, die insbesondere in Anti-Doping-Angelegenheiten erhebliche Summen ausmachen können. Diese müssten ausdrücklich von der Regelung adressiert werden. Demgegenüber dürfte die Erstattung von Reisekosten, auf die der derzeitige Wortlaut der Regelung den

---

1762 *Rigozzi/Robert-Tissot*, in: Geisinger/Trabaldo - de Mestral, Sports Arbitration: A Coach for Other Players?, S. 59, 77.

1763 Art. 117 Abs. 1 CH-ZPO ist ausdrücklich ohne Einschränkung auf natürliche Personen formuliert: „Eine Person hat Anspruch auf unentgeltliche Rechtspflege [...]."

1764 §§ 114, 116 ZPO; die Beschränkung auf inländische juristische Personen gem. § 116 Abs. 1 Nr. 2 ZPO stellt keinen Verstoß gegen Art. 6 Abs. 1 EMRK dar, EGMR, Urteil v. 22.03.2012, Nr. 19508/07, G. ./. Germany, Rn. 45 ff.

1765 CAS-Schiedsspruch v. 11.04.2014, Az.: 2012/A/2720, FC Italia Nyon & D. c. LA de l'ASF & ASF & FC Crans, Rn. 3.9 u. 3.30 ff.

1766 *Rigozzi/Robert-Tissot*, in: Geisinger/Trabaldo - de Mestral, Sports Arbitration: A Coach for Other Players?, S. 59, 77, Fn. 58.

1767 *Rigozzi/Robert-Tissot*, in: Geisinger/Trabaldo - de Mestral, Sports Arbitration: A Coach for Other Players?, S. 59, 77 mit Verweis auf CAS 2012/A/2935, WADA v. M & FIBA, Rn. 10 (unveröffentlicht).

1768 *Rigozzi/Robert-Tissot*, in: Geisinger/Trabaldo - de Mestral, Sports Arbitration: A Coach for Other Players?, S. 59, 77 f.

1769 *Rigozzi/Robert-Tissot*, in: Geisinger/Trabaldo - de Mestral, Sports Arbitration: A Coach for Other Players?, S. 59, 78, Fn. 61.

Fokus legt, weniger ins Gewicht fallen. Zur effektiven Kostendeckung des Antragsstellers ist hier eine bessere Gewichtung angezeigt.

Ferner ist es der prozessualen Waffengleichheit zwischen den Schiedsparteien abträglich, gemäß Art. 6 Legal Aid Guidelines unter anderem nur die Bereitstellung eines *pro bono*-Anwalts aus der vom ICAS bereitgestellten *pro bono*-Anwaltsliste vorzusehen. Der *pro bono*-Anwalt vor dem CAS arbeitet im Gegensatz zu dem vor staatlichen Gerichten im Wege der Prozesskostenhilfe beigeordneten Rechtsanwalt[1770] ohne Vergütung und haftet persönlich für seine Tätigkeit.[1771] Demgegenüber sollten die Kosten vom CAS zur Bereitstellung eines Anwalts übernommen werden, der in Erfahrung und Bezahlung seinem Gegenüber in nichts nachsteht.[1772] Auch wenn einem *pro bono*-Anwalt die Erfahrung natürlich nicht *per se* abgesprochen werden kann, so ist nicht ersichtlich, warum die Verfahrenskostenhilfe beanspruchende Schiedspartei nicht im Sinne der Sicherstellung einer größtmöglichen prozessualen Waffengleichheit ein Recht auf einen bezahlten Rechtsanwalt haben sollte.[1773] Darüber hinaus sollte auch in Betracht gezogen werden, dem Antragsteller ein Vorschlagerecht hinsichtlich des zu wählenden Rechtsanwalts einzuräumen, insbesondere in Fällen, in denen ein Rechtsanwalt – beispielsweise im Rahmen der Beantragung der Verfahrenskostenhilfe – in der Angelegenheit für den Antragsteller bereits tätig war und keine zwingenden Gründe gegen dessen Ernennung sprechen.[1774] Im Übrigen würde dadurch auch das Problem umgangen, einen bereits in der Sache involvierten Anwalt durch einen *pro bono*-Anwalt vonseiten des ICAS ersetzen zu müssen.[1775]

Zusammenfassend spricht zwar nicht jeder angesprochene Kritikpunkt der derzeitigen Ausgestaltung der Legal Aid Guidelines gegen die Gewährung der Verfahrensrechte aus Art. 6 EMRK.[1776] Deren effektiver Einhaltung bedarf es aber insbesondere vor dem Hintergrund, dass finanziell

---

1770 § 121 ZPO, § 45 Abs. 1 RVG.

1771 Artt. 19 und 18 Abs. 3 Legal Aid Guidelines.

1772 *De Marco*, Compelled Consent – Pechstein & The Dichotomy and Future of Sports Arbitration, S. 10.

1773 *De Marco*, Compelled Consent – Pechstein & The Dichotomy and Future of Sports Arbitration, S. 10.

1774 *Rigozzi/Robert-Tissot*, in: Geisinger/Trabaldo - de Mestral, Sports Arbitration: A Coach for Other Players?, S. 59, 80.

1775 *Rigozzi/Robert-Tissot*, in: Geisinger/Trabaldo - de Mestral, Sports Arbitration: A Coach for Other Players?, S. 59, 80.

1776 *Rigozzi/Robert-Tissot*, in: Geisinger/Trabaldo - de Mestral, Sports Arbitration: A Coach for Other Players?, S. 59, 80.

schwach gestellte Schiedsparteien aufgrund des faktischen Schiedszwangs den CAS-Regelungen zur Verfahrenskostenhilfe ausgesetzt sind, die in vielen Bereichen hinter dem Schutzniveau einer Prozesskostenhilfe vor staatlichen Gerichten zurückbleibt.

Im Ergebnis lassen sich folgende Reformvorschläge zusammenfassen: Art. R64 CAS-Code sollte um einen Hinweis auf die Möglichkeit der Beantragung der Verfahrenskostenhilfe nach den Voraussetzungen der Legal Aid Guidelines ergänzt werden.

Die Legal Aid Guidelines sollten wie folgt reformiert werden:

- Jeder Person steht der Anspruch auf Beantragung von Verfahrenskostenhilfe zu.

- Die Verfahrenskosten sollten sämtliche Kosten der von dem Antragsteller beauftragten Experten decken, deren Beantragung angemessen war. Die Verfahrenskostenhilfe sollte nicht nur einen *pro bono*-Anwalt, sondern die Kosten eines Anwalts erfassen, der wie jeder andere Prozessvertreter im CAS-Berufungsverfahren vergütet wird.

- Der ICAS sollte die Entscheidung über die Gewährung der Verfahrenskostenhilfe schnellstmöglich treffen und den Antragsteller umgehend über seine Entscheidung informieren, so dass dieser die Frist des Art. R64.2 CAS-Code einhalten kann.

- Dem Antragsteller sollte ein Vorschlagrecht hinsichtlich seines Prozessvertreters zustehen, an das der CAS grundsätzlich gebunden ist, es sei denn, gegen die Ernennung des vorgeschlagenen Prozessvertreters sprechen zwingende Gründe.

VI. Das Beweisverfahren

Es bedarf keiner besonderen Erwähnung, dass die Beweiswürdigung des erkennenden Spruchkörpers in tatsächlicher und rechtlicher Hinsicht unparteiisch zu erfolgen hat.[1777] Nach dem Grundsatz der Waffengleichheit muss jeder Partei Gelegenheit gegeben werden, ihren Fall einschließlich des Beweisantritts unter Bedingungen präsentieren zu dürfen, die gegenüber der gegnerischen Partei keinen wesentlichen Nachteil begründen.[1778] Trotz fehlender ausdrücklicher Regelungen zur Beweiserhebung und -wür-

---

[1777] *Kühne*, in: Pabel/Schmahl, IntKom, EMRK, Art. 6, Rn. 406.
[1778] EGMR, Urteil v. 27.10.1993, Nr. 14448/88, Dombo Beheer B. V. v. The Netherlands, Rn. 33; *Grabenwarter/Pabel*, EMRK, § 24, Rn. 67; *Kühne*, in: Pabel/Schmahl, IntKom, EMRK, Art. 6, Rn. 357.

digung haben die Parteien Anspruch auf ein kontradiktorisches Verfahren, das bedeutet, ihnen muss nicht nur die Möglichkeit eröffnet werden, eigene Beweise vorzubringen, sondern sie haben auch ein Recht auf Kenntnisnahme aller Beweismittel und Wahrnehmungen des Gerichts im Verfahren einschließlich der Möglichkeit, sich hierzu äußern zu dürfen.[1779]

Auch vor einem Schiedsgericht gilt der Grundsatz der freien Beweiswürdigung. Diese kann für sich genommen grundsätzlich nicht gemäß Art. 190 Abs. 2 lit. d) bzw. e) IPRG überprüft werden.[1780]

Der EGMR stellte in der Rechtssache *Salabiaku v. France* klar, dass Tatsachen- und Rechtsvermutungen mit der EMRK grundsätzlich in Einklang stehen, verlangte jedoch von den Vertragsstaaten ausdrücklich, diese zu beschränken *„within reasonable limits which take into account the importance of what is at stake and maintain the rights of the defence."*[1781] Die Entscheidung bezog sich ausdrücklich auf Art. 6 Abs. 2 EMRK, der die Unschuldsvermutung für strafrechtliche Verfahren explizit festschreibt. Für zivilrechtliche Verfahren stellt die EMRK keine Vorgaben für die Handhabung von Vermutungen auf, allerdings dürfen diese nicht zu einem Ungleichgewicht zwischen den Parteien führen.[1782]

Besondere Relevanz gewinnen Fragen der Anforderungen an die Beweisregeln im Kontext der vor dem CAS im Berufungsverfahren verhandelten Dopingangelegenheiten. Hier stellt sich unter anderem die Frage der Einhaltung der Unschuldsvermutung und Selbstbelastungsfreiheit gemäß Art. 6 EMRK vor dem CAS. Solche Fragen gehen über den CAS-Code und die CAS-Rechtsprechung und damit über den Umfang der vorliegenden Untersuchung hinaus. Festzuhalten bleibt jedoch, dass eine effektive Dopingbekämpfung nicht auf Kosten grundlegender Verfahrensgarantien der betroffenen Athleten betrieben werden darf.[1783] Diesen Grundkonsens gilt es im Folgenden nachzuzeichnen, indem einige Problematiken im Zusam-

---

1779 EGMR, Urteil v. 12.12.2013, Nr. 39544/05, Zagrebačka banka d.d. v. Croatia, Rn. 197; *Grabenwarter/Pabel*, EMRK, § 24, Rn. 69; *Kühne*, in: Pabel/Schmahl, IntKom, EMRK, Art. 6, Rn. 357.

1780 *Berger/Kellerhals*, Schiedsgerichtsbarkeit in der Schweiz, Rn. 1238 u. 1241.

1781 EGMR, Urteil v. 07.10.1988, Nr. 10519/83, Salabiaku v. France, Rn. 28.

1782 EKMR, Beschluss v. 04.09.1996, Nr. 26632/95, Mayer v. Austria, Rn. 1; EGMR, Urteil v. 27.10.1993, Nr. 14448/88, Dombo Beheer B. V. v. The Netherlands, Rn. 33; EGMR, Urteil v. 09.12.1994, Nr. 13427/87, Stran Greek Refineries and Stratis Andreadis v. Greece, Rn. 46; *Montmollin/Pentsov*, Amer. Rev. Int. Arb. 2011, S. 189, 215 f.

1783 *Weston*, Pepp. Disp. Resol. L. J. 2010, S. 1, 43: „The war against drugs and desire for expediency cannot be at the expense of fundamental fairness."; *Downie*, Melb. J. Int. L. 2011, S. 1, 15.

menhang mit dem Beweisverfahren im CAS-Berufungsverfahren aufgezeigt werden.

1. Regelungsdichte der Beweisregeln in Artt. R47 ff. CAS-Code

Der CAS-Code enthält nur sehr gering ausgestaltete Regelungen über Beweiserhebung und -würdigung im Berufungsverfahren. Zum CAS-Berufungsverfahren (Artt. R47 ff. CAS-Code) werden neben Verweisungen[1784] auf das Beweisverfahren im Ordentlichen Verfahren vor dem CAS hauptsächlich Regelungen über die Benennung von Beweismitteln und -anfragen getroffen. So müssen die Schiedsparteien frühzeitig mit Einlegung der Berufung bzw. dessen Erwiderung durch den Schiedsbeklagten die Beweismittel und Beweisanfragen nennen,[1785] wobei der CAS-Code keine Vorgaben darüber enthält, wie detailliert diese Ausführungen erfolgen müssen.

Dies führt vor dem Hintergrund, dass der CAS als Schiedsgericht an keinerlei staatliche Normen über das Beweisverfahren gebunden ist, zu einer von Art. 182 IPRG grundsätzlich gedeckten Flexibilität des Verfahrens. Eine solche Flexibilität ist für die kommerzielle Schiedsgerichtsbarkeit auch durchaus begrüßenswert und erklärt die allenfalls rudimentäre Auseinandersetzung der meisten kommerziellen Schiedsgerichtsordnungen mit Beweisanforderungen.[1786] Auf die Situation von Schiedsgerichten sind die sog. *IBA Rules on the Taking of Evidence in International Arbitration* (im Folgenden: „IBA Rules", deutsch: *IBA-Regeln zur Beweisaufnahme in der internationalen Schiedsgerichtsbarkeit*)[1787] zugeschnitten. Einer der größten Verdienste der IBA Rules ist der Kompromiss, den sie zwischen den unterschiedlichen Herangehensweisen des *common law* und des *civil law* ermöglichen.[1788] Dies stellt auch für das CAS-Berufungsverfahren, vor dem die unterschiedlichen Rechtskulturen aufeinander treffen, einen nicht zu un-

---

1784 Art. R57 Abs. 3 S. 2 CAS-Code verweist auf Artt. R44.2 und R44.3 CAS-Code, die Regelungen über die Anhörung und über das Beweisverfahren im Ordentlichen Verfahren vor dem CAS enthalten.

1785 Artt. R51 Abs. 2, R55 Abs. 1 und R56 Abs. 1 CAS-Code.

1786 S. hierzu *Berger/Kellerhals*, Schiedsgerichtsbarkeit in der Schweiz, Rn. 1199.

1787 Die aktuelle Version wurde mit Beschluss v. 29.05.2010 vom IBA Council angenommen und ist abrufbar unter: https://www.ibanet.org/Publications/publications_IBA_guides_and_free_materials.aspx (Stand: März 2019). Die erste Fassung stammte aus dem Jahr 1999.

1788 Vorwort IBA Rules, S. 2; *Kläsener/Dolgorukow*, SchiedsVZ 2010, S. 302; *Berger/Kellerhals*, Schiedsgerichtsbarkeit in der Schweiz, Rn. 1200.

terschätzenden Vorteil dar. Die IBA Rules enthalten detaillierte Regelungen bezüglich der Vorlage von Dokumenten[1789], den Beweismitteln wie Zeugen-[1790] und Sachverständigenbeweise[1791], der Beweisverhandlung[1792], der Zulässigkeit von Beweisen und der Beweiswürdigung[1793].[1794]

Die IBA Rules werden teilweise bereits von den CAS-Schiedsgerichten ausdrücklich angewendet.[1795] Dabei lassen sich die CAS-Schiedsrichter oftmals von den IBA Rules lediglich führen (*„The Panel finds guidance [...] in the IBA Rules"*[1796]), ohne deren konkrete Anwendbarkeit zu diskutieren.[1797] Im Sinne einer größtmöglichen Transparenz sollten die Anwendbarkeit der IBA Rules in den CAS-Code aufgenommen und die Parteien frühzeitig hierauf aufmerksam gemacht werden. Hierzu wäre sogar die explizite Nennung der IBA Rules in den CAS-Schiedsklauseln angezeigt.[1798]

2. Beschränkte Anwendung von Art. R57 Abs. 3 CAS-Code

Grundsätzlich hat das CAS-Schiedsgericht bekanntlich *„full power to review the facts and the law"*[1799] und entscheidet somit auf *de novo*-Basis. Mit der Reform des CAS-Code von 2013 wurde dieser Grundsatz jedoch eingeschränkt, indem das CAS-Schiedsgericht gemäß Art. R57 Abs. 3 CAS-Code von den Parteien vorgelegte Beweise nach eigenem Ermessen ausschließen darf, wenn diese zum Zeitpunkt der angegriffenen Entscheidung bereits

---

1789 Art. 3 IBA Rules.
1790 Art. 4 IBA Rules.
1791 Art. 5 IBA Rules zu den parteiernannten Sachverständigen und Art. 6 zu den vom Schiedsgericht benannten Sachverständigen.
1792 Art. 8 IBA Rules.
1793 Art. 9 IBA Rules.
1794 *Downie*, Melb. J. Int. L. 2011, S. 1, 29.
1795 S. nur CAS-Schiedsspruch v. 05.12.2016, Az.:CAS 2016/A/4501, Joseph S. Blatter v. FIFA, Rn. 99.
1796 CAS-Schiedsspruch v. 05.12.2016, Az.:CAS 2016/A/4501, Joseph S. Blatter v. FIFA, Rn. 99.
1797 So auch die Empfehlung von *Martens*, CAS Bulletin 2014, S. 31, 41: „By using the word "guided" the panel will maintain the necessary degree of flexibility in dealing with evidentiary issues."
1798 S. hierzu die Formulierungshilfe für Schiedsklauseln in den IBA Rules, Vorwort, S. 3.
1799 Art. R57 Abs. 1 S. 1 CAS-Code.

vorlagen oder billigerweise hätten entdeckt werden müssen.[1800] Hierdurch soll ein Missbrauch von Beweismitteln verhindert werden, dass diese bis zum Verfahren vor dem CAS zurückgehalten werden.[1801] Das Schweizerische Bundesgericht hat unter Bezugnahme auf Art. R57 Abs. 3 CAS-Code ausdrücklich bestätigt, dass in dieser Beschränkung grundsätzlich kein Verstoß gegen den *Ordre public* gemäß Art. 190 Abs. 2 lit. e) IPRG liege.[1802]

In Dopingangelegenheiten dürfte diese Einschränkung von Beweismitteln jedoch einen Verstoß gegen die sowohl von Art. 6 Abs. 1 EMRK als auch von Art. 190 Abs. 2 lit. d) IPRG geschützte prozessuale Gleichbehandlung sowie die hiervon erfasste prozessuale Gleichbehandlung darstellen.[1803] Sofern zuvor nur eine Entscheidung eines verbandsinternen Spruchkörpers ergangen ist, darf vor dem CAS als erste unabhängige Instanz keine Einschränkung hinsichtlich der Beweismittel erfolgen. Dies stellt auch ausdrücklich Art. 13.1.2 WADC[1804] klar. Mithin sollte der Anwendungsbereich auf solche Fälle beschränkt werden, in denen der CAS die Entscheidung einer unabhängigen Instanz überprüft.[1805]

So verständlich der Beweggrund der Missbrauchsverhinderung auch sein mag, so überraschend ist es doch, eine solche Bestimmung trotz des elementaren Bedürfnisses der Parteien auf eine vollumfängliche Überprüfung der Beweislage von einem unabhängigen Gericht in dem CAS-Code ohne Klarstellung des eingeschränkten Anwendungsbereichs enthalten zu sehen.

1800 Art. R57 Abs. 3 S. 1 CAS-Code: „The Panel has discretion to exclude evidence presented by the parties if it was available to them or could reasonably have been discovered by them before the challenged decision was rendered."

1801 *Mavromati/Reeb*, The Code of the CAS – Commentary, Art. R57, Rn. 46.

1802 Schweizerisches Bundesgericht, Urteil v. 18.09.2015, Az.:4A_246/2014, besprochen von *Beffa/Ducrey*, CaS 2016, S. 219, 221 f.

1803 Bezogen auf Art. 190 IPRG *Mavromati/Reeb*, The Code of the CAS – Commentary, Art. R57, Rn. 50.

1804 Art. 13.1.2: „*In making its decision, CAS need not give deference to the discretion exercised by the body whose decision is being appealed.*" und entsprechende Kommentierung hierzu: „*CAS proceedings are de novo. Prior proceedings do not limit the evidence or carry weight in the hearing before CAS.*"

1805 *Mavromati/Reeb*, The Code of the CAS – Commentary, Art. R57, Rn. 53.

3. Besonderheiten im Zusammenhang mit Anti-Doping-Angelegenheiten vor dem CAS

Hinsichtlich der zu berücksichtigenden Besonderheiten in Anti-Doping-Angelegenheiten sollen nur zwei besonders wichtige Aspekte aus diesem Themenkomplex exemplarisch herausgegriffen werden: die Einführung von Sonderregelungen im CAS-Berufungsverfahren, die den Besonderheiten von Anti-Doping-Angelegenheiten gerecht werden sowie die Behandlung des problematischen Überzeugungsmaßstabs im CAS-Berufungsverfahren. Letztere Problematik greift nämlich nicht ausschließlich, jedoch im besonderen Maße in Anti-Doping-Angelegenheiten vor dem CAS.

a) Sonderregelungen für Anti-Doping-Angelegenheiten

Den Regelungen über das Berufungsverfahren vor dem CAS gemäß Art. R47 ff. CAS-Code kommt zugute, dass sie für die Vielgestaltigkeit der im CAS-Berufungsverfahren anhängigen Verfahren grundsätzlich flexible und einzelfallgerechte Lösungen ermöglichen. Jedoch kann dieser Grundsatz Ausnahmen enthalten und so stellt sich die Frage, ob angesichts des quasi-strafrechtlichen Charakters von Anti-Doping-Angelegenheiten den Parteiinteressen, insbesondere jenen von Athleten durch Anwendung der für alle CAS-Berufungsverfahren geltenden Bestimmungen der Art. R47 ff. CAS-Code, angemessen Rechnung getragen werden kann.

Unter Zugrundelegung des EGMR-Maßstabes ist dies in Zweifel zu ziehen. Danach sind, wie oben erläutert, in Disziplinarmaßnahmen die Prinzipien der Absätze 2 und 3 von Art. 6 EMRK in die Beurteilung des *fair trial*-Prinzips nach Art. 6 Abs. 1 EMRK *mutatis mutandis* miteinzubeziehen.[1806] Nach angemessener Berücksichtigung der Parteiinteressen ließe sich der Grundtenor für Sonderbestimmungen für Anti-Doping-Angelegenheiten auf folgendes Postulat komprimieren: mehr Schutz der Verfahrensrechte auf Kosten der Flexibilität des Verfahrens. Mithin gilt es iterativ zu betonen: Was für das Berufungsverfahren im Allgemeinen gilt, muss somit für Anti-Doping-Angelegenheiten in besonderem Maße gelten.

Dem CAS sind Sonderbestimmungen für Anti-Doping-Angelegenheiten nicht fremd. So hat er regelmäßig für Olympische Spiele spezifisch auf Doping-Angelegenheiten ausgelegte Schiedsregeln angeboten. Zudem hat er

---

1806 EGMR, Urteil v. 10.02.1983, Nr. 7299/75; 7496/76, Albert and Le Compte v. Belgium, Rn. 30; s. Kap. 2 B. II.

mit der Revision des CAS-Codes 2019 eine dauerhafte Anti-doping Division eingeführt.[1807] Für diese Anti-doping Division finden besondere Verfahrensregelungen[1808] Anwendung.

Hervorgehoben werden soll an dieser Stelle nur, dass es sinnvoll erscheint, dem Athleten ein Recht einzuräumen, auf der Konstituierung eines Schiedsgerichts aus drei Personen anstatt eines Einzelschiedsrichters ungeachtet der Zustimmung der Gegenpartei bestehen zu dürfen. So sieht § 52.2 lit. c) DIS-SportSchO[1809] ab einem bestimmten Streitwert das Recht einer natürlichen Person auf Entscheidung durch ein Schiedsgericht mit drei Personen vor. Ein solcher gebundener Anspruch wäre vor dem CAS insbesondere vor dem Hintergrund interessengerecht, dass dieser den Parteien nur eine Instanz zur Streiterledigung verspricht und ein größerer Spruchkörper mehr Rechtssicherheit bietet. Ein derartiger einseitiger Anspruch des Athleten unabhängig von der Zustimmung der Gegenpartei bzw. der subsidiären Schiedsrichterbestellung durch den Präsidenten der Berufungskammer ist in Art. R50 Abs. 1 CAS-Code[1810] derzeit nicht gewährleistet. Darüber hinaus wäre es angebracht, dem CAS eine Pflicht aufzuerlegen, Auskünfte über die Erfahrung der Schiedsrichter auf der CAS-Schiedsrichterliste in Dopingangelegenheiten offenzulegen.[1811]

1807   Art. S20 Abs. 1 lit. b) CAS-Code: „The Anti-doping Division constitutes Panels, whose responsibility is to resolve disputes related to anti-doping matters as a first-instance authority or as a sole instance. It performs, through the intermediary of its President or her/his deputy, all other functions in relation to the quick and efficient running of the proceedings pursuant to the Procedural Rules (Articles A1 et seq.)."

1808   Arbitration Rules - CAS Anti-Doping Division, abrufbar unter: https://www.tas-cas.org/en/arbitration/cas-anti-doping-division.html (Stand: März 2019).

1809   § 52.2 lit. c) DIS-SportSchO: „Das Schiedsgericht besteht aus drei Schiedsrichtern, wenn: die Partei, die eine natürliche Person ist, einen Streitwert von über 50.000 EUR (fünfzigtausend) darlegt und die Entscheidung durch ein Schiedsgericht bestehend aus drei Schiedsrichtern beantragt."

1810   Art. R50 Abs. 1 CAS-Code: „The appeal shall be submitted to a Panel of three arbitrators, unless the parties have agreed to a Panel composed of a sole arbitrator or, in the absence of any agreement between the parties regarding the number of arbitrators, the President of the Division decides to submit the appeal to a sole arbitrator, taking into account the circumstances of the case, including whether or not the Respondent pays its share of the advance of costs within the time limit fixed by the CAS Court Office."

1811   Gemäß § 53 DIS-SportSchO müssen die Schiedsrichter entsprechendes „Knowhow" in Anti-Doping-Angelegenheiten nachweisen können und die DIS stellt den Parteien eine Vorschlagsliste mit in Betracht kommenden, geeigneten Schiedsrichtern zur Verfügung.

b) Der Überzeugungsmaßstab der „comfortable satisfaction"

Die Bedeutung des anzulegenden Überzeugungsmaßstabs wird besonders in Dopingangelegenheiten evident. Angesichts der Intensität des Eingriffs in die Rechte des Athleten, der mit einem eine Dopingsperre bestätigenden CAS-Schiedsspruch für den betroffenen Athleten einhergeht, stellt sich die Frage, welche Anforderungen an den Überzeugungsmaßstab zu stellen sind. Dabei ist in Dopingangelegenheiten nicht allein die Intensität des Eingriffs in die Rechte des Athleten zu beachten, sondern diese ist mit dem Erfordernis einer effektiven Dopingbekämpfung abzuwägen.

Hierbei steht der CAS vor der Herausforderung, das noble Ziel des WA-DC, durch effektive Dopingbekämpfung einen möglichst dopingfreien Sport zu erreichen mit den Interessen der betroffenen Athleten auf Einhaltung ihrer Verfahrensgarantien in Einklang zu bringen.[1812]

Bei der Auslotung dieser Abwägung spielt der Überzeugungsmaßstab eine entscheidende Rolle. Die Anti-Doping-Organisation muss gegenüber dem Disziplinarorgan überzeugend darlegen, dass ein Verstoß gegen Anti-Doping-Bestimmungen vorliegt (*„whether the anti-doping organization has established an anti-doping rule violation to the comfortable satisfaction of the hearing panel [...]"*)[1813]. Danach ist der Überzeugungsmaßstab der „comfortable satisfaction"[1814] *„höher als die gleich hohe Wahrscheinlichkeit, jedoch geringer als ein Beweis, der jeden vernünftigen Zweifel ausschließt."*[1815] Zwar findet der WADC keine unmittelbare Anwendung vor dem CAS, allerdings sind die internationalen Sportverbände zur Umsetzung des WADC in ihren eigenen Anti-Doping-Regelungen verpflichtet,[1816] so dass im Wege

---

1812 Bezogen auf den WADC *Montmollin/Pentsov*, Amer. Rev. Int. Arb. 2011, S. 189, 239: „While the World Anti-Doping Program certainly has noble objectives, the fight against the evil of doping in modern sports must also be conducted by using noble means, ensuring respect for the human rights of the athletes."; *Cernic*, HR & ILD 2012, S. 259, 261.

1813 Art. 3.1 S. 2 WADC; Art. 3.1 S. 2 NADC.

1814 Ihren Ursprung fand die „comfortable satisfaction" in der australischen Rechtssache *Briginshaw v. Briginshaw*, s. hierzu *Straubel*, Loy. U. Chi. L. J. 2004, S. 1203, 1266 f.; *Davies*, U. Notre Dame Austl. L. Rev. 2012, S. 1, 3.

1815 Art. 3.1 S. 3 NADC und Art. 3.1 S. 3 WADC; *Merget*, Beweisführung im Sportgerichtsverfahren, S. 276 beziffert die Wahrscheinlichkeit eines Dopingverstoßes damit höher (>50 %) als die Wahrscheinlichkeit, dass kein Dopingverstoß vorliege, jedoch geringer als ein Beweis, der jeden vernünftigen Zweifel ausschließe (<100 %), und daher sei die Wahrscheinlichkeit je nach Schwere der Schuld zwischen 50 % und 100 % anzusiedeln.

1816 Art. 20.3.1 WADC.

der Inkorporierung des WADC in die Anti-Doping-Regelungen der internationalen Sportverbände gemäß Art. R58 CAS-Code der Maßstab der „comfortable satisfaction" vor dem CAS Anwendung findet.[1817] Gleiches gilt für Disziplinarverfahren nach dem FIFA-Disziplinarkodex.[1818]

Aus den Schraffierungen der verschiedenen internationalen Überzeugungsmaßstäbe lässt sich das folgende grundsätzliche Stufenverhältnis festhalten: die „comfortable satisfaction" wird eingerahmt von der häufig im Zivilrecht anzutreffenden überwiegenden Wahrscheinlichkeit („balance of probabilities") und der vernünftige Zweifel ausschließenden Überzeugung („beyond reasonable doubt"), die im Strafrecht vorherrschend ist.[1819] Aus deutscher Sicht lässt sich dieses Stufenverhältnis jedoch nicht bestätigen, da bereits für die Beweiswürdigung im Zivilrecht ein *„Maß an Überzeugung, das vernünftigen Zweifeln Schweigen gebietet"*[1820] und im Strafrecht

„zwar keine absolute, das Gegenteil denknotwendig ausschließende und von niemandem anzweifelbare Gewissheit, vielmehr ein nach der Lebenserfahrung ausreichendes Maß an Sicherheit, das vernünftige und nicht bloß auf denktheoretische Möglichkeiten gegründete Zweifel nicht zulässt"[1821]

zugrunde zu legen ist.[1822] Gleiches gilt für das schweizerische Zivilprozessrecht, das für das Regelbeweismaß einen strikten Beweis im Sinne einer an Sicherheit grenzenden Wahrscheinlichkeit fordert.[1823]

Der Überzeugungsmaßstab der „comfortable satisfaction" findet in sämtlichen Dopingangelegenheiten vor dem CAS im Berufungsverfahren An-

---

1817 Zur Inkorporierung des WADC allerdings mit fehlerhaftem allgemeinen Verweis auf Art. 16 WADC, der nur auf Dopingkontrollen bei Tieren in sportlichen Wettkämpfen Anwendung findet *Mavromati/Reeb*, The Code of the CAS – Commentary, Art. R58, Rn. 130.

1818 Art. 97 Abs. 3 FIFA-Disziplinarkodex bestimmt zwar, dass die Beweiswürdigung auf Grundlage der „persönlichen Überzeugun" zu erfolgen habe, der CAS legt dies jedoch als dem Überzeugungsmaßstab der „comfortable satisfaction" entsprechend aus, *Rigozzi/Quinn*, in: Bernasconi (Hrsg.), International Sports Law and Jurisprudence of the CAS, S. 1, 29.

1819 *Davies*, U. Notre Dame Austl. L. Rev. 2012, S. 1; *Petri*, Die Dopingsanktion, S 282.

1820 Ständige Rechtsprechung in Zivilsachen, BGHZ 53, S. 245 ff., NJW 1970, S. 946 ff.

1821 Ständige Rechtsprechung in Strafsachen seit BGHSt 10, S. 208 ff., NJW 1957, S. 1039 f.

1822 *Orth*, SpuRt 2014, S. 134, 138.

1823 *Leuenberger/Uffer-Tobler*, Schweizerisches Zivilprozessrecht, Rn. 9.159.

wendung. Dies beruht auf dessen Festlegung im WADA-Code gemäß Art. 3.1 WADC[1824].

In diesem Zusammenhang bedarf auch die von dem WADC festgeschriebene und vor dem CAS zur Anwendung kommende „strict liability"-Regelung der Beachtung. Diese beschreibt eine verschuldensunabhängige Haftung, nach der dem Athleten die persönliche Pflicht obliegt, in Kenntnis sämtlicher verbotener Dopingmittel dafür zu sorgen, dass keine verbotenen Substanzen in seinen Körper gelangen.[1825] Demnach muss die Anti-Doping-Organisation dem Athleten grundsätzlich weder Vorsatz oder Verschulden noch Fahrlässigkeit vorwerfen, um einen Verstoß gegen Anti-Doping-Bestimmungen zu begründen.[1826] Allerdings fließt, so auch ausdrücklich die CAS-Rechtsprechung, das Verschulden des Athleten in die Festlegung der Konsequenzen für einen Verstoß gegen Anti-Doping-Bestimmungen mit ein, so dass im Zusammenhang mit einer Sperre das Verschulden des Athleten inzwischen zwingend Berücksichtigung finden muss.[1827] Die CAS-Rechtsprechung sieht in der Anwendung der „strict liability"-Regelung – unabhängig von der Frage der Anwendbarkeit von Art. 6 Abs. 2 EGMR[1828] – unter Verweis u. a. auf die Rechtssache *Salabiaku v. France* keinen Verstoß gegen Art. 6 Abs. 2 EGMR.[1829] Da die Anwendung der verschuldensunabhängigen Haftung grundlegende Fragen zur effektiven Dopingbekämpfung aufwirft und dem CAS im Übrigen nicht die Harmonisierungsbefugnis zukommt, für die Olympische Bewegung eventuell einen anderen Haftungsmaßstab zu fordern, geht diese Frage über die vorliegende Untersuchung hinaus. Dennoch soll sie im Rahmen des vor dem CAS anzuwendenden Überzeugungsmaßstabs mit einbezogen werden.

1824 Art. 3.1 S. 2 WADC: „The standard of proof shall be whether the anti-doping organization has established an anti-doping rule violation to the comfortable satisfaction of the hearing panel, bearing in mind the seriousness of the allegation which is made."; eingehend zur Beweislast bei Dopingvorwürfen *Rigozzi/ Quinn*, in: Bernasconi (Hrsg.), International Sports Law and Jurisprudence of the CAS, S. 1, insb. S. 20 ff.; *Weston*, Pepp. Disp. Resol. L. J. 2010, S. 1, 29.

1825 Art. 2.2.1 WADC und Art. 2.1.1 NADC.

1826 Art. 2.2.1 WADC und NADC, Anhang 1, S. 121.

1827 Kommentar zu Art. 2.1.1 NADC; *Merget*, Beweisführung im Sportgerichtsverfahren, S. 277 ff., der die Betonung subjektiver Elemente durch die CAS-Rechtsprechung seit Beginn der Jahrtausendwende hervorhebt.

1828 Die Anwendbarkeit im Bezug auf die UEFA Disciplinary Rules negierend CAS-Schiedsspruch v. 05.12.2013, Az.:CAS 2013/A/3139, Fenerbahçe SK v. UEFA, Rn. 83 ff.

1829 CAS-Schiedsspruch v. 04.12.2009, Az.: CAS 2009/A/1768, Hansen v. FBI, Rn. 15.6; *Geistlinger/Gappmaier*, Yearb. Int. Arb. 2013, S. 307, 314.

Grundsätzlich wird der Überzeugungsmaßstab nicht von dem CAS-Code, sondern den Statuten der internationalen Sportverbände und mittelbar von dem WADC vorgegeben. Allerdings obliegt es, wie *Straubel*[1830] zutreffend feststellte, den CAS-Schiedsgerichten, den Begriff der „comfortable satisfaction" auszulegen und mit Leben zu füllen. Insofern stellt sich die zentrale Frage, welche Anforderungen Art. 6 EMRK stellt und ob der CAS in Dopingangelegenheiten nicht seinen Überzeugungsmaßstab, wie beispielsweise von *Orth*[1831] gefordert, von „comfortable satisfaction" auf „beyond reasonable doubt" anheben sollte.

Zunächst fehlt es an einer klaren Feststellung der CAS-Rechtsprechung, an welcher Stelle Dopingangelegenheiten zwischen zivilrechtlichen und strafrechtlichen Aspekten hinsichtlich des Überzeugungsmaßstabs einzuordnen sind. So erteilte das CAS-Schiedsgericht in der *Pechstein*-Angelegenheit der Anwendung des „beyond reasonable doubt"-Maßstabs eine klare Absage und berief sich auf seine ständige Rechtsprechung, nach der es sich bei den Disziplinarmaßnahmen weder um zivilrechtliche noch um strafrechtliche Angelegenheiten handle.[1832] Demgegenüber erkannte ein anderes CAS-Schiedsgericht die strafrechtsähnliche Wirkung von Dopingstrafen ausdrücklich an.[1833] Letzterem ist angesichts der weitreichenden Folgen, die eine Dopingsperre für den Betroffenen mit sich bringt und als faktisches Berufsverbot Karrieren beenden kann,[1834] ausdrücklich zuzustimmen. Eine derart uneinheitliche Rechtsprechung sowie die wiederholte Betonung, die „comfortable satisfaction" entspräche als Überzeugungsmaßstab der ständigen CAS-Rechtsprechung, sind weder einer Definition von „comfortable satisfaction" noch einer Präzisierung, welche Anforderungen hieran zu stellen sind, zuträglich. So bleibt die Frage offen, ob die „comfortable satisfaction" eher einer überwiegenden Wahrscheinlichkeit oder einer Überzeugung, die vernünftigen Zweifeln Schweigen gebietet, ent-

---

1830 *Straubel*, Loy. U. Chi. L. J. 2004, S. 1203, 1268.
1831 *Orth*, SpuRt 2015, S. 230, 234; a. A. *Rigozzi/Quinn*, in: Bernasconi (Hrsg.), International Sports Law and Jurisprudence of the CAS, S. 1, 26 f. mit nicht weiter begründetem Hinweis, ein solcher Maßstab sei für Dopingverfahren unangemessen.
1832 CAS-Schiedsspruch v. 25.11.2009, Az.: CAS 2009/A/1912, P. v. ISU & CAS 2009/A/1913 DESG v. ISU, Rn. 54 f.
1833 CAS-Schiedsspruch v. 27.05.2003, Az.:CAS 2002/A/432, D. v. FINA, Rn. 27: „[...] disciplinary sanctions in doping cases are similar to penalties in criminal proceedings [...]".
1834 *Weston*, Pepp. Disp. Resol. L. J. 2010, S. 1, 2: „An athlete's life and livelihood can come to an abrupt halt [...]".

spricht.[1835] Zwar ist mit der CAS-Rechtsprechung festzuhalten, dass die Schwere der Vorwürfe bei dem anzulegenden Maßstab zu berücksichtigen ist: *„the more serious the allegation and its consequences, the higher certainty (level of proof) the Panel would require to be ,comfortable satisfied.'"*[1836] Diese Feststellung ist auch im Sinne einer Einzelfallgerechtigkeit begrüßenswert, führt jedoch weiterhin nicht zu einer Präzisierung der vagen Anforderungen. Fest steht zwar, dass der CAS als Schiedsgericht an keinerlei Prozessregelungen hinsichtlich des Beweismaßstabes, die vor einem schweizerischen Gericht Anwendung finden, gebunden ist.[1837] Dennoch bedarf es einer Klarstellung. Daran scheitert die CAS-Rechtsprechung beständig mit ihrem Oszillieren zwischen diesen beiden Überzeugungsmaßstäben.

Dem Ziel eines höher anzusetzenden Überzeugungsmaßstabes vor dem CAS steht ferner die – angesichts seiner wohlwollenden Haltung zugunsten des CAS wenig überraschende – Zurückhaltung des Schweizerischen Bundesgerichts entgegen.[1838] Dieses sieht in der Zugrundelegung der „comfortable satisfaction" keinen Verstoß gegen den *Ordre public* im Sinne von Art. 190 Abs. 2 lit. e) IPRG[1839]. Letztlich ist die Haltung des Schweizerischen Bundesgerichts in diesem Zusammenhang weder überraschend noch aufgrund der begrenzten Überprüfung im Zusammenhang mit dem

---

1835 *Straubel*, Loy. U. Chi. L. J. 2004, S. 1203, 1268 f.

1836 CAS-Schiedsspruch v. 03.11.2014, Az.:CAS 2014/A/3625, Sivasspor Kulübü v. UEFA, Rn. 132; jüngst CAS-Schiedsspruch v. 23.04.2018, Az.:CAS 2017/A/5422, Aleksandr Zubkov v. IOC, Rn. 673.

1837 *Rigozzi/Quinn*, in: Bernasconi (Hrsg.), International Sports Law and Jurisprudence of the CAS, S. 1, 4.

1838 *Orth*, SpuRt 2015, S. 230, 234.

1839 Schweizerisches Bundesgericht, Urteil v. 27.03.2014, Az.: 4A_362/2013, Rn. 3.3: „[...] Die Erwägung des TAS, wonach die Beschwerdegegnerin das Vorliegen einer Spielmanipulation "to the comfortable satisfaction of the Panel" nachzuweisen habe, verstösst entgegen der in der Beschwerde vertretenen Ansicht nicht gegen den *Ordre public*. Damit legte das Schiedsgericht unter Hinweis auf die massgebenden Verbandsregeln und die eigene Rechtsprechung die Beweislastverteilung sowie das Beweismass fest, die sich im Anwendungsbereich des Privatrechts - auch wenn Disziplinarmassnahmen privater Sportverbände zu beurteilen sind - nicht unter dem Blickwinkel strafrechtlicher Begriffe wie der Unschuldsvermutung bzw. des Grundsatzes "in dubio pro reo" oder nach den aus der EMRK fliessenden Garantien bestimmen lassen, wie das Bundesgericht insbesondere in Fällen von Dopingverstössen verschiedentlich bestätigt hat." m. w. N. zur ständigen Rechtsprechung des Gerichts in Dopingfällen; *Orth*, SpuRt 2015, S. 230, 234, Fn. 44 mit Hinweis darauf, dass dem Fall eine Spielmanipulation zugrundelag, bei der tatsächlich erhebliche Beweisprobleme aufseiten der Organisationen bestanden, die jedoch richtigerweise mit Beweiserleichterungen zu lösen seien.

Ordre public angemessen. Dennoch wird abermals die fehlende Einbeziehung der besonders schutzwürdigen Rechtsposition evident, in der sich ein Athlet in Anbetracht der Folgen eines Dopingverstoßes im Zusammenhang mit der Zugrundelegung eines „comfortable satisfaction"-Maßstabes befindet.

Mit Blick auf Art. 6 EMRK lässt sich konstatieren, dass dieser nicht die Zugrundelegung eines bestimmten Überzeugungsmaßstabs fordert. Es bestehen jedoch ganz erhebliche Bedenken, ob durch die Zugrundelegung der „comfortable satisfaction" durch die CAS-Rechtsprechung in hinreichendem Maße die Interessen insbesondere der Athleten beachtet wurden. Die Anforderungen, die der EGMR für die Vermutungen aufgestellt hat, gilt es in gleichem Maße im Rahmen des Überzeugungsmaßstabes zu berücksichtigen. Hier hätte die CAS-Rechtsprechung sich somit vor Augen führen müssen, „*the importance of what is at stake and maintain the rights of the defence.*"[1840]

Im Übrigen spricht für die Zugrundelegung eines strikten Überzeugungsmaßstabs, dass dieser nicht für Straf-, sondern gerade für Zivilverfahren in Deutschland und der Schweiz zugrunde zu legen ist. Insofern kann die dogmatische Einordnung von Disziplinarmaßnahmen durch die CAS-Rechtsprechung ohnehin dahinstehen, da bereits bei Zugrundelegung eines zivilrechtlichen Charakters der Verfahren ein höherer Überzeugungsmaßstab erforderlich ist.

Im Ergebnis sprechen mithin gewichtige Gründe für die Anhebung der „comfortable satisfaction" zur „beyond reasonable doubt". Welchen Weg der CAS dahin bestreitet, sei es durch Anerkennung des strafähnlichen Charakters der Dopingangelegenheiten oder durch Zugrundelegung des deutschen und schweizerischen zivilrechtlichen Maßstabs, ist dabei zweitrangig.

Durch diese Anhebung des Überzeugungsmaßstabs gerät im Übrigen auch nicht die effektive Dopingbekämpfung in Gefahr, da die von der WADA verwendeten Test-Methoden auch dem höheren Beweismaßstab gerecht werden dürften und die Abwägung zwischen Athleteninteressen und Effektivität der Dopingbekämpfung ohnehin einem dynamischen Prozess unterliegt, bei dem grundsätzlich eine stärkere Gewichtung der Athleteninteressen vonnöten ist.[1841]

1840 EGMR, Urteil v. 07.10.1988, Nr. 10519/83, Salabiaku v. France, Rn. 28.
1841 *Orth*, SpuRt 2015, S. 230, 234; *Handschin/Schütz*, SpuRt 2015, S. 179, 181.

VII. Die Frage des fehlenden Instanzenzugs vor dem CAS

Die meisten Schiedsgerichtsordnungen sehen nur eine Instanz vor, um ein möglichst effektives, zügiges und schlankes Verfahren zu gewährleisten. Gleiches gilt für das CAS-Berufungsverfahren, das, wie dargestellt, nur eine Berufungsinstanz für die Überprüfung von verbandsseitig auferlegten Disziplinarmaßnahmen bereithält. Dabei ist unbeachtlich, dass die Parteien das mehrstufige Streiterledigungssystem im Sport über die verbandsinternen Organe bis hin zum CAS häufig als faktischen Instanzenzug empfinden[1842]. Die Kehrseite des fehlenden schiedsinternen Instanzenzugs ist die mangelnde Überprüfung des Schiedsspruches durch eine zweite unabhängige sportrechtliche Instanz. Somit werden Diskussionen um Vor- und Nachteile von Schiedsgerichten häufig im Zusammenhang mit Forderungen nach einer zweiten, schiedsinternen Instanz geführt.

Grundsätzlich bedarf es keiner zweiten Instanz in der CAS-Schiedsgerichtsbarkeit um den Anforderungen von Art. 6 EMRK gerecht zu werden. Denn Art. 6 EMRK gewährleistet kein Recht auf einen Instanzenzug.[1843] Insofern ist die Ausgestaltung der CAS-Schiedsgerichtsbarkeit als einstufige Berufungsinstanz unbedenklich. Ohne die Vor- und Nachteile einer zweiten Instanz vor dem CAS vorliegend eingehend abzuwägen, dürfte ein Instanzenzug auch aus Athletensicht grundsätzlich nicht erstrebenswert sein. Denn aufgrund der Schnelllebigkeit des Sports besteht auch aus Sicht der Athleten ein erhebliches Interesse an der zügigen Entscheidung des Streitfalls. Hierfür wäre eine zweite Rechtsmittelinstanz kontraproduktiv.

Eine davon zu differenzierende, in dem weiteren Zusammenhang jedoch aufzuwerfende Frage ist jene nach der Wiederaufnahme des Verfahrens bei Vorliegen neuer Beweismittel. Hierfür ist, wie dargestellt[1844], grundsätzlich das Schweizerische Bundesgericht im Rahmen des Rechtsbehelfs der Revision zuständig, nicht jedoch das CAS-Schiedsgericht selbst.[1845]

1842 S. hierzu *Netzle*, SchiedsVZ 2009, S. 93, 94.

1843 *Kühne*, in: Pabel/Schmahl, IntKom, EMRK, Art. 6, Rn. 408; *Grabenwarter/Pabel*, in: Dörr/Grote/Marauhn, EMRK/GG, Kap. 14, Rn. 88; *dies.*, EMRK, § 24, Rn. 63; *Peukert*, in: Frowein/Peukert, EMRK, Art. 6, Rn. 93.

1844 S. Kap. 1 C. V.

1845 Art. 124 Abs. 1 BGG; *Müller*, SchiedsVZ 2007, S. 64, 66, der von einer ausschließlichen Zuständigkeit ausgeht; demgegenüber betonen *Rigozzi/Schöll*, Die Revision von Schiedssprüchen nach dem 12. Kapitel des IPRG, S. 19, Fn. 102, es handle sich um eine „compétence generale" und gerade nicht um

Allerdings werden in der Literatur Forderungen nach einer Wiederaufnahme des Verfahrens vor demselben CAS-Schiedsgericht bei Vorliegen neuer Beweismittel laut, um dem vermeintlichen Dopingsünder den Entlastungsbeweis aufgrund von beispielsweise neuen wissenschaftlichen Erkenntnissen zu ermöglichen.[1846]

Auch die CAS-Rechtsprechung hatte die Wiederaufnahme des Verfahrens wegen neuer Beweismittel bereits zum Gegenstand. In dem zugrundeliegenden Verfahren[1847], das die Bewertung von Dopingkontrollen zweier Spieler eines italienischen Fußballclubs zum Gegenstand hatte, ersuchten der Fußballklub sowie die beiden Spieler zwei Wochen nach Erlass des ersten CAS-Schiedsspruchs dasselbe CAS-Schiedsgericht um Wiederaufnahme des Verfahrens wegen des Vorliegens neuer Beweismittel.[1848] Diesem Ersuchen gab das CAS-Schiedsgericht nach und begründete sein Vorgehen damit, die Schiedsparteien hätten sich trotz fehlender Einigung auf ein neues Schiedsverfahren zumindest auf die Zuständigkeit des Schiedsgerichts zur Feststellung geeinigt, ob Gründe für eine Revision des ersten Schiedsspruchs vorlägen.[1849] Sodann schlussfolgerte das Schiedsgericht selbstbewusst: *„The Panel finds therefore that it is competent to examine whether the conditions for a revision are met and, if so, to revise the First Award."*[1850] Diese Rechtsauffassung widerspricht ausdrücklich dem klar austarierten Rechtsbehelfssystem für Schiedssprüche in der Schweiz.[1851]

Dennoch sprechen gute Argumente dafür, *de lege ferenda* die Zuständigkeit für das Revisionsverfahren auf den CAS zu übertragen. Aus EMRK-Perspektive sprechen keine stichhaltigen Argumente gegen ein derartiges Wiederaufnahmeverfahren vor dem CAS. Nach überzeugender Ansicht sind auch aufgrund des schweizerischen Rechts keine gewichtigen Gründe

---

eine zwingend ausschließliche Zuständigkeit; *Adolphsen*, in: Adolphsen/Nolte/Lehner/Gerlinger, Sportrecht in der Praxis, S. 267, Rn. 1080a.

1846 *Orth*, SpuRt 2015, S. 230, 234.
1847 CAS-Schiedsspruch v. 27.07.2009, Az.:CAS 2008/A/1557, FIGC, Daniele Mannini, Davide Possanzini & CONI v. WADA; kritisch hierzu *Scherrer/Muresan*, CaS 2009, S. 198 ff.; der erste Schiedsspruch in derselben Angelegenheit datierte v. 29.01.2009.
1848 *Scherrer/Muresan*, CaS 2009, S. 198.
1849 *Scherrer/Muresan*, CaS 2009, S. 198, 199; insofern zu pauschal *Mavromati/Reeb*, The Code of the CAS – Commentary, Art. R59, Rn. 72.
1850 CAS-Schiedsspruch v. 27.07.2009, Az.:CAS 2008/A/1557, FIGC, Daniele Mannini, Davide Possanzini & CONI v. WADA, Rn. 4.
1851 *Berger/Kellerhals*, Schiedsgerichtsbarkeit in der Schweiz, Rn. 1801; *Scherrer/Muresan*, CaS 2009, S. 198, 199; die Entscheidung des CAS im Ergebnis ebenfalls kritisierend *Wittmann*, Schiedssprüche des CAS, S. 147.

gegen die Prorogation der Revisionszuständigkeit auf das Schiedsgericht anzuführen.[1852] Für die Zuständigkeit des CAS-Schiedsgerichts sprechen insbesondere dessen Aktenkenntnis, welche es auf die neue Beweislage anwenden kann und die Tatsache, dass sich fachfremde Richter des Schweizerischen Bundesgerichts nicht in die zugrundeliegenden Tatsachen neu einarbeiten müssen. Ohnehin ist das Revisionsgesuch mangels Devolutiveffekt des Rechtsbehelfs grundsätzlich bei dem *iudex a quo* und damit bei dem Schiedsgericht geltend zu machen.[1853] Fraglos dürften die Revisionsgründe, die eine Durchbrechung der Rechtskraft darstellen, ebenso wie derzeit vor dem Schweizerischen Bundesgericht, auch für eine Revision vor dem CAS allein auf die Entdeckung neuer Tatsachen bzw. Beweismittel gemäß Art. 123 lit. a) BGG beschränkt sein.

Zwar kann nach den Verfahrensgarantien gemäß Art. 6 EMRK weder die Schaffung einer zweiten Instanz vor dem CAS noch die Übertragung der Zuständigkeit für die Revision auf den CAS gefordert sein. Letzteres dürfte jedoch im Sinne eines möglichst weitreichenden Schutzes der Athletenrechte in Abwägung mit der Effektivität des Verfahrens opportun sein.

1852 *Berger/Kellerhals*, Schiedsgerichtsbarkeit in der Schweiz, Rn. 1802; *Rigozzi/Schöll*, Die Revision von Schiedssprüchen nach dem 12. Kapitel des IPRG, S. 18 f.

1853 *Berger/Kellerhals*, Schiedsgerichtsbarkeit in der Schweiz, Rn. 1774 u. 1787; *Rigozzi/Schöll*, Die Revision von Schiedssprüchen nach dem 12. Kapitel des IPRG, S. 14.

Ergebnisse und Thesen der Untersuchung

Die Untersuchung hat sich im Wesentlichen mit drei Problemschwerpunkten befasst: Mit dem CAS als „größter grüner Tisch" auf dem besonderen Spielfeld der internationalen Sportschiedsgerichtsbarkeit, der Anwendung der EMRK auf das Berufungsverfahren vor dem CAS und dessen Bindung an Art. 6 Abs. 1 EMRK sowie den Reformvorschlägen rund um das CAS-Berufungsverfahren vor dem Spiegel der in Art. 6 EMRK inkorporierten Organsations- und Verfahrensgarantien.

Die *wesentlichen* Ergebnisse dieser Untersuchung lassen sich wie folgt zusammenfassen:

Kapitel 1

1. Im internationalen Sportrecht bestünde ohne Schiedsvereinbarung zum CAS aufgrund vielzähliger Zuständigkeiten staatlicher Gerichte ein Dilemma der Rechtszersplitterung. Dies läuft dem Postulat des internationalen Entscheidungseinklangs im Sinne einer internationalen Vergleichbarkeit und eines Gleichklangs der Entscheidungen zuwider.
2. Als Korrelat zu dem Dilemma der Rechtszersplitterung hat sich der CAS bewährt. Er hat sich zu einer weltweit bedeutenden Schiedsinstanz entwickelt, wird von sämtlichen internationalen Sportverbänden als Letztentscheidungsinstanz in Berufungsverfahren gegen Verbandsentscheidungen akzeptiert und von staatlichen Gerichten als „echtes Schiedsgericht" im Sinne des nationalen Prozessrechts und des UN-Übereinkommens anerkannt. Hierzu hat wesentlich Art. 13.2.1 WADC beigetragen, der die Zuständigkeit des CAS als Letztentscheidungsinstanz für Berufungen gegen Anti-Doping-Disziplinarmaßnahmen zwingend vorsieht.
3. Es besteht eine besondere Schutzbedürftigkeit der Athleten im Berufungsverfahren vor dem CAS. Denn dort stehen sich die internationalen Sportverbände als sog. *Repeat player* und die Athleten als sog. *one-shotter* gegenüber. Damit perpetuiert sich vor dem CAS das in den Strukturen des internationalen Sportrechts angelegte strukturelle Ungleichgewicht zwischen den Parteien. Dieses wird begründet durch die monopolartige Organisationsstruktur und das Ein-Platz-Prinzip im in-

ternationalen Verbandsrecht sowie durch den faktischen Schiedszwang zum CAS, dem sich die Athleten unfreiwillig unterwerfen müssen.

4. Das Berufungsverfahren vor dem CAS wird von Artt. R47 ff. CAS-Code geregelt. Die Vorschriften legen fest, dass die Schiedsparteien sich für die Konstituierung eines Schiedsgerichts aus drei Personen jeweils einen Schiedsrichter von der vorgegebenen CAS-Schiedsrichterliste auswählen dürfen und der Vorsitzende durch den Präsidenten der Berufungskammer bestimmt wird.

5. Die diskutierten Kritikpunkte hinsichtlich des CAS können nicht dessen unangefochtene Stellung als Lösung des Dilemmas der Rechtszersplitterung bestreiten. Dieser Umstand darf jedoch nicht über die Reformbedürftigkeit des CAS hinwegtäuschen. Die dargestellten Alternativen zum CAS sind (noch) nicht ausgereift genug, um eine im Vergleich zum CAS gleichwertige Lösung zum Dilemma der Rechtszersplitterung zu bieten.

Kapitel 2

6. Das Schweizerische Bundesgericht überprüft CAS-Schiedssprüche in dem eingeschränkten Rahmen der Anfechtungsgründe gemäß Art. 190 Abs. 2 IPRG. Hierin sind Mindestanforderungen an Verfahrensgarantien im *Ordre public* enthalten. Auf diesem Weg gelangt der CAS in die „EMRK-Perspektive" und die Verfahrensgarantien von Art. 6 EMRK kommen vor den CAS-Schiedsgerichten mittelbar zur Anwendung.

7. Der CAS ist als „tribunal established by law" zu qualifizieren. Hierfür sprechen insbesondere sportspezifische Argumente und der funktionelle Vergleich zur staatlich angeordneten Schiedsgerichtsbarkeit. Nach Ansicht der Rechtsprechung der Konventionsorgane findet auf staatlich angeordnete Schiedsgerichte Art. 6 EMRK unproblematisch Anwendung. Gleiches muss für den CAS als verbandsseitig angeordnete Schiedsinstitutionen gelten, da es aus der Sicht der Athleten qualitativ keinen Unterschied machen kann, ob der Schiedszwang von Staats- oder Verbandsseite auferlegt wird. Zudem werden im Berufungsverfahren Streitigkeiten über „civil rights and obligations" im Sinne der Vorschrift behandelt.

8. Der mit der Schiedsvereinbarung erklärte *ex ante*-Verzicht hinsichtlich Art. 6 EMRK bezieht sich allein auf das Recht auf Zugang zu einem staatlichen Gericht, nicht jedoch auf die weiteren in Art. 6 EMRK enthaltenen Organisations- und Verfahrensgarantien.

9. Die CAS-Schiedsgerichtsbarkeit sowie die CAS-Schiedsrichter sind an die Organisations- und Verfahrensgarantien gemäß Art. 6 Abs. 1 EMRK gebunden. Hierfür spricht zum einen wiederum ein Vergleich zu staatlich angeordneten und an Art. 6 EMRK gebundene Schiedsgerichte. Zum anderen besteht insofern zumindest eine mittelbare Bindungswirkung, als die Staaten im Rahmen der staatlichen Schutzpflichten zur Einhaltung der EMRK-Verfahrensgarantien vor dem Schiedsgericht wenigstens im Wege der Überprüfung des Schiedsspruches durch staatliche Gerichte verpflichtet sind.

10. Im Wege eines sportrechtlichen Sonderweges ist für die unmittelbare Bindung der CAS-Schiedsgerichte an Art. 6 EMRK zu plädieren. Dies ergibt sich bereits aus Effektivitätsgesichtspunkten. So ergibt es wenig Sinn, die Verfahrensgarantien erst bei der Überprüfung des Schiedsspruches durch staatliche Gerichte und nicht bereits unmittelbar vor dem Schiedsgericht selbst zur Anwendung kommen zu lassen. Darüber hinaus spricht hierfür eine Konkretisierung des Ermessensspielraums bei der konkreten Ausübung der staatlichen Schutzpflicht.

Kapitel 3

11. Entgegen der „wohlwollenden Haltung" des Schweizerischen Bundesgerichts gegenüber der CAS-Schiedsgerichtsbarkeit ist bei Überprüfung von CAS-Schiedssprüchen ein rigider Maßstab zugrunde zu legen. Hierfür spricht bereits das hohe Schutzbedürfnis der Athleten.

12. Hinsichtlich der Unabhängigkeit des CAS ist zunächst ein paritätischer Einfluss zwischen Athleten und internationalen Sportverbänden auf die Zusammensetzung des ICAS dringend geboten. Zudem sollte der CAS-Schiedsrichterliste lediglich empfehlender Charakter zugeschrieben werden. Zur Wahrung einer konvergenten CAS-Rechtsprechung sollte der Vorsitzende des CAS-Schiedsgerichts weiterhin von der CAS-Schiedsrichterliste bestimmt werden.

13. Hinsichtlich der Unparteilichkeit sollten die IBA Guidelines ausdrücklich und vermehrt Anwendung in der CAS-Rechtsprechung finden. An deren Anforderungen sollte sich auch eine strengere Offenlegungspflicht der CAS-Schiedsrichter hinsichtlich früherer Schiedsrichtermandate konzentrieren. Grundsätzlich sollte nicht die Nachforschungsobliegenheit der Parteien, sondern die Offenlegungspflicht der Schiedsrichter für das CAS-Berufungsverfahren bestimmend sein.

14. Reformvorschläge hinsichtlich der Öffentlichkeit der Berufungsverfahren vor dem CAS sollten grundsätzlich Folgendes bezwecken: Verfah-

ren sind generell öffentlich zu führen und sämtliche CAS-Schiedssprüche sind zu veröffentlichen. Jede Partei hat einen gebundenen Anspruch auf Durchführung einer mündlichen Verhandlung. Zudem ist das System der Verfahrenskostenhilfe athletenfreundlicher auszugestalten.

15. Der Überzeugungsmaßstab des CAS-Schiedsgerichts sollte von der derzeit angewendeten „comfortable satisfaction"-Formel auf „beyond reasonable doubt" angehoben werden. Zur Berücksichtigung der Besonderheiten der Anti-Doping-Angelegenheiten wäre es angezeigt, hierfür im CAS-Code spezifische Sonderbestimmungen festzulegen.

Literaturverzeichnis

Adinolfi, Fabio / Rübben, Tillmann, Der Fall Pechstein und die Zukunft der Sportgerichtsbarkeit, ZJS 2016, S. 382-385.

Adolphsen, Jens, Zuständigkeit und anwendbares Recht bei Verfahren gegen nationale und internationale Sportverbände, IPrax 2000, S. 81-87.

ders., Eine lex sportiva für den internationalen Sport?, in Witt, Carl-Heinz (Hrsg.), Die Privatisierung des Privatrechts: rechtliche Gestaltung ohne staatlichen Zwang; Heidelberger Tagung vom 4. bis 7. September 2002, Jahrbuch Junger Zivilrechtswissenschaftler, Stuttgart u. a. 2003, S. 281-302 (zit: *Adolphsen*, in: Witt (Hrsg.), Jahrbuch Junger Zivilrechtswissenschaftler).

ders., Internationale Dopingstrafen, Tübingen 2003.

ders., Aktuelle Fragen des Verhältnisses von EMRK und Europäischem Zivilprozessrecht, in: Renzikowski, Joachim (Hrsg.), Die EMRK im Privat-, Straf- und Öffentlichen Recht: Grundlagen einer europäischen Rechtskultur, Zürich 2004, S. 39-92 (zit: *Adolphsen*, in: Renzikowski (Hrsg.), Die EMRK im Privat-, Straf- und Öffentlichen Recht).

ders., Grundfragen und Perspektiven der Sportschiedsgerichtsbarkeit, SchiedsVZ 2004, S. 169-175.

ders., Umsetzung des Welt Anti-Doping Code in Deutschland, in: Vieweg, Klaus (Hrsg.), Perspektiven des Sportrechts, Berlin 2005, S. 81-103 (zit: *Adolphsen*, in: Vieweg (Hrsg.), Perspektiven des Sportrechts).

Adolphsen, Jens / Nolte Martin / Lehner, Michael / Gerlinger, Michael, Sportrecht in der Praxis, Stuttgart 2012 (zit: *Bearbeiter*, in: Adolphsen/Nolte/Lehner/Gerlinger, Sportrecht in der Praxis).

Alkema, Evert Albert, The third-party applicability or „Drittwirkung" of the European Convention on Human Rights, in: Matscher, Franz / Petzold, Herbert (Hrsg.), Protecting human rights: the European dimension: studies in honour of Gérard J. Wiarda = Protection des droits de l'homme: la dimension européenne, Köln 1988, S. 33-46 (zit: *Alkema*, in: FS Wiarda).

Andexer, Frank, Die nationale Sportgerichtsbarkeit und ihre internationale Dimension, Hamburg 2009.

Arroyo, Manuel (Hrsg.), Arbitration in Switzerland: The Practitioner's Guide, 2. Auflage, Haywards Heath 2018 (zit: *Bearbeiter*, in: Arroyo, Arbitration in Switzerland).

Aumüller, Johannes, Ein falscher Satz in einem wichtigen Urteil, Süddeutsche Zeitung v. 29.06.2016.

Baddeley, Margareta, Thoughts on Swiss Federal decision 129 III 445, CaS 2004, S. 91-93.

dies., La décision Cañas: Nouvelles règles du jeu pour l'arbitrage international du sport, CaS 2007, S. 155-161.

Bajons, Ena-Marlis, Über Grenzen und Freiräume der New Yorker Schiedskonvention im Lichte der EMRK, in: Bammer, Armin / Holzinger, Gerhart / Vogl, Mathias / Wenda, Gregor (Hrsg.), Rechtsschutz gestern – heute – morgen: Festgabe zum 80. Geburtstag von Rudolf Machacek und Franz Matscher, Wien 2008, S. 703-716 (zit: *Bajons*, in: FG Machacek und Matscher).

Balthasar, Alexander / Krisper, Martina, Internationaler Sport – eine rechtliche Herausforderung für Verwaltung und Gerichtsbarkeit? Eine thematische Einführung, in: Balthasar, Alexander / Cornu, Pierre (Hrsg.), Internationaler Sport: eine rechtliche Herausforderung für Verwaltung und Gerichtsbarkeit?, Wien 2015, S. 1-37 (zit: *Balthasar/Krisper*, in: Balthasar/Cornu (Hrsg.), Internationaler Sport).

Bandel, Stefan, Einstweiliger Rechtsschutz im Schiedsverfahren: Zulässigkeit und Wirkungen schiedsrichterlicher und gerichtlicher einstweiliger Maßnahmen gemäß den Bestimmungen des SchiedsVfG, München 2000 (zit: *Bandel*, Einstweiliger Rechtsschutz im Schiedsverfahren).

Bangert, Jan, Die Bindung privater Schiedsgerichte an Art. 6 Abs. 1 EMRK, in: Breitenmoser, Stephan (Hrsg.), Human rights, democracy and the rule of law: liber amicorum Luzius Wildhaber, Zürich u. a. 2007, S. 41-58 (zit: *Bangert*, in: FS Wildhaber).

Batliner, Herbert / Gasser, Johannes, Sind Schiedsklauseln zulasten Dritter gemäss Art. 6 EMRK zulässig? Ein juristischer Ausblick von Liechtenstein nach Europa, in: Monti, Mario (Hrsg.), Economic Law and Justice in Times of Globalisation: Festschrift for Carl Baudenbacher, Baden-Baden 2007, S. 705-726 (zit: *Batliner*, in: FS Baudenbacher).

Bausinger, Hermann, Sportkultur, Tübingen 2006.

Beffa, Luca, Challenge of international arbitration awards in Switzerland for lack of independence and/or impartiality of an arbitrator – Is it time to change the approach?, ASA Bulletin 2011, S. 598-606.

Beffa, Luca / Ducrey, Olivier, Review of the 2010 Case Law of the Swiss Federal Tribunal concerning Sports Arbitration, CaS 2011, S. 307-322.

dies., Review of the 2012 Case Law of the Swiss Federal Tribunal concerning Sports Arbitration, CaS 2014, S. 3-10.

dies., Review of the 2015 Case Law of the Swiss Federal Tribunal concerning Sports Arbitration, CaS 2016, S. 219-227.

Benedettelli, Massimo V., Human Rights as a Litigation Tool in International Arbitration: Reflecting on the ECHR Experience, Arbitration International 2015, S. 631-659.

Berger, Bernhard / Kellerhals, Franz (Hrsg.), Internationale und interne Schiedsgerichtsbarkeit in der Schweiz, Bern 2006.

dies. (Hrsg.), International and Domestic Arbitration in Switzerland, 3. Auflage, Bern 2015.

Berger, Klaus Peter, Internationale Wirtschaftsschiedsgerichtsbarkeit: Verfahrens- und materiellrechtliche Grundprobleme im Spiegel moderner Schiedsgesetze und Schiedspraxis, Köln 1992.

ders., The Creeping Codification of the New Lex Mercatoria, Austin u. a. 2010.

Besson, Sébastien, Arbitration and Human Rights, ASA Bulletin 2006, S. 395-416.

Blackshaw, Ian S., The Court of Arbitration for Sport: An International Forum for Settling Disputes Effectively 'Within the Family of Sport', Entertainment Law 2003, S. 61-83.

Blackshaw, Ian S. / Pachmann, Thilo, CAS Provisional and Conservatory Measures and Other Options to Be Granted Interim Legal Relief, Yearb. Int. Sports Arb. 2015, S. 93-110.

Bleckmann, Albert, Die Entwicklung staatlicher Schutzpflichten aus den Freiheiten der Europäischen Menschenrechtskonvention, in: Beyerlin, Ulrich (Hrsg.), Recht zwischen Umbruch und Bewahrung: Völkerrecht, Europarecht, Staatsrecht: Festschrift für Rudolf Bernhardt, Berlin u. a. 1995, S. 309-322 (zit: *Bleckmann*, in: FS Bernhardt).

Bleistein, Romana / Degenhart, Christoph, Sportschiedsgerichtsbarkeit und Verfassungsrecht, NJW 2015, S. 1353-1357.

Born, Gary B., International Commercial Arbitration, 2. Auflage, Biggleswade 2015.

Briner, Robert / Schlabrendorff, Fabian von, Article 6 of the European Convention on Human Rights and its Bearing upon International Arbitration, in: Briner, Robert (Hrsg.), Law of International Business and Dispute Settlement in the 21st century: Liber Amicorum Karl-Heinz Böckstiegel anl. seines Ausscheidens als Direktor d. Inst. f. Luft- u. Weltraumrecht u. d. v. ihm gegr. Lehrstuhls für Internat. Wirtschaftsrecht, Köln 2001, S. 89-109 (zit: *Briner/v. Schlabrendorff*, in: FS Böckstiegel).

Brunk, Axel, Der Sportler und die institutionelle Sportschiedsgerichtsbarkeit: zur Wirksamkeit erzwungener Schiedsvereinbarungen im Sport und dem Gebot unabhängiger und überparteilicher Rechtspflege am Beispiel des Tribunal Arbitral du Sport (TAS) und des Deutschen Sportschiedsgerichts (DSS), Baden-Baden 2016 (zit: *Brunk*, Der Sportler und die institutionelle Sportschiedsgerichtsbarkeit).

Brunner, Christoph, Rechtsmittelverzicht in der internationalen Schiedsgerichtsbarkeit – eine Standortbestimmung nach dem *Cañas*-Urteil, AJP 2008, S. 738-751.

Bunte, Hermann-Josef, Schiedsvereinbarung eines Sportlers mit marktbeherrschendem Sportverband („Claudia Pechstein"), EWiR 2016, S. 415-416.

Burianski, Marius / Pogrzeba, Gero, Anm. zu BGH, Urteil vom 07.06.2016 – KZR 6/15 (OLG München): Doch kein Ende der Sportschiedsgerichtsbarkeit – Pechstein/International Skating Union, in: LMK 2016, S. 381217.

Carbonneau, Thomas E., International Arbitration – The United States, in: Gottwald, Peter (Hrsg.), Internationale Schiedsgerichtsbarkeit: Arbitrage International – International Arbitration; Generalberichte und Nationalberichte, Bielefeld 1997, S. 875-900 (zit: *Carbonneau*, in: Gottwald (Hrsg.), Internationale Schiedsgerichtsbarkeit).

Casini, Lorenzo, The Making of a Lex Sportiva by the Court of Arbitration for Sport, GLJ 2011, S. 1317–1340.

Cavalieros, Philippe / Kim, Janet, Can the Arbitral Community Learn from Sports Arbitration?, J. Int. Arb. 2015, S. 237-260.

Cernic, Jernej Letnar, Fair Trial Guarantees Before The Court of Arbitration for Sport, HR & ILD 2012, S. 259-283.

Cherkeh, Rainer / Schroeder, Hans-P., Einstweiliger Rechtsschutz durch staatliche Gerichte im Anwendungsbereich einer Athletenvereinbarung, SpuRt 2007, S. 101-103.

Clapham, Andrew, The „Drittwirkung" of the Convention, in: Macdonald, Ronald St. J. / Matscher, Franz / Petzold, Herbert (Hrsg.), The European System for the Protection of Human Rights, Dordrecht u. a. 1993, S. 163-206 (zit: *Clapham*, in: Macdonald/Matscher/Petzold (Hrsg.), The European System for the Protection of Human Rights).

Classen, Christian, Rechtsschutz gegen Verbandsmaßnahmen im Profisport, Hamburg 2014.

Dahm, Georg / Delbrück, Jost / Wolfrum, Rüdiger, Völkerrecht: Band I/2, 2. Auflage, Berlin 2002.

Dasser, Felix, International Arbitration and Setting Aside Proceedings in Switzerland: A Statistical Analysis, ASA Bulletin 2007, S. 444-472.

ders., International Arbitration and Setting Aside Proceedings in Switzerland – An Updated Statsitical Analysis, ASA Bulletin 2010, S. 82-100.

Dasser, Felix / Wójtowicz, Piotr, Challenges of Swiss Arbitral Awards – Updated and Extended Statistical Data as of 2015, ASA Bulletin 2016, S. 280-300.

Davies, Chris, The „comfortable satisfaction" Standard of Proof: Applied by the Court of Arbitration for Sport in Drug-Related Cases, U. Notre Dame Austl. L. Rev. 2012, S. 1-24.

De Ly, Filip, The Relevance of Public International Law in International Commercial Arbitration – General Considerations: Arbitration and Human Rights, DIS Materialien – Conference Materials, ILA/DIS Arbitration Day, 20 August 2004, Berlin 2005, S. 29-52.

Del Fabro, Marcel, Sag´ mir, welches Recht, und ich sage Dir, was Sache ist – Überlegungen zu Art. R58 CAS Code, CaS 2016, S. 228-239.

Delbrück, Jost, Nichtregierungsorganisationen: Geschichte, Bedeutung, Rechtsstatus, Trier 2003 (zit: *Delbrück*, Nichtregierungsorganisationen).

Dios Crespo, Juan de / Torchetti, Paolo, CAS 2014/A/3474, Clube de Regatas do Flamengo v. Confederaçao Brasileira de Futebol (CBF) & Superior Tribunal de Justiça Desportiva (STJD), Award of 5 October 2015, Yearbook of Int. Sports. Arb. 2015, S. 275-297.

Distler, Wolfram, Private Schiedsgerichtsbarkeit und Verfassung – eine rechtsvergleichende Untersuchung zum deutschen und englischen Recht, Berlin 2000.

Dörr, Oliver / Grote, Rainer / Marauhn, Thilo (Hrsg.), EMRK/GG: Konkordanzkommentar zum europäischen und deutschen Grundrechtsschutz, 2. Auflage, Tübingen 2013 (zit: *Bearbeiter*, in: Dörr/Grote/Marauhn, EMRK/GG).

Downie, Rachelle, Improving the Performance of Sport's Ultimate Umpire: Reforming the Government of the Court of Arbitration for Sports, Melb. J. Int. L. 2011, S. 1-30.

Dröge, Cordula, Positive Verpflichtungen der Staaten in der Europäischen Menschenrechtskonvention, Berlin u. a. 2003.

Druml, Matija, Sportgerichtsbarkeit: Vereinsstrafe, Vereinsgerichtsbarkeit und Schiedsgerichtsbarkeit im organisierten Sport, Wien 2017.

Duval, Antoine / van Rompuy, Ben, Protecting Athletes' Right to a Fair Trial Through EU Competition Law: The Pechstein CAS, in: Paulussen, Christophe / Takács, Tamara / Lazić, Vesna / van Rompuy, Ben (Hrsg.), Fundamental Rights in International and European Law: Public and Private Law Perspective, Berlin u. a. 2016, S. 245-278 (zit: *Duval/van Rompuy*, in: Paulussen/Takács/Lazić/van Rompuy, Fundamental Rights in International and European Law).

Duve, Christian, Der Fall Pechstein: BGH stützt Sportschiedsgerichtsbarkeit, Reformbedarf bleibt, BB 2016, Die erste Seite.

Duve, Christian / Rösch, Karl Ömer, Der Fall Pechstein: Kein Startschuss für eine Neugestaltung der Sportschiedsgerichtsbarkeit, SchiedsVZ 2014, S. 216-227.

dies., Ist das deutsche Kartellrecht mehr wert als alle Olympiasiege?, SchiedsVZ 2015, S. 69-77.

Ebbing, Frank, Private Zivilgerichte: Möglichkeiten und Grenzen privater (schiedsgerichtlicher) Zivilrechtsprechung, München 2003.

Eichel, Benjamin, Schiedsklauseln in Athletenvereinbarungen aus dem Blickwinkel des Internationalen Privat- und Zivilverfahrensrechts, IPrax 2016, S. 305-310.

Eichner, Florian, Der Athlet als Betrachter der Sportgerichtsbarkeit, CaS 2017, S. 68-70.

Emberland, Marius, The Usefulness of Applying Human Rights Arguments in International Commercial Arbitration: A Comment on Arbitration and Human Rights by Aleksandar Jaksic, J. Int. Arb. 2003, S. 355-364.

Engelbrecht, Georg, Sportgerichtsbarkeit versus ordentliche Gerichtsbarkeit – Vom Spannungsverhältnis des nationalen und des internationalen Rechts, AnwBl. 2001, S. 637-645.

Epiney, Astrid, Die völkerrechtliche Verantwortlichkeit von Staaten für rechtswidriges Verhalten im Zusammenhang mit Aktionen Privater, Baden-Baden 1992.

Epping, Volker / Hillgruber, Christian (Hrsg.), BeckOK Grundgesetz, 38. Edition 2015 (zit: *Bearbeiter*, in: Epping/Hillgruber, BeckOK/GG).

Erbsen, Allan, The Substance and Illusion of Lex Sportiva, in: Blackshaw, Ian S. / Siekmann, Robert C.R. / Soek, Janwillem (Hrsg.), The Court of Arbitration for Sport 1984-2004, Den Haag 2006, S. 441-454 (zit: *Erbsen*, in: Blackshaw/Siekmann/Soek, CAS 1984-2004).

Fenners, Henk, Der Ausschluss der staatlichen Gerichtsbarkeit im organisierten Sport, Freiburg (Schweiz) 2006.

Fischer, Paul, Die Rolle des Ein-Platz-Prinzips in der Autonomie der Sportfachverbände: eine Untersuchung der exklusiven Organisationsstrukturen im Sport, Berlin 2018.

Flint, Charles, Die WADA und das Recht – Englische Gerichte und die Überprüfung der Entscheidungen von Sportgremien, in: Eimer, Richard B. / Hofmann, Karsten (Hrsg.), 3. Internationaler Sportrechtskongress, Bonn 2004, S. 281-294 (zit: *Flint*, in: Eimer/Hofmann (Hrsg.), 3. Internationaler Sportrechtskongress).

Foster, Ken, Lex Sportiva and Lex Ludica: The Court of Arbitration for Sport's Jurisprudence, in: Blackshaw, Ian S. / Siekmann, Robert C.R. / Soek, Janwillem (Hrsg.), The Court of Arbitration for Sport 1984-2004, Den Haag 2006, S. 420-440 (zit: *Foster*, in: Blackshaw/Siekmann/Soek, CAS 1984-2004).

Fritzweiler, Jochen / Pfister, Bernhard / Summerer, Thomas (Hrsg.), Praxishandbuch Sportrecht, 3. Auflage, München 2014 (zit: *Bearbeiter*, in: Fritzweiler/Pfister/Summerer, PHB Sportrecht).

Froitzheim, Oliver, Die Ablehnung von Schiedsrichtern wegen Befangenheit in der internationalen Schiedsgerichtsbarkeit: internationale Standards und Kasuistik, Köln 2016.

Frowein, Jochen Abraham / Peukert, Wolfgang, Europäische Menschenrechtskonvention: EMKR-Kommentar, 3. Auflage, Kehl 2009 (zit: *Bearbeiter*, in: Frowein/Peukert, EMRK).

Galanter, Marc, Why the „Haves" Come out Ahead: Speculations on the Limits of Legal Change, Law & Soc'y Rev. 1974, S. 95-160.

Geimer, Reinhold, Schiedsgerichtsbarkeit und Verfassung (aus deutscher Sicht), in: Schlosser, Peter F. (Hrsg.), Integritätsprobleme im Umfeld der Justiz: die Organisation der Rechtsberatung – Schiedsgerichtsbarkeit und Verfassungsrecht – ein Forschungsbericht zu zwei Themen aus dem Umfeld der Justiz, Bielefeld 1994, S. 113-199 (zit: *Geimer*, in: Schlosser (Hrsg.), Integritätsprobleme im Umfeld der Justiz).

ders., Internationales Zivilprozeßrecht, 6. Auflage , Köln 2009 (zit: *Geimer*, IZPR).

Geimer, Reinhold / Schütze, Rolf A. (Hrsg.), Europäisches Zivilverfahrensrecht: Kommentar zur EuGVVO, EuEheVO, EuZustellungsVO, EuInsVO, EuVTVO, zum Lugano-Übereinkommen und zum nationalen Kompetenz- und Anerkennungsrecht, 3. Auflage München 2010 (zit: *Bearbeiter*, in: Geimer/Schütze, EuZVR).

Geistlinger, Michael / Gappmaier, Stephan, Some thoughts on the role of the European Convention on Human Rights in the jurisprudence of the Court of Arbitration for Sport, Yearb. Int. Arb. 2013, S. 307-314.

Girsberger, Daniel / Voser, Nathalie (Hrsg.), International Arbitration: Comparative and Swiss Perspectives, 3. Auflage, Zürich 2016.

Göksu, Tarkan, Das „Pechstein-Urteil" des Landgerichts München: Falsche Anwendung schweizerischen Rechts, CaS 2014, S. 356-363.

Gorbylev, Sergei, A short Story of an Athlete: Does he question Independence and Impartiality of the Court of Arbitration for Sport?, Int. Sports Law J. 2013, S. 294-298.

Görtz, Reinhard J., Anti-Doping-Maßnahmen im Hochleistungssport aus rechtlicher Sicht: zur Ausgestaltung einer effektiven Compliance-Organisation in Deutschland, Remscheid 2012.

Gottwald, Peter, Die sachliche Kontrolle internationaler Schiedssprüche durch staatliche Gerichte, in: Habscheid, Walther / Schwab, Karl Heinz (Hrsg.), Beiträge zum internationalen Verfahrensrecht und Schiedsgerichtsbarkeit – Festschrift für Heinrich Nagel, Münster 1987, S. 54-69 (zit: *Gottwald*, in: FS Nagel).

ders., Internationale Schiedsgerichtsbarkeit: Arbitrage International – International Arbitration; Generalberichte und Nationalberichte, Bielefeld 1997.

Grabenwarter, Christoph, Verfahrensgarantien in der Verwaltungsgerichtsbarkeit: eine Studie zu Artikel 6 EMRK auf der Grundlage einer rechtsvergleichenden Untersuchung der Verwaltungsgerichtsbarkeit Frankreichs, Deutschlands und Österreichs, Wien 1997 (zit: Grabenwarter, Verfahrensgarantien).

Grabenwarter, Christoph / Pabel, Katharina, Europäische Menschenrechtskonvention: ein Studienbuch, 6. Auflage , München 2016.

Graf, Jürgen-Peter (Hrsg.), BeckOK StPO mit RiStBV und MiStra, 30. Edition (Stand: 01.06.2018), München 2018 (zit: *Bearbeiter*, in: BeckOK/StPO).

Grothe, Helmut, Internationale Gerichtsstände für Klagen gegen internationale Sportverbände aufgrund von Dopingsperren, in: Kronke, Herbert / Thorn, Karsten (Hrsg.), Grenzen überwinden – Prinzipien bewahren: Festschrift für Bernd von Hoffmann zum 70. Geburtstag am 28. Dezember 2011, Bielefeld 2011, S. 601-611 (zit: *Grothe*, in: FS v. Hoffmann).

Grothe, Helmut / Frohn, Michael, Rechtsstaatliche Verfahrensgarantien in der Sportgerichtsbarkeit: Wayne Rooney, Paul Stretford und Art. 6 EMRK, CaS 2008, S. 104-109.

Grunsky, Wolfgang, Schiedsgerichtsbarkeit im deutschen Fußball, in: Crezelius, Georg (Hrsg.), Festschrift für Volker Röhricht zum 65. Geburtstag: Gesellschaftsrecht, Rechnungslegung, Sportrecht, Köln 2005, S. 1137-1148 (zit: *Grunsky*, in: FS Röhricht).

Guradze, Heinz, Die Europäische Menschenrechtskonvention: Konvention zum Schutze der Menschenrechte und Grundfreiheiten nebst Zusatzprotokollen; Kommentar, Berlin u. a. 1968

Haas, Ulrich, Die Sportgerichtsbarkeit des Tribunal Arbitral du Sport (TAS), ZEuP 1999, S. 355-375.

ders., Das Verhältnis der staatlichen Gerichtsbarkeit zur privaten Schiedsgerichtsbarkeit, in: Oberhammer, Paul (Hrsg.), Schiedsgerichtsbarkeit in Zentraleuropa – Arbitration in Central Europe, Wien 2005, S. 19-60 (zit: *Haas*, in: Oberhammer (Hrsg.), Schiedsgerichtsbarkeit in Zentraleuropa).

ders., Die gerichtliche Kontrolle der schiedsgerichtlichen Entscheidungszuständigkeit, in: Bittner, Ludwig (Hrsg.), Wien u. a. 2005, S. 187-210 (zit: *Haas*, in: FS Rechberger).

ders., Die Vereinbarung von „Rechtsregeln" in (Berufungs-) Schiedsverfahren vor dem Court of Arbitration for Sport, CaS 2007, S. 271-279.

ders., Die Streitbeilegung durch Schiedsgerichte im internationalen Sport, in: Gilles, Peter / Pfeiffer, Thomas (Hrsg.), Neue Tendenzen im Prozessrecht: Deutsche Landesberichte und weitere deutsche Beiträge zur Weltkonferenz für Prozessrecht in Salvador/Bahia, Brasilien 2007, Baden-Baden 2008, S. 9-82 (zit: *Haas*, in: Gilles/Pfeiffer (Hrsg.), Neue Tendenzen im Prozessrecht).

ders., Internationale Sportschiedsgerichtsbarkeit und EMRK, SchiedsVZ 2009, S. 73-84.

ders., Loslösung des organisierten Sports aus der Umklammerung des nationalen Rechts, SJZ 2010, S. 585-593.

ders., The "Time Limit for Appeal" in Arbitration Proceedings before the Court of Arbitration for Sport (CAS), SchiedsVZ 2011, S. 1-13.

ders., Role and Application of Article 6 of the European Convention on Human Rights in CAS Procedures, ISLR 2012, S. 43-60.

ders., Fußball vor dem Internationalen Sportgerichtshof CAS, in: Höfling, Wolfram / Horst, Johannes / Nolte, Martin (Hrsg.), Fußball – Motor des Sportrechts, Tübingen 2014, S. 65-98 (zit: *Haas*, in: Höfling/Horst/Nolte, Fußball – Motor des Sportrechts).

ders., Zwangsschiedsgerichtsbarkeit im Sport und EMRK, ASA Bulletin 2014, S. 707-734.

ders., Der Court of Arbitration for Sport im Spiegel der deutschen Rechtsprechung, ZVglRWiss 2015, S. 516-544.

ders., Zwangsschiedsgerichtsbarkeit im Sport und EMRK, in: Württembergischer Fußballverband (Hrsg.), Justiz und Sportgerichtsbarkeit – Mit- oder Gegeneinander, Kooperation oder Clinch? Tagungsband des wfv-Sportrechtsseminars vom 26.-28. September 2014 in Wangen/Allgäu, Baden-Baden 2016, S. 72-126 (zit: *Haas*, in: WFV (Hrsg.), Justiz und Sportgerichtsbarkeit).

Haas, Ulrich/ Adolphsen, Jens, Sanktionen der Sportverbände vor ordentlichen Gerichten, NJW 1996, S. 2351–2353.

Haas, Ulrich / Haug, Tanja / Reschke, Eike, Handbuch des Sportrechts (SportR), 86. Aktualisierungslieferung (Stand: April 2018), Köln 2018 (zit in: Haas/Haug/Reschke, SportR).

Haas, Ulrich / Hauptmann, Markus, Schiedsvereinbarungen in „Ungleichgewichtslagen" – am Beispiel des Sports, SchiedsVZ 2004, S. 175-187.

Haas, Ulrich / Martens, Dirk-Reiner, Sportrecht – Eine Einführung in die Praxis, Zürich 2011.

Haas, Ulrich / Reiche, Stefanie, Anmerkung zu Schweizerisches Bundesgericht, Urteil v. 22. März 2007 – Az. 4.P. 172/2006, SchiedsVZ 2007, S. 330-336.

Habscheid, Walther, Schiedsgerichtsbarkeit und Europäische Menschenrechtskonvention, in: Gerhardt, Walter (Hrsg.), Festschrift für Wolfram Henckel zum 70. Geburtstag am 21. April 1995, Berlin 1995, S. 341-352 (zit: *Habscheid*, in: FS Henckel).

Haefliger, Arthur / Schürman, Frank, Die Europäische Menschenrechtskonvention und die Schweiz, 2. Auflage, Bern 2014.

Hammer, Gottfried, Überprüfung von Schiedsverfahren durch staatliche Gerichte in Deutschland, München 2018.

Handschin, Lukas, Grenzen der Schiedsgerichtsbarkeit im Sport, in: Arter, Oliver (Hrsg.), Sport und Recht (2. Tagungsband), Bern 2005, S. 275-284 (zit: *Handschin*, in: Arter (Hrsg.), Sport und Recht).

Handschin, Lukas / Schütz, Tony M., Bemerkungen zum Fall „Pechstein", SpuRt 2015, S. 179-181.

Hantke, Dietmar, Brauchen wir eine Sportschiedsgerichtsbarkeit?, SpuRt 1998, S. 186-191.

Hartung, Liane, Die Arbeitnehmereigenschaft von Mannschaftssportlern, Hamburg 2017.

Hasler, Erika, Back to the Future: The First CAS Arbitrators on CAS's First Award (TAS 86/1, HC X. c. LSHG) and Its Evolution Since Then, Den Haag 2016, Yearb. Int. Sports Arb. 2016, S. 3-16.

Haus, Florian C. / Heitzer, Isabelle, Kartellrecht gegen (Sport-)Schiedsgerichtsbarkeit – 1:0 Zum Urteil des OLG München in der Sache Claudia Pechstein, NZKart 2015, S. 181-186.

Haydn-Williams, Jonathan, Arbitration and the Human Rights Act 1998, Arbitration 2001, S. 289-311.

Heermann, Peter W., Bindung an die Satzung übergeordneter Verbände durch dynamische Verweisungsklauseln, ZHR 2010, S. 250-292.

ders., Freiwilligkeit von Schiedsvereinbarungen in der Sportgerichtsbarkeit, SchiedsVZ 2014, S. 66-79.

ders., Einführung einer gesetzlich vorgeschriebenen Sportschiedsgerichtsbarkeit durch die Hintertür?, SpuRt 2015, S. 4-10.

ders., Grenzen einer verbandsfreundlichen Auslegung des Merkmals der Freiwilligkeit von Schiedsvereinbarungen, in: Arnold, Stephan / Lorenz, Stephan (Hrsg.), Gedächtnisschrift für Hannes Unberath, München 2015 (zit: *Heermann*, in: GS Unberath).

ders., Zukunft der Sportschiedsgerichtsbarkeit sowie entsprechender Schiedsvereinbarungen im Lichte des Pechstein-Verfahrens sowie des § 11 RegE-AntiDopG, SchiedsVZ 2015, S. 78-88.

ders., Auswirkungen von § 11 AntiDopG auf die deutsche Sportschiedsgerichtsbarkeit, CaS 2016, S. 108-117.

ders., Die Sportschiedsgerichtsbarkeit nach dem Pechstein-Urteil des BGH, NJW 2016, S. 2224-2227.

Heper, Derya, Schiedszwang im Sport, rescriptum 2017, S. 11-18.

Herdegen, Matthias, Völkerrecht, 17. Auflage, München 2018.

Hess, Burkhard, Hochleistungssport zwischen internationaler Verbandsmacht und nationaler Gerichtsbarkeit, ZZPInt 1996, S. 371-393.

ders., Sportschiedsgerichte im Lichte der New Yorker Konvention, ZZPInt 1998, S. 457-475.

ders., Voraussetzungen und Grenzen eines autonomen Sportrechts unter besonderer Berücksichtigung des internationalen Spitzensports, in: Hess, Burkhard / Dressler, Wolf-Dieter (Hrsg.), Aktuelle Rechtsfragen des Sports, Heidelberg 1999, S. 1-48 (zit: *Hess*, in: Hess/Dressler (Hrsg.), Aktuelle Rechtsfragen des Sports).

ders., Schiedsgerichtsbarkeit und europäisches Zivilprozessrecht, JZ 2014, S. 538-545.

ders., Aktuelle Kontroversen um die Sportschiedsgerichtsbarkeit: Die Urteile Pechstein und SV Wilhelmshaven, in: ders. (Hrsg.), Der europäische Gerichtsverbund – Gegenwartsfragen der internationalen Schiedsgerichtsbarkeit – Die internationale Dimension des europäischen Zivilverfahrensrechts, Bielefeld 2017, S. 125-134 (zit: *Hess*, in: ders. (Hrsg.), Der europäische Gerichtsverbund).

Hochtritt, Jan Oliver, Internationale Sportschiedssprüche vor deutschen Gerichten, Frankfurt a. M. 2007.

Hoffmann, Bernd von, Grundsätzliches zur Anwendung der „lex mercatoria" durch internationale Schiedsgerichte, in: Musielak, Hans-Joachim (Hrsg.), Festschrift für Gerhard Kegel: zum 75. Geburtstag 26. Juni 1987, Stuttgart u. a. 1987, S. 215-233 (zit: *v. Hoffmann*, in: FS Kegel).

Hofmann, Karsten, Das internationale Sportschiedsgericht (CAS) in Lausanne, SpuRt 2002, S. 7-11.

ders., Zur Notwendigkeit eines institutionellen Sportschiedsgerichtes in Deutschland: eine Untersuchung der nationalen Sportgerichtsbarkeit unter besonderer Beachtung der §§ 1025 ff. ZPO, Hamburg 2009.

ders., Anmerkungen zum Urteil des Schweizerischen Bundesgerichts vom 27. März 2012, SpuRt 2012, S. 112.

ders., „Athletenvereinbarung – berechtigtes Anliegen oder Entrechtung der Athleten?", SpuRt 2014, S. 60.

Holla, Matthias, Der Einsatz von Schiedsgerichten im organisierten Sport, Frankfurt a. M. 2006.

Hömig, Dieter / Wolff, Heinrich Amadeus (Hrsg.), Grundgesetz für die Bundesrepublik Deutschland – Handkommentar, 11. Auflage, 2016 (zit: *Bearbeiter*, in: Hömig/Wolff, GG).

Honsell, Heinrich / Vogt, Nedim Peter / Schnyder, Anton K. / Berti, Stephen von (Hrsg.), Kommentar zum Schweizerischen Privatrecht, Internationales Privatrecht, 2. Auflage, Basel 2007.

dies. (Hrsg.), Kommentar zum Schweizerischen Privatrecht, Internationales Privatrecht, 3. Auflage, Basel 2013 (zit: *Bearbeiter*, in: Basler Kommentar IRPG).

Horst, Sophie-Isabelle, Das Spannungsverhältnis zwischen Schiedsrichter und Parteivertreter in der internationalen Schiedsgerichtsbarkeit: insbesondere unter den IBA Guidelines on Party Representation in International Arbitration, Tübingen 2017.

Hoxha, Timothy M., Atlanta '96 and Athletes` Rights – An Update on Drug Testing and the International Olympic Committee, Entertainment and Sports Lawyer 1996, S. 7-10.

Huizinga, Johan, Homo Ludens: Vom Ursprung der Kultur im Spiel (dt. Über-setzung), 23. Auflage, Hamburg 2013.

Hülskötter, Tim, Anmerkung zu EGMR, 3. Sektion, Urt. v. 4. 10. 2018, Individualbe-schwerden Nr. 40575/10 und 67474/10 (Mutu ./. Schweiz und Pechstein ./. Schweiz; nicht rechtskräftig), SpuRt 2018, S. 253, 261 ff.

Ipsen, Knut, Völkerrecht, 6. Auflage, München 2014.

Jacot-Guillarmod, Olivier, L'arbitrage privé face à l'article 6 § 1 de la Convention eu-ropéenne des Droits de l'Homme, in: Matscher, Franz / Petzold, Herbert (Hrsg.), Protecting human rights: the European dimension: studies in honour of Gérard J. Wiarda = Protection des droits de l'homme: la dimension européenne, Köln 1988, S. 281-294 (zit: *Jacot-Guillarmod*, in: FS Wiarda).

Jaeckel, Liv, Schutzpflichten im deutschen und europäischen Recht: eine Untersu-chung der deutschen Grundrechte, der Menschenrechte und Grundfreiheiten der Europäischen Gemeinschaft, Baden-Baden 2001.

Jakob, Anne, Private Sportveranstaltungen im Spannungsfeld zwischen Verbandsau-tonomie und Wettbewerbsfreiheit, SpuRt 2016, S. 240-245.

Jakob-Milica, Anne, Die „Entry Form" des IOC, SpuRt 2013, S. 236-243.

Jaksic, Aleksandar, Arbitration and Human Rights, 2002.

ders., Procedural Guarantees of Human Rights in Arbitration Proceedings: A still unsettled problem?, J. Int. Arb. 2007, S. 159-171.

Jarrosson, L'arbitrage et la Convention européenne des droits de l'homme, Revue de l'arbitrage 1989, S. 573–607.

Jung, Florian, Die Sportschiedsgerichtsbarkeit im Lichte des Art. 6 EMRK, ZEuS 2014, S. 173-208.

Jungmann, Carsten, Anmerkung zu BGH Urt. v. 20.9.2016 – II ZR 25/15, npoR 2017, S. 17-22.

Kaiser, Martin, Aspekte der (Inter-)Nationalität des Sports, in: Kleiner, Jan / Badde-ley, Margareta (Hrsg.), Sportrecht, Band I: Schwerpunkte: Grundlagen, Ausge-wählte Vertragsbeziehungen, Sportler und Club im Verband; Sport und Doping, Ausgewählte strafrechtliche Aspekte, Bern 2013, S. 37-98 (zit: *Kaiser*, in: Kleiner/ Baddeley, Sportrecht).

Kälin, Walter / Künzli, Jörg (Hrsg.), Universeller Menschenrechtsschutz: der Schutz des Individuums auf globaler und regionaler Ebene, 3. Auflage, Basel u. a. 2013.

Kane, Darren, Twenty Years On: An Evaluation of the Court of Arbitration for Sport, in: Blackshaw, Ian S. / Siekmann, Robert C.R. / Soek, Janwillem (Hrsg.), The Court of Arbitration for Sport 1984-2004, Den Haag 2006, S. 455-477 (zit: *Kane*, in: Blackshaw/Siekmann/Soek, The Court of Arbitration for Sport 1984-2004).

Karpenstein, Ulrich / Mayer, Franz, EMRK: Konvention zum Schutz der Menschen-rechte und Grundfreiheiten, 2. Auflage, München 2015 (zit: *Bearbeiter*, in: Kar-penstein/Mayer).

Kaufmann-Kohler, Gabrielle, Arbitration at the Olympics, Den Haag 2001.

Kaufmann-Kohler / Rigozzi, Antonio, Gabrielle, Arbitrage international: Droit et pratique à la lumière de la LDIP, (International arbitration – Law and practice in the light of Chapter 12 PILA), 2. Auflage, Bern 2010.

dies., International Arbitration: Law and Practice in Switzerland, 3. Auflage, Oxford 2015.

Kempen, Bernhard / Hillgruber, Christian, Völkerrecht, 2. Auflage, München 2012.

Kläsener, Amy Cohen / Dolgorukow, Alexander, Die Überarbeitung der IBA-Regeln zur Beweisaufnahme in der internationalen Schiedsgerichtsbarkeit, SchiedsVZ 2010, S. 302-310.

Klatt, Matthias, Positive Obligations under the European Convention on Human Rights, ZaöRV 2011, S. 691-718.

Kleiner, Jan, Der Spielervertrag im Berufsfußball: Unter Berücksichtigung prozessualer Besonderheiten in Verfahren vor staatlichen Gerichten, Schiedsgerichten und Verbandsinstanzen, Zürich 2013.

Knigge, Marte / Ribbers, Pauline, Waiver of the Right to Set-Aside Proceedings in Light of Article 6 ECHR: Party-Autonomy on Top?, J. Int. Arb. 2017, S. 775-794.

Knoepfler, François, Les droits de l'homme et l'arbitrage, Swiss. Rev. Int'l & Eur. L. 2007, S. 463-480.

Köhler, Matthias, Der Arbeitnehmerbegriff im Sport, Hamburg 2009.

Kola-Tafaj, Flutura, Implementation of the European Convention on Human Rights in Arbitration Proceedings, SchiedsVZ 2012, S. 184-188.

Korff, Niklas, Keine Disziplinarmaßnahme eines Dachverbands gegen Mitglied eines nachgeordneten Vereins ohne satzungsmäßige oder sonstige Anerkennung durch diesen, EWiR 2017, S. 39-40.

Kornbeck, Jacob, ISU-Fall entschieden: Loyalitätsklauseln als Kartellrechtsverstoß, SpuRt 2018, S. 22-24.

Kornblum, Udo, Probleme der schiedsrichterlichen Unabhängigkeit, München 1968.

Kotzenberg, Jochen, Die Bindung des Sportlers an private Dopingregeln und private Schiedsgerichte, Baden-Baden 2007.

Krähe, Christian, Novellierung des CAS-Codes, SpuRt 2012, S. 17.

Krause-Ablass, Günther, Der Schiedsrechtsweg der Internationalen Fußballföderation (FIFA), NJW 1974, S. 1495-1497.

Krausz, Nora, Waiver of Appeal to the Swiss Federal Tribunal: Recent Evolution of the Case Law and Compatibility with ECHR, Article 6, J. Int. Arb. 2011, S. 137-162.

Krieger, Heike, Positive Verpflichtungen unter der EMRK: Unentbehrliches Element einer gemeineuropäischen Grundrechtsdogmatik, leeres Versprechen oder Grenze der Justiziabilität?, ZaöRV 2014, S. 187-213.

Krieger, Steffen, Vereinsstrafen im deutschen, englischen, französischen und schweizerischen Recht: insbesondere im Hinblick auf die Sanktionsbefugnisse von Sportverbänden, Berlin 2003.

Krimpenfort, Mark Tell, Vorläufige und sichernde Maßnahmen im schiedsrichterlichen Verfahren, Marburg 2001.

Krogmann, Mario, Umfang und Grenzen der Vereinigungsfreiheit von Sportorganisationen in europäischen Rechtsordnungen, in: Vieweg, Klaus (Hrsg.), Spektrum des Sportrechts – Referate zweier Gemeinschaftstagungen der Universitäten Erlangen und Tübingen im Deutschen Olympischen Institut in Berlin, Berlin 2003, S. 35-56 (zit: *Krogmann*, in: Vieweg (Hrsg.), Spektrum des Sportrechts).

Kröll, Stefan, Anmerkung zu BGH, 7.6.2016 – KZR 6/15 – Schadensersatzklage von Claudia Pechstein, npoR 2016, S. 268-277.

ders., „Schiedsklauseln" in Satzungen – zur Abgrenzung von Vereinsgericht und Schiedsgericht, ZIP 2005, S. 13-20.

Kronke, Herbert / Nacimiento, Patricia/ Otto, Dirk / Port, Nicola Christine (Hrsg.), Recognition and Enforcement of Foreign Arbitral Awards: A Global Commentary on the New York Convention, 2010 (zit: *Bearbeiter*, in: Kronke/Nacimiento/Otto/Port, Recognition and Enforcement of Foreign Arbitral Awards).

Krüger, Wolfgang / Rauscher, Thomas (Hrsg.), Münchener Kommentar zur Zivilprozessordnung, Band 3, §§ 1025-1109, 5. Auflage, München 2017 (zit: *Bearbeiter*, in: MüKo/ZPO).

Kuijer, Martin, The Blindfold of Lady Justice: Judicial Independence and Impartiality in Light of the Requirements of Article 6 ECHR, Leiden 2004.

Kunz, Catherine A., Waiver of Right to Challenge an International Arbitral Award is not Incompatible with EHCR: Tabbane v Switzerland, Eur. Int. Arb. Rev. 2016, S. 125-132.

Lachmann, Jens-Peter, Handbuch für die Schiedsgerichtspraxis, 3. Auflage, Köln 2008.

Lambertz, Paul, Pech für Pechstein, jM 2016, S. 316-318.

ders., Kann denn „e-Sport" Sport sein?, CaS 2017, S. 119-123.

Landrove, Juan Carlos, European Convention on Human Rights' Impact on Consensual Arbitration – An État des Lieux of Straßbourg Case-Law and of a Problematic Swiss Law Feature, in: Besson, Samantha / Hottelier, Michel / Werro, Franz (Hrsg.), Human Rights at the Center / Les Droits de l'Homme au Centre, 1. Auflage, Zürich 2006, S. 63-101 (zit: *Landrove*, in: Human Rights at the Center).

Lasthaus, Caroline / Thorn, Karsten, Das Pechstein-Urteil des BGH – ein Freibrief für die Sportschiedsgerichtsbarkeit?, IPrax 2016, S. 426-431.

Leemann, Matthias, Challenging International Arbitration Awards in Switzerland on the Ground of a Lack of Independence and Impartiality of an Arbitrator, ASA Bulletin 2011, S. 10-32.

Lehner, Michael, Fehlende Verfassungskonformität des geplanten Anti-Doping-Gesetzes, CaS 2015, S. 130-135.

Lehner, Michael / Nolte, Martin / Putzke, Holm (Hrsg.), Anti-Doping-Gesetz: Handkommentar, 1. Auflage, Baden-Baden 2017 (zit: *Bearbeiter*, in: Lehner/Nolte/Putzke, AntiDopG).

Leuenberger, Christoph / Uffer-Tobler, Beatrice, Schweizerisches Zivilprozessrecht, Bern 2010.

Lew, Julian D. M. / Mistelis, Loukas A. / Kröll, Stefan, Comparative International Commercial Arbitration, Den Haag 2003 (zit: *Bearbeiter*, in: Comparative International Commercial Arbitration).

Liebscher, Christoph, The Healthy Award: Challenge in International Commercial Arbitration, Den Haag 2003.

Lindacher, Walter, Schiedsgerichtliche Kompetenz zur vorläufigen Entziehung der Geschäfts- und Vertretungsbefugnis bei Personengesellschaften, ZGR 1979, S. 201-221.

Lorenz, Werner, Vom alten zum neuen internationalen Schuldvertragsrecht, IPrax 1987, S. 269-276.

Łukomski, Jan, Arbitration clauses in sport governing bodies' statutes: consent or constraint? Analysis from the perspective of Article 6 (1) of the European Convention on Human Rights, Int. Sports Law J. 2013, S. 60-70.

Luttrell, Sam, Bias Challenges in International Commercial Arbitration: The Need for a „Real Danger" Test, Austin u. a. 2009.

Martens, Dirk-Reiner, Court of Arbitration for Sport (CAS) mit praxisbezogenen Anmerkungen, SchiedsVZ 2004, S. 202-205.

ders., Die Organisation von Schiedsverfahren im Bereich des Sports aus der Sicht der Schiedsrichter, SchiedsVZ 2009, S. 99-102.

ders., FIBA Arbitral Tribunal – Ein innovatives System zur Streitbeilegung im Sport (nur im Sport?), SchiedsVZ 2010, S. 317-322.

ders., The Role of the Arbitrator in CAS Proceedings, CAS Bulletin 2014, S. 31-47.

Martens, Dirk-Reiner / Feldhoff-Mohr, Julia, Der Fall Roberts – Ein Slalom zwischen Staatsgericht und Schiedsgericht, SchiedsVZ 2007, S. 11-21.

Matscher, Franz, Die Verfahrensgarantien der EMRK in Zivilrechtssachen, ZöR 1980, S. 1-38.

ders., Schiedsgerichtsbarkeit und EMRK, in: Habscheid, Walther / Schwab, Karl Heinz (Hrsg.), Beiträge zum internationalen Verfahrensrecht und Schiedsgerichtsbarkeit – Festschrift für Heinrich Nagel, Münster 1987, Münster 1987, S. 227-245 (zit: *Matscher*, in: FS Nagel).

ders., Der Gerichtsbegriff der EMRK, in: Prütting, Hanns (Hrsg.), Festschrift für Gottfried Baumgärtel zum 70. Geburtstag, Köln u. a. 1990, S. 363-380 (zit: *Matscher*, in: FS Baumgärtel).

ders., Methods of Interpretation of the Convention, in: Macdonald, Ronald St. J. / Matscher, Franz / Petzold, Herbert (Hrsg.), The European System for the Protection of Human Rights, Dordrecht u. a. 1993, S. 63-81 (zit: *Matscher*, in: Macdonald/Matscher/Petzold (Hrsg.), The European System for the Protection of Human Rights).

Maunz, Theodor / Dürig, Günter, Grundgesetz: Kommentar, 83. Ergänzungslieferung (Stand: April 2018), München 2018 (zit: *Bearbeiter*, in: Maunz/Dürig, Grundgesetz-Kommentar).

Mavromati, Despina, Language of Procedure before CAS: Practice, Criteria and Impact of the Language on the Outcome of the Case, CAS Bulletin 2012, S. 39-47.

dies., The Legality of the Arbitration Agreement in Favour of CAS under German Civil and Competition Law: The Pechstein Ruling of the German Federal Tribunal (BGH) of 7 June 2016, CAS Bulletin 2016, S. 27-40.

Mavromati, Despina / Reeb, Matthieu, The Code of the Court of Arbitration for Sport – Commentary, Cases and Materials, Alphen aan den Rijn 2015.

McDonald, Neil, More Harm than Good? Human Rights Consideration in International Commercial Arbitration, J. Int. Arb. 2003, S. 525-538.

McLaren, Richard H., CAS Ad Hoc Division: An Olympic Experience!, SchiedsVZ 2004, S. 187-190.

Merget, Mario, Beweisführung im Sportgerichtsverfahren am Beispiel des direkten und indirekten Dopingnachweises, Berlin 2015.

Meyer-Ladewig, Jens / Nettesheim, Martin / Raumer, Stefan von (Hrsg.), EMRK – Europäische Menschenrechtskonvention, Handkommentar, 4. Auflage, Baden-Baden 2017 (zit: *Bearbeiter*, in: Meyer-Ladewig, HK-EMRK).

Moitry, Jean-Hubert, Right to a Fair Trial and the European Convention on Human Rights: Some Remarks on the République de Guinée Case, J. Int. Arb. 1989, S. 115–122.

Monheim, Dirk, Sportlerrechte und Sportgerichte im Lichte des Rechtsstaatsprinzips – auf dem Weg zu einem Bundessportgericht, Bayreuth 2006.

ders., Die Freiwilligkeit von Schiedsabreden im Sport und das Rechtsstaatsprinzip, SpuRt 2008, S. 8-11.

ders., Die Vereinbarkeit von Schiedsabreden und Schiedsgerichten im Sport mit dem Rechtsstaatsprinzip, in: Vieweg, Klaus (Hrsg.), Facetten des Sportrechts – Referate der Achten und Neunten Interuniversitären Tagung Sportrecht, Berlin 2009, S. 93-118 (zit: *Monheim*, in: Vieweg (Hrsg.), Facetten des Sportrechts).

ders., Das Ende des Schiedszwangs im Sport – Der Fall Pechstein, SpuRt 2014, S. 90-94.

Montmollin, Jérôme de / Pentsov, Dmitry A., Do Athletes Really Have the Right to a Fair Trial in „Non-Analytical Positive" Doping Cases?, Amer. Rev. Int. Arb. 2011, S. 189-240.

Morscher, Siegbert / Christ, Peter, Grundrecht auf öffentliche Verhandlung gem. Art. 6 EMRK, EuGRZ 2010, S. 272-280.

Mühle, Jan / Weitbrecht, Andreas, Die Entwicklung des europäischen Kartellrechts 2017, EuZW 2018, S. 181-188.

Müller, Christoph, Das Schweizerische Bundesgericht revidiert zum ersten Mal einen internationalen Schiedsspruch: eine Analyse im Lichte des neuen Bundesgerichtsgesetzes, SchiedsVZ 2007, S. 64-70.

Müller, Friederike Lydia, Richterliche Unabhängigkeit und Unparteilichkeit nach Art. 6 EMRK: Anforderungen der Europäischen Menschenrechtskonvention und spezifische Probleme in den östlichen Europaratsstaaten, Berlin 2015.

Müller, Reinhard, Ohne strenge Unschuldsvermutung, Frankfurter Allgemeine Zeitung v. 10.07.2006.

Müller-Chen, Markus, Reglemente der FIFA nicht Gegenstand kollisionsrechtlicher Rechtswahl: Anmerkung zu BGE 132 III 285, SpuRt 2007, S. 159-161.

Müller-Eiselt, Peter Gerrit, Regelungsvorschlag zu dynamischen Verweisungen in Vereinssatzungen, SpuRt 2017, S. 178-183.

Münch, Joachim, Schiedsverfahren mit Verzicht auf Staatskontrolle – zum Residual-schutz der fair-trial-Maxime, SchiedsVZ 2017, S. 114-119.

Münzberg, Reinhard, Die Schranken der Parteivereinbarungen in der privaten inter-nationalen Schiedsgerichtsbarkeit, Berlin 1970.

Muresan, Remus / Korff, Niklas, Sportschiedsgerichtsbarkeit: Wie weiter nach dem «Pechstein-Urteil» des Landgerichts München?, CaS 2014, S. 199-211.

Müßig, Ulrike, Gesetzlicher Richter ohne Rechtsstaat?: eine historisch-vergleichende Spurensuche, Berlin 2007.

Nafziger, James A. R., International Sports Law as a Process for Resolving Disputes, ICLQ 1996, S. 130-149.

ders., Lex Sportiva, ISLJ 2004, S. 3-7.

ders., Lex Sportiva and CAS, in: Blackshaw, Ian S. / Siekmann, Robert C.R. / Soek, Janwillem (Hrsg.), The Court of Arbitration for Sport 1984-2004, Den Haag 2006, S. 409-419 (zit: *Nafziger*, in: Blackshaw/Siekmann/Soek, CAS 1984-2004).

Nafziger, James A. R. / Ross, Stephen F. (Hrsg.), Handbook on International Sports Law, Northampton 2011.

Netzle, Stephan, Das Internationale Sport-Schiedsgericht in Lausanne: Zusammen-setzung, Zuständigkeit und Verfahren, in: Röhricht, Volker (Hrsg.), Sport-schiedsgerichtsbarkeit, Stuttgart u. a. 1997, S. 9-18 (zit: *Netzle*, in: Röhricht (Hrsg.), Sportschiedsgerichtsbarkeit).

ders., Ruhige Spiele für die CAS-Feuerwehr, SpuRt 2008, S. 231-234.

ders., Wer ist meine Gegenpartei?, SchiedsVZ 2009, S. 93-99.

ders., Die Beschwerde gegen Schiedssprüche des CAS, SpuRt 2011, S. 2-7.

ders., Die Verbandsgerichte stärken!, in: Lorenzmeier, Stefan / Folz, Hans-Peter (Hrsg.), Recht und Realität – Festschrift für Christoph Vedder, Baden-Baden 2017, S. 908-927 (zit: *Netzle*, in: FS Vedder).

ders., Kurzer Prozess, SpuRt 2018, S. 89.

ders., Die Praxis des Tribunal Arbitral du Sport (TAS) bei vorsorglichen Massnah-men, in: Rigozzi, Antonio / Bernasconi, Michele (Hrsg.), The Proceedings befo-re the Court of Arbitration for Sport: CAS & FSA/SAV Conference Lausanne 2006, Colloquium, Bern u. a. 2007, S. 133-154 (zit: *Netzle*, in: Rigozzi/Bernasconi (Hrsg.), The Proceedings before the CAS).

Newman, Jill J., The Race Does Not Always Go to the Stronger or Faster Man... but to the One Who Goes to Court – An Examination of Reynolds v International Amateur Athletic Fed'n, et al., Sports Law J. 1994, S. 205–236.

Niedermaier, Tilman, Schieds- und Schiedsverfahrensvereinbarungen in strukturel-len Ungleichgewichtslagen – Ein deutsch-U.S.-amerikanischer Rechtsvergleich mit Schlaglichtern auf weitere Rechtsordnungen, Tübingen 2013.

ders., Schiedsvereinbarungen im Bereich des organisierten Sports, SchiedsVZ 2014, S. 280-287.

ders., The Athlete as the „Weaker" Party, in: Geisinger, Elliott / Trabaldo - de Mestral, Elena (Hrsg.), Sports Arbitration: A Coach for Other Players?, New York 2015, S. 145-158 (zit: *Niedermaier*, in: Geisinger/Trabaldo-de Mastral, Sports Arbitration: A Coach for other Players?).

Nolte, Martin, Staatliche Verantwortung im Bereich Sport, Kiel 2004.

Noth, Michael / Abegg, Barbara, Neuerungen im CAS-Code 2013, CaS 2013, S. 112-117.

Orth, Jan F., Erdbeben in der Sportschiedsgerichtsbarkeit, NJW-aktuell 2014, S. 14.

ders., Sperre mit Beigeschmack – Der CAS zum Doping-Fall Sinkewitz, SpuRt 2014, S. 134-139.

ders., Zur Zukunft der internationalen Schiedsgerichtsbarkeit im Sport – auch in Deutschland, SpuRt 2015, S. 230-234.

ders., Die Fußballwelt nach Wilhelmshaven, SpuRt 2017, S. 9-14.

ders., Claudia Pechstein: Im Westen wenig Neues! (Editoral), SpuRt 2018, S. 233.

Orth, Jan F. / Pommerening, Patrick, Zulässigkeit und Wirksamkeit dynamischer Verweisungen im Sportrecht, SpuRt 2010, S. 222-224.

dies., Zulässigkeit und Wirksamkeit dynamischer Verweisungen im Sportrecht (2. Teil), SpuRt 2011, S. 10-12.

Oschütz, Frank, Anm. zu Schweizerisches Bundesgericht, Urteil v. 27. Mai 2003 – 4P.267-270/2002 – Zur Unabhängigkeit des Court of Arbitration for Sports (CAS) Lazutina/Danilova, BGE 129 III 445, SchiedsVZ 2004, S. 208-212.

ders., Sportschiedsgerichtsbarkeit: die Schiedsverfahren des Tribunal Arbitral du Sport vor dem Hintergrund des schweizerischen und deutschen Schiedsverfahrensrecht, Berlin 2005.

ders., Zur Überprüfung von Schiedssprüchen des TAS/CAS durch das schweizerische Bundesgericht, SpuRt 2007, S. 177-181.

Osterwalder, Simon / Kaiser, Martin, Vom Rechtsstaat zum Richtersport? – Fragen zum vorsorglichen Rechtsschutz in der Sportschiedsgerichtsbarkeit der Schweiz, SpuRt 2011, S. 230-236.

Pabel, Katharina / Schmahl, Stefanie (Hrsg.), Internationaler Kommentar zur Europäischen Menschenrechtskonvention mit einschlägigen Texten und Dokumenten, 20. Ergänzungslieferung, München 2016 (zit: *Bearbeiter*, in: Pabel/Schmahl, IntKom, EMRK).

Paulsson, Jan, Arbitration Unbound: Award Detached from the Law of its Country of Origin, ICQL 1981, S. 358-387

ders., Arbitration of International Sports Disputes, Arb. Int. 1993, S. 359-370.

ders., Assessing the Usefulness and Legitimacy of CAS, SchiedsVZ 2015, S. 263-269.

Petri, Grischka, Die Dopingsanktion, Berlin 2004.

Petrochilos, Georgios, Procedural Law in International Arbitration, Oxford 2004.

Pfeiffer, Thomas, Rechtsgeschäftliche Entscheidungsfreiheit beim Abschluss von Schiedsvereinbarungen, SchiedsVZ 2014, S. 161-165.

Pfister, Bernhard, Das Krabbe Urteil- 1. Teil: Der DLV als Niederlassung der IAAF i.S.v. § 21 ZPO ?, SpuRt 1995, S. 201-204.

ders., Schiedsgerichtsverfahren vor dem TAS in (Sport)-Arbeitssachen, SpuRt 2006, S. 137-139.

Pieck, Werner, Der Anspruch auf ein rechtsstaatliches Gerichtsverfahren: Art. 6 Abs. 1 der europäischen Menschenrechtskonvention in seiner Bedeutung für das deutsche Verfahrensrecht, Berlin 1966.

Poudret, Jean-François / Besson, Sébastien, Comparative Law of International Arbitration, 2. Auflage, London 2007.

Prokop, Clemens, Die Grenzen der Dopingverbote, Baden-Baden 2000.

Prütting, Hanns, Schiedsgerichtsbarkeit und Verfassungsrecht, in: Bachmann, Birgit u. a. (Hrsg.), Grenzüberschreitungen: Beiträge zum internationalen Verfahrensrecht und zur Schiedsgerichtsbarkeit; Festschrift für Peter Schlosser zum 70. Geburtstag, Tübingen 2005, S. 705-712 (zit: *Prütting*, in: FS Schlosser).

ders., Das Pechstein-Urteil des BGH und die Krise der Sport-Schiedsgerichtsbarkeit, SpuRt 2016, S. 143-148.

Rauscher, Thomas, Europäisches Zivilprozess- und Kollissionsrecht: EuZPR-EuIPR, Kommentar, Band I, Brüssel Ia-VO, 4. Auflage, München 2016 (zit: *Bearbeiter*, in: Rauscher, EuZPR-EuIPR).

Rauste, Olli, Provisional Legal Protection in Sports Disputes in Finland, in: Scherrer, Urs (Hrsg.), Einstweiliger Rechtsschutz im internationalen Sport = Preliminary Remedies in International Sports Law, Zürich 1999, S. 73-86 (zit: *Rauste*, in: Scherrer (Hrsg.), Einstweiliger Rechtsschutz im internationalen Sport).

Redaktion Causa Sport, Die „Causa FC Sion" ist (Rechts-)Geschichte, CaS 2013, S. 52-57.

Reeb, Matthieu, The Role and Functions of the Court of Arbitration for Sport (CAS), in: Blackshaw, Ian S. / Siekmann, Robert C.R. / Soek, Janwillem (Hrsg.), The Court of Arbitration for Sport 1984-2004, Den Haag 2006, S. 31-39 (zit: *Reeb*, in: Blackshaw/Siekmann/Soek, CAS 1984-2004).

ders., The New Code of Sports-related Arbitration, CAS Bulletin 2010, S. 32-33.

Reichert, Bernhard / Schimke, Martin / Dauernheim, Jörg (Hrsg.), Handbuch Vereins- und Verbandsrecht, 14. Auflage, München 2018 (zit: *Bearbeiter*, in: Reichert, VereinsR).

Reimann, Christoph, Lizenz- und Athletenvereinbarungen zwischen Sportverband und Sportler, Frankfurt a. M. 2003.

Reiner, Andreas, Schiedsverfahren und rechtliches Gehör, ZfRV 2003, S. 52-72.

Rempfler, Christa, FIFA-Reglement als anationales Recht?, CaS 2004, S. 237-241.

Reuter, Dieter, Das selbstgeschaffene Recht des internationalen Sports im Konflikt mit dem Geltungsanspruch des nationalen Rechts, DZWir 1996, S. 1-9.

Riemer, Hans Michael, Sportrechts-Weltmacht Schweiz, Internationale Sportverbände und schweizerisches Recht, CaS 2004, S. 106-107.

Rietiker, Daniel, Die Perspektive des Europäischen Gerichtshofs für Menschenrechte zur Sportsgerichtsbarkeit – unter besonderer Berücksichtigung des Verfahrens vor dem internationalen Schiedsgericht für Sport, in: Balthasar, Alexander / Cornu, Pierre (Hrsg.), Internationaler Sport: eine rechtliche Herausforderung für Verwaltung und Gerichtsbarkeit?, Wien 2015, S. 53-72 (zit: *Rietiker*, in: Balthasar/ Cornu (Hrsg.), Internationaler Sport: eine rechtliche Herausforderung für Verwaltung und Gerichtsbarkeit?).

Rigozzi, Antonio, L'arbitrage international en matière de sport, Bâle 2005.

ders., Provisional Measures in CAS Arbitrations, in: Blackshaw, Ian S. / Siekmann, Robert C.R. / Soek, Janwillem (Hrsg.), The Court of Arbitration for Sport 1984-2004, Den Haag 2006, S. 216-234 (zit: *Rigozzi*, in: Blackshaw/Siekmann/ Soek, CAS 1984-2004).

ders., Challenging Awards of the Court of Arbitration for Sport, JIDS 2010, S. 217-265.

ders., Sports Arbitration and the Inherent Need for Speed and Effectiveness, in: Lévy, Laurent / Polkinghorne, Michael (Hrsg.), Expedited Procedures in International Arbitration, Paris 2017, S. 88-109 (zit: *Rigozzi*, in: Lévy/Polkinghorne (Hrsg.), Expedited Procedures in International Arbitration).

Rigozzi, Antonio / Quinn, Brianna, Evidentiary Issues Before CAS, in: Bernasconi, Michele (Hrsg.), International Sports Law and Jurisprudence of the CAS: 4th Conference CAS & SAV/FSA Lausanne 2012, Bern 2014, S. 1-54 (zit: *Rigozzi/ Quinn*, in: Bernasconi (Hrsg.), International Sports Law and Jurisprudence of the CAS).

Rigozzi, Antonio / Robert-Tissot, Fabrice, „Consent" in Sports Arbitration: Its Multiple Aspects, in: Geisinger, Elliott / Trabaldo - de Mestral, Elena (Hrsg.), Sports Arbitration: A Coach for Other Players?, New York 2015, S. 59-94 (zit: *Rigozzi/Quinn*, in: Bernasconi (Hrsg.), International Sports Law and Jurisprudence of the CAS).

Rigozzi, Antonio / Schöll, Michael, Die Revision von Schiedssprüchen nach dem 12. Kapitel des IPRG, Basel 2002.

Ringquist, Fredrik, Do Procedural Human Rights Requirements Apply to Arbitration – a Study of Article 6 (1) of the European Convention on Human Rights and its Bearing upon Arbitration, Lund 2005.

Robinson, William / Kasolowsky, Boris, Will the United Kondom's Human Rights Act Further Protect Parties to Arbitration Proceedings, Arb. Int 2002, S. 453-466.

Rombach, Annett, The "Pechstein-judgment" of the OLG München: What does it mean for international sports and commercial arbitration?, SchiedsVZ 2015, S. 105-111.

Roth, Hans, Der vorsorgliche Rechtsschutz im internationalen Sportrecht, in: Scherrer, Urs (Hrsg.), Einstweiliger Rechtsschutz im internationalen Sport = Preliminary Remedies in International Sports Law, Zürich 1999, S. 11-42 (zit: *Roth*, in: Scherrer (Hrsg.), Einstweiliger Rechtsschutz im internationalen Sport).

Röthel, Anne, Lex mercatoria, lex sportiva, lex technica – Private Rechtsetzung jenseits des Nationalstaates?, JZ 2007, S. 755-763.

Rudolf, Beate / Raumer, Stefan von, Der Schutzumfang der Europäischen Menschenrechtskonvention: Individuelle Freiheitsrechte, Verfahrensgarantien und Diskriminierungsverbote im Vergleich zum Grundgesetz, in: Kindermann, Edith / Schellenberg, Ulrich / Schons, Herbert / Willemsen, Heinz Josef (Hrsg.), Anwaltschaft für Menschenrechte und Vielfalt: Zwölf Beiträge zur anwaltlichen Praxis, Schriftenreihe Anwaltsblatt Band 4, Berlin 2014, S. 11-28 (zit: *Rudolf/ v. Raumer,* in: Anwaltschaft für Menschenrechte und Vielfalt).

Rueda García, José Ángel / Vedovatti, Marco, The European Court of Human Rights endorses the parties' voluntary waiver of the right to annul an award in the seat of arbitration (apropos Tabbane v. Switzerland), Spain Arbitration Review 2016, S. 87-103.

Ruggie, John G., For the Game. For the World – FIFA & Human Rights, Harvard 2016.

Samuel, Adam, Arbitration, Alternative Dispute Resolution Generally and the European Convention on Human Rights – An Anglo-Centric View, J. Int. Arb. 2004, S. 413-438.

Schabas, William A., The European Convention on Human Rights: A Commentary, Oxford 2017.

Scherrer, Urs / Muresan, Remus, „Fall Mannini & Possanzini" - TAS-"Klimmzüge" im Rahmen einer „Revision", Causa Sport 2009, S. 198-200.

Scherrer, Urs / Muresan, Remus / Ludwig, Kai, „Pechstein" ist kein „Bosman der Sportschiedsgerichtsbarkeit", SchiedsVZ 2015, S. 161-165.

Schimke, Martin, Einstweiliger Rechtsschutz im deutschen Sport, in: Scherrer, Urs (Hrsg.), Einstweiliger Rechtsschutz im internationalen Sport = Preliminary Remedies in International Sports Law, Zürich 1999, S. 53-66 (zit: *Schimke,* in: Scherrer (Hrsg.), Einstweiliger Rechtsschutz im internationalen Sport).

ders., Die Olympischen Spiele in London vor der „ad hoc Divison" des Internationalen Sportschiedsgerichtshofs CAS, in: Trunk, Alexander / Rieckhof, Susanne (Hrsg.), Schneller, höher, weiter! Aktuelle Themen des Sportrechts im östlichen Europa, Lohmar 2014, S. 159-166 (zit: *Schimke,* in: Trunk/Rieckhof (Hrsg.), Schneller, höher, weiter!).

Schleiter, Pieter, Globalisierung im Sport – Realisierungswege einer harmonisierten internationalen Sportrechtsordnung, Stuttgart 2009.

Schlosser, Peter F., Das Recht der internationalen privaten Schiedsgerichtsbarkeit, 2. Auflage, Tübingen 1989.

ders., Kompetenzfragen in der Sportschiedsgerichtsbarkeit, SchiedsVZ 2015, S. 257-263.

Schnyder, Anton K. / Dreifuss, Eric, Überprüfung von Schiedsentscheiden im internationalen Verhältnis – ist das Schweizer Bundesgericht für eine Inhaltskontrolle „schlechthin" unzuständig?, in: Schütze, Rolf A. (Hrsg.), Einheit und Vielfalt des Rechts: Festschrift für Reinhold Geimer zum 65. Geburtstag, München 2002, S. 965-980 (zit: *Schnyder/Dreifuss,* in: FS Geimer I).

Schultz, Thomas, Human Rights: A Speed Bump for Arbitral Procedures? An Exploration of Safeguards in the Acceleration of Justice, Int. A. L. R. 2006, S. 8-23.

Schulze, Götz, Fortentwicklung des Schweizer Vertragsrechts und Präklusion bei der inzidenten Anerkennung eines CAS-Entscheids, SpuRt 2014, S. 139-143.

Schütze, Rolf A., Schiedsgericht und Schiedsverfahren, 6. Auflage, München 2016.

Schwab, Karl Heinz / Walter, Gerhard (Hrsg.), Schiedsgerichtsbarkeit – Systematischer Kommentar zu den Vorschriften der Zivilprozeßordnung, des Arbeitsgerichtsgesetzes, der Staatsverträge und der Kostengesetze über das privatrechtliche Schiedsgerichtsverfahren, 7. Auflage, München 2005.

Schwartze, Andreas, Internationales Forum Shopping mit Blick auf das günstigste Sachrecht, in: Kronke, Herbert / Thorn, Karsten (Hrsg.), Grenzen überwinden – Prinzipien bewahren: Festschrift für Bernd von Hoffmann zum 70. Geburtstag am 28. Dezember 2011, Bielefeld 2011, S. 415-423 (zit: *Schwartze,* in: FS v. Hoffmann).

Seitz, Walter, Hexenjagd auf Dopingsünder? Ein bundeseinheitliches Schiedsgericht für Sportdopingsachen muss her!, NJW 2002, S. 2838-2840.

Silance, Luc, The rules of the International Olympic Committee and law, Olympic Review 1971, S. 586-596.

Simma, Bruno, The Court of Arbitration for Sport, in: Böckstiegel, Karl-Heinz (Hrsg.), Völkerrecht, Recht der internationalen Organisationen, Weltwirtschaftsrecht, Festschrift für Ignaz Seidl-Hohenveldern, Köln u. a. 1988, S. 573-585 (zit: *Simma,* in: FS Seidl-Hohenveldern).

Soek, Janwillem, The Strict Liability Principles and the Human Rights of Athletes in Doping Cases, Den Haag 2006.

Solomon, Dennis, Die Verbindlichkeit von Schiedssprüchen in der internationalen privaten Schiedsgerichtsbarkeit: Zur Bedeutung nationaler Rechtsordnungen und der Entscheidungen nationaler Gerichte für die Wirksamkeit internationaler Schiedssprüche, München 2007.

Sonnauer, Heinz, Die Kontrolle der Schiedsgerichte durch die staatlichen Gerichte, Köln 1992.

Spohnheimer, Frank, Gestaltungsfreiheit bei antezipiertem Legalanerkenntnis des Schiedsspruchs: zugleich ein Beitrag zur Gewährung rechtlichen Gehörs in Schiedsverfahren und zur Aufhebung von Schiedssprüchen, Tübingen 2010.

Staehelin, Adrian / Staehelin, Daniel / Grolimund, Pascal (Hrsg.), Zivilprozessrecht: Unter Einbezug des Anwaltsrechts und des internationalen Zivilprozessrechts, 2. Auflage, Zürich 2013.

Stahl, Sandra, Schutzpflichten im Völkerrecht – Ansatz einer Dogmatik: Ein Beitrag zu Grund, Inhalt und Grenzen der völkerrechtlichen Schutzpflichtendogmatik im Bereich konventionell geschützter Menschenrechte, Heidelberg u. a. 2012.

Stancke, Fabian, Pechstein und der aktuelle Stand des Sportkartellrechts, SpuRt 2015, S. 46-51.

ders. , Die sportkartellrechtliche Bedeutung der "Pechstein" – Entscheidung des BGH, SpuRt 2016, S. 230-234.

Stein, Torsten / Buttlar, Christian von / Kotzur, Markus (Hrsg.), Völkerrecht, 14. Auflage, München 2017.

Stein, Friedrich / Jonas, Martin / Bork, Reinhard / Althammer, Christoph (Hrsg.), Kommentar zur Zivilprozessordnung: Band 10: §§ 1025 - 1066, 23. Auflage, Tübingen 2014 (zit: *Bearbeiter,* in: Stein/Jonas, ZPO).

Stein, Ursula, Lex mercatoria: Realität und Theorie, Frankfurt a. M. 1995.

Steiner, Udo, Was des Staates ist und was des Sports, SpuRt 2009, S. 222-224.

ders., Das Verhältnis von Schiedsgerichtsbarkeit und staatlicher Gerichtsbarkeit, SchiedsVZ 2013, S. 15-19.

ders., Autonomieprobleme des Sports – Versuch einer Bilanz, SpuRt 2018, S. 186-189.

Stopper, Martin, Sportkartellrecht im Wirtschaftskartellrecht, SpuRt 2018, S. 190-192.

Straubel, Michael, Enhancing the Performance of the Doping Court: How the Court of Arbitration for Sport Can Do Its Job Better, Loy. U. Chi. L. J. 2004, S. 1203-1272.

Streinz, Rudolf, Europarecht und Sport: Berufsfreiheit und Kartellrecht, SpuRt 2018, S. 45.

Stumpf, Herbert, Vor- und Nachteile des Verfahrens vor Schiedsgerichten gegenüber dem Verfahren vor Ordentlichen Gerichten, in: Böckstiegel, Karl-Heinz (Hrsg.), Festschrift für Arthur Bülow, Berlin u. a. 1981, S. 217-228 (zit: *Stumpf, in: FS Bülow*).

Stutzer, Hansjörg / Bösch, Michael, Multiple Appointments of an Arbitrator: Does the Swiss Federal Supreme Court really see no Limit?, Zürich 2012.

Summerer, Thomas, Internationales Sportrecht vor dem staatlichen Richter in der Bundesrepublik Deutschland, Schweiz, USA und England, München 1990.

ders., Internationales Sportrecht - eine dritte Rechtsordnung?, in: Aderhold, Eltje (Hrsg.), Festschrift für Hans Hanisch, Köln u. a. 1994, S. 267-279 (zit: *Summerer,* in: FS Hanisch).

ders., Die Zukunft der Schiedsgerichtsbarkeit im Sport – Reformvorschläge für den CAS, SpuRt 2018, S. 197-200.

Szczekalla, Peter, Die sogenannten grundrechtlichen Schutzpflichten im deutschen und europäischen Recht: Inhalt und Reichweite einer „gemeineuropäischen Grundrechtsfunktion", Berlin 2002.

Teubner, Günther, Globale Bukowina: Zur Emergenz eines transnationalen Rechtspluralismus, Rechtshistorisches Journal 1996, S. 255-290.

ders., Globale Zivilverfassungen: Alternativen zur staatszentrierten Verfassungstheorie, ZaöRV 2003, S. 1-28.

Thomassen, Wilhelmina, Arbitration and the European Convention on Human Rights, General principles, CAS Bulletin 2015, S. 31-38.

Tochtermann, Peter, Die Unabhängigkeit und Unparteilichkeit des Mediators, Tübingen 2008.

Trechsel, Stefan, Gericht und Richter nach der EMRK, in: Hauser, Robert / Rehberg, Jörg (Hrsg.), Gedächtnisschrift für Peter Noll, Zürich 1984, S. 385-401 (zit: *Trechsel,* in: GS Noll).

Tubis, Robert, Die Öffentlichkeit des Verfahrens nach Art. EMRK Artikel 6 EMRK, NJW 2010, S. 415-417.

Tyrolt, Jochen, Sportschiedsgerichtsbarkeit und zwingendes staatliches Recht: unter besonderer Berücksichtigung des europäischen Kartellrechts und des US-amerikanischen RICO Act, Baden-Baden 2007.

van den Berg, Albert Jan, The New York Arbitration Convention of 1958: Towards a Uniform Judicial Interpretation, Deventer 1981.

van Dijk, Pieter / van Hoof, Fried / van Rijn, Arjen / Zwaak, Leo (Hrsg.), Theory and Practice of the European Convention on Human Rights, 5. Auflage , Antwerpen u. a. 2018 (zit: *van Dijk/van Hoof*, Theory and Practice of the ECHR).

Vieweg, Klaus, Normsetzung und -anwendung deutscher und internationaler Verbände: Eine rechtstatsächliche und rechtliche Untersuchung unter besonderer Berücksichtigung der Sportverbände, Berlin 1990.

ders., Zur Einführung: Technik und Recht, JuS 1993, S. 894-898.

ders. (Hrsg.), Lex Sportiva, Berlin 2015.

Vieweg, Klaus / Siekmann, Robert C. R. (Hrsg.), Legal Comparison and the Harmonisation of Doping Rules: Pilot Study für the European Commission, Berlin 2007.

Vieweg, Klaus / Staschik, Paul, Lex Sportiva und Fairness-Prinzip, SpuRt 2013, S. 227-234.

Villiger, Mark E., Handbuch der Europäischen Menschenrechtskonvention (EMRK) unter besonderer Berücksichtigung der schweizerischen Rechtslage, 2. Auflage, Zürich 1999.

Vitzthum, Wolfgang Graf / Proelß, Alexander, Stefanie, Völkerrecht, 7. Auflage, Berlin u. a. 2016.

Vorwerk, Volkert/ Wolf, Christian (Hrsg.), Beck'scher Online-Kommentar ZPO, 29. Auflage (Stand: 01.06.2018), München 2018 (zit.: *Bearbeiter,* in: BeckOK/ ZPO).

Wagner, Jürgen, Anmerkung zu BGH, Urteil v. 20.9.2016, Az.: II ZR 25/15, NJW 2017, S. 402-407.

Wax, Andreas, Internationales Sportrecht – Unter besonderer Berücksichtigung des Sportvölkerrechts, Tübingen 2008.

Weber, Christian, Die Sportschiedsgerichtsbarkeit nach dem World Anti-Doping Code und ihre Umsetzung in Deutschland, SchiedsVZ 2004, S. 193-198.

Weber, Klaus, Betäubungsmittelgesetz, Arzneimittelgesetz, 5. Auflage, München 2017.

Wedam-Lukic, Dragica, Arbitration and Article 6 of the European Convention on Human Rights, Arbitration 1998, S. 16-22.

Weigand, Frank-Bernd, Practitioner's Handbook on International Commercial Arbitration, 2. Auflage, Oxford 2009 (zit: *Bearbeiter,* in: Weigand, Practitioner's Handbook).

Weller, Marc-Philippe, Die FIFA-Fußball-WM 2006 im Lichte des Privatrechts, JuS 2006, S. 497-501.

Weston, Maureen A., Doping Control, Mandatory Arbitration, and Process Dangers for Accused Athletes in International Sports, Pepp. Disp. Resol. L. J. 2010, S. 1-46.

Westphalen, Friedrich Graf von, Die Sportschiedsgerichtsbarkeit vor den Schranken der Klausel-Richtlinie 93/13/EWG – der Fall Pechstein, SpuRt 2015, S. 186-192.

Wiesbrock, Katja, Internationaler Schutz der Menschenrechte vor Verletzungen durch Private, Berlin 1999.

Wildhaber, Luzius, „Civil Rights" nach Art. 6 Ziff. 1 EMRK, in: Juristische Fakultät der Universität Basel (Hrsg.), Privatrecht, öffentliches Recht, Strafrecht: Grenzen u. Grenzüberschreitungen; Festgabe zum Schweizer. Juristentag 1985, Basel 1985, S. 469-478 (zit: *Wildhaber*, in: Festgabe zum Schweizerischen Juristentag 1985).

Wilkmann, Johannes, Die Überführung des Sportlers im Dopingverfahren: direkter und indirekter Nachweis im Lichte der Unschuldsvermutung, Berlin 2014.

Wittmann, Johannes, Schiedssprüche des Court of Arbitration for Sport vor schweizerischen und deutschen ordentlichen Gerichten, Berlin 2016.

Wolf, Christian / Eslami, Nassim, Sport(zwangs-)schiedsgerichtsbarkeit oder wie lässt sich die privatautonome Entschließungsfreiheit der Schiedsgerichtsbarkeit absichern – Nachbetrachtung zum Fall Pechstein, in: Schütze, Rolf A. (Hrsg.), Fairness, Justice, Equity: Festschrift für Reinhold Geimer zum 80. Geburtstag, München 2017, S. 807-821 (zit: *Wolf/Eslami*, in: FS Geimer II).

Wolff, Reinmar, New York Convention: Convention on the Recognition and Enforcement of Foreign Arbitral Awards of 10 June 1958; Commentary, München 2012 (zit: *Bearbeiter*, NY Convention – Commentary).

Wyss, Lukas F., Vorsorgliche Maßnahmen und Beweisaufnahme – die Rolle des Staatlichen Richters bei Internationalen Schiedsverfahren aus Schweizer Sicht, SchiedsVZ 2011, S. 194-203.

Yi, Daniel H., Turning Medals into Metal: Evaluating the Court of Arbitration of Sport as an International Tribunal, Asper Review 2006, S. 289-341.

Závodná, Martina, The European Convention on Human Rights and Arbitration, Diploma Thesis, Brno 2014.

Zimmermann, Markus, In dubio pro Schiedsgerichtsbarkeit?, CaS 2014, S. 11-20.

ders., Vertragsstabilität im internationalen Fussball: unter besonderer Berücksichtigung der Rechtsprechung der FIFA und des CAS, Stuttgart 2015.

Zöller, Richard (Hrsg.), Zivilprozessordnung: mit FamFG und Gerichtsverfassungsgesetz, den Einführungsgesetzen, mit Internationalem Zivilprozessrecht, EU-Verordnungen, Kostenanmerkungen: Kommentar, 32. Auflage, Köln 2018 (zit: *Bearbeiter*, in: Zöller/ZPO).

Zürcher Kommentar zum IPRG, 2. Auflage, Zürich 2004 (zit: *Bearbeiter*, in: in: ZK-IPRG).

Anhang: Reformierter CAS-Code basierend auf den Ergebnissen der Untersuchung

Art.	CAS-Code 2019	Reformvorschlag: Ersetzungen und Ergänzungen	Erläuterungen
Joint Dispositions			
Preamble	(-)	The Panel is bound by Art. 6 (1) ECHR and has the duty to act as an independent and impartial tribunal established by law and to ensure each procedural right enshrined in this provision, i. e. the right to a fair and public hearing within a reasonable time.	Einführung eines allgemeinen Bekenntnisses zur Bindung von CAS-Schiedsgerichten an Verfahrensgarantien gemäß Art. 6 Abs. 1 EMRK vor.
Art. S5 (2)	S5 (2): Upon their appointment, the members of ICAS sign a declaration undertaking to exercise their function personally, with total objectivity and independence, in conformity with this Code. They are, in particular, bound by the confidentiality obligation provided in Article R43.	Additionally, to Art. S5 (2) upon their appointment, the Division Presidents and their deputies are obliged to disclose any position in or contractual relationship to an organ of IOC, NOC or any sports-governing body.	Veröffentlichungsflicht des Präsidenten der Berufungskammer und seines Stellvertreters bezogen auf sämtliche Positionen in bzw. vertragliche Verbindungen mit IOC, NOK und internationalen Sportverbänden.
Art. S18 (3)	CAS arbitrators [...] may not act as counsel for a party before the CAS.	1) This provision also applies to members of the arbitrator's law firm. 2) An arbitrator who acts in breach of this provision can be challenged according to Artt. R33, R34.	1) Erstreckung des Vertretungsverbots auf die Sozietätsmitglieder des CAS-Schiedsrichters. 2) Verstoß gegen Art. S18 Abs. 3 kann als Befangenheitsgrund geltend gemacht werden.

Art.	CAS-Code 2019	Reformvorschlag: Ersetzungen und Ergänzungen	Erläuterungen
General Provisions			
Art. R37 (1)	~~No party may apply for provisional or conservatory measures under these Procedural Rules before all internal legal remedies provided for in the rules of the federation or sports-body concerned have been exhausted.~~		Abschaffung des Erfordernisses der Ausschöpfung des verbandsinternen Rechtsweges vor Anrufung des CAS.
Art. R37 (3)	The President of the relevant Division, prior to the transfer of the file to the Panel, or thereafter, the Panel may, upon application by a party, make an order for provisional or conservatory measures.	The application for inter-im relief is to be decided by the President of the relevant Division, prior to the transfer of the file to the Panel, or thereafter, by the Panel itself. Only the content of the order is left to the discretion of the President/Panel.	Änderung der Ausgestaltung von Art. R37 Abs. 3 CAS-Code von der derzeitigen „Kann"-Vorschrift hin zu einer „Muss"-Vorschrift. Allein der Inhalt der Entscheidung bleibt im Ermessen des Präsidenten bzw. des Schiedsgerichts.
Art. R37	(-)	1) Any party may submit a new request to the Panel, irrespective of the decision of the President of the relevant Division on a previous request. 2) The Panel may modify, terminate or annul the order or any modification thereto made by the President of the relevant Division.	1) Hinzufügung einer klaren Regelung, die einen zusätzlichen Rechtsbehelf vor dem Schiedsgericht unabhängig von der Entscheidung des Präsidenten der Berufungskammer über den ersten Antrag auf einstweiligen Rechtsschutz enthält. 2) Einführung einer klaren Regelung, wonach das Schiedsgericht befugt ist, im Widerspruch über die Entscheidung des Präsidenten der Berufungskammer zu entscheiden.

408

Art.	CAS-Code 2019	Reformvorschlag: Ersetzungen und Ergänzungen	Erläuterungen
Special Provisions Applicable to the Appeal Arbitration Procedure			
Artt. R48, R53	(-)	The CAS Court Office shall send to the Appellant, upon request, and to the Respondent, a list of 10 names of persons chosen from the CAS list. The parties are encouraged to nominate an arbitrator from the submitted list within the time limits set forth in Art. R49 and Art. R53 respectively. If a party fails to nominate an arbitrator within the fixed time limit, the party loses her right of appointment and the CAS shall have the power to make the appointment immediately from the CAS list instead.	Einführung eines lediglich empfehlenden Charakters der CAS-Schiedsrichterliste. Dem CAS wird das Schiedsrichter-Ernennungsrecht anstelle der Partei zugesprochen, sofern diese nicht innerhalb der vorgegebenen Fristen einen Schiedsrichter benennt.
Art. R54	(-)	In Addition to the prerequisites set forth in Art. S18 (2) the President of the Division pays special attention to the following when choosing the President of the Panel: - the person should not cast any doubts regarding his personal impartiality from IOC, NOC and sports-governing bodies - where the parties are nationals of different countries, the President should be a national of a country other than that of any of the parties, if requested by the parties or deemed appropriate.	Besondere Unabhängigkeitsanforderungen bei der Bestimmung des Vorsitzenden des Schiedsgerichts durch den Präsidenten der Berufungskammer.

Art.	CAS-Code 2019	Reformvorschlag: Ersetzungen und Ergänzungen	Erläuterungen
Art. R57 (2)	After consulting the parties, the Panel may, if it deems itself to be sufficiently well informed, decide not to hold a hearing. At the hearing, the proceedings take place in camera, unless the parties agree otherwise. At the request of a physical person who is party to the proceedings, a public hearing should be held if the matter is of a disciplinary nature. Such request may however be denied in the interest of morals, public order, national security, where the interests of minors or the protection of the private life of the parties so require, where publicity would prejudice the interests of justice, where the proceedings are exclusively related to questions of law or where a hearing held in first instance was already public.	1) Every party is entitled to request an oral hearing. In case both parties agree, the Panel may if it deems itself to be sufficiently well informed decide not to hold a hearing. 2) The hearing before the Panel shall be public, unless the parties jointly agree to exclude the public or there are reasons that justify the Panel to do so.	Jeder Partei steht ein Recht auf Durchführung einer mündlichen Verhandlung unbeachtlich der Zustimmung der Gegenpartei zu. Halten beide Parteien übereinstimmend eine Verhandlung für entbehrlich, kann das Schiedsgericht auf die Durchführung einer solchen verzichten. 2) Die Verhandlung ist grundsätzlich öffentlich, es sei denn die Parteien einigen sich auf die Nichtöffentlichkeit bzw. hierfür sprechen zwingende Gründe, die Öffentlichkeit auszuschließen.
Art. R57 (3)	The Panel has discretion to exclude evidence presented by the parties if it was available to them or could reasonably have been discovered by them before the challenged decision was rendered.	This provision does not apply in appeal proceedings regarding decisions rendered by sports-governing bodies.	Einschränkung des Anwendungsbereichs von Art. R57 Abs. 3.
Art. R59 (2)	Before the award is signed, it shall be transmitted to the CAS Secretary General who may make rectifications of pure form and may also draw the attention of the Panel to fundamental issues of principle. Dissenting opinions are not recognized by CAS and are not notified.	During scrutiny of the award by the CAS Secretary General, the Panel and the CAS Secretary General shall jointly undertake any necessary measures to render a timely award and avoid any unjustified procedural delay.	Postulat der Verfahrensbeschleunigung während der Überprüfung des Schiedsspruches durch den CAS-Generalsekretär.

Art.	CAS-Code 2019	Reformvorschlag: Ersetzungen und Ergänzungen	Erläuterungen
Art. R59 (4)	(-)	A party may request the Panel to revise the rendered award if the applicant party learns subsequently of any new facts or evidence, which were produced after the award was rendered and which the applicant party could not submit during arbitral procedure. The revision of the award is strictly limited to the aforementioned grounds.	Einführung der Revisionsmöglichkeit vor dem CAS.
Art. R59 (5)	The operative part of the award shall be communicated to the parties within three months after the transfer of the file to the Panel. Such time limit may be extended by the President of the Appeals Arbitration Division upon a reasoned request from the President of the Panel.	1) In case of an extension of the time limit, the President of the Appeals Arbitration Division informs the parties immediately about duration and underlying grounds of the extended time limit. 2) Each party may request the reasoned award within 30 days after communication of the operative part.	1) Informationspflichten des Präsidenten der Berufungskammer im Falle der Fristverlängerung. 2) Die Parteien können einen begründeten Schiedsspruch innerhalb von 30 Tagen nach Bekanntgabe des Tenors des Schiedsspruches verlangen.
Art. R59 (7)	The award, a summary and/or a press release setting forth the results of the proceedings shall be made public by CAS, unless both parties agree that they should remain confidential. In any event, the other elements of the case record shall remain confidential.	1) Any award shall be made public by CAS and will be accessible to the public on the official CAS website. Additionally, CAS may publish a summary and/or a press release setting forth the results of the proceedings. 2) Each party may send a request within a given time limit and with grounds to CAS, that certain information or portions of the award will be redacted.	Spezifika zu den Veröffentlichungen von CAS-Schiedssprüchen: 1) Sämtliche CAS-Schiedssprüche werden unabhängig von der Vereinbarung der Parteien veröffentlicht. 2) Parteiinteressen werden durch Anonymisierungen im Schiedsspruch gewahrt.

Art.	CAS-Code 2019	Reformvorschlag: Ersetzungen und Ergänzungen	Erläuterungen
Costs of the Arbitration Proceedings			
Art. R64.1	(-)	Each Party is entitled to request legal aid under the conditions of the Legal Aid Guidelines provided by CAS.	Expliziter Hinweis auf die Möglichkeit der Beantragung von Verfahrenskostenhilfe.

Legende:

(-): keine Regelung zu der vorgeschlagenen Änderung im aktuellen CAS-Code enthalten.

~~abc~~: Ausführungen werden durch Reformvorschläge ersetzt.